新西伯利亞
安加拉河
伊爾庫次克
庫蘇泊
烏布蘇諾爾湖
科布多
齋桑泊
阿拉湖
阿拉山口
突厥牙帳
哈爾和林
蒙
碎葉
阿拉木圖
熱海
伊塞克湖
西突厥王庭
汗騰格里峰
6995
三彌山
烏魯木齊
可汗浮圖城
高昌
伊吾郡
龜茲
焉耆
疏勒
塔里木河
烏孜別里山口
西
蒲昌海
羅布泊
敦煌郡
且末郡
鄯善郡
于闐
張掖郡
武威郡
青海
西海郡
西平郡
格爾木
河源郡
澆河郡
蘭州
金城郡
枹罕郡
臨洮郡
宕昌郡
同昌郡
汶山郡
臨邛郡
成都
犍為郡
越嶲郡
塔什干
布拉哈
康
颯馬爾罕
烏那曷
安德胡伊吐
喀布爾
迦臂施
犍陀羅
伊斯坦堡
巴基斯坦
闍蘭陀
亞各拉
曲女城
加德滿都
拉薩
納木錯
奇林錯
岡底斯
珠穆朗瑪峰
邏些
吐蕃
匹播城
逻波
恒河
波吒釐子城
(華氏國)
布拉馬普特拉河
達卡
加爾各答
曼德樂
伊洛瓦底江
薩爾溫江
昆明
桑怒
萬象
白子
西二河
圖例
東都 都城
東郡 郡級駐所
碎葉 其他居民點
政權族界
政權部族界
今國界
北京 今首都
上海 今直轄市、省、自治區人民政府駐地
丹東 人民政府駐地
漠河 今其他居民地點

隋煬帝傳

楊廣

袁剛——著

目錄

引言

隋煬帝楊廣（西元五六九—六一八年）是中國古代隋王朝的第二代皇帝，西元六〇四年至六一八年在位，年號「大業」，統治中國十四年。楊廣是一個亡國之君，煬帝乃他死後唐朝給他的謚號。《逸周書．謚法解》曰：「謚者，行之跡也；號者，功之表也。」所謂謚號，即人死後按其生平事蹟評定褒貶給予的稱號，用我們現在的話說，就是蓋棺定論。而謚曰「煬」，乃荒淫昏暴之意。按《謚法》：「好內遠禮曰煬；去禮遠眾曰煬；逆天虐民曰煬。」作為一個惡名，煬帝臭名昭著，千百年來已家喻戶曉。清代思想家王夫之提起隋煬帝楊廣，乾脆書曰「逆廣」，野史小說更把荒淫的煬帝稱作「色中餓鬼」。

按照古代王朝禮制，帝王死後除有謚號外，還有廟號，如楊廣之父楊堅死後謚曰文帝，廟號高祖。廟號是皇帝死後在太廟立室奉祀時特起的名號，一般都有祖或宗字，「祖有功而宗有德」，如唐高祖和唐太宗。且廟號和謚號都可作為皇帝的代稱，以諱其姓名。然隋煬帝楊廣則因「流惡難盡」，國破家亡，唐人僅給惡謚而未立廟號，其孫皇泰主所給美謚及所立廟號，卻從來就不為世人承認，真是死有餘辜。

中國古代史學有為皇帝立傳的傳統，皇帝不管好壞，在位時間長短，都有傳記。翻開二十四史，首篇就是歷代帝王本紀，皇帝傳可謂是時代的標記。

皇帝，是秦始皇以來直到清朝滅亡止的古代中國的國家元首，皇帝是站立在千萬黔首之上的「餘一人」，是數千年來天下子民頂禮膜拜的天神。一提到皇帝，臣民只得屏聲息氣，重足而立，側目而視，因為皇帝具有無上威權，只要一聲咳嗽，整個大地似乎就會變色。皇帝不僅權力獨專，而且皇位終身，皇統世襲，集中於皇帝個人手中的國家最高權力，具有不可分割性和不可轉讓性，皇權的本質就是專制主義。

東漢人蔡邕《獨斷》記曰：「皇帝，至尊之稱。皇者，煌也。盛德煌煌，無所不照。帝者，諦也。能行天道，事天審諦，故稱皇帝。」皇帝是天之驕子，人間神明，又稱天子。皇帝無上威嚴神聖不可侵犯，其地位被抬到嚇人的高度。皇帝可以對天下一切人隨意「生之、任之、富之、貧之、貴之、賤之。」「天下事無小大皆決於上」，國家的行政、立法、司法、軍事以至臣民的生死予奪各種大小權皆集於皇帝。朕即國家，皇帝的話就是法律，皇權不受任何權力主體的限制，皇帝一言可以興邦，一言可以喪邦，這就使天下安危系於一人之身，國家的治亂興衰往往取決於當朝皇帝的聖明愚頑。於是，天下芸芸眾生企盼著聖君明主，詛咒殘害生民以奉一人淫樂的暴君昏主。商末民眾唱曰：「時日害喪，予與汝同亡。」人民詛咒暴君商紂王，要與他同歸於盡。

當然，皇帝並非天神，皇帝也是人，但皇帝不是普通的人，皇帝擁有任何人也不能擁有的生殺予奪的巨大權力，這個權力可以改變歷史的進程，昏暴之君往往造成天下大亂，「二世而亡」。而當歷史把一個商紂式「逆天虐民」的「色中餓鬼」楊廣抬上中世紀中國皇帝的寶座，天下的禍亂，人民的苦難，豈不是可想而知了？

中國歷史上出現了好幾百個皇帝，好皇帝屈指可數，多數是昏庸之輩，而殘暴荒淫之主更所在多有。千百年來，無論是官方正史，還是民間野史，所有的記敘中，隋煬帝恐怕都是壞皇帝中最壞的。

然而，史書的記載完全可靠嗎？

人們都知道，正史二十四史之一的《隋書》，是由唐太宗敕詔祕書監魏徵主編，編撰者都是由隋入唐的文士，對隋煬帝事蹟史實耳聞目睹，親身經歷，不可謂知之不深，修史態度亦不可謂不認真。但他們都已是唐朝忠實臣子，動不動就宣言「亡隋之轍，殷鑒不遠」，主編魏徵更參加過推翻隋煬帝統治的隋末農民起義，又是唐太宗的貞觀名臣。既然唐初君臣論政的核心是「以隋為鑒」，修史者主觀上的政治傾向性已根深柢固，他們站在官方立場，極力突出隋煬帝的荒淫昏暴，標榜李唐的無量功德，在修史材料的取捨上，就可能有意無意地偏離史實，其對隋煬帝懷有某種政治上的偏見也是可想而知的。

又據史書記載，唐武德四年（六二一）五月平定洛陽王世充，「收其圖籍，溯河西上，多有沉沒。」[1] 後來修史者不是憑藉第一手資料，而是更多地攙雜進了道聽塗說的野史傳聞，使歷史不自覺地遭到歪曲。

再有宋人司馬光主編的大型政治史《資治通鑒》，其中《隋紀》更收集了不少《隋書》以外的資料。司馬光著書的宗旨是借歷史教訓以「資帝王之治」，政治傾向性更加鮮明。他不僅寓褒貶善惡於敘事之中，又大量引用不可靠的杜寶《大業雜記》等唐初人的雜記、小說，通過取捨和選擇史料的手法，把唐初人對隋煬帝的醜化又向前推進了一步。[2]

正史如此，野史小說就更不用說了。因此，舊史對隋煬帝的記敘描寫有很大的失真失實。近年來，中外學者都已注意到隋煬帝史事被歪曲的事實。中國學者萬繩楠、高敏、胡戟等先生均有論著述及，已故美國隋唐史專家芮沃壽教授認為，「儒家修史者對煬帝道義上的評價的確是苛刻的」，而「在

---

1 《舊唐書》卷四七〈經籍志下〉。

2 高敏：〈關於隋煬帝遷都洛陽的原因〉，載《魏晉隋唐史論集》第二輯，中國社會科學出版社一九八三年版。

民間傳說、戲劇和故事中」，隋煬帝的形象更被「作者和觀眾隨心所欲的狂想大大地歪曲了。」[3] 美籍華裔學者黃仁宇先生亦深有感觸地引述說：煬帝「既被視為典型的亡國昏君，在一大團歪曲的歷史記載和傳奇性道聽途說之下，今人既想窺測此人真實性格，至多也只能瞥見一二。」[4]

面對一大堆歷史疑團，在中國歷代帝王傳記中，隋煬帝傳無疑是最難寫的！

不僅舊史記載失實失真問題很多，而且近人對隋煬帝的評價也爭論日多，觀點相左，差距極大。隋煬帝又成了一個最有爭議的皇帝。

一九五九年《史學月刊》第九期刊發了萬繩楠教授所撰〈論隋煬帝〉一文，這是一篇為隋煬帝翻案叫好的學術論文，萬先生通過對史料的分析認為隋煬帝「不僅對中國的統一與鞏固有貢獻，而且對中國社會經濟、政治與文化的發展也有貢獻」，他功大於過，「是一個很有才能和氣魄的政治家、軍事家與文學家。」而把煬帝斥為「暴君」，是極片面和無道理的。萬先生的文章出現後立即引起了爭鳴，有人尖銳地指出：如果隋煬帝是一位功大於過的好皇帝，那麼農民為什麼要起義推翻他呢？用階級觀點分析，隋煬帝是一個「不折不扣的暴君。」[5]

進入二〇世紀八〇年代以後，論爭進一步升溫，九〇年代後更連續出版了幾部傳記，為隋煬帝翻案的調子越來越高。有人稱煬帝「雖屬亡國之君，卻也是有為之主。」；「建樹最多」、「功大於過」、「不失偉大」，是「偉大人物」，以致有人直呼：「雄傑乎，英主乎。」這與古往今來的定論可謂是一八〇度的大轉彎。當然，也有不少論文繼續從各個方面論證隋煬帝的荒淫暴虐，論爭雙方不僅對史料進行了重新甄別，而且加強了理論分析的力度，總體水準較之舊王朝時代的史學是大大提高了。

隋煬帝到底是怎樣一個皇帝？怎樣寫好這部隋煬帝傳記？

我非常贊同黃仁宇先生所說的一段話：「因為瞻前顧後立場不同，我們既寫隋煬帝的傳記，也要將很多長時間遠距離的因素一併加入考慮，才趕得上時代。」[6]

皇帝雖然高高在上，但皇帝也不是孤立的人物，他們在歷史上的功績和過失，都同他們所處的歷史條件和社會環境密切相關。皇帝雖然權力無限，但畢竟不能超越歷史條件和現實環境的限制去締造歷史，權力意志不能改變歷史發展的總趨勢，相反，歷史環境倒是最能解釋專制君王的行為及其動機。因此，必須擴大視野，宏觀審視，確切地把握出現隋煬帝的那個歷史時代的特徵。

其次，我們還要深入研究隋煬帝本人的品質、性格、氣質，我們不否認某些個人，特別是擁有主宰全社會的權力的皇帝對歷史發展的重大影響，皇帝的性格也能影響歷史的具體進程。卡爾·馬克思說：「歷史不過是追求著自己目的的人的活動而已。」[7] 皇帝的無盡欲念加上其所掌握的無限權力，有可能使君主隨意一個念頭，一個怪誕的想法，造成全社會的震盪。全社會千千萬萬人的命運有時可能取決於皇帝個人的喜怒好惡，這又會使歷史的進程具有極大的偶然性。對亡國之君隋煬帝的個性特點的微觀分析，顯然也是我們把握這個極大地影響過中國歷史進程的歷史人物的一個重要方面。

然而，不管是宏觀審視還是微觀分析，都必須建立在確實可靠的史料基礎之上，必須依據可靠的而不是虛構的史料，翔實地分析隋煬帝的功過是非，以作出客觀公正的評價。這又要求我們對唐宋以來被人為地嚴重攪亂了的史料，做一次全面整理，做一番去偽存真的考證工作，重新鑒別史料，努力發掘新的史料，使傳記建立在科學基礎之上。在這方面，自清代乾嘉考據學興起以來，至今已積累了大量成果，對此我們應該廣泛地吸收，特別是八〇年代以來分析性考據論文，對我們傳記的寫作，

3 《劍橋中國隋唐史》第二章，中國社會科學出版社一九九〇年版，第一四六頁。
4 《赫遜河畔談中國歷史》，「隋煬帝」條，三聯書店一九九二年版。
5 〈對隋煬帝評價問題意見摘要〉，載《史學月刊》一九六〇年第三期。
6 參見黃仁宇上揭文。
7 馬克思：〈神聖家族〉，見《馬克思恩格斯全集》第二卷，人民出版社一九六〇年版，第一一八—一一九頁。

幫助尤大。本書正是在力求全面吸收前人幾乎是所能收集到的所有科研成果的基礎上，進行寫作的，在此謹先致感謝。當然，筆者在前人研究的基礎上，又作了一番考證鑒別和探索，務求史實準確，為此，付出了相當辛苦的勞動。

另一方面，對於偏離了史實的野史小說、民間俗講傳說、詩歌詞話等，也不必一概排斥，可以有鑒別有選擇地加以利用。因為民間文學經過千年的說唱流傳，在藝術上有很大成就，有些文人詩詞、小說片斷更寫得十分精彩，想像力豐富，很有文采，表達了人民的愛憎。特別是其對暴虐醜惡的鞭撻具有明顯的人民性，長期受到人民的喜愛，同樣值得我們借鑒。

我們既要依據可靠的史料寫出真實的歷史，又要站在人民的立場作出正確的價值判斷，不講求價值判斷的歷史考證是沒有生命力的，不講愛憎的就事論事也不會得到社會的認可。對隋煬帝，我們力求做出公正的評價，是功大於過，抑或是過大於功？是好皇帝，還是壞皇帝？是聖王還是暴君？是做翻案文章，還是維持歷史原判，最後結論將在對隋煬帝一生行事及其作為作出全面敘述之後，留待本書的最後去做。

但我們事先要提出一個評判標準，為皇帝作傳，對皇帝作評價，和其他各色人等不同。皇帝不同於普通人的最大特徵是他擁有無限權力，這是任何臣子百姓所不能具有的，這個權力影響著千千萬萬民眾的命運，正因為其權力無限，所以皇帝的行為舉止、喜怒哀樂都將影響歷史，因此，評價皇帝的關鍵就在於：皇帝如何使用這無限權力。我們要去追尋考察皇帝運用無限權力去做了什麼，這種巨大權力可以幹出大好事，也可以幹出大壞事，可以給人民帶來福祉，也可以給人民帶來災難，從而影響國家的前途，民族的命運，歷史的進程。比如說隋煬帝開鑿大運河，不僅在當時影響巨大，而且對後世影響深遠，這種超強度的巨大工程在生產工具極其低下的古代要順利完成，如果沒有皇權的強制，調集千百萬民工從役，是根本不可能的。大運河功在當代，利在千秋，但有人說這項宏偉工程只是為了隋煬帝的巡遊玩樂，將其功績一筆抹煞了。現在又有許多人對此大做翻案文章，使問題顯得十分複雜。為什麼對於同樣一件事，人們的評判會如此相左，而趨於兩極，我們認為，其焦點就在於評判標準不同。

如何評價一個皇帝？當然不能按現代人的標準要求他不專制獨裁，兩千多年的君主專制制度下的幾百個皇帝，除了個別受制於權臣的傀儡外，沒有不專制的，沒有一個是講民主的。但既然古老的國家體制賦予了皇帝無限的權力，那麼皇帝起碼應對這可畏的權力有一點責任感，要對被統治的千百萬子民的生死命運負起點責任。《尚書．洪範》曰：「天子作民父母，以為天下王。」天子替天行道，事天審諦，必須講究君德，德侔天地才能稱皇帝。皇帝不能對權力不負責任，不能為一己之利，逞一時之欲而濫用權力，驅民於水火。很明顯，評價皇帝的最主要標準是：皇帝以其無限權力、絕對權力做了什麼？對人民的生活，國家的前途，民族的命運產生了什麼樣的影響？特別是對其直接統治下的人民的生存狀態帶來了什麼？是否順應時代潮流，幹了合乎歷史發展的事。

當然，我們也應考察皇帝如何獲取權力，以什麼手段獲得帝位，但這不是主要的。判斷一個皇帝的好壞，不取決於皇帝獲取皇位的手段鄙劣與否，而在於大權在握之後，執行什麼樣的政策，幹的是好事還是壞事，口頭上說得好但實際效果並不好也不行。皇帝一言九鼎，他的一個錯誤決定，就可能造成整個國家的災難，而存心作惡，則其禍害更可想而知。是好皇帝還是壞皇帝，後人可以根據其行事去作評判，但其當代人民則更以其親身感受作出最直接的反映，這更不能不引起我們的重視。專制皇權既然如此厲害，那麼，我們評價皇帝，就是要看他們以其專制權力做了什麼？看其使用權力的主觀動機和客觀效果。這才是公正的評價。

第一章　顯赫家世　少年時代

古詞有云：「試問水歸何處？天明徹夜東流。滔滔不管古今愁，浪花如噴雪，新月似銀鉤。暗想當年富貴，掛錦直至揚州。風流人去幾千秋，兩行金線柳，依舊纜扁舟。」是啊！不盡長江東流水，浪淘盡千古風流人物。隋煬帝可謂是一個風流天子，但說書人說他「將一座錦繡江山，只為著兩堤楊柳喪盡；把一所金湯社稷，都因那幾隻龍舟看完，一十三年富貴，換了百千萬載臭名」。[1] 然而，是非始末俱在，讓我們從頭說起。

隋煬帝一生五十年的生命歷程，可以大致分為三個階段：十三歲前（西元五六九—五八〇年）是北周貴族子弟，皇親貴戚；十三歲至三十五歲（西元五八一—六〇三年）為隋朝皇子，進而立為皇太子；三十六歲至五十歲（西元六〇四—六一八年）是坐江山的大隋皇帝。

隋煬帝名楊廣，又名楊英，小字阿麼。本傳記的稱謂按照他生命歷程的三個階段，十三歲以前少年時代我們稱其小字阿麼；一十三歲封晉王以後我們稱其大名楊廣；三十五歲稱帝以後我們稱其諡號煬帝。雖然諡號在死後才定，但既然書是寫給現代人看的，我們也就沒有必要按照古人的禮儀，將皇帝稱作今上。

第一節　久分必合　聖王再現

孟子曰：「五百年必有王者興。」古代中國於秦漢大一統帝國之後，是長達四百年之久分裂割據的魏晉南北朝時期，這是一個兵荒馬亂的亂世，也是一個英雄輩出的時代，歷史一再昭示著一位強有力的聖王，出來實現新的大一統帝國的偉業。然而，聖王在秦皇、漢武之後，幾近千年才輪到唐宗、宋祖，中間似乎是一段空白。「興亡不可問，自古水東流。」千年之間，中國就真的沒有聖王出現嗎？恐怕不一定。有些帝王完全具備了聖王的智質，但天不假以年，而中道崩殂。也有的皇帝主觀上極想成就聖王之業，但志在無厭，好大喜功，而走到了主觀願望的反面。隋煬帝就是一個想成就聖王之業的皇帝，他「慨然慕秦皇、漢武之事」[2]，予智予雄，狂妄得很。隋煬帝所處的歷史時代，也是一個出聖王的時代，天下大亂達到天下大治，長久的分裂必然走向新的統一，偉大的文治武功事業需要一位元聖王來成就。然而，在出明君聖主的時代，卻也不可避免地要出暴君昏主，而且，就在隋煬帝出生後不久，在其尚未成年的少年時代，他就親眼領略了聖君的風采和昏君的醜態。這些肯定都在隋煬帝幼小的心靈留下了深深的印記。

阿麼華誕　生日無考

西元五六九年阿麼呱呱墜地時，正是中國經歷了長期分裂戰亂的南北朝後期。當時，神州大地並

1 《隋煬帝豔史》第一回，長江文藝出版社一九九三年版。

2 《隋書》卷四〈煬帝紀下〉。

立著三個王朝：北周、北齊和陳，因而這年也就存在著三個君主和三個不同的年號：即北周武帝宇文邕和他的天和四年；北齊後主高緯和他的天統五年；南朝的陳宣帝陳頊和他的太建元年。常言講：天無二日，國無二主。三個皇帝並立於中國，這本身就預示著戰爭的不可避免。

隋煬帝出身於慣於征戰的北周貴族武將之家，父親楊堅是北周大將軍、隨國公，母親姓獨孤氏，是北周柱國大將軍獨孤信的女兒，也是武將之後，名門閨秀。煬帝是他們的第二個兒子。兒子出生，父母歡天喜地，他們給兒子取名楊廣。楊廣父母出自將門勳貴，同時，又都是虔誠的佛教徒。母親獨孤氏成天燒香拜佛，求菩薩保佑。她小名伽羅[3]，就是一個佛名。伽羅是梵語 tagara 之音的略譯，意為香爐木，或沉香木。楊廣之父楊堅也有一個小字佛名，叫那羅延，據說楊堅出生在一所佛教寺廟，並由廟裡的尼姑撫養了多年，小名那羅延即是廟裡的尼姑所取，意思是像金剛一樣不可摧壞。[4]煬帝出生時，崇信佛教的父母也為兒子取了一個佛名，作為小字，叫阿麼（mó，音摩），阿麼是梵語 ambā 的譯音，意譯為母、善女。[5]取這樣一個美妙而又帶有女性化的小名，可能是出自獨孤伽羅的意思，一方面是希望能得到大慈大悲的菩薩保佑，另一方面，阿麼生來可能就像一尊美麗的觀音菩薩。

阿麼出身貴族名門，後又君臨天下，然而，舊王朝正史《隋書》和《北史》對他出生時及其少年時代的情況的記載卻僅有寥寥數句：

> 上美姿儀，少敏慧，高祖（即隋文帝楊堅）及後於諸子中特所鍾愛。在周以高祖勳，封雁門郡公。[6]

從這段僅有三十個字的文字中，我們僅能得知阿自小就長得漂亮、可愛，而且聰明伶俐，深得父母的喜愛。正因為如此，阿又獲得了父母的另一個取名——楊英，大概就是取其英俊的儀表吧。阿麼的出生地可能是關中的同州（治今陝西大荔），又稱馮翊，在都城長安附近。這裡是他祖父楊忠的故居，其父楊堅也是出生於此地一座廟中。[7]當然，這也僅僅是推測。值得注意的是，阿麼這個英俊可愛、富貴無比的嬰兒，居然無從得知其準確的出生月份和日期，正史沒有記載，我們遍查各類史書，也無從查考。而阿麼父親隋文帝楊堅的出生日期，《隋書》和《北史》及其他史書卻都記載得清清楚楚，是出生於西魏「大統七年（五四一）六月癸丑（初三）夜」。《隋書》修成於唐貞觀十年（六三六），距隋亡不到二十年，主持修撰者為貞觀名臣魏徵等。《北史》成書於唐顯慶四年（六五九），距隋煬帝死亦僅四十年，作者李延壽是大史學家。對於魏徵等人來講，隋煬帝史事幾乎就是親身經歷的當代史，他們能準確地記載年歲稍遠的隋文帝楊堅的出生年、月、日，卻不能記下距他們更近的隋煬帝出生的月、日，而僅略記年份，的確是很反常。究其原委，隋末喪亂史料散失而無從查考的可能性不大，主要恐怕還是與修史者的政治態度有關。從隋末喪亂到唐初貞觀之治既不足二十年，隋煬帝的所作所為在唐初人來說可謂記憶猶新，但人們記得最深刻的是煬帝的暴虐無道，以致民怨鼎沸，國家敗亡。唐初君臣強調「以隋為鑒」，把隋煬帝當作反面教員，修史者因而極力突出隋煬帝的殘暴荒淫，著力對他進行貶責，以至於連煬帝的生日也喪失了載入史冊的資格。在舊王朝時代，皇帝的生日即所謂「聖誕」，是朝廷百官乃至全國百姓都要慶賀的大喜日子，魏徵等從隋朝過來的人不知道煬帝

---

3 《隋書》卷三六〈文獻獨孤皇后傳〉。後名失載，《北史》卷一四〈隋文獻皇后獨孤氏傳〉記獨孤氏「諱伽羅」，應為她的小字，大名仍失載。舊王朝史書輕視女性，甚至貴為皇后也未能留下姓名。隋煬帝皇后蕭氏之名，史書也缺載，可見並非偶然。

4 《續高僧傳》卷二六〈隋京師大興善寺釋道密傳〉。

5 見《善見律・毘婆沙》卷六。查《中文大辭典》第三冊第六七七三頁：麼，據《篇海・類編》，乃佛名，又叫麼麼尼。又據《集韻・戈韻》：麼，女子美稱。

6 《隋書》卷三〈煬帝紀上〉；《北史》卷一二〈隋本紀下〉。

7 《關中勝蹟圖志》卷六。

的誕辰是不可能的。明知而不載，的確反映了修史者對隋煬帝的極度蔑視。

歷代王朝統治者都宣揚皇帝是上天在人間的代表，是天之子，人間之神，因此凡皇帝出生，降臨人間，史書總是要記載許許多多的祥瑞和非同尋常的「徵應」。如《隋書》記煬帝之父楊堅剛生下來時，母親抱起，「忽見頭上角出，遍體鱗起」，嚇得其母呂氏魂不附體，趕忙將這異子「墜於地」。然而，有心人馬上就會察覺，頭上長角，渾身有鱗，乃是「龍體」，是大貴之徵，真龍天子即人間天子。史書稱「有尼來自河東」，會見此狀，大喊：「已驚我兒，致令晚得天下。」[8]

宋代官修的大型類書《冊府元龜》更列有專門部類記載歷代帝王的「誕聖」和「徵應」，隋煬帝之前的隋文帝楊堅及其後的唐高祖李淵和唐太宗李世民的「誕聖」都有記載，並都有異常徵應。如隋文帝、唐高祖出生時皆「紫氣充庭」，唐太宗出生時的徵應更怪，竟「有二龍戲於宮門之外，三日而去」[9]。而阿麼既無「誕聖」，當然也就沒有任何「徵應」可言。頭上沒有長角，身上沒有起鱗，連生日都無從知道，真龍天子與阿麼是全無關係。然而，上述荒誕無稽的所謂龍的徵應純系捏造，清人牛運震認為是「小說家裝演之談，不足以溷正史」，「記敘亦殊乖舛」。[10]正史把「小說家裝演之談」彪秉史冊，的確是大大降低了《隋書》等正史的可信程度。

然而，近人岑仲勉則認為：「帝王靈異，率屬傅會……然亦不只《隋書》為然。」[11]翻開二十四史，幾乎每朝每代每一個皇帝出生，都會有這樣或那樣的徵應，聯繫到漢儒董仲舒發明的「天人感應」、「君權神授」說，也就不必大驚小怪。值得深究並使我們感到奇怪的倒是，正史既為那麼多的皇帝編造了那麼多的徵應，何以偏偏就不為隋煬帝編造一些徵應？隋煬帝頭不長角，生日無考，的確反映了唐代修史者對隋煬帝的態度，也可以說是存有某種偏見。

到正史《隋書》修撰兩百年後的唐代晚期，終於有人大膽為隋煬帝編造徵應了。翰林學士韓偓的《海山記》是專敘隋煬帝故事的傳奇小說，在韓偓筆下，阿麼出生時，「有紅光燭天，裡中牛馬皆鳴」，景觀和氣勢極為壯觀。據說阿麼之母獨孤伽羅曾夢見龍在體內，又「飛高十餘里，龍墮地，屋輒斷」，這可是不祥之征。伽羅將夢告訴丈夫，阿麼父楊堅「沉吟默塞不答」，三年後，楊堅抱著三歲的阿麼玩視，終於說破伽羅夢中的徵應：「是兒極貴，恐破吾家。」[12]出語驚人，令人不寒而慄，毛骨悚然。韓偓編造的徵應把阿麼說成是尚未出生就預定要做破敗家國的罪孽，生來就是個敗家子、禍國賊，有這樣的徵應還不如沒有。《海山記》對隋煬帝的貶損，可謂比《隋書》、《北史》又更進了一步。以後，關於隋煬帝的各種傳奇小說逐漸增多，韓偓又寫了《迷樓記》、《開河記》，到明清之時，就出現了專門以描述隋煬帝佚蕩亡國故事的長篇小說。如署名「齊東野人」編演的八卷四十四回《隋煬帝豔史》、袁於令編撰的六十回《隋史遺文》、褚人穫所著一百回《隋唐演義》等。這些小說在民間廣為流傳，影響巨大，所敘隋煬帝故事也大都根據韓偓所說加以演繹，清朝人更認為，其事「皆有所本」，「可謂無一字無來歷」。[13]隋煬帝令人厭惡的暴虐、荒淫的形象也就隨著小說的流傳，在民間生了根，甚至傳說「煬帝前生，乃終南山一個怪鼠，竊食九華宮藥，轉世人間作惡。」[14]

隋煬帝到底是怎樣一個人，怎樣一個皇帝？他是不是生下來就註定是一個禍國罪主？要撥開繚繞

8 《隋書》卷一〈高祖紀上〉。
9 《冊府元龜》卷二〈帝王部·誕聖〉。
10 《空山堂全集·讀史糾繆》卷一四。
11 《隋書求是》卷一「高祖生時靈異」條。
12 韓偓：《海山記》，歷代小史本。
13 梁紹壬：《兩般秋雨庵隨筆》卷七〈隋唐演義〉條。
14 《隋唐演義》第一〇〇回，上海古籍出版社一九八一年版。

在歷史上的雲霧，還其廬山真面目，問題尚相當複雜。我們既要為隋煬帝立傳，首先要做的就是史料爬梳和鑒別的工作，修史者的態度應該是客觀公正，既不隱善，也不遮惡，還歷史本來面目。好在舊史編纂者有意忽略隋煬帝生日的記載並不影響我們的煬帝傳記的寫作，反而讓我們對史料的真偽提高了警惕，對有關隋煬帝的史料，我們將加以重新鑒別，詳細審定。

胡漢混血兒　中原成一統

阿麼降臨人間，其時中國的時代特徵是由長久的分裂逐步走向統一。

從東漢獻帝初平元年（一九〇）董卓之亂首開分裂之局，到隋開皇九年（五八九）年輕的阿麼奉命統兵滅陳，重新統一全國，前後經歷了四百年的分裂割據，這是秦以後中國歷史上最長時間的一段分裂局面。這一時期，王朝更迭頻繁，割據政權林立，社會動盪不安。特別是西晉短暫統一後，圍繞著皇位爭奪爆發的「八王之亂」，最直接地毀壞了漢族王朝的統治的基礎，導致原居住在北部邊疆的五個少數民族匈奴、羯、氐、羌、鮮卑趁機入主中原，並以武力相繼建立胡族政權，漢族統治者則退據江南，建立偏安政權，形成南朝的漢族政權與北朝的胡族政權的對峙。

其時，南朝罵北人為索虜，北朝罵南人為島夷，南北界線一度極為嚴格。即使在鮮卑拓跋氏建立的北魏政權內部，也存在胡漢文化衝突，存在著漢化與反漢化的矛盾，並釀成內亂，進而引發六鎮胡化流民起義。然而，在民族融合的過程中，起決定作用的並不是血統，而是文化，因為野蠻的征服者總是被那些他們所征服民族的較高文明所征服。五胡雖以武力征服了中原，但高度文明的漢族文化卻反過來又征服了胡族。隋唐大一統正是民族融合的碩果。

二〇世紀三〇年代，當史學大師陳寅恪先生向國人昭示中國歷史上輝煌的唐王朝的李氏皇室有夷狄血統之時，國人大惑不解，難以相信也難以接受。其實，何止唐朝，隋朝皇帝隋煬帝，我們的傳主阿麼從血統上講就是一個典型的胡漢混血兒，其母獨孤氏乃是鮮卑化了的匈奴人。然而，從文化上講，無論是獨孤伽羅或是阿麼，都自認為是漢族人，並追溯源流自許為漢族文化世家。陳寅恪先生指出：「漢人與胡人之分別，在北朝時代文化較血統尤為重要，凡漢化之人即目為漢人，胡化之人即目為胡人，其血統如何，在所不論。」[15] 民族融合使文明程度較低的各少數民族迅速跨入了更高的文明階段，胡族融入漢族，為中華民族增加了新的血液，新的活力。阿麼的胡漢混血兒血統，一點也不妨礙他將成為中國皇帝，相反，倒是楊氏家族與胡族的廣泛聯姻，成就了隋朝的帝業。

說起隋朝的帝業，也就不能不把它與北朝幾個胡族王朝聯繫在一起。二十四史中的《北史》，講的是北朝歷史，其中就包括隋朝。隋朝的帝業是與北魏、西魏、北周的帝業一脈相承的。

北魏拓跋鮮卑源起於大興安嶺的崇山峻嶺之中，在大興安嶺北段頂巔的嘎仙洞，曾發現太平真君四年（四四三）北魏太武帝拓跋燾派人前往告祭其先祖所刻祝文。五胡十六國戰亂之際，拓跋氏先在代北立國，後又趁氐族前秦政權土崩瓦解復國建立北魏，入主中原，定都平城（今山西大同）。這個通過軍事征服建立起來的胡族政權能不能鞏固，其關鍵在於以高度文明的漢族為核心實現民族融合。北魏開國之初也曾自覺地進行了一些漢化改革，但比較徹底的改革是文明太后馮氏及孝文帝執政時完成的。孝文帝遷都洛陽，禁斷胡服胡語，改鮮卑姓氏為漢姓，如皇族拓跋氏改為元氏，勿忸於氏改為於氏，獨孤氏改為劉氏，紇豆陵氏改為竇氏等。又規定隨遷洛陽的鮮卑人一律以河南洛陽為原籍，並襲用門閥制度，規定鮮卑著姓元、穆、陸、于等與山東門閥崔、盧、李、鄭、王等門等相當。孝文帝改革加快了北方社會的民族融合，但確立新的門閥制度卻加深了社會階級矛盾。孝文帝死後，漢化的

15《唐代政治史述論稿》上篇統治階級之氏族及其升降，上海古籍出版社一九八二年版。

鮮卑代北門閥在中原優裕的生活中完全腐化，正光五年（五二四），北鎮胡化戍卒鎮民爆發大規模起義，六鎮義軍幾十萬人湧入中原，北魏政權滅亡了。六鎮鮮卑在高歡統率下掃平河北，建立東魏，西元五五〇年高歡子高洋廢東魏建立北齊。關隴地區則由賀拔岳、宇文泰率領的武川鎮軍團平定，建立西魏政權。西元五五六年，西魏執政宇文泰死，其侄宇文護廢西魏建立北周，擁宇文泰嫡長子宇文覺為帝。為了爭奪中原霸權，周齊之間戰爭不斷。南朝在西元五四八年侯景之亂後，元氣大傷，西元五五七年占領建康（今江蘇南京市）的梁軍統帥陳霸先廢梁自立為帝，建立陳朝，但其統治區域只及梁朝的一半，是為南朝最後也是最弱的一個王朝。

到西元五六九年阿麼出生時，中國大地除有名無實的江陵後梁政權外，實際上存在北周、北齊及陳三個王朝，「三方分跱凡四十四年」。[16] 李贄論曰：「群雄未死，則禍亂不息，亂離未甚，則神聖不生。」[17] 由於民族融合，南北界限愈來愈小，全國大一統的前景就在眼前。誰來完成這統一大業？誰是成就中國歷史上第二次大一統之局的英雄帝王？歷史的機遇落到了誰的頭上？阿麼在這樣一個歷史轉折關頭降臨人間，真可謂生逢其時啊！

江山代有才人出，首開統一之局的英雄聖王，起先還輪不到楊氏父子，而是阿麼出生時的當朝天子周武帝宇文邕。

宇文邕是開創北周帝業的太祖宇文泰的第四個兒子，生於西魏大統九年（五四三），比阿麼年長二十六歲，恰為整整一代人的年輪之差。宇文邕出生時，據說有「神光照室」[18]，其父宇文泰曾誇耀他說：「成吾志者，必此兒也」。西元五五六年父親死時，宇文邕才十三歲，雖有三個哥哥，但父親屬意的嫡兄宇文覺尚未成年，宇文泰只好將政權交給其侄，即宇文邕的堂兄宇文護。宇文護掌權後，即按照叔父的遺願推宇文覺取代西魏，稱周天王（閔帝）。據史載，宇文泰生前曾為子嗣問題煩惱，時庶子宇文毓居長，已有成德，嫡子宇文覺尚沖幼，曾詔群公議，說：「孤欲立子以嫡，恐大司馬有疑」[19]，大司馬即阿麼外祖父獨孤信，是德高望重的開國元勳。獨孤信傾向於擁立其女婿宇文毓，反對由年僅十五歲的宇文覺繼位。但是，柱國大將軍于謹等同意宇文泰立嫡子宇文覺，由位望素卑的宇文護行周公事。楚國公趙貴、衛國公獨孤信怏怏不服。結果宇文護殺趙貴，獨孤信也被迫自殺。宇文護自封為晉國公，任大司馬，後又遷大冢宰（相當於首相），專制朝政。不久竟廢殺閔帝宇文覺，改立宇文毓（西元五五七年），是為明帝。明帝是阿麼的姨父，皇后獨孤氏即獨孤信之長女，但宇文毓當皇帝還不及四年，至西元五六〇年又被宇文護毒殺。宇文護又改立十七歲的宇文邕，是為周武帝，大權仍總歸於相府。周武帝形同傀儡，連北齊人也說宇文護是「外托為相，其實主也」。[20]宇文護重用相府僚屬，阿麼的祖父大將軍楊忠則由於得到于謹的信用，頻頻領兵出征，因軍功地位步步提升，成為北周最有聲望的統帥。但楊忠始終沒有依附於宇文護，周武帝想提拔軍功卓著的楊忠為太傅，宇文護以「不附己」而不同意。楊忠也看透了宇文護不能久安其位，不肯上他的賊船，保持了武將名節。

宇文護前後執政十五年之久。作為宇文泰的至親，他忠於宇文氏帝業似無問題，他廢殺宇文泰兩個兒子而不自立，又繼立宇文泰另一個兒子宇文邕為帝，即可證明。但皇位不可僭越，皇權不能旁落，周武帝十年不能親政的傀儡地位豈能長久忍耐。天和七年（五七二），即阿麼四歲的那一年的三月丙辰（十八日），影響北周政局及阿麼家族命運的宮廷政變終於發生了。這一天，宇文護從同州回到京師長安，坐了十多年冷板凳年已三十歲的周武帝在文安殿接見後，即按常規引這位堂兄入含仁殿

16 王鳴盛：《十七史商榷》卷六六〈天下三分〉條。
17 李贄：《藏書》卷一〈世紀總論〉。
18 《周書》卷五〈武帝紀上〉。
19 《周書》卷二五〈李賢傳〉。
20 《北齊書》卷一六〈段榮傳附子段韶傳〉。

朝見皇太后。先前武帝在宮禁之中見宇文護時，從來不敢擺皇帝架子，以家人之禮取代君臣之禮。宇文護謁見皇太后，太后一般都讓他坐著，而武帝則侍立在旁。這次宇文護入見之前，周武帝詭稱太后近來脾氣不好，喜歡喝酒，希望堂兄朝見時能好言相勸，並將準備好了的《尚書．酒誥》一文交予宇文護。宇文護未加警覺，覲見太后時，即按武帝意思向皇太后慢慢宣讀《酒誥》，勸太后戒酒愛惜身體。尚未讀完，武帝突然從後面用玉珽猛擊宇文護的腦袋，宇文護當即暈倒在地。武帝急令身邊的宦官何泉用御刀斬下宇文護的首級，何泉因恐懼而手軟，竟不能傷。這時早已埋伏在戶內的衛王宇文直衝了出來，連砍數刀，將宇文護斬首。這場驚心動魄的宮廷政變就這樣以皇帝的勝利而告終，宮牆之外竟無人知曉。收拾停當後，周武帝召宮伯長孫覽等告諭百官，下詔宣布宇文護的罪狀，下令收斬宇文護諸子及其親信黨羽，並大赦天下，改元建德。大周皇權終於回到了皇帝手中。

北周武帝誅權相宇文護成功，對阿麼的家族有很大的影響。宇文護專政時誅滅功臣，阿麼的外祖父獨孤信也被迫自殺，父親楊堅嗣位大將軍，也受到猜忌，宇文護幾次想加害於他，因大將軍侯伏、侯壽等匡護才得以免禍。周武帝親政後，情況發生了轉變，武帝下令恢復了獨孤信等功臣的名譽，並重用功臣勳貴子弟，楊堅的地位得到升遷。建德二年（五七三）九月壬午（十九日），周武帝為皇太子宇文贇迎娶楊堅十三歲的女兒楊麗華為妃，楊麗華即阿麼的大姐，五歲的阿麼一下子成了皇親國戚。楊堅成了皇帝的親家翁，周武帝對他「益加禮重」，政治地位也大為提高。

周武帝是一位具有雄才大略的英明皇帝，親政後即開始整飭內政，積極準備討伐北齊，進而統一全國。要消滅北齊，必須富國強兵，武帝雖重申均田令，擴大府兵，但因關隴地區地瘠民貧，深感財力和人力的不足。武帝自己生活簡樸，「後宮嬪禦不過十餘人」，但許多青壯年人丁「假慕沙門，實避調役」[21]，出家當了和尚。時北周寺院萬余，僧侶約一百萬，他們不納租調，使國家的財政收入減少，編戶齊民的賦役負擔加重，佛教寺院已成為國家的大蠹。建德三年（五七四）五月，周武帝毅然下詔廢佛，把境內佛教寺廟、銅像、貲產及土地全部沒為國有，充作伐齊軍費，百萬僧侶和依附於寺廟的僧祇戶、佛圖戶，編為均田農民，青壯年則編入軍隊，所謂「求兵於僧眾之間，取地於塔廟之下。」[22]道教也一併廢除。周武帝毀佛雖然是一件利國利民的好事，但也傷了許多信徒的感情，對於深信佛法的阿僿父母來說，不能不深感遺憾，然而，面對君主，他們除了服從以外，不敢有任何公開異議。阿僿父母曾在家裡隱藏並保護了幾個僧侶，後來楊堅執掌政權之時，立即宣布恢復佛教，說明阿僿一家對毀佛是反對的。

話分兩頭說，正當北周整兵習武，改革內政的時候，東鄰的北齊卻擁立了一個昏君，政治日益敗壞。北齊在當時中國境內鼎足而三的三個政權中最為富庶，綜合國力最強，然而以六鎮中的懷朔鎮的中下級軍官為骨幹，獲得趙、魏一帶世家大族擁護而起家的高歡、高洋父子，對於「聚斂無厭、淫虐不已」的鮮卑勳貴從來不加限制，政治日漸腐敗，皇室內部爭權奪位，上層統治階級中鮮卑族與漢族之間的漢化與反漢化的矛盾錯綜複雜。西元五六〇年，高洋子廢帝高殷被叔父高演、高湛殺死，高演繼位，不一年驚死，高湛繼立為帝，在位四年，忽聽「太史奏，天文有變，其占當易王。」[23]驚恐不已的高湛立即傳位給九歲的皇太子高緯，自己當太上皇。後主高緯即位，改元天統元年（五六五）。天統四年（五六八）十二月辛未（初十），三十二歲的太上皇高湛崩，十二歲的後主高緯得以親政，這個孩子除了信用乳母陸令萱之外，啥也不懂。陸令萱舉漢士族祖珽為宰相，薛道衡、李德林、顏之推等掌機要。祖珽用事，殺六鎮鮮卑勳貴斛律光，驅逐胡人在朝廷中的勢力，結果反被排擠。陸令萱

21《魏書》卷一一四〈釋老志〉。
22《廣弘明集》卷二七周釋曇積〈諫周高祖沙汰僧表〉。
23《北史》卷八〈齊本紀下〉。

之子穆提婆、後主寵臣高阿那肱等幸臣群小在內中掌握大權，大肆殺戮「漢兒文官」，祖珽送命，朝廷顯官於是又清一色盡是鮮卑貴族，政治更加腐敗。

後主高緯雖年少，但特別荒淫，好尚聲色，多內寵。陸令萱將後主寵幸的宮女黃花收為養女，賜姓穆，被立為皇后。自後高緯昏飲無度，以致當時流行一首童謠說：「黃花勢欲落，清觴滿杯酌。」[24]武平七年(五七六)二月辛酉(十二日)，後主竟下令「括雜戶女，年二十已下，十四已上未嫁，悉集省，隱匿者，家長處死刑。」[25]已二十來歲了，後主仍像頑童，唯知嬉戲，不見朝士，有時讓人穿上北周士兵的衣服，自己率宮內宦官去與之格鬥，以逞快意。後主還能自彈琵琶，常彈〈無愁〉之曲，近侍宮人隨曲唱和，民間稱為「無愁天子」。唐人韓偓有詩曰：「任道驕奢必敗亡，且將繁盛悅嬪嬙。」[26]這樣一個荒淫的「無愁天子」當國，國家不亡才怪呢。

正當北齊後主驕奢淫逸，不理國政之時，北周武帝卻在勵精圖治，積極進取。他北結突厥，南連陳朝，約共伐齊，中分天下。為了得到新興的突厥汗國的支持，周武帝甚至迎娶了突厥公主阿史那氏，立為皇后。北齊的四周都是敵國，國家已處於危亡之中。

西元五七三年，南方的陳朝首先揭開了滅北齊戰役的序幕。這年是陳太建五年（五七三），三月，陳宣帝陳頊命大將吳明徹統兵十萬北伐，大敗齊軍，盡複淮南之地。太建七年（五七五）閏九月，陳軍又在呂梁（今江蘇徐州市東南五十里）大破齊兵。這時北齊衰亂已極，陳軍如果乘勝推進有可能滅掉北齊。但陳宣帝非聖主，其目的僅限於收復淮南失地，苟安江表，因此，停兵淮南，坐失良機。

北周武帝宇文邕卻乘陳軍北伐牽制住北齊一部分兵力的時候，於建德四年（五七五）七月調集十八萬大軍，伺機東征，其中隨國公楊堅率領一支三萬人的舟師由渭水進入黃河，企圖一舉攻占洛陽。齊右丞相高阿那肱率軍來援，周軍受阻於河陽北城（今河南孟縣），適值武帝染疾，周軍暫時退兵。第二年十月三日，武帝再度出師征討北齊，周軍避開河洛一帶聚結的北齊精兵，改入山西。武帝親統步騎十四萬五千人，直指平陽（今山西臨汾市西南），二十七日占領平陽。此時北齊後主高緯正在不遠的晉陽（今山西太原市），十月十一日，後主帶了寵妃馮淑妃在天池（今山西寧武縣西南管涔山上）打獵，晉州告急的文書，「自旦至午，驛馬三至」，幸臣高阿那肱說：「大家（指皇上）正作樂，邊鄙小小交兵，乃是常事，何急奏聞。」[27]待平陽城陷的消息傳來，後主想提早回晉陽城，馮淑妃卻「請更殺一圍（獵）」，齊後主竟欣然聽從。

高緯回到晉陽後，即調集六鎮鮮卑主力十萬多人，來爭奪平陽。周軍主動撤至玉璧（今山西稷山縣南二十里），留梁士彥率精兵一萬守平陽城，北齊軍隊包圍平陽城，猛攻一個月而不能下，士氣漸衰。十二月初，北周武帝又集結八萬主力，在平陽城南與北齊決戰。兩軍交鋒，相持不下，齊軍東翼稍微有些退卻，在陣上觀戰的馮淑妃和宰相穆提婆以為是打了敗仗，忙慫恿後主撤退，後主不懂兵陣，又貪生怕死，當然聽從。後主一跑，齊軍心渙散，結果大潰。北齊主力十萬六鎮鮮卑被打垮了，北周軍隊乘勝攻占重鎮晉陽，並轉向齊都鄴城（今河北滋縣南）。

後主高緯先是想逃奔突厥，後又改道逃回鄴都，下令立重賞募戰士再戰，但真的要動用宮中寶物時高緯卻又捨不得。大將斛律孝卿請後主出來親自勞問將士，並事先準備好了演講辭，希望後主能說得慷慨流涕，以感動人心。但後主出宮見到將士時，早已忘記了背好的勞問辭，面對眾多士兵竟不知所以地大笑，左右侍從也跟著笑，一片喧嘩，將士怨怒，皆無鬥志。這時，宰相穆提婆以下多已投降北周，後主見大勢已去，趕忙禪位給八歲的兒子高恒，自稱太上皇，準備逃往南方的陳朝，結果在逃

24 《北齊書》卷九〈穆後傳〉。
25 《北史》卷八〈齊本紀下第八〉。
26 韓偓：〈北齊二首〉，見《全唐詩》卷六八二。
27 《北齊書》卷五〇〈恩幸・高阿那肱傳〉。

途中被周追兵俘獲。西元五五七年正月，北周攻破鄴城，北齊亡。

在周齊平陽決戰之前，有軍正王紘曾對周武帝說：「齊失紀綱，於茲累世。天獎周室，一戰而扼其喉。取亂侮亡，正在今日。」[28]取亂侮亡一詞出之於《尚書．仲虺之誥》，在《資治通鑒》敘魏晉南北朝史事中多次出現，意思是趁敵國內部荒亂矛盾重重之時滅亡它。吾師王仲犖教授總結這段史實時指出：「一個國家，一個政權，如果內部安定團結，無論敵人怎樣強大，也不見得會被消滅掉。」一個國家的強弱之勢，主要看自己內部是否安定團結，而不是看其表面上的版圖和物質力量。[29]北齊之亡，正是主要亡在其內部，後主對於關係到國家存亡的大決戰，竟視若兒戲，擁美女馮淑妃上前線，軍機大事竟不如與淑妃美人圍獵重要，身為皇上，卻沒有半點責任感，只知玩樂。兩軍相爭，淑妃觀戰，軍旗一動，淑妃先逃，以致牽動全域，招致潰敗。在亡國關頭，後主竟連一句激勵將士的演說詞都說不出，甚至連傷心痛哭也做不到，只會對著將士傻笑。唐代詩人李商隱就此作詩二首，諷刺云：

（一）

一笑相傾國便亡，何勞荊棘始堪傷；

小憐玉體橫陳夜，已報周師入晉陽。

（二）

巧笑知堪敵萬幾，傾城最在著戎衣；

晉陽已陷休回顧，更請君王獵一回。[30]

北齊後主是一個最典型的昏君，北齊亡就亡在他的遊嬉之中。北周武帝可謂一位聖君英主，是他開啟了隋唐大一統的序幕。

一個昏君，一個英主。滅齊之役是阿麼記事以來所聞知的最大一次戰役，父親隨國公楊堅作為右三軍總管也隨周武帝參加了作戰，有關聖君和昏主的事蹟阿麼也有所聞知，在他那幼小的心靈留下了深深的記憶，並影響了他一生。北周的勝利使北方重新統一，意義十分重大，北方周、齊對峙局面的結束，為此後的南北統一打下了良好的基礎。

再說南方的陳朝。在北周武帝滅北齊之際，陳宣帝卻又想乘虛奪取北齊的徐州、兗州之地，於是令吳明徹向北推進。太建十年（五七八）二月，陳以水軍進圍徐州，周武帝即派王軌率兵進援，在清口（今江蘇淮陰西，古泗水入淮之口）以鐵鎖系車輪數百沉於江中，堵塞航道。陳軍人心動搖，不得不撤退，至清口受阻，船不得渡，北周騎兵襲來，陳軍大潰，主將吳明徹以下三萬餘人全部被周軍俘獲。此役史稱「呂梁覆車」，僅驍將蕭摩訶、任忠、周羅睺等率騎兵數千回到淮南。此後北周把兵鋒轉向淮南，至翌年冬，盡占江北、淮南之地。一時北周的疆土，南抵長江沿岸，陳朝的江東政權至此已搖搖欲墜了。

周武帝宇文邕的志向是「平突厥，定江南，一二年間，必使天下一統。」[31]建德六年（五七七）五月，周武帝又率師北伐突厥，但因途中染疾而班師回長安，並於五月丁酉（二十五）夜駕崩。雄才大略的周武帝突然病逝。統一中國的事業因武帝病逝暫告中斷，於是楊堅、楊廣父子相繼登上了歷史的大舞臺。

28《資治通鑒》卷一七二，陳宣帝太建八年。
29 王仲犖：《魏晉南北朝史》上冊，序言，上海人民出版社一九七九年版。
30〈北齊二首〉，見《全唐詩》卷五三九頁。
31《周書》卷六〈武帝紀下〉。

第二節　父祖榮華　關隴貴胄

清代學者趙翼注意到南朝宋、齊、梁、陳四朝開國君主的出生地，均集中在今蘇南地方「數百里內」，而特別是北周、隋、唐三代之祖「皆出於武川」。區區彈丸之地的武川鎮，竟孕育出了三姓帝王，建立了三個王朝，不能不使世人感到驚異。趙翼無法解釋其原委，遂將其歸結為「王氣所聚，碩大繁滋」，認為人間有「王氣」，流轉不常，有時「厚集其力於一處，則帝王出焉。」[32]

王氣之說不可相信，半個世紀之前，陳寅恪先生在其精確考證的基礎上，指出楊隋、李唐均非出自六鎮。又經潛心研究，依據西魏、北周、隋、唐四個相繼建立的政權的開創者宇文泰、楊堅、李淵俱出自一個共同背景的軍事政治集團的基本事實，提出「關隴集團」和「關中本位政策」的卓越見解，深受中外學界的關注。「關隴集團」的論述對中外中國中古史的研究影響巨大，凡研究有隋一代史事和寫作隋煬帝傳記者，不能不有所借鑒。

偽造譜系　冒稱門閥

帝王既自認為是「天子」、「龍種」，歷代帝王不但為自己造作徵應、神話，而且不遺餘力地為自己編造家譜，編造自己祖先的富貴榮華，而儘量遮蓋祖先的醜陋和貧寒。北魏宰相漢族世家大族崔浩就是因為修撰北魏國史，沒有為拓跋氏先祖遮蓋醜事，「暴揚國惡」，惹怒皇帝而被誅殺，牽連坐罪被殺者達兩千多人。

另外，魏晉南北朝又是講究家世門第的門閥社會，「士庶之際，實自天隔」[33]，士族門閥壟斷政府重要官職，世代當官，寒門庶族則被排擠於士流之外。相傳中國古代達官貴人家的大門外有兩根柱子，左邊的叫「閥」，右邊的叫「閱」，經常用來榜貼本戶的功狀，閥、閱於是成了做官人家的一種標誌。因此，其時世代為官的人家，又稱閥閱、門閥或士族門閥，也稱世家大族。魏晉南北朝選官實行「九品中正制」，選用官吏不問才能，專看家世門第，有些朝代還劃定一整套維護門閥特權的等級制度，對士族和庶族嚴加區分，叫做「門閥制度」。門閥士族以官位自固，獨占清流美職，視寒人和庶士所居之官為濁流濁職，把清濁兩途嚴格區分開來。而南北朝時期，大量寒門庶族通過軍功及其他途徑入據高官，寒人庶族常常偽造譜牒，篡改戶籍，冒充士族，特別是冒稱著名大門閥之後。他們竭力使自己擠入門閥行列，使偽造譜牒之事極為普遍，甚至連隋唐兩代帝室也不例外。

如李唐王朝就自稱出自隴西李氏，為十六國時西涼王朝李暠之正支後裔，而李暠的先祖，竟追溯到了西漢時抗擊匈奴的飛將軍李廣。然而，陳寅恪先生卻依據翔實的史料，考證出李唐先世「李初古拔」的事蹟，依照「南北朝庶姓冒稱士族之慣例」的「常識」進行判斷，認定李唐先世若非趙郡李氏之「破落戶」，即是趙郡李氏之「假冒牌」，其家族與隴西李氏沒有任何關係，與飛將軍李廣更是風馬牛不相及。有唐一代記述皇室淵源的「官書」，「大部盡屬後人諱飾誇誕之語」。[34]

李唐屬「假冒牌」，正史所載隋朝帝室的譜系又如何呢？陳寅恪先生也認為是「偽冒相傳」。我們先來看看《隋書．高祖紀》：

> 高祖文皇帝姓楊氏，諱堅，弘農郡華陰人也。漢太尉震八代孫鉉，仕燕為北平太守，鉉生元壽，後魏代為武川鎮司馬，子孫因家焉。元壽生太原太守惠嘏，嘏生平原太守烈，烈生甯遠將軍

32《廿二史劄記》卷一五〈周隋唐皆出自武川〉條。

33《宋書》卷四二〈王弘傳〉。

34 陳寅恪：《唐代政治史述論稿》上篇〈統治階級之民族及其升降〉。

禎，禎生忠，忠即皇考也。皇考從周太祖起義關西，賜姓普六茹氏，位至柱國、大司空、隋國公。

這個世系應該出自隋朝皇室家譜。楊隋認祖籍為弘農華陰，追溯十四代，把東漢太尉楊震認作先祖。弘農楊氏與汝南袁氏在東漢是世代冠冕之家，「四世三公」，是漢魏之際頭號士族門閥。有這樣的祖先支撐門面，的確是值得榮耀的。

但比較《周書．楊忠傳》所述楊氏先世，卻與《隋書》大有出入。《周書》雖仍記楊氏原籍弘農華陰，但沒有提及楊震，也沒有提及北燕北平太守楊鉉，其祖先只追溯至始居武川鎮的楊元壽，而且，楊元壽以下少了太原太守楊惠嘏。《隋書》中楊元壽之孫楊烈在《周書》中成了楊元壽之子，就是說《隋書》中阿麼的六世祖楊元壽在《周書》中成了五世祖，少了一代人。記載隋皇室世系的《隋書》和《周書》都是唐初人修撰，出現這樣大的脫誤，豈不滑稽？這不能不讓我們對隋皇室譜系感到懷疑，而認為楊隋弘農楊氏的世系有「假冒牌」之嫌。《周書．楊忠傳》取材於楊忠墓誌，墓誌雖早已失傳，但宋朝著名女詞人李清照的丈夫趙明誠曾以《普六茹忠墓誌》校閱《周書．楊忠傳》，指出兩文內容相同。[35]由此來看，《周書》的記載似乎更可靠一些。楊忠卒於楊堅稱帝建隋之前十三年的周武帝天和三年（五六八），他本人功勳卓著，地位顯赫，似無必要攀附楊震為祖宗，更何況當皇帝他連想也不敢想，因此墓誌述家世由落籍武川的楊元壽開始。據《周書》記載，楊元壽「魏初為武川鎮司馬，因家於神武樹頹」縣。[36]《周書》又載：楊忠祖父楊烈為「龍驤將軍，太原郡守」，父親楊禎，「以軍功除建遠將軍」。《隋書》則記為「甯遠將軍」。一家數代均為中級軍官。

這個武川鎮到底有什麼特別之處呢？

武川鎮是北魏政權建立之初，為抵禦北邊柔然遊牧民族的侵擾，拱衛當時的首都平城（今山西大同市）而建立的六個軍事據點之一[37]，其地在今內蒙古武川縣西南烏蘭不浪土城梁大青山中分之北缺口處。[37]另外五個軍鎮沃野、懷朔、撫冥、柔玄、懷荒也都分別排列在從今內蒙古河套平原的五原縣到今河北張家口一帶的塞外風沙塞土之中。正光五年（五二四），六鎮起義爆發，作為中級軍官的楊禎站在北魏朝廷一邊，沒有參加起義，舉家避亂於中山（今河北定縣），並糾集武裝「義徒」討伐已進入河北的由鮮于修禮統率的六鎮義軍，結果被義軍打死。這是史書所載楊忠先祖最具體的一個「事蹟」。

然而，上述有關阿麼六代（或五代）祖楊鉉，至其高祖父楊禎的記載是否可靠呢？查近人陳仲安所編《北朝四史人名索引》，楊鉉、楊元壽、楊惠嘏、楊烈、楊禎等，除上述記載外，全無事蹟可言，此外再也沒有出現過他們的名字。或許，他們官品低微，不足以上正史，史書無事蹟可尋，尚不能否定這些人的存在。且楊忠在北周保定三年（五六三）率師會突厥進擊北齊時，曾「出武川，過故宅，祭先人」。[38]似乎證明阿麼先祖的確曾居住在武川鎮，不然，以楊忠當時元帥之位，更沒有必要在軍戎之際，當著上萬將士之面，故意造作「祭先人」的鬧劇。

我們暫且不說楊氏先祖是否曾家居武川鎮，就是阿麼祖父楊忠的先祖數代當太守、司馬和將軍的官宦記錄也是頗為值得懷疑的。

我們還可從阿麼的祖母，即楊堅的母族去進行考察。

隋文帝楊堅的母親叫呂苦桃，「其族蓋微」，家居山東。北周滅北齊之後，楊堅四處求訪其母族，

35 《金石錄》卷二三一。
36 《周書》卷一九〈楊忠傳〉。按《魏書》卷一〇六〈地形志上〉朔州神武郡屬縣記作「殊頹」，這個縣，當是武川鎮所領屬縣。
37 張郁：〈內蒙古大青山後東北魏古城遺址調查記〉，載《考古通訊》一九五八年第三期。
38 《周書》卷一九〈楊忠傳〉。

不知所在，一直到楊堅建立隋朝後，仍在多方尋找，到開皇初年，濟南郡上言，說有男子叫呂永吉，自稱其姑媽叫呂苦桃，是楊忠妻，經過仔細「勘驗」，隋文帝楊堅確定他就是自己的表弟，是舅舅的兒子。皇上楊堅總算是找到了外祖家，於是隆重追贈外祖父呂雙周為上柱國、太尉、齊郡公等，謚曰「敬」。外祖母姚氏為齊敬公夫人，並下詔改葬、立廟，由表弟呂永吉襲爵，留居京師。一直到阿麼當皇帝時，也沒有忘記這位表叔，曾授予上黨郡太守的官爵。但阿麼這位表叔純粹是個鄉巴佬，沒有文化，當然不是當官的料，「性識庸劣」，「職務不理」。呂永吉的叔父呂道貴則更加丟人，此人「性尤頑騃，言詞鄙陋」，剛從鄉里征入長安時，文帝楊堅見到親舅舅十分傷感，為之「悲泣」，但這位舅舅在皇上面前卻「略無戚容」，連呼楊堅姓名，不知忌諱，說：「種末定不可偷，大似苦桃姐」。[39]意思是說呂氏的種末血統不可作偽，楊堅與他苦桃姐長得真像。此話當真，卻弄得隋文帝臉無光彩，甚感恥辱，只好厚加供給將他好好養起來，而不許他接對朝士，禁止他四處亂說，丟人現眼。後來，乾脆封他一個濟南太守，讓他出朝，免得在朝廷上出醜。但呂道貴回到本鄉卻到處宣揚自己是當朝皇舅，吃喝游宴，作威作福，官府百姓又不敢對這位皇舅怎麼樣，搞得上下騷然，一片喊苦之聲。

南北朝時的門閥制度最講究婚姻的門當戶對，反對「婚宦失類」，為保持門閥高貴的血統，只許在同等士族之間聯姻，而絕對不許與庶族通婚。出自東漢「四世三公」楊震之後的弘農楊氏一二代孫楊忠，竟會娶窮鄉巴佬家的呂苦桃為妻，這在當時是不可想像的。且苦桃這名字很土氣，一看就知是農家女孩，決不會是名門閨秀。隋文帝外祖濟南呂氏貧寒身世從一個側面告訴了我們，楊氏家族並非門閥世家的弘農楊氏，而是與呂氏同類的寒庶之家。陳寅恪先生稱：「從文帝母系來看，疑楊家本系山東楊氏。」[40]這一推測是正確的。

楊忠、楊堅自謂弘農楊氏之後，不是「假冒牌」，就是「破落戶」，否則是不會「婚宦失類」，與貧寒的濟南呂氏為親家的。由此推知楊忠先祖那些太守、司馬、將軍的官銜，也是編造的。楊忠之父建遠將軍楊禎糾集「義徒」鎮壓六鎮義軍的事蹟也可能是偽造，若真有楊禎其人其事，也可能與宇文泰、賀拔岳的父親一樣，先是參加了起義，後來又叛變，最後死於亂軍之中。總之，楊忠之前的楊氏先祖，沒有一個舉足輕重的人物，根本就不是門閥之家，也許根本就不存在楊鉉、楊禎這些人。後來楊堅建立隋朝，追封其先祖時，也僅僅只是追尊皇考楊忠為武元皇帝，廟號太祖；皇妣呂苦桃為元明皇后[41]，而就此為止。楊忠以上的楊禎、楊烈等，因虛無飄渺，還是不封為好。

楊隋出自山東的可能性極大，但隋唐皇室為張大祖業，偽造譜系，「自稱弘農楊震、隴西李暠之嫡裔，偽冒相傳，迄於今日，治史者竟無一不為其所欺，誠可歎也。」[42]目前所見通史、斷代史、專著，甚至新出版的中國大百科全書中的中國歷史、隋唐五代史、隋文帝條目[43]，都沿稱楊隋出自弘農楊震之後的說法。臺灣商務印書館還出版了一本由仲偉烈纂注的《隋文帝家世史料箋注稿》一書，「上起楊震，下迄隋文即位，凡十餘萬言」。[44]對其偽造的譜系，仍深信不疑。古人云：盡信書，不如無書。即使是正史帝王家譜，也有故意欺人之處，讀者不可不小心，謹防上當。

39《隋書》卷七九〈高祖外家呂氏傳〉。
40《陳寅恪魏晉南北朝史講演錄》第一七篇第六節，萬繩楠整理，黃山書社一九八七年版。
41《隋書》卷一〈高祖紀上〉。
42 陳寅恪：《唐代政治史述論稿》上篇〈統治階級之氏族及其升降〉。
43《隋唐五代史》，中國大百科全書出版社一九八八年版，第三四八、三五〇頁。
44 仲偉烈：《隋文帝家世史料箋注稿》，臺灣商務印書館一九七三年版。

祖父楊忠　封隨國公

阿麼的先祖出身卑微，那麼，楊氏的發跡又依仗於什麼呢？

楊氏的發跡，完全是依仗於阿麼祖父楊忠的軍功。另外，外祖父獨孤信也具有重要影響。

楊忠小名叫奴奴，生於北魏正始二年（五〇五），關於他小時的情況，史書沒有記載，只知他長大後生得魁梧雄壯，「美髭髯，身長七尺八寸，狀貌環偉，武藝絕倫，識量沉深，有將帥之略。」45 十八歲時，也就是北魏正光四年（五二三），楊忠「客游泰山」，遇到南朝梁軍攻陷郡城，被梁軍俘獲，到了江南。楊忠為什麼這個時候「客游泰山」？從什麼地方而去？是不是由武川鎮去的？史書均閃爍其詞。《隋書》載楊忠的祖父曾任平原太守，平原郡治在今山東聊城市東，距濟南和泰山都很近，或許楊忠家就居住在這一帶。又《周書．楊忠傳》又記西魏「追封」楊忠母蓋氏為北海郡君，北海為今山東濰坊西南，也距泰山較近。以後幾年，六鎮、河北連續起義，這一帶已是兵荒馬亂，楊忠的父親楊禎竟死於中山（今河北定縣）。

然而，查史書，北魏正光四年或梁武帝普通三年（五二二），並沒有南北交兵之事。因此，也就不可能出現梁軍攻陷泰山郡城，抓走楊忠之事，這說明此段史實，也有疑點。楊忠之父死於中山，楊忠本人卻客游泰山，史事相悖，也不合情理。陳寅恪先生把這段歷史與河北邢杲之亂聯繫起來，據《魏書．高涼王孤傳附上黨王天穆傳》記載：六鎮起義後，義兵在吐火洛周、鮮于修禮率領下向河北挺進，迫使幽冀一帶人口向南遷徙，前幽州北平府主簿邢杲率領這十幾萬幽冀流民進入青州之北海，因無食，只得以榆樹葉充饑，被黃河以南的當地居民罵為「踏榆賊」。這些人由於遭到土著居民的淩辱，在邢杲領導下群起反抗，舉行起義。

楊忠很可能參加了邢杲領導的流民起義，充當「踏榆賊」，失敗後逃到南朝。由於傳統史觀視農民起義為大逆不道，其子孫認為不光彩，故採取隱晦之筆，把這段歷史加以隱瞞，捏造梁軍陷郡俘獲楊忠的情節。

西元五二八年，南朝的梁武帝趁北魏六鎮起義後的內部戰亂，命大將陳慶之率眾七千護送降梁的北魏北海王元顥去洛陽爭奪帝位，好充當自己的傀儡，染指北方。二十三歲的楊忠也被征入了這支軍隊，隨軍回到北方，被提拔為直將軍。後北魏丞相爾朱榮遣爾朱兆、賀拔勝率軍反攻洛陽，殺北海王元顥，梁軍全部陷沒。具有八尺身長、將帥之表的楊忠被爾朱榮的從弟爾朱度律看中，召為帳下統軍，於是，楊忠加入了契胡爾朱氏軍事集團。

在爾朱氏逐漸龐大起來的軍隊中，有許多收編過來的六鎮兵將和六鎮義軍，其中有一支驍勇善戰的武川鎮軍團，由鎮將賀拔勝、賀拔允、賀拔岳兄弟率領。

永安三年（五三〇）二月，北魏大丞相爾朱榮派遣其侄、武衛將軍爾朱天光為主帥，賀拔岳、侯莫陳悅二人為副帥，率領一支以武川鎮兵為主的軍團，征討關隴。後來創建西魏政權的宇文泰這時即為賀拔嶽的部將。這支人數並不太多的軍團由於得到關隴地區地方豪族的支援，迅速平定了萬俟醜奴率領的起義軍，控制了關隴地區，後來建立西魏，成為北周、隋、唐王朝統治階級的核心。為此，有學者乾脆將這支建功立業，創周、隋、唐三代基礎的集團，稱為「武川鎮軍閥」。[46]

但從史書記載來看，楊忠並沒有參加爾朱天光軍團，他與宇文泰起先也沒有什麼關係。永安三年（五三〇）九月，北魏孝莊帝元子攸在洛陽殺大丞相爾朱榮，爾朱兆自并州起兵攻入洛陽，殺孝莊帝，

45《周書》卷一九〈楊忠傳〉。

46 谷川道雄：〈武川鎮軍閥の形成〉，載《名古屋大學東洋史研究報告》第八輯，一九八二年一一月。

楊忠也參預了爾朱兆的行動[47]，可見當時他人並不在關中，從後來他隨從賀拔勝進擊梁朝來看，楊忠與獨孤信一直隨從賀拔勝。楊忠與獨孤信的關係最為密切，可謂是患難之交。

在爾朱兆自并州起兵之時，關中的爾朱天光也率軍東返為爾朱榮報仇，由於爾朱氏內部不團結，他們最後被高歡率領的六鎮鮮卑消滅。這時，北魏孝武帝元修因受新任大丞相高歡的欺壓，任命賀拔岳為關西大行臺，希望他率關隴軍隊東下牽制高歡。同時，又任命賀拔勝為侍中、荊州刺史、南道大行臺尚書左僕射，向南部發展勢力。獨孤信、楊忠在賀拔勝的統率下，攻拔梁朝下溠戍，平定南陽，戰功卓著，因而也就沒有參預關隴地區的諸次軍事行動。

西元五三四年一月，侯莫陳悅因高歡的陰謀指使，在一次宴會上襲殺了主帥賀拔岳，一時武川軍團群龍無首，有人欲召遠在荊州的賀拔勝來統率全軍。在眾人猶豫不決之際，出身武川的軍將趙貴[48]推薦宇文泰出任軍團統帥。宇文泰時年二十八，父祖都是武川鎮軍官，他本人跟隨賀拔嶽已近十年，因有武略，深受賀拔岳信任，曾任賀拔岳的關西大行臺左丞，是賀拔岳的得力助手。賀拔嶽軍團既是以六鎮中的武川鎮軍官為骨幹而組成，當然需要推舉一個有才能的武川鎮軍官來繼承賀拔嶽的事業。宇文泰治軍「賞罰嚴明，士卒用命」，在當時的確是最佳人選。他被擁立後即舉兵討伐侯莫陳悅，悅因手下大將李弼、豆盧寧等倒戈，結果兵潰被殺。宇文泰於是成為關隴地區的霸主。

當時，遠在荊州的賀拔勝曾派獨孤信入關招撫賀拔嶽部屬，但宇文泰已被推舉，獨孤信與宇文泰又都是武川鎮人，年少時就「相友善」，於是「相見甚歡」。[49]宇文泰即令獨孤信入洛陽向孝武皇帝請示，事完後獨孤信又回到荊州（治今河南魯山縣）向賀拔勝彙報。

永熙三年（五三三）七月，孝武帝元修為高歡所逼，由武川鎮將念賢及李虎護衛，棄洛陽入關，宇文泰迎帝都長安，建立西魏。同年十二月宇文泰毒殺元修，擁立孝文帝之孫元寶炬為傀儡皇帝，自任都督中外諸軍事、錄尚書事，掌握政權。

阿麼的祖父楊忠、外祖父獨孤信都沒有隨孝武帝入關，而是追隨賀拔勝在荊州，孝武入關之際，他們遭到高歡部將侯景的攻擊，兵敗南逃至梁朝，在江東三年，受到梁武帝的禮遇，西魏大統三年（五三七）才與賀拔勝一道回到關中。從以上經歷可見，阿麼的祖父楊忠、外祖父獨孤信沒有參加關隴西魏政權的初創，沒有參加入關的賀拔岳、宇文泰等統率的武川軍團。但他們在同出武川鎮的賀拔岳之兄賀拔勝統率下，執行另外的任務，最後總匯於關隴。唐高祖李淵的祖父李虎與楊忠又不同，是作為孝武帝的宿衛隨孝武帝元修入關的，最後也都成為西魏北周的元勳功臣。李虎、獨孤信、楊忠隨後參加了西魏與東魏之間的歷次大戰，為統兵將軍，戰功卓著，以軍功而進入西魏北周政權的上層，成為由武川軍團擴大的關隴集團核心成員，開國元勳。而獨孤信則是最初直接提拔楊忠的人，是楊忠的恩人，楊忠起初也一直追隨著獨孤信，後來同為西魏朝臣戰將，又結為兒女親家，情好甚篤。

宇文泰領導的以武川鎮軍官為骨幹的賀拔嶽軍團，據有關隴，而關隴一帶人力、物力遠不及高歡所轄山東河北境域富庶，南方的漢族政權梁朝的梁武帝蕭衍又「專事衣冠禮樂」，使「中原士大夫望之以為正朔所在」[50]，在政治上文化心理上具有很大優勢。宇文泰集團在當時鼎足三方中處於不利地位。為了和蕭梁和高齊交爭，宇文泰在建立和鞏固西魏政權的過程中，任用漢族士族蘇綽、盧辯等進行了一系列政治經濟改革，將外來軍團和當地豪族整合成一個具有共同利益的堅強團體，其中最重要的創置是建立府兵制度。

西魏大統八年（五四二）「初置六軍」，大統九年又「廣募關隴豪右，以增軍旗」，形成胡漢混合

47 《周書》卷一九〈楊忠傳〉。
48 《周書》卷一六〈趙貴傳〉記趙貴「天水南安人」，祖趙仁「以良家子鎮武川，因家焉」。
49 《北史》卷六一〈獨孤信傳〉。
50 《北齊書》卷二四〈杜弼傳〉。

編制的府兵系統。宇文泰對其略加改組，形式上採取鮮卑舊日八部之制，立八柱國，即八位柱國大將軍。八柱國中宇文泰是實際最高統帥，統領全軍，西魏宗室廣陵王元欣則僅掛虛名，而不統兵，其餘六個柱國各領一軍，統稱為「六軍」。每個柱國大將軍下轄兩個大將軍，共十二大將軍，楊忠名列十二大將軍之一，與豆盧寧同受領於柱國李弼之下，軍府住洛水上下游一帶。[51]十二大將軍以下的編制是：每個大將軍下轄兩個開府，共二十四開府，是為二十四軍，每個開府之下，又有兩個儀同，共四十八儀同。兵員總計約五萬。

宇文泰又下令恢復被北魏孝文帝改換的鮮卑舊姓。如於氏復為勿忸於氏，漢姓均由朝廷賜以鮮卑姓氏，如李弼賜姓徒河氏，李虎賜姓大野氏，阿麼的祖父楊忠則賜姓普六茹氏，又譯作普六如、普陋茹氏。普六茹屬鮮卑的「內人諸姓」，孝文帝漢化改革時，取其單音改為「茹」氏，這時複其舊音賜予楊忠[52]。凡賜姓的將領，即作為這一姓的「宗長」，也就是一部落的酋長，「仍撰譜錄，記其所承」[53]，以表示他們都是鮮卑舊部落氏族的子孫。而他們所統領的士兵，則皆以他們主將的鮮卑賜姓為己姓。宇文泰用落後的氏族關係來組織府兵，硬把毫無血緣關係的鮮卑、漢族士兵合在舊氏族中。原始的部落當然是組織不起來，但這樣做卻大大提高了曾淪為「府戶」的六鎮鮮卑的身分地位。當時有詩云：「梅林能止渴，複姓可防兵。」[54]明複姓在當時社會上頗受人尊重。楊忠及其子孫楊堅、阿麼因有普六茹這一複姓，顯然是威風多了。

在政治制度方面宇文泰也一反魏孝文帝改制後遵循漢魏相沿的三省制度，而由蘇綽、盧辯等依《周禮》「建六官」，改組中央政府。但在現實中當然難以行通，所以除了為西魏政權塗上一層復古色彩外，「六官」徒具其表，實際上「五府總於天官」，大權實掌於大塚宰宇文泰手裡，「雖行《周禮》，其內外眾職，又兼用秦、漢等官」。[55]

宇文氏政權還重中北魏孝文帝改革時推行的均田制、租調製。敦煌發現的《叩延天富等戶籍計帳殘卷》[56]我們看到了西魏北周時期均田農民受田不足卻要按足額承擔租調的情況。西魏北周政府為了擴大府兵基礎，以「除其縣籍」、「無他賦役」[57]廉價方法來號召農民充當府兵，使府兵兵源充足，戰鬥力大大加強。正是依靠這支軍隊，周武帝才重新統一了北方。周滅齊時，府兵發展到近二十萬人，後隋文帝接過這支軍隊滅陳時，府兵達五十萬人，終於成為後來隋唐王朝的主要軍事力量。隋唐王朝的強盛，是和均田、府兵制分不開的。以後，府兵主要分布在關中、河東、河南地區，其中關中即占府兵軍府的百分之四十以上。[58]以拱衛首都，收其內重外輕之效，即陳寅恪先生所謂「關中本位政策」。陳先生認為後來隋文帝楊堅據關中之所以戰勝三方構難，唐高祖速據關中所以獨成帝業，以及隋煬帝遠遊江左之所以「卒喪邦家」，都是「凡操持關中之政府即可以宰製全國」[59]的具體體現。

以府兵制度，特別是以府兵統帥八柱國、十二大將軍為核心，集合以武川鎮軍官為核心的六鎮鮮卑、關隴豪族以及隨孝武帝入關的山東門閥、武人寒庶等，在西魏政權的旗幟下，組成關隴集團。這

---

51 毛漢光：〈西魏府兵史論〉，載《中國中古政治史論》，聯經一九八〇年版。

52 參見姚薇元：《北朝胡姓考》第六六頁，內篇第三，科學出版社一九五六年版。

53 《隋書》卷三三〈經籍志〉。

54 庾信詩：〈出自薊北門行〉，見《藝文類聚》卷四一。

55 《周書》卷二四〈盧辯傳〉。

56 英·斯坦因敦煌漢文文書第六一三號。

57 《隋書》卷二四〈食貨志〉；《北史》卷六〇〈李弼等傳後敘〉。

58 谷霽光：《府兵制度考釋》，上海人民出版社一九六二年版。按，隋以前的府兵軍府數及其位置，史書記載不詳，谷先生統計的「唐代十道折衝府數比較表」可資參考。據谷先生統計，唐時關內道軍府數為二八八，占軍府總數百分之四三·九；河東道軍府數為一六四，占軍府總數百分之二四·九；河南道軍府為七四，占軍府總數的百分之一一·二。

59 陳寅恪：《唐代政治史述論稿》中篇〈李弼等傳後敘〉。

是一個胡漢混雜，士庶莫辨，但卻以鮮卑賜姓為表面形式的鮮卑化軍事集團。為了使集團內部更加團結，宇文泰甚至將代北鮮卑人在北魏孝文帝時改易的河南郡望更改為京兆郡望，對西遷關隴的漢族將帥中的山東寒庶也一視同仁，使集合在西魏政權之下的各類人結成為一個政治性、地域性利益集團。陳寅恪先生有一段話描述得最為具體：「宇文泰更改府兵將士的郡望與姓氏，是要使他所帶來的山東人與關內人混而為一，使漢人與鮮卑人混而為一，組成一支籍隸關中，職業為軍人，民族為胡人，組織為部落式的強大的軍隊，以與東魏、梁朝爭奪天下。這就在關中地區形成了一個集團——關隴集團。這個集團是一個統治集團。然而，單是改郡望與姓氏，並不能使這個集團鞏固並持續下去，為使這個集團扎根於關中，宇文泰、蘇綽使府兵將領與關中土地發生了關係，府兵將領都有賜田與鄉兵，他們既是府兵將領，又是關中豪族，將領與關隴豪族的混而為一，使這個集團在關中生了根」。[60] 楊忠以山東一介布衣寒庶，積軍功入關而為大將軍，成為關隴集團核心成員，功臣勳貴，而領有部曲莊園。楊氏在扶風和長安少陵原有所謂「舊宅」[61]，已變成關中豪族。

楊忠軍功卓著，他於西魏大統三年（五三七）入關後，在宇文泰帳下，參加了西元五三七年十月的沙宛戰役，因功進爵襄城縣公。西元五三八年河橋戰役，楊忠與壯士五人「力戰守橋」，阻擋敵軍過橋渡河，以功遷左光祿大夫，兼大都督。後又與李遠破黑水稽胡，與怡峰解玉壁之圍。大統九年（五四三）邙山之戰，楊忠先登陷陣，遷大都督、車騎大將軍，不久加侍中、驃騎大將軍、開府儀同三司。到西魏後期，楊忠頻頻率軍出征，成為西魏政權中一位最重要的將帥。

楊忠最卓絕的軍功是西魏大統二十年（五五四）領兵破擊江陵，執斬梁元帝。北周武成元年（五五九），楊忠以軍功進封隨國公，邑萬戶，別食竟陵縣（今湖北潛江）一千戶，收其租賦。保定二年（五六二）進位柱國大將軍，遷大司空。不久率兵北禦突厥，並聯絡突厥東擊北齊，以政績可稱，詔賜錢三十萬、布五百尺，穀二千斛。至天和三年（五六八）因疾還長安，不久病死，享年六十二歲，贈太保，謚曰桓，由其長子楊堅嗣爵隨國公，另有子楊整、楊慧、楊嵩、楊達，亦以父軍功賜爵郡公。[62]楊忠為其子孫奠基了榮華富貴，開創了美好的前程。楊忠死的這一年，正是阿麼出生的前一年，楊忠沒有來得及看到這位將登臨帝位的孫子，阿麼也未見過自己戰功卓著的祖父。

將門之家　貴戚婚宦

山東寒庶楊忠以其卓絕軍功躋身西魏北周關隴勳貴集團，又冒稱弘農楊氏而成為關中第一流的門閥，為楊隋帝業奠定了最初基礎。

唐朝開元之時，有一位名叫柳沖的學士，寫了一本《姓族系錄》，列舉了二十幾家南北朝以至隋唐不同類型的大姓門閥，受到後代史家的重視。這個「姓族錄」之於我們瞭解南北朝以及隋唐的歷史，就像《紅樓夢》第四回「葫蘆僧判斷葫蘆案」中的衙役，給新上任的賈雨村看「護官符」之對於閱讀《紅樓夢》的重要性一樣，「護官符」列舉了四大家族，「姓族錄」則羅列了二十幾家門閥。柳沖記曰：

過江則為僑姓：王、謝、袁、蕭為大；
東南則為吳姓：朱、張、顧、陸為大；
山東則為郡姓：王、崔、盧、李、鄭為大；
關中亦號郡姓：韋、裴、柳、薛、楊、杜首之；

60《陳寅恪魏晉南北朝史講演錄》第一九篇，萬繩楠整理，黃山書社一九八七年版。
61《關中勝跡圖志》卷六。
62《周書》卷一九〈楊忠傳〉。

代北則為虜姓：元、長孫、宇文、于、陸、源、竇首之。[63]

上述二十幾姓可謂南北朝時期第一流門閥，不僅在本地區郡望最高，而且四海通望，為天下所共識。當然，門閥之家尚不止這些，凡祖輩世代當官，以品級差第又分為膏粱、華腴、甲姓、乙姓、丙姓、丁姓等級。

但是，西魏北周隋唐還有另外一張圖譜，「稱門閥者，咸推八柱國家」，即府兵八個柱國大將軍和十二大將軍及其子孫後代。西魏大統十六年（五五〇）以前，八柱國是：大塚宰宇文泰、大司徒元欣、大宗伯李弼、大司寇趙貴、大司馬獨孤信、大司空於謹、少師李虎、少傅侯莫陳崇。八柱國是第一流的將門之家。

十二大將軍是：少保廣平王元贊、淮南王元育、齊王元廓、宇文導、侯莫陳順、達奚武、李遠、豆盧甯、宇文貴、賀蘭祥、楊忠、王雄。他們也是第一流的將門之家。

這些人「功參佐命，望實俱重」，「當時榮盛，莫與為比」[64]，成為統治集團的寶塔尖，關隴勳貴集團的核心。在西魏時期，表面上看，上述柱國及大將軍與宇文氏是分享軍政大權的。北周建立時，他們又是佐命功臣，到隋唐時他們的子孫因累世為官而成為最著名的貴族世家，如於謹「子孫繁衍，皆至顯達，當時莫與為比」。[65]

在這個寶塔尖中，阿麼家族的地位顯得十分突出。十二大將軍中有他的祖父楊忠，且楊氏又偽冒關中郡姓，是貴族門閥。八柱國中有他的外祖父獨孤信，獨孤亦為代北著姓。獨孤是屠各之異譯，曾為匈奴豪姓，得為單于（國王）。魏晉之際匈奴酋長自稱漢朝之甥，改姓劉氏，劉淵首開五胡主宰中原之局。北魏時屠各部逐漸鮮卑化，孝文帝時曾改姓劉氏，後複姓獨孤，為著名胡姓。

獨孤信本名如願，父庫者為領民酋長，居家武川，其先祖世為部落大人。出於武川鎮的獨孤信自北魏末年六鎮起義後南征北戰，有奇謀大略，且風度弘雅。入西魏官至尚書令、大司馬。北周建立時遷太保、大宗伯，封衛國公，邑萬戶。宇文護殺他時，以其「名望素重，不欲顯其罪，逼令自盡於家」，時年五十五歲。[66] 周武帝宇文邕誅宇文護親政後，獨孤信、趙貴、侯莫陳崇、李遠等始得平反，其子弟仍為關隴勳貴的核心。

八柱國、十二大將軍及其他門閥家族還互相通婚，以婚姻加強了他們之間的關係。特別是獨孤信，長女嫁給宇文泰的庶長子宇文毓，後被立為周明敬后；第四女嫁給柱國李虎之子李昞，後生唐高祖李淵，被唐追尊為元貞皇后；第七女即獨孤伽羅，嫁給楊忠之子楊堅，即隋文帝，立為文獻皇后。因此，獨孤氏在周、隋、唐「三代皆為外戚，自古以來，未之有也」。[67]

又楊忠之子楊慧（又名瓚）娶得宇文泰之女即周武帝的妹妹順陽公主[68]；另一個兒子楊整娶宇文泰外甥尉遲綱之女；楊忠之女昌樂長公主嫁給十二大將軍之一的豆盧寧之子豆盧通[69]；另外幾個女

63《新唐書》卷一九九〈儒學中・柳沖傳〉。
64《周書》卷一六〈趙貴等傳後附論〉。
65《周書》卷一五〈于謹傳〉。
66《周書》卷一六〈獨孤信傳〉。
67《北史》卷六一〈獨孤信傳〉；《周書》卷一六〈獨孤信傳〉。又唐人李冗小說《獨異志》卷上稱：「後周獨孤信之女為後，各生周武帝，次生隋煬帝，次生唐高祖。」按周武帝與明帝均宇文泰子，二人是同父異母兄弟，獨孤信女乃周武帝嫂，小說家以武帝承明帝之後，而誤將武帝說成是明帝與后所生子。
68《隋書》卷四四〈滕穆王楊瓚傳〉。
69《隋書》卷三九〈豆盧附通傳〉。

兒：襄國公主嫁給柱國大將軍李弼之孫李長雅[70]，廣平公主適關隴勳貴宇文慶之子宇文靜禮[71]，還有一女嫁隴西門閥李禮成。[72]另一個女兒安成公主則嫁給「當時盛族」[73]的代北門閥竇榮定。竇榮定的堂兄弟竇毅又娶宇文泰第五女襄陽公主，而襄陽公主所生第二女即唐高祖李淵妻，生唐太宗李世民。楊堅和獨孤伽羅生的長女楊麗華更嫁給周武帝之子宇文贇，最後成為皇后。這就使周、隋、唐之宇文、楊、李三個家族親上又加親，他們又廣泛與山東代北及江南門閥聯姻，成為根深柢固的貴族集團。這也使得阿麼成為榮華富貴的關隴貴胄，近親遠戚都是貴族門閥。

阿麼不僅有大將軍祖父楊忠，柱國大將軍的外祖父獨孤信，而且周明帝宇文毓是他的姨父，周宣帝宇文贇是他的姐夫，唐高祖李淵是他的表兄，真是一個華麗家族。

阿麼的父親楊堅於西魏大統七年（五四一）六月癸丑（初三）夜生於馮翊（今陝西大荔縣）般若寺。楊堅平時沈深嚴重，初入太學時，同學畏其威嚴，雖至親昵也不敢亂開玩笑。十四歲時，京兆尹薛善辟他為功曹，十五歲以父功封成紀縣公，估計就在這一年娶得獨孤信的女兒為妻。十六歲遷驃騎大將軍。明帝宇文毓即位時，又進封連襟楊堅為大興郡公。天和三年（五六九）楊忠去世後楊堅襲爵隨國公。後周武帝聘其女楊麗華為皇太子妃，益加禮重，楊堅又成為北周朝廷的顯貴，進位柱國。但也有人向周武帝進言：「普六茹堅貌有反相。」此話傳到楊堅耳裡，甚感恐懼，自後「深自晦匿」。[74]

阿麼母親獨孤伽羅為獨孤信的小女兒，出生年月不見記載，但她死於隋仁壽二年（六〇二），《隋書．后妃．文獻獨孤皇后傳》記其「時年五十」，推算其生日當為西魏廢帝元年（五五二），比楊堅小十一歲，所記肯定有誤。史載獨孤信見楊堅有奇表，故以女兒「妻焉，時年十四」。按獨孤信死於北周閔帝元年（五五七），此時伽羅按其死時年五十推算，則年僅五歲，獨孤信怎麼可能將五歲的女兒嫁與楊堅為妻呢？我們推測《隋書》所記獨孤后死時「年五十」有脫誤，至少應該是五十有八、或五十有九，估計獨孤伽羅與楊堅年齡差不多，且門當戶對。伽羅的長女楊麗華生於明帝武成二年

（五六〇），時楊堅十九歲，大概四、五年前結的婚。伽羅時年亦十八或十九，如果按《隋書》所記，則伽羅無論如何生不出這麼大的女兒。

柱國與將軍的聯姻，當時傳為佳話，兩個將門貴族的結合加強了他們的政治地位，何況父輩是出生入死的患難之交呢。父輩情深，兒女情好，楊堅與伽羅相得，情好甚歡，結婚時，「誓無異生之子」，在甜蜜的愛情生活中連續生兒育女，楊麗華之後又連續生育了楊勇、楊廣、楊俊、楊秀、楊諒五個兒子，還有幾個女兒，皆出一母。楊堅對妻子忠貞無二，不納媵妾，沒有庶子。出自將門的大家閨秀獨孤伽羅亦「柔順恭孝，不失婦道」。史稱伽羅「姊為周明帝后，長女為周宣帝后，貴戚之盛，莫與為比」。但伽羅「每自謙卑自守，世以為賢」。[75] 獨孤伽羅謹守門閥禮法家規，堪稱賢妻良母，楊堅也稱得上是模範丈夫。

由於家世高貴，後來伽羅和楊堅為五個兒子娶媳婦也都是南北門閥世家女：長子楊勇娶的是北魏宗室代北門閥元氏，次子楊廣娶的是梁朝帝裔僑姓門閥蘭陵蕭氏，三子楊俊娶的是山東門閥崔氏，四子楊秀娶的是代北門閥長孫氏，五子楊諒娶的是北周十二大將軍之一豆盧寧的孫女、關隴勳貴豆盧勣的女兒。家世貴盛，世代冠冕，婚姻成了政治行為。

楊堅聯姻帝室，成為外戚，使他日後以此裙帶關係而踞帝位，婚姻的政治紐帶實不可輕視，其力

---

70 《隋書》卷五四〈李衍傳〉。

71 《隋書》卷一五〈宇文慶傳〉。

72 《隋書》卷五〇〈李禮成傳〉。

73 《北史》卷六一〈竇熾傳〉。

74 《隋書》卷一〈高祖紀上〉。

75 《隋書》卷三六〈后妃．文獻獨孤皇后傳〉。

量有時竟勝過百萬兵。據說周初流傳著一首童謠：「白楊樹頭金雞鳴，只有阿舅無外甥。」說的是周靜帝為隋氏之甥，即位而崩，諸舅強盛。[76] 靜帝宇文衍之舅就是阿麼兄弟，此童謠預言北周將亡於楊氏之手。

第三節　周天元昏暴　親家翁攘政

宣政元年（五七八）六月丁酉（初二），年僅三十六歲的北周武帝宇文邕突然病逝，使北朝的歷史出現了逆轉，阿麼家族的命運也發生了戲劇性的變化。

周武帝壯志未酬身先死，舉國哀鴻一片。然而，有一個人正好相反，不但面無戚容，反而摸著自己身上曾被杖打而留下的傷痕，大罵道：「死得太晚了！」這個人不是別人，正是周武帝的嫡長子，年方二十的皇太子宇文贇。他，也正是阿麼的親姐夫。

一個數千萬人口的龐大帝國，一下子就落到了一個二十歲的青年手中，而這個人恰恰又是一個比北齊後主高緯還要荒淫的昏暴之主。史載，宇文贇剛一登上帝位就入宮閱視父皇留下的宮妃，「逼為淫欲」。經其折騰，一個蒸蒸日上的強大帝國不到兩年就敗亡了。

建儲預立皇太子，是中國君主時代一項關係國家命運的大事。宇文贇於建德元年（五七二）十二歲時立為皇太子，然很快就暴露出是一個失德寡能的皇位繼承人，雖然周武帝對他的管教甚嚴，但太子生性頑劣，終不成器。他性喜嗜酒，武帝就下令「禁醪醴不許至東宮」，凡太子有過，武帝就加「捶撲」，一陣痛打，真是恨鐵不成鋼。周武帝還要求東宮官屬記錄皇太子的言語動作，每月奏聞。周武帝知道太子幹了不少壞事，曾把太子所親並迎合他做壞事的太子宮尹鄭譯等除名。宇文贇於是「矯情修飾」，使「過惡不外聞」。[77]

建德五年（五七六）二月，周武帝曾令太子西征吐谷渾，他在軍中，「頗有失德」，從征的王軌奏聞於武帝，武帝大怒，杖撻太子，宇文贇因而對王軌恨之入骨。王軌是周武帝的帷幄重臣，曾參預誅宇文護的密謀，為武帝所信用，他甚至嚴肅地向周武帝奏云：「皇太子仁孝無聞，復多涼德，恐不了陛下家事。」還有一次利用內宴上壽的機會，王軌半開玩笑地捋武帝須曰：「可愛好老公，但恨後嗣弱耳。」[78]周武帝雖「深以為然」，但次子宇文贊同樣不爭氣，其餘兒子年齡又太小，在嫡長子繼承皇位的君主時代，皇位繼承問題最為棘手，於是先擱置下來。

其實，周武帝的弟弟齊王宇文憲文武全才，是武帝事業的最好繼承人，他隨武帝東征滅齊，「摧鋒陷陣」，又「善謀多算略，尤長於撫御，達於任使」[79]，深得士心。其他幾個弟弟也都年長，有文武才。但在按照血統繼承皇位的條件下，周武帝寧願傳位於不肖子，而不願傳位於弟弟。加之周武帝死得突然，對後事未作安排，終於使社稷落入敗家子之手，國運翻轉，大廈傾覆。

宣政元年（五七八）六月戊戌（二十七），皇太子宇文贇即皇帝位，是為周宣帝，他立即超拜原東宮幸臣鄭譯為開府儀同大將軍、內史中大夫，委以朝政。又指使元勳于謹之子于智誣告齊王宇文憲謀反，加以殺害，與宇文憲親善的將軍王興、獨孤熊、豆盧紹也被殺害，罪名也是「謀反」，但並無實據，當時人稱之為「伴死」。于智則因誣陷有功，封齊國公。

這年閏六月，阿麼姐姐楊麗華被宣帝冊立為皇后，這就使十來歲的少年阿麼一躍而成了當朝皇舅。七月，在亳州（今安徽亳縣）總管任上的楊堅也因是皇后之父而征歸朝廷，任大司馬，成為宰相。

76《隋書》卷二三〈五行志〉；《太平御覽》卷九五七。
77《周書》卷七〈宣帝紀〉。
78《周書》卷四〇〈王軌傳〉。
79《周書》卷一二〈齊王憲傳〉。

史書記載阿麼「以高祖（楊堅）勳，封雁門郡公」[80]，估計即在這個時間，由姐夫所封。

宇文贇尊周武帝后突厥阿史那氏為皇太后，生母李氏為帝太后。李氏為南方漢人，這使宇文贇的生活作風方面頗染南方風習。宣政二年（五七九）正月，周宣帝受朝於皇宮路門，下令脫去胡服，始與群臣服漢、魏衣冠，並改元大成，大赦天下。置四輔官，任命大冢宰趙王宇文盛為大前疑，相州總管蜀國公尉遲迥為大右弼，申國公李穆為大左輔，大司馬隨國公楊堅為大後承。但不久又對官制屢加改動，數行赦宥，以致無成規可言。雖置宰相，但宣帝對大臣們並不放心，他常令左右伺察群臣，小有過失，輒行誅譴，使朝風為之一變。

周武帝信任的宗室重臣宇文神舉、宇文孝伯和王軌這時成了宣帝最痛恨的人，不久，即被宣帝藉故殺死。王軌等先帝忠臣均懷社稷之重，立有大功，忽以無罪被誅，天下無不傷惜[81]，但面對不受制約的皇權，誰也沒有辦法加以制止。是時，君子失勢，小人得志。開國元勳于謹的另一兒子于義「有操尚」，任職「專崇德教，不尚威刑」，上書切諫宣帝，不要胡來，但當時鄭譯、劉昉之類原東宮小人，「以恩幸當權，謂（於）義不利於己，先惡之於帝，」使於義「終遭擯棄」。[82]

人存政舉，人亡政息，由於出了一個昏暴之君，北周朝廷面貌突然大變，「政刑日亂」，「刑政乖僻，昏縱日甚」。[83]宣帝不理朝政，只知吃喝玩樂，幸臣鄭譯追征北齊散樂，齊集京師，為皇帝表演。史稱宣帝「居喪才逾年，輒恣聲樂，魚龍百戲，常陳殿前，累日繼夜，不知休息」，又「多娶美女以實後宮，增置位號，不可詳錄，游宴沈酒，或旬日不出」。[84]宣帝所居宮殿，帷帳皆飾以金玉珠寶，光華炫耀，極麗窮奢。他自己更遊戲無常，晨出夜歸，尤喜歡讓京城少年穿婦人服飾，入殿歌舞，以為喜樂。而當皇帝的治國責任，國計民生，全拋到了九霄雲外。

宣帝成天酗酒，「酣飲過度」，幾乎天天都在醉鄉。有宿衛宮伯下士楊文祐在宣帝酒席前歌曰：「朝亦醉，暮亦醉，日日恒常醉，政事日無次。」[85]宣帝聽後大怒，重杖楊文祐，當場將其活活打死。

又有號稱「強直」的大臣樂運，見宣帝「昏暴滋甚」，親詣朝堂面陳宣帝「八失」，其一為「大尊比來事多獨斷，不參諸宰輔，與眾共之」；其二「搜美女以實後宮，儀同以上女不許輒嫁，貴賤同怨」；其三「大尊一入後宮，數日不出，所須聞奏，多附宦官」；其四「下詔寬刑，未及半年，更嚴前制」；其五「高祖斲雕為樸，崩未逾年，而遽窮奢麗」；其六「徭賦下民，以奉俳優角抵」；其七「上書字誤者，即治其罪，杜獻書之路」；其八「玄象垂誡，不能諮諏善道，脩布德政」。最後聲言：「若不革茲八事，臣見周廟不血食矣」。宣帝聽後勃然大怒，狂喊著要將樂運推出斬首，多虧內史中大夫元岩奏稱：樂運不顧死以求名，不如放之「以廣聖度」，宣帝這才「感悟」。第二天，又突然稱樂運「實為忠臣」，賜以御食而放免。[86] 然而，自此以後再也沒有人敢上言諫諍了。

宇文贇當皇帝才一年就覺得當得無味，第二年突然宣布將皇位傳給七歲的兒子宇文衍，史稱靜帝，並改元大象（五七九）。宇文贇自稱天元皇帝，所居稱「天臺」，冕二十四旒，較古制多一倍。車服旗鼓皆倍於前王之數，周靜帝所居稱正陽宮，尊皇太后為天元皇太后，帝太后為天元帝太后，他自稱「天」，而不再稱「朕」，禁止臣民說天、高、上、大等字，凡官名有這些字的統統改掉。又將姓高的人改為姓薑，九族稱高祖的改為「長祖」。又改敕曰「天敕」，詔制曰「天制」。周天元狂妄地認為

80《隋書》卷三〈煬帝紀上〉。
81《周書》卷四〇〈王軌傳〉。
82《隋書》卷三九〈於義傳〉。
83《周書》卷四〇〈顏之儀傳〉。
84《周書》卷七〈宣帝紀〉。
85《隋書》卷二五〈刑法志〉。
86《資治通鑑》卷一七三陳宣帝太建十一年。

自己就是天，他的皇帝兒子是天子。周天元每次召近侍入宮議論，總是談這些所謂「興造變革」，而從未言及實際國家政事。

周天元又別出心裁地制定了一些極不合情理的法規，一切憑他興趣憑他一句話，如「唯宮人得乘有輻車」，「令天下車皆以渾成木為輪」。又下令只准宮人「加粉黛」，粉用以傅面，黛用以畫眉，而「禁天下婦女皆不得施粉黛」，只能「黃眉墨妝」。周天元就只有這樣的知識水準，要把天下女子打扮得怪裡怪氣，任憑他一人來欣賞。周天元下令鑄「永通萬國錢」，一以當千，強行在市面上流通，聚斂民財。周天元起初嫌武帝所制定的法律《刑書要制》在量刑定罪方面太重，而輕率地將其廢除，但不久民輕犯法。周天元更惡聞臣下規諫自己的奢淫過失，為懾服群臣和民眾，乃重修《刑經聖制》，結果用法益深，刑律較《刑書要制》更為苛重。新的法律規定，「宿衛之官，一日不值，罪至削除」，即開除官職。「逃亡者皆死，而家口籍沒。」「鞭杖皆百二十為度，名曰天杖，其後又加至二百四十。」「其決人罪，雲與杖者，即一百二十，多打者，即二百四十」。[87] 就連宮人女官也躲不過「天杖」，后妃們雖為周天元寵幸，也多遭杖背，搞得內外恐怖，人不自安。臣民皆重足而立，屏氣積鬱而不敢呼吸，皆求苟免，生怕得罪。周天元濫施淫威，妄圖通過「威虐」來懾服臣下，以致上下離心，莫有固志。

二十一歲的宇文贇自為太上皇，讓七歲的兒子當皇帝，這已相當荒唐，更荒唐的是他又平行立了五個皇后。大象元年（五七九）二月，天元立妃朱氏為天元皇后，朱氏比宇文贇大十多歲，幾乎可以當他的媽媽，出身寒微，南方人，本是小時伺候自己的丫環，遭強暴生宇文衍。宇文衍既得立為帝，年老色衰且疏賤無寵的朱氏因數貴而得尊崇。周天元又為自己七歲的兒子納柱國司馬消難的女兒為正陽宮皇后，尊自己的生母天元帝太后李氏為天皇太后，後又改天元皇后朱氏為天皇后。到大象二年（五八〇）二月壬午（二十六）突然心血來潮又改稱天元皇太后阿史那氏為天元上皇太后，天皇太后李氏為天元聖皇太后。癸未（二十七），立天元皇后楊麗華為天元大皇后等共立五皇后。

周天元又恢復被周武帝禁廢的佛教道教，自己與佛像、天尊並南面而坐，「大陳雜戲，令長安士民縱觀」。[88] 為了享樂，周天元還遣使簡視京兆及諸州士民之女，選充後宮，又大興土木，在洛陽新修宮殿[89]，人民苦不堪言，政治腐敗黑暗到了極點。

其時楊堅以周天元的岳父轉大前疑為宰相，常在天元左右，「每巡幸，恒委居守」。楊堅曾對周天元當面切諫，認為法令滋章，「非興化之道」，不被採納。楊堅於是私下對大將軍宇文慶議論說：「天元實無積德，恐壽亦不長」，而深自韜晦。楊堅的女兒楊麗華性情柔婉，而周天元昏暴滋甚，喜怒乖度，常常無故大罵楊后，欲加罪於她。但溫柔的楊后進止詳閑，辭色不撓，周天元希望人人都像狗一樣服從他，見自己的老婆有人格尊嚴也不高興，於是惱羞成怒，賜楊后死。後母獨孤伽羅聞訊趕忙入宮陳謝，叩頭流血，天元見丈母娘低聲下氣拜伏於自己腳下，這才氣消，免楊麗華一死。楊堅因位望隆重，遭到周天元的忌恨，有一次發怒，天元沖著楊後說：「必族滅爾家。」並立即把楊堅召入宮，吩咐左右說：「若臉色有變，即殺之。」楊堅至，神色自若，好像什麼也沒有發生，這才作罷。周天元不允許有任何人對自己表示半點不滿，連妻子岳父也不例外。

就在這時，歷史的機遇和轉折突然出現，周天元因酒色縱欲過度，於大象二年（五八〇）五月乙未（十一日）一病不起。天元召在禁內掌機密草書詔的小御正劉昉、御正大夫顏之儀入臥內，欲交待後事，但已不能言語。劉昉見靜帝幼沖，以外戚楊堅有重名，又是皇后之父，眾望所歸，於是與領內史鄭譯、御史大夫柳裘、內史大夫韋謩及御正大夫皇甫績密謀，引大前疑楊堅輔政。楊堅初不敢當，

87《周書》卷七〈宣帝紀〉。

88《資治通鑑》卷一七三陳宣帝太建十一年十月。

89 同註87。

劉昉急了，說：「公若為，速為之，不為，昉自為也。」天大的好事豈能拱手相讓，楊堅於是點頭答應，稱受詔居中侍疾，進入禁宮。這天，周天元崩殂，年方二十二，靜帝宇文衍才八歲。劉昉、鄭譯等祕不發喪，矯詔以楊堅總知中外兵馬事，宮中惟顏之儀知其中有詐，不肯署詔。顏之儀是大學者顏之推的弟弟，為人正直，劉昉等知不可屈，乃代其署名，詔諸衛府兵馬並受楊堅節度，楊堅遂於一夜之間掌握了北周中央軍政大權。[90]

這一年，少年皇舅阿麼年十二歲，他肯定是見過姐夫周天元，周天元的個性嗜好等對阿麼也肯定會產生一定影響，阿麼領略過姐夫縱情聲色、驕奢淫逸的生活，天元大陳百戲，令人縱觀的盛大場面很可能打動了少年阿麼的心，使這位皇舅狂喜不已，什麼魚龍漫延之樂，以後就為阿麼所效法。然而，天元的暴亡也深深震撼了楊氏一家，有的人從正面吸取了周天元敗亡的教訓，如隋文帝楊堅；也有的人從反面接受了周天元的驕奢縱欲的樂趣，如後來的隋煬帝阿麼。

第四節　代周建隋　楊堅受禪

聖王昏主相繼隕落，歷史又一次出現改朝換代的劇變。物換星移，江山易主，而「古來得天下之易，未有如隋文帝者」。清人趙翼認為，楊堅「以婦翁之親，值周宣帝早殂，結鄭譯等，矯詔入輔政，遂安坐而攘帝位」。[91]唐太宗也說楊堅是「欺之孤兒寡婦以得天下」。[92]似乎隋代周得之偶然而不費吹灰之力。然而，偶然性中包含著歷史的必然性，周隋禪代有其深刻久遠的歷史意義。

楊堅以外戚身分一夜之間成為中國北方的實際主宰，是宇文贇的昏暴荒淫自壞長城才使北周政權如此輕易地落入楊堅之手，楊堅本人此前避禍尚唯恐不及，對掌權稱帝恐怕並無思想準備。然而，一旦大權在握，必須死死抓住不放，否則反罹其禍，成為別人的刀下之鬼。

當時年長的北周宗王皆在外掌兵，典樞機的顏之儀在周天元崩駕的當夜就厲聲說道：「主上升遐，嗣子沖幼，阿衡之任，宜在宗黃，方今趙王最長，以親以德，合膺重寄」。[93]楊堅生怕諸王在外發動兵變奪權，祕不發喪，藉口將送千金公主往突厥和親，矯詔征周宗室五王，即宇文泰的五個兒子、周天元的叔父們回京。先時周天元嫌他們在京有礙他專權，即位不久就將他們外放就藩。五王接到楊堅發出的詔書後，均連夜趕回京師。

大象二年（五八〇）五月丁未（二十三），楊堅始為天元帝發喪，扶靜帝宇文衍入居天臺，宣布大赦天下，尊楊后為皇太后，朱后為帝太后，其餘陳后、元后、尉遲后並削髮為尼。以周天元之弟漢王宇文贊為上柱國、右大丞相，尊以虛名。楊堅自任左大丞相，假黃鉞，百官總聽於左丞相。祖籍山東勃海郡蓨縣（今屬河北）的內史下大夫高熲，明敏有器局，習曉軍事，有計略，楊堅讓族子楊惠去延攬他入相府，高熲欣然從命，說：「願受驅馳，縱令公事不成，熲亦不辭滅族。」高熲的父親高賓原為北齊官吏，後背齊歸周，成為大司馬獨孤信的門人，改姓獨孤氏，加入了關隴集團。後獨孤信得罪被誅，高賓還常往原先的主人家，看望獨孤伽羅兄妹，兩家關係一直很密切。這時，高熲把自己的前途與獨孤伽羅、楊堅夫婦的命運緊密聯繫在一起，獨孤氏也極力向丈夫保薦，楊堅於是任命高熲為相府司錄，「委以心膂」。[94]

90 《資治通鑒》卷一七四陳宣帝太建十二年；《周書》卷七〈宣帝紀〉；《隋書》卷一〈高祖紀上〉。
91 《廿二史箚記》卷一五〈隋文帝殺宇文氏子孫〉條。
92 《貞觀政要》卷一〈論政體第二〉。
93 《周書》卷四〇〈顏之儀傳〉。
94 《隋書》卷四一〈高熲傳〉。

楊堅瞬息之間被推上了權力的寶塔尖，萬事俱難。假黃鉞，都督中外諸軍事是漢末以來歷代權相專用的銜名。所謂黃鉞，乃黃金大斧。《尚書．牧誓》記周武王「左杖黃鉞，右秉白旄」，唐人孔穎達疏：「《廣雅》云：鉞，斧也。斧稱黃鉞，故知以黃金飾斧也」。[95] 又《三國志旁證》曰：「假黃鉞，則可以專戮節將，非人臣常器矣。」楊堅以皇后之父假黃鉞行周公事，朝內外臣民能心服嗎？對此，楊堅自己也沒有把握。楊堅曾夜召掌天文歷數的太史中大夫庾季才問以「天時人事」，庾季才稱「符兆已定」，楊堅默然良久，仍心存疑慮。於是楊堅大刀闊斧革除周天元的苛酷之政，大崇恩惠，以收攬人心。他刪略舊律，作《刑書要制》，使法令清簡可用。又下令立即停止洛陽宮的營造，而一反周天元奢侈淫逸之風，躬履節儉，贏得中外臣民的一片讚揚之聲。楊堅還下令恢復被周武帝禁毀的佛、道二教，以前被迫還俗的和尚、道士，經官府勘驗簡視即可重新出家，此舉「上應帝命，下順民心」[96]，因為當時佛、道信仰在民間擁有廣泛的社會土壤，行政權力並不能一下子將人們大腦裡的信仰改變，所以當即博得了廣大士民以及宗教人士的歡心，楊堅初步站穩了腳跟。

六月，周宗室五王陸續來到長安，立即被置於丞相府的嚴密監控之下，楊堅又用計將年幼無知的漢王宇文贊請出禁宮，使朝廷中樞政局初步穩定。

時有宇文泰的外甥蜀國公尉遲迥任相州總管，位望素重，相州即北齊舊都鄴城（今河北滋縣南），周武帝將其表兄安置於此，就是要寄之以安危，讓尉遲迥總領舊齊之地，加強北周王朝的統治，故所賦權力極大。楊堅想搬掉尉遲迥這塊絆腳石，於是派老將韋孝寬任相州刺史，去鄴城替換尉遲迥。尉遲迥知楊堅心懷叵測，於是揭起反對楊堅的大旗，自稱大都督，奉趙王宇文招的少子為主，承制署置官司，並調集兵馬。時尉遲迥的侄子尉遲勤為青州（治今山東益都）總管，立即起兵回應。周宗室宇文冑時任滎州（治虎牢，今河南滎陽縣西北汜水鎮）刺史，也起兵回應。徐州總管司錄席毗羅擁兵八萬，其弟席叉羅在兗州，均起兵回應。一時，潼關以東的山東諸州，除并州總管李穆、幽州總管于翼以外，幾乎全都回應尉遲迥反對楊堅了。尉遲迥並遣子質於陳朝請求援助。

另外，勳州（治今湖北安陸縣）總管司馬消難是八歲皇帝宇文衍的岳父，對楊堅假黃鉞專朝政也極不滿，於七月也起兵回應尉遲迥，成為又一方叛軍主帥。

益州（治今四川成都市）總管王謙是西魏十二大將軍之一的王雄之子。楊堅為防止王謙的異動，派老將梁睿往成都任益州總管，接替王謙。王謙遂以匡復為辭，起兵叛亂，成為西南方的叛軍主帥。一時三方同時構難，「半天之下，洶洶鼎沸」[97]，形勢相當嚴峻。

掌握了北周軍政大權的丞相楊堅指揮若定，他先集中關中府兵，平定東方的尉遲迥。討逆大軍以上柱國韋孝寬為行軍元帥，梁士彥、元諧、宇文忻、宇文述、崔弘度、楊素、李詢等關隴勳貴皆為行軍總管。不久，楊堅又派心腹高熲去作監軍。另外，派柱國王誼為行軍元帥，討擊南方的司馬消難。

時尉遲迥在山東聲勢十分浩大，「地乃九州陷三，民則十分擁六」[98]，楊堅平叛的關鍵在東方。大象二年（五八〇）八月間，東討大軍在河南武陟與尉遲迥之子尉遲惇統率的十萬軍隊相持於沁水兩岸，高熲為官軍趕造了一座浮橋，使韋孝寬大軍得渡過沁河。尉遲惇先布陣二十餘里，企圖趁敵軍半渡時邀襲，故麾兵稍退，但其眾未經很好訓練，一退陣勢先亂，韋孝寬乘勢揮兵猛擊，叛軍全面潰退，惟尉遲惇一人單騎逃走，韋孝寬率軍一直追到了鄴城之下。

「稱兵鄴邑」的尉遲迥於是集中鄴城軍隊十三萬人，出城與韋孝寬率領的官軍決戰。叛軍列陣於城西南，官軍列陣於城西，官軍有府兵十萬以上，雙方勢均力敵。接戰之初，尉遲迥麾下親兵「黃龍

95 《尚書注疏》卷一一。
96 《金石萃編》卷三八〈龍藏寺碑〉。
97 《隋書》卷一〈高祖紀〉。
98 李德林：〈天命論〉，見《全隋文》卷一八。

兵」萬餘眾最為賣力，韋孝寬麾下的府兵先是不敵，而稍作退卻。這時，鄴城士民數萬也列於城旁觀戰，府兵將領宇文忻乃令部下以亂箭射向觀者，觀者喧嘩躲避，轉相騰藉，聲如雷霆。宇文忻忙向府兵戰士傳呼，「賊敗矣」，一時官軍士氣大振，轉身拼殺，一擁而上，勢不可擋。叛軍一時不知所措，大敗而逃，尉遲迥走保鄴城。韋孝寬縱兵圍城，代人賀婁子幹先登破城，尉遲迥力竭自殺，尉遲勤等被俘。韋孝寬坑殺了在內城抵抗的數萬士兵，但將官尉遲勤等關隴勳貴被押送朝廷後，卻受到了楊堅寬待。

尉遲迥舉兵凡六十八天，因無籌略而最後歸於失敗。在河南方面，楊堅任命於謹之孫于仲文為行軍總管，很快擊敗席毗羅部十萬餘眾。楊堅下令拆毀鄴城城牆，以世子楊勇為洛州總管、東京小冢宰，總統舊齊之地。

在荊襄方面，司馬消難得知尉遲迥敗訊，無所作為，很快被王誼所率官軍擊敗，逃往陳朝。在益州方面，楊堅任命的行軍元帥梁睿、總管于義等率二十萬大軍深入蜀境，很快擊破叛軍，執斬王謙，劍南悉平。

這樣，在不到四個月的時間，楊堅就平定了三方之亂，牢牢控制了局勢。

在同一時間，京師長安的北周宗室諸王也蠢蠢欲動，作困獸鬥，想伺隙殺楊堅，奪回政權。先有畢王宇文賢謀圖取代楊堅執政，被誅。大象二年（五八〇）七月，又有趙王宇文招邀楊堅至家中飲酒，欲席中行刺，賴大將軍元冑扣刀入衛，護持回府。宇文招恨自己未能及時出擊，彈指出血。壬子（二十九），楊堅誣宇文招與越王宇文盛謀反，將他們及其諸子統統處死。同時，賞賜元冑不可勝計。十月，楊堅又殺陳王宇文純及其諸子。平定三方後，楊堅已穩操勝券，乃於十二月辛未（二十日）殺代王宇文達、滕王宇文逌及其諸子，宇文泰剩下的五個兒子全部伏誅。稍後，楊堅又大開殺戒，殘忍地將周閔帝、明帝、武帝諸子統統殺死，不留餘種，所殺約不下五十—六十人。[99]

盡殺宇文氏宗室，就是為自己登基稱帝作好準備。「司馬昭之心，路人皆知」，而楊堅之心，較司馬昭有過之而無不及，然而，關隴勳貴集團中竟再也沒有人出來抗爭了，北周統治集團已經認可了楊堅為其新的主宰。

關隴勳貴耆舊李穆，是西魏十二大將軍之一的李遠之弟，自雲隴西成紀人，西漢騎都尉李陵之後，李穆和他兩個哥哥李遠、李賢都很早就隨宇文泰開創關中局面，領鄉兵從征累積軍功封官晉爵。李穆曾隨楊忠破江陵，討突厥，李氏兄弟作為北周佐命功臣，「子弟布列清顯」。但宇文護執政誅趙貴、獨孤信時，李遠及其子李植也慘遭殺害，李穆受牽連除名為民，到周武帝誅宇文護親政時，李氏子弟免官爵者才悉複其舊。李氏家族和楊忠一樣，同為關隴勳貴集團的核心成員，李穆在北周進位柱國，轉大司空，晉爵申國公。建德（西元五七二—五七八年）初年拜太保，後任天下精兵所居之處的并州（治晉陽，今山西太原市）總管，成為北周末年具有舉足輕重地位的元老大臣。尉遲迥叛亂時，曾派使者招李穆共同起事，李穆鎖其使者，並將尉遲迥的書信送告楊堅。李穆之子李士榮暗中勸李穆乘機起兵爭奪天下，李穆不以為然，反而奉十三環金帶給楊堅，以表忠心。十三環金帶即天子之服。不久，李穆又密上表楊堅勸進。[100] 李穆的舉動可以說集中代表了關隴勳貴集團大多數成員的政治意向。

關隴勳貴於謹的子孫一族人也都站在了楊堅一邊。平定尉遲迥的官軍統帥韋孝寬也是關中門閥，「世為三輔著姓」。[101] 韋孝寬雖平叛勝利後不久去世，但他的子侄韋世康、韋洸、韋津等都得到楊堅信用，成為新朝佐命。除宇文氏宗室及外戚尉遲迥、司馬消難等極少數人員外，關隴勳貴幾乎是集體倒

99 王鳴盛：《十七史商榷》卷六六〈楊氏不良死約三十人〉條。
100 《隋書》卷三七〈李穆傳〉。
101 《周書》卷三一〈韋孝寬傳〉。

向了楊堅一邊。這是楊堅得以短時間內戰勝反叛，輕易代周建隋的最根本保證。

楊堅於是自稱大丞相，而罷左右丞相之官。大象二年（五八〇）十二月甲子（十三日），八歲的周靜帝宇文衍降下詔書，說隨國公大丞相楊堅「應百代之期，當千齡之運，家隆臺鼎之盛，門有翊贊之勤。心同伊尹，必致堯舜，情類孔丘，憲章文武……伊尹輔殷，霍光佐漢，方之蔑如也」。[102]這個為楊堅歌功頌德的詔書，明眼人一看就知絕非出自童稚的靜帝意旨，而是楊堅授意而作，很可能就是出自「文意百端，不加治點」[103]的丞相府屬李德林的手筆。詔書把楊堅吹捧為從天而降的聖人，有孔子之仁心，而必成堯舜之大業，一句話，楊堅就是孟子預言的五百年必將興起的聖王，是周武帝事業的最好繼承人。而既有聖王之資，又豈能屈居八歲稚童之下。於是又加楊堅相國，總百揆，進公爵為王。隨王可「劍履上殿，入朝不趨，贊拜不名，備九錫之禮」，隨國置丞相以下。這些都是非人臣之禮，是魏晉權臣篡位行禪代通用的慣伎。阿麼這時也榮升為王子了。

大年一過，改元大定（五八一），二月壬子（初二），楊堅下令：「已前賜姓，皆復其舊」，普六茹氏改回為楊氏，凡宇文泰所改胡姓統統改為漢姓。這時六鎮鮮卑及關隴勳貴上層已基本漢化，此令一下即獲得普遍歡迎。甲寅（初四），隨國始建丞相以下百官。丙辰（初六），又有周帝詔楊堅建天子旌旗，出警入蹕，備天子之禮。俄而，八歲的周靜帝以「眾望有歸」，乃下詔自請禪位，宣詔曰：「周德將盡，妖孽遞生，今便祗順天命，出遜別宮，禪位於隋，一代唐、虞、漢、魏故事。」百官乙太傅李穆為首勸進，山呼萬歲。隨即，楊堅按早已導演好了的程式，接受大周社稷。

二月甲子（十四日），楊堅正式稱帝，國號隋。原封隨國，隨字有走腳邊傍，走為奔跑似不雅，故下令除去，改隨為隋，作為國號，為己專有。天子姓楊啦，於是大赦天下，改元開皇，一個新的漢族王朝終於在中國北方出現。楊堅即隋朝開國皇帝，後謚曰「文」，稱隋文帝。

楊堅即皇帝位後的第一件事就是宣布：「易周氏官儀，依漢魏之舊。」[104]也就是廢除宇文泰改制時所採用的《周禮》六官體制及禮儀制度，按照漢魏以來發展演變而成的三公九卿三省六部體制改革中央官制，使新朝儀制面貌煥然一新，史稱隋「改周之六官，其所制名，多依前代之法」[105]，即除去天、地、春、夏、秋、冬六官系統，以三省六部為政務中樞，恢復御史臺、諸卿監等傳統行政部門，以示自己是秦漢以來漢族正統王朝的直接繼承者。楊堅一即位就確立了「除舊布新，移風易俗」[106]的總方針，恢復漢族文物衣冠典章制度，當然是順乎民心，順乎歷史潮流。

在即位的當天，隋文帝即任命高熲為尚書左僕射兼納言，虞慶則為內史監兼吏部尚書，李德林為內史令，元暉為都官尚書，元岩為民部尚書，長孫毗為工部尚書，楊尚希為度支尚書，幾天後又補選趙煚為尚書右僕射。三省首長和六部尚書組成了強有力的行政領導班子，一改西魏北周胡漢雜糅，刻意復古，名不副實，行政不力的狀況。所謂納言，即漢魏以來的侍中，因楊堅父名忠，要避諱，故改為納言。同樣，原中書省亦因諱中改為內史省，所以隋的三省曰：尚書、內史、門下，首長分別為僕射、內史監、令和納言，他們都是宰相。三省分工合作，輔政決策，督導行政，三公已成虛號，但仍留用以安置元老重臣。

乙丑（十五日），隋文帝追尊父親楊忠為武元皇帝，母親呂苦桃為元明皇后，並為父親立廟，廟號太祖。隋文帝自己後來駕崩後亦由兒子隋煬帝立了廟，廟號高祖，所以隋文帝又稱隋高祖。阿麼之母獨孤伽羅被立為皇后，阿麼之兄楊勇立為皇太子。己巳（十九日），隋文帝封周靜帝宇文衍為介國

102 《隋書》卷一〈高祖紀〉。
103 《隋書》卷四二〈李德林傳〉。
104 《隋書》卷一〈高祖紀上〉。
105 《隋書》卷二八〈百官志下〉。
106 《全隋文》卷一九，薛道衡：〈隋高祖文皇帝頌並序〉。

公，宇文氏諸王皆降爵為公。阿麼的姐姐楊麗華改封為樂平公主，已不再是北周皇太后了。其時楊麗華尚年輕，文帝欲讓她改嫁，但公主誓死不從，阿麼這位可憐的姐姐從此當了一輩子的遺孀寡婦。

乙亥（二十五），隋文帝又封弟楊慧為滕王，楊爽為衛王，封皇子楊廣為晉王，楊俊為秦王，楊秀為越王，楊諒為漢王；任命歸順於己的北周重臣元老中國公李穆為太師，鄧國公竇熾為太傅，任國公于翼為太尉，當然，這幾個老頭子並無實權。

阿麼轉眼之間就由雁門郡公榮升為晉王，按中國傳統的年歲記法，阿麼今年虛歲十三，而他卻即將被賦予重大使命，擁兵握權了。

在改朝換代的一片喜慶聲中，據說唯有一個年幼的女子在家中流涕，撫膺歎息：「恨我不為男子，救舅氏之患。」她就是上柱國竇毅之女竇氏，其母乃宇文泰女襄陽長公主，這個奇女子後來嫁給了唐國公李昞的兒子李淵[107]，而李昞乃西魏八柱國之一的李虎之子。李淵和竇氏後來生了唐太宗李世民。這又不禁使我們想到，很可能是李世民命史官編造了其母在禪代之際的忠烈故事，而實際上竇、李兩家當時和絕大多數關隴勳貴一樣，是擁護楊隋禪代的。

只有極個別的北周宇文氏宗族至親對失國心懷怨恨，為此，宰相虞慶則勸隋文帝盡滅宇文氏，以絕後患。可憐八歲的介國公宇文衍雖有禪讓之功，也未能倖免一死。古詩云：「莽因後父移劉祚，操納嬌兒覆漢家；自古奸雄同一轍，莫將邦國易如花。」[108]有歷史上的王莽、曹操作榜樣，楊堅也就不覺慚愧了，為了坐穩江山當穩皇帝，必須採取斷然措施，殺介國公宇文衍是為了斷絕人望，以免留下禍害。最高權力的轉移、皇位的爭奪不是繡花，其間充滿了暴力和欺詐。

父親楊堅隆重莊嚴的登基大典讓小阿麼激動不已，自後天下就是自家的天下，自己就是高貴的皇子了。這當然是阿麼生命歷程的大轉折，歷史註定他將不會是一個平庸的凡夫俗子。

從北周武帝天和四年（五六九）到隋文帝開皇元年（五八一）的十二年間，中國北方的確發生了翻天覆地的變化，轉眼間兩個王朝滅亡了，一個新王朝建立了。滄桑巨變，換了人間，江山變色，天子姓楊。這一切都留在阿麼童年的記憶中，並激發他少年的夢想。時代的蕩激，家族的功業，貴族式的教育，優裕的生活，對年幼阿麼個性的塑造，對未來皇帝氣質的形成，都產生了深刻影響，留下了深深的烙印。

107《舊唐書》卷五一〈后妃傳上〉。
108《隋史遺文》第一回，（明）袁於令評改。

第二章　風流蘊藉　青年時代

楊廣受封晉王時年僅十三，這個年齡雖尚未脫孩提時代，卻正是長見識的關鍵年歲。秦始皇正是十三歲繼統，若干年後即大有作為。年幼的楊廣被過早地推上歷史舞臺雖說是身不由己，出乎意外，但機遇的出現必須抓住，不能失之交臂。楊廣在外藩迅速成長，三十歲時已「聲名籍甚，冠於諸王」。他在兄弟中脫穎而出，畢竟還在於自己的主觀努力，對於楊廣來講，這是一段輝煌可資紀念的人生。

第一節　坐鎮并州　北禦突厥

常言講：得天下易，坐天下難。楊堅以外戚身分「欺人孤兒寡婦」而輕易奪得天下，但要鞏固統治，任務極為艱巨。楊堅稱帝雖然得到了大多數關隴勳貴的支持，並鎮壓了三方叛亂，但潛在的反對勢力仍然存在，甚至同胞弟弟楊三郎因娶北周公主，也潛謀起事。壓在楊堅這四十歲漢子身上的擔子是如此沉重，雖有宰相輔佐，但親不過兒子骨肉，五個兒子儘管年幼，在此關鍵時刻，也必然要為父親分擔責任。隋建立後，長子楊勇被立為皇太子，留在京師協助父皇處理政務，楊廣及其更幼小的弟弟楊俊、楊秀都出鎮方面。為此，唐人說隋文帝「始遷周鼎，眾心未附，利建同姓，維城宗社」。[1]少年楊廣遂坐擁強兵，肩負起了北禦突厥的重任，並在邊塞長大成為青年人。

年幼居藩　重臣輔佐

開皇元年（五八一）二月丁丑（二十六），隋文帝任命年僅十三的次子晉王楊廣為并州總管，接替回朝就任太師的老將李穆。以兒子出鎮方面，樹立屏藩，以壯根本，是隋文帝鞏固新朝的重要措施。[1] 這年九月，奉使巴蜀還朝的奉車都尉、關隴勳貴于謹之孫于宣敏向文帝建議：「宜樹建藩屏，封殖子孫」。[2] 文帝於是又將年剛滿十歲的第四子越王楊秀改封為蜀王，任益州總管。楊廣的另一弟弟，文帝第三子秦王楊俊則坐鎮河南，「領關東兵」。[3]

楊廣封晉王，晉是春秋時晉國所在地，漢朝時屬并州。并州領現今山西省，因地處黃河以東，又稱河東，州治晉陽，在今太原市，乃東魏北齊別都。并州戰略地位重要，其北靠大漠，南近京洛，東臨華北大平原，既是抵禦北面草原遊牧民族的屏藩，又是捍衛首都控制中原的戰略重鎮，自古以來就是兵家必爭之地。

河南在京師以東，所置軍府在河東之下居第三，又居天下中心地位，是隋控制東方的門戶。益州乃今四川地區，在京師長安以南，號稱天府，糧草充足，形勢險要，既是長安的南大門，又是東出攻陳的戰略要地。同時，這一地區因四面環山最容易產生割據勢力，也不可不派親王坐鎮。

為了便於集中領導，隋文帝在這三處重鎮分別設立行臺。在并州晉陽設河北道行臺，以晉王楊廣為行臺尚書令，並授予武衛大將軍的名號。又設河南道行臺，治洛陽，以秦王楊俊為行臺尚書令。又

---

1 《隋書》卷四三〈觀德王楊雄傳・史臣曰〉。
2 《隋書》卷三九〈于義附宣敏傳〉
3 《隋書》卷四五〈文四子・秦孝王俊傳〉。

在成都設西南道行臺，以蜀王楊秀為行臺尚書令。所謂行臺，是中央政府尚書省的派出機關，代表中央行使權力，其地位高於地方州郡。

然而，以三個年幼的王子分別藩居三方重鎮，雖給予重名，建立行臺，而以他們的能力聲望資歷，均難以勝任。於是隋文帝又費盡心機為兒子盛選朝中「貞良有重望者」，作為他們的僚佐，配備強有力的輔佐顧問人才，以使年幼的王子在遠離父母的情況下，能繼續受到良好的教育，並圓滿完成政治軍事重任。

隋文帝為晉王楊廣配置的僚佐主要有王韶、李徹、李雄、韋師、張衡、馮慈明、張虔威、段達等。為蜀王楊秀配置的僚佐有元岩、楊異等。其中元岩、王韶在北周曾諫諍周天元而得罪，他們都以忠直「骨鯁」知名。當時朝中輿論認為，兩人的才能均高於宰相高熲，連隋文帝也說：「公宰相大器，今屈輔我兒」。[4] 其意似乎像當年漢高祖讓曹參出朝為齊國相。

僚佐名義上雖為藩王部屬，但實際上權力很大，如元岩來到成都，「法令明肅」，吏民稱善，「蜀中獄訟，岩所裁斷」，實際上主持蜀地政務。同時又作為年幼藩王的師傅，負責教導王子。如年幼的楊秀性好奢侈，曾想捉當地少數民族的男童為閹人，又想殺死死囚犯摘取人膽做藥。元岩知道後，「排閤切諫」，阻止幹這種傷天害理的事，蜀王只得拜謝而止。作為文帝配選的僚佐，元岩可以隨時向文帝彙報，同樣文帝也隨時要向元岩詢問兒子的情況。所以，楊秀對元岩十分憚懼，不敢違法亂制，恣行所欲。

僚佐的盡心竭力，對年幼的藩王的成長的確起了很大作用。輔助十三歲的晉王楊廣的僚佐情況又如何呢？讓我們看看他們的家世履歷。

王韶，字子相，自稱出自山東門閥的太原王氏，世居京兆。在北周時以軍功官至車騎大將軍，隨周武帝東征北齊，武帝克晉州（今山西臨汾）後想班師，王韶切諫說：「齊失綱紀，主昏於上，民懼於下，今我一戰攻下晉州，已扼其咽喉，取亂侮亡，正在今日。」王韶的分析堅定了周武帝的信心，結果一舉平齊，王韶也以功封晉陽縣公。可見王韶乃文武雙全的才士。隋文帝受禪後進王韶爵為項城郡公，繼續受到信用。又因王韶是太原王氏郡望，性格剛直，得選為晉王的主要僚佐，任河北道行臺尚書右僕射。[5]官視從二品，秩同宰相。

李徹，字廣達，朔方（治今陝西子長縣東）人。仕周任車騎大將軍，是一員猛將，也曾隨周武帝東征北齊，率軍力戰，參與攻拔晉陽（今山西太原），以功封蔡陽縣公。後從韋孝寬略定淮南，安撫淮南新附，甚得民心。隋代周後，文帝將他征入朝為左武衛將軍，進爵齊安郡公。因李徹出身邊塞，有軍旅經驗，故任命他為總晉王府軍事。隋文帝曾對左右說：「安得文同王子相、武如李廣達者乎？」[6]對李徹十分看重。李徹與王韶一文一武，是晉王府的兩位主要僚屬。

李雄，字毗盧，趙郡高邑（今河北高邑西）人，乃世代官冕之家。門閥趙郡李氏世代以儒業入仕，而李雄卻獨獨喜歡騎射。他少年慷慨有大志，從達奚武入關，征戰有功，在西魏官至驃騎大將軍，在北周進爵為公，曾在青海破吐谷渾。宣帝時從韋孝寬略定淮南，曾一口氣攻下十餘城。隋文帝受禪後進其爵高都郡公，數年後任命為晉王府僚佐，任河北道行臺兵部尚書，接替李徹主持王府軍事。臨行前文帝對李雄說：「我兒年少，世事所知不多，卿兼有文武之才，今我推誠相委，可無北顧之憂。」[7]李雄當官正直，有一股凛然不可犯的神氣，楊廣對他極為敬憚，吏民對他的政績也很稱讚。可惜在官不幾年死於任上。

4《隋書》卷六二〈元岩傳〉。
5《隋書》卷六二〈王韶傳〉。
6《隋書》卷五四〈李徹傳〉。
7《隋書》卷五四〈李雄傳〉。

韋師，字公穎，京兆杜陵（今陝西西安附近）人，世為關中著姓。少年時略涉經史，尤工騎射，對北邊山川險阻及少數民族風俗十分熟悉，任北周官至賓部大夫。隋文帝受禪時拜為吏部侍郎，賜爵井陘侯。後選為河北道行臺兵部尚書，兼晉王府司馬。[8]

張衡，字建平，河內（治今河南沁陽）人，父祖均為官，年十五入北周太學學習，拜沈重為師，習《三禮》。曾因事扣馬切諫周武帝，受到嘉獎。隋文帝以他學業和品行出眾任為晉王僚佐，歷任河北道行臺刑部、度支二曹郎。行臺廢後又任并州總管掾[9]，深得晉王楊廣的親任。

張虔威，字元敬，清河東武城（今山東武城縣）人，父仕北齊為州刺史。虔威少年時涉獵群書，曾任太常丞。齊亡仕周，楊堅執周政時，曾引他為相府典簽。後選為河北道行臺刑獄參軍，與張衡一起受到晉王楊廣的禮重。晉王官邸的人將他們二人稱為「二張」。[10]

段達，武威姑臧（今甘肅武威市）人，父段嚴為北周朔州刺史，段達三歲時襲父爵為襄垣縣公。楊堅代周篡位時，段達以大都督率領親兵，經常跟隨在楊堅左右，充任貼身護衛，隋建立後任左直齋，遷官車騎將軍，兼任晉王府參軍。[11]

馮慈明，字無佚，信都長樂（今河北冀縣）人，父仕北齊官至尚書右僕射，慈明以父蔭出仕，齊亡入周，後又入隋，被選為晉王府司士。[12]

這些僚佐大都屬於關隴勳貴，雖有不少原籍山東，但也早已入關，為西魏北周官宦之家，其中有不少出自大門閥。如王韶出自太原王氏、李雄為趙郡李氏、韋師為京兆杜氏，充任蜀王楊秀僚佐的元岩則為北魏帝裔，楊異出身弘農楊氏。李徹、張衡、張虔威、馮慈明等也都出身於將相之家。

同時，這些人既有崇高的家世背景，又都有實際政治才能，沒有一個是不求實務的清談家。年齡上這些人大都在四十—五十歲，具有一定的做官資歷和閱歷經驗，且個個都為人剛直，有一定政績。

隋文帝選擇這班人來輔佐年幼的兒子，可謂是費了一番苦心的，幼兒遠離父母，是好是壞，就靠他們來輔佐教導了。

諸王僚佐所受寄託深重，在任上也都盡心竭力，勤於政務，以身作則，教導幼主，相當嚴格。如李徹「當官正直，侃然有不可犯之色」。王韶更性剛直，楊廣「甚憚之」。「每事諮詢」[13]，不敢有違法度。但年幼好動的晉王有時也禁不住要遊嬉玩耍，有一次王韶巡檢邊境長城一帶的防務，楊廣見沒有人管他，便趁機帶了一幫人在晉王府開挖水池，修築假山，想營造一個屬於自己的人間仙境，過一陣奢華的生活。王韶回府知道後，即用一條鏈子把自己鎖起來，到晉王府，先是自責，後是切諫。楊廣見狀，惶恐萬狀，只好謝罪，不敢再胡鬧了。後來楊廣做了皇帝，回憶起這段往事，曾不無感慨地說：「若無王子相的著力輔佐教導，我就不會有今日。」[14]王韶後來還輔佐過繼任并州總管的秦王楊俊，這已是滅陳以後的事了。

楊廣在晉陽頗好學，「善屬文」。作為佛教徒，他還延請當代高僧彥琮到他的私邸，為他講述過《金光明經》，並修撰文疏。[15]楊廣年齡雖小，外表卻「沉深嚴重」，一副長者之相，深得臣僚的愛重，也深得父親的喜歡。但由於路遠且身負重任，楊廣很少回長安晉見父母，有時一兩年不能見面。

8 《隋書》卷四六〈韋師傳〉。
9 《隋書》卷五六〈張衡傳〉。
10 《隋書》卷六六〈張虔威傳〉。
11 《隋書》卷八五〈段達傳〉。
12 《隋書》卷七一〈馮慈明傳〉。
13 《隋書》卷六二〈王韶傳〉。
14 《隋書》卷四七〈柳謇之傳〉。原話是：「微子相之力，吾無今日矣。」
15 《續高僧傳》卷二〈隋東都上林園翻經館沙門彥琮傳〉。

男大當婚　迎娶蕭氏

俗話講，男大當婚，女大當嫁。楊廣坐鎮晉陽，父母事事處處為兒子操心，婚姻大事，更不能不牽掛。按現在的觀點，十來歲還算不上「男大」，離結婚的年齡還差得遠，但作為古代帝王之子，這樣的年齡已不算小了。

但貴為皇子的美少年楊廣當時並不能自由戀愛，且也並未到感情衝動的年齡，婚姻大事還得父母作主。天子之家，門第高貴，婚姻當然要講究門當戶對。楊廣的哥哥、皇太子楊勇早就由父母作主，由獨孤氏精心選擇，娶了西魏帝室元孝矩的女兒，那麼老二楊廣的婦翁，又該選擇哪一家呢？隋文帝和獨孤后把眼睛盯上了南朝蕭梁帝室。最高統治者更多考慮的是政治上的聯姻，考慮如何通過姻親關係結成強大的勢力網，進一步鞏固自己的政權。

蕭梁雖早已滅亡，但當時在江陵一隅之地還保留了一個傀儡後梁政權，自西魏、北周直到隋，前後存在了三十多年。其時的兒皇帝名叫蕭巋，字仁遠，是著名文學家、梁昭明太子蕭統的孫子，梁武帝蕭衍的玄孫。蕭氏祖籍蘭陵郡（治今山東蒼山蘭陵鎮），東晉時南遷，出了南朝齊、梁兩家帝室，成為僑姓門閥。蕭巋的父親蕭詧是由西魏大將軍楊忠扶立，楊忠攻下江陵滅梁元帝蕭繹後，奉命將蕭詧移住江陵，後楊忠又任總管擁兵監視蕭詧，但楊忠以其忠勇和寬厚，與後梁君臣相處很好。蕭詧憂死後子蕭巋繼立，對北周政權的依附更加強了。

蕭巋是個白面書生，長得英俊瀟灑，又很有才學，他自知傀儡皇帝無所作為，因而把精力都用在編書等文學藝術事業上。周武帝平齊時，蕭巋曾親赴長安朝賀。及楊堅篡周，司馬消難等構難之時，後梁臣子勸蕭巋趁機起兵，「進可以盡節周氏，退可以席捲山南」，恢復舊梁祖業。[16]但蕭巋頭腦很清醒，認為沒有把握，終未輕舉妄動。及隋文帝禪位，蕭巋即上表致賀，隋文帝對蕭巋的表現深為贊許，給予了豐厚的賞賜。開皇二年（五八二），蕭巋又親自到長安朝貢，以表忠心，更是大得隋文帝歡喜，下詔重申蕭巋的政治地位應當在王公之上，承認後梁的藩國地位。蕭巋回國後不久，隋文帝即派使者備禮往江陵聘蕭巋女做兒媳婦。文帝對後梁蕭氏如此禮遇恩隆，除了政治、門第等各種因素外，恐怕也與其父楊忠及獨孤后父獨孤信早年曾投奔南朝，受到梁武帝的禮遇，與蕭梁長期保持友誼有直接的關係。在兒子婚姻問題上，獨孤皇后的主意特別重要，她對後梁門閥高貴而且蕭氏祖孫崇信佛教抱有好感。梁主蕭巋對於這門親事當然是喜出望外，與大隋皇帝結為兒女親家，對確保自己的政治地位，對後梁國的前途都大有好處。

年過中年的蕭巋有好幾個女兒，論條件都不錯，但哪個女兒嫁給楊廣做晉王妃合適呢？隋使不敢怠慢，進行嚴格的選擇，而當時的選妃辦法除查看相貌外，則主要是看生辰八字，進行占卜。結果，遍占蕭巋身邊的三個待字閨閣的女兒，生辰八字都不吉利。就在蕭巋束手無策，愁眉不展之際，有人小心翼翼地向他提起寄養在張軻家的另一女兒。這個女兒出生於後梁天保八年（五七〇）二月，按江南風俗，早春二月生下的子女父母皆「不舉」，所謂不舉，即不養。[17] 據說，二月生子命運多舛，蕭巋當然不允許宮裡留下這樣的災星，但親骨肉也不忍心就活活遺棄，於是將這孩子送給堂弟蕭岌撫養。孩子八歲時，蕭岌夫婦相繼去世，孤苦無依的蕭氏被輾轉送到舅舅張軻家，由舅氏收養。張軻雖也是讀書人，但家境甚為寒苦。在這樣的家庭環境中，蕭氏小小年紀為分擔家計，也要幹些力所能及的勞活，年老的舅父舅母則辛勤勞作，勞動之余也教蕭氏寫字讀詩。秋去春來，光陰荏苒，由於蕭氏

16《周書》卷四八〈蕭詧傳〉。

17《晉書》卷七五〈范汪傳附子寧傳〉有「生兒不復舉養，鰥寡不敢妻娶者」句；又《冥報記》卷下記「隋上柱國蒲山惠公李寬，性好田獵，常養鷹數十，後生一男，口為鷹嘴，遂不舉之。」可見，「不舉」乃不養之意。

溫柔嫻靜，天性聰穎，幾年下來已是一個嬌嫩嫵媚，知書達禮，頗有教養的漂亮少女。

當梁主蕭巋把年已十四的女兒接回宮時，蕭氏已長得明眸皓齒，亭亭玉立，美麗動人，而且崇敬佛祖，書琴詩畫，樣樣精通。占卜結果，大吉大利，隋使深為滿意。蕭巋即派柳莊為使，把女兒送到長安，隋文帝和獨孤皇后見到蕭氏，又是一番考察，也大為歡喜，隨即從太原召回兒子楊廣，舉辦了隆重的婚禮。

本來，隋煬帝的婚禮和結婚日期史書是可以記載得很清楚的，但唐初史臣又故意忽略了這些史實，而楊廣的弟弟秦王楊俊納妃結婚的日期，《隋書》卻記載得清清楚楚。獨孤后為十四歲的三兒子楊俊娶的是山東門閥崔氏女，關於秦王楊俊納妃日期，《隋書．高祖紀上》記曰：「開皇四年(五八四)八月戊戌（初九），以秦王俊納妃，宴百僚。」而楊廣的婚期冊封之禮等情況，諸史均缺載，只是《周書．蕭詧傳》簡單地載有「開皇二年（五八二），隋文帝備禮納巋女為晉王妃」。何月何日，則不可詳知。《資治通鑑》於是據此將「納梁主女為晉王妃」一句，系於開皇二年記事之末。

晉王楊廣的婚事，就在當時，作為皇帝的次子，無論對於楊廣，還是對他的父皇、母后來說也應該是一件大事，是決不會草率操辦的。據史書，為操辦楊廣與蕭氏的婚禮，光後梁大臣柳莊於長安江陵之間，就曾「往來四五反」。[18] 據此大致可以推測，兩家定親大概在開皇二年（五八二）初蕭巋來長安朝見回國後不久，婚禮大概於這年底或開皇三年（五八三）初舉行。

關於楊廣備婚大禮的情況我們不得而知，但從史書所載秦王楊俊納妃時，文帝曾「宴百僚，頒賜各有差」的情況來看，必定還是在朝殿舉辦了盛大的歌舞宴會，當時最負盛名的詩人庾信寫了一首歌詠婚禮歌舞隆重場面的詩，我們不妨借來窺探楊廣婚宴歌舞的景況：

洞房花燭明，燕餘雙舞輕，

頓履隨疏節，低鬟逐上聲。

步轉行初進，衫飄曲未成，

鸞回鏡欲滿，鶴顧市應傾。

已曾天上學，詎日世中生。[19]

雖然不是經自己的自由戀愛，然而楊廣對於父母先定親家，再選女兒的包辦婚姻，卻是深為滿意。這點他與哥哥楊勇不同，楊勇對母親為他選定的元魏帝裔就深為不滿。蕭妃也的確讓楊廣喜愛，她出身帝王之家，長於普通百姓牆院，沒有大戶小姐那種嬌生慣養之氣，性格隨和溫順，聰明能幹，善解人意，且能書能畫，很有才氣，這些當然都是少年楊廣求之不得的。蕭妃也對儀表堂堂，英俊瀟灑，才思敏捷的晉王楊廣十分傾心，小倆口一結婚就百般恩愛，十分相得，史書也留下了楊廣對蕭妃「甚寵敬焉」[20]的簡短記載。

由於軍務繁忙，重任在身，楊廣婚後的蜜月是回到晉陽度過的。開皇三年（五八三）底，蕭妃就為楊廣生下了長子楊昭，第二年又生下了次子楊暕。兩年連生兩兒，這是愛情的結晶，說明小倆口的確愛得如膠似漆。

楊蕭兩家帝室聯姻，使後梁與隋朝的關係更加親密，獨孤皇后為此特意提醒隋文帝：「梁主蕭巋既已是親家翁，自家人何必還要設總管駐軍防備著他呢？」隋文帝於是下令罷除隋江陵總管府，使晉

18《隋書》卷六六〈柳莊傳〉。

19《初學記》卷一五〈舞第五〉。

20《太平御覽》卷一四〇〈皇帝部六〉「煬帝蕭皇后」條。

王楊廣的岳父蕭巋在方圓百里的後梁國得以專制獨裁一時，嘗嘗真皇帝的味道。

開皇四年（五八四）正月壬申（初九），蕭巋在他的內史令柳顧言陪同下，再次來長安朝見隋文帝，文帝先在郊外後又親卸大興殿，舉辦了隆重的迎賓禮儀。二月乙巳（十三日），文帝又親自於霸上擺設盛大的歌舞宴會，款待這位親家翁。但遠在晉陽（今山西太原市）的楊廣無法回京拜見自己的岳父，蕭妃也未再見到自己的父親。這年五月，蕭巋得病去世，時年四十四歲。臨終時上表隋文帝，對自己的女兒能嫁帝子，「寵冠外藩，恩逾連山」[21]，再次表示感謝。但不無遺憾的是，他至死也沒有親眼見到自己那位日後將龍飛九五的女婿楊廣。

與蕭梁的婚姻對楊廣一生的影響很大，史稱蕭妃「初歸藩邸，有輔佐君子之心」，她「性婉順，有智識，好學解屬文，頗知占候，高祖大善之」[22]。蕭妃自後成了楊廣的賢內助，她對楊廣的政治識見、藝術情趣、文學修養等許多方面都產生了重大影響，也為楊廣日後與江南地方政治集團的結合提供了方便。岳父蕭巋的重臣柳䛒（顧言）不久成了晉王的重要顧問。

突厥崩離　北塞和靖

楊廣受封晉王坐鎮并州，主要任務就是防禦塞外的大敵突厥。早在隋朝崛起之前，雄踞漠北西域的突厥汗國已是亞洲大陸的霸主，隋朝建立後，擊敗和削弱突厥是當時面臨的最大政治軍事問題。

突厥是草原遊牧民族，原居住在今阿爾泰山一帶，「蓋匈奴之別種」。近人研究認為突厥與魏晉北朝活躍於蒙古草原的丁零、高車同族，以狼為圖騰，王族姓阿史那氏。突厥人以遊牧為主，兼營治鐵，五世紀中葉被柔然汗國征服，被迫遷居金山（即阿爾泰山），成為柔然鍛奴。西元六世紀，北魏發生六鎮戍卒起義，不久王朝分裂為東、西魏。柔然阿那瓌可汗曾幫助北魏鎮壓六鎮起義，後全力專西魏以長平公主妻之。自後突厥斷絕了與柔然的隸屬關係，出兵攻柔然，阿那壞戰敗自殺，土門遂自稱伊利可汗，建立突厥汗國。

西元五五三年初，土門死，其子柯洛立，不久又死，弟燕都立，號木杆可汗。木杆「性剛暴，務於征戰」，西元五五四年，突厥大汗國西破嚈達，東走契丹，北並契骨（今吉爾吉斯人先祖），威服塞外諸國，將突厥汗國的疆域擴展到「東自遼海以西，西至西海（裡海）萬里，南至沙漠以北，北至北海（貝加爾湖）五、六千里」的廣闊土地上，成為蒙古草原和中亞沙漠的主人，出現了勢淩中夏的嚴峻形勢。

時中原東西對峙的北齊、北周為壓倒對手，均爭相結好突厥，不惜向突厥可汗稱臣納貢，拉攏突厥作為靠山。周末靜帝時，曾以趙王宇文招女千金公主嫁給木杆之子他鉢可汗，這門親事正是當時主政的丞相楊堅辦成的。為了與突厥和親，北周每歲給「繒絮錦彩十萬段」。北齊怕北周與突厥和親而自強，「亦傾府藏以給之」。鷸蚌相爭，遂使突厥坐收漁翁之利，他鉢可汗曾自豪地說：「但使我在南兩個兒孝順，何憂無物邪。」

隋開皇元年（五八一），他鉢可汗死，經過一番「昆季爭長，父叔相獵」的內部糾紛之後，他鉢

21《隋書》卷七九〈外戚．蕭巋傳〉。

22《隋書》卷三六〈后妃．蕭皇后傳〉。

23《周書》卷五〇〈異域下．突厥傳〉，以下出此者皆不加注。

之子庵羅被迫讓位於他鉢之侄攝圖。攝圖設牙帳於於都斤山（今蒙古鄂爾渾河上游，杭愛山之北），號沙鉢略可汗，並按突厥風俗續娶去年（北周大象二年）才嫁過來的年輕貌美的北周千金公主為可賀敦（皇后）。公主「自傷宗祀絕滅，每懷復周之志，日夜言於沙鉢略」，勸可汗入寇復仇。可汗受嬌妻的蠱惑，說：「我，周家親也，今隋公自立不能制，複何面目見可賀敦乎？」又按「突厥之俗，可賀敦預知軍謀」[24]，使千金公主更得以挾可汗之力行復仇之事。隋文帝也下詔停止歲貢，加強戰備，雙方關係迅速惡化。十三歲的楊廣正是在這種背景下受封晉王坐鎮并州的。為應付突厥必定要進行的侵擾，隋文帝令緣邊修保障，峻長城，積極備戰。

隋朝整個北部邊境承受著壓力，而沙鉢略可汗剛襲汗位，急於建功，以鞏固自身地位，於是先唆使其屬國吐谷渾向隋西部邊境發難，兵寇弘州（今甘肅臨潭縣西），迫使隋放棄了弘州建制。[25]開皇二年（五八二），沙鉢略「悉眾為寇，控弦之士四十萬」，並征北齊降將高寶甯部為先鋒，入長城寇平州（今河北盧龍縣北），突厥則分成數路大舉犯隋。隋軍數為所敗，「武威、天水、安定（今甘肅涇川縣北）、金城（今甘肅蘭州市）、上郡（今陝西榆林縣）、弘化（今甘肅慶陽縣）、延安六畜咸淨」，損失巨大。突厥「欲窺長安」，隋文帝令皇太子楊勇屯兵咸陽「以備胡」。[26]又詔大將于仲文率兵屯白狼塞「以備胡」。[27]楊廣統領的并州因早有準備，沒有受到多大損失。

早在開皇元年（五八一）九月，隋文帝曾命左僕射高熲節度統軍，以元景山、長孫覽為元帥伐陳。元景山軍出漢口獲得勝利，開皇二年（五八二）正月陳宣帝殂，這正是滅陳的好機會，但二月高熲卻奏「禮不伐喪」，班師，其原因正是由於北面突厥的威脅。突厥不願看到中原的統一，對於新建立的隋朝來講，最大的敵人是北面的突厥而不是南方的陳朝，於是隋文帝君相制定了先北後南的戰略方針。

對突厥的南侵，隋一方面加緊防備，組織全面反擊，同時，因突厥希望中土華夏分裂割據以便從中漁利，隋即以其人之道還治其人之身，也採用挑撥離間之法破壞突厥內部團結，以求各個擊破。此計首先由長孫晟提出，此人性「通敏」，文武雙全，千金公主宇文氏入突厥和親，正是他送去的，長孫晟因而熟悉突厥內部情況。

突厥統治的蒙古中亞廣大地區，內部並不穩固，被統治的鐵勒諸部一直在反抗。突厥上層也有大小好幾個可汗，他鉢可汗死時，其子庵羅被迫讓位於沙鉢略，被封於獨洛水，稱第二可汗。木杆可汗之子大羅便被封於阿爾泰山之東，稱阿波可汗。西域中亞地區是土門之弟室點密征服的，室點密之子玷厥時駐牧於烏孫故地（今伊黎河上游，準噶爾盆地），稱達頭可汗。另沙鉢略之弟處羅侯於克魯倫河東管轄被征服的契丹、奚、霫、韃靼各族，稱突利可汗。另外，還有阿波之弟貪汗可汗在蒙古草原之西。沙鉢略為大可汗，其他五個小可汗也獨立管轄自己的牧地。「叔侄兄弟各統強兵，俱號可汗，分居四面，內懷猜忌，外亦和同，難以力征，易可離間」。[28] 隋充分利用大小可汗的固有矛盾，制定了遠交近攻，離強合弱的分化突厥內部的策略，遣長孫晟出黃龍道交結東面可汗處羅侯及所屬契丹等部族，又遣太僕卿元暉出伊吾道交結西面達頭可汗，並贈給他一面狼頭纛。開皇二年（五八二）沙鉢略調發諸小可汗兵四十萬由蘭州攻隋，掠至周槃（今甘肅慶陽北），西突厥可汗達頭即不願再南下，引兵退還。長孫晟又說與隋友好的東部突厥處羅侯之子染幹向沙鉢略謊報軍情：「鐵勒等反，欲襲其牙。」沙鉢略害怕，乃回兵出塞退還其牙帳。

開皇三年（五八三）四月，沙鉢略又捲土重來，隋文帝派衛王楊爽等發八道元帥分兵拒戰，其中

24《資治通鑒》卷一八二，陳宣帝太建十三年。

25《隋書》卷二九〈地理志〉。

26《資治通鑒》卷一七五胡三省注曰：「屯兵於此以備突厥，蓋其兵勢強盛，欲窺長安。」

27《隋書》卷六〇〈于仲文傳〉。

28《隋書》卷五一〈長孫晟傳〉。

朔方（治今內蒙古毛烏素沙漠南之白城子）一路大敗沙缽略於白道（今內蒙古呼和浩特市西北），「沙缽略棄所服金甲潛草中而遁。」[29]出盧龍塞（今河北喜峰口附近）的一路進擊高寶甯，高寶寧棄城走，旋為部下所殺。另一路由行軍元帥于仲文統十二總管出服遠鎮，斬首千餘級，於是又從金河出白道。另遣五總管率兵二萬出盛樂道（今內蒙古和林格爾北），直走那頡山，在護軍川北與沙缽略可汗大隊人馬相遇，可汗見於仲文軍容齊肅，不戰而退，于仲文率精騎逾山追擊，不及而還。[30]西出涼州（治今甘肅武威）一路也屢敗阿波可汗軍，結果，阿波在長孫晟反間誘說下遣使入朝，沙缽略聞阿波「懷貳」，乃北襲其牙庭，殺阿波母並盡虜其部眾。阿波無家可歸只好西投中亞的達頭可汗，達頭聽說阿波之母被殺，更十分氣憤，遂借兵十萬助阿波復仇，於是，以西部阿波、達頭、貪汗、庵羅四可汗為一方，東部沙缽略、處羅侯兄弟為另一方的突厥大內戰全面爆發，戰後突厥也就分裂為東西兩部了。

現在輪到隋文帝來坐收漁人之利了。

隋文帝委長孫晟以重任，對突厥繼續推行分化離間政策。長孫晟不愧為一個卓越的戰略家，他根據突厥內戰形勢變化適時調整政策，使內戰諸方實力平衡，而不讓突厥再出現新的權力中心。起初，隋支持西部集團，孤立敵視隋朝的大汗沙缽略，使阿波的東征大獲全勝。沙缽略連遭敗績眾叛親離，又東畏契丹，走投無路，於開皇四年（五八四）奉表隋朝，向隋文帝稽顙稱臣。本來與隋文帝楊堅有殺父之仇的可賀敦千金公主宇文氏也奉表請為隋文帝女。時年幼的晉王楊廣認為滅突厥的機會到了，上表「請因其釁而乘之」。文帝沒有同意，反而接受了沙缽略的投降，並特發詔改冊千金公主為大義公主，取大義滅親之義，預楊氏宗籍，公主遂成為楊廣的姐姐了。

開皇五年（五八五），阿波奪於都斤山大牙，占領漠北全境。沙缽略請求將部眾渡漠南，寄居白道川，隋文帝應允，並命晉王楊廣「以兵援之，給予衣食」，並賜以「車服鼓吹」。至此，沙缽略已完全淪為隋朝藩屬。同時，阿波已在漠北自立為突厥大汗，隋文帝又遣上大將軍元契出使，這等於承認了阿波的大汗地位。此時，突厥達頭在西，阿波在北，沙鉢略在南，三個政權鼎足並立，隋對突厥三個牙帳同時予以承認，維持突厥分裂顯然對隋朝更有利。

開皇七年（五八七），南帳沙鉢略可汗死，依突厥兄終弟及祖制由處羅侯繼立，隋派長孫晟冊立為莫何可汗。同時，又冊沙鉢略之子雍閭為葉護可汗，以再分其勢。

不久，北帳阿波與西帳達頭兩大可汗又化友為敵，達頭不滿阿波自立為大汗，勢淩於己，遂統軍東征，殺阿波所屬九姓鐵勒三十餘萬人，阿波僅率五、六千人竄逃於山谷。處羅侯聞訊立即上表請隋發兵「乘勝進取」，但長孫晟又進言利用矛盾，兩存其南北牙帳，長久分裂突厥，於是，隋文帝沒有發兵進討。但莫何可汗仍獨力出師，北征窮寇阿波，並齎隋所賜旗鼓，以壯聲威。阿波之眾見旌旗招展，以為隋兵助莫何，多來降附，走投無路的阿波可汗被生擒。莫何進而統一大漠南北，還牙於都斤山，勢力複振，緊接著又整軍西擊達頭可汗，進軍中莫何中流矢卒，由雍閭繼立，稱都蘭可汗，並繼續與西部達頭爭戰，此時突厥實又分為東突厥、西突厥兩部。

東突厥已成為隋朝的附庸，早在開皇四年沙鉢略可汗就已向隋使宰相虞慶則行跪拜禮，曰：「得作大隋天子奴，虞僕射之功也。」並贈馬千匹，以從妹妻虞慶則。沙鉢略並上書稱「天無二日，土無二王，永為藩附」，又遣子入侍，歲貢神馬，受隋封爵與官職。隋文帝下詔稱：「往曾與和，猶是二國，今作君臣，便成一體，情深義厚，朕甚嘉之。」肯定了君臣名分。以後莫何、都蘭汗號均由隋朝冊封，君臣關係已經明確。開皇六年（五八六）正月庚午（二十四），隋「班曆於突厥」[31]，連紀年

29 《隋書》卷三九〈陰壽傳〉。

30 《隋書》卷六〇〈于仲文傳〉。

31 《隋書》卷一〈高祖紀上〉。

也用隋曆。東突厥是在危難中得到隋朝助力才得以復興，可汗臣服於隋朝，並借隋的力量與西突厥抗衡，隋北境的強敵現在變成了溫馴的附庸。都蘭可汗遣使請求「緣邊置市，與中國貿易」，文帝詔可。北境的和平使隋文帝可以騰出手來部署兵力，掃滅南邊的陳朝，中國統一的時機終於到來了。

晉王楊廣因尚年幼，在這一段時間的對突厥反擊作戰中沒有起什麼大的作用，但總晉王府軍事的左武衛將軍李徹則多次參加反擊作戰。楊廣在北塞邊境目睹了草原上風馳電掣的一幕又一幕，他渴望自己能成為一位英雄，馳騁草原。

第二節　統一中華　平陳統帥

唐詩云：「文物衣冠盡入秦，六朝繁盛忽埃塵；自從淮水乾枯後，不見王家更有人。」[32]詩中所述王家，乃僑姓門閥琅邪王氏，這個出了開創江南二百年偏安政治局面，使漢族王統和華夏文化得以保全於東南一隅的宰相王導和著名「書聖」王羲之的王氏家族，隨著隋師的渡江，南北的一統而地位一落千丈。中國實現了第二次大一統，整個政治文化局面隨之大為改觀。這一年是隋開皇九年，即西元五八九年，這是永載史冊值得紀念的一年，而使統一得以實現的隋軍統帥，正是年方二十的青年楊廣。然而，另有一首詩曰：「三百年間王氣銷，中原大半讓胡苗，文皇功業今何在，並卻南朝與北朝。」[33]將統一南北的豐功偉績赫然記在楊廣的父皇楊堅身上。滅陳統一是中世紀中國的偉大事件，功業雖不能歸於晉王楊廣，但他的事蹟也還是可圈可點。

從西元二二二年孫權在江東稱帝，長江流域及其以南的中國南方以建康（今江蘇南京市）為都城，先後建立了吳（西元二二二—二六五年）、東晉（西元三一七—四二〇年）、宋（西元四二〇—四七九年）、齊（西元四七九—五〇二年）、梁（西元五〇二—五五七年）及陳六個割據政權，歷史上將其統稱為「六朝」。

六朝時期是江南地區經濟文化大發展的時期。大量北方漢族人民為逃避戰亂遷徙於江南，他們帶來了先進的生產技術，和江南土著一起開闢了南方廣大的山澤荒野，促進了江南的經濟發展，使之逐漸與北方看齊，中國經濟重心也開始了由黃河流域向長江流域的轉移。北方以王、謝、袁、蕭為首的上百家門閥士族更帶著他們的宗族、鄉黨整族南遷，與具有相當文化傳統的以顧、陸、朱、張為首的江東門閥結合，使江南社會政治結構發生顯著變化。門閥士族廣泛而積極的文化活動，促進了江南文化的發展，三吳地區很早就已成為江南漢文化的中心。

然而，延綿不斷的皇位爭奪引起的內亂和上層統治集團的腐化卻削弱了偏安政權的力量，南方漢族政權始終未能有效地北伐恢復中原。相反，當北方由於民族融合、經濟文化得到恢復之際，政治軍事上愈來愈弱的南方政權終於被強大的北方政權所統一。

統一是大勢所趨，也是歷史必然。統一大業由誰來領導完成？歷史曾給許多人留下了建功立業的機會，北周武帝滅北齊統一北方後即想統一南北，但不幸中殂。當楊堅稱帝建立漢族政權時，南北民

32 孫元晏：〈淮水〉，見《全唐詩》卷七六七。

33 引自《隋煬帝豔史》第一回。

族矛盾也已消失，統一中國的時機更加成熟。史稱：「高祖（楊堅）受禪，陰有並江南之志。」[34]然而真正實現統一，卻在隋建立後的第九年，又再拖延了八年時間，其原因則是北方突厥的威脅。九年間隋一面用軍事外交手段解除突厥的威脅，一面對滅陳戰爭進行長時間的周密準備，統籌全域的最高統帥當然是皇上隋文帝而不可能是晉王楊廣。

隋文帝受禪之初，就已在暗中圖謀併吞江南，他向宰相訪求有文武才幹的將領，高熲向文帝推薦了賀若弼、韓擒虎。

賀若弼，字輔伯，河南洛陽人，父賀若敦為北周金州總管。出身關隴貴胄將門之家的賀若弼從小就有大志，驍勇善弓馬，並博覽群書，饒有文采，曾任齊王宇文憲的僚屬，封當亭縣公。周天元在位時隨韋孝寬伐陳，攻拔了數十座城池，改封襄邑縣公。[35]

韓擒虎，字子通，河南東垣人，父韓雄仕北周官至大將軍，也是關隴貴族將門之家。韓擒虎年少時容貌魁梧，有膽略又好讀書，有文武才能，襲父爵新義郡公。隨周武帝東伐北齊時曾說服齊金墉城守將獨孤永業投降，又進軍平定范陽，拜永州刺史，後遷任和州刺史，對付南方的陳朝，曾屢敗陳兵。[36]

開皇元年（五八一）三月，隋文帝任命賀若弼為吳州總管，接替於顗鎮廣陵（今江蘇揚州）；任命韓擒虎為廬州總管，鎮廬江（今安徽合肥市），讓他們「潛為經略」，準備滅陳。當時後方重鎮壽州（今安徽壽縣）的總管為源雄，賀若弼受命後，寫了一首詩派人送給源雄：「交河驃騎幕，合浦伏波營，勿使麒麟上，無我二人名」。辭氣激昂，互相勉勵。自後，統一中國已成為關隴勳貴的共識，賀若弼等時刻準備渡江，「伐罪吊民，除凶剪暴」。[37]

開皇元年（五八一）九月庚午（二十九），陳宣帝趁周隋禪代之際的混亂政局，令陳將周羅睺攻拔建康（今江蘇南京市）對岸長江邊隋軍的胡墅堡，大將蕭摩訶也進軍江北。隋文帝於是命上柱國元景山、長孫覽為行軍元帥，率軍對北犯陳軍發動攻擊，宰相高熲任監軍，節度各路隋軍。翌年正月，陳宣帝陳頊駕崩，陳遣使請和，主動歸還胡墅。由於北部邊境吃緊，隋文帝非但沒有趁陳宣帝駕崩進軍滅陳，反而同意了陳的請和，並「遣使赴弔，行敵國之亂」，採取了「驕縱陳人」，等待時機，明示友好，暗藏殺機，養精蓄銳的策略。自後，陳、隋兩方使節往來不斷，由於南朝君臣崇尚門閥，雅好篇什，文帝對遣陳使節的選擇也頗費思量。前後聘陳的隋使有北方文豪薛道衡、詩人魏澹、山東門閥文士崔儦及劉顗、裴豪和曹令則等。聘隋陳使如王昚、謝泉、袁彥、許善心當然也是一時之選，亦為僑姓門閥之首和江東大姓之家，都受到了隋文帝的熱情接見。

然而，南方繼陳宣帝而立的陳後主卻不自量力，妄自尊大。當隋文帝遣使赴吊陳宣帝，國書中謙稱姓名「頓首」，後主以為這是隋朝畏怯，遂不免生驕，答書辭語多有不遜。隋文帝雖見文不悅，卻仍沉著臉出示給臣下，用以激勵將士。一班武將讀後，大為激憤，「再拜請罪」，認為「主辱臣死」，均「奮求致討」[38]，於是各上平陳之策。據史載，隋建立之初就向隋文帝獻「平陳之策」的有重臣梁睿、李德林、楊素、王長述及原南朝名將王僧辯之子王頒等，賀若弼則「獻取陳十策」。[39]以後陸續獻平陳之策的還有多次使陳的文士薛道衡及杜整、高勱等。[40]

34 《隋書》卷五二〈賀若弼傳〉。
35 同註34。
36 《隋書》卷五二〈韓擒虎傳〉。
37 同註34。
38 《南史》卷一〇〈陳後主本紀〉。
39 各見《隋書》本傳。又《北史》卷六八〈賀若弼傳〉記為「七策」。
40 《隋書》卷五四、五五本傳。

在諸多「平陳之策」中，後來被付諸實施的則是高熲、崔仲方所獻之策。史載，隋文帝「嘗問高熲取陳之策」，高熲獻計削弱陳國力，破壞其糧食儲積，給敵人造成給養方面的困難。文帝認為可行，結果的確收到了「陳人益敝」[41]的效果。

博陵崔仲方更提出了伐陳的軍事部署和具體步驟，他說：「以水戰大決，若賊必以上流有軍，令精兵赴援者，下流諸將即須擇便橫渡，如擁眾自衛，上江水軍鼓行以前，雖持九江五湖之險，非德無以自固，徒有三吳、百越之兵，無恩不能自立」。[42]崔仲方下了一番功夫，其獻策十分具體，具有極高的軍事價值，文帝讀後「大悅」。後來的平陳戰役基本上就是按崔仲方提出的戰略步驟進行的。[43]唐史臣魏徵提及此，也作出了極高的評價：「仲方兼資文武，雅有籌算，伐陳之策，信為深遠矣」。[44]

隋暗中積極準備，表面上卻委曲求全，對陳示以友好，以迷惑驕縱陳人。薛道衡出使建康，臨行前文帝告誡：「勿以言辭相折」。[45]勸道衡在陳要有「涵養」，不要出言不遜影響睦鄰關係。隋抓獲陳派往江北的間諜，文帝皆給以衣服馬匹，「禮遣以歸」。[46]對陳叛將均拒不接納。但是，陳後主與隋「雖結友好」，卻不守信義，「遣兵渡江，掩襲城鎮」[47]，而隋卻從未對陳主動採取過一次軍事行動，嚴格恪守睦鄰政策。隋文帝廣采博取，周密策劃，養精蓄銳，潛為經略，驕縱陳人，表現出極高的韜略。隋文帝不弱而示弱，是他的智算，陳後主不強而「益驕」，暴露出的是他的平庸和無識。

在陳、隋隔江對峙的頭幾年，沒有見到晉王楊廣對平陳獻過什麼計策。楊廣的任務是北禦突厥，在隋文帝先北後南的總體戰略方針中具有舉足輕重的地位。楊廣只要忠於職守，安定北邊，就是對南平江表的最大支持。其時，尚用不著少年楊廣為南邊的事務操心。

開皇六年（五八六）閏八月辛未（二十八），十八歲的楊廣應召入朝，十月己酉（初二）被任命為雍州牧、內史令。[48]雍州乃京兆郡，雍州牧乃京畿地方最高行政長官，內史令則是宰相，楊廣因而得入都見習掌理朝政近兩年，這對楊廣是一個鍛煉才幹的極好機會。作為宰相，楊廣必定是參預了當時平陳戰略的策劃。可惜史書對楊廣在京兩年為宰相的事蹟沒有半點記載。

玉樹後庭花　昏君陳後主

開皇三年（五八三）十一月，陳使袁彥聘隋，陳後主讓袁彥將所見隋文帝的儀容相貌畫成一張肖像圖。不料，後主見到威武雄壯的楊堅肖像時，不禁大吃一驚，連說：「我再也不想見到此人了。」這個落魄的皇帝陳叔寶，是楊廣親眼目睹到的第三個亡國昏君。唐代詩人杜牧寫了一首膾炙人口的〈泊秦淮〉詩：「煙籠寒水月籠沙，夜泊秦淮近酒家；商女不知亡國恨，隔江猶唱〈後庭花〉。」[49]詩中所感所述的就是這個昏君，〈玉樹後庭花〉正是這個亡國昏君與嬪妃飲酒作樂時譜寫的曲調，陳朝江山也就斷送在這靡靡之音中了。

陳後主名叔寶，字元秀，小字黃奴，是陳宣帝陳頊的嫡長子，梁承聖二年（五五三）生於戰亂

---

41 《隋書》卷四一〈高熲傳〉。
42 《隋書》卷六〇〈崔仲方傳〉。
43 參見李燕捷：〈隋平陳戰爭淺析〉，載《中國史研究》一九八五年第二期。
44 《隋書》卷六〇史臣曰。
45 《隋書》卷五七〈薛道衡傳〉。
46 《南史》卷一〇〈陳後主本紀〉。
47 《隋書》卷二二〈五行志〉。
48 《隋書》卷一〈高祖紀上〉。又《隋書》卷三〈煬帝紀上〉記開皇六年（五八六）楊廣「轉淮南道行台尚書令」，疑誤。其時尚未置淮南道行台，《隋書》卷二〈高祖紀下〉記淮南道行台開皇八年（五八八）十月己未置於壽春。
49 見《全唐詩》卷五二三。

中的江陵。翌年江陵城被西魏大將于謹、楊忠攻陷，叔寶和父親先後都被虜遷關中，陳文帝天嘉三年（五六二）始得贖回江南，立為安成王陳頊世子，父陳宣帝即皇帝位，叔寶於太建元年（五六九）得立為皇太子。不過，陳後主登位也經歷了一段殘酷的爭鬥。

太建十四年（五八二）正月陳宣帝病逝時，陳叔寶本應立即繼承皇位，豈料兄弟之間卻發生了一場骨肉相殘的鬧劇，陳叔寶險些喪命。刺殺他的人是他的同父異母弟宣帝次子陳叔陵。這個陳叔陵為人狡詐、強暴，平時喜好掘挖古墓，取石志古器加以收藏，其生母彭氏病逝時，叔陵即於梅嶺挖出東晉太傅謝安的棺槨，於原墳穴中埋葬其母。陳宣帝病重時，太子陳叔寶與弟弟叔陵、叔堅一起入內侍疾，叔陵見父皇不治，即生出殺兄奪位的念頭。宮中別無兵器，叔陵讓典藥吏將切藥的刀磨快，引起弟弟陳叔堅的警覺。

宣帝病逝，陳宮一片戚容。正月乙卯（二十一），在為陳宣帝小殮時，陳叔寶伏在靈柩上痛哭哀號，陳叔陵冷不防抽出銼藥刀，一刀砍中太子脖頸，叔寶慘叫一聲悶絕於地，生母柳皇后聞聲趕來救護，也被叔陵連砍幾刀。這時叔寶的乳母吳氏撲到叔陵後背，死死抱住叔陵右肘，悶絕在地的叔寶稍為蘇醒，倉惶爬起逃命，但叔陵仍以左手緊緊抓住叔寶衣服不放。兄弟爭位，你死我活，千鈞一髮之際，長沙王陳叔堅趕到，及時奪去銼藥刀，並用衣袖將叔陵捆在一根殿柱上。時陳叔寶已被乳母扶入內殿躲避，叔堅乃尋找大哥，稟受生殺之命。陳叔陵趁機掙脫束縛，奪路出宮，馳車回府，放出東城囚犯，發放金帛召兵，得一千人，企圖頑抗。當時皇宮所在的臺城軍備空虛，柳皇后召來右衛將軍蕭摩訶，率軍數百趕來救援，經過一陣激烈巷戰，才將叛亂平息。陳叔陵敗後先將愛妃寵妾七人沉於井中，自己想乘舟過江降隋，被蕭摩訶追及斬首。

陳宮這場宮廷政變，不禁使我們想起北周武帝宇文邕擊殺執政的堂兄宇文護，其情勢何其相乃！宮廷是政權的中心，也是禍亂的溫床，在封閉極嚴的最高權力所居處，權力爭奪勝負往往就在一瞬間，而宮廷之外卻一無知曉。在君主專制時代，圍繞著皇位爭奪，可謂驚心動魄，什麼陰謀手段都可以使得出來。

當上皇帝真不容易，治好國家則是更難。陳叔寶即位不久就貶謫叔堅和僕射毛喜，任命沒有實際政治才幹的文學之士江總為宰相，中樞機要則交給寒門出身的中書通事舍人施文慶、沈客卿。宣帝大喪不過一年，叔寶便舉辦盛大的歌舞宴會，帶頭展樂賦詩。他認為皇權既已穩操手中，現在想怎麼幹就怎麼幹，想怎麼樂就怎麼樂了。

大臣傅縡性剛直，被施文慶誣陷入獄，在獄中上書，指責今上酒色過度，寵溺小人，「惡忠直若仇讎，視生民如草芥」，使「東南王氣自斯而盡」。後主見書勃然大怒，使人到獄中傳話：「若能改過，便赦免你。」傅縡嚴肅地說：「臣心如面，臣面可改，則臣心可改。」[50]陳後主聽後更火冒三丈，令宦官李善慶將傅縡整死。自後，陳朝諫官形同虛設，沒有人敢再進言，後主更是無所顧忌，恣意妄為，每日飲酒賦詩，不恤政事。

陳後主特別好色，皇后沈婺華是先帝為他選擇的名門之女，她性情端靜，居處儉約，能寫一手好字，頗有文華，但一直未能生子。叔寶在即位前對她尚能尊重，即位後已覺不合心意，於是另納龔、孔二女為貴嬪。龔貴妃入宮時帶有一侍女，名張麗華，出身於貧寒的士兵之家，父兄以織席為業。然張麗華天生麗質，嬌小玲瓏，有一頭色黑如漆的七尺長髮，烏黑發亮，臉若桃花，膚凝如脂，「後主見而悅焉，因得幸，遂有娠」[51]，生下一個男孩取名陳深。後主又在民間廣采美女，有王、李二美人，張、薛二淑媛及袁昭儀、何婕妤、江修容七人，均得寵幸，於是朝政不理，成天與女人廝混。

50《陳書》卷三〇〈傅滓傳〉。

51《陳書》卷七〈後主張貴妃傳〉。

至德二年（五八四），陳後主令於光昭殿築起臨春、結綺、望仙三閣，各高數十丈，連延數十間，其門窗壁木、橫楣欄檻，均用沉檀香木製成，又飾以金玉，間以珠翠，外懸珠簾，內設寶床、寶帳，所有服玩，皆瑰麗珍奇，光怪陸離，近古所未有。每當微風吹來，珠動簾卷，香飄數里。再有旭來照映，五顏六色，光澈掖庭。又於三閣間積石為山，引水為池，雜植奇花異卉，鮮豔幽雅，令人流連忘返。後主自居臨春閣，張貴妃居結綺閣，龔、孔二貴妃居望仙閣，為方便往來，在三閣間修復道相連。美女之外，陳後主還選擇有文墨能詩賦者如袁大舍等為女學士，在宮內吟唱。後主女寵既多，皇后沈氏倍遭冷落，往往半年不得幸遇。有一次陳叔寶往沈后處，還未坐一刻便起身走人，皇后也不挽留，後主乃以詩戲贈沈后：「留人不留人，不留人也去。此處不留人，自有留人處。」沈后見詩羞惱萬分，回詩答後主：「誰言不相憶，見罷倒成羞。情知不肯往，教遣若為留。」[52]

皇上既以遊樂為事，宰相江總也不理政務，其最高職責就是陪皇帝玩，玩得盡興就是盡職。江總每天都與都官尚書孔范、散騎常侍王瑳等文士十餘人，入後宮陪後主嬉戲宴遊，無復上下尊卑之序，被稱為「狎客」。而每次宴飲，後主必使妃嬪群集，讓女學士與諸狎客列坐賦詩，互相贈答唱和，凡有文采特別豔麗的，即配上新的曲調，選宮女千餘人排演歌唱，按歌配曲，分部選進。其中樂曲猶以陳後主〈玉樹後庭花〉最為著名，其辭曰：

麗宇芳林對高閣，新妝豔質本傾城；
映戶凝嬌乍不進，出帷含態笑相迎；
妖姬臉似花含露，玉樹流光照後庭。[53]

又有〈臨春樂〉、〈黃鸝留〉、〈金釵兩鬢垂〉等，內容不外乎描述和讚美妃嬪的嬌豔容貌。所謂〈臨春樂〉，則說的是臨春閣之樂。皇帝帶頭，群臣仿效，君臣競相造作綺豔淫詞，出語極為輕薄，曲調甚極哀怨。如此上下酣歌，男女唱和，通宵達旦，沒有竟時。唐代詩人李商隱寫了一首〈陳後宮〉詩，譏諷陳後主與妃嬪狎客的荒淫生活：「茂苑城如畫，閶門瓦欲流，還依水光殿，更起月華樓。侵夜鸞開鏡，迎各雉獻裘；從臣皆半醉，天子正無愁」。[54]

陳叔寶也是一個無愁天子，國計民生全不放在心上。百官奏事皆由宦官進出請示，後主懶洋洋地倚在細軟的「隱囊」上，張貴妃或坐於膝上，共同參決，於是貴妃得干預外政。尤其是張貴妃更「冠絕後庭」，宦官近侍無不與她交結，援引族親，縱行不法，賣官鬻爵，賄賂公行，朝廷詔令竟不由中書，而由宮掖出，皆決於貴妃。大臣有不附己者，即於後主面前譖毀，於是宰相大臣無不從風諂附，張貴妃、孔貴妃權勢因此「熏灼四方」。[55]

陳後主左右還有嬖幸珥貂佞臣五十餘人，他們阿諛迎合，競相諂媚，其中都官尚書孔范與孔貴嬪結為兄妹，他們深知後主惡聞過失，所以凡遇有向後主進諫者，必以種種罪名加以斥退。每當朝中出現惡政，二人總是巧加文飾，把過失說成美德，把災情說成是豐收，後主也因此轉憂為喜。中書通事舍人施文慶在東宮時就跟隨後主，更是大有心計，此人聰敏強記，心算口占，一張嘴像抹了油一樣，凡事出於他的口總是被說得頭頭是道，於是寵遇優渥。他又引薦沈客卿、陽惠朗、徐哲、暨惠景等寒庶之士，後主一一委以重任。如沈客卿為中書舍人掌機要，又兼掌金帛局，後主大興土木盛修宮殿使國庫空虛，沈客卿便建議不問士庶軍人文士，都應納關市之稅，並將稅率提高。後主即任命陽惠朗為太市令，暨惠景為尚書令、包都令史，掌管此事。陽、暨二人出身小吏，考核帳簿，纖毫不差，但卻

52《詩紀》卷九八。
53 同註52。
54《全唐詩》卷五三九。
55《陳書》卷七〈史臣魏徵考云〉。

不識大體，督責苛碎，聚斂無厭，使士民嗟怨不已。如此一年下來，稅收超過往常幾十倍。後主大喜過望，極口稱讚施文慶是伯牙，有知人之才，尤更信用，大小之事，無不委任。而戰功卓著的戰將任忠等卻被排斥於外，使陳朝上下文武解體，士庶離心。[56]

陳後主還以個人喜好無端廢立皇太子。太子陳胤乃孫姬所生，在諸子中最長，沈后養為己子。張、孔二貴妃日夜讒詬，陳後主遂於禎明二年（五八八）五月將他廢掉，另立張麗華子始安王陳深為皇太子。至此沈后也成了眼中釘，肉中刺，後主急欲廢去她而立張麗華，然事尚未行，亡國之禍就降臨了。

在短短的十來年時間內，歷史就呈現出高緯、宇文贇、陳叔寶三個昏君，三個亡國之主，且都為楊廣所親見。昏君的共同特徵是身居皇位統治百萬民眾，卻沒有半點責任感，大權在握，不為國計民生考慮，不辦實事，卻惟知個人享樂，窮奢極欲，拒諫飾非，無限皇權僅僅成了個人享樂的工具。亡國之禍就要降臨，陳後主仍只顧玩樂，執迷不悟。開皇七年（五八七），高勱上表隋文帝，述說陳後主「肆其昏虐，毒被金陵，牝雞司旦，昵近奸回，耽淫靡嫚，不知紀極」。認為「夷凶翦暴，王者懋功，取亂侮亡，往賢之雅誥」。[57]魏晉南北朝最後一次「取亂侮亡」的滅國之戰就要開始了。

伐陳大軍臨江　皆受晉王節度

開皇五年（五八五）十月，文帝任吐萬緒為徐州總管，「令修戰具」。[58]又派李衍在漢江上游重鎮襄州（治今湖北襄陽）「營戰船」。[59]十一月，又任命上柱國楊素為信州總管，居永安（今四川奉節縣）「造大艦」[60]，大修戰備。開皇六年（五八六）十月癸丑（初六），隋文帝於襄陽置山南道行臺，任命秦王楊俊為行臺尚書令，主管長江中游、漢江的軍事。開皇七年（五八七）四月，隋文帝下令於揚州開連接淮河與長江的運河山陽瀆，用於運輸戰略物資。滅陳準備工作緊鑼密鼓、很有秩序地進行。

為了加強長江中游的軍防，開皇七年（五八七）八月，隋文帝征後梁主蕭琮入朝，楊廣的這位大舅子不敢怠慢，馬上率隨員二百多人從江陵出發。蕭琮一行到長安後即被扣留不遣。隨即文帝恢復了江陵總管，派武鄉公崔弘度率隋軍戍衛江陵。後梁留守江陵的蕭琮叔父安平王蕭巖、弟弟義興王蕭瓛等對隋軍的到來十分惶恐，怕遭突然襲擊，於是向陳宜黃侯陳慧紀請降。九月辛卯（十九日），蕭巖等即驅後梁文武大臣及男女百姓十萬餘口逃奔陳朝。隋文帝聞知後即下詔廢後梁國，派左僕射高熲往江陵安輯遺民，取消蕭琮傀儡帝號，拜上柱國，賜爵莒國公。

臥榻之側，豈容他人鼾睡。隋文帝容不得後梁傀儡，更豈能容忍昏君陳叔寶，他對宰相高熲說：「我為民父母，豈可限一衣帶水不拯之乎？」於是公開並加快了滅陳備戰步伐，在長江中上游及漢江「命大作戰船」。有人請隱蔽其事，文帝曰：「吾將顯行天誅，何密之有。」造船木柹順流漂往下游。同時，長江下游的隋軍也加緊備戰，吳州總管賀若弼「以老馬多買陳船」，積極準備渡江。

在隋軍為滅陳大修戰具之時，陳後主仍在花天酒地，惑於嬖寵女色，他異想天開地學梁武帝自賣於佛寺為奴，希望能壓住江南「妖異」，又耗費鉅資在建康造大皇寺，建七級浮屠，還未完工，塔中火起燒了個精光。這時陳朝政治已腐敗到了極點，隋晉州刺史皇甫續向隋文帝呈言「陳有三可滅」：一是以大吞小；二是以有道伐無道；三是陳納叛臣蕭巖，於我找到了出兵的藉口。到開皇八年

56《資治通鑒》卷一七六陳紀十．長城公至德二年。

57《隋書》卷五五〈高勱傳〉。

58《隋書》卷一〈高祖紀上〉。

59《隋書》卷五四〈李衍傳〉。

60《隋書》卷四八〈楊素傳〉。

（五八八），滅陳的戰備更大規模進行，這年春正月，陳一方面遣使聘於隋，一方面又遣周羅睺率兵屯峽口（即長江三峽出口南岸），二月，陳軍侵犯隋峽州（也在長江三峽口南岸），以加強長江守備。三月，隋文帝下詔列述陳叔寶罪惡，其辭略云：「陳叔寶據手掌之地，恣溪壑之欲，劫奪閭閻，資產俱竭，驅逼內外，勞役弗已；窮奢極侈，俾晝作夜；斬直言之客，滅無罪之家；欺天造惡，祭鬼求恩；盛粉黛而執干戈，曳羅綺而呼警蹕；自古昏亂，罕或能比。君子潛逃，小人得志。天災地孽，物怪人妖。衣冠鉗口，道路以目。重以背德違言，搖盪疆埸；晝伏夜遊，鼠竊狗盜，天之所覆，無非朕臣，每關聽覽，有懷傷惻。可出師授律，應機誅殄；在期一舉，永清吳越。」[61]這個詔書被書寫成三十萬份在陳境內廣為散發，文帝又送璽書給陳後主，暴揚他「二十惡」，進行心理戰、宣傳戰。時陳後主仍派使臣王琬、許善心聘於隋，被文帝拘留不遣。一切準備就緒，隋乃於開皇八年十月己未（二十三）於壽春（今安徽壽縣）設置淮南行臺省，任命晉王楊廣為行臺尚書令，總領伐陳事宜，為伐陳隋軍統帥。甲子（二十八），隋君臣於太廟祭告天地祖宗，請求保佑勝利，禮畢，又於太社祭告。又宣布曲赦陳境內死罪刑徒，以讓他們報效隋軍。滅陳戰役正式開始了。

平陳統帥楊廣，時年二十歲，已是一位英俊威武的青年人。兄長楊勇作為皇太子，乃天下本，坐鎮京師協助父皇主政，滅陳大業自然輪到老二晉王楊廣來領銜了，這給了楊廣在歷史舞臺嶄露頭角的極好機會。奉命出征淮南，使楊廣在獲得北禦突厥的虛名之後，又肩負起南平吳越的重擔，這對渴望建功立業的青年楊廣來說，真可謂夢寐以求的事。楊廣身著戎裝，雄姿英發，麾下人才濟濟，真是威武極了。

隋出動了九十個總管府，合計五十一萬軍隊，「皆受晉王節度」。但是，平陳大計既由文帝精心策劃，大軍皆由文帝在京師部署好了，晉王楊廣雖名為統帥，其到底有多大的統率權，在平陳大軍中的地位和作用到底如何，則要作具體分析，不能僅看名義。

據史書，晉王楊廣雖身為行軍元帥，但文帝又任命宰相高熲為「元帥長史」，「三軍諮稟，皆取斷於熲」[62]。由此來看，楊廣僅僅只是名義統帥，實際統帥是文帝派來的宰相高熲。文帝又任命王韶為元帥司馬，軍中事皆決於高、王二人，王韶主管後勤，所以「區處支度，無所凝滯」。平陳之後文帝還說：「晉王以幼稚出藩，遂能克平吳、越，綏靜江湖，子相之力也」。[63]說明楊廣的左右助手實際權力和作用都大於統帥本人。另外，軍中大小事務，隋文帝都遙控過問，大軍臨行之前，文帝還「御筆」注令高熲往因病在家休養的內史令李德林家取平陳方略。[64]十一月丁卯（初二），隋文帝親自設宴，為出征將士餞行，並下詔許若捉到陳叔寶者，賜上柱國，封萬戶公。乙亥（初十），陳師誓眾，大軍出發。

隋平陳基本戰略早已制定好，臨戰前，隋文帝的軍事部署是在長江中、下游分別擺出三個集團軍，由楊廣、楊俊、楊素三人分任行軍元帥，楊廣在長江下游，為眾軍節度。三個集團軍之下又分成幾路軍，由行軍總管統率，轄於行軍元帥之下，共九路。九路行軍總管有大小之分，並非都直接聽命於行軍元帥，有幾種主持一個方面的大行軍總管，還統領若干小行軍總管，實際統帥部還是文帝朝廷。其戰鬥序列是：

第一集團軍在長江下游展開，由淮南道行臺（駐壽春）尚書令楊廣任行軍元帥。該集團軍為滅陳主力，有元帥長史高熲，元帥司馬王韶，領元帥掾韋師，元帥記室裴矩，行臺左丞兼領元帥府屬元壽，行臺尚書吏部郎薛道衡等。下分四路軍，行軍元帥直接指揮中路，由建康對面的六合渡江，歸行

61 據《隋書》卷二〈高祖紀〉縮寫，見《資治通鑑》卷一七六，陳紀十．長城公禎明二年。

62 《隋書》卷四一〈高熲傳〉。

63 《隋書》卷六二〈王韶傳〉。

64 《隋書》卷四二〈李德林傳〉。

軍總管宇文述指揮，下領行軍總管有元契、張默言、權武、韓洪、吐萬緒等。左路由鎮江對岸的廣陵（揚州）渡江，由吳州總管賀若弼指揮，領有行軍總管楊牙、員明等。右路出廬江（今安徽合肥），由橫江口渡江，由廬江總管新義公韓擒虎指揮，領有王頒等將。另外還有海路一軍，由青州（治今山東益都）總管落叢公燕榮率水軍出東海直入長江口。楊廣集團軍還有劉權、魚俱羅、趙世模、元弘嗣、孫萬壽、紇豆陵、洪景、劉弘等將領，各統兵俱進。

第二集團軍屯長江中游的漢口，由山南道行臺（駐襄陽）尚書令秦王楊俊主持。「督三十總管，水陸十餘萬」，以段文振為元帥司馬，柳莊為行臺吏部，兵分三路，在三個不同地點渡江。第一路在漢口渡江，由秦王楊俊親自指揮，所部配有行軍總管于仲文、崔弘度、崔仲方、韋洸、源雄、李衍、侯莫、陳穎，以及呂昂、馮世基等。第二路水軍五萬由樊口（今湖北襄樊市）順漢水東下，由行軍總管周法尚指揮。第三路由蘄口（今湖北蘄春）渡江，由蘄春總管宜陽公王世積指揮，領有高勱、李景、史祥、權始璋等總管。

第三集團軍由信州（治今四川奉節縣）總管清河公楊素為行軍元帥，李安為元帥府司馬。率行軍總管劉仁恩、宇文弢、李圓通以及王長襲、龐暉等，分兩路進擊。第一路由楊素率水師出三峽口流頭灘順流東下，第二路由荊州刺史劉仁恩率軍渡江，於江陵西會合楊素軍。

按部署，上流諸軍由秦王楊俊節度，而上、下流九路軍隊「凡總管九十，兵五十一萬八千，皆受晉王節度。」投入第一線的兵力約為二十五萬至三十萬。[65]第二線尚有相當力量，參加平陳戰役的將領還有史萬歲、來護兒、李子雄、裴仁基、辛公義、王、張定和、張奫等。五十萬大軍，浩浩蕩蕩，「東接滄海，西拒巴蜀，旌旗舟楫，橫亙數千里」。[66]這是中國歷史上繼西晉咸寧五年（二七九）晉武帝發兵二十餘萬分五路渡江滅孫吳以來的第二次大規模渡江作戰，唐朝詩人劉禹錫有詩描寫晉渡江滅吳的情景：「王濬樓船下益州，金陵王氣黯然收；千尋鐵鎖沉江底，一片降幡出石頭。」[67]但隋滅陳渡江作戰的陣勢較之晉滅吳之戰，可謂是更加宏偉雄壯。

楊廣、高熲等到達前方之後，就戰爭形勢聽取了經常出使陳朝、對陳朝內部虛實較有認識的晉王行臺尚書吏部郎薛道衡的分析。高熲問：「今茲大舉，江東必克乎？」薛道衡認為必克，他首先提起晉代術士郭璞的預言「江東分王三百年，復與中國合」，今天正好是南北分裂三百年，天下大勢，久分必合，現在是應天而行討，必然勝利。關於江南王氣三百年的預言，詩人庾信著名的〈哀江南賦〉中也曾提到：「江淮無涯岸之阻，亭壁無藩籬之固……將非江表王氣，終三百年乎？」[68]說明江表偏安政治終將了結的觀念，在當時士人中早已形成共識。薛道衡據此又分析了陳隋兩方政治和軍事實力，認為我有道而國力強大，彼無德而國勢弱小，天時地利人和都在隋朝一方，「席捲之勢，事在不疑」。[69]高熲、楊廣等聽罷大為贊許。

隨即，晉王楊廣和秦王楊俊即以前敵指揮的身分，分別向敵方發出了征討檄文。晉王楊廣的檄文是遺陳尚書令江總的，其文曰：

> 南北雖殊，風雲在望，載懷虛遲，寤寐為勞，獻歲猶寒，比當清豫，匡贊乎國，良亦殷勤。

---

65 參見李燕捷：〈隋平陳戰爭淺析〉，載《中國史研究》一九八五年第二期。李燕捷認為隋滅陳所謂「以強擊弱」有些誇大，隋兵力不是史書所記五十一萬八千，而是隋近三十萬與陳約二十五萬之比。李文經考證估計的隋滅陳所投入的軍隊為近三十萬，乃第一線兵力，在第二線壽春、襄陽隋仍有二十多萬軍隊。史書所記九十總管、五十一萬八千軍隊的具體數位不會有誤，從綜合國力來看，隋出動五十多萬軍隊，在軍事上「以強擊弱」的形勢是相當明顯的。另，本章的戰爭分析，多參考李文。

66 《隋書》卷二〈高祖紀下〉。

67 《全唐詩》卷三五九〈西塞山懷古〉。

68 《周書》卷四一〈庾信傳〉。

69 《隋書》卷五七〈薛道衡傳〉。

寡人忝膺朝寄，董律專征，跋涉山川，今次江際。公等文儒自立，器用適時，冠蓋二世，齒德兼重。孔老殊教，名墨異家，金匱珠韜，銀編玉策，莫不謄於舌杪，散在筆端。邃古成敗之機，近代安危之跡，照同懸鏡，明若觀火，無待指南，自應神悟，猶恐思之未審，差以毫釐，聊煩翰墨，略申梗概。

自穹昊生民，樹之司牧，羲軒以降，書契可紀，咸一姓承立，四海無兩帝。漢道雲季，三方鼎立，時惟板蕩，世匪休明。當塗起而蜀亡，典午興而吳滅。永嘉喪亂，紫宸曠王，劉石苻姚之儔，偽夏僭燕之醜，妄塵大寶，事乖圖籙。魏室乘時，兆基朔野，經始嵩洛，未暇江湖。有周受命，敵非齊氏，務在兼併，不遑外略。蕞爾吳越，自相君長，竊擬王者之儀，妄談天子之氣，偷安假息，綿曆世祀。

我大隋之肇開寶祚，光有神州，皇帝感曜魄之靈，應太微之座，千年啟聖，萬代一時，深仁至德，寧濟群品，越海窮河，東漸西被。旄頭之屬，歷代之霸，作我臣民，匍匐服裳，惟彼江表，獨隔皇風。夫物極則反，否終斯泰。郭璞有云：年經三百，天下大同。茲實玄遠，已定於前。聖王膺期而出，欲以區區陳國，違上天之冥數，其不可存者一也。

大必包小，天地之常規。明能通暗，日月之常理。論道德，以唐陶而征有苗。語眾寡，舉海內而當群小。在長江舟楫之用，矜其積習，而山川共有。我據上游，鼓棹之能，吳楚不異，高艫巨舫，東西萬里，扼喉撫背，水陸遷途。彼之兵士，不過十萬，首尾分布，所在危急，加以屯戍邊方，淹積歲序，風雨以為櫛沐，蟣蝨生於甲冑，望我寬仁，思倒戈戟，通在戎行，更在敵國。守以時時，則魚爛土崩。接以鋒刃，則鳥警鹿走。理在必然，不假枚蔔，此不可存者二也。

豐侯好酒，實喪厥邦，梁伯役民，潰在其宗社。彼之偽主，覆車是襲，日夜沉湎，曾無節度，繕造宮室，莫知窮已。竭四民之產，荒縱其心。斂百姓之哀，以為己樂。寶衣玉食，填積後宮，短褐粗饘，不充編戶。一芥之善，蔑爾無聞。五子之歌，宛然悉備，雖欲勿喪，其可得乎？此不可存者三也。

偽主忌能護短，酷法淫刑，骨鯁之臣，盡見疏斥，諫諍之士，皆被屠害，遐邇結舌，衣冠解體。人妖鬼怪，觸類呈災，稚齒耆年，咸知殘滅。此不可存者四也。

以此小邦，攝於大國，邊烽夜動，照彼都城，戍鼓晨嚴，震其宮殿，累棋其二，方此未危，懸縷千鈞，此斯非切，而莫知憂恐，更自驕矜。曾無事大之心，專行犯上之志，侵軼我邊鄙，招納我叛亡，國家爰自受命，每從含養，寂以鄰睦，申其聘好，冀能守彼宗祊。靜其疆域，而長惡益甚，縱毒彌深。吳會雄俊之人，湘郢耿介之士，乞師請命，盈庭滿闕，帝乃憐然。矜彼黎獻，授鉞推轂，弔民伐罪，已有別詔。惟廢偽主之身，自餘士庶，普從肆眚。向所陳說，咸是格言，非日游談，共相欺誤，且劉叔納譙周之計而獲存，孫皓用薛瑩之詞而致福。此二子者，終有良臣之譽，皆無陷君之譏。何則？所恥者小，所存者大，若憲章往彥，聿遵前軌，則為主享封侯之業，祖禰延血食之期。江東士民，實受其賜。公等保榮貴，名垂竹帛，豈不美歟。若膠柱不移，守迷莫變，率其蟻眾，敢拒王師，軍有常刑，悔無及矣。禍成俄頃，宜早圖之。使人今還，遲有委曲，言不盡意，豈復多云。楊廣白。[70]

這篇辭藻華麗的駢體文是我們今天所能見到的署名楊廣的最早文字，應該說是一篇文思俱佳的散文。然而，此〈檄文〉恐怕不一定是楊廣親自草就，從文中強調郭璞「年經三百，天下大同」的預言來看，很可能出自晉王府掌文翰的薛道衡的手筆。〈檄文〉陳述四海不能存立兩帝的「天理」，追記東

70《文苑英華》卷六四六〈檄〉；又見《全隋文》卷六〈煬帝．遺陳尚書江總檄〉。

漢末年以來，中原板蕩，胡族乘時僭據大寶，吳越得竊擬王者之儀，造成南北分裂的歷史。接著述說分久必合，聖王既出，天下必將統一。而蕞爾陳國，豈敢違天！並從四個方面論述了陳朝必亡。最後敦促陳宰相江總以下認清形勢，趕快投降，若敢拒王師，必無好下場。全文行雲流水，一氣呵成，既華麗又有氣勢，對於鼓舞出征大軍的士氣，瓦解敵軍鬥志，必定起到了相當作用。

秦王楊俊也發出了〈伐陳檄蕭摩訶等文〉，歷數陳叔寶罪惡過失，認為「陳氏必亡，賢愚共識，天之所廢，誰能興之？」望陳朝將士反戈一擊，「轉禍為福，因機立功，翻然奮飛，共弘（統一）大業」。[71] 文辭與楊廣的〈檄文〉口徑一致。

偏師渡江先決戰　金陵王氣應瑤光

楊廣的伐陳〈檄文〉說陳朝蕞爾小國，兵不過十萬，隋五十多萬大軍齊發，以大擊小，勝券穩操。但實際上陳軍實力約在二十五萬以上，光護衛建康的兵力就有十餘萬人，且有大江阻隔，陳人擅長水戰，並無投降之意。隋軍經過多年準備，知己知彼，也沒有輕敵的意思，〈檄文〉主要用於鼓舞自己軍隊的鬥志。大軍按照隋文帝的部署，在長江上游多張形勢，在下游祕密渡江。

西路行軍元帥楊素在長江上游首先動手，他在永安（今四川奉節）公開建造大艦，船面有五層樓，高百餘尺，船的前後左右置有六拍竿（《北史》記為檣竿），杆高五十尺。所謂拍杆，即用於拋擊石頭的杠杆。這種有拋石機的大船可容納戰士八百人，叫做「五牙」，比這小些的名為「黃龍」，可容納士兵百人，更小的有平乘、舴艋等。[72] 楊素擺出順流而下的進攻姿態，目的就是要將陳人的注意力吸引到上游來。

對陳進攻也是在上游先開始。開皇八年（五八八）十二月，秦王楊俊率大軍由襄陽屯駐漢口，拉開了平陳戰役的序幕。陳後主急忙詔正屯兵峽口（長江三峽出口）以阻楊素的周羅睺軍下至郢州（今湖北武昌市），任周羅睺為都督巴峽緣江諸軍事，以拒長江北岸漢口的楊俊集團軍。於是，楊素遂趁陳在三峽口兵力削弱之機，「引舟師下三峽」，行至流頭灘，陳將戚昕率青龍艦百餘艘拒守狼尾灘。這裡地處三峽之中，地勢險峭，楊素趁陳軍尚摸不清隋軍虛實，果敢地乘夜順流掩襲，他親率黃龍船數千艘，銜枚而下，又遣王長襲率步卒由南岸襲陳軍營寨，北岸大將軍劉仁恩率甲騎攻白沙，至黎明時上下合擊，大破陳軍，取得了戰役開始的首戰勝利。

時陳將呂仲肅又在長江三峽口兩岸綴鐵鎖三條，橫截上流，企圖遏止隋戰船，楊素率軍登陸襲破陳營寨，然後除去鎖江鐵鍊。出峽後隋艦即與陳水師對陣，隋艦上拍檣拋出的大石擊碎陳艦十餘艘，大破陳水師。於是楊素艦隊順流東下，浩浩蕩蕩，舟船遍布江上，旌甲在太陽照耀下閃閃發光，陳人望見坐在平乘大船上的隋水師元帥楊素的雄偉容貌，感到畏懼，傳言：「清河公即江神也！」陳信州刺史顧覺、荊州刺史陳慧紀皆懼而棄城退走，湘州刺史岳陽王陳叔慎遣使請降。楊素下至漢口，與秦王楊俊大軍會合，陳上游之兵十多萬全部集中於郢州（今湖北武昌），與集於漢口的隋楊俊、楊素軍相持。

這樣，戰事在上游已拉開，而楊廣集團軍在下游尚未行動。隋軍的目的是以楊俊、楊素兩個集團軍在上游牽制陳軍主力，然後楊廣集團軍再在下游偷渡長江，進襲建康。隋軍以各種假像成功地迷惑住了陳叔寶，使其完全沒有料到隋軍又會在下游實施攻擊。

當時建康陳廷對於隋軍在上游大舉進攻也沒有思想準備，上游戰報相繼奏聞建康，卻全部被掌中

71《文苑英華》卷六四六〈檄〉。
72《隋書》卷四八〈楊素傳〉。

樞機要的佞人施文慶、沈客卿扣壓不報，「抑而不言」，戰事緊急，陳後主竟不知道。新年元旦將至，陳後主在上游形勢不斷惡化的情況下，竟命坐鎮江州（治尋陽，今江西九江）的平南王陳嶷、坐鎮南徐州（治京口，今江蘇鎮江）的永嘉王陳彥赴明年元會，並命令江州以下諸州刺史及沿江諸防船艦全部跟隨二王還都，其目的竟是要盛張威勢，做給降陳不久的後梁宗室蕭巖、蕭瓛看，以便他們對陳朝心服口服。這樣一來，長江下游江面上竟沒有一艘戰艦，致使整個長江下游江防空虛。

陳護軍將軍樊毅曾向僕射袁憲上言，要求加強沿江上下的防備，並在戰略要地京口（今江蘇鎮江）、採石（今安徽馬鞍山市西南）各增兵五千，驃騎將軍蕭摩訶等也都附議，但文臣武將的共同奏議，並未引起陳後主的重視。而江北隋軍卻行動詭詐，賀若弼以弊船五十—六十艘置於江瀆，陳人覘之，以為北軍無船。時有大量北方間諜湧入陳境，江南也不無動靜，宰相袁憲等再三奏請，都被施文慶所沮。施文慶怕出兵會影響元旦盛會，使君臣上下掃興。後主則迫於群官之請才勉強上朝，但朝議時非但不研究對策，反而胡吹「王氣在此，北齊三次來侵，北周兩次來侵，無不摧敗，隋軍再來，有何作為！」佞臣孔範馬上附和：「長江天塹，自古以為限隔南北，今日虜軍豈能飛渡邪！邊將企圖邀功請賞，故意妄言事急。」昏愚的陳叔寶笑以為然，故對江防不設深備，和往同一樣，奏伎、縱酒，賦詩不輟。對於陳後主的荒唐舉動，唐代詩人李商隱又有詩云：

地險悠悠天險長，金陵王氣應瑤光；
休誇此地分天下，只得徐妃半面妝。

73

又胡曾亦有詩云：

陳國機權未有涯，如何後主姿嬌奢；

不知即入宮中井，猶自聽吹玉樹花。[74]

上游隋楊俊、楊素集團軍在漢口吸引了陳周羅睺、陳紀慧等十數萬人，圓滿地完成了預定的戰略任務。下面就看楊廣方面的軍事行動了。

開皇九年（五八九）元旦，陳後主舉行了盛大朝慶大典，大會群臣，歡慶新年。這天大霧彌漫，濃霧嗆入鼻孔使人感覺又辣又酸。宴席上陳後主喝得大醉，一直昏睡至下午才醒。而正在此時，隋軍開始發動突然襲擊，晉王楊廣大軍乘霧進至長江北岸，楊廣本人屯於六合鎮桃葉山，隔江虎視建康，其左右兩翼兩員猛將賀若弼、韓擒虎則已偷渡過江。

左翼賀若弼在廣陵（今江蘇揚州）已經營多年，為迷惑對岸陳軍，每當沿江防軍交接替換之際，他都命令交接兩軍必須到廣陵集中，故意大列旗幟，使營帳遍布岸邊四野，陳人見狀以為隋將進攻，急忙發兵設防，如此再三，陳人知道是隋防軍交接，也就散去，後習以為常，不再設置防備。而對長江南岸的情況，賀若弼則一清二楚，他不時派間諜潛入江南[75]，探聽情報。養兵千日，用在一時，幾年來賀若弼就等著渡江這一天。新年伊始，賀若弼率軍一萬二千人神速地渡過長江，對岸陳軍竟一點也未發覺。

同一天稍早，右翼韓擒虎也率五百人乘夜輕裝自橫江渡過長江，到達南岸的採石（今安徽馬鞍山市西南），陳採石守軍個個喝得醉如爛泥，韓擒虎很輕鬆地就襲占了江防重鎮採石。唐人孫元晏有兩

73 李商隱：〈南朝〉，見《全唐詩》卷五三九。
74 胡曾：〈陳宮〉，見《全唐詩》卷六四七。
75 《北史》卷七八〈張傳〉：「賀若弼之鎮江都也，特敕從，因為間諜，平陳之役，頗有加焉。」

首詩生動地描述了這次偷渡，其一題〈臨春閣〉，云：「臨春高閣上侵雲，風起香飄數里聞；自是君王正沈醉，豈知消息報隋軍。」其二題〈三閣〉，云：「三閣相通綺宴開，數千朱翠繞周回；只知斷送君王醉，不道韓擒已到來。」[76]

楊廣集團軍元旦在長江下游突然出現和賀若弼、韓擒虎兩軍的飛渡長江，首先在精神上心理上壓倒了陳軍，嚴重打擊了陳軍士氣。丙寅（初二），採石守將徐子建馳告採石失守，陳朝廷上下一片恐慌。丁卯（初三），陳後主召公卿大臣入朝商討對策，至戊辰（初四）始下詔稱「當親御六師，廓清八表」，宣布「內外戒嚴」。任命將軍蕭摩訶、樊毅、魯廣達並為都督，司空司馬消難和施文慶並為大監軍，並調集軍隊，遣南豫州刺史樊猛率舟師南下，並下令設重賞，甚至搜括出家人從軍，「僧尼道士盡皆執役」。[77]

由於陳朝腐敗透頂，在下游率先渡江的隋賀若弼、韓擒虎兩支人數不多的先頭部隊，竟取得一連串意想不到的戰果，這是隋統帥部晉王楊廣和宰相高熲等所沒有料到的。

正月庚午（初六），賀若弼軍即攻拔江南重鎮京口（今江蘇鎮江），活捉陳南徐州刺史黃恪。隋軍紀律嚴明，令行禁止，秋毫無犯，深得江南人民的歡心。賀若弼又將所俘陳士兵六千人全部釋放，每人付給一份隋文帝暴揚陳後主「二十惡」的敕書，並發給資糧，遣返回鄉，讓他們分道散發宣諭。這一招攻心戰術果然奏效，隋軍被視為仁義之師，所到之處陳軍望風潰散。

在採石方面，正月辛未（初七）韓擒虎渡江後因兵少並不急於北上建康，而是率軍向西進攻姑熟（今安徽當塗），僅用半天就將城攻克。時陳南豫州刺史樊猛應召赴建康，由其子樊巡代理政事，結果樊巡全家被擒。陳大將魯廣達的兒子魯世真、魯世雄也在新蔡率部投降，並遣使持書信招降駐守建康的父親魯廣達。

魯廣達接到兒子的勸降信又氣又怕，親到廷尉請求治罪，陳後主好言慰勞，讓他返回軍營，並額外賞賜他黃金，似乎很大度。但率舟師遊弋於江面的樊猛卻遭到猜忌。樊猛執行防六合隋軍的重任，陳後主怕他有異，企圖派任忠代替他，樊猛得知後極為不滿，後主又亂了方寸，只好作罷，但這樣一來又使自己軍心大亂。

幾天後，隋將賀若弼率軍從北道，韓擒虎從南道，齊頭並進，夾攻建康，陳沿江鎮戍要塞守軍都望風而逃；賀若弼分兵占領曲阿，阻斷陳援軍通道，自己率八千人進逼建康。癸酉（初九），賀若弼進據鐘山，駐紮在白土岡的東面。建康以西，晉王楊廣遣總管杜彥渡過長江與韓擒虎合軍，步騎二萬進駐新林。賀、韓兩軍在建康近郊駐紮，等待楊廣統率大軍渡江與敵決戰。長江上游方面隋蘄州總管王世積率水軍在蘄口擊敗陳將陳紀瑱，陳人投降者接連不斷。晉王楊廣一方面準備率大軍渡江，一方面向父皇上表稟報軍情，文帝得報大喜，當即宴請在朝百官以示慶賀。

此時陳在建康尚有軍隊十萬，而隋渡過長江的賀若弼、韓擒虎兩軍加起來還不足三萬，陳江防艦隻在長江上巡邏，江北晉王楊廣十萬大軍尚不得南渡，陳若主動出擊，指揮得當，完全有可能擊敗南渡的隋兩支偏師。在賀若弼進攻京口（今江蘇鎮江）時，陳將蕭摩訶又上奏陳說：「賀若弼孤軍深入，立足未穩，營壘不堅，若乘機掩襲，可保必克。」但陳後主還是不許。後主不懂軍事，面對隋軍來攻無所措手，惟日夜哭泣，臺城內的所有軍情處置，全部委任施文慶。施文慶知道將帥們都看不起自己，惟恐他們建立功勳，於是向陳後主進讒，說將帥不可專信，因此將帥凡有所請，均未獲准。

這天陳後主招集大將蕭摩訶、任忠到宮中召開御前會議，商討軍事，任忠陳說：「兵法云，客貴速戰，主貴持重。今國家兵足糧豐，宜固守臺城，沿秦淮河建柵，北軍來攻，我不輕易出戰；再分兵

76《全唐詩》卷七六七。

77《建康實錄》卷二〇〈陳後主長城公叔寶〉。

截斷長江水路，不讓隋南北通音信。陛下再撥我精兵一萬，金翅艦三百艘，下長江徑直突襲六合鎮，隋大軍必以為濟江者已被我俘獲。我再揚言將率軍進攻徐州，斷敵歸路，隋軍將不戰自退，待到雨季春水既漲，上游周羅睺軍必定順流而下趕來增援，此為萬全之策。」應該說，任忠對敵我雙方情勢的瞭解及其對策可謂高見，但陳後主不能用。到第二天，舉棋不定的陳後主卻又突然心不在焉地大呼：「兵久不決，令人心煩，可呼蕭郎一出擊之。」皇上靈機一動，就要草率出擊，心存僥倖，認為出戰或許能贏，即命蕭摩訶等出軍。

正月丙子（十一日）[78]，陳後主命令魯廣達率軍在白土岡擺開陣勢，其軍居於諸軍之南。由南而北，依次是任忠、樊毅、孔範等軍，蕭摩訶的軍隊擺在最北。陳軍擺開的陣勢南北達二十里，十萬大軍不設統帥，首尾進退互不知曉。

隋軍賀若弼部僅有八千人，按楊廣元帥府的部署起先並不想迎敵決戰。楊廣要賀若弼堅守鐘山，等待江北六合宇文述三萬大軍渡江後合圍建康，但軍情瞬息即變，賀若弼登上鐘山望見陳軍竟擺了一個奇怪的長蛇陣，自己八千人雖少，但完全可以擊破敵一處，於是立即馳騎下山，與所部七位總管楊牙、員明等擺好陣勢迎戰。陳軍方面，大將蕭摩訶因妻子前不久被陳後主逼奸，無心作戰，只有魯廣達感恩死拼力戰，兩軍相交，魯廣達曾四次迫隋軍後退，殺死二百七十三人。賀若弼縱放煙火掩護隱蔽，才得擺脫魯廣達的進逼。但陳軍初得小勝就先自亂了陣腳，士兵獲得隋軍人頭，紛紛跑回獻功求賞。賀若弼看出陳軍驕傲輕敵，轉而率軍衝擊孔範的軍陣。剛一交戰，孔範就帶頭逃跑，部卒譁然。長蛇陣上的諸軍望見，紛紛潰逃，士卒互相踐踏不可復止，死者五千人，隋將員明陣上生擒了愁眉苦臉的蕭摩訶，陳十萬大軍就這樣戲劇性地被賀若弼八千勁卒擊破。

任忠馳馬逃入建康臺城，謁見陳後主，敘說敗狀，並陳述兵敗如山倒，自己已無能為力。後主忙拿出兩串金子，要任忠去募兵再戰。任忠勸後主準備船隻往上游會合周羅睺軍，後主只好聽從，乃令任忠出外布置，自己與後宮宮女收拾行裝。但任忠出宮後久久不歸。時新林隋軍韓擒虎部也向臺城撲來，任忠感到陳朝已無可救藥，遂率部下數騎到石子崗向韓擒虎投降。陳領軍蔡徵守朱雀門，聽說韓擒虎軍到，皆驚恐奔潰。韓擒虎由任忠導引，僅率五百精騎，大搖大擺徑直進入朱雀門，惟有個別陳軍士兵抵抗，任忠揮手說：「老夫尚降，你們還擋什麼？」於是陳軍全部散走。臺城內文武大臣也都逃散大半，只有尚書僕射袁憲在殿內陪著陳後主，尚書令江總等數人呆在尚書省中。樹倒猢猻散，宮中一片冷清，當年盛宴賦詩的狎客沒有一個在身邊，後主不無感慨地對袁憲說：「我待卿並不好，危難時卻只有你在身邊，慚愧啊！看來今日敗亡不是朕一人失德無道，也是由於江東士大夫氣節喪失殆盡了啊。」亡國之時陳後主不檢查自己，反倒追究他人的責任。

這時宮外殺聲震天，驚慌失措的陳後主想要躲藏，袁憲正色道：「北兵入皇宮，必不致於侵侮陛下，事已至此，還有哪裡可躲藏呢？不如齊整衣冠，端坐正殿，依當年梁武帝見侯景故事，就俘也不失皇帝體面。」後主哪裡肯聽，下了坐床飛奔出殿，並說：「兵刃之下，不能拿性命去冒然擋駕，吾自有計。」於是帶著嬪妃宮女十餘人逃到後堂景陽殿，就要往一口井中跳，老宰相袁憲氣喘吁吁地跟來苦苦勸諫，後主仍不聽，後閤舍人夏侯公韻用身子遮擋住井口，後主竟顧不得皇帝尊嚴，動手相爭，很久才掙開得以跳入井中。不久隋兵殺進宮來，四處搜尋，有士兵來到井邊，井深太暗看不清，於是大聲喊話，井下無人回答，即揚言要落井下石，這才聽到井下有人呼應。於是拋下繩索往上拉人，覺得十分沉重，大為詫異，直到把人拉了上來，才看到竟是陳後主與張貴妃、孔貴嬪三人同繩而

78 關於蔣山決戰，隋滅陳時間，《資治通鑑》卷一七七隋文帝開皇九年記為甲申（二十日），《隋書》卷二〈高祖紀下〉記為正月丙子（十一日），李燕捷考證認為《隋書》所記「於情較合」，今從之。參見李燕捷：〈隋平陳時間辨誤〉，載《河北師院學報》一九八七年第四期。

上。眾人忍俊不禁，哈哈大笑。後人有詩諷刺這一場景：「凱歌換卻後庭花，簫鼓番成羯鼓撾。王氣六朝今日歇，卻憐竟作井中蛙。」[79]臺城失守，陳王公貴族百官群臣紛紛出來投降。

賀若弼以八千勁卒擊潰陳十萬大軍後，乘勝追擊，追到樂游苑，陳將魯廣達仍率殘兵苦戰不止，直到天色已晚才放下武器投降。賀若弼率部於夜間從北掖門進入皇宮，這才得知韓擒虎已抓住陳叔寶，不覺心頭火起，自己以少勝多，擊垮陳軍主力，功勞卻落在韓擒虎之後。他把陳後主召來察看，後主汗流浹背，渾身戰慄，向賀若弼跪拜叩頭。賀若弼撫慰說：「小國君主見大國公卿，按禮應跪拜，不必恐懼，到了隋朝仍不失封歸命侯。」至此，南方陳朝已經滅亡。

滅陳之戰，晉王楊廣雖身為統帥，但大的戰略部署完全是由文帝制定，軍中指揮大權實際操於元帥長史宰相高熲，後勤則由元帥司馬王韶處置，楊廣實際上只是個名譽統帥，執行父皇早已制定好了的作戰部署。雖然楊廣忠實地執行了父皇的部署，但戰爭的進程卻並沒有按原計劃進行，楊廣尚未率主力渡江，一仗未打，陳軍主力就被「先期決戰」的賀若弼擊潰，建康當天即落入數量很少的兩支隋軍偏師手中，平陳作戰中，楊廣沒有做出什麼足可稱道的功業。雖然他很想立功，但陳朝的迅速滅亡，使他沒有獲得立功的機會。看來，楊廣雖身為統帥，但在平陳具體作戰中無論是戰略指導還是戰術運用上都沒有出色表現，雖獲得了「南平吳越」的美名，但自感其實難副，否則，事後他不會發那麼大的脾氣。

分析隋致勝原因，除隋軍強大，有準備，戰略運用正確等原因外，主要還在於陳本身太腐敗，隋滅陳是南北朝「取亂侮亡」的又一典型戰例。腐敗的陳朝面對隋朝的進攻，在戰略上毫無禦敵準備，昏君陳叔寶沉迷於歌舞昇平，醉生夢死。下層人民也十分痛恨腐朽的統治集團，後主建齊雲觀時，國人歌曰：「齊雲觀，寇來天際畔。」隋軍渡江，南方人民多唱王獻之〈桃葉辭〉云：「桃葉復桃葉，渡江不用楫，但渡無所苦，我自迎接汝。」[80]

從戰術上講，陳更是自取敗亡。昏荒游嬉之君陳叔寶獨斷專行瞎指揮，不聽有經驗的將帥的勸告。隋軍自下游渡江時，形勢對陳並非不利，若處置得當，陳未必就一定敗亡。賀若弼剛濟江及進據鐘山之初，大將蕭摩訶曾請乘敵立足未穩之機加以聚殲，竟被陳叔寶拒絕，使陳軍失去了第一次取勝機會。賀若弼進據鐘山之後，任忠又建議固守臺城，截斷江路，引兵「徑掩六合」，後主又不能用，使陳再次陷於被動。正月丙子（十二日），陳叔寶遣眾軍與賀若弼會戰，此舉雖非上策，但亦非下策，當時過江隋軍僅賀、韓二部，集中優勢兵力先殲賀若弼軍，對隋也是個重大打擊，從陳軍龐大陣容來看，其兵員十倍於賀若弼軍，取勝應有把握。但陳叔寶不講戰術，擺成一個「南北亙二十里」的長蛇陣，力量分散形不成拳頭，又沒有任命一個主帥來指揮全軍，使「首尾進退，各不相知」，賀若弼看出破綻，以少勝多，終於在孔範處撕開缺口，致使陳軍瓦解。

陳最高統治集團的腐化更使陳上下離心，大批將士聞風投降。當賀若弼、韓擒虎兩支偏師過江時，便出現了降者如流的情況，江南父老來謁軍門者，晝夜不絕。大批陳軍將士的投降減少了隋進攻阻力，內部崩亂加速了陳的敗亡。所以說，陳亡首先是亡於自己內部，隋「取亂侮亡」，取得了意想不到的巨大勝利。[81] 唐人劉禹錫追懷古事，賦詩一首曰：「興廢由人事，山川空地形；後庭花一曲，幽怨不堪聽。」[82]

79 袁於令評點《隋史遺文》第一回。
80 《南史》卷一〇〈陳紀下〉。
81 參見李燕捷：〈隋平陳戰爭淺析〉，載《中國史研究》一九八五年第二期。
82 劉禹錫：〈金陵懷古〉，見《全唐詩》卷三五七。

殺張麗華　班師凱旋

正月丙戌（二十二），晉王楊廣進入建康，而元帥長史高熲在此前已先入城。當時，隋雖占領了建康，抓獲了陳叔寶，但陳境廣大地域並沒有全部平定。元帥府首先要處理的頭等大事，就是招撫各地仍在抵抗的陳軍。

上游陳水軍都督周羅睺和郢州刺史荀法尚仍率軍駐守江夏（今湖北武昌），與駐屯漢口的秦王楊俊的水陸十餘萬大軍隔江對峙，雙方相持了一個多月。陳將陳慧紀率將士三萬，樓船千餘艘沿江而下，企圖入援建康，因受到秦王楊俊阻擋，無法前進。當建康下游戰事基本結束之時，上游戰鬥正激烈地進行。上游隋軍元帥楊俊、楊素等按既定方針作戰，吸引住部分陳軍主力，為下游渡江滅陳也作出了相當貢獻。

如何儘快解除上游陳軍的武裝，讓他們停止對抗，最好的辦法是將其招降。晉王楊廣的辦法是命陳後主親手書寫招降書，派樊毅等送至上游，招降周羅睺等。陳將接到陳叔寶手書，知道抵抗已無意義，軍心即刻渙散，周羅睺於是與諸將面向東方大哭三天，下令將部隊解散，然後來到漢口向秦王楊俊投降，陳荊州刺史陳慧紀也向隋軍投降。駐紮蘄口的隋蘄州總管王世積即派人告喻江南各郡，陳江州司馬黃偲聞訊棄城逃走，豫章（今江西南昌市）諸郡太守紛紛來向王世積投降。唯湘州刺史岳陽王陳叔慎，乃陳叔寶之弟，年十八歲，詐降殺隋將龐暉，據城抵抗，被隋軍所擒，送於漢口斬首。就這樣，除少數人抗拒招降外，隋軍幾乎兵不血刃就將陳長江上游地區全部平定。

建康下游三吳會稽地區的陳軍也很快放下武器停止了抵抗，但前一年因抗拒隋接管，而驅江陵十萬民眾降陳的後梁宗室蕭巖、蕭瓛叔侄，卻因害怕不見容於隋帝，在其管內興風作浪。蕭巖入陳後授平東將軍、東揚州刺史，駐會稽（今浙江紹興），蕭瓛入陳後被授予侍中、安東將軍、吳州刺史，駐吳州（今江蘇蘇州）。二人既為蕭梁後裔，在三吳地區有一定影響，陳亡後，當地士民推他們為主，抵禦隋師。二人也企圖趁機恢復梁武帝的祖業。晉王楊廣沒有因為他們是自己的妻族而姑息，立即派遣宇文述率軍水陸並進東下征討。落叢公燕榮的舟師從東海進入長江口，與宇文述東西對進，夾擊蕭瓛。蕭瓛留王褒守吳州，自己由義興逃入太湖，欲掩襲隋軍側後。但出身於僑姓門閥琅邪王氏的文人王褒，面對強大的隋軍不敢拒戰，扮裝成道士棄城逃走。蕭瓛只好率殘部保據太湖中的包山，被燕榮的水師擊破，蕭瓛被俘。宇文述移兵會稽，蕭巖自知不敵，只好投降。楊廣將這叔侄二人俘至長安，文帝下令斬首。自此吳會地區也全部平定。

嶺南地區距建康較遠，一時未來歸附，當地豪酋高涼冼夫人號稱「聖母」，在當地蠻俚中有很高的威望，被嶺南諸郡共奉為主，保境拒守。隋文帝派總管韋洸等安撫嶺外，陳豫章太守徐璒在南康依險拒守，使韋洸無法南下。這時，晉王楊廣讓陳叔寶給冼夫人寫信，告訴她陳已亡國，讓她以嶺南歸降隋朝。冼夫人先前曾向陳後主奉獻扶南犀杖，陳叔寶寫好書信並以犀杖和兵符為信物，遣使送達嶺南。冼夫人見杖，知道陳確已滅亡，於是集合嶺南各地俚帥數千，痛哭一晝夜，派她的孫子馮魂率眾迎韋洸，韋洸擊斬徐璒，入據廣州。時任忠之弟任環任陳衡州（治今湖南衡山）司馬，曾勸都督王勇引兵南下據有嶺南，尋求陳氏子孫立為皇帝，與隋對抗，但王勇見陳大勢已去，不用任環之計，率所部向隋軍投降。嶺南也平定。

陳全境兩、三個月內即全部歸隋，隋獲得陳三十州，一百餘郡，四百餘縣，南北實現統一。

隋滅陳統一南北是中國歷史上具有深遠歷史意義的大事。統一符合人民的願望，當時，江南人民痛恨陳朝「主昏於上，民於下」的局面，歡迎隋師渡江。中國的重新統一，使中世紀的中國走向封建社會的繁榮期，順應了歷史發展的潮流。統一必將促進中國經濟文化的巨大發展，促進君主專制制度內部的政治改革，帶來繁榮富強、民族融合之局。南北統一的意義遠遠超過以隋代周的單純改朝換代，中國歷史就此翻開了新的一頁。楊廣因緣際會，其名字亦與這具有劃時代歷史意義的偉大事件永遠鐫刻在一起。

如果從個人功勞和作用看，在隋滅陳統一戰爭中功勳最著的當然是隋文帝，他運籌帷幄，統籌指揮一切，大的戰略方針都是他制定，在實際運用中也被證明是正確的。隋文帝楊堅不愧為當時第一流的政治家、戰略家。也有人認為：隋統一的基礎是北周時期奠定的，是周武帝宇文邕首先制定了先安定北方突厥，而後滅陳的方針[83]，中國第二次大一統局面的完成也不要忘記周武帝的功勞。此說也有一定道理，因為在君主專制時代，權大無邊的帝王對於歷史進程的影響力是任何人也無法匹比的。

如果說隋文帝楊堅是先北後南滅陳戰略的制定者，那麼晉王楊廣則是北禦突厥、南平吳越戰略忠實的執行者。論功勞他不能與父皇相比，但也不能說是一點事也沒有幹。有的學者根據滅陳戰役進程中的作用，排列名次為隋文帝、高熲、賀若弼、韓擒虎、楊素和楊廣，認為「晉王楊廣只能名列最後」。[84]這個排列值得商榷。

史家往往忽略晉王楊廣於開皇六年（五八六）北境初步安定後調回京師任內史令，楊廣屬於隋最高統帥部成員，擁有參議決策之權。楊廣不是由晉陽轉赴壽陽任淮南道行臺尚書令，而是由朝廷以宰相身分出任淮南道行臺尚書令，這一點千萬不要忽略。當然，楊廣時尚年輕，沒有什麼經驗，作用不能和尚書左僕射高熲相比，但不能否認楊廣參預了滅陳戰略部署的決策，並非對南方情勢不甚瞭解。

其次，楊廣雖沒有真正打過一仗，作為統帥他不可能像賀若弼、韓擒虎那樣帶幾百、幾千人衝鋒陷陣。但也不是沒有貢獻，占領建康擒獲陳後主後，他讓後主寫信招降上游陳軍，使十數萬人放下武器，又用同樣辦法兵不血刃使嶺南降服，不戰而屈人之兵，計之上也，其功勞實不比帶兵打仗肉搏差。當然這也是執行了文帝既定戰略，或許也是高熲出的主意，但都是以楊廣名義實施的，也就不能不為楊廣記上一功。從全域看，楊廣在滅陳之役全過程中的作用在高熲之下，但應在賀若弼、韓擒虎、楊素等戰將之上。大家都各盡其責，忠實地執行既定作戰方針，誰也沒有犯什麼戰略戰術上的錯誤，功勞簿上理應各有一份。賀若弼不按既定部署先期決戰獲勝，原因在於陳軍自己犯了戰術錯誤，取勝具有偶然性。從全域看，腐朽的陳朝滅亡是必然的，沒有這個偶然的勝利，隋也必定能取亂侮亡。當然，賀若弼隨機應變，抓住戰機，以少勝多，擊破敵主力，功不可沒。連高熲事後也在文帝面前說：「賀若弼先獻十策，後於蔣山苦戰破賊，臣文吏耳，焉敢與大將論功。」[85]這說明賀若弼的確功大，但也是高熲的謙虛。從全域來看，前敵實際統帥高熲和名義統帥楊廣還是功高一籌。

大將賀若弼、韓擒虎首立大功，但二人並不是按元帥府制定的部署，「先期決戰」，雖取勝，但有「違軍令」。加上二員大將爭功互相詬罵，賀若弼苦戰擊潰敵主力，但進城晚一步，致使韓擒虎先入城抓了陳後主，搶了頭功，賀若弼「恥功在韓擒虎後」，極不服氣，竟至「挺刃而出」。爭功鬧得這樣凶，不但鬧到了晉王楊廣元帥府，而且鬧到了朝廷隋文帝那裡。隋軍統帥楊廣是怎樣處理這一事件的呢？憤怒的晉王楊廣一入建康城，首先即以「違軍令」罪，將賀若弼「屬吏」[86]，逮捕法辦。

賀若弼的「違軍令」罪是否成立？楊廣的處置是否得當？有必要作一分析。隋滅陳之役既是經過八年精心準備，賀若弼、韓擒虎兩支偏師以少量精兵先行渡江，其任務是占據有利地勢，迎接楊廣主

83 萬繩楠：〈從陳、齊、周三方關係的演變看隋的統一〉，載《安徽師大學報》一九九五年第四期。萬先生認為當時南朝梁、陳也具有北定中原統一中國的實力和機會，只是因為政治外交等諸多偶然因素才成全了北周和隋朝，因而也不能過分強調隋文帝的個人作用。

84 胡如雷：〈隋統一新探〉，載《歷史研究》一九九六年第二期。

85 《隋書》卷四一〈高熲傳〉。

86 《隋書》卷五二〈賀若弼傳〉。

力軍渡江，待主力渡江後再合圍攻取建康。在楊廣主力十餘萬尚未渡江，攻取建康的準備尚未完成之際，賀若弼應邀決戰，以八千精兵對付陳十萬大軍，顯然是很冒險的。不按原部署「先期決戰」，不但得不到江北主力大軍的支援，新林韓擒虎二萬軍隊也難以作出配合舉動，整個戰役計畫可能遭到破壞，賀若弼如果敗績，形勢可能急劇惡化。建康地區陳軍本來對隋具有相對優勢，如果消滅了賀若弼這支勁旅，陳軍士氣必然大振，以後的勝負就不得而知。因此，賀若弼雖然僥倖取勝，但也破壞了穩操勝券的隋軍部署。作為統帥，坐鎮江北的楊廣對賀若弼「先期決戰」的舉動大為惱火，入建康城後仍餘怒未消，將賀若弼「屬吏」逮捕是可以理解的。後來，韓擒虎也指責賀若弼說：「本奉明旨，令臣與弼同時合勢，以取偽都，弼乃敢先期，逢賊遂戰，致令將士傷死甚多。」[87]似乎賀若弼先期決戰純屬求功心切而偶然取勝。然而，從賀若弼方面來說，他最初也未嘗不是想按原計劃堅守待援，但戰場上的情況瞬息萬變，作為一個優秀的指揮員，必須抓住戰機出奇制勝。賀若弼果敢出擊，提前單獨決戰，並一舉而定乾坤，取得了決定性的勝利。「將在外，君命有所不受」，賀若弼不愧為深謀大略的大將，得勝雖出偶然，但偶然性中又寓含了必然性，符合出奇制勝的軍事原則。韓擒虎指責「致令將士傷死甚多」，乃言過其實，賀部傷亡不過幾百人，以少量傷亡避免了隋軍的更大傷亡，平心而論，賀若弼實在是平陳元勳功臣。[88]連隋文帝也稱讚：「克定三吳，公之功也。」[89]

這樣看來，楊廣將賀若弼逮捕法辦，又不近情理。賀若弼隨機應變，出奇制勝，雖沒有按原部署行事，但畢竟已大獲全勝，本應論功，不應論罪，楊廣以「違軍令」罪將他「屬吏」逮捕，也可以明顯地看出楊廣本人對賀若弼建立奇功的妒嫉。好在隋文帝還十分明智，他得到消息後立即派驛使快馬趕到建康，宣詔於楊廣曰：「平定江表，乃賀若弼、韓擒虎之力也。」充分肯定了賀若弼、韓擒虎滅陳作戰的功績。於是賀若弼、韓擒虎更趾高氣揚，當時江南有歌謠：「黃斑青驄馬，發自壽陽涘，來時冬氣末，去日春風始。」[90]韓擒虎正好乘的是青驄馬，而黃斑指虎，正合韓擒虎之名，其往返建康的時節正好與歌謠相應，於是一時傳為美談。回到京師後，賀若弼、韓擒虎以平陳頭功再次受到隋文帝嘉獎，加官進爵，賞賜無數並命登御座。賀若弼以功封宋國公，隋文帝還把陳叔寶的一個妹妹賞給他為妾，可謂恩寵無比。而晉王楊廣卻氣得啃土，但又沒有辦法，對賀若弼從此恨之入骨。

處理陳降臣及舊物以收攬人心，也是平陳後需要統帥楊廣辦理的大事。建康城破，楊廣即命高熲和元帥府記室裴矩入城接收陳內府圖籍。[91] 元帥府掾韋師也受命接收陳國府藏，「秋毫無所犯，稱為清白」。[92] 楊廣下令封存陳國家府庫，金銀財物一無所取。

楊廣還在鐘山舉辦了一次大圍獵，讓陳朝降將列觀於側，有猛獸在圍中，眾皆有懼色，韓擒虎之弟韓洪馳馬沖出，一箭射去，猛獸應弦而倒，圍觀的陳將莫不嘆服。[93]

在處置陳降臣降將時，晉王楊廣認為，陳中書舍人施文慶任掌中樞機要，卻不忠心事國，中書舍人沈客卿重賦厚斂，盤剝百姓，以博取陳後主的歡心，實乃陳朝政腐敗的元凶；還有太市令陽慧朗、刑法監徐析、尚書都令史暨慧景等，這五個都是禍國害民的奸臣，下令將他們一併斬於石闕之下，以謝三吳地區的百姓。一時天下人都稱頌楊廣，認為他賢明。

對寵冠後宮、以鬼道迷惑陳後主的寵妃張麗華，楊廣也下令斬於青溪橋邊。[94] 關於斬貴妃張麗

---

87 《隋書》卷五二〈韓擒虎傳〉。

88 參見前揭李燕捷：〈隋平陳戰爭淺析〉一文。

89 《隋書》卷五二〈賀若弼傳〉。

90 同註87。

91 《隋書》卷六七〈裴矩傳〉。

92 《隋書》卷四六〈韋師傳〉。

93 《隋書》卷五二〈韓洪傳〉。

94 《建康實錄》卷二〇〈後主長城公叔寶〉。

華，舊史記載多以為高熲所為，並對晉王楊廣多有指責。據說元帥長史高熲先進入建康城，當時高熲的兒子高德弘是晉王府記室參軍，楊廣派他馳馬來見高熲，傳令留下張麗華。《隋書．高熲傳》更明確地記載為「晉王欲納陳主寵姬張麗華。」[95]據說是高熲違背了楊廣這一心願，說：「古時姜太公呂尚蒙面斬妲己，今平陳國，不宜留下人妖張麗華」。於是將張麗華問斬。高德弘還報楊廣，楊廣氣得臉色大變，說：「古人有言，無德不報，我一定有辦法回報高公。」因此對高熲恨之入骨。[96]這件事後來被小說家加以添油加醋的誇張渲染，把楊廣說成是好色縱欲的登徒子。其實，這是對楊廣的冤枉。雖然楊廣稱帝後確曾驕奢縱欲，但未奪得帝位前一直是矯情飾貌，以博取父母歡心，在平陳之際，渴望獲取功名的晉王楊廣不可能不要臉面，如此荒唐放縱去追求一個臭名昭著的女人，敗壞自己的名聲和功業。

從年齡上看，張麗華生的兒子陳皇太子深時年已十五，據此推算張麗華當時至少也年已三十。而楊廣當時剛二十歲，怎麼可能對比自己大十歲的女人那樣傾心？試問，楊廣若納張麗華，回京後怎樣向父皇母后交待？更何況母后獨孤氏最恨男人好色納妾。《隋書》、《北史》高熲傳的記載來自道聽塗說，可能是唐初史臣有意貶隋揚唐，醜化隋煬帝的曲筆。後司馬光《資治通鑒》也沿用這條誤傳，使杜撰成為信史，把楊廣的一大德政，顛倒成了一段醜聞。

但《陳書》和《南史》的記載正好相反，《陳書》記曰：「晉王廣命斬貴妃，牓於青溪中橋。」[97]《南史》記作「晉王廣命斬之於青溪」。[98]都肯定張麗華是晉王楊廣下令處死的。《陳書》的編者姚思廉之父姚察當時正在陳朝任官，對隋滅陳時建康的情況比較清楚。《南史》的編者李延壽繼承了其父李大師的草稿舊本。李大師（西元五七〇—六〇八）和姚思廉（西元五五一—六三七）與《隋書》的主編魏徵是同一時代人，唐貞觀年間同在史館，都有機會接觸史料，而對於處死張麗華史事的記載卻如此相悖，聯想起楊廣生日的缺載等一系列史缺史誤，使我們不能不對舊史記事有所懷疑，使用時不能不有所鑒別。同樣是《隋書》，其〈五行志〉乃唐天文學家李淳風執筆，所記則為「隋師執張貴妃而戮之」[99]，含糊其辭。但後來唐人許嵩所撰《建康實錄》就沒有再依從《隋書》、《北史》的錯誤，兩處提到處死張貴妃，都明確記為晉王楊廣所殺。[100]

晉王楊廣下令誅殺張麗華，其理由與誅殺施文慶等五佞人一樣，他們是陳朝禍國殃民的人妖鬼怪，楊廣既授鉞弔民伐罪，當然要斬幾個罪人，這是出師前楊廣發布的〈遺陳尚書令江總檄〉文中講得清清楚楚的。歷史上並沒有高熲效法姜太公蒙面斬妲己的故事，但楊廣嫉恨高熲，則是事實。《資治通鑑》記張麗華被斬而楊廣恨高熲之下，有元人胡三省注：「史為（楊）廣殺（高）熲張本。」[101]據史實分析，楊廣嫉恨高熲，其實並不是為張麗華，而是統帥權之爭。隋文帝調晉王楊廣任平陳行軍元帥的同時，卻又任左僕射高熲為晉王元帥長史，「三軍諮稟，皆決於熲」，這種安排是讓高熲當實際統帥，楊廣掛個名譽總指揮，而無實權。但從楊廣敢於將大將賀若弼逮捕法辦來看，楊廣又渴望有權，渴望有所作為，容不得任何人不聽命於己。從常理推論，文帝安排虛實兩個統帥角色，必然會引發楊廣與高熲的矛盾。楊廣雖年輕但已成年，只要想到唐太宗李世民十八歲即率軍獨當一面，就會理解楊廣是決不甘心僅僅當一個沒有實權的空頭總指揮的，他與高熲發生衝突是必然的。雖然史文沒

---

95 《隋書》卷四一〈高熲傳〉。
96 《隋書》卷四一〈高熲傳〉。《資治通鑒》卷一七七隋文帝開皇九年。
97 《陳書》卷七〈張貴妃傳〉。
98 《南史》卷一二〈后妃傳下．陳後主沈皇后傳〉。
99 《隋書》卷二三〈五行志下〉。
100 《建康實錄》卷二〇〈後主長城公叔寶傳〉，中華書局標點本，第八〇八、八〇九頁。
101 《資治通鑒》卷一七七隋文帝開皇九年胡注。

有詳載，但從殺張麗華一事我們可以窺測出蛛絲馬跡。實際統帥和名譽元帥的意見不合，或許不止殺張麗華一事，楊廣對高熲限制自己權力抑制自己才能的發揮，顯然是恨之入骨，這與楊廣嫉恨功臣猛將賀若弼是同樣道理。這種嫉恨甚至牽涉到了代楊廣草寫討陳檄文的文士薛道衡，大業五年（六〇九）處死薛道衡時，做了皇帝的楊廣猶有餘恨地回憶平陳往事，憤憤地說：「我少時與此人相隨行役，輕我童稚，共高熲、賀若弼等外擅威權，自知罪當誣罔。及我即位，懷不自安。」所謂外擅威權，指的就是當年楊廣被將相架空的情況。

但當時隋文帝對宰相高熲是絕對信任的，回朝後文帝以功授高熲上柱國，進爵齊國公，賜物九千段，定食千乘縣一千五百戶租米。文帝還慰勞高熲曰：「公伐陳後，人言公反，朕已斬之，君臣道合，非青蠅所能間也。」足見文帝對高熲的信任。但高熲十分謙虛，上表遜位，辭不敢當，文帝於是正式下詔：「公識鑒通遠，器略優深，出參戎律，廓清淮海，入司禁旅，實委心腹。」[102]高熲是隋文帝滅陳大業的第一功臣，功在楊廣等人之上，是無可置疑的，這正是楊廣嫉恨高熲的真正原因。

開皇九年二月乙未（初一），隋文帝下令撤銷淮南行臺省，月底，留王韶鎮守石頭城（今南京市），委託他處理後事，下令各路討陳大軍班師還朝，並押陳叔寶等舊陳君臣一同上路。三月己巳（初六），陳叔寶和他的王公百官大臣從建康起程往長安，大人小孩陸續上路，連綿不斷達五百里。路上楊廣向隋文帝送上告捷「露布」[103]，讓平陳勝利捷報傳布全國四方。

至四月辛亥（十八日），隋文帝駕幸驪山溫泉，慰勞凱旋的將士。幾天後，南征各軍奏凱歌進入長安，先到太廟舉行獻俘儀式，讓陳叔寶和陳王侯將相分別乘坐他們舊時的車輛，穿上舊陳的官服，後面是陳朝的天文圖籍等，依照次序排列成行，四周有帶鐵甲的隋騎兵團團圍住，以防不測，他們跟著晉王楊廣、秦王楊俊後面，排著長龍陣入宮，排列在殿前。按照奇章公牛弘新訂的禮儀，百官大臣及四方賓客使者列於朝堂兩邊，先宣露布，約數千字，讀畢眾人「舞蹈再三」，再拜山呼萬歲，場面十分壯觀熱烈。接著，隋文帝當眾宣布，任命楊廣為太尉，賜給輅車、乘馬、高貴華麗的袞冕之服以及象徵特殊榮耀的珍寶玄圭、白玉璧各一個。

丙辰（二十三），隋文帝在廣陽門城樓觀闕上接見了陳叔寶及其王公百官，先責備他們失德亡國，隨後又宣布赦免他們。原陳朝都官尚書孔范、御史中丞沈瓘、散騎常侍王瑳、王儀等均出身門閥，卻「奸佞諂惑」，被稱為「四罪人」[104]，如王儀為求得陳後主親昵，竟獻出自己兩個親生女兒，真是衣冠禽獸。文帝下令將他們統統流放到邊遠地區，以謝吳越百姓。對於陳宰相江總、袁憲，將軍蕭摩訶、任忠、周羅睺，文臣姚察、許善心等文武官員，則加以安置，但在朝廷任職的僅有少數，且官位卑賤。門閥士族謝伷、蕭允不願在隋就卑職，「辭以老疾」[105]，要求告老還鄉，文帝予以批准。

對隋有功將士，文帝大加賞賜。幾天後，隋文帝駕幸廣陽門，宴請出征將士，從門外起夾道堆積布帛物資，用以論功行賞，按等差賜物，共用去布帛三百萬段，有功將帥封官進爵，如賜大將楊素物萬段，粟萬石，另加陳叔寶之妹為妾，女妓十四人，進爵越國公。[106]從所賜財物及女妓來看，隋軍從江南帶回了大量戰利品，連陳後主的妹妹也作為戰利品用於賞功。不幾日，隋文帝又親幸晉王楊廣府第，在晉王府設宴大會群臣。文帝當楊廣和眾人的面稱「高熲平江南，虞慶則降突厥」，高度讚揚左、右兩位僕射的戰功。楊廣表面應承，心裡卻老大不高興，不說話也不舉杯，還是老奸巨猾的楊素出來

102《隋書》卷四一〈高熲傳〉。

103《唐語林》卷八：「露布，捷書之別名也。諸軍破賊，則以帛書建諸竿上，兵部謂之露布，蓋漢以來有其名，所以露布者，謂不封檢，露而宣布，欲四方之聞也，亦謂露板。」

104《南史》卷七七〈孔範傳〉。

105《陳書》卷二一〈蕭允傳〉。

106《隋書》卷四八〈楊素傳〉。

打圓場，說：「這都是陛下的威德所致啊！」於是奉觴上壽，君臣極歡。[107]

隋文帝每次設宴，總讓陳叔寶參加，宴會上因怕叔寶傷心而不許奏吳音，受到特殊禮遇的陳叔寶卻傻乎乎地因預宴沒有官階秩位，竟要求文帝封給一官半職，文帝聽後不禁失笑說：「叔寶全無心肝。」這位亡國之君自後「嗜食驢肉」，惟成天飲酒打發時日。[108]

開皇九年（五八九）四月壬戌（初一），隋文帝興沖沖地頒布「太平詔書」：「今率土大同，含生遂性；太平之法，方可流行。凡我臣民，澡身浴德，家家自脩，人人克念。兵可立威，不可不戢；刑可助化，不可專行。禁衛九重之余，鎮守四方之外，戎旅軍器，皆宜停罷。世路既夷，群方無事，武力之子，俱可學經；民間甲仗，悉皆除毀。頒告天下，咸悉此意。」[109] 隋文帝以為天下一統可以安享太平了，於是任命秦王楊俊為揚州總管四十四州諸軍事，出鎮廣陵（今江蘇揚州市），晉王楊廣複任并州總管，回晉陽（今山西太原市）鎮守，以禦突厥。

第三節　坐鎮江都　安輯江南

陳全境兩、三個月內即全部歸於隋朝，四百年的分裂局面結束了。唐人頌曰：「六合之中，觀如曉日，八紘之內，若遇新晴。」[110] 然大一統實現後隨即面臨鞏固統一的新問題。六朝在江南割據凡近四百年，大江南北各方面的差異很大。隋必須在消弭政治與文化差異的背景下建立新的統一，這是一件極其艱巨而複雜的事業，武力和簡單粗暴的高壓政策無濟於事，並不能安定江南政局。如何施以恩惠，感化舊陳民眾，清其反側之心，調和南北人士的感情，以促進文化合流，鞏固統一局面，則是比軍事征服更複雜的問題。

江南盡叛　移鎮揚州

晉王楊廣在平陳凱旋班師回朝受賞有加之後，出鎮并州，重新肩負起監視和抵禦北邊突厥的重任。開皇十年（五九〇）二月庚申（初二），隋文帝親臨晉陽（今山西太原市）巡視，至四月辛酉（初四）才從晉陽回到長安[111]，居晉陽長達兩個月之久，足見文帝對北部邊防的重視及對次子楊廣的器重。

舊陳江南之地則交由三子秦王楊俊經營治理。楊俊為揚州總管四十四州諸軍事。為了更好地控制江南，隋文帝下令在江北築江都（今江蘇揚州市）新城，並下詔將建康城邑宮室夷為平地，「平蕩耕墾」。[112]而在原石頭城（今江蘇南京市）地方置蔣州，蔣州之名則因石頭城外蔣山（今鐘山）而取，六朝故都的建康城，自此成了隋朝版圖內的一般州縣了。

然而，要控制江南，絕非搗毀一座城堡所能奏效，鞏固統一的局面，更非輕而易舉之事。這時的長江流域經濟文化已有了很大發展，許多方面南方並不比北方差，與三百年前西晉滅吳時相比，情況要複雜多了。南方地方勢力除根深蒂固的吳姓門閥朱、張、顧、陸外，還有僑姓門閥王、謝、袁、蕭等。在江南腹地由於幾百年來不斷地開發，又湧現出許多新興的地方豪族，他們遍布於浙東閩中山地、贛江湘江流域及嶺南廣大地區。這些「溪洞酋豪」早在梁陳之際就趁亂起兵割據州郡，控制了地

107 《隋書》卷四〇〈虞慶則傳〉。
108 《南史》卷一〇〈陳後主本紀〉。
109 《隋書》卷二〈高祖紀下〉；原詔文太長，茲據《資治通鑒》卷一七七隋文帝開皇九年四月刪略文本。
110 朱敬則：〈隋文帝論〉，見《全唐文》卷一七一。
111 《隋書》卷二〈高祖紀上〉。
112 《資治通鑒》卷一七七隋文帝開皇九年二月。

方政權，陳朝不得不承認既成事實，他們和三吳門閥共同形成了江南強大的地方勢力。

隋出兵亡陳之時，江南門閥和各地豪族並沒有進行認真有力的抵抗，他們對腐朽的陳朝滅亡並不在乎，視為一般的改朝換代，政權屬於陳氏，還是楊氏，國家統一還是分裂，對於他們來講，並無多大關係，這也是隋得以迅速亡陳的重要原因。江南豪族關心的是他們的既得利益是否能保持延續，希望在新朝可照樣做官。如果隋文帝能讓江南豪族享有關隴世族同樣的社會地位，承認各地土豪統治地方的權力，則這些人就可能成為隋王朝的支持者。然而隋文帝滅陳後推行的是「關中本位政策」，對江南人士採取了排斥鄙視態度。陳亡後，其宗室諸王「並配於隴右及河西諸州，各給田業以處之」[113]，生活極其艱辛。陳將相大臣除少數人給以通直郎、祕書丞之類小官，讓他們參預一些制禮作樂、粉飾太平的活動外，都未加重用。僑姓門閥琅邪王胄「自恃才大」，入朝後不被朝廷任用，因而「鬱鬱於宦，每負氣淩傲，忽略待人。」[114]南方門閥高門「昔日王謝門前燕」，不待到中唐之時，實際上隋滅陳後不久，即已「飛入尋常百姓家」了。隋滅陳，南方王、謝及朱、張、顧、陸等世家大族的政治地位一落千丈，西魏北周的官爵仍可蔭及後代[115]，而江南人士卻被剝奪了一切政治經濟特權。開皇十年（五九〇），隋文帝又令「江表依內州責戶籍」[116]，在江南檢括戶口，收奪世家大族的蔭客及其不稅不役等經濟特權，使江南豪族擁有的大量依附人口、部曲成為國家的編戶。在任命秦王楊俊為揚州總管的同時，隋文帝又在江南置吳州、洪州、廣州、桂州、潭州、永州、杭州、循州等八個總管府，任命關隴人士為總管，陳時舊地方官一律革除，「牧民者盡更變之」，並一律改委北人，這又使江南經過多方鑽營而獲得官位的庶族地主，也猶如喪家之犬。隋文帝還重新整頓北魏孝文帝以來北方就已建立的鄉里基層組織，重新編組基層社會，以加強對南方的控制。開皇九年（五八九）四月的「太平詔書」，嚴令吳越之野的「戎旅軍器，皆宜停罷」，「人間甲仗，悉皆除毀」，後又多次下令收繳南方人武器。這些措施皆「尚關中舊意」[117]，又於陳亡後短期內在江南全面推行，且十分嚴厲，表現出明顯的「關中本位」，憑藉關隴武力以鎮四方的意圖。[118]

當然，隋文帝的上述措施目的也都是為了維護國家統一，但方法上卻過於簡單，他把推行於北方的一系列措施同樣推行於江南，卻沒有針對江南地區的歷史發展過程中形成的特點，沒有主動去收攬江南人心，沒有處理好隋中央政權與新納入其統治下的江南地方勢力之間的關係。北方南下的隋地方官亦多以嚴刑峻法為治，淩辱南人，使南方人士大失所望，因而鬱鬱思亂。

武力征服之餘，隋文帝也曾試圖利用當時中國民眾已普遍接受的佛教來消除南北地域在社會心理、文化風俗上的差異。史書有載，隋文帝「承周武之後，大崇釋氏，以收人望」。[119]釋史亦云：「隋高廓清百越，文軌大同，開皇十年（五九〇），敕僚庶等有樂出家者並聽」。[120]佛教徒們盛稱隋文帝為法輪王、大檀越（施主）。但專制君主隋文帝仍須把佛教嚴格置於國家監控之下。開皇十年（五九〇）正月十六日，文帝修書南方佛教界頭面人物智顗，在這道措辭嚴厲的詔書中，文帝先陳述自己尊崇佛教，滅陳是為民除害，救濟蒼生，宣布自己是佛教的保護者。接著敦請智顗認清形勢，遠離世俗

113 《陳書》卷二八〈陳伯山傳〉。
114 《隋書》卷七六〈文學．王胄傳〉。
115 見《隋書》卷三〈煬帝紀下〉「大業三年」記事。又按，開皇十七年（五九七）四月，隋文帝頒詔重申隋朝勳臣李穆、韋孝寬、楊雄、梁睿、豆盧、高熲、楊素、虞慶則、鄭譯等「茂績殊勳，力宣王室」，其世子世孫未經州任者，宜量才開用，庶享榮位，世祿無寄。見《隋書》卷二〈高祖紀下〉。
116 《顏氏家訓》卷二〈風操〉。
117 同註116。
118 參見何德章：〈隋文帝對江南的控制及其失策〉，載《西南師範大學學報》一九九三年第二期。
119 《長安志》卷七。
120 《續高僧傳》卷一〇〈彭城崇聖道場釋靖嵩傳〉。

事務，並責令受到舊陳兩代君主尊崇的高僧智顗轉變立場，不要與新朝作對，思想上要與朝廷保持一致。此書雖不能說是勸降書，但也應視為警告信，其威脅之意躍然紙上。

對陳境林立的佛教寺廟，隋文帝也採取了嚴厲措施，釋史有云：「隋朝克定江表，憲令惟新，一州之內，止置佛寺二所，數外伽藍，皆從屏廢。」[121]文帝在北方營造經像，任聽出家，對南方佛寺卻加以限制，這又明顯表現出其對南方教派的歧視。智顗後來也訴說南方佛寺被毀情形云：「伏見使人竇符，壞諸空寺，若如即日所睹，全已興破，及有僧無僧，毀除不少。」[122]

隋文帝也試圖在江南推行教化，他讓宰相蘇威作「五教」。所謂五教，即「父義、母慈、兄友、弟恭、子孝」[123]。內容是儒家的綱常倫理。開皇九年（五八九）文帝曾對李德林說：「朕方以孝理天下，故作五教以弘之。」[124]帝王以治國為先，隋文帝三教並重，宣導禮治孝道，是想恢復漢帝國的王統。然而，江南在西晉永嘉亂後，已為文化士子薈萃之地，曾被北方人士視為中華文化正統之所在。隋文帝滅陳後在江南推行「五教」，雖然是從鞏固統一著眼，但亦有視江南人為化外之民之嫌，也就不能不引起南方人士的強烈反感。在推行「五教」過程中，隋官吏採取了粗暴的強迫政策，「使民無長幼悉誦之」，而又復「加以煩鄙之辭」，致「士民嗟怨」。[125]清人劉統勳就此評論說：「馭新定之民，當以鎮靜為要，徒取辨於五教之誦，是不能化俗，適足滋擾」。[126]由於措置不當，使謠言四起，「民間複訛言隋欲徙之入關，遠近驚駭」。終於激起南人反叛，使得隋政權又被迫進行了一場較開皇九年（五八九）滅陳之戰更為艱苦的平叛戰爭。

開皇十年（五九〇）十一月，也就是陳亡後不足兩年時間，一場規模巨大的反隋叛亂在舊陳境內全面爆發。是月婺州（治今浙江金華）人汪文進、會稽（今浙江紹興）人高智慧、蘇州人沈玄、臺州樂安（今浙江仙居縣）的蔡道人、蔣山（今江蘇南京）李悛、饒州（治今江西上饒）吳世華、永嘉（治今浙江溫州）沈孝徹、泉州王國慶、餘杭（今浙江杭州）楊寶英、常州顧世興和葉略、越州（治今浙江紹興）人顧之元、交趾（今越南）李春等皆反。造反者一時俱起，遍布舊陳全境，有的「自稱天子，署置百官」，有的自稱「大都督」、「司空」，攻陷州縣。他們「大者有眾數萬，小者數千，共相影響，執縣令，或抽其腸，或臠其肉食之，曰：『更能使儂誦五教邪』」。表現了其對隋歧視性高壓政策的極端仇恨。叛者有的「船艦被江」，兵眾之多，「周亙百餘里」，聲勢之大，令人駭異。[127]

參加叛亂的包括江南社會各階層，既有世家舊族，也有酋豪洞主。如沈氏一族，「代居南土，宗族數千家，為遠近所服」。[128] 據《隋書．楊素傳》，沈姓反隋有名有姓的就有沈玄、沈傑、沈雪、沈能、沈孝徹等。吳姓門閥顧、陸、朱、張家族也有人起兵。值得注意的是「樂安蔡道人」，顯然是江南宗教勢力的代表，會稽高智慧從姓名看也似乎與佛教有關。而樂安（今浙江仙居縣）地方更靠近天臺山，浙東沿海一帶民眾具有廣泛的宗教信仰，又具有反抗傳統，前有東晉時孫恩、盧循以天師道，後有北宋方臘以摩尼教，成功地組織了大規模的農民起義。開皇十年（五九〇）江南盡叛，這一地區也最為嚴重，一時「寇賊交橫，寺塔燒盡」。[129] 廣泛發動起來的江南反隋大叛亂，對剛統一中國的隋

121 《續高僧傳》卷一二〈江都慧日道場釋慧覺傳〉。
122 《國清百錄》卷二〈蔣州僧論毀寺書第三十二〉。
123 《資治通鑑》卷一七七隋文帝開皇十年。「五教」見《尚書．舜典》：「敬敷五教，在寬」句疏引〈左傳．文公十八年〉，參見《十三經注疏》一三〇頁，中華書局影印本。
124 《北史》卷七二〈李德林傳〉。
125 《資治通鑑》卷一七七隋文帝開皇十年。
126 《評鑒闡要》卷四，「蘇威作五教使民誦之」條。
127 《隋書》卷二〈高祖紀下〉；《資治通鑑》卷一七七隋文帝開皇十年十一月；《隋書》卷四〇〈楊素傳〉、卷六四〈來護兒傳〉。
128 《舊唐書》卷五六〈沈法興傳〉。
129 《隋書》卷四八〈楊素傳〉。

王朝來說，的確是一次相當嚴重的挑戰。

隋文帝立即令剛接替楊廣任內史令的越國公楊素為行軍總管，率總管來護兒、史萬歲、麥鐵杖等，調集府兵前往江南鎮壓。

同時，隋文帝又調并州總管晉王楊廣為揚州總管，移鎮江都，而原揚州總管秦王楊俊則調換為并州總管。

二十二歲的楊廣臨危受命，又一次來到南方，隨他南行的有將軍郭衍、宇文述等。但文帝給他的任務並不是總統軍隊，指揮平叛，而是以皇子身分，坐鎮一方，並規定「每歲一朝」。平叛的統帥是宰相楊素，文帝給楊素的詔書稱「宜任以大兵，總為元帥，宣布朝風，振揚威武，擒剪叛亡，慰勞黎庶，軍民事務，一以委之」。[130] 楊素的地位和前一年的高熲一樣是平南實際統帥。同時，隋文帝一直在關注江南平叛行動，楊素也一直與京師保持密切的聯繫。既然楊素受命率軍南下平叛，是直接聽命於隋文帝，也就沒有必要與新任揚州總管楊廣打招呼，而是先楊廣而行，率軍自揚子渡迅速渡過長江，投入戰場。

江南叛亂雖然聲勢浩大，但陳王朝既不復存在，江南大小山頭林立，互不相連，難以形成統一的戰鬥力量。楊素採取各個擊破的戰法，把兵鋒首先指向了三吳、浙東地區。先在京口（今江蘇鎮江）打敗了朱莫問的叛軍，隨後又進軍平定了晉陵（今江蘇常州）顧世興、無錫葉略的叛軍，又抓獲叛軍首領沈玄，然後轉向浙東。叛軍首領高智慧在浙江東岸砌起營壘，綿延達一百餘里，戰船布滿江面。楊素部將江都人來護兒熟悉江南情況，認為吳人善於水戰，請求給數千精兵，偷渡浙江，奇襲敵後方營壘，楊素表示同意。於是來護兒率數百輕艓徑登江對岸，突襲叛軍營壘，縱火焚燒，在敵軍恐懼之際楊素於正面發動猛攻，大破叛軍，高智慧窮蹙，自閩中逃亡入海。[131]

然而內地山區的叛亂平而復聚，楊素又派遣行軍總管京兆人史萬歲率領軍隊兩千人，從婺州（今浙江金華）串小道翻嶺至海，攻陷無數叛軍盤據的溪洞。史萬歲前後七百餘戰，轉戰千餘里，有一百多天毫無消息，人們以為他全軍覆沒。深山裡的史萬歲把信封進竹筒，放入江流，漂至下游被汲水者撿到，轉告楊素，於是楊素向朝廷報告了史萬歲的事蹟，隋文帝見表連聲稱奇，賞給史萬歲家屬錢十萬。[132]楊素又在溫州打敗了叛軍首領沈孝徹，隨後轉向天臺山，直指臨海縣，前後作戰一百多次，一路上追捕漏網潰逃的叛軍。戰鬥間隙楊素曾乘傳驛回朝向隋文帝彙報過一次，但很快又乘驛回到會稽，渡海破擊王國慶部叛軍。窘迫中的王國慶抓獲高智慧以自贖，楊素在福建泉州將高智慧斬首，「自糾支黨，悉來降附，江南大定」。[133]東南沿海大部分地區的叛亂都被楊素平定了。

與楊素血腥鎮壓不同，晉王楊廣更注重招撫，與前年滅陳之役所采不戰而屈人之兵的方法相同，剿撫並重，攻心為上。

楊廣到任揚州後，也派部將郭衍「領精銳萬人先屯京口」，然後向西進兵皖南「黟、歙諸洞，盡滅叛軍」。[134]晉王府參軍段達也率軍一萬平定方、滁二州，又破汪文進等於宣州（今安徽宣城）[135]，有力地配合了楊素在東南沿海一帶的軍事行動。

楊廣並沒有直接率軍參與進剿軍事行動，但他坐鎮江都，招撫叛者。有吳郡世族名士陸知命，是

130《隋書》卷四八〈楊素傳〉。
131《隋書》卷六四〈來護兒傳〉。
132《隋書》卷五三〈史萬歲傳〉。
133 同註130。
134《隋書》卷六一〈郭衍傳〉。
135《隋書》卷八五〈段達傳〉。

南朝世代官宦之家，陳亡後居家閑住，「以貞介自持」[136]，在三吳地方很有名望。楊廣於是延請他，讓他出面向叛者曉諭，結果在陸知命遊說下，有十七城叛者納城迎降，得其渠帥陳正南、蕭思行等三百餘人，不戰而屈人之兵。楊廣的功勞實不在楊素之下。

當時嶺南地區的形勢比較複雜，這一帶土著居民尚在漢化進程之中，有不少俚、僚部族與漢族雜居。陳亡後，隋文帝派永州總管周法尚「安集嶺南」，斬仍據山洞負隅頑抗的陳定州刺史呂子廓。[137]文帝又派裴矩巡撫嶺南，尚未成行江南就發生了大規模叛亂。番禺（在今廣東）人王仲宣也舉起了反隋大旗，嶺南土著酋領都群起響應，將隋安撫大使總管韋洸圍於廣州城內。韋洸中流矢死，隋文帝任其副手慕容三藏代理廣州道行軍事，據守廣州待援。王仲宣又遣部將周師舉圍東衡州（治今廣東韶關），裴矩翻過大庾嶺，擊破叛軍並斬周師舉之首，由南海（今廣東北江流域）進援廣州。但當時嶺南隋軍力量單薄，曾被晉王楊廣招撫歸降的當地俚族酋領冼夫人的政治態度，就成為了安集嶺南的關鍵。

冼氏「世為南越首領，跨據山洞，部落十餘萬家」，擁有很大勢力。梁武帝時冼氏嫁給梁高涼太守馮寶為妻，馮氏乃北燕帝裔，其祖浮海歸於南朝宋，居於新會，以後世代為嶺南地方牧守。馮、冼二族聯婚後，冼夫人懷集百越，誡約本宗，使從民禮，梁亡歸陳，陳亡歸隋。王仲瑄圍隋將慕容三藏於廣州，冼夫人即遣其孫馮暄率軍往救，但馮暄傾向於反叛者，遲留不進。冼夫人大怒，將馮暄系於州獄，派另一個孫子馮盎再出討，斬叛軍統領陳佛智，夫人又不顧年高，親自披甲上陣，與慕容三藏內外合擊，將王仲瑄擊潰，解廣州之圍。然後，夫人乘介馬，張錦傘，領彀騎，護衛隋大使裴矩巡撫嶺南二十餘州，使嶺南蠻俚首領都出來參謁，裴矩承制將他們署為刺史、縣令，讓他們仍舊統領部落，於是最後平定了嶺南。隋文帝聞訊大喜，追贈馮寶為廣州總管，譙國公，冊冼夫人為譙國夫人。任馮盎為高州（治今廣東陽江）刺史，又置譙國夫人幕府，置長史以下官屬，許以便宜從事之權。[138]

嶺南的歸附，使隋文帝又一次看到了懷柔政策的成效。

收納江南人士　師事天臺智顗

楊廣從開皇十年（五九〇）出任揚州總管，鎮守江都，到開皇十九年（五九九）由江都離任入朝，坐鎮江都整整十年。如何處置易動難安的江南地方勢力，如何鞏固統一局面？「關中本位」的高壓政策引發了江南的全面反叛，平叛後肩負鎮守江南重責的楊廣對原先的政策進行了很大調整，「息武興文，方應光顯」。[139] 開始廣泛收納江南人士，推行文教事業，調和南北人士的感情，促進南北文化合流，以鞏固新的統一。

要做到以教化促進統一，首先必須改變以勝利者自居而鄙夷南人的態度。這一點楊廣一開始就與其他關隴貴冑不同。他自小就「好學，善屬文」，熱愛詩歌文學，作文模仿由南朝入北的庾信及其文體。[140] 王妃蕭氏又是昭明太子蕭統的玄孫女，具有極高的江南文化素養，並潛移默化地影響於楊廣，這使楊廣對江南文化極為推崇。六朝以來那種追求個性的人格精神、思想感情、審美意識及其重要精神產品——南朝文學、詩歌，對楊廣產生了巨大的影響。其時楊廣才二十二歲，也極想在江南成就一番事業，來到江南之初，即開始廣泛收納江南人士。

136《隋書》卷六六〈陸知命傳〉。
137《隋書》卷六五〈周法尚傳〉。
138《隋書》卷八〇〈列女·譙國夫人傳〉。
139《國清百錄》卷二〈述蔣州僧書第三十二〉。
140《隋書》卷五八〈柳䛒傳〉。

早在滅陳之時，楊廣就竭力招致江南才士，如會稽虞綽、吳郡潘徽等。世居江南的潁川庾自直，在陳亡後入關，沒有獲得隋朝官職，楊廣聞知，即招引到自己府內任學士。[141]晉王府重要幕僚柳䛒，字顧言，祖籍河東柳氏，永嘉亂後南遷，世代仕宦南朝，曾任後梁主蕭詧的宰相，梁國廢後轉入晉王府任諮議參軍。由於柳䛒熟悉南方士林，楊廣移鎮江都後即讓他廣泛地招引舊陳才俊，柳䛒招引到朱瑒等百餘人，以充晉王府文學。[142]其中丹陽諸葛潁清辯有文才，楊廣素聞其名，引入府任參軍事，後轉王府記室。[143]會稽虞世基、虞世南兄弟，才華更著，名望極高，「時人方為二陸」[144]，也被楊廣羅致。江左巨族的琅邪王昚、王胄兄弟，雖然政治地位不如往昔，但社會聲望仍然極高，楊廣也引為學士。[145]

江南門閥士大夫文化素養向來極高，並自視為華夏文化正統，視北人為夷狄，具有極高的文化優越感。前此不久，北方人也承認江東「專事衣冠禮樂」，以致「中原士大夫望之，以為正朔所在」。[146]然而時過境遷，江南士人現在已是亡國之餘，但他們內心實看不起粗鄙不文卻趾高氣揚的關隴武夫。晉王楊廣對他們優禮有加，尊崇寬大，極大地滿足了江南士人的自尊心，使他們樂於進入晉王幕府。

楊廣大力羅致江南才士，連佛教史料也有記載：「隋開皇十年（五九〇），煬帝鎮於揚越，廣搜英異，江表文記，悉總收集。」[147]為了更好地交際拉攏江南人士，楊廣竟效法東晉著名宰相王導，「言習吳語」[148]，學會了一口流利的吳方言。這些舉動，大大緩和了南人對隋朝的敵對情緒。

楊廣十分重視和關注江南的文化事業，他曾讓潘徽組織江南諸儒編撰《江都集禮》一百二十卷。吳郡人潘徽原為舊陳博士，少年時從鄭灼習學《三禮》，並通大義，善屬文，能持論。陳尚書令江總引致為掾。有一次隋使魏澹使於陳，陳朝讓潘徽接待，二人就「曲禮」作了一番論辯，潘徽引經據典，有理有據，使魏澹辭窮不能對答。陳亡，潘徽被坐鎮江都的秦王楊俊羅致，後入晉王楊廣幕府，為揚州博士。由於禮儀制度歷來為儒家所重，又是江南士族文化的重要範疇，所謂「禮之為用至矣，大與天地同節，明與日月齊照」，「至如秩宗三禮之職，司徒五禮之官，邦國以和，人神唯敬，道德仁義，非此莫成」。楊廣於是令潘徽領銜就江南的《禮》學進行總結，集江南諸儒編撰《江都集禮》一部。撰成後，又令潘徽作序，文曰：

上柱國、太尉、揚州總管晉王握珪璋之寶，履神明之德，隆化贊傑，藏用顯仁。地居周、召，業冠河楚，允文允武，多才多藝。戎衣而籠關塞，朝服而掃江湖，收杞梓之才，辟康莊之館。加以佃漁六學，網羅百氏，繼稷下之絕軌，弘泗上之淪風，賾無隱而不探，事有難而必綜。至於采標錄錯，華垂丹篆，刑名長短，儒、墨是非，書圃翰林之域，理窟談叢之內，謁者所求之餘，侍醫所校之逸，莫不澄涇辨渭，拾珠棄蚌。以為質文遞改，損益不同。明堂、曲臺之記，南宮、東觀之說，鄭、王、徐、賀之答，崔、譙、何、庾之論，簡牒雖盈，菁華蓋鮮。乃以宣條暇日，聽訟餘晨，娛情窺寶之鄉，凝相觀濤之岸，總括油素，躬披緗縹，芟蕪刈楚，振領提綱，去其繁雜，撮其指要，勒成一家，名曰《江都集禮》，凡十二帙，一百二十卷，取方月數，用比星周，

141《隋書》卷七六〈文學．庾自直傳〉。

142《隋書》卷五八〈柳䛒傳〉。

143《隋書》卷七六〈文學．諸葛潁傳〉。

144《舊唐書》卷七二〈虞世南傳〉：「陳滅，與（兄）世基同入長安，俱有重名，時人方二陸。時煬帝在藩，聞其名，與秦王俊辟書交至，以母老辭，晉王令使者追之。」

145《隋書》卷七六〈文學．王胄傳〉。

146《北齊書》卷二四〈杜弼傳〉。

147《集神州三寶感通錄》卷中。

148《隋書》卷二二〈五行志上〉。

軍國之義存焉，人倫之紀備矣……[149]

《江都集禮》的修撰是一項宏大的文化工程，晉王以此網羅了大批文儒，繼稷下之學，論辨真偽，制禮作樂，深得江南人士的讚譽。潘徽的序言稱頌楊廣能文能武，多才多藝，實非虛語。以當朝風流皇子，關隴人士，能如此推重已亡國的江南典章文物，其意義不光是對江南人士的懷柔，而是為南北文化交流，政治統一做出貢獻。日後楊廣奪嫡成功，登上帝位，更把南朝政治、文化因素引入隋朝，使長期分隔的南北文化能在更好的政治氛圍中得以自然融合。江南地區日後在隋煬帝引導下，對隋社會政治產生極大影響，而這一切也都是發端於江都晉王藩邸。

楊廣的江都藩邸也有不少北方人士。查史書，楊廣鎮江都時從北方帶來的僚佐有：由并州藩府隨轉調來的朔方人李徹，任揚州總管府司馬[150]；原并州總管掾河內人張衡也隨轉揚州總管府掾，並大受楊廣「親任」[151]；李穆第十子李渾，字金才，以驃騎領親信，隨楊廣往揚州，成為藩邸親近[152]；陰壽之子陰世師也成為藩邸近臣[153]；另有河間人張煛任晉王府司馬，後轉長史，檢校蔣州事[154]；宰相高熲子應國公高弘德任晉王府記室[155]；宰相虞慶則子虞孝仁亦為晉王府親信[156]；京兆秀才杜正玄授晉王府行參軍[157]；山東門閥崔賾任晉王府文學[158]；還有上柱國獨孤楷之弟獨孤盛、武將堯君素、裴虔通[159]等，侍從左右。這些關隴勳臣及其子弟在江都成為楊廣所依恃和信用的藩邸親近，使楊廣的幕僚猛將如雲，南北人士彙集，真可謂人才濟濟。隨著與江南士人接觸的增加，楊廣及隨其南下的北方人對六朝文化的認識也日益深入，並從中汲取養分。楊廣則已成為南方文化的最大保護者和宣傳者。

晉王楊廣還是江南宗教的保護者。

楊廣自幼生長於佛教之家，當然不會不懂得宗教特殊的勸善化民、資助王化的政治功用，利用宗教收攬江南人心，是楊廣所要做的一件重要工作。同樣，宗教的興盛也離不開封建帝王的支持，歷代都有不少高僧主動向皇權靠攏，政教互動，共助王化，在歷史上也是有先例可循的。楊廣移鎮揚州，馬上以江南佛教的最大護法者自許，他在江都宣稱：

> 近年奉詔専征，弔民伐罪。江東混一，海內乂寧，塔安其堵，市不易業……而亡殷頑民不慚懷土；有苗恃險敢恣螳螂，横使寺塔焚燒，如比屋流散，鐘梵輟響，雞犬不聞，廢寺同於火宅，持鉢略成空返，僧衆無依，實可傷歎。[160]

楊廣把隋平陳及平叛二次戰役中，江南佛塔被毀的責任全部推到了叛亂分子身上，並以王者口吻對此深表遺憾，對無所依恃的僧侶表示深切的同情。其實，這也是表示江南佛教需要他的保護。江南佛教、道教自東晉以來已興隆了幾百年，二教在江南社會各階層都有極大的影響力，利用宗

149 《隋書》卷七六〈文學·潘徽傳〉。
150 《隋書》卷五四〈李徹傳〉。
151 《隋書》卷五六〈張衡傳〉。
152 《隋書》卷三七〈李渾傳〉。
153 《隋書》卷三九〈陰世師傳〉。
154 《隋書》卷四六〈張煚傳〉。
155 《隋書》卷四一〈高熲傳〉。
156 《隋書》卷四〇〈虞慶則傳〉。
157 《隋書》卷七六〈杜正玄傳〉。
158 《隋書》卷七五〈儒林·劉焯傳〉。
159 《隋書》卷七一〈誠節·堯君素傳〉、卷八五〈裴虔通傳〉。
160 《國清百錄》卷二〈王荅蔣州事第三十四〉。

教組織農民起義之事時有發生。梁武帝之時，佛教達於全盛，梁武以帝王之尊，曾四次捨身同泰寺為寺奴，由群臣以一億元錢奉贖回宮，後來陳後主也如法炮製，佛教寺院的政治和經濟地位因而都大為增強。「南朝四百八十寺，多少樓臺煙雨中」，整個南方社會上上下下都彌漫著濃烈的宗教氣氛，南朝諸帝個個都是佞佛君子。北周武帝廢佛，使北方佛教受到沉重打擊，惟地處東南一隅的佛國陳朝免遭「法難」，因而佛教在舊陳之境擁有極大勢力。開皇九年（五八九）滅陳之役，陳後主曾請來高僧智顗、吉藏等為陳祈禱弭災，但神明並沒有保佑陳朝。陳亡後，受到陳兩代君主極高禮遇的佛教天臺宗創始人智顗及其僧團也受到巨大打擊，一時「金陵土崩，師徒雨散」，「靈像尊經，多同煨燼，結鬘繩墨，湮滅溝渠」[161]，五十二歲的智顗在混亂中溯江西去了廬山。開皇十年（五九〇）江南盡叛，「寇賊交橫，寺塔燒盡」[162]，南方佛教在劫難逃，再次蒙受了巨大損失，教界因此也渴望獲得新朝皇權的庇護。楊廣既要利用宗教收攬江南人心，江南佛教界的頭面人物智顗自然就成了他要拉攏的首要目標。

智顗（西元五三八－五九七年），俗姓陳，字德安，出身於「高宗茂績盛傳於譜史」的南朝門閥世家，其先祖原籍河南潁川（今許昌），東晉時南遷，寓居荊州華容（今湖北監利縣西北），其父陳起祖仕梁元帝朝。西元五五四年，西魏楊忠軍攻破江陵，十五歲的智顗雙親皆死於戰亂。「家國殄喪，親屬流徙」，智顗目睹國破家亡，內心充滿厭世悲觀之情，十八歲時堅決「辭兄出家」。披剃後又去北方慧曠律師門下學習，二十三歲投居於光州（今河南潢川）大蘇山，在由北方南下、「名高嵩岳」的高僧慧思處，學習禪法。陳光大元年（五六七），三十歲的智顗受師命往陳都建康，「創宏禪法」，僕射徐陵等對他極表敬重。由於智顗博識善辯，又深達禪觀，很快在建康佛學界產生了影響。太建元年（五六九），陳宣帝迎請智顗住進瓦官寺講經。太建七年（五七五），智顗去寧靜的會稽天臺山習禪。陳宣帝認為智顗是「佛法雄傑，時匠所宗，訓兼道俗，國之望也」，下詔「割」始豐縣租調充僧眾費用。此去八年，到至德二年（五八四）智顗四十八歲時，被陳後主以重禮迎回建康。後主以宮廷「羊車童子」

相迎，「於大內起禮三拜，俯仰殷勤，以彰敬重」。[163]楊廣後來作〈江都宮樂歌〉有「果下金鞍躍紫騮」句[164]，寫的就是當時的情景，足見當時智顗的聲望之高。第二年智顗移居光宅寺宣講《法華經》，他的政治活動能力很強，《國清百錄》所載陳代君臣給他的敕、書就達四十多件。但陳後主沉迷酒色，君臣日夜酣歌，智顗雜於後庭狎客妖姬之間講經說法，頗感滑稽。開皇九年（五八九），智顗五十二歲，時晉王楊廣統軍滅陳，兵荒馬亂之際，智顗「策杖荊湘，劃跡雲峰」[165]，與楊廣失之交臂，未得相見。

開皇九年（五八九）十二月十七日，受命坐鎮江都的秦王楊俊首先向智顗致書，存問「道體何如」[166]。開皇十年（五九〇）正月十六日，隋文帝又致書「敬問」；五月十九日，秦王楊俊再致書並「奉施沉香」[167]，延請智顗前往江都。但智顗心存觀望，婉言拒曰「雖欲相見，終恐緣差」[168]，擺出很大的架子。第二年晉王楊廣移鎮江都，又很快「遣使人往彼延屈」，給智顗送來〈初迎書〉：「金風御節，玉露調時，道體休和，安樂行不。法師抗志，名山棲心，慧定法門，靜悅戒行」。「希能輕舉以沃虛襟，佇望來儀不乖眷意。」迎書自稱「弟子楊廣和南」[169]，言辭十分誠懇。楊廣還「敕有司修葺」

161《廣弘明集》卷二五〈寶臺經藏願文〉。
162《國清百錄》卷二〈述蔣州僧書第三十三〉。
163 隋．灌頂：《隋天臺智者大師別傳》。
164《樂府詩集》卷七九；《詩紀》卷一二〇。
165 宋．士衡：《天臺九祖傳．四祖天臺教主智者大師》。
166《國清百錄》卷二〈秦孝王書第二十三〉。
167 同註166。
168 宋．志磐：《佛祖統紀》卷六。
169《國清百錄》卷二〈晉王初迎書第二十四〉。

智顗以前所居禪眾寺，而「願忘懷受施」。[170]足見楊廣當時拉攏和利用智顗的心情是何等的急切。

但智顗對楊廣的邀請仍然躲避，擺架子，他「初陳寡德」，辭不敢當；「次讓名僧」，推諉不赴；「後舉同學」，以他人自代。看來，楊廣請智顗下山，比當年劉備「三顧茅廬」請諸葛亮出山還要難。但楊廣似乎比劉備更有耐心，他再三懇切邀請，執弟子禮甚恭。智顗「三辭不免」，最後終於勉強答應前往江都。行前，智顗「乃求四願」，提出了四項前提條件。一為「願勿以禪法見期」，即請晉王不要對自己期望過高，不要指望傳授禪法。二稱「雖欲自慎，終恐樸直忤人，願不責其規矩」，意請晉王不要以權勢壓人，允許保有自己獨立的人格。「三徽欲傳燈以報法恩，若身當戒范應要去就，若通法願許為法，勿嫌輕重」。這是為自己傳佛法而不阿世，敬請諒解。四曰：「三十年水石之間，因以成性……若丘壑念起，願放其飲啄以卒殘生」。這乾脆就是申明此去應有來去自由，「四願」辭語柔中有剛，表明智顗對隋朝遲疑觀望，力圖在政治上與隋朝保持一定距離。智顗並聲稱「許此四心，乃赴優旨」。[171]

時楊廣「方希淨戒，故妙願唯諾，一一允諾」[172]，同意了智顗的「四願」。於是開皇十一年（五九一）十一月二十三日，在江都城內總管府金城殿設千僧會，隆重地迎謁智顗，其禮遇之隆，不亞於陳朝君臣。就在這隆重的典禮上，智顗為楊廣授菩薩戒，楊廣則十分恭敬地拜智顗為師，楊廣自稱：

> 弟子基承積善，生在皇家，庭訓早趨，貽教夙漸，福履攸臻妙機頓悟，恥崎嶇於小徑，希優遊於大乘。笑息止於化城，誓舟航於彼岸，開士萬行戒善為先，菩薩十受專持最上。喻立宮室必先基址，徒架虛空終不能成，孔老釋門咸資熔鑄，不有軌儀孰將安仰。誠復能仁奉為和尚，文殊冥作闍梨，而少籍人師顯傳聖授，自近之遠感而遂通。波侖罄髓於無竭，善財亡身於法界，經有明文非徒臆說，深信佛語幸遵時導。禪師佛法尼象，戒珠圓淨定水清澄，因靜發慧安無礙辨，先物後

己謙挹成風，名稱遠聞眾所知識，弟子所以虔誠遙注，命楫遠迎，每慮緣差值諸留難，亦即聖止心路豁然，及披雲霧即銷煩惱。[173]

戒畢，智顗為楊廣取法名為「總持」菩薩，楊廣奉智顗為「智者大師」，且「奉送供給隆重轉倍於前」。[174] 這年楊廣二十三歲，智顗已五十四歲，師徒關係就此確立。

然而，除主持「授律儀法」外，智顗在江都並無其他佛事活動，他當即請求重返「故林」，不肯留在江都。晉王固請留，大師竟「拂衣而起」，極不禮貌地加以拒絕，稱「先有明約，事無兩違」。晉王「不敢重邀，合掌尋送」。[175] 當夜智顗即「出居城外禪眾寺」[176]。對於這位固執的老者，楊廣無可奈何，竟致「禮望目極銜泣而返」。[177] 智顗急欲西返，表明他不願接受晉王的政治控制，不願接受思想牢籠，既表現出他當時在揚州如坐針氈、急切難耐的神情，也表現出他孤傲倔強的個性和不畏王權令人驚歎的膽量。楊廣只好又讓柳䛒「致書請留，待來年二月，約至棲霞送別」。[178] 智顗於是在江都城外住了幾個月。

170《國清百錄》卷二〈王治禪眾寺書第二十五〉。
171《隋天臺智者大師別傳》、《天臺九祖傳》。
172 同註171。
173《廣弘明集》卷二七〈晉王楊廣受菩薩戒疏〉。
174《隋天臺智者大師別傳》。
175《天臺九祖傳·四祖天臺教主智者大師》。
176《佛祖統紀》卷六〈四祖天臺智者〉。
177 同註175。
178 同註176。

江都四道場　海嶽盡搜揚

為了加強對江南宗教思想界的控制，楊廣出鎮揚州不久即在江都建立了四道場，廣泛招集江南高僧道士，齊集於江都，以便就近控制利用。所謂道場，即道觀、寺廟[179]，用以安置他所招攬的高僧道士。

道場釋老各有二部，即佛教的慧日、法雲二道場，道教的玉清、金洞二道觀（玄壇），均設在揚州城內總管府新官邸附近。《續高僧傳》卷一五〈義解篇．論曰〉：「自爰初晉邸即位，道場慧日、法雲，廣陳釋侶；玉清、金洞，備引李宗」。四道場廣泛地收納名僧高道，「追征四遠，有名釋李，率來府供」。[180]僅慧日道場招致的名僧就有智脫、洪哲、法澄、道莊、法輪、智矩、吉藏、慧覺、慧越、慧乘、法安、立身、法稱等人。[181]楊廣自稱，於城內建慧日道場，延屈龍象，意在「大弘佛事，盛轉法輪」。[182]

道教玉清、金洞二玄壇招致的江南道士也不在少數。史載，楊廣鎮揚州時，即「使王子相、柳顧言相次召道士王遠知至揚州謁見」。[183]據說王遠知「斯須而鬚髮變白，晉王懼而遣之，少頃又復其舊」，使楊廣驚奇萬分，執弟子禮甚恭。這個高道乃出身於南朝第一高門琅邪王氏，祖父王景賢是梁江州刺史，父王曇選為陳朝的揚州刺史，王遠知自己是梁朝著名道士陶弘景的高門弟子，南方道教的正統傳人。《太平廣記》卷二三引《談賓錄》云：「及隋煬帝為晉王，鎮揚州，起玉清玄壇，邀（王）遠知主之。」請王遠知來江都主持玉清玄壇，對江南道教界顯然具有很大的吸引力。這表現了楊廣對道教也同樣重視。在楊廣大力扶持下，王遠知遂成為隋及唐初道教界的翹楚。

楊廣還手書召天臺山隱道士徐則到揚州授道法，其書云：

夫道得眾妙，法體自然，包涵二儀，混成萬物，人能弘道，道不虛行。先生履德養空，宗玄齊物，深明義味，曉達法門，悅性沖玄，怡神虛白，餐松餌術，棲息煙霞。望赤城而待風雲，遊玉堂而駕龍鳳，雖復藏名臺嶽，猶且騰實江淮，藉甚嘉猷，有勞寤寐。欽承素道，久積虛襟，側席幽人，夢想岩穴。霜風已冷，海氣將寒，偃息茂林，道體休悆。昔商山四皓，輕舉漢庭；淮南八公，來儀藩邸。古今雖異，山谷不殊，市朝之隱，前賢已說，導凡求聖，非先生而誰！故遣使人往彼延請，想無勞束帶，賁然來思，不待蒲輪，去彼空穀，希能屈己，佇望披雲。

楊廣此書表現出他對道教玄理有一定理解。比較他給天臺智顗的書信，則其謙恭之辭如出一轍。徐則在陳太建年間(五六九—五八二)也曾受到陳宣帝的延攬。據說太極真人徐君曾啟示他：「汝年八十，當為王者師。」這年他正好八十歲，得到晉王楊廣書信，十分高興，即應召啟程往揚州，與楊廣相見。楊廣迫不及待地請求授予道法，徐則辭以時辰不便。誰知晚上竟死於殿中，肢體如生，顏色無變。楊廣對這位「仙人」的逝世深表遺憾，親寫手書，送還天臺山定葬。「喪事所資，隨須供給。」賜給徐則家「物千段」，又「遣畫工圖其狀貌，令柳䛒作贊」，將讚歌和徐則畫像一起，置於玉清玄壇，

179 參見日本・山崎宏：〈晉王廣（煬帝）の四道場〉，載《東洋學報》第三二卷。一九四九年三月。《資治通鑒》卷一八一隋煬帝大業六年正月：「常以僧尼道士女冠自隨，謂之四道場。」把四道場說成為僧、尼、道士、女冠四種人，乃錯。

180 《集古今佛道論衡》卷丙。

181 同前山崎宏上揭文。

182 《續高僧傳》卷一二〈江都慧日道場釋慧覺傳〉。

183 《舊唐書》卷一九二〈王遠知傳〉。

供人瞻仰[184]。

徐則雖去，另有建安宋玉泉、會稽孔道茂等道士來到江都玉清玄壇，受到晉王楊廣的禮重。江都四道場內，除高僧名道外，楊廣又「盛搜異藝，海嶽搜揚」[185]，收羅宗教界各類人才和各種書籍，並收羅了不少藝僧。道教玉清玄壇，有徐則畫像、佛教慧日禪寺，亦有「張善果畫壁」[186]，教界凡「一藝有稱」者，即「三征別館」。[187] 如會稽永欣寺僧智果，工書銘石，與書法家智永齊名，其書法傳王羲之行草書體，風格瘦勁，造次難類。楊廣聞其名，召入四道場。[188] 又有僧法論詩文才高，也被召入江都四道場，楊廣和他「晨夕賞對，王有新文頌集，皆共詢謀」。[189]

楊廣還在江都組織僧人整理佛經，早在楊廣率五十萬大軍滅陳之時，身為統帥的晉王楊廣怕佛教靈像尊經遭戰火化為灰燼，曾命令遠征各軍隨訪收聚。揚州四道場建立後，晉王楊廣即在慧日內道場立《寶臺經藏》，將收集到的經卷命慧覺等高僧整理，「五時妙典，大備於斯」，共得四藏，「將十萬軸」。楊廣並親撰〈寶臺經藏願文〉[190]。唐僧法琳記云：「平陳之後，於揚州裝補故經，並寫新本，全六百一十二藏，二萬九千一百七十三部，九十萬三千五百八十卷。」[191]

晉王楊廣在江都大弘佛道，與滅陳之時隋文帝對江南教界的嚴厲態度形成鮮明對照。時文帝以江南佛教「十濫六群，滋章江表」，而「別降綸言，既屏僧司，憲章律符」。[192] 但父子二人雖手法不一，目標卻是一致的，都是要將江南教界的活動，歸於王朝的嚴密控制之下。《集古今佛道論衡》卷乙有一段話記云：

> 昔居晉府，盛集英髦，慧日、法雲道場興號，玉清、金洞玄壇著名。四海搜揚，總歸晉邸，四事供給，三業依憑，禮以家僧，不屬州縣，迄於終曆，征訪莫窮。

被楊廣延攬至江都四道場的僧尼道士雖有官司供給一切，不屬州縣戶籍，王府對他們「禮事豐華，優賞倫異」，但卻自此成了晉王楊廣的「家僧」，喪失了自由人格。

楊廣在揚州設置的四道場和其父在長安大興城設立的大興善寺、玄都觀，成為全國性的宗教思想控制的中心。楊廣本人對揚州四道場延攬到那麼多高僧名道也頗為得意，曾寫詩自誇曰：

> 天淨宿雲卷，日舉長川旦；
> 颯灑林華落，逶迤風柳散。
> 孤鶴逝追群，啼鶯遠相喚，
> 蓮舟水處盡，畫輪途始半。
> 江潼各自遙，東西並與歎，
> 已熏禪慧力，復籍金丹杆。
> 有異三川游，曾非四門觀；
> 於焉履妙道，超然登彼岸。[193]

184 《隋書》卷七七〈徐則傳〉。
185 《續高僧傳》卷九〈隋東都內慧日道場釋智脫傳〉。
186 《江都縣誌》卷一七〈寺觀〉。
187 《續高僧傳》卷一五〈義解篇．論曰〉。
188 《太平廣記》卷二〇七〈僧智果〉條；張懷瓘《書斷》。
189 《續高僧傳》卷九〈隋東都內慧日場道場釋法論傳〉。
190 《廣弘明集》卷二五〈寶臺經藏願文〉。
191 《辯正論》卷三。
192 《續高僧傳》卷一〇〈建康奉成寺智文傳〉。
193 楊廣：〈舍舟登陸示慧日道場、玉清玄壇德眾一首〉，載《廣弘明集》卷三〇。

詩中描述了四道場美麗優雅的環境及其感召四方的魅力，楊廣認為這是自己舉辦的無量功德。

然而，也有一些高僧堅決拒絕楊廣的延攬，不願往江都四道場充當晉王楊廣的「家僧」。如《續高僧傳》卷一〇〈彭城崇聖道場靖嵩傳〉記曰：「隋煬昔鎮揚越，立四道場，教旨載馳，嵩終謝遣。及登紫極，又有敕征，固辭乃止。門人問其故，答曰：『王城有限，動止嚴難，雖內道場，不如物外』。蘇州虎丘山名僧智琰因『道盛名高』，被楊廣招進慧日道場，後亦『以辭疾，得返舊山』。」[194] 江南第一高僧的天臺智，雖已被楊廣延屈至江都，卻也堅決拒絕進入慧日道場。

由於智顗在江南佛教界的聲望和地位，若能使他就範認同大隋王權，進入慧日道場，對安輯江南將會有超乎尋常的成效，所以晉王楊廣費盡心機，對智者大師進行了百般延攬，二人的微妙交往，成為中國古代政教歷史上一段引人注目的佳話，當然，也引發了不少誤解。

智顗來到江都為揚廣授菩薩戒時，「慧日已明」，楊廣意讓智顗為慧日住持，利用智顗的德望擴大其對江南佛教界的影響。智顗堅辭不受，反倒當面提出要回荊湘，「於當陽縣玉泉山」建立自己的「精舍」，這不僅大出楊廣意外，簡直可以說就是針鋒相對，分庭抗禮。智顗不願接受楊廣的思想牢籠，不願充當晉王的「家僧」，要到遠離江都的荊州建立自己自由傳教的天地，這是對晉王楊廣盛情邀請明確表示不予合作。智顗在江都城外住了幾個月，但始終未入慧日道場。

這幾個月間楊廣並不灰心，也並沒有採取粗暴強逼態度，而是依舊百般延請，多次派柳䛒往智顗居處奉送禮物，再作挽留。楊廣稱：「弟子一日恭親，猶以陋薄，不稱宿心」。[195] 開皇十二年（五九二）二月十八日，楊廣致書一封請留智者，但智顗則提出要回廬山東林寺，並轉而請楊廣為「東林峰頂兩寺檀越（施主）」[196]，楊廣無奈，只得再派柳轉達口信：「弟子意不欲相去遼遠，脫能旋回，不敢留停，鎮下近山隨樂住止。」[197] 但智顗仍執意離去。三月一日，楊廣又修〈重留書〉，欲抑留智者度夏後再「發遣，冀不半途飄露」[198]，「請就攝山安居度夏」，這顯然是楊廣的緩兵之計。但「師不許」[199]，嚴辭謝絕。對於這位德高望重的佛學大師，楊廣不敢「違忤」，「謹尊宿願」，「即命所司發遣」[200]，最後「具裝發遣」[201]送智顗上廬山。

智顗入江都僅四個月就遠走荊湘，對於懷有政治圖謀的楊廣來講，的確是一個巨大的損失，感到無限遺憾。但楊廣知道強奪人意可能適得其反，為能最終馴服和利用這位高僧，必須要有足夠的耐心，從長計議。

另一方面，智顗雖極力疏遠楊廣，卻也沒有忘記利用王者之力來興辦佛事。他離江都時立即給楊廣寫信，稱：「近年寇賊交橫，寺塔燒燼，仰乘大力建立將危。遂使佛法安全，道俗蒙賴，收拾經像處處流通，誦德盈街恩滿路。」[202]楊廣立即回信表示同意，稱：「廢寺同於火宅，持鉢略成空返，僧從無依，實可傷歎。」[203]智顗登上廬山，又述東林寺「羨玩忘勞」，然山下伽藍偏近驛道，行人歸去頗感混雜，請求楊廣下令寺邊「永禁公私停泊」。[204]楊廣即付有司，「勒彼州

194《續高僧傳》卷一四〈蘇州武丘山智琰傳〉。
195《國清百錄》卷二〈王謝書第二十七〉。
196《佛祖統紀》卷六〈四祖天臺智者〉。
197《國清百錄》卷二〈王請留書第二十九〉。
198《國清百錄》卷二〈王請留書第三十〉。
199 同註196。
200《國清百錄》卷二〈王許行書第三十一〉。
201 同註196。
202《國清百錄》卷二〈述蔣州僧書第三十三〉。
203《國清百錄》卷二〈王答蔣州事第三十四〉。
204《國清百錄》卷二〈述匡山寺書第三十五〉。

今去公私使命，不得停止」。[205]就這樣，師徒二人各有圖謀，互相利用，書信往來不絕，表面看來似乎已成莫逆之交。

楊廣抓住機會，一刻也不放鬆對智者大師的拉攏。開皇十二年（五九二）三月二十一日，楊廣連續修書三封，存問大師「道體如何」。[206]七月一日，楊廣遣主簿王灌往廬山參省問候，並送鹽米，希望智顗回心轉意。但智顗卻於八月八日西去南嶽衡山，「營建功德」，參拜恩師慧思之墓。楊廣得知智者遠去，急忙於十月十日參書一封，云：「弟子渡江還，去月初移新住，始於所居外援建立慧日道場，安置照禪師以下，江陵論法師亦已遠至於內援。建立法雲道場，安置潭州覺禪師已下。」再次表示要請智顗到江都道場主持佛法，並催促說：「已別遣使迎至，願預整歸計。」[207]十一月十五日，楊廣再遣親信伏達往潭州奉迎[208]，但智顗未加理會，於十二月回到久別二十多年的家鄉荊州（治今湖北江陵），受到家鄉人民的隆重歡迎。「泮宮道俗延頸候望，扶老攜幼相趨戒場，垂裡戴白雲屯講座，聽眾五千餘人，旋鄉荅地荊襄未聞。」[209]智顗即於當陽縣玉泉山建立「精舍」，並重修十住寺[210]，打算在此長住久居。

智者大師我行我素，傲慢地拒絕晉王楊廣的「累書延屈」，當然使晉王大丟面子，但楊廣也並未激怒，表現出極高的政治素養和極大的耐心。智顗遠離江都而入荊州意在擺脫晉王的控制，但終不能擺脫大隋王權的監視。另一方面，遠離晉王卻也使智顗難以得到晉王的政治庇護。時隋文帝在舊陳荊州等地設置的總管府，雖說總歸晉王節制，但實際上是直接聽命於中央，「總管刺史加使持節」[211]，擁有很大的權力。如令狐熙為桂州總管十七州諸軍事，即有便宜從事之權，可以朝廷名義任命刺史以下官吏[212]，楊廣號令所達實際僅限揚越一隅。

智顗進入荊湘弘法，不久就遇到了麻煩。智顗後來臨終時給楊廣的遺書中透露了自己在荊州集眾說法時，遭到地方當局粗暴干涉的情況：

於荊州法集，聽眾一千餘僧，學僧三百，州司惶虛，謂乖國式，豈可集眾，用惱官人。故朝同雲合，暮如雨散，設有善萌，不獲增長，此乃世調無堪，不能諧和得所。[213]

法會竟被地方官勒令解散，足見其事之嚴重。時江南平叛不到兩年，隋對舊陳遺民心存警戒，曾多次下令收繳武器，直到開皇十八年（五九八），還下令禁止「私造大船，因相聚結，致有侵害，其江南諸州，人間有船長三丈以上，悉括入關」。[214] 智顗「因相聚結」了一千餘僧，外加學僧三百人，而未經官方同意，自然「有乖國式」。特別是智顗先前與陳朝君臣關係密切，是南朝佛教界首望，隋地方當局生怕他以自由傳教為名聚眾謀反。可以肯定，遣散智者的法會是地方官依法行事，而決不是秉承晉王的命令。為了尋求政治庇護，智顗寫信請楊廣做玉泉寺的大檀越，楊廣再次表示同意，並親自寫信給荊州總管達奚儒，請他對智者及所修玉泉寺多加關照。[215]

開皇十三年（五九三）二月二十二日，楊廣入朝，行至陝州，又遣使送去親筆信往荊州奉迎智顗，

205《國清百錄》卷二〈王答匡山寺書第三十六〉。
206《國清百錄》卷二〈王與匡山三寺書第三十七〉。
207《國清百錄》卷二〈王重遣匡山參書第四十〉。
208《國清百錄》卷二〈王遣使潭州迎書第四十一〉。
209《佛祖統紀》卷六〈四祖天臺智者〉。
210《隋天臺智者大師別傳》。
211《隋書》卷三一〈地理志下〉。
212《隋書》卷五六〈令狐熙傳〉。
213《國清百錄》卷三〈遺書與晉王第六十五〉。
214《隋書》卷二〈高祖紀下〉。
215《國清百錄》卷三〈王與上柱國蘄郡公荊州總管達奚儒書〉。

稱自己「馳仰之誠與時而積」[216]，五月，智顗派弟子智邃奉書回晉王，請求撰恩師衡山南嶽慧思禪師碑文，並送上新建玉泉伽藍圖，獻上「萬春樹皮袈裟」。[217]楊廣收到大師所贈名貴禮物，即修書一封表示感謝：「弟子總持和南，垂賜萬樹皮袈裟一緣，遮是梁武帝時，外國唯獻四領，今餘一，而是建初烏瓊法師所披。」另外，附有一份豐厚的禮單，以示還報。禮單稱：「弟子總持和南，率施別牒，五彩旛錦，香爐檀等十種，示表微誠……」[218]雙方互贈禮物，以禮相待，因各有所求，楊廣與智顗之間已漸疏遠的師徒關係似乎又熱起來。

楊廣在京師朝見父皇時，奏告了自己在江南興隆三寶，及為安定江南拉攏和利用智顗的意圖，提請文帝重視。這使隋文帝於開皇十三年（五九三）七月二十三日敕書匾額，賜智顗創辦的精舍名曰「玉泉寺」，並敬問道體。[219]當今皇上御筆親題金字，對於正遭到麻煩的智者大師來說，的確是巨大的恩惠，這也正是他求之不得的。荊州總管王世積隨即「到山禮拜」。[220]智顗的境況無疑大為改觀了，弟子楊廣為智者大師算是幫了一個大忙。

楊廣施此恩惠，自然要圖還報，於是加緊了對智顗的延攬。九月十日，楊廣致書智顗，稱「弟子還鎮非久，便願沿流仰合江都」。[221]再次邀請智者往江都。九月二十四日，楊廣又由京師寫信給智顗，稱「仰違已久，馳系實深」。「獻歲非遙，傾遲虔禮，暮春屆節當遣奉候」。[222]不日，又遣統軍魯子譽送信，書稱：「秋仲歸蕃，請夏訖沿下，在於拜覲」。[223]開皇十四年（五九四）九月，楊廣從駕東巡於路，又兩次修書存問智者「道體康悆」。[224]開皇十五年（五九五）正月，楊廣隨文帝祠泰山[225]後還鎮，即於二十日遣使奉書往迎智顗，稱「餘春未盡，必希拜覲」。[226]晉王的恩惠和「致書累請」，使智顗再也不好意思拒絕，隨即順流東下，「重履江淮」。[227]

智顗先到金陵（今江蘇南京）棲霞寺，後又來到江都城外的禪眾寺。[228]其後的行蹤文獻記載不詳，但可以確知，他仍不肯住進慧日道場。對於智者的固執，楊廣似乎無可奈何，於是轉而希望大師傳授佛法。六月二十一日和二十五日，楊廣兩次修書向智顗問禪法[229]，楊廣自稱「仰逮還旨，猶乘謙尊，循復久之，恍如自失，切以學貴承師，事推物論，曆求法緣，厝心有在」。又說：「況居俗而欲兼善，當今數論法師無過此地，但恨不因禪發。」[230]楊廣執弟子禮甚恭，虛心求教，看來目的是想成為天臺智者傳燈的上首弟子，使自己能成為佛教界的領袖。他為此又「復使柳顧言稽首虔拜」。智者頻辭不免，乃著《淨名經疏》。[231]七月，智顗以所著《淨名義疏．初卷》奉送晉王，楊廣「跪承法寶，粗覽綱宗」。[232]但他進一步要智授禪傳燈，卻遭到了斷然拒絕。楊廣把智者接到江都僅僅是要大師向

216《國清百錄》卷二〈王遣使荊州迎書第四十二〉。
217《佛祖統紀》卷六〈四祖天臺智者〉。
218《國清百錄》卷二〈王入朝遣使參書第四十三〉。
219《國清百錄》卷二〈文皇帝敕給荊州玉泉寺額書第四十四〉。
220《隋天臺智者大師別傳》，原文作「王積」，實乃王世積，唐人諱唐太宗李世民改。
221 同註218。
222《國清百錄》卷二〈王在京遣書第四十五〉。
223 同註222。
224《國清百錄》卷二〈王從駕東嶽於路遣書第四十六〉。
225《隋書》卷二〈高祖紀下〉。
226《國清百錄》卷二〈王還鎮遣書第四十七〉。
227《隋天臺智者大師別傳》。
228《佛祖統紀》卷六〈四祖天臺智者〉。
229《國清百錄》卷二〈王謝天冠並請義書第四十八〉、〈王重請義書第五十〉。
230《國清百錄》卷二〈王重請義書第五十〉。
231《隋天臺智者大師別傳》。
232《國清百錄》卷三〈王謝義疏書第五十一〉。

自己一人傳法，而不允許其他任何人接近智者。智顗臨死時的遺書透露，他與學徒四十餘僧於江都行道：「亦復開懷，待來問者。」但除晉王派人來問道外，竟不見一人來向他「求禪求慧」。[233]顯然，智顗的居所暗中受到了管制，行動受到了監視。智顗感到再留在江都已毫無意義，師徒之間貌合神離的關係又呈現出緊張。

開皇十六年（五九六）三月二十日，智顗再次請求離開江都，他修書楊廣曰：「天臺既是寄終之地，所以恒思果遂，每囑弟子，恐命不待期，一旦常身充禽鳥，焚燒餘骨送往天臺，願得次生還棲山谷，修業成辨乃可利人。」[234]話說得是如此沉重，竟提到「寄終」、「餘骨」，心境之悲涼，可想而知。不日，智者與晉王見面，當面告辭，「麾蓋入謁，復許東歸」。[235]楊廣企圖利用智顗的政治圖謀再一次落空了。

智顗何時啟程回天臺山，僧俗史料記載不詳，其弟子灌頂所撰《隋天臺智者大師別傳》僅云：「王入朝辭歸東嶺。」《國清百錄》卷三智顗給楊廣的〈遺書〉稱「在山兩夏」，則肯定應是開皇十六年（五九六）春天。據《佛祖統記》卷六：晉王「不敢留，遂行。吳越之民掃巷以迎，沿道令牧幡華交候。」離別十二年又回到天臺山，雖「寺久荒蕪」，但智顗因擺脫了江都的政治樊籠，回到了大自然，心情格外舒暢。智顗「雅好泉石，負杖閒遊」，深自吟歎曰：「雖在人間，弗忘山野，幽幽深谷，愉愉靜夜，澄神自照，豈不樂哉。」[236]智顗因得靜下心來，「專治玄義，進解經文至佛道品，為三十一卷」。[237]開皇十七年（五九七）八月，會稽嘉祥寺吉藏大師請智顗去講《法華經》，智亦拒而未赴[238]，看來智顗的確需要安靜。

但開皇十七年（五九七）十月，楊廣又一次朝父母後歸藩，也許是隋文帝問及智顗的動向並有所指示，楊廣又「遣行參高孝信入山奉迎」[239]，且似乎有不得違旨之命。智顗見楊廣仍不放過自己，不讓自己安寧，乃「散什物用施貧」，「又畫作寺圖以為樣式，誡囑僧眾」。在預示了自己必死之後，大師啟程。徑至石門，乃雲有疾，謂弟子智越等云：「大王欲使吾來，吾不負言而來也，吾知命在此，故不須進前也。石城是天臺西門，天佛是當來靈象處所，既好宜最後用心」。即口授遺書並親寫四十六字給晉王楊廣，其書略云：「蓮花香爐，犀角如意，是王所施，今以仰別，願德香遠聞，長保如意。」[240] 封竟，索三衣鉢，命淨掃灑，以十二月二十四日未時安詳入滅，春秋六〇；僧夏四〇。[241]

關於智顗的死，中外不少學者提出質疑，認為智顗不是正常病故，而是遭「政治迫害」而亡。又因楊廣後來成了著名的暴君，迫害智顗的禍首自然算到了楊廣頭上，遂成為一樁千古疑案。楊廣與智顗交往前後六年，二者的關係因種種因素的攙雜而顯得十分複雜，我們有必要撥開迷霧指出二人交往的實質，並作出客觀公正的評價。

智顗臨死時給晉王長長的〈遺書〉，對自己一生弘法作了總結，其中提到的「六恨」，被認為是他遭到政治迫害的主要證據。〈遺書〉開頭即云：

> 貧道初遇勝緣，發心之始，上期無生法忍，下求六根清淨，三業殷勤，一生望獲。不謂宿罪殃

---

233 《國清百錄》卷三〈遺書與晉王第六十五〉。
234 《國清百錄》卷三〈重述還天臺書第五十三〉。
235 同註233。
236 《隋天臺智者大師別傳》。
237 同註233。
238 《佛祖統紀》卷六〈四祖天臺智者〉。
239 同註236。
240 同註236。
241 參見日本．山內舜雄：〈天臺智者大師と煬帝との關係について〉，載《印度學佛學研究》第五號，一九五七年；談壯飛：〈名僧智之死之疑〉，載《中國哲學史研究集刊》第二輯，（上海）一九八二年三月。

深，致諸留難，內無實德，外招虛譽。學徒強集，檀越自來。既不能絕域遠避，而復依違順彼，自招惱亂，道德為虧，應得不得，憂悔何補。242

智顗先述自己出家弘法只求六根清淨，想不到無法切斷塵世的煩惱，他想遠避絕域遠離政治而不可得，而不得不「依違順彼」，他認為這是「上負三寶，下愧本心，此一恨也」。其第二恨為「再負先師百金之寄」。此外，他提到在荊州法集被官司解散之事（五恨），和在江都被監視而無法傳教之狀（三恨），言辭暗含憂怨。智者歎道：「又作懸念，此處無緣，餘方或有，先因荊潭之願，願報地恩，大王弘慈，霈然垂許。於湘潭功德，粗展微心，雖法緣者眾，孰堪委業？初謂緣者不來，今則往求不得，推想既謬，此四恨也。」在智者看來，大隋一統天下竟沒有他自由傳教弘法之地。最後一恨他說：

既再游江都，聖心熏法，令著《淨名疏》，不揆暗識，轍述偏懷。玄義始竟，麾蓋入謁，複許東歸。而吳會之僧，咸欣聽學。山間虛乏，不可聚眾。束法待出，訪求法門，暮年衰弱，許當開化，今出期既斷，法門亦絕。243

字裡行間充滿了痛切激憤之情，表達了一位殉道者對於世道不公的最後抗訴。

然而，智者大師的申訴並非指斥弟子楊廣。時晉王年方二十八，上有父皇和太子楊勇，只是一個藩王，天下尚不是楊廣的天下，不是楊廣說了就算。而大一統的天下大勢又要求意識形態的高度統一，統一政權要求有相應統一的宗教，建立為王朝所用的神學。隋文帝在滅陳後不久就敦促智顗要「以同朕心」，和朝廷保持一致，智顗卻非但不主動歸依新朝，反而不願「依違順彼」，要「絕域遠避」，「雖在人間，弗忘山野」，想自由地弘法傳教，顯然不容於當世，有悖於當時的政治情勢。對於楊廣來講，他坐鎮江都，受命統領舊陳之地，必然要做加強思想意識形態領域統一的工作，由於智顗在江南宗教界的聲望，楊廣不僅要控制智顗，還想利用智顗，就像拉攏利用江南道教首領王遠知一樣。王遠知束手就範，但智顗卻凜然不附。智者的孤傲不屈固然可貴，而楊廣對桀驁不馴的大師卻也自始至終沒有粗暴簡單地施以迫害，而是極有耐心地一次又一次延屈，施之以惠，竭盡全力拉攏，希望軟化智顗，使智顗感恩就範。即使在江都對智者進行了嚴密監視，卻也不敢當面公開，而當智顗堅持要走，楊廣當即放行。這就不能認為楊廣以政治強權迫使智者接受了自己的意志，即使是最後敦請智者大師往天臺山來江都，也沒有逼迫的直接證據。智顗弟子灌頂編纂的《國清百錄》收錄了楊廣與智者大師往來信件四十多封，每封信楊廣都言極謙恭，自稱弟子，沒有絲毫王者相加的口氣逼迫。智者對楊廣也十分尊重，臨死之時，仍將其遺著《淨名義疏》三十一卷交付給楊廣，並囑請楊廣為南嶽大師慧思作碑頌，又「乞廢寺田為天臺基業」，並請度僧，「為作檀越主」。智顗說：「此等之事，本欲面諮，未逢機會奄成遺囑，亦是為佛法為國土為眾生。」[244] 楊廣對智顗的拉攏抱有明顯的政治圖謀，遭到智顗抵制未達目的也是事實，但從他們交往的事實來看，很難說晉王楊廣對智者大師施行了政治迫害，即使是遺書「六恨」也難以看作是遭受迫害的證據。

遺書為智顗圓寂前三天口述，弟子灌頂手書，並很快交給了楊廣。楊廣聞知大師圓寂，「五體投地，悲淚頂受」[245]，十分悲痛，「遠拜靈儀，心載嗚咽」[246]，對大師提出的所有要求都完全給予滿足。

242《國清百錄》卷三〈遺書與晉王第六十五〉。
243 同註242。
244 同註242。
245《天臺山記》，見〈大正藏〉第五一冊。
246《國清百錄》卷三〈王答遺旨文第六十六〉。

智顗死後楊廣仍一如既往地保持與天臺山僧團的密切關係，他遣使往天臺山設千僧齋，建《功德願文》，表示「生生世世長為大師弟子」。[247]並多次召見天臺山的僧使，資助寺廟建設，說明楊廣並不因智顗已死而放棄利用他的影響統一南北佛教界的努力。

智顗既死，楊廣轉而極力延攬江南另一高僧吉藏。吉藏是佛教另一宗派三論宗的宗師，開皇九年（五八九）陳亡之時，四十歲的吉藏與智顗一樣都離開了建康。智顗西去，吉藏則東走會稽山禹穴嘉祥寺，在此一住就是十五年，因而被稱為嘉祥大師。他和智顗一樣也多次謝絕了楊廣的致書累請，至開皇末年，終於被楊廣召到江都，主持慧日道場，所受禮敬與智者大師不相上下。後他又隨晉王延居長安日嚴寺，聲振中原，楊廣即皇帝位後，吉藏即成為隋朝佛教界的首領人物。

晉王楊廣為延攬智顗可謂費盡了心機，雖最終未能使智顗就範，但楊廣的佛道事業達到了預定目標。雖然智顗至死也沒有依附隋朝，但他的門人弟子在他死後則積極主動地向王權靠攏，天臺宗在楊廣的政治扶植下終於最先成為獨立的佛教宗派。晉王楊廣和智者大師交往的實質就是隋統治者企圖在政治上控制和利用智顗，通過二人微妙的交往，我們看到了智者大師凜然不屈的可貴人格，也看到了晉王楊廣虛偽陰險的政治品性。同時，我們還看到了青年楊廣在政治上已日益成熟，具有政治才能，他工於心計，極有耐心，表現了極高的政治素養和政治手腕。青年楊廣的不懈努力和成功，使他不僅有統兵北禦突厥、南滅陳朝的武功聲譽，又取得安定江南的文治政績，終於在朝臣中「聲名籍甚，冠於諸王」[248]，為他日後奪嫡繼統打下了堅實基礎。

第四節　昆弟之中　獨著聲績

晉王楊廣鎮撫南方舊陳之地，維護國家統一，在藩為父母分憂，建功立業，深得父母鍾愛。在兄弟五人中，楊廣獨著聲績，聲譽與日俱增。

據說，隋文帝曾密令術士來和為他五個兒子相面，來和看過後詭祕地對文帝說：「晉王眉上雙骨隆起，貴不可言。」[249]似乎隋文帝夫婦偏愛楊廣，乃是出之於迷信。其實不然，帝后對次子楊廣「特所鍾愛」，除了他自小美姿儀，長得漂亮外，更多的還在於楊廣善於表現，建立了高出於兄弟之上的功業。這只要稍作比較，就很清楚。

相比而言，楊廣的哥哥楊勇才是時代的寵兒，最為幸運。他以嫡長子平流直取，成為大隋皇位的繼承人。由於隋文帝的皇位得之於篡奪，為使皇統永固，傳之萬代，對皇位繼承十分重視。早在禪位之前，任北周隨國公假黃鉞大丞相的楊堅就將楊勇立為「世子」，即所封隨國爵位的合法繼承人。大定元年（五八一）二月丙辰（初六）加九錫篡位前，又以周靜帝名義將世子楊勇立為王太子，成為隨王儲。開皇元年（五八一）二月禪代建隋的第三天，丙寅（十六日），又冊立楊勇為皇太子，並舉行了莊嚴隆重的冊封典禮。「預建太子，所以重宗廟社稷，不忘天下也」。[250]早立太子體現了當今皇上不忘天下，隋朝剛建立，楊勇即以嫡長子身分而不是以功勞獲得了儲君地位，並宣告朝野，大赦天下。這是在當時誰也沒有異議，被認為是天經地義的大事。

乙亥（二十五），隋文帝在任命王朝宰相三公的同時，也任命了太子的師傅，以教導輔佐年輕的皇太子。觀國公田仁恭為太子太師，武德郡公柳敏為太子太保，濟南郡公孫恕為太子少傅，開府蘇威為太子少保，這些德高望重富有政治經驗的「師傅」和其他官屬統稱為「東宮官屬」，他們較之文帝

247《國清百錄》卷三〈王遣使入天臺建功德願文第六十七〉。
248《隋書》卷四五〈文四子．房陵王勇傳〉。
249《隋書》卷三〈煬帝紀上〉；《冊府元龜》卷四四〈帝王部．奇表〉。
250《漢書》卷四〈文帝紀〉。

為晉王、秦王、蜀王所選的僚佐更顯得榮耀，責任更為重大。

然而，皇太子楊勇人品資質如何？其才堪為大隋王統的繼承人嗎？

楊勇是楊廣的同母長兄，小字睍地伐，關於他的出生年月，史年缺載，據推測，至少應比楊廣大兩、三歲，理由是在楊堅貴盛任北周假黃鉞大丞相之前，已為楊勇娶了妻，媳婦是西魏宗室元孝矩之女。元孝矩有一個妹妹嫁給了北周執政晉公宇文護，是關隴勳貴中的大豪門。楊堅和獨孤氏「重其門地」[251]，出於政治目的，企圖以聯姻擴大本家族的勢力，為長子楊勇包辦了這門親事，並認為是選了佳媳。結婚時，楊勇年齡至少應在十四歲以上。在北周，楊勇因祖父楊忠的軍功，被封為博平侯，當姐夫周天元宇文贇暴崩，楊堅入禁中總朝政之時，少年楊勇曾為父親奔走分憂。他曾奉父命去叔父楊慧宅第，召楊慧來參與篡奪之事，楊慧恐致家禍不敢出山。[252]在楊堅初掌北周政權的危難之際，楊勇和父親一起承擔著巨大風險。大象二年（五八〇）九月，在討平五王三方構難之後，楊堅又任楊勇為「洛州總管，東京小塚宰」，賦以「總統舊齊之地」的重大責任。楊勇的岳父元孝矩也被任命為小塚宰，賜爵洵陽郡公，後又升任大司徒，幫助親家翁支撐新開創的局面。楊堅代周立隋前夕，楊勇又被召回京師，進位上柱國、大司馬，領內史御正，總管諸禁衛軍，而又以其岳父元孝矩代楊勇坐鎮洛陽。由此可見，楊勇在楊堅篡周立隋的關鍵時刻，起過相當重要的作用。

隋朝建立之後，皇太子楊勇在父親身邊協助處理內外軍政事務，當時山東地區戰亂剛平息，人民不得安居，不少編戶逃亡，流徙於外，隋文帝派遣專使前往檢查追捕，並試圖遷徙一批民戶往北境塞外實邊備胡。太子楊勇認為這種做法簡單粗暴，不能解決根本問題，因此，上書進諫：「竊以導俗當漸，非可頓革，戀土懷舊，民之本情，波迸流離，蓋不護己。」[253]諫書寫得頭頭是道，言之有理，且文才不俗，文帝讀後十分高興，予以嘉獎，自後不再提移民實邊之事。這以後，有關時政，多所損益，每每得到文帝的採納。

楊勇也頗好學，自小受過良好教育，詩詞文賦寫得很好。當時由北齊入周轉入隋的北方文士魏澹深得楊勇禮遇，文帝任為太子舍人。楊勇讓魏澹注《庾信集》，說明楊勇和弟弟楊廣一樣崇尚南方風格庾信詩體。魏澹後遷官著作郎，但仍為太子學士，撰有《笑苑》、《詞林集》，楊勇對他「屢加優賜」。[254] 平原人明克讓，乃南朝梁侍中明山賓之子，少好儒雅，博涉書史，尤精三禮，龜策曆象，俱得其妙。梁亡後流寓長安，被北周明帝宇文毓引為麟趾殿學士。隋立國時文帝因其才學拜為太子內舍人，後轉為太子率更令，進爵為侯，在東宮為太子楊勇講經論史，著有《孝經義疏》、《古今帝代記》等書。楊勇對他「以師道處之，恩禮甚厚」。[255] 東宮官屬中還有大學者、科學家宇文愷，開皇初任太子左庶子，撰有《東宮典記》七十卷。[256] 音韻學家陸法言的父親陸爽曾任太子內直監，不久遷任太子洗馬。[257] 楊勇也折節大力羅致天下人才，當時有兩位經學家劉焯與劉炫，都是北朝大儒熊安生的弟子，因事除名在家，以教授生徒為業。楊勇不咎既往，以禮召致。劉炫曾偽造書百餘卷送官取賞，被人告發，差一點被判處死刑，楊勇沒有因他曾犯死罪而廢棄，因為沒有一點才學，要偽造百餘卷經書是不可能的，由此可見楊勇重視人才。一段時間內，楊勇的太子東宮「盛徵天下才學之士」[258]，南北方許多著名學者文士都被徵召到東宮府下。被徵召的學者文士還有南人姚察、陸德明等。

---

251 《隋書》卷五〇〈元孝矩傳〉。
252 《隋書》卷四四〈滕穆王瓚傳〉。
253 《隋書》卷四五〈文四子．房陵王勇傳〉。
254 《隋書》卷五八〈魏澹傳〉。
255 《隋書》卷五八〈明克讓傳〉。
256 《隋書》卷六八〈宇文愷傳〉。
257 《隋書》卷五八〈陸爽傳〉。
258 同註255。

立為皇太子之初，楊勇深得父皇信用，「頗知時政」[259]，「軍國政事及尚書奏死罪已下，皆令勇參決之」。[260]為了加重東宮官屬的聲望，文帝還令朝廷大臣兼領東宮官職。如以兵部尚書蘇孝慈兼太子右衛率[261]、左領軍將軍盧賁兼太子左庶子。[262]兼太子左庶子的還有大臣劉行本、唐令則等[263]，關中右姓韋世約任太子洗馬。[264]太子東宮真可謂人才濟濟。

楊勇性格外向寬厚仁義，率意任情，直來直去，不像楊廣那樣矯情飾貌，對自己的言行從不做作矯飾。他出身勳貴，自小優容富貴慣了，現在當了皇太子，國家儲君，更是盛氣淩人，不注意影響，而漸見驕奢。有一次楊勇用黃金飾一幅蜀產鎧甲，鑲嵌金邊，被崇尚節儉的父皇看見，即嚴肅地告誡楊勇：「天道無親，唯德是與，歷觀前代帝王，未有奢華而得長久者。汝當儲後，若不上稱天心，下合人意，何以承宗廟之重，居兆民之上？吾昔日衣服，備留一物，時複看之，以自警戒。今以刀子賜汝，宜識我心。」[265]父皇語重心長，但楊勇卻漫不經心，全不在意，心想自己貴為皇太子，一幅鑲金鎧甲算得了什麼，有什麼值得大驚小怪的呢？

後來冬至節到，朝廷百官多往東宮朝見皇太子，楊勇又不加回避，盛張樂舞接受朝賀，歌舞之聲傳於宮外，被隋文帝聽到。於是文帝召朝臣發問：「近日冬至節，內外百官相率往東宮朝賀，是何禮也？」太常少卿辛亶回答：「於東宮只能稱賀，不能稱朝，朝唯皇帝才用。」文帝極為震怒，專門下詔：「禮有等差，君臣不雜，爰自近代，聖教漸虧，俯仰逐情，因循成俗。皇太子雖居上嗣，義兼臣子，而諸方嶽牧，正冬朝賀，任土作貢，別上東宮。事非典則，宜悉停斷。」[266]禁止一切不合禮制的朝賀。太子受賀只准「西面而坐，唯宮臣稱慶，臺官不復總集」。[267]隋文帝對楊勇的僭越行為漸生疑竇，從此恩寵漸衰。當晉王楊廣在江南建立功業之際，在京師養尊處優的楊勇卻沒有什麼作為，在朝臣中的聲望漸漸不如弟弟。

再說老三秦王楊俊，他僅比楊廣小兩歲，也有一個佛名叫阿祇。阿祇小時也頗為父母喜愛，開皇元年（五八〇）楊廣受封晉王的同時，楊俊也封為秦王，第二年春拜上柱國，出任河南道行臺尚書令，洛州刺史，時年僅十二歲，加右武衛大將軍，領關東兵，鎮撫舊齊大地。開皇三年（五八三），遷秦州總管，總隸隴右，戒備突厥和吐谷渾，其任同樣崇重。開皇六年（五八六）遷山南道行臺尚書令，駐襄陽（今湖北襄陽），準備滅陳。開皇九年（五八九）伐陳之時任山南道行軍元帥，督三十總管，率水陸十餘萬人屯漢口，總制上游隋軍。滅陳後任揚州總管，坐鎮廣陵（今江蘇揚州市），第二年江南發生暴動，文帝讓他與二哥楊廣對調，轉任并州總管二十四州諸軍事。由此看來，楊俊的經歷與楊廣相同，都有建功立業的機會。

楊俊起初也頗為好學，頗有文武才能，一時秦王府也人才濟濟，如名將段文振先為秦府司馬，後隨楊俊任揚州總管府司馬，不久轉任并州總管司馬[268]，是秦王楊俊得力的軍事助手。楊俊還召致文學之士為秦王府屬，如京兆常得志，「博學善屬文」，任秦府記室。[269]滅陳時楊俊聞知潘徽有文才，「召

259《隋書》卷四六〈蘇孝慈傳〉。
260《隋書》卷四五〈文四子·房陵王勇傳〉。
261《隋書》卷四六〈蘇孝慈傳〉。
262《隋書》卷三六〈盧賁傳〉。
263《隋書》卷六二〈劉行本傳〉。
264《隋書》卷四七〈韋沖傳〉。
265 同註260。
266 同註260。
267《隋書》卷九〈禮儀四·皇太子朝見禮〉。
268《隋書》卷六〇〈段文振傳〉。
269《隋書》卷七六〈常得志傳〉。

為學士」。[270]隋文帝對老三楊俊年紀輕輕就能禮賢下士，好學不倦十分歡喜，曾下書獎勵，並多次親幸秦王府第。楊俊「仁恕慈愛」，性格生性柔弱，在兄弟五人中可能是最沒有政治野心的。平陳之役他嚴守既定戰略，制止部下的請戰，儘量減少殺傷，直待敵軍投降。論功行賞時他更辭功不受，垂泣說：「謬當推轂，愧無尺寸之功，以此多慚耳。」[271]文帝聽後更感憐愛。但楊俊「崇敬佛道」，想入非非，企圖拋棄優榮福貴的皇子生活，竟多次要求出家當和尚，文帝沒有同意。

後來隨著年齡的增長，楊俊在晉陽（今山西太原）藩府悠閒無處消遣，不能控制自己，漸好尚奢侈，違犯制度。由於耗費巨大，竟在并州轄地放高利貸，使部下官吏和管下百姓叫苦連天。文帝派專使按查此事，受牽連遭受處罰的就有百餘人。原晉王楊廣的長史王韶時改任秦王楊俊長史，在并州歲余「勞敝而卒」，死年六十八歲，文帝責怪楊俊，「殺我子相，豈不由汝邪」。[272]但楊俊不知悔改，仍然在晉陽修建宮殿，窮極侈麗，甚至親自動手用斧頭製作傢俱什物，用珠玉修飾，為王妃製作七寶床。又製作水殿，玉砌金階，樑柱之間用水晶明鏡修飾，金碧輝煌。楊俊經常與賓客妖女在水殿縱樂歌舞，打發時日。王妃是山東門閥崔氏女，由於被冷落，竟在瓜中放毒，楊俊中毒一病不起。憤怒的文帝將楊俊召回京師，免去他的官職，派幼子漢王楊諒接替了并州總管之任，妃崔氏賜死於家。

當時，左武衛將軍劉昇曾諫文帝，說秦王不過多費了些錢物，不必解職，文帝憤然作色說：「法不可違。」宰相楊素也曾為楊俊求情，也被文帝拒絕，說：「我有五個兒子，不能為他們另制天子兒律。」並嚴辭譴責楊俊：「我戮力關塞，創茲大業，作訓垂範，庶臣下守之而不失。汝為吾子，而欲敗之，不知何以責汝！」[273]楊俊既感恐懼又慚愧，病越來越重，於開皇二十年（六〇〇）六月丁丑（二十日）一命嗚呼，死於秦邸，時年僅三十歲。

隋文帝對楊俊的荒唐奢侈傷透了腦筋，死時僅哭了數聲。倒是楊俊的門人常得志最為傷心，寫了一首五言詩，「辭理悲傷」，又寫了一篇〈兄弟論〉的文章。[274]另一位門人王延更哀毀骨立，死後隨葬。

為了告誡他人，隋文帝命令將楊俊製作的侈麗之物，悉數燒毀，並命令喪事「務從儉約，以為後法」，甚至連一塊墓碑都不讓製作，說：「若子孫不能保家，徒與人作鎮石耳。」[275]

老四蜀王楊秀比楊廣小四歲，開皇元年（五八〇）立為越王，「九歲榮貴」。不久改封蜀王，任西南道行臺尚書令，坐鎮西南。隋文帝為楊秀也配備了很強的輔佐人員，如總管長史元岩、令狐熙都以正直見稱。在成都，楊秀由一個乳臭未乾的孩童成長為一個英武的青年，他容貌環偉，長著美麗的鬍鬚，有膽氣，有武藝，一般人見到他無不憚懼。在元岩及河東柳儉等嚴師的教導下，蜀王也頗具文武才能，獨當一面。開皇十二年（五九二），二十歲的楊秀回朝任尚書令，不久再次出鎮成都。

楊秀也頗愛好文學藝術和學術，和哥哥們一樣拼命招攬文學有才之士。隴西辛德源在北齊時就以學問聞名，入隋後隱居山林，鬱鬱不得志，著〈幽居賦〉以自寄，僅與盧思道往來，著有《集注春秋三傳》三十卷，注《揚子法言》二十卷。楊秀聞知他的大名，即召他到成都王府，幾年後上奏文帝，任為益州總管府掾。[276]河東柳彧得到博陵李文博撰寫的《治道集》十卷，楊秀知道後，即派人向柳彧求索，柳彧將書送給楊秀，楊秀大喜，賜給柳彧奴婢十口作為報賞。[277]

楊秀雖禮賢下士，搜羅人才，但性情既暴，有時不免粗魯無禮。著名學者劉焯和劉炫，有重名於

270《隋書》卷七六〈潘徽傳〉。
271《隋書》卷四五〈文四子・秦王俊傳〉。
272《隋書》卷六二〈王韶傳〉。
273 同註271。
274《隋書》卷七六〈常得志傳〉。
275《隋書》卷四五〈文四子・秦王俊傳〉。
276《隋書》卷五八〈辛德源傳〉。
277《隋書》卷六二〈柳彧傳〉。

當時，太子楊勇曾竭力招致，但隋文帝不希望二劉在京師聚眾講學，令他們往成都「事蜀王」。二劉不願，「遷延不往」，「久之不至」，楊秀不禁大怒，派人用枷鎖將他們抓到成都，「配之軍防」，甚至讓這二位老學者於蜀王帳內「執杖為門衛」。[278]這與楊廣師事天臺智顗相比，不可同日而語。

開皇十三年（五九三）蜀王府長史元岩死後，楊秀開始無所拘束，恣行所欲，他私造渾天儀、指南車、記裡鼓。青年皇子愛好科學，本無可指責，但在封建專制時代，渾天儀、指南車等科技器物只能由朝廷官司掌握，一般人擁有則可能被懷疑為僭越，是「違犯制度」，周之九鼎不可問，而蜀王楊秀年僅二十三歲就被服器玩「擬於天子」，是大逆不道。楊秀是個絕頂聰明的青年，他有巧思，懂音律，曾自己動手製作了上千面琴，「散在人間」。[279]但楊秀對科學和藝術的正常愛好沒有得到父皇的鼓勵和獎賞，反而遭到父皇粗暴的譴責。求知欲望被扼殺，二十多歲的青年皇子的充沛精力無處發揮，於是尋歡作樂，處心積慮想出一些奇異的玩法。楊秀的王妃是代北門閥長孫覽的女兒，楊秀經常與長孫氏外出遊獵，但他們不獵野獸，卻用彈弓彈射活生生的人以為笑樂，又大捕獠人閹割以充宦者，甚至殘暴地「生剖死囚，取膽為樂」。[280]僚佐不敢諫止。隋文帝瞭解到楊秀這些野蠻行為後甚為憂慮，曾對獨孤皇后說：「楊秀必以惡終，我在當無慮，至兄弟必反」。[281]於是分楊秀所統兵馬。開皇十七年（五九七），隋文帝任命「以明幹著稱」的尚書左丞源師任益州總管司馬[282]，以對蜀王楊秀實行監視。

楊秀和楊廣一樣長期出藩南方，政治地位不相上下。但楊秀不願久居偏僻的蜀地，不像二哥那樣坐鎮藩居苦心經營，缺乏遠大的政治抱負，多次上奏請求還京，甚至巴結文帝派往蜀地的使者元衡，請他回朝時向文帝求情，文帝不許，嚴辭譴責，楊秀於是不理政事，違犯制度。

晉王楊廣卻不一樣，他坐鎮江都，實際領掌不過長江下游揚州及閩浙諸郡，但他卻把整個南朝故土視為自己建功立業的區域。時南方山區腹地尚居住著大量少數民族，主要有蠻、俚、獠、爨四大系統，他們有的自成部落，有的和漢族雜居，陳亡後他們雖統一於隋王朝之下，但仍處在與漢族融合的歷史進程之中，舊史將他們統歸為古代百越人的後裔，統稱為「南蠻」。如《隋書・南蠻傳》記稱：「南蠻雜類，與華人錯居，曰蜒、曰獽、曰俚、曰獠、曰㐌，俱於君長，隨山洞而居，古先所謂百越是也，其俗斷發紋身。」在嶺南，雖然隋文帝和晉王楊廣利用俚酋冼夫人的影響進行安輯，但江南廣大蠻俚居住地區的叛亂仍然層出不窮。由於民族隔閡仍然存在，必須繼續進行經略。

在今雲南滇池地區，居住著今彝族的祖先爨人，隋建立後爨氏曾遣使朝貢，卻並沒有真正歸附。由於控制和穩定西南邊疆對隋統一關係重大，開皇十七年（五九七）文帝命史萬歲為行軍總管，率軍遠征爨地。史萬歲率部從蜀地出「清溪關道」，沿當年諸葛亮入南中之路，進入雲南，大破諸爨。史萬歲作〈征南夷過石門山〉詩敘其事：「石城門峻誰開闢？更鼓誤聞風落石，蓋天白嶺勝金湯，鎮壓西南天半壁。」[283] 時成都的蜀王和江都的晉王對史萬歲的遠征都很關注，但所重不同。史萬歲回師成都時，蜀王楊秀乃索要金寶，萬歲不從，楊秀懷恨在心。晉王楊廣則對猛將史萬歲「虛衿敬之，待以交友之禮」[284]，隋文帝見二人情好，乃令史萬歲往江都督晉王府軍事。但第二年，爨部首領爨翫趁隋退兵又發動叛亂，蜀王楊秀借機控告史萬歲「受賂縱賊，致生邊患，無大臣節」。[285] 文帝大怒，窮治其事，史萬歲於是脫離了晉王府，被派往北邊備胡。

278《隋書》卷七五〈劉炫傳〉。
279《太平廣記》卷二〇三〈楊秀〉引《尚書故實》。
280《隋書》卷六二〈元岩傳〉。
281《隋書》卷四五〈文四子・蜀王楊秀傳〉。
282 同註281。
283《隋書》卷五三〈史萬歲傳〉。
284 同註283。
285 同註283。

這件事更突出地表明瞭晉王楊廣的抱負和蜀王楊秀的庸劣。說明楊廣心存華夷戎夏，把整個南朝地域作為自己的政治根據地。

楊廣還有一個幼弟楊諒，一名楊傑，字德章，開皇元年（五八一）七歲時封為漢王，因年幼一直在父母身邊，直到開皇十七年（五九七）才接替三哥楊俊出任并州總管。隋文帝對幼子甚為寵愛，出藩時竟親自送至驪山溫泉才止。但沒有文武經驗的青年楊諒在短時間內不可能建立什麼功業。

楊廣自十三歲出藩，為隋朝的鞏固和國家統一事業作出了突出貢獻，在昆弟之中，他風流蘊藉，獨著聲績，十多年中沒有被人抓住什麼明顯的錯處，方方面面都似乎無可挑剔。然而，楊廣並非完人，他特別善於偽裝。楊廣生活上的奢華絕不比諸兄弟遜色，但府外人一般很難知道。有一次，隋文帝來到晉王府，看到府內許多樂器的弦多斷絕，又布滿了塵埃，像是長久不用，於是認為兒子不喜好聲伎，對楊廣留下了好印象。其實，這是楊廣精心擺設的，用以獲取父皇歡心。楊廣不僅在父皇面前矯情飾貌，而且在士兵面前也裝模作樣，有一次觀看圍獵，突然下大雨，左右進油衣給楊廣，楊廣不納，說：「士卒皆沾濕，我獨衣此乎！」[286]乃令將油衣拿走。諸如此類的刻意矯飾，使當時「朝野屬望」，上下都盛稱楊廣「仁孝」，以致「聲名籍甚，冠於諸王」。

楊廣矯情飾貌，並不是簡單的曲意阿世，討好父母，而是懷抱不可告人的個人野心，他不敢像其兄弟一樣，率情任意，恣行所欲，不像其兄弟那樣不顧後果，一味胡來，他並不是膽小，而是另有所謀。楊廣愛好藝術，卻不作長夜弦舞，反而要故意做出不好聲伎的樣子給父皇看，他年輕的心靈顯然是受到了嚴重的壓抑，這種刻意的壓抑對於一個青年皇子來說是多麼的痛苦，也真難為了楊廣！但楊廣不同於其兄弟之處就在於他有自制力，能壓抑青年人的衝動，他能忍耐能夠製造假象，釣得虛名，達到目的。楊廣自小志氣非凡，要做大英雄大聖人，而不願順其自然，聽從命運安排。他是當今皇上之子，具有旁人無法企及的政治資源。他十三歲出藩并州，手握重兵北禦突厥，二十歲出任平陳統帥，又坐鎮江都十年，安輯江南，大撈政治資本。他不能容忍父皇任命的元帥長史宰相高熲限制他使用統帥權力，卻又能容忍手無一兵一卒的和尚天臺智的矜持傲慢。父皇讓他安輯吳會揚越一隅，他卻把整個南朝舊地視為自己的政治根據地，潛心經略，交結領兵將帥，以圖一逞。《隋書》稱楊廣「自以藩王，次不當立，每矯情飾行，以釣虛名，陰有奪宗之計」。[287] 奪宗當皇帝才是楊廣克己忍耐追求的目標，他的眼睛已暗暗盯住了最高皇權。然而，其野心固然不小，但要達到目的，又談何容易。

286《隋書》卷三〈煬帝紀上〉。
287《隋書》卷四〈煬帝紀下〉。

第三章　陰謀奪宗　弒父繼統

楊廣在凱歌聲中長大成人，勝利和成功激發了他的勃勃野心。的確，青年楊廣撈足了政治資本，他既不滿足於做一個藩王，眼睛盯上了最高皇權，必然要再作一番奮鬥。按禮制成規楊廣次不當立，要奪宗必須耍陰謀。楊廣矯情飾貌，敢冒風險，不擇手段，乃至冒天下之大不韙，弒父屠兄囚弟，人間最醜惡最毒辣的事楊廣都毫不猶豫地做了，並最後獲得了成功，奪得了帝位。舊史家著力譴責了他不道德的禽獸行為，傳記作家則從他的奪位陰謀看到了他的才智，楊廣亦是一代梟雄。古代奪嫡篡位者實非楊廣一人，然他卻幹得最殘忍、最隱蔽、最曲折，真可謂濁浪排天，驚心動魄。

第一節　文帝龍德　恪勤匪懈

隋建立並統一中國，開創了中國歷史的新紀元。為了使皇統永存，隋文帝即位之初就預立了皇太子，任命了宰相大臣，組建了政府中樞，並進行了一系列改革。文帝君相總結了前代歷史經驗，在治國方略上也有所創新，使天下很快達於大治，晉王楊廣擁抱的是一個生機蓬勃的新王朝。

內法外儒　治國方略

楊廣的父皇隋文帝楊堅也算得上是中國古代一位起過顯著進步作用的傑出皇帝，為了王朝的長治久安，隋文帝在即位伊始，就進行了一系列政治改革。他放棄西魏北周軍事化的政治體系，施行文治，採取了若干政治措施，把關隴為本位的政權，與山東的政治社會文化體系融合，雖然軍事上關隴勳貴是征服者，但在典章文物方面，隋文帝選擇了保有漢魏傳統文化的河北高齊體制，以北齊體制變更西魏以來的關隴舊制，廢六官，還依漢魏之舊。廢除周天元的酷刑，行新律，精簡機構，整頓吏治等。又命牛弘制定新禮，購求天下書等，這種種改革，對於鞏固新建的王朝，鞏固新的大一統局面，具有重大意義。

「帝王之為國也，必藉匡輔之資。」[1] 隋建立之初，文帝總結漢魏以來的三省制度，以尚書、中書、門下三省首長為正宰相；以他官兼三省首長或以他官加「參預朝政」等名號者任副宰相；而以不治事的三公三師為名譽宰相。對於宰相人選，更特別留心。

楊堅代周立隋，最初是得鄭譯、劉昉、盧賁、柳裘、皇甫績等人的擁戴，隋文帝后來曾對皇太子楊勇說：「沒有劉昉、鄭譯等，則我當不了皇帝。」但這些人在楊堅稱帝後多恃功自傲，總想多撈些權力和財富，成為政治上的蛀蟲。文帝清楚地知道，這批人並無治國才能，「皆反復子」，沒有臣子之節，周天元時，「以無賴得幸」，成為政治暴發戶。太子楊勇也認為這些人「性行輕險」。正因為如此，楊堅建隋稱帝後對佐命功臣劉昉、鄭譯、盧賁之流一個也未予重用。另一位佐命元勳李德林雖有「操

1　唐太宗：《帝範·求賢第三》。

尚」，但他是北齊降人，受到關隴勳貴的排擠，同時，隋文帝也懷疑他對自己忠心不夠，雖任內史令為宰相，但未能加入隋初最高權力核心。

開皇初年，在朝廷用事的宰相是高熲、蘇威、虞慶則、楊雄，當時號稱「四貴」。「四貴」中兩文兩武，文是高熲、蘇威，武是虞慶則、楊雄。四人之中高熲功勳卓著，威望最高，隋建立之時拜尚書左僕射，兼納言，任宰相，封渤海郡公，「朝臣莫與為比」。[2]

虞慶則以平突厥、稽胡功名顯當時，以內史監遷尚書右僕射，位居第二，掌握軍隊，主對外征討。虞慶則本姓魚，京兆櫟陽人，父虞祥仕周任靈武太守，為關隴勳貴成員。虞慶則自幼雄武善射，會講一口流利的鮮卑語，襲父爵為沁源縣公，宣政元年（五七八）授儀同大將軍，後由高熲推薦給楊堅，成為心腹近臣。開皇元年（五八一）進位大將軍，遷內史監，後常出征北邊，討平突厥，開皇九年（五八九）遷右武侯大將軍。[3]

另一位權相楊雄初名楊惠，被楊堅認作為本家「族子」，得以封王，爵位比高熲、虞慶則還高。楊雄之父楊紹在北周曆八州刺史，賜姓叱呂引氏，與楊忠所賜普六茹氏並非一姓，可知兩家並非同族。但為拉攏掌兵權的武將楊雄，自然以同族相稱。楊堅假黃鉞任周丞相時，任楊惠相府虞候，在周天元出殯送至陵墓之際，為防備出殯的周宗室諸王趁機叛亂，楊堅派楊惠率六千騎兵護送，以防不測。受禪後楊堅委任楊惠為左衛將軍兼宗正卿，不久遷右衛大將軍，掛「參預朝政」銜任副宰相，並改名楊雄。楊雄以「族子」身分手握重兵，掌握禁衛大權，深得寵任，「冠絕一時」。[4]

蘇威字無畏，京兆武功人，是西魏著名宰相蘇綽之子，五歲時父死，襲爵美陽縣公，及年長，北周執政晉公宇文護，強以女兒妻之，但蘇威見宇文護專權，恐招致家禍，逃入山中，自後屏居山寺，以讀書為樂。當楊堅假黃鉞時，高熲向楊堅推薦，楊堅召蘇威於臥內，談得十分投機，一個月後蘇威聽到楊堅正議禪代，急忙遁歸田裡，高熲請求追回，楊堅說：「他既不願參預我禪代之事，不必勉強。」隋建立後召任太子少保，因蘇威無功不能封爵，文帝就追贈其父蘇綽為邳國公，而讓蘇威襲爵，不久任為民部尚書兼納言，破格提拔為副宰相。蘇威的確有宰相之才，是一位財政專家，他父親蘇綽在西魏創立戶籍記帳之法，使西魏北周富國強兵，但徵稅頗重，曾歎曰：「今所為者正如張弓，非平世法也，後之君子，誰能弛乎？」[5]蘇威牢記在心，後與高熲一起奏請減免賦役，被文帝採納，於是漸見親重，與高熲二人參掌朝政。

文帝君相最突出的改革還是在經濟方面。文帝即位之初就實行大力發展農業的政策，他先是重申均田令，又於開皇二年（五八二）頒布了新的《田令》，農民所受土地，分為露田和永業兩種，露田死後歸還政府，永業田不還，丁男受露田八十畝，婦女受四十畝，奴婢按成丁受田，一頭牛受六十畝。每丁受永業田二十畝，種植桑麻。隋代《田令》出現了「寬鄉、狹鄉」的專用名詞，狹鄉受田少，老、小更少。貴族官僚也受永業田，其數是農民的十數倍，另外還有職分田和公廨田。府兵士兵也受田，「墾田籍帳，一與民同」。開皇十二年（五九二），隋進行了一次規模最大的均田行動，地少人眾的狹鄉乃「徙就寬鄉」，授給百姓大量土地[6]，並賜耕牛。另外，還置屯田。均田授田提高了農民的生產積極性，使全國耕地面積增加很快。

為了擴大農業生產，隋文帝以國家行政力量組織人力大修水利。如開皇二年（五八二）三月在關

2《隋書》卷四一〈高熲傳〉。
3《隋書》卷四〇〈虞慶則傳〉。
4《隋書》卷四三〈觀德王雄傳〉。
5《隋書》卷四一〈蘇威傳〉。
6 參見翁俊雄：〈隋代均田制研究〉，載《歷史研究》一九八四年第四期。

中開渠，引杜陽水灌三時原，「溉舄鹵之地數千頃，民賴其利」。[7] 開皇四年（五八四）六月又開「廣通渠」，命宇文愷、郭衍率水工鑿渠引渭水自大興城（今陝西西安）直達潼關，漕運三百里，轉運通利，「關內賴之」，「諸州水旱凶饑之處，亦便開倉賑給」[8]，同年，文帝「幸灞水，觀漕渠，賜督役者帛各有差」。親自慰勞開渠的官員。開皇七年（五八七）文帝又於「揚州開山陽瀆，以通運漕」。[9] 這項工程實為隋代大運河開鑿的先聲。

在隋文帝宣導下，不少地方官也組織當地勞力，興修灌溉工程。隋文帝所修水利，以灌溉工程為主，開鑿漕運次之。後隋煬帝所興水利雖規模更大，但灌溉工程卻絕無僅有，就對農業生產和民生的重視來說，煬帝實不能與文帝相比。

隋文帝又根據高熲的建議，整頓戶籍，建輸籍之法，依樣定戶，抑制豪強，減輕賦役，適當減輕人民的負擔。為預防水旱災荒，隋文帝又廣置糧倉，並創設義倉，每年收穫之後，百姓根據各自的收入，拿出一部分集體儲存，設立帳目，沒有特殊理由不得動用，準備在災荒之年作為救濟之用。「自是州里豐衍，民多賴焉。」[10] 然而到開皇十五年（五九五），隋政府出面直接控制義倉，第二年朝廷又規定農民按三等交義倉糧，上戶一石，中戶七鬥，下戶四鬥，使義倉變成了一種剝削制度。

文帝君相還採取有效措施統一貨幣。隋以前北朝周、齊所鑄貨幣有四等，重量不一，民間私錢，種類繁多。開皇元年（五八一）隋文帝下令重鑄五銖錢，每一千重四斤二兩，並下令悉禁古錢及私錢，又「禁行惡錢」[11]，「自是錢幣始一，民間便之」。[12] 開皇九年（五八九）滅陳後，更大規模鑄錢，當時在揚州設五爐，鄂州（治今武昌）設五爐，益州（治今成都）設五爐，鑄出大量五銖錢，基本上統一了貨幣。開皇三年（五八三）隋文帝還下令罷除北周末年的榷酒坊、鹽池、鹽井，令百姓自由開採經營，促進了工商業的發展。但開皇十六年（五九六）隋文帝又下令「工商不得進仕」[13]，沒有突破傳統重農抑商、崇本抑末的治國方略。

以上經濟措施收到了極大的成效，使隋立國後短短十幾年時間就出現了經濟繁榮。到開皇十二年（五九二），隋已「庫藏皆滿」，庫藏之多，亙古未有。以前人們提起中國古代出現的經濟繁榮，言必漢唐。誠然，漢興至於漢武帝七十餘年，「太倉之粟，陳陳相因，充溢露積於外」。[14]唐則於開元年間，「累歲豐稔，東都米鬥十錢，青齊米鬥五錢」。[15]隋經濟繁榮距立國不足二十年，速度之快，遠過於漢唐，其經濟發展的高速度，令人驚歎。但隋文帝於大富之年，卻沒有半點鋪張浪費，反而更加提倡廉政節儉。他還特別注意民力和財力的保護，不輕易興辦大役，特別是不連續興辦農民負擔不起的大役，使農民能以更多的時間用於農業生產，使社會財富得以大量積儲。[16]這些又都是後來的隋煬帝所大為不及的。

7 《隋書》卷四六〈元暉傳〉；《北史》卷一一〈隋本紀〉。
8 《隋書》卷二四〈食貨志〉。
9 《隋書》卷一〈高祖紀上〉。
10 《隋書》卷四六〈長孫平傳〉。
11 《隋書》卷六二〈趙綽傳〉。
12 《資治通鑒》卷一七五陳宣帝太建十三年。
13 《隋書》卷二〈高祖紀下〉。
14 《史記》卷三〇〈平准書〉。
15 《舊唐書》卷八〈玄宗紀〉。
16 關於隋富庶的原因，學術界有不同意見，分歧很大。正面意見可參見胡如雷〈隋文帝評價〉，載《社會科學戰線》一九七九年第二期；胡戟〈北周與隋代的租額〉，載《蘭州大學學報》一九八四年第三期；趙雲旗〈隋代殷富的原因〉，載《江漢論壇》一九八四年第一二期；竺培升〈略論隋文帝時期「國計之富」的原因〉，載《中南民族學院學報》一九八五年第一期；沈慶生〈論隋文帝〉，載《四川師範學院學報》一九八〇年第二期等。反面意見參見王士立〈楊堅的重租政策和隋王朝「富有」的關係〉，載《史學月刊》一九八五年第九期；齊陳駿〈關於評價隋文帝楊堅和「開皇之治」的幾個問題〉，載《蘭州大學學報》一九八〇年第四期；楊希義〈隋文帝評價中的若干問題芻議〉，載《西北大學學報》一九八三年第四期。

從統治思想上講，隋文帝君相是內法外儒。

早在魏晉之時，儒家名教經學一統天下的局面就被打破，被漢武帝罷黜的道家、法家思想重新抬頭，並與儒家結合，在以後的現實政治中起到了重大作用。另外，外來佛教及東漢末年發展起來的道教思想，對歷代王朝的統治者也產生了巨大影響。晉人宣稱：「今之學者，師商（鞅）、韓（非）而尚法術，竟以儒家為迂闊，不周世用。」[17] 曹操、諸葛亮、孫權開創三國霸業，皆「術兼名法」[18]，宋儒朱熹總結說：「孔明之學出於申韓」。[19] 亂世以猛治國，自後刑名法術得到了最廣泛的運用，但表面上仍尊崇周禮，出現了內法外儒的統治思想。史書記隋文帝「不悅儒術，專尚刑名」[20]，但同時又說文帝「情類孔丘，憲章文武」。[21] 文帝發布的詔令也多次以儒學為用。如開皇三年（五八三）十一月己酉（十五日），發使巡省風俗，詔曰：「朕君臨區宇，深思治術，欲使生人從化，以德代刑」。[22] 開皇九年（五八九）四月壬戌（初一）滅陳後發布的「太平詔書」也重申：「刑可助化，不可專行。」同年十二月甲子（初六），又詔「制禮作樂」。[23] 又曾下詔王伽曰：「往以海內亂離，德教廢絕，官人無慈愛之心，非庶懷奸作之意，所以獄訟不息，澆薄難治，朕受命上天，安養百姓，思遵聖法，以德化人，朝夕孜孜，意在於此。」[24] 隋文帝還曾親臨釋奠，命元善講《孝經》。[25] 從上述情況看，似乎文帝是以儒術治國，然而，這都是表面文章。

據史書記載，宰相蘇威曾對隋文帝說：「臣先人每戒臣雲，唯讀《孝經》一卷，足以立身治國，何用多為。」文帝深以為然。[26] 蘇威「先人」實際上是告誡儒學「不周世用」，而得到文帝首肯。這個「先人」，即蘇威之父蘇綽。蘇綽（四九六—五四六），京兆武功人，出身於「累世二千石」的關中門閥世家。有一次西魏執政宇文泰問蘇綽以治道，「綽於是指陳帝王之道，兼述申、韓之要」，使宇文泰「整衣危坐」，聽了一整夜而不知倦。自後蘇綽得到宇文泰信用，為西魏改革積極籌畫，「制文案程式，朱出墨入，及計帳、戶籍之法」，「又為『六條詔書』，奏施行之」。[27]「六條詔書」的綱目為「先治心、敦教化、盡地利、擢賢良、恤獄訟、均賦役」，全文四千多字，思想內容非常豐富。表面上看是祖述儒家，但骨子裡則盡是法家富國強兵耕戰思想，是魏晉以來諸葛亮、曹操的名法思潮的直接繼承。「六條詔書」是儒其器而法其道，陰法陽儒的治國之策，它以皇帝名義頒布，成為西魏北周政治改革的指導原則，不僅對宇文氏王朝起了極為重要的作用，而且對隋唐統治者也產生了巨大影響。蘇綽、蘇威父子內法外儒的治國思想，可以說是西魏北周以至隋朝統治思想的靈魂。隋文帝、隋煬帝父子雖然滿口仁義道德，但骨子裡盡是刑名法術，隋兩代帝王信重的宰相，沒有一個是真正的儒臣。

信奉刑名法術的宰相蘇威與高熲，同心協力輔助隋文帝，成為開皇初文帝的主要智囊，高熲更為治理好新建的國家，日夜操勞。據載，高熲每晚睡覺前，總是將一盤粉墨置於臥側，躺在床上腦子裡不停地思考著國家政事，每「思得一公事，輒書其上」，至第二天，即抄錄入朝商討施行。[28]在朝堂，高熲常坐在堂北一棵槐樹下，聽事辨公，以致這棵樹長斜了，與其他樹不成列，官司將砍伐此樹，文

17《晉書》卷四七〈傅玄傳〉。
18《文心雕龍》卷四〈論說〉。
19《朱子語類》卷一三六〈歷代三〉。
20《隋書》卷七五〈儒林傳序〉。
21《隋書》卷一〈高祖紀上〉。
22 同註21。
23《隋書》卷二〈高祖紀下〉。
24《隋書》卷七三〈王伽傳〉。
25《隋書》卷七五〈元善傳〉。
26《資治通鑑》卷一七五陳宣帝太建十三年三月。
27《周書》卷二三〈蘇綽傳〉。
28《隋唐嘉話》卷上。

帝特命不必砍去，留下以示後人。隋文帝對高熲無比信任，大小政刑，無不與之謀議，不呼名而親暱地稱為「獨孤」。高熲並不居位傲慢，他權位日重，卻「深避權勢，上表遜位」[29]，把功勞讓於蘇威，這使文帝越加信任。後來唐太宗閱讀高熲本傳，也稱高熲「公平正直，尤識治體」[30]，又盛讚高熲「有經國大才，為隋文帝贊成霸業」[31]，把高熲說成是隋文帝的諸葛亮。

蘇威也盡心竭力為國分憂。隋立於亂世，典章法制零亂無章，文帝令朝臣對舊存法制進行釐改，以成有隋一代通典，蘇威在這方面用心最多，百官都稱讚他的才能。這樣，隋初百僚以高熲、蘇威為核心，形成高、蘇輔政體制，內法外儒，以刑名法術治國。在高熲和蘇威的輔助下，隋「革命數年，天下稱平」。[32]

為政察察　東狩泰山

高熲、蘇威輔佐隋文帝發展經濟、革新政治，取得了巨大成績，但他們執掌朝政卻引起了不少追逐權力的關隴勳貴的不滿，特別是那些幫助楊堅篡位的佐命功臣更是不服。早在開皇元年（五八一）三月，就發生了開國元勳柱國劉昉、盧賁及上柱國元諧、李詢，華州刺史張賓等，結黨陰謀廢黜高、蘇，「五人相與輔政」之事。盧賁時任太子左庶子，楊堅奪位前盧賁率禁衛護駕，世子楊勇當時則總統禁軍，因此盧賁與太子楊勇私交甚篤，他見隋文帝對晉王楊廣特所鍾愛，就私下對皇太子表忠心，請楊勇警惕楊廣謀行奪嫡。盧賁又與劉昉、元諧等謀，結果謀事不祕，文帝聞知後窮治其事，但又念及擁立之功，僅將盧賁除名為民，張賓則憂懼而死。這一事件雖然太子楊勇和晉王楊廣並未介入，但拉開了隋朝儲位爭奪的序幕。

「五人相與輔政」的陰謀雖被及時揭露制止，但各方面對高、蘇的攻擊仍不絕於耳。開皇元年

（五八一）三月，治書侍御史梁毗上表指責蘇威「身兼五職，安繁戀劇，無舉賢自代之心」。不少大臣都認為蘇威論功勞才能都不及楊素，應辭位讓賢。為此隋文帝不得不出面親自為蘇威辯護。[33]又有人奏高熲結朋黨營私，文帝找宰相楊雄詢問，楊雄回答：「至尊欽明睿哲，萬機親覽，熲用心平允，奉法而行，此乃愛憎之理，惟陛下察之。」[34]文帝聽後安撫高熲說：「獨孤公猶鏡也，每被磨瑩，皎然益明。」[35]

隋文帝雖信用高熲、蘇威等少數宰臣，但對許多功勳卓著的文武大臣卻十分警惕。依靠陰謀奪位的人往往易發多疑症，他也怕別人仿效自己謀奪楊氏天下。如北周舊臣梁睿擁戴楊堅禪代，征討王謙有功，出任益州總管，「民夷悅服，聲望越重」，文帝「陰憚之」。[36]開皇六年（五八六）閏八月，舒國公劉昉、郕國公梁士彥、杞國公宇文忻謀反被誅。三人都是開國元勳，關隴勳貴，「相與謀反」，「陰圖不軌」，許推梁士彥為帝。宇文忻並說：「帝王豈有常乎？相扶即是。」結果被家人告發，三人一同逮於朝堂，以謀反罪當眾處決。[37]這是隋建立後統治集團上層出現的第一次謀反事件。

關隴勳貴集團內部有人謀反，使高踞權力巔峰的隋文帝惴惴不安，他自己也是關隴勳貴的一員，

29《隋書》卷四一〈高熲傳〉。
30《貞觀政要》卷五〈論公平第十六〉。
31《貞觀政要》卷六〈杜讒邪第二十三〉。
32《資治通鑑》卷一七五陳宣帝太建十三年。
33《隋書》卷四一〈蘇威傳〉。
34《隋書》卷四三〈觀德王雄傳〉。
35 同註29。
36《隋書》卷三七〈梁睿傳〉。
37《隋書》卷三八〈劉昉傳〉，卷四〇〈梁士彥傳〉、〈宇文忻傳〉。

是偶然機會使皇位輪到了他。新朝官僚既多是北周舊臣，在功績、實力和其他政治資源方面楊堅並不比他們有多大優勢。李德林就曾對楊堅說：「公與諸將，皆國家貴臣，未相服從。」[38]他們雖拋棄了北周宇文氏，但有資格當皇帝的勳貴還很多，只是機會給予了楊堅而已。果然不久，就有上柱國王誼、元諧私下訇問，自稱應讖受命，他們又都是關隴勳貴。王誼與文帝還是親家翁，其子王奉孝尚文帝第五女蘭陵公主。王、元二人均以反叛罪相繼賜死，並籍沒其家。[39]

平陳後隋的政治局勢逐漸發生變化。隋文帝雖平十四海，功業隆盛，但對自己的統治仍缺乏信心，每旦聽朝，日昃忘倦，猜忌之心愈重，連宰相「四貴」也受到猜疑。

首先遭到猜忌的是廣平王楊雄，他公心為國，支持高熲、蘇威改革政治，與朝臣的關係很好，對下屬也很寬容，因而「朝野傾屬」，威信日高。加之他久典禁軍，「貴寵持盛」，這使隋文帝擔心有朝一日楊雄會被關隴勳貴擁立為帝，因而「陰忌之，不欲其典兵馬」。開皇九年（五八九）八月壬戌（初二），文帝下冊拜楊雄為司空，「外示優崇，實奪其權」。楊雄自知皇上對自己不放心，乾脆杜門不出，謝絕賓客，以免招致殺身之禍。不久，文帝改封楊雄為清漳王，後改封觀德王。[40]「四貴」體制開始瓦解。

「四貴」中最招物議的是蘇威，他任相後排擠了山東才士李德林，雖得隋文帝信用，但謙虛謹慎不如高熲，朝議對他多有責備。蘇威的兒子蘇夔年少氣盛，不能慎重待物，引致賓客，被人奏為朋黨，隋文帝令蜀王楊秀和宰相虞慶則進行審查，事皆有據，於是免去了蘇威的官爵。後雖又恢復了蘇威的爵位，仍拜納言為宰相，但蘇威已從其權力的巔峰期跌落下來，「四貴」體制於是徹底瓦解。

「四貴」中另一成員虞慶則在平陳及討平突厥後也閑簡無事，較少參預中樞政治。隨著「四貴」宰輔體制的垮臺，隋文帝對領導班子進行了調整。越國公楊素在滅陳和平定江南叛亂兩次大戰役中戰功卓著，顯示了文武才幹，在朝臣中的威望越來越高。開皇十二年（五九二）十二月乙酉（十四日），隋文帝下詔任內史令楊素為尚書右僕射，取代蘇威，與高熲「專掌朝政」，楊素於是成為高熲之後位居第二位的宰相，形成以高熲、楊素為首的新的輔政班子，取代了原先的「四貴」體制。

楊素，字處道，弘農華陰人，為著名的門閥世家，父祖輩世代官冕，任官於北魏、西魏、北周諸朝，「公卿牧守，榮赫累朝」，「門生故吏遍於天下」。[41] 楊素自小與安定牛弘同學，讀了很多書，文章寫得漂亮，書法也稱美當時。及年長，儀表堂堂，有英雄豪傑之相。楊素自小有大志，不拘小節，父親楊敷在北周對北齊作戰中陣亡，未得朝廷封號，楊素再三上表向周武帝申訴，冒犯觸怒了武帝。周武帝要將楊素治罪問斬，楊素竟大喊：「我事無道天子，那能不死。」武帝一聽反倒感到來者是個壯士，於是追贈楊敷為大將軍，謚曰忠壯，並拜楊素為車騎大將軍。楊堅假黃鉞任丞相，楊素認准當時形勢，即向楊堅表忠心，被楊堅任為汴州刺史，從征尉遲迥，破宇文胄，遷徐州總管，封清河郡公。楊堅受禪，加上柱國。開皇四年（五八四）拜御史大夫，曾上表彈劾文帝的親家翁王誼。開皇九年（五八九）任平陳三路元帥之一，以功封越國公，不久拜納言任宰相，開皇十年（五九〇）七月癸卯（十八日）轉內史令。同年以宰相之位任行軍總管，統率大軍平定江南叛亂，凱旋歸朝時受到文帝的盛大歡迎，賞賜無數，並蔭及兒子，不久即以文武全才取代蘇威任尚書右僕射。

由於戰功卓著，楊素越來越多地得到隋文帝的寵信和賞賜，其弟楊約、從父楊文思、楊文紀及族父楊异也均為尚書列卿，諸子無汗馬之勞，也都因父功而位至柱國、刺史，「親戚故吏，布列清顯」，

38《資治通鑒》卷一七四陳宣帝太建十二年。
39《隋書》卷四〇〈王誼傳〉、〈元諧傳〉。
40《隋書》卷四三〈觀德王雄傳〉。
41《北史》卷四一〈楊播傳〉論曰。

史稱「素之貴盛，近古未聞」。[42] 楊素對弘農楊氏的閥閱和自己的貴顯日隆也十分得意，連出身八柱國之家的侯莫陳氏也不在他眼裡，認為侯莫陳氏沒有資格與門閥世家通婚。[43] 出身於大門閥的楊素生活上「富侈之極」，「第宅華侈，制擬宮禁」，「有家僮數千，後庭曳羅綺之女亦數千，都會之處，邸店碾磑，不知紀極」。[44]

最看不起楊素的是名將賀若弼。賀若弼以平陳功受到文帝重賞，生活豪華不亞於楊素，家裡珍玩不可勝計，婢妾曳綺羅者數百。文帝本想以優厚的賞賜待遇安撫功臣，誰知賀若弼自以為功名才能在朝臣們之上，每以宰相自許，結果楊素任右僕射自己仍是將軍，甚感不平，形於言色，竟因怨望下獄。公卿將相們議賀若弼罪當死，文帝惜其戰功，免他死罪，除名為民。一年後恢復賀若弼宋國公爵位，但不復使任，而每次賜宴，都對賀若弼優禮有加。[45]

隋文帝優容功臣和關隴勳貴，「賞賜有功，無所愛吝」，貴族官僚食邑多者達上千戶。然而，文帝本人生活並不奢華，而是十分簡樸。他「躬先儉約，以事府帑」，平日「居處服玩，務存節儉」，自己服御的衣物，或舊或壞，「隨令補用，皆不改作」[46]，不是大宴會，他本人「所食不過一肉而已」。[47] 開皇六年（五八六）三月，文帝下詔「犬馬器玩口味不得獻上」。[48] 由於文帝提倡儉樸，「上下化之，開皇、仁壽之間，丈夫不衣綾綺，而無金玉之飾，常服率多布帛，裝帶不過以銅、鐵、骨、角而已」。[49] 這樣節儉的皇帝，在歷史上的確罕見。

隋文帝心目中還是存有百姓的，對「民間疾苦，無不留意」，「嘗遇關中饑，遣左右視百姓所食，有得豆屑雜糠而奏之者，上流涕以示群臣，深自咎責」，竟因此「撤膳不御酒肉者，殆將一期」。為減輕關中人民的負擔，隋文帝率群官駕幸洛陽逐糧就食，有百姓相隨，男女攙雜於皇家仗衛之間，文帝下令不得驅逼，有攜老帶幼者行路艱難，文帝遽令左右扶助。[50] 隋文帝注意人民最起碼的生存條件，他克己止欲，是個有責任心勵精圖治的皇帝。隋文帝決不以無限皇權供一人之淫樂，能較謹慎地使用權力。

隋文帝可謂歷代帝王中勤政的楷模，他事必躬親，為處理好國政，「每日臨朝，日昃不倦」，勤於聽受，乃至「日旰忘食，夜分未寢」。治書侍御史柳彧和兵部尚書楊尚希勸他但舉大綱，責成宰輔，「繁碎之備，責成有司」。文帝雖善，但不能從。[51] 然而，對於隋文帝的勤政，後代唐太宗卻有不同看法，貞觀四年（六三〇），唐太宗問蕭瑀曰：「隋文帝何如主也？」蕭瑀對曰：「克己復禮，勤勞思政，每一坐朝，或至日昃，五品以上，引坐論事，宿衛之士，傳餐而食，雖性非仁明，亦是勵精之主。」唐太宗聽後不以為然，說：「公知其一，未知其二，此人性至察而心不明，夫心暗則照不通，至察則多疑於物，又欺孤兒寡婦以得天下，恒恐群臣內懷不服，不肯信任百司，每事皆自決斷，雖則勞神苦形，未能盡合於理。朝臣既知其意，亦不敢直言，宰相以下唯即承順而已。」[52] 唐太宗身居皇位，當然最能洞悉帝王心理，他的分析的確比一般大臣要深刻得多，多疑而至察，生怕別人篡奪皇位的恐懼感使隋文帝躬親庶務，不敢濫用權力。

---

42 《隋書》卷四八〈楊素傳〉。
43 《隋書》卷七九〈外戚蕭琮傳〉。
44 《獨異志》卷上；《隋書》卷四八〈楊素傳〉。
45 《隋書》卷五二〈賀若弼傳〉。
46 《隋書》卷二四〈食貨志〉。
47 《隋書》卷二〈高祖紀下〉史臣曰。
48 《隋書》卷一〈高祖紀上〉。
49 《隋書》卷二〈高祖紀下〉。
50 同註49。
51 《隋書》卷六二〈柳彧傳〉。
52 《貞觀政要》卷一〈論政體第二〉。

隋文帝外出時，路上遇到有人上表，即駐馬親自臨問，經常暗中派人到地方上觀察風俗，探聽吏治得失。文帝對官司至察至嚴，凡有受賄者，必遭嚴懲。常常派人暗中向下官令史府吏行賄，有受賄者必死，「無所寬貸」。是以史臣論隋文帝「好為小數，不達大體，故忠臣義士莫得盡心竭辭」。「無寬仁之度，有刻薄之資」[53]，天性沉猜，行察察之政，尚夠不上儒家理想中的聖王。

隋文帝雖體察民間疾苦，關心百姓生活，但內法外儒，以嚴猛治國，以重法嚴刑止盜，其對人民的統治是相當苛刻的。為防止農民造反，禁民間「大刀長槊」，「收天下兵器，敢私造者問罪」。[54]其時，「天下船長三丈，謂其既大，必能藏慝奸黨，並令沒入官」，時人已稱之「無道」[55]，隋千百萬民眾竟是在此種重壓恐怖狀態下生活。為了維持治安，青州刺史燕榮在任上選有力者為之「伍伯」，相當於現今員警，凡有人路過州界，必加查問，動不動就鞭撻路人，「創多見骨」，使「奸盜屏跡，境內肅然」。其他州縣人行經青州（治今山東益都）地界，「畏若寇仇，不敢休息」。對於這樣一個苛暴的父母官，文帝卻「甚善之」，朝覲時「特加勞勉」，賜宴於內殿，命王公作詩歌頌他。[56]隋文帝寬猛相濟，行苛政和察察之政，令行禁止，善於掌握子民生存的最低限度，雖嚴苛卻不致驅民於水火，文武之道，一張一弛，左右開弓，內法外儒，使上下化之，四海平一，很快致天下以太平。舊史稱隋文帝自強不息，朝夕孜孜，使人庶殷繁，帑藏充實，二十年間，天下無事，區宇之內安泰晏如，功業昭昭，考之前王，足以參蹤盛烈，堪稱一代「良主」。[57]

然而，隋文帝對自己評價並不太高，他雖踞權力巔峰，但處事謹慎，極有自知之明。這一點與其子隋煬帝大不相同。文帝並非好大喜功之徒，也不喜奉承溜鬚拍馬之人。平陳之後，賀若弼將其多年為平陳所策劃的計策編纂成冊，題為《御授平陳七策》，上呈隋文帝，文帝連看都不看，說：「公欲發揚我名，我不求名，公宜自載家傳。」[58]平陳凱旋時，文帝大宴百僚，元諧曾對文帝說：「陛下威德遠被，臣請以突厥可汗為候正，陳叔寶為令史。」文帝卻正色說：「朕平陳國，以伐罪吊人，非欲誇誕取威天下。公之所奏，殊非朕心。突厥不知山川，何能警候；叔寶昏醉，寧堪驅使！」說得元諧「默然而退」。[59]

開皇九年（五八九）六月，朝野上下百官都以南北統一而要求隋文帝封禪泰山。所謂封禪，封為祭天，禪為祭地，封禪就是祭天地。「封禪者，高厚之謂也，天以高為尊，地以厚為德，增泰山之高以報天地，厚梁甫山之基以報地也。昭天之所命，功成事就有益於地，若天地之高厚云。」[60]封是封東嶽泰山，禪是祀泰山腳下的梁甫（父）山。據說泰山上有金篋玉策，能知人壽命長短，且東嶽泰山在東方主生，是萬物之始，陰陽交替之處，所以封、禪雖同時進行，但封禮重於禪禮。總之，封禪乃是古代帝王為自己歌功頌德，粉飾太平的大典禮。傳說炎帝、黃帝、堯、舜、禹、湯、周成王受命後都曾封禪，而有文獻考稽的登泰山封禪大典則是從秦始皇開始的，以後漢武帝、漢光武帝也登泰山舉行過封禪，其後至隋五、六百年，再也沒有哪個皇帝有能力舉辦盛大的封禪大典。因為封禪預示著「太平盛世」，只有有德政的皇帝才有資格論封禪，魏晉南北朝戰亂不斷，當然沒有哪個分裂君主敢論封禪。現在隋滅陳天下一統，隋百官以為太平盛世已到來，因此異口同聲要求封禪，但文帝卻不敢當。七月丙午（十五日），隋文帝特意下詔：「豈可命一將軍，除一小國，遐邇注意，便謂太平，以

53《隋書》卷二〈高祖紀下〉史臣曰。
54《隋書》卷二〈高祖紀下〉。
55《獨異志》卷下。
56《隋書》卷七四〈燕榮傳〉。
57《隋書》卷二〈高祖紀下〉史臣曰。
58《隋書》卷五二〈賀若弼傳〉。
59《隋書》卷四〇〈元諧傳〉。
60《太平御覽》卷五三六〈禮儀部十五〉。

薄德而封名山，用虛言而幹上帝，非朕攸聞。而今以後，言及封禪，宜即禁絕！」[61]

隋文帝不願圖虛名而耗費國庫，驚擾州縣百姓，認為離太平盛世還差得很遠。但朝野上下上表要求封禪的依然不絕。開皇九年（五八九）十一月壬辰（初三），定州刺史豆盧通等又聯名上表，請求封禪，文帝又不許。後泰山腳下的兗州刺史薛胄派遣博士登泰山觀古跡，撰寫〈封禪圖〉及〈古封禪儀〉呈上，並盛稱「天下太平，登封告禪，帝王盛烈」。文帝又「謙讓不許」。[62]這時降君陳叔寶也上表，寫詩要求隋文帝封禪，其詩云：

> 日月光天德，山河壯帝居。
> 太平無以報，願上登封書。[63]

於是要求封禪的呼聲一浪高過一浪，舉國一片歌功頌德之聲。

開皇十四年（五九四），群臣又請封禪，隋文帝雖不採納，但口氣比前軟多了。晉王楊廣時在京師朝拜父母，他看準時機，跳了出來，由他牽頭率百官「抗表固請」。面對親生兒楊廣及滿朝文武大臣的再三陳請，文帝雖不情願，但也只好通融，說：「此事體大，朕何德以堪之。但當東狩，因拜岱山耳。」雖仍不同意封禪，但答應東狩，即往東方巡視，順便祭祀一下泰山。於是，命牛弘等一班文人創定東狩禮，並命有關官司草寫拜岱山「儀注」，要求禮儀備求其簡。十二月乙未（初五），隋文帝車駕巡幸東方，晉王楊廣也隨行同往。

開皇十五年（五九五）春正月壬戌（初三），隋文帝率百官來到兗州，庚午（十一日）來到泰山腳下，隋文帝任晉王楊廣領武侯大將軍，充當祭禮主持人，在泰山腳下設祀壇，「外為柴壇，飾神廟，展宮懸於庭」，「為埋坎二，於南門外」，「又陳樂設位於青帝壇，如南郊」。僅用木柴堆起兩座柴壇，焚燒柴火祭祀上天。由於去年出現了旱情，文帝的祭詞主要是自陳過失，向老天爺請罪。文帝「服袞冕，乘金輅，法駕而行。禮畢，遂詣青帝壇而祭焉」。[64]最後，下令大赦天下。這次祭禮，沒有山呼萬歲的動人場景，只是一般性的祭壇，談不上是封禪，史書亦譏諷為「其禮不經」。隋君臣上下也並不覺得威風光彩，與後來隋煬帝出巡的規模和場面，相差十萬八千里。

封泰山後，天下皆以為將致太平，隋文帝將致舜、堯。監察御史房彥謙卻頗不以為然，曾私下對親友說：「主上忌刻而苛酷，太子卑弱，諸王擅權，天下雖安，方憂危亂。」他的兒子房玄齡也對父親講：「主上本無功德，以詐取天下，諸子皆驕奢不仁，必自相誅夷，今雖承平，其亡可翹足待。」[65]在表面的太平景觀中有人看到了隱藏著的權力爭奪。其時，晉王楊廣正挖空心思陰謀奪嫡。這年七月乙丑（初九），楊廣又從江都向父皇遠道奉獻上一隻長壽毛龜[66]，祝願父皇長命百歲，也請父親珍惜萬金之體。一隻壽龜寄以深情，果然文帝大為歡喜，楊廣摸透了老頭子的心思，千里之外也能討得父皇歡心。

第二節　定計奪嫡　矯情飾行

隋文帝曾從容對群臣說：「前世皇王，溺於嬖幸，廢立之所由生。朕傍無姬侍，五子同母，可謂

61《隋書》卷二〈高祖紀下〉。
62《隋書》卷五六〈薛胄傳〉。
63《初學記》卷一四〈餉讌第五·陳後主入隋侍宴應詔詩〉。
64《隋書》卷七〈禮儀二·封禪〉。
65《資治通鑑》卷一七九隋文帝開皇二十年。
66 同註61。

真兄弟也。豈若前代多諸內寵，孽子忿諍，為亡國之道邪。」[67]文帝以為五個兒子一母同胞，兄弟之間沒有同父異母的隔閡，也就不會發生奪宗爭位，骨肉相殘，以致亡國的悲劇。但事實恰恰與常理相反，同父同母所生的同胞兄弟除老三秦王楊俊外，個個都虎視眈眈，窺覘著皇帝的權位，而尤以老二楊廣最迫切、最陰險，很早就組建了陰謀集團，並大肆活動，千方百計撈取政治資本，要取哥哥楊勇之位而代之。

組建陰謀集團　拉攏楊素上賊船

大隋皇統姓楊，但楊廣次不當立，沒有繼承皇位的資格，而大哥楊勇卻以嫡長立為皇儲。表面上楊廣不敢有所表示，但內心不服，自己也有皇家血統，也有繼承皇位的條件和希望，楊廣的兩隻眼睛於是死死地盯住了東宮。

皇位繼承歷來是關係皇權延續和王朝穩定與興衰的大問題，自夏啟確立一姓「家天下」，就有了君位繼承問題，至西周確立「立嫡以長不以賢，立子以貴不以長」的原則，君位繼承因而有例可循。但是，君主權力無限，獲得了君位就意味著獲得了一切，因此君位爭奪，舍嫡立庶，舍長立幼，乃至骨肉相殘，殺兄屠父的現象，仍屢有發生。

皇太子作為儲君，只是潛在的權威，皇帝才是現實的權威，皇太子地位的存廢，關鍵還在於皇帝的意志。開皇五年（五八五）三月己未（初八）洛陽有一男子高德上書，請隋文帝放棄帝位，不當皇帝而當太上皇，把皇位傳給太子楊勇。高德上書與太子楊勇沒有關係，他本無官職，想以此邀功請賞。隋文帝也未加以處罰，而是就此發表了一番議論：「朕承天命，撫育蒼生，日旰孜孜，猶恐不逮，豈效近代帝王，傳位於子，自求逸樂者哉！」[68]所謂近代帝王，指的是北齊武成帝高湛和北周天元宇文贇，他們年紀輕輕就把皇位傳給兒子，自己當太上皇縱情享樂，以致國家敗亡。隋文帝認為太上皇不足為訓，謝絕了高德的「好意」。

時隋文帝正值壯年，嗣位繼統還有時日可待，這就決定了儲位爭奪是一場持久戰，錯綜複雜的滿朝文武大臣和動盪不定的政治時局等各方面的因素都可能影響儲位元爭奪的進程。

隋儲君之爭大約在滅陳天下一統之後開始，起先一切都只是在極其祕密的狀態下進行。皇太子楊勇在明處，他自以居嫡長，名分已定，根本沒有留心弟弟們的奪嫡陰謀。他毫無心計，我行我素。楊廣則居於暗處，隨著年齡的增長，政治資本的增加，權力欲也越來越大。為奪嫡，楊廣毫不眷戀手足之情，也沒有半點心慈手軟，為達目的必須不擇手段。

奪嫡謀劃在楊廣坐鎮江都時開始，從開皇十年（五九〇）任揚州總管到奪嫡成功，楊廣坐鎮江都十年，這十年正是他用盡陰謀，一步步邁向權力高峰的十年。

楊廣在江都先是大肆收羅江南人士，以擴大自己的勢力。但是，搞陰謀進行奪宗活動，首先依靠的還是他在并州時的藩邸舊臣，王韶、李徹是正人君子，不會同意楊廣的奪宗陰謀，要舉大事，必須物色見利忘義的小人。最先與楊廣商討奪宗之計的是舊臣張衡。張衡於開皇十年（五九〇）隨楊廣由并州總管掾轉任揚州總管掾，最得晉王「親任」，「竭慮盡誠」，「奪宗之計，多衡所建」。[69]

楊廣又竭力拉攏跟隨他南下平陳和平定江南叛亂的將軍宇文述和郭衍，他們和張衡一樣都屬於關隴勳貴成員，兩人或「性貪鄙」，或「事上奸諂」，是「柔顏取悅」的小人。

---

67 《隋書》卷四五〈文四子．房陵王勇傳〉。
68 《資治通鑑》卷一七六陳紀十．長城公至德四年。
69 《隋書》卷五六〈張衡傳〉。

宇文述，字伯通，代郡武川人。宇文述並非北周宇文氏皇室，本姓破野頭，役屬於鮮卑俟豆歸，後從其主姓改為宇文氏，周武帝時以父軍功起家拜儀同。楊堅做丞相時，宇文述隨韋孝寬擊尉遲迥，有戰功，超拜上柱國，進爵褒國公。開皇初拜右衛大將軍。開皇九年（五八九）平陳之役，宇文述成為晉王楊廣直接統領的行軍總管，率軍三萬，自六合渡江，聲援已渡江的賀若弼、韓擒虎兩軍。陳後主被擒後率軍平定東吳，擒斬擁兵抗拒的蕭巖、蕭瓛叔侄，班師後拜安州總管。平陳之役宇文述沒有像賀若弼、韓擒虎那樣自作主張，提前決戰，而是事事處處聽從晉王節度。短短幾個月的接觸，楊廣對宇文述已甚有好感。開皇十年（五九〇）楊廣再次出征江南鎮守揚州之時，為了使宇文述接近自己，特意向父皇上奏，請任宇文述為壽州刺史、總管。[70]

郭衍，字彥義，自雲太原介休人，父郭崇隨魏孝武帝入關，成為關隴勳貴集團成員。周武帝時郭衍參加了滅齊戰役，以功加授開府，封武強縣公，賜姓叱羅氏。楊堅為丞相時，隨韋孝寬擊尉遲迥，以功超授上柱國，封武山郡公。他曾「密勸高祖奪周室諸王，早行禪代」。由是大被楊堅「親昵」。隋建立後敕復姓郭氏，領兵屯平涼北備突厥，後征入朝任開漕渠大監，興修水利，開皇五年（五八五）任瀛州刺史，又轉朔州總管，開倉濟貧，置屯田，甚有政績。開皇十年（五九〇）從晉王楊廣鎮揚州，率軍討平皖南諸洞，授蔣州刺史，與楊廣最為接近。楊廣對他「宴賜隆厚」，後遷洪州總管。由於楊廣對郭衍的品性十分瞭解，很早就把他拉入了奪宗陰謀集團。據《隋書》卷六一〈郭衍傳〉：

> 王有奪宗之謀，托衍心腹，遣宇文述以情告之。衍大喜曰：「若所謀事果，自可為皇太子，如其不諧，亦須據淮海，復梁、陳之舊。副君酒客，其如我何？」王因召衍，陰共計議，又恐人疑無故來往，托以衍妻患癭，王妃蕭氏有術能療之，以狀奏高祖，高祖聽衍共妻向江都，往來無度。衍又詐稱桂州（治今廣西桂林）俚反，王乃奏衍行兵討之，由是大修甲兵，陰養士卒。

這樣，楊廣以張衡、宇文述、郭衍為核心，組成了最初的奪嫡陰謀集團，並制定了陰謀計畫。按計劃如果楊廣奪宗成功，自可為皇太子，進而龍飛九五，如果不成功，也可據淮海，複梁、陳之舊，分裂國家，在江淮重建偏安割據政權。時楊廣坐鎮江都，宇文述據壽州（治今安徽壽縣）總制淮南江北，郭衍領重兵據洪州（治今江西南昌），控制江南。他們大修甲仗，陰養士卒，掌握了江淮相當大的一片土地。

為瞭解楊廣在江都的情況，隋文帝任命刑部尚書楊異出任吳州總管，讓楊異「每歲一與王相見，評論得失，規諷疑闕」。[71]這個楊異並不是楊廣的心腹，他曾任蜀王楊秀的益州總管長史，西南道行臺兵部尚書。他為人較剛正，「甚有能名」，文帝讓他每年一次往江都，雖主旨在於讓富有政治經驗的長者楊異能輔佐年輕的兒子，使他不負厚望，但也不排除有讓楊異監視楊廣的意圖。同時，楊廣也十分注意瞭解朝廷動向。文帝讓坐鎮江都的楊廣「每歲一朝」，常言講：「一日不朝，其間藏刀」。[72]每年只有一次機會進京朝見父皇，朝廷的變故不能及時知道，必將喪失許多難以再來的機會，甚至會有意想不到的危險。於是晉王楊廣「每令人密覘京師消息，遣張衡於路次往往置馬坊，以畜牧為辭，實給私人」[73]，在京師暗設了情報站。

楊廣深知中樞權力圈的大臣對文帝政治取向頗具影響，是奪嫡的重要仲介環節，於是又卑詞厚

70《隋書》卷六一〈宇文述傳〉。
71《隋書》卷四六〈楊異傳〉。
72《北齊書》卷三九〈崔季舒傳〉。
73《隋書》卷六六〈榮毗傳〉。

禮，交結朝中大臣。右衛大將軍元冑「素有威名」，文帝對他「親顧益密」，楊廣亦「每致禮焉」[74]，竭力拉攏。吏部尚書牛弘是當朝宿學，才華蓋世，受到朝臣尊重，楊廣於是「數有詩書遺牛弘，弘亦有答」。[75] 楊廣還進一步拉攏在朝廷遭貶失意的文武才能之士。如將軍于仲文是關隴勳貴北周八柱國于謹的孫子，因叔父太尉于翼事受牽連曾下獄，官位不顯。開皇十年（五九〇）率軍參與平定高智慧叛亂，當時「三軍乏食，米粟踴貴，仲文私糴軍糧，坐除名」。但楊廣認為于仲文「有將領之才，每常屬意」，後上書奏請文帝，讓于仲文調到揚州，「督晉王軍府事」。[76]

當時才俊文宗的薛道衡因被譖參與蘇威朋黨事，被罷免了吏部侍郎的職務，貶出朝廷，「配防嶺表」，楊廣暗派人去給他打招呼，讓他赴嶺南時從揚州路過，到時楊廣再上奏請文帝將他留在晉王府，但薛道衡並不願去揚州充當晉王府僚，而是聽從了漢王楊諒的建議，從江陵道直赴嶺南上任。[77]

奪嫡的關鍵還在於隋文帝的態度，必須結交能在文帝身邊說上話的當朝權貴。楊廣與張衡、宇文述等日夜謀劃，宇文述對楊廣說：「大王仁孝著稱，才能蓋世，數經將領，深有大功。皇上與皇后咸所鍾愛，四海之望，實歸大王。然廢立者，國家之大事，處人父子骨肉之間，誠非易謀也。然能移主上者，唯楊素耳。」[78] 認為能勸說隋文帝行廢立的只有當朝權相楊素，必須拉楊素入夥，才有成功的希望。

楊素當時貴盛無比，已是位極人臣，但他與晉王楊廣缺乏交情，與皇太子楊勇也沒有交惡，要使老謀深算的楊素成為楊廣的黨羽，確非易事。宇文述說他與楊素之弟楊約交情不淺，就請楊廣派他去京師先拉攏揚約。楊廣欣然同意，於是給宇文述許多金寶，資助他進京遊說。

楊約是楊素的異母弟，字惠伯，兒童時爬樹墜地，傷了生殖器，以後竟成了宦官一樣的陰陽人。此人「性好沉靜，內多詰詐，好學強記」，深得哥哥楊素的「友愛」和信任。楊素凡要做什麼事，總是先與他商量，然後才辦。當時楊約任大理少卿，宇文述到京師後即邀請楊約暢飲，並陳設玩物器皿，下棋賭博。每次宇文述都故意下輸，把楊廣所送的金寶全都輸給了楊約。楊約既得到了許多金寶，就向宇文述略表謝意，宇文述趁機把話挑明：「這都是晉王楊廣的賞賜，讓我與你一起玩樂的。」楊約大驚，忙問緣故，宇文述就轉訴了楊廣的意思，並勸說楊約：「恪守常規固為人臣的本分，但違犯常規以符合道義，也是明智之舉，自古賢人君子，沒有不關注世情以避免禍患的。」說得楊約點頭稱是，宇文述於是進一步點到了利害之處：「公之兄弟，功名蓋世，當塗用事，有年歲矣。朝臣為足下家所屈辱者，可勝數哉！又儲宮（指太子楊勇）以所欲不行，每切齒於執政（指楊素），公雖自結於人主，每欲危公者，固亦多矣。主上一旦棄群臣，公亦何以取庇？」的確，楊素執政得罪了不少人，包括皇太子，許多人都以除去楊素為後快。雖然巴結上了皇上楊堅，有皇上為靠山，而一旦皇上謝世，楊素一家不就大禍臨頭了嗎？又怎麼能立足於後世呢？一席話危言聳聽，又分析得頭頭是道，令楊約不禁出了一身冷汗，他也的確不時在為其兄長及家族的命運擔憂。宇文述於是獻計說：「如果能在文帝面前勸行廢立，廢皇太子楊勇，請立晉王楊廣，才是萬全之策。」誠能因此時建大功，王必鐫銘於骨髓，斯則去累卵之危，成太山之安也。[79]

楊約向來是奸詐狡猾的勢利人，被宇文述一提醒，認為所言有理，回府即與楊素計議，認為皇太子楊勇已失愛於皇后，皇上素有廢黜之心，若楊素儘早結托於晉王楊廣，促成廢立，「則匪唯長保榮

74《隋書》卷四〇〈元冑傳〉。
75《冊府元龜》卷四〇〈帝王部・文學〉。
76《隋書》卷六〇〈于仲文傳〉。
77《隋書》卷五七〈薛道衡傳〉。
78《隋書》卷六一〈宇文述傳〉。
79《隋書》卷四八〈楊約傳〉。

祿」，而且可以「傳祚子孫」。楊約說：「晉王傾身禮士，聲名日盛，躬履節儉，有主上之風，以約料之，必能安下，兄若遲疑，一旦有變，令太子用事，恐禍至無日矣。」[80]利害既已點明，楊素不得不考慮。

楊素亦是當時一代奸雄，在權力鬥爭中已是老於世故，楊約的一席話深深地打動了他的心，於是一步踏上了楊廣這條賊船，積極參預奪嫡陰謀。

母后「奇妒」　晉王「仁孝」

楊廣在廣結朝臣和權貴的同時，也沒有忘記拉攏和迷惑母親獨孤皇后。

皇后獨孤伽羅出身高貴，從血統上講獨孤后是一個胡漢混血種，但從文化傳統來講，卻是講究禮法的漢族門閥閨秀。她「柔順恭孝」，其家族「貴戚之盛，莫與為比」，但伽羅總是「謙卑自守」，受到了關隴勳貴的普遍好評。當年，文帝楊堅的父親楊忠是追隨獨孤伽羅之父獨孤信起家，從地位和權勢來看，楊家顯然在獨孤氏之下，兩家存在著某種從屬關係，楊堅與獨孤伽羅的結合，也可能受這種關係的影響。後楊堅以外戚身分篡得北周皇位，獨孤氏家族的地位和影響也起了某種作用。當楊堅入禁中總百揆掌握了軍政大權而又遭到周宗室大臣的攻擊時，也曾得獨孤氏的助力。獨孤伽羅特意派人告誡丈夫：「大事已然，騎虎之勢，必不得下，勉之！」楊堅受禪，獨孤氏即被立為皇后。對於這位家族華貴的皇后，文帝一直存在著畏懼心理。

獨孤皇后堪稱是一位賢德女主，她竭盡心力地扶助丈夫，希望將國家儘快治理好，達到天下太平。她生性節儉，不好奢侈。有一次幽州總管陰壽告訴皇后，說在邊境上與突厥互市，突厥有明珠一篋，價值八百萬，問獨孤后是否買下。皇后回答說：「明珠非我所須，當今戎狄屢屢入寇犯邊，邊境將士戍邊辛苦，不如將八百萬錢分賞有功戰士。」話傳到宮外，百官「聞而畢賀」[81]，都盛讚皇后賢德。

獨孤后對於政治權勢也看得很淡，不像歷史上諸如呂后那樣喜歡玩弄權術。有某官奏稱，依照《周禮》，百官之妻都應聽命於皇后，但獨孤氏卻認為「以婦人與政，或從此漸，不可開其源也」。她還告誡自己的女兒諸位公主：「周家公主，類無婦德，失禮於舅姑，離薄人骨肉，此不順事，爾等當誡之。」認為婦人應謹守婦道禮法。

獨孤皇后十分關心政治。文帝每次上朝，皇后都與文帝同乘方輦，送至朝堂，但她自己決不登上殿閣一步，送到為止。有時，皇后也會讓宦官至朝堂聽文帝處理政務，「政有所失，隨則匡諫，多所弘益」。待文帝退朝時，獨孤后又每至殿前迎接，二人又同乘方輦回到後宮，一同進餐，同枕共寢。老夫老妻，相顧欣然，文帝對她是既寵愛又敬畏。在後宮，獨孤后又常常與文帝談及政事，二人意見往往相合，宮中稱為「二聖」，獨孤皇后對於隋文帝的政治傾向和判斷，可以說是具有極大的影響力。

但是，皇后「性尤妒忌」，她新婚之夜曾與楊堅「誓無異生之子」，楊堅當皇帝後，按禮可以擁有妃嬪姬妾，但獨孤后不能容忍丈夫接觸別的女性，雖然後宮也有嬪妃數十，但那只不過是表示威風的擺設，「後宮莫敢進御」，楊堅根本不能與她們親近。後獨孤后年過五十，容顏漸衰，她生怕文帝見色起意，寵愛上其他宮女，從不選美貌妙齡女子在身邊，宮中所用都是老醜者。盛壯之年的皇帝楊堅在宮中卻也難以接近人間女色，終日陪著一個老妻，也的確難為了他。有一次，楊堅在仁壽宮見到一妙齡少女，長得眉清目秀，唇紅齒白，體態豐盈，一問才知是配沒入宮的尉遲迥的孫女，出於這樣名貴之家的美女，在宮中真是難得一見，文帝即刻就被尉遲氏的美色所迷，便與她親熱了一番，並安排

80 《隋書》卷四八〈楊約傳〉。

81 《隋書》卷三六〈后妃．文獻獨孤皇后傳〉。

她居於別室。但後宮本來就是皇后的領地，事情很快就為獨孤皇后所知，她並沒有當面給皇帝難堪，而是趁文帝上朝時，暗中命令人把尉遲氏殺了。罷朝後文帝來到別室，不見了尉遲氏女，氣得臉色鐵青，但又不敢對皇后發火，窩著一肚子氣來到後院御廄，騎馬從右側門直出長安北門，沒有目的地狂奔了二十餘里。宮中宦官告知朝堂宰相，高熲、楊素聞訊大驚，急忙騎馬趕來，在荒嶺山谷中追上文帝，扣馬苦諫，勸文帝息怒回宮。楊堅滿腹怨恨，長歎息一聲說：「吾貴為天子，而不得自由。」高熲勸文帝應以天下為重，並說：「豈能因為一個婦人，而輕易丟下自己治理天下的責任呢？」楊素也一再勸慰，一直勸到半夜，楊堅的怒氣才稍息，由高熲、楊素陪同回到了宮中。獨孤后正在宮中等待，至半夜見丈夫回來，便嗚咽流涕，低首降節向文帝謝罪，文帝一時也說不出什麼，高熲、楊素在旁盡力調解，帝后於是和好如初。但這件事深深地刺傷了獨孤后的心，自後越發顯得衰老了。

獨孤皇后維護自己的皇后尊嚴，不能容忍身為皇帝的丈夫接觸其他女性，已是十分過分，她還深惡大臣納妾，凡諸王及朝士納妾而有孕者，獨孤后必勸文帝斥退。皇后奇妒也早已傳出宮外，一般大臣也都是知道的。雍州長史庫狄士文的堂妹長得美麗動人，年紀很小就被北齊後主收入宮為嬪，北齊亡後被賜與薛國公長孫覽為妾，受到長孫覽的寵愛，日久天長，正妻鄭氏反倒被冷落。長孫覽妻子鄭氏性妒，但又對長孫覽和庫狄氏無可奈何，最後她求助於獨孤皇后，狀告丈夫納妾寵愛小老婆。果然獨孤皇后下令長孫覽與庫狄氏離絕，不准往來。後來應州刺史唐君明在居母喪時聘庫狄氏為妻，又被御史彈劾，連庫狄士文也受牽連免了官。[82]獨孤皇后妒及臣子，後人稱之為「奇妒」獨孤后。[83]

但獨孤皇后雖妒卻心存仁愛，每當聽到大理寺處決囚徒，總是免不了嗚咽流淚。她自己年紀很小就失去了雙親，常常懷念他們，為此凡公卿大臣有老父老母的，她總忘不了向他們問候。于謹的兒子上柱國於義死，其子于宣道哀毀過甚，數日水漿不入口，獨孤后聞知後即派宦官往于宅存問，勸于宣道節哀。[84]

獨孤后是一個虔誠的佛教徒，她把八十高齡的禪師曇崇迎入皇宮供養，尊以為父，文帝自稱「師兒」，皇后自稱「師女」。平時獨孤后經常燒香拜佛；為了紀念死去的父母，她在長安為父親獨孤信建造了一座趙景公寺，寺內造有小銀像六百餘軀，大銀像高六尺餘，金佛一軀長數尺。當時朝中公卿大臣紛紛仿效捐錢賜物於寺廟，如左僕射高熲就捐出宅第建立了真寂寺，後改為化度寺。[85]

楊廣對母親的性情很瞭解，他深知要爭寵奪嫡，必須在母親身上下功夫，博得母親的好感，於是把自己打扮成一個虔誠的佛教徒。為了討好母親，他給長安曇崇所居寺廟送去寺戶七十餘戶，水碾及碾上下六具，充作寺廟基業。楊廣還在江都為曇崇禪師「造露盤並諸莊嚴，十四年內，方始成就，舉高一十一級，靖耀太虛，京邑稱最」。[86] 在請智顗為自己授菩薩戒時，「戒名孝，亦名制止，方便智度，歸親奉極，以此勝福，奉資至尊、皇后，作大莊嚴」。[87] 受戒不忘至尊皇后，戒名曰孝，楊廣以尊佛來博取父母歡心的用心是十分明顯的。

楊廣既知母親「性忌妾媵」，痛恨色淫，父親好尚節儉，於是更加矯飾，平時惟與妻蕭妃居處，侍女也用老醜者，讓她們穿著沒有繡花邊的粗布衣，屋內屏帳也改用一般粗布。文帝和皇后見兒子如此儉樸，十分歡喜，讚不絕口。為了欺蒙父母，楊廣對非蕭妃所生子女「皆不育」，以「示無私寵」。楊廣一生僅有三個兒子，獨孤后生前見到的長子楊昭、次子楊暕，都是蕭妃所生，在菩薩母后眼裡，

---

82 《隋書》卷七四〈庫狄士文傳〉。
83 《廿二史劄記》卷一五，「隋獨孤后妒及臣子」條。
84 《隋書》卷三九〈于義附於宣道傳〉。
85 《長安城坊考》卷四〈寺塔記〉。
86 《續高僧傳》卷一七〈隋京師清禪寺釋曇崇傳〉。
87 《國清百錄》卷二〈王受菩薩戒疏第二十六〉。

次子楊廣才是遵守禮法，尊崇佛陀的模範，她多次在文帝面前稱讚老二賢明。

但楊廣畢竟長期不在父母身邊，為了討好父母，他費盡了心機。雖遠在江都，但楊廣從不放過任何博得父母歡心的機會。凡父母派到江都來的使者，不論貴賤，楊廣都與蕭妃迎門接引，並為他們設美宴，送給他們厚禮，甚至奴僕也受到超次的禮遇。這些人回朝後個個都稱頌晉王「仁孝」。楊廣每次入朝，車馬侍從都刻意修飾穿戴得格外儉簡樸素，在朝堂他「敬接朝臣，禮極卑屈」，獨孤皇后每次見到老二，都是滿懷歡喜。

晉王「討平」突厥　漢王兵敗遼東

開皇九年（五八九）隋用兵江南之際，塞北東西突厥之間正連兵不已，東突厥都蘭可汗繼承其父沙缽略、叔父處羅侯的遺業，繼續向西征討，企圖統一東西突厥。西突厥達頭可汗因這時還受波斯大軍攻掠，難於兩面應付，只好對東線採取守勢，而全力向西對付波斯。因此，都蘭的西征一度取得重大勝利，其前鋒推進到高昌、于闐一線。均勢的打破，意味著對隋朝的不利。88

這時，大義公主宇文氏自沙缽略可汗死後，按突厥習俗續為處羅侯妻，處羅侯死，又續為都蘭可汗可賀敦。公主時年三十，依然楚楚動人，且有文采，妻事他缽、沙缽略、處羅侯及都蘭祖孫三代，受寵愛之深一代勝過一代。平陳之後，隋文帝專門派人將陳後主的屏風賜給大義公主，公主懷念故國和已死的父母兄弟，心裡總是不能平靜，於是在屏風上題詩，敘陳亡以自寄。詩曰：

盛衰等朝暮，世道若浮萍。
榮華實難守，池臺終自平。

富貴今何在？空事寫丹青。
杯酒恒無樂，弦歌詎有聲！
餘本皇家子，飄流入虜庭。
一朝睹成敗，懷抱忽縱橫。
古來共如此，非我獨申名，
唯有〈明君曲〉，偏傷遠嫁情。[89]

隋使將詩抄來報告隋文帝，文帝見宇文氏對家國耿耿於懷，很不高興，遂對大義公主恩禮和賞賜越來越薄。公主遂煽惑都蘭反隋。開皇十一年（五九一）二月，都蘭可汗曾遣使向隋文帝「獻七寶碗」，十二年也遣使來朝。十三年（五九三）有內地流人楊欽逃入突厥，造謠生事，公主從中蠱惑，使都蘭「不修職貢」。[90] 隋文帝深恐發生變故，於是密令長孫晟、裴矩謀除去宇文氏這一心腹大患。長孫晟偵知公主私生活不檢點，與身邊的西域胡人安遂迦私通，遂當眾揭發公主私事，使都蘭可汗蒙羞，「國人大恥」。可汗逮捕了安遂迦和楊欽，交付長孫晟。長孫晟又讓隋文帝派牛弘給都蘭送上四位美豔的中原妓女，並下詔廢公主，結果宇文氏見殺，血灑草原。

事後，都蘭可汗又向隋文帝上表請求和親，但長孫晟認為都蘭「反復無信」，最終必叛亂，而其北面的小可汗梁幹，是處羅侯之子，父子兩代均輸誠於隋朝，也乞求通婚，不如許和親於幹，讓他率

88 參見薛宗正：〈隋朝與西域〉，載《新疆社會科學》一九八九年第三期。
89 《隋書》卷八四〈北狄．突厥傳〉。
90 《隋書》卷二〈高祖紀下〉。

部眾南徙，牽制都蘭。隋文帝考慮再三，認為長孫晟的分析有理，於是對都蘭、梁幹兄弟二人的和親請求都予以允諾，而其用心實為離間分裂已漸強大難制的東突厥。

這時中亞方面西突厥的情勢也發生了變化，達頭可汗通過與東羅馬（拜占庭）帝國結盟，夾擊波斯，西線與波斯的戰事勝利結束，中亞後方得到了鞏固，於是從容調動兵力，開始向東線全面反攻。開皇十七年（五九七），西突厥達頭可汗大破東突厥都蘭可汗。達頭得勝後，即自稱「七姓大首領，世界七國主」[91]，儼然以突厥大汗自居，不可一世。都蘭可汗則兵敗如山倒，眾叛親離，實力驟衰。隋於此時也拋棄了都蘭，許婚於幹，冊立宗女為安義公主，送與突厥幹可汗和親。

但居於北方的幹部眾較少，勢力較弱，長孫晟說服他帥部眾南徙，居度斤舊鎮。此處較靠近隋邊境，隋為離間突厥，厚此薄彼，對幹「賜賚優厚」，並派遣牛弘、蘇威等相繼為使，優禮幹。都蘭可汗又羞又惱，斷絕了與隋的關係，「亟來抄略」，「數為邊患」。幹可汗「伺知動靜，輒遣奏聞」，使隋「邊鄙有備」。

窘迫的都蘭可汗在遭隋拋棄，內部叛離的情勢下，於開皇十七年（五八七）投附了西突厥達頭可汗，東西突厥達頭、都蘭兩大勢力重又合流為一股，達頭可汗進入漠北，成為突厥大可汗，都蘭則淪為他麾下的小可汗，二人連兵共同向幹發動進攻，並且大規模侵襲隋邊境。隋與突厥的大規模戰事重又開啟了。這一年（西元五八七年）正是封泰山的第二年，突厥達頭可汗已在漠南與隋朝朔州總管趙仲卿交兵[92]，雙方在族蠡山大戰七日，突厥敗去，降者萬餘家。

東北方面，附屬於突厥的契丹、奚也在都蘭可汗的煽動下蠢蠢欲動。開皇十七年（五八七）又出現高句麗國王高元率靺鞨之眾萬餘人入寇遼西之事，隋北部邊疆出現了全面緊張的局勢。二月，隋文帝命剛上任不久的并州總管漢王楊諒和王世積並為行軍元帥，左僕射高熲為漢王長史，發水陸三十萬大軍，大舉征伐高句麗。隋馬軍總管為李景，水軍總管為周羅睺，這是自滅陳戰役結束後隋出兵最多的一次，宰相高熲雖又掛名漢王長史，但仍是實際統帥，他曾向文帝「固諫」，認為不可輕易舉兵，但文帝不從。[93]六月，漢王楊諒軍由陸路師出臨渝關（今河北撫寧），到達遼水，行軍總管元褒從楊諒到達了柳城（今遼寧朝陽）。[94]結果遇「霜潦疾疫」，士兵在大雨天饑寒得病，「王師不振」。水路周羅睺軍自東萊（治今山東掖縣）趨平壤，亦遇大風，船多飄沒。九月，隋軍罷兵回師，死者什八九，這是隋建國以來打的第一次大敗仗，也是後來隋煬帝反復再三征討高句麗的先聲。

高句麗國王高元雖因天時地利擊退隋軍，卻惶懼萬分，遣使謝罪，上表稱「遼東糞土臣元」。[95]文帝也就罷兵，沒有惱羞成怒一再動武，而是待之如初，恢復了和平朝貢關係。

這次伐遼失敗原因，唐人總結為「天時不利，師遂無功」[96]，但裴矩後來向已稱帝的隋煬帝楊廣卻說成是「楊諒不肖，師出無功」。[97]時漢王楊諒年幼，文帝「專委軍」於高熲，和當年滅陳以晉王楊廣為名譽統帥，實權操之於元帥長史高熲的情況完全一樣。不同的是滅陳之役高熲是促進派，長年準備，有取勝把握，而這次征伐高句麗則事起倉促，缺乏戰前準備，高熲初以為不便行，但被任為元帥長史負起統率全軍的實際責任後，又義無反顧。高熲心懷至公，以文帝寄以厚望，也就沒有自避嫌疑，卻又一次沒有處理好和皇子的關係，對楊諒所言，「多不用」，引起漢王銜恨。兵敗回京後，楊諒

91 沙畹：《西突厥史料》，中華書局一九五八年版，第一七七頁。
92 《隋書》卷七四〈趙仲卿傳〉。
93 《隋書》卷四一〈高熲傳〉。
94 《隋書》卷五〇〈元褒傳〉。
95 《隋書》卷八一〈東夷・高麗傳〉。
96 《隋書》卷八一〈東夷傳・史臣曰〉。
97 《隋書》卷六七〈裴矩傳〉。

竟向母后獨孤氏哭訴：「兒倖免高熲所殺。」獨孤氏更把失敗的責任推給高熲，對文帝說：「熲初不欲行，陛下強遣之，妾固知其無功矣。」[98]文帝聽後也憤憤不平，自後對高熲的信用大打折扣。初出茅廬的漢王楊諒也蒙受了敗將之名，這些都對楊廣有利。

自此以後，文帝轉而任用年長的皇子，開皇十八年（五九八），文帝詔蜀王楊秀出靈州道進擊突厥。在任高熲統軍的同時，亦任用楊素。開皇十九年（五九九），幹可汗向長孫晟報告，都蘭製作攻城戰具，將進攻大同城，隋文帝又遣漢王楊諒為元帥，左僕射高熲率將軍王詧、上柱國趙仲卿並出朔州（治今山西朔縣）道，右僕射楊素率柱國李徹、韓僧壽出靈州（治今寧夏靈武），上柱國燕榮出幽州（治今北京市），「發六總管，並取漢王節度」，分道出塞以討突厥。[99]

都蘭大懼，遂引來達頭大軍，合力掩殺梁幹，雙方大戰於長城之下。由於擔任總指揮的漢王楊諒「竟不臨戎」，沒有親臨前線，隋軍沒有趕到，幹大敗，部落散亡，其兄弟子侄盡被都蘭殺死。梁幹與長孫晟僅率五騎乘夜南走，渡河入蔚州（治今山西靈丘），收得散敗數百騎，遂率部悉入隋境，於四月來到長安。時都蘭之弟郁速六也因內部矛盾棄妻子部眾投奔長安，隋文帝大喜過望，賜給大量珍寶，以示撫慰，並任長孫晟為左勳衛驃騎將軍，持節護突厥。[100]

這時高熲、楊素率軍在塞外與突厥達頭、都蘭大軍激戰，隋出動了全部精銳，其中蜀王楊秀的司馬行軍總管段文振遇達頭可汗於沃野（今內蒙古河套地區），曾挫敗達頭軍。[101]史萬歲也與達頭接戰，結果突厥大敗，達頭可汗受重創而遁。另一路高熲也擊破突厥都蘭可汗，突厥於是敗退。

開皇十九年（五八九）十月甲午（初二），隋文帝拜幹為意利珍豆啟民可汗，其意為「意智健」。啟民上表謝恩：「臣既蒙豎立，復改官名，昔日奸心，今悉除去，奉事至尊，不敢違法。」[102]文帝於是令長孫晟率兵五萬，於朔州築大利城（今內蒙古清水河縣），安置啟民及其部屬。這時安義公主已死於戰亂，文帝又以宗女義成公主下嫁啟民可汗，派散騎常侍柳謇之和將軍楊紀、李景送到啟民帳中。啟民感激萬分，窮其所有，贈給隋和親使柳謇之等大批馬匹和雜物。[103]

但都蘭可汗仍侵掠不已，啟民勢弱抵擋不住。長孫晟奏請將啟民所部徙五原，黃河以南夏州、勝州之間（今陝西靖邊縣及內蒙古準噶爾旗一帶），以河為固，發徒「掘橫塹」數百里，東西至河，南北四百里，盡為啟民畜牧之地。又派朔州總管趙仲卿屯兵二萬保護啟民。督徒築金河（故址在今內蒙古呼和浩特市南）、定襄（今山西大同市南舊懷仁縣西南）二城，讓啟民居住[104]，加強了對啟民的保護。

開皇十九年（五九九）底，隋文帝又發數路大軍合擊都蘭，師未出塞，十二月乙未（初四），都蘭可汗為其部下所殺，境內大亂，部眾紛紛投歸啟民。都蘭可汗死後，達頭自稱步迦可汗，統領東西突厥全境，繼續與隋為敵，從磧東進攻啟民，並南下侵擾隋邊境，但其勢已弱，內部分崩，已是強弩之末。

歷史又一次給楊廣以成就功名的機會，就在突厥已趨崩潰之時，隋文帝調晉王楊廣參加了對突厥的反擊作戰。開皇二十年（六〇〇）夏四月壬戌（初四），突厥步迦可汗南下犯塞，隋文帝令晉王楊廣為行軍元帥，出師反擊。這是一次大規模的反擊戰，隋軍分數路出擊，晉王楊廣與楊素出靈武道（今寧夏靈武），漢王楊諒與史萬歲出馬邑道（今山西朔縣）。晉王楊廣實際上仍是掛名的空頭元帥，

98《隋書》卷五〇〈元褒傳〉。
99《隋書》卷八四〈北狄．突厥傳〉。
100《資治通鑑》卷一七八隋文帝開皇十九年。
101《隋書》卷六〇〈段文振傳〉。
102 同註99。
103《隋書》卷四七〈柳謇之傳〉。
104《隋書》卷七四〈趙仲卿傳〉。

他和漢王楊諒各統一軍，實際統帥是楊素和史萬歲。隨楊廣出擊的有左領軍將軍史祥。大軍來到黃河邊，楊廣設祭，祭祀軒轅黃帝，「乙太牢制幣，陳甲兵，行三獻之禮」。[105]晉王率軍繼續北進，步迦可汗逃走，晉王沒有遇到強勁敵手。時長孫晟率突厥降人為秦州行軍總管，受晉王楊廣節度，長孫晟在突厥人飲水的小河溪上流下毒，使下游飲此水的突厥人畜多死，突厥人不知緣故，十分畏懼，說「天雨惡水，甚亡我乎！」於是連夜逃跑，長孫晟乘勢追擊，斬首千餘級。

出馬邑道的漢王楊諒軍在名將史萬歲統領下，率柱國張定和、大將軍李藥王、楊義臣等出塞，至大斤山，與突厥相遇。步迦可汗得知是名將史萬歲，未戰先退，史萬歲率軍窮追數百里，追上後縱兵橫擊，斬首數千級，又向北追逐數百里，取得重大勝利。但楊素妒忌史萬歲的戰功，竟向文帝回報說：「步迦可汗本要投降，起初不想為寇，只想於塞上畜牧。」於是史萬歲的戰功竟被抹殺，萬歲幾次上表陳述，但文帝沒有領悟。

後步迦可汗又遣俟利伐從磧東攻啟民，隋文帝又發兵助啟民據守要路，俟利伐只好退回，啟民可汗向隋文帝上表陳謝：「大隋聖人莫緣可汗（文帝），憐養百姓，如天無不覆也，如地無不載也，諸姓蒙威恩，赤心歸服，並將部落投聖人可汗來也。或南入長城，或住白道，人民羊馬，遍滿山谷。干譬如枯木重起枝葉，枯骨重生皮肉，千萬世長與大隋典羊馬也。」[106]突厥啟民可汗至此已死心塌地臣服於隋朝，隋文帝更被尊為「聖人可汗」。

隋文帝君臣將帥對突厥採取和戰相間，和親與離間並行的政策，變被動為主動，終於取得了巨大勝利，制服了突厥。歐洲著名學者沙畹表示：「中國始終用其遠交近攻，離強而合弱之政策，是為妨礙突厥建設一持久帝國之要因，設無此種反間政策，突厥之國勢不難推想得之，數百年後蒙古之得勢，可以例已。」[107]離間政策使中原農業帝國在與北方游牧帝國的競爭中占了上風，以智謀取勝，減少或避免了雙方大規模的直接戰爭，減少了生命的犧牲和財產的損失，保存了隋朝的國力。要不然，在冷兵器作戰時代，慓悍的遊牧民族騎兵滾滾壓來，出身農民的府兵的確難以招架，長城再長也難免有缺口。所以，隋文帝離間政策的運用值得高度評價，較之後來隋煬帝三征高句麗一味蠻幹，更顯出其大智大勇。

對突厥反擊作戰的勝利主要應歸功於隋文帝、長孫晟、高熲、楊素、史萬歲等君臣將帥，晉王楊廣在其中並沒有什麼建樹，也沒有什麼功勞。但他參加了對突厥的最後一擊，也沒有犯什麼差錯。因為他身為皇子，所以「北破突厥」的聲名又加到了他頭上，較之小弟楊諒征遼失敗，更顯出了他的威名。真可謂不費功夫，坐收名利，使他聲名籍甚，冠於諸王。

出塞對突厥反擊作戰的將帥也留下了描述塞北和戰爭的瑰麗詩篇，特別是領兵統帥楊素，能文能武，作有〈出塞二首〉，並與薛道衡、虞世基相唱和，茲引楊素詩一首：

漠南胡未空，漢將復臨戎。
飛狐出塞北，碣石指遼東。
冠軍臨瀚海，長平翼大風。
雲横虎落陣，氣抱龍城虹。
横行萬里外，胡運百年窮。
兵寢星茫茫，戰解月輪空。
嚴鐎息夜鬥，騂角罷鳴弓。

105《隋書》卷八〈禮志．軍禮〉。
106《隋書》卷八四〈北狄．突厥傳〉。
107 沙畹著、馮承鈞譯：《西突厥史料》，第一五五頁。

北風嘶朔馬，胡霜切寒鴻。
休明大道暨，幽荒日用同，
方就長安邸，來謁建章宮。[108]

楊素的邊塞詩寫得氣勢恢宏，詩中假借漢朝故事懷古抒情，實為詩人從軍紀實之作，反映了詩人領兵出塞與突厥交兵的生活體驗，真實地描寫了塞外的荒寒景色和將士們艱苦的戰鬥生活，也表現了自己老當益壯、捨身為國的情操。全詩筆力蒼勁，是隋詩的上乘之作。

楊素的出塞詩似乎將我們帶進了千年塞北古戰場，邊塞聞笛和霜天零落之鴻聲，悲愴情調中彌漫著征戰者的粗獷壯大氣概。〈出塞〉是當時詩人最常歌詠的主題，晉王楊廣也出塞參加了反擊突厥作戰，他也寫了兩首反映邊塞的詩，題〈錦石檮流黃〉二首：

（一）
漢使出燕然，愁閨夜不眠。
易制殘燈下，鳴砧秋月前。

（二）
今夜長城下，雲昏月應暗。
誰見娼樓前，心悲不成慘。[109]

令人驚奇的是，楊廣所述竟是征人思婦兩地相思之事，其辭悽楚動人，委宛曲折，亦當為上乘之作。但此詩與晉王楊廣的身分不合拍，楊廣何以不和楊素、薛道衡等人一樣寫征戰題材的詩，而要寫相思詩呢？

邊塞征戰烽火連天，青年楊廣渴望建功立業，血戰沙場。但他年輕的心和壯志長期受到了壓抑，他並不能隨心所欲指麾千軍萬馬，事事處處要聽父皇的敕命，甚至要聽父皇指派的實際統帥的命令。每次征戰，他只能當名譽統帥。楊廣於心不服，所以寫相思詩寄託情思。兩首相思詩照見的是楊廣長期受壓制、深深刺痛的血淋淋的心。此時楊廣所思不在塞北，而是朝廷，他眼睛直盯著最高皇權，一旦他獲得皇位，真的能指麾千萬馬，他將寫出豪邁的邊塞詩。

第三節　肆厥奸回　奪嫡成功

經過精心策劃，多年努力，矯情飾貌，占盡風頭，楊廣終於在實際政治聲望上超過了哥哥楊勇。楊勇的驕奢失寵又進一步給了楊廣以機會。楊廣抓住時機，憑藉實力，製造輿論，壯大了自己的聲勢，又要盡陰謀，分化離間，瓦解了政敵的能量。楊廣極盡奸詐詭譎之能事，充分發揮政治上的主觀能動性，終於成為大隋皇位的繼承人。

率意任情　楊勇失寵

晉王楊廣有皇族血統，有南征北戰的聲績，已具有了相當充分的條件，爭奪嗣君之位。但皇太子之位已定，奪嫡既是非法，是陰謀，要成功光憑實力尚不夠，還必須要有機會。這種歷史的機遇也一

108《文苑英華》卷一九七。
109《樂府詩集》卷七七。

再呈現在楊廣眼前，這就是哥哥楊勇的不堪為嗣，自毀前程，正好給楊廣留下了可供鑽營的空隙。

當楊廣在費盡心機不擇手段地算計哥哥楊勇之時，太子楊勇不但沒有絲毫的警覺和戒備，反而縱情聲色，授人以柄。楊勇自以為自己居於嫡長，皇太子地位已定，因而從不虛情假意地去討父母歡心，也壓根兒就沒有留心弟弟們的奪嫡陰謀。而是越來越放蕩，驕奢淫逸。

楊勇自小愛好文學藝術音樂，東宮招攬了不少伎藝人才，歌舞、詠詩、作畫本是貴族子弟的普遍愛好，也是貴族高雅生活的一部分，但其間應有一個度，適度與過度意義大不相同，一旦放縱，過度淫樂就會使自己荒唐，毀滅自己。楊勇恰恰是沒有自我節制，他一味尋求快樂，率意任情，縱情聲色，自己把自己毀了。

楊勇招攬文士修撰書籍，起先隋文帝沒有表示反對，但太平日久，楊勇在皇太子位上過得很不耐煩，開始尋求刺激。時有平原明克讓、魏郡陸爽、沛國劉臻等均以詩文受到太子親昵，閻毗也以「伎藝」侍娛樂宮。所謂「伎藝」，乃書畫藝術及工藝美術之類。閻毗「能篆書，工草隸，尤善畫，為當時之妙」，是周隋時代著名的書畫家、建築藝術家。在東宮他經常以「瑀麗之物取悅於皇太子」，甚得楊勇親待，並稱美於文帝，宿衛東宮，任太子宗衛率長史。楊勇的玩物衣服、車馬等，多為閻毗製作。[110]

又有吳興人沈光，乃陳吏部侍郎沈君道之子，陳亡移居長安，楊勇招為東宮學士。沈光自小手足靈敏快捷，善於戲馬，其騎術號為天下之最，時人稱他為「肉飛仙」。這位「肉飛仙」平時不拘小節，交結輕俠，京師惡少年都圍著他團團轉，太子楊勇和漢王楊諒都爭著延攬他，成為王府座上客。[111]楊勇常在東宮設宴，沈光之父沈君道也常被請來宴樂。沈君道還應太子楊勇之請在宴席上寫了一首詩：「副君監撫暇，禁苑暫停車；水落金沙淺，雲高玉葉疏。隨廚白羽駕，逐釣紫鱗魚。飽德良無已，榮陪終宴餘。」[112]大概描寫東宮赴宴遊樂之事。楊勇也能為詩，可惜史書沒有記載，他所「褻狎」的來自南朝後梁的文士劉臻有一首〈河邊枯樹詩〉：「奇樹臨芳渚，半死若龍門。疾風摧勁葉，沙岸毀盤根。將軍猶未坐，匠石不曾論。無復淩雲勢，空餘激浪痕。可嗟摧折盡，詎得上河源。」[113]可以想見，皇太子楊勇的東宮，文化氣氛是十分濃烈的。

但東宮文人學士大都沒有政治才能。如劉臻就毫無吏幹，成天恍恍惚惚。有一個叫劉訥的，也為東宮學士，和劉臻同樣官為儀同，兩人情好甚密。有一次劉臻往長安城東，對侍從者說：「去劉儀同家。」從者不知是尋劉訥，即帶回劉臻家，到了家門口，大呼：「劉儀同可出矣！」其子出來迎門，這才醒悟過來。[114]這樣的書呆子，竟然也得到太子楊勇的親狎，亦可窺知楊勇沒有什麼政治抱負。

太子左庶子唐令則更為楊勇所「親狎」，經常在東宮教內人弦歌。左衛率長史夏侯福也為太子親昵，在東宮與楊勇戲馬玩耍，竟無復尊卑上下之序。太子左庶子劉行本切諫，楊勇不聽。[115]有一年元旦，楊勇在東宮設宴招待宮臣，唐令則請彈奏琵琶，乃自彈自唱起武媚娘之曲，太子洗馬李綱當即出來諫止，楊勇卻說：「我欲為樂耳，君勿多事」。[116]

倡優工匠出身的雲定興為楊勇製作奇服異器，進奉東宮，他的女兒雲氏被楊勇納為姬妾，因此與太子交往密切，來往無節度。左庶子裴政切諫，太子不但不聽，反而疏遠了裴政。[117]皇太子不節制自

---

110 《隋書》卷六八〈閻毗傳〉。
111 《隋書》卷六四〈沈光傳〉。
112 《初學記》卷一四〈餉讌第五〉：「隋沈君道侍皇太子宴應令詩。」
113 《文苑英華》卷三二六。
114 《隋書》卷七六〈劉臻傳〉。
115 《隋書》卷六二〈劉行本傳〉。
116 《舊唐書》卷六二〈李綱傳〉。
117 《隋書》卷六六〈裴政傳〉。

己的行為，恣意縱樂，其手下的人更仗勢不遵法度。太子千牛備身劉居士好作獠舞，聚徒任俠，引公卿子弟臂力雄健者至家，先把車輪套在他們脖子上，然後用棍棒亂打一通，差不多快打死還不屈求饒的，就稱為壯士，與他相交，結為黨羽。其中靈活敏捷者，編為「餓鶻隊」，有武藝的編為「蓬轉隊」，經常帶著老鷹，牽著狼狗，在長安街道上騎馬橫衝直撞，毆打路人，侵奪商販。街上百姓無貴賤，凡見到「餓鶻隊」或「蓬轉隊」來了，就罷市逃竄，因為是東宮皇太子的人，甚至公卿妃主也不敢招惹，得罪不起他們。[118]

楊勇還特別貪戀女色，他不喜歡父母作主給他包辦的嫡正妻元氏，長期冷落她。他曾對比自己年長幾歲的叔父衛王楊爽說：「阿娘不給我一好婦，真可恨！」楊勇明知母親獨孤氏痛恨男人寵愛姬妾，卻要明目張膽地廣納美姬，與一些不三不四的女人鬼混，甚至指著皇后的侍兒當面對楊爽說：「這都是我的女人。」楊勇的內寵很多，尤其寵幸昭訓雲氏，即雲定興之女。楊勇的第一個兒子楊儼就是與尚未選入東宮的雲氏在外邊野合而生的，即私生子。以後招入東宮立為昭訓，雲氏又接連生下楊裕、楊筠兩個兒子。楊勇不到三十歲，女兒不算，兒子就生了十個，他們分別出自五、六個母親。而太子正妃元氏卻從未得幸，當然也就不會有生育，對此文帝和獨孤后都深表不滿。

開皇十一年（五九一）一月丙午（二十三），皇太子妃元氏突然心臟病發作，第二天便暴死，獨孤皇后懷疑死有他故。隋文帝更懷疑是楊勇指使馬嗣明下毒，對楊勇進行了極嚴厲的譴責。

正妃元氏暴死，父皇母后傷心極了，楊勇反倒高興得很，認為自後雲昭訓得扶為正妻，專擅內政，其私生子楊儼也可名正言順地以嫡長子身分繼承皇位了。這種態度更使文帝和皇后惱火，於是對元氏的安葬大肆鋪張，專門於朝堂文思殿與大臣一起舉哀，意在壓一壓太子的囂張氣焰。

更有甚者，隋文帝和獨孤后還懷疑楊勇與雲昭訓在外野合私生的長子楊儼不是真正楊家血脈。楊儼剛生下來時，文帝與獨孤后曾將他抱入後宮撫養，但楊勇卻多次將他抱回東宮。文帝后來聲言：

「雲定興女，在外私合而生，想此由來，何必是其體胤。」並進一步陳說：「昔晉太子取屠家女，其兒即好屠割。今儻非類，便亂宗社。」

隋文帝和獨孤后特別看不起雲昭訓的父親雲定興，這個優人工匠自從當了隋文帝的親家翁後，得意忘形，四處招搖。他的另一個女兒嫁給了佞人劉金驎，也與雲定興十分親熱。文帝聽到後感到噁心，即將劉金驎攆出長安。但楊勇並不在意岳父雲定興身分低賤，又將樂工曹妙達引入寢宮，與雲氏一起進餐共宴。曹妙達出宮後也到處吹牛：「我今天給皇太子妃勸酒了。」而雲昭訓也因為自己是庶妻，生子雖長非嫡，怕人不服，也有意四處張揚，「欲收天下之望」。[119] 隋文帝對太子楊勇的庸劣忍無可忍，認為「此兒不堪承嗣久矣」，開始有意調查楊勇的劣跡。獨孤皇后也派人暗中伺察太子，搜尋楊勇的罪過。

楊勇的皇太子地位開始動搖了，隋文帝和獨孤皇后都有意要取消他繼承皇位的資格。

楊勇肆意妄為，楊廣則彌自矯飾。楊廣偵知楊勇失愛於父母，心中竊喜，便抓準時機，火上添油地中傷大哥。

有一次入朝後將還鎮江都，楊廣入宮辭別母后，故意跪在母親面前「哽咽流涕」，母后撫摸著愛子也不覺「泫然泣下」。楊廣裝出一副委屈相，訴說：「兒臣性情見識愚笨，常顧念兄弟之情，但不知何罪失愛於兄長，皇太子常滿懷怒氣，要對我誣陷殺害。我常恐讒言出於親人之口，酒具食器中被投入毒藥。憂慮恐懼，念念在心，怕是早晚要遭毒手，兒性命危在旦夕。」皇后對楊勇也滿腹怨怒，話既挑開，也就毫不客氣地訴說了一通：「晛地伐越發讓人無法忍耐了，我為他娶得元氏女，望隆基

118《隋書》卷八〇〈列女．劉昶女傳〉。

119《隋書》卷四五〈文四子．房陵王勇傳〉。

業，他竟不以夫妻之禮相待，專寵阿雲。元氏像是配給了豬狗，她本無病痛卻突然暴亡，恐是有人投毒。事已至此我也不能窮治。如今晛地伐又無故對你出惡念。我還活著，他就如此，我死後，更要殘害你們兄弟。我每念及東宮竟無嫡子，百年之後，讓你們兄弟在賤婦阿雲生的兒子面前跪拜，一想到此就心碎。」皇后一邊說一邊哭，說完更悲傷得不能自抑，楊廣也撲到母親懷裡嗚咽不止。母子倆於是抱頭大哭，依依難別。從此，獨孤后更下定決心要廢掉楊勇，立次子楊廣為皇太子參見。[120]

已經上了楊廣賊船的權相楊素更是善於揣摩人意，有一次他進入後宮侍奉宴會，見到獨孤皇后即婉轉地試探，說：「晉王楊廣孝悌恭儉，有類至尊。」獨孤后聽到了知音，竟流著眼淚說：「公言是也，我兒阿麼大孝順，每聞皇上和我派內使去，必親自遠迎；說到遠離雙親，未嘗不泣。媳婦蕭妃也令人憐愛，我派婢女去，她常與之同宴共食。哪像晛地伐和阿雲相對而坐，終日酣宴，昵近小人，猜疑骨肉兄弟！我所以益加愛憐阿麼，常恐晛地伐暗中加害。」楊素瞭解到了皇后意思，於是到處說太子楊勇不成器，各方面都不如楊廣。獨孤氏更把楊素引為知己，賜給他金銀財物，讓他贊助隋文帝行廢立。

由於得到獨孤皇后的支持，楊素有恃無恐，於是走上前臺，充當了廢立陰謀的主角。他一方面在隋文帝面前稱譽楊廣，攻擊楊勇；另一方面更在朝臣中大肆活動，廣造輿論，煽動更多的人誹謗太子。一時「內外渲謗，過失日聞」。在楊素導演之下，對皇太子的流言蜚語接二連三地傳到隋文帝耳中。正是「豺虎之心，蜂蠆之口，利似劍鋒，甜如醇酒。乘間一言，天倫不守，彼何人哉，有此毒手」。[121] 而幕後總指揮，正是楊廣。

時有謠言說東宮「多鬼魅」，多次出現「鼠妖」，文帝即命術士蕭吉去東宮「禳邪氣」。蕭吉煞有介事地於東宮宣慈殿設神坐，說是發現一股來自鬼門關的迎風，「掃太子坐」。蕭吉啕啕大叫折騰了一番，用「桃湯葦火」將鬼風驅逐出門，接著又設壇謝土地神，搞了一些虛玄鬼把戲，然後神祕地對文帝說：「太子當不安於位。」隋文帝既「陰欲廢立」，對蕭吉的話自然深信不疑，凡有異變即向蕭吉顧問，「賞賜優洽」。[122]

人言可畏，各種流言鋪天蓋地向楊勇襲來，父母對他冷淡，朝臣對他疏遠，楊勇總算明白自己皇太子地位受到威脅了。但他無計可施，驚慌失措。楊勇和父親一樣也迷信鬼怪巫術，他聽說新豐人王輔賢能「占候」，就將他召來問卜。王輔賢說：「太白襲月，天象對你不利，是皇太子廢退之象。」於是教楊勇用五種銅鐵兵器，制作了避邪詛咒之物，企圖以「厭勝」的辦法免去厄運。他又在府邸後園建造了一個庶人村，村裡房屋低矮簡陋，自己常在其中睡覺休息。楊勇一改往日的奢華，身穿布衣，鋪著草褥子，希望以此來擋住讒言。在仁壽宮的文帝知道楊勇心懷不安，就派楊素去觀察動靜。楊素到了東宮，故意偃息不入，楊勇換好衣服等待，楊素久不進門，用以激怒楊勇。楊勇懷恨楊素，形於言色。楊素於是回報說：「楊勇怨恨，恐怕會生變故，望陛下深防明察。」隋文帝聽了楊素的詆毀，對楊勇更加猜疑。獨孤皇后也派人暗中探察東宮，細碎瑣事都上報給文帝，依據誣陷之詞來構成楊勇的罪狀。

開皇十八年（五九八），隋文帝開始採取行動削弱東宮勢力，東宮屬官凡有才能者統統調開，如蘇孝慈為太子右衛率，有文武才能和政績，受到楊勇的倚重，文帝將他調任淅州刺史，對此楊勇「甚不平，形於言色」。[123]文帝還於大興宮北玄武門到宮城東北隅的至德門之間，每隔幾步就設置一個候人，即特務，以觀察楊勇動靜，事無巨細都要隨時奏聞。另外，東宮值宿警衛之人，侍官以上，名冊

120 《隋書》卷四五〈文四子・房陵王勇傳〉。
121 《隋煬帝豔史》卷三。
122 《隋書》卷七八〈蕭吉傳〉。
123 《隋書》卷四六〈蘇孝慈傳〉。

均歸屬各個衛府，不歸東宮管轄。勇猛矯健者，統統調走，只留老弱供楊勇給使。又以圖謀不軌罪將太子千牛備身劉居士斬首，公卿子弟受牽連的也不少。隋文帝的這些措施已大有咄咄逼人之勢了。

太史令袁充見狀也落井下石，添油加醋地對隋文帝說：「我觀察天象，皇太子應當廢黜。」文帝歎道：「玄象出現很久了，群臣不敢說啊！」[124]皇太子楊勇的地位已是岌岌可危了。

高熲罷相　元勳罪退

楊廣的奪嫡舉動在朝臣宰相中並不是沒有反對者，這使他一時難以得逞。開皇十二年（五九二）成立的以高熲、楊素為核心的宰相班子，雖然楊素當塗顯貴，權勢日盛，但地位仍在高熲之下。楊素乃高熲推薦，他本人對高熲也很欽佩。在奪嫡爭鬥中，宰相高熲的意見顯然十分重要。

高熲任相十多年，權位崇高，從未參加過任何派系鬥爭。他母親曾告誡他「富貴已極」，要處處小心謹慎。高熲見朝廷政治生活日益不正常，也常恐禍變。有一次天象有變，「熒惑入太微」，術士劉暉私下告訴高熲：「天文不利於宰相，應修德以避禳。」高熲內不自安，告訴了隋文帝，文帝聽後安慰了一番，並厚加賞賜，說明文帝對高熲仍是信任的。但國家大事特別是皇位繼承問題，必然要老宰相表態。有一次文帝試探高熲說：「有神憑告晉王妃，言晉王必有天下，若之何？」高熲大吃一驚，長跪在地下，秉告說：「長幼有序，其可廢乎？」[125]明確表示不同意輕易廢掉皇太子。高熲是佐命元勳，在朝臣中威望極高，他堅持皇位嫡長子繼承制，沒有重大理由，當然反對廢楊勇而立楊廣。隋文帝於是默然而止。

不久隋文帝下令挑選東宮衛士到皇宮上值宿衛，高熲上奏說：「若陛下把強壯的衛士都選走，恐怕東宮宿衛太弱。」文帝沉下臉來說：「太子安坐東宮，培養仁德，哪裡用得著壯士。」隋文帝懷疑高熲因為兒子娶了楊勇的女兒，所以向著楊勇。高熲的三兒子高表仁是娶了楊勇的女兒為妻，高熲與楊勇也成了親家翁，但這層關係並不能決定高熲就維護楊勇的皇太子地位。他的第二子高德弘，亦是楊廣親任的王府記室，在楊勇、楊廣之間，高熲每懷至公，既不因與楊勇為親家翁而黨於皇太子，也不可能因二子為楊廣的親信而被拉攏加入楊廣奪嫡陰謀集團。早在平陳作戰時，高熲與晉王楊廣的關係就沒有搞好，以後一直交往不多。楊廣深知，要奪嫡成功，必須除去這塊絆腳石。然而，由於文帝仍然信任高熲，楊廣本人無能為力。

高熲與獨孤皇后的關係本來一直很好，他原先就是獨孤氏的家客。但獨孤后殺文帝寵幸的尉遲氏女，高熲勸解文帝時說不要為一婦人輕棄天下，此話被楊素傳到獨孤后耳裡，引起了皇后「銜恨」。還有一件事也增加了獨孤皇后的不滿。高熲的原配正妻賀拔氏與獨孤后十分友善，賀拔氏生病時皇后曾親派左右宦官前往慰問，後夫人病故，獨孤氏出於對高熲的關心，曾對文帝說：「高僕射老矣，而喪夫人，陛下何能不為之娶！」文帝即將皇后的關切轉達於高熲。高熲很感動，流著眼淚陳謝說：「臣今已老，退朝之後，唯齋居讀佛經而已。雖陛下垂哀之深，至於續弦再娶正室，非臣所願。」隋文帝也就不再勉強。但不久高熲的愛妾生子，文帝聞訊致以祝賀，然獨孤氏卻甚為不悅，文帝問以何故，獨孤后有板有眼地訴說：「陛下還能再信任高熲嗎？先前陛下欲為熲取妻納室，熲心存愛妾，面欺陛下。今其詐已見暴露，對這種當面撒謊的人怎麼還能相信呢？」[126]文帝一想有理，從此對高熲開

124 參見《資治通鑑》卷一七九隋文帝開皇二十年。
125 《隋書》卷四一〈高熲傳〉。
126 同註125。

始猜疑疏遠。

後高熲領軍攻打突厥，大軍追擊越過白道，謀劃進一步深入大漠，派人向朝廷請求增兵。隋文帝左右竟有人誣高熲圖謀造反，但隋文帝還未及批答，高熲已打敗突厥班師還朝，其謠言也不攻自破。

然而，這時朝廷最高層的政治生活已很不正常，文帝雖是勵精圖治之主，但到晚年猜忌之心越益嚴重，持法尤峻，「喜怒不常，過於殺戮」，使「公卿股栗，不敢措言」，「其草創元勳及有功諸將，誅夷罪退，罕有存者」。[127]

蘇威自解除右僕射位後，不久任納言，仍為宰相，但在官場上的磨難使他學得圓滑多了，自後也不再勸諫皇帝，據理力爭了。居閑多年的宰相，原「四貴」之一的虞慶則下場更為可悲。開皇十七年（五九七），嶺南人李賢據州反叛，隋文帝指名要虞慶則任桂州道行軍總管前往鎮壓。優閑慣了的虞慶則不願出征，遭到文帝譴責。平定李賢之後，虞慶則回師至潭州臨桂鎮，觀察山川形勝，歎稱險固攻不可拔，誰知此語竟被與虞慶則小老婆有通姦行為的內弟趙什柱告狀。虞慶則既早已遭文帝心煩猜忌，現又被告有反狀，憤怒的隋文帝即下令將宰相虞慶則問斬。其子虞孝仁當時在江都為晉王楊廣的親信僚屬，豪俠任氣，也因父事除名。[128]

戰將王世積見隋文帝性忌刻，許多功臣不是被殺就是獲罪，從此嗜酒如命，常常喝得爛醉如泥，從不與朝官談及政事，以此來避禍。後轉任涼州總管時，親信安定皇甫孝諧犯罪，被官府緝捕，投奔王世積，世積不敢收納。皇甫孝諧被捕後，出於報復和僥倖求功的心理，上書告王世積謀反，稱王世積曾請道士相面，稱其為國主，夫人當為皇后，其親信曾對王世積說：「河西天下精兵處，可以圖大事。」這本是純粹的誣陷之辭，並無任何證據，但隋文帝既最怕有人仿效自己篡奪皇位，得報馬上征王世積入朝，設大獄窮治其事。結果王世積被處斬，皇甫孝諧誣陷有功，拜上大將軍。[129]

在審問王世積時，有一些關於宮禁之事，據說出自高熲之口，隋文帝想順藤摸瓜，構成高熲之罪，假裝十分震驚，令官司窮追。又有人上奏：「高熲與左衛大將軍元旻、右衛大將軍元冑均與王世積交結往來，接受了王世積贈送的名馬。」文帝不由分說，即怒斥元旻、元冑，要追究高熲罪責。上柱國賀若弼、吳州總管宇文、民部尚書斛律孝卿、兵部尚書柳述等一班朝廷重臣都知高熲清白，於是站出來上奏申明高熲無罪。但文帝既存心要整高熲，見眾多重臣出來說情，更加憤怒，下令將為高熲申辯的人也都交付執法官吏問罪。刑部尚書薛冑依據刑律條文為高熲「明雪」辯解，竟被「械系」，帶上了刑具。這樣一來，群臣百官就沒有人再敢為高熲辯護求情了。開皇十九年（五九九）八月癸卯（初十），高熲被罷免了上柱國、尚書左僕射的官職，以齊國公歸家閒居。[130]

人既失位，倒楣的事也就接踵而來，沒過多久，齊國公府的國令就上言告發高熲「陰事」，稱高熲之子高表仁以司馬懿的故事勸高熲忍耐。文帝大怒，下令將高熲囚禁至內史省，進行審問。憲司上奏說佛門真覺禪師曾對高熲說過「明年國有大喪」；又有尼姑令暉也對高熲說「皇帝有大難」。文帝聽後怒不可遏，不少朝官叫嚷請將高熲斬首，但文帝念及舊情，說：「我去年殺了虞慶則，今年又斬了王世積，如果再誅高熲，天下人會怎麼看我呢？」於是下令將高熲除名為民。[131]

高熲既常恐禍變，得以免死，也處之泰然。以前，國子祭酒元善認為高熲最有宰相之具，曾對文帝說：「楊素粗疏，蘇威懦弱，元冑、元旻之流好像鴨子，隨波逐流。可以付社稷者唯獨高熲。」隋

127《隋書》卷二〈高祖紀下〉。
128《隋書》卷四〇〈虞慶則傳〉。
129《隋書》卷四〇〈王世積傳〉。
130《隋書》卷四一〈高熲傳〉。
131 同註130。

文帝起初也認為說得很對，及至高熲獲罪，文帝又狠狠地責備元善，元善竟致憂懼而死。[132]

高熲罷相對楊廣奪嫡極為有利，這是搬走了最後一塊絆腳石，同時，也是隋政治的分水嶺。唐太宗曾盛稱「高熲有經國大才，為隋文帝贊成霸業，知國政者二十餘載，天下賴以安寧。文帝唯婦言是聽，特令擯斥，刑政由是衰壞」。[133]賢相被斥，帝王不聖，隋政治自後發生逆轉，「忠臣義士莫得盡心竭辭」。權力之爭也並沒有因高熲罷相而緩解，皇太子之位的爭奪卻由此達於白熱化。

鍛煉成獄　太子失位

高熲罷相後，楊素「貴寵擅權，百僚震懾」，其勢如日中天，「無敢忤者」。這時，正如宇文述對楊約所說：「今若請立晉王，在賢兄之口耳。」[134]楊素受楊廣和獨孤皇后的委託，積極謀劃廢立，他「舞文巧詆，鍛煉成獄」，羅織罪名，使皇太子楊勇有口難辯。

楊廣還直接命令心腹段達去私下賄賂受楊勇寵信的東宮幸臣姬威，讓姬威暗中觀察太子動靜，一舉一動都向楊素密告。楊勇在四面圍攻下已無法招架，楊廣見奪嫡時機已成熟，即果斷地命段達去脅迫姬威：「東宮罪過，主上皆知之矣，已奉密詔，定當廢立。君能告之，則大富貴。」誘使姬威上書，誣告皇太子楊勇圖謀不軌。

開皇二十年（六〇〇）九月壬子（二十六），早已聽到不少關於皇太子傳聞的隋文帝收到東宮官姬威的誣告書後，十分緊張，認為楊勇真要動手搶班奪位了，即從避暑之地仁壽宮（其址在今陝西省麟遊縣新城區）回到大興城。來時車駕嚴加戒備，如臨大敵，警衛重重。晚上睡覺怕出現緊情，文帝竟從後殿遷到前殿居住。第二天一早上朝，隋文帝以為朝臣都知道有關皇太子謀行不軌的事，即發問：「我新還京師，本應開懷歡樂，為何如此抑鬱愁悶？」希望朝臣呈報太子過失。但吏部尚書牛弘不知原委，忙稱「臣等不稱職，使陛下憂愁勞累」。文帝一聽文不對題，馬上板起面孔，喝令將東宮官屬太子左庶子唐令則等逮捕，交官司訊鞫，並讓楊素宣陳東宮事狀。

楊素於是危言聳聽地訴說自己奉旨回京，令皇太子查核劉居士餘黨，太子竟公然抗拒詔旨，「作色奮厲，骨肉飛騰」。說什麼「居士黨盡伏法，遣我何處窮付？爾作右僕射，委寄不輕，自檢校之，何關我事？」楊素還添油加醋地編造楊勇的話：「過去禪讓大事要是不順利，我得先被誅，如今父親作了天子，竟乃令我不如諸弟，凡事不能作主。」這些極富挑釁性的誣陷，把文帝氣得直瞪眼，火冒三丈。滿朝大臣聽後也都屏息流汗，誠惶誠恐。

隋文帝當即宣布：「此兒不堪承嗣久矣！皇后恒勸我廢之，我以布素時生，復是長子，望其漸改，隱忍至今。」接著歷數楊勇罪惡，特別是毒害正妃元氏之事。文帝又宣稱雲定興的女兒是在外野合生下的私生子，想到她的出身來歷，何必用她的後代作為繼承楊家基業之人呢？當著群臣的面說他懷疑楊勇與雲昭訓生的長子楊儼恐非楊家血脈，恐怕亂了皇家血統，事關國家前途命運。最後文帝聲言：「我雖德慚堯、舜，終不以萬姓付不肖子也。我恒畏其加害，如防大敵，今欲廢之，以安天下。」

廢立之事終於由皇帝親口說出來了，滿朝大臣鴉雀無聲，惟有左衛大將軍元旻出來諫止：「廢立大事，天子無二言，詔旨若行，後悔無及。讒言罔極，惟陛下察之。」[135] 自從楊雄被架空，虞慶則被誅後，開皇末年隋文帝將禁衛大權交給了魏宗室後代的元旻和元胄。元胄在楊堅禪代之際就典禁軍，充侍衛，曾虎口拔牙從趙王宇文招的宴會上挺身救出了楊堅，後楊堅稱帝時曾稱：「保護朕躬，成此基

132 參見《隋書》卷七五〈儒林．元善傳〉。
133 《貞觀政要》卷六〈杜讒邪第二十三〉。
134 《隋書》卷四八〈楊約傳〉。
135 《隋書》卷四五〈文四子．房陵王勇傳〉。

業，元胄功也。」[136]但右衛大將軍元胄為人奸險，在楊廣的極力拉攏下參加了其奪嫡陰謀集團。元旻為人則較正直，他「辭直爭強，聲色俱厲」[137]，進行了苦諫。但文帝不聽，令姬威出來揭發太子的罪惡，並鼓勵姬威：「太子事蹟，宜皆盡言。」姬威有恃無恐，把根據楊廣、楊素旨意早就編造好的誣陷之詞，油腔滑調地吐了出來。

姬威先揭發太子「意在驕奢」，「欲得從樊川以至於散關，總規為苑」，營建樓臺宮殿，在東宮苑內築一小城，一年四季，作役不輟，「營起亭殿，朝造夕改」。又告太子曾揚言：「若有諫我者，正當斬之，不過殺百許人，自然就永遠清靜了。」姬威又揭發太子目無朝廷，前年蘇孝慈被解除東宮左衛率，太子氣得奮髯揚肘，咒曰：「大丈夫會當有一日，要報此恨。」另外，東宮內所索取的東西，尚書省經常恪守制度不給，太子亦往往發怒，說：「僕射以下，吾會殺戮十二人，要叫他們知道怠慢我之禍。」最後，姬威又揭發太子目無皇上，誣楊勇常說：「皇父厭惡我有許多側庶姬妾，難道高緯、陳叔寶也是庶子嗎？嫡出不是同樣亡國嗎？」又曾令女巫師姥占卜吉凶，妄稱：「皇帝的忌日在開皇十八年（五九八），此期就快到了。」急不可耐巴不得父皇早死。聽到這裡，文帝不禁泫然落淚，說：「誰非父母生，乃至於此。」又說：「朕近覽《齊書》，見高歡縱其子，不勝忿憤，安可效尤邪。」[138]隋文帝氣得青筋直暴，下令將楊勇及其諸子統統拘禁起來，並逮捕楊勇的部分黨羽。於是興大獄「窮治東宮事」。

左衛大將軍元旻感到事有蹊蹺，乃苦苦勸諫。楊素見狀，乃夥同元胄指使下級官吏誣奏元旻「曲事於勇，情存附托」。說在仁壽宮，楊勇曾派親信裴弘給元旻送信，信上寫著「勿令人見」四字。文帝得報惱怒極了，說：「朕在仁壽宮，有纖介小事，東宮必知，疾於驛馬，怪之甚久，豈非此徒邪？」於是將元旻逮捕。右衛大將軍元胄當時該下值，怕元旻在文帝面前辯誣，遂故意留在殿中，並詭稱自己不下值是「為防元旻」，怕元旻發動左衛兵叛亂，文帝更被激怒，當即下令處死元旻，賜元胄帛千匹。[139]

過了些日子，在東宮查出了「火燧」數千。原來，前不久楊勇看見一棵大五、六圍的枯老槐樹，問左右可派什麼用場，有人說古槐尤適於作火把，楊勇遂令工匠制做了幾千枚火燧，打算分賜左右。這時放在庫房被收繳。另外，東宮藥藏局還貯存有好幾斛引火用的艾絨，楊素問姬威，姬威乃造謠說：「太子此意別有所在。」皇上在仁壽宮，太子常飼馬千匹，其與諸子往返於京城，急行一夜便至，曾說要打著火把夜圍仁壽宮。楊素又以姬威的供詞來盤問楊勇，楊勇不服氣，說：「我聽說你家飼養的馬有上萬匹，我作為太子，有馬千匹就是造反嗎？」問得楊素啞口無言。火把實難作為謀反罪證，楊素於是找出東宮的服飾玩器，凡是有雕刻鏤畫的器物都陳列在宮殿中，展示給文武群臣，作為太子的罪證。文帝和獨孤后也屢屢派人責問楊勇，並將罪證諸物出示給楊勇，楊勇辯解不清，內心是極不服氣。

開皇二十年（六〇〇）十月乙丑（初九），隋文帝派人來召楊勇，楊勇見到使者，驚恐萬狀，說：「得無殺我耶！」來到朝堂，見文帝身著戎裝，陳列軍隊，百官立於殿東，皇室宗親立於殿西。楊勇和他的幾個兒子被帶到殿內中央排列，文帝命內史侍郎薛道衡鄭重宣讀廢皇太子詔書：

> 太子之位，實為國本，苟非其人，不可虛立。自古儲副，或有不才，長惡不悛，仍令守器，皆由情溺寵愛，失於至理，致使宗社傾亡，蒼生塗地。由此言之，天下安危，系乎上嗣，大業傳

136《隋書》卷四〇〈元胄傳〉。
137《隋書》卷四五〈文四子・房陵王勇傳〉。
138 同註137。
139《隋書》卷四〇〈元胄傳〉。

> 世，豈不重哉！皇太子勇，地則居長，情所鍾愛，初登大位，即建春宮，冀德業日新，隆茲負荷。而性識庸暗，仁孝無聞，昵近小人，委任奸佞，前後愆釁，難以具紀。但百姓者，天下之百姓，朕恭天命，屬當安育，雖欲愛子，實畏上靈，豈敢以不肖之子，而亂天下。勇及其男女為王、公主者，並可廢為庶人。顧惟兆庶，事不獲已，興言及此，良深愧歎！

皇太子楊勇終於被廢了，連同他的子女一併廢為庶人，成了平民百姓。對於楊勇來講，這不啻是從高山之巔墮入了萬丈深淵。隋文帝又讓薛道衡向庶人楊勇傳旨：「爾之罪惡，人神所棄，欲求不廢，其可得邪！」楊勇再三跪伏在地，說：「我該斬於鬧市，以為後人鑒誡，幸蒙陛下哀憐，得保全性命。」說完，眼淚流滿了衣襟，隨即跪拜，「舞蹈」[140]而離去，文帝身邊的人見狀，沒有不憐憫沉默的。

接著隋文帝又降下詔書：「自古以來，朝危國亂，皆邪臣佞媚，凶黨扇惑，致使禍及宗社，毒流兆庶。若不標明典憲，何以肅清天下！」於是將太子左庶子唐令則、太子家令鄒文騰、太子左衛率司馬夏侯福、前吏部侍郎蕭子寶、前主璽下士何竦等推為罪魁禍首，並處斬，妻妾子女皆收沒官。

車騎將軍閻毗、東郡公崔君綽、游騎尉沈福寶、瀛州術士章仇太翼等四人「皆是悖惡」，雖免死，但每人決仗一百，自身及妻子的資財田宅，統統沒官。副將作大匠高龍義、率更令晉文建、通直散騎侍郎元衡皆令自盡。

接著，又在廣陽門下召集中下級官僚宣讀詔書，層層傳達。將被判死刑的人當眾處死。此獄受牽連的人還有很多，如太子僕河東柳肅等均坐除官為民。[141]楊勇則由東宮遷居內史省，遭到軟禁，只給他五品官員的俸祿。

觀德王楊雄率群臣並代表百官對隋文帝廢皇太子表示擁護，楊雄稱：「至尊為百姓割骨肉之恩，廢黜無德，實為大慶，天下幸甚！」廢嗣是一件國家大事，為表彰有功，文帝賜給楊素財物三千段，賜給元冑、楊約財物各一千段，作為審訊楊勇的獎賞。[142]

皇太子楊勇的被廢，是楊廣陰謀奪嫡取得的巨大成功，他耍陰謀權術算計兄長，以母后獨孤氏為後盾，由權相楊素出面，自己躲在幕後，做得可謂天衣無縫。舊史稱廢楊勇立楊廣「皆（獨孤）后之謀也」[143]，其實主謀者就是楊廣自己，皇后和權相都只是自覺或不自覺地充當了楊廣奪嫡陰謀的工具。嫡長皇太子被廢的另一個重要原因則在於楊勇自己不成器，也不爭氣，自毀前程，給弟弟鑽了空子。太子被廢也是隋朝政治生活中的一件大事，對後來隋朝的政治發展將產生巨大影響，由於繼立的楊廣後來成了暴君，並致亡國，故後人評論此事總是帶有感情色彩，同情楊勇而斥責助楊廣奪嫡的人。有人認為「獨孤之妒，楊素之奸，殆天生二人以為亡隋之階耶」。[144]唐太宗君臣亦認為：「楊素欺主罔上，賊害忠良，使父子之道一朝滅於天性，逆亂之源自此開矣。」[145]明人徐枋評論說：「楊素之罪浮於江充，漢祚不因易儲而亡，隋室寔繇廢勇而隳也。獨孤后之罪浮於驪姬，晉雖亂而殷憂以啟，文公廣既立，而毒痛以殄隋祀也，楊素之罪與趙高等，獨孤后之罪與賈南風等。」[146]

其實，以上評論實不足為訓。從楊勇的品性和作為來看，即使他當了皇帝也不會是一個好皇帝，

140《朱子語類》卷一二八〈本朝二．法制〉：朝見舞蹈之禮，不知起於何時，元魏末年，方見那舞，然恐或是夷狄之風。
141《隋書》卷四七〈本朝二．法制〉。
142《隋書》卷四五〈文四子．房陵王勇傳〉。
143《隋書》卷三六〈后妃．文獻皇后傳〉。
144 蔣瑞藻：《小說考證》卷九引《譚瀛室隨筆》。
145《貞觀政要》卷六〈杜讒邪第二十三〉。
146《讀史稗語》卷三〈楊素獨孤后〉條。

雖然他可能不會像其姐夫周天元宇文贇那般殘暴胡搞，逞凶於一時，但卻有類於北齊後主高緯和陳後主陳叔寶，荒嬉淫樂，置百姓及國家大事於不顧。他缺乏自制力，沒有責任感，只顧自己一人之享樂，沒有什麼治國的政治才能。和弟弟相比，楊勇無論是政績，還是政治素質才幹，都不如楊廣，楊廣取代其兄楊勇而為皇嗣本有其合理性，也有其歷史的必然性。在沒有民主制度讓賢選舉的封建君主專制時代，陰謀和政變是智者和平獲得權力的唯一辦法。相比之下，楊廣並沒有動武，他以情打動母后，以虛假迷惑父皇，以術交結權相楊素，自己不動聲色，不出面就把大事辦成了，整個過程充分表現了楊廣的政治才能。然而，成功固然可慶，但楊廣也早就作了失敗的準備，「如其不諧，亦須據淮海，復梁、陳之舊」[147]。事不成就武裝割據江南，分裂國家，恢復南北朝局面。幸好事情沒有發展到這一步，中國將迎來一個雄武之主，維持一統天下的局面。

新太子受冊　蜀王被廢

開皇二十年（六〇〇）十一月戊子（初三），晉王楊廣在一個大風雪的日子裡被冊立為皇太子。為了顯示自己的節儉和謙慎，投父皇所好，楊廣請求免穿禮服，東宮的臣僚對太子不自稱臣，文帝欣然應允。[148]已屆晚年的隋文帝這時更加相信佛道鬼神，這個月國內正遭地震，這似乎昭示著不祥，文帝對此憂心忡忡，乃令楊廣先到長安附近的大興縣居住，說：「吾以大興公成帝業。」他希望次子楊廣也能以大興而繼承帝業。

十二月辛丑（二十六），隋文帝下詔護持佛、道，佛教天臺山寺智者大師的弟子智越等得知楊廣進位皇太子，高興萬分，立即派灌頂、智璪等奉啟來賀。稱：「伏惟殿下睿德自天，恭膺儲副，生民慶賴，萬國歡寧。凡在道俗，莫不舞忭。」[149]皇太子楊廣讓張衡宣令灌頂、智璪來東宮謁見，楊廣「自問先師亡後有何靈異」[150]，並賜給天臺寺施香爐、銅鐘、勝旛、法衣等物。

太史令袁充也不失時機地上表，稱隋朝建立以來，白晝漸長，他引據緯書《京房別對》中：「太平日行上道，升平行次道，霸世行下道。」的記載，加以引申，花言巧語地造謠說：「因為大隋啟動了天運，感應了上天，所以日影縮短，白晝變長，這是自古少有的好事。」文帝大悅，謂百官曰：「影長之慶，天之祐也。今太子新立，當須改元，宜取日長之意以為年號。」機敏的袁充又上表：「今與物更新，改年仁壽，歲月日子，還共誕聖之時並同，明合天地之心，得仁壽之理，故知倶基長算，永永無窮。」[151]翌年正月初一，文帝下令改元仁壽，大赦天下。由於袁充聲稱白晝變長，以後百工充役也都延長了工役，增加了工作量，壯丁都苦於「白晝延長」，但皇太子楊廣卻對信口雌黃的術士袁充感激不盡。

也正是仁壽元年（六〇一）正月乙酉（初一）這一天，隋文帝下詔任命尚書右僕射楊素為尚書左僕射，正式擔任第一宰相，納言蘇威繼任右僕射。丁酉（十三日）改封楊廣的長子河南王楊昭為晉王，並任內史令，以楊廣次子豫章王內史令楊暕調任揚州總管，接替其父坐鎮江都。後又以觀德王楊雄之弟楊達為納言，組成新的宰相班子。

新班子中蘇威棱角早已磨得平平，已起不到什麼政治作用，朝政大權實獨攬於楊素之手。時楊素貴盛「近古未聞」，他又將才學之士牛弘、薛道衡拉入宰相班子，雖無宰相之名，卻均掌機要參預決

147 《隋書》卷六一〈郭衍傳〉。
148 《隋書》卷九〈禮儀四〉。
149 《國清百錄》卷三〈天臺眾賀啟第七十二〉。
150 《國清國錄》卷三〈僧使對皇太子問答第七十四〉。
151 《隋書》卷六九〈袁充傳〉。

策。特別是內史侍郎薛道衡更受楊素推重，「久當樞要，才名益顯」，「聲名籍甚，無竟一時」，禁內詔書多為薛道衡起草，隋文帝常說：「薛道衡作為文書稱我意。」[152]由於薛道衡文才出眾，皇太子楊廣也仍舊沒有停止對這位書呆子的拉攏，對牛弘則更是互相常有詩書唱和，往來不絕。[153]仁壽初年，以楊素為首的宰相班子，實際上是聽命於楊廣，而不是聽命於文帝。

皇太子楊廣也開始組建自己的班子，組建東宮官屬。楊廣的東宮官屬基本上是江都晉王府親信府僚，他先要求將心腹宇文述調任太子左衛率，又任原督晉府軍事的于仲文任太子右衛率[154]，以張衡為太子左庶子[155]，郭衍任太子左監門率，後轉太子左宗衛率[156]。段達任太子左衛副率[157]，吐萬緒任太子虞候率。[158]原江都晉王府文學柳等人也來到京師，搖身一變，成為「東宮學士」，柳䛒更升任檢校太子洗馬，同樣受到皇太子楊廣「親狎」。[159]楊廣還將原楊勇的東宮學士姚察等人召到自己門下，「訪以文籍」。[160]而與自己不同心的藩邸舊臣則被疏遠甚至鴆殺。如原總晉王府軍事揚州總管司馬的李徹，因素與高熲「相善」，被文帝疏忌閒居在家，楊廣將他召到家中賜宴，「言及平生」，結果「遇鴆而卒」。[161]

仁壽二年（六〇二）八月己巳（二十四），獨孤皇后去世，享年五十八歲[162]。這對剛當上皇太子不久的楊廣來說，的確是不祥之事。舊史記稱太子楊廣當著文帝和宮人的面悲痛欲絕，但在自己府內卻談笑如常，恐未必如此。[163]楊廣不可能不愛母后，對母后支持自己奪嫡成功他感激不盡，當然，嚴厲的母后在世時時處處都在對自己進行監督，自己還必須矯飾應付，但母親既是楊廣的政治靠山，是陰謀奪宮的主要支持者，她一死，楊廣不但失去了政治上的堅強後盾，而且將直接面對來自各方面的反對派，能否順利繼嗣接班，也成了問題。

皇后死後，為了加強對楊勇的管制，隋文帝乾脆將他交給楊廣，幽禁於東宮。楊勇逐漸明白自己被廢的真相，要求面見文帝申訴，卻被楊廣遏止。楊勇無奈只好爬上大樹，大聲呼喊叫冤，聲音傳到文帝寢殿，楊勇希望父皇聽到喊冤聲能接見他。為此文帝詢問楊素，楊素說楊勇已情志昏亂，有瘋鬼附身。文帝既對楊勇傷心已極，信以為真，也不想再見到楊勇了。楊勇對楊廣已構不成什麼威脅。

但對楊廣皇嗣地位的威脅還有同胞弟弟，特別是桀驁不馴性情耿介的四弟楊秀和幼弟楊諒，他們得知大哥被廢十分震驚，對二哥的陰謀奪嫡極表反感。

蜀王楊秀坐鎮西南已二十年，雖於開皇末年受到文帝猜疑和監視，但仍在竭力組織自己的集團。對於二哥楊廣的奪宮他「意甚不平」，於是加緊了應變及日後叛亂的準備，並交通父皇身邊的右衛大將軍元胄，以為黨援。正如文帝所預言，父皇在位，楊秀不敢有異動，但文帝一死，他決不肯臣服於楊廣，必然發動叛亂。楊廣也清楚這一點，他恐楊秀「終為後變」，於是暗中指使楊素搜求楊秀罪過，

---

152 《隋書》卷五七〈薛道衡傳〉。

153 《隋書》卷四九〈牛弘傳〉。

154 《隋書》卷六〇〈于仲文傳〉。

155 《隋書》卷六二〈裴肅傳〉。

156 《隋書》卷六一〈郭衍傳〉。

157 《隋書》卷八五〈段達傳〉。

158 《隋書》卷六五〈吐萬緒傳〉。

159 《隋書》卷五八〈柳䛒傳〉。

160 《陳書》卷二七〈姚察傳〉。

161 《隋書》卷五四〈李徹傳〉。按：原文載李徹「後出怨言，上聞而召之……遇鴆而卒。」不知「上」為文帝或煬帝。從全傳李徹的事蹟來看，似乃煬帝。其時高熲尚在，文帝沒有理由必殺李徹。

162 《隋書》卷三六〈后妃．文獻獨孤皇后傳〉記「年五十」，有脫誤。

163 《資治通鑑》卷一七九隋文帝仁壽二年（六〇二）記：「八月甲子，皇后獨孤氏崩，太子對上及宮人哀慟絕氣，若不勝喪者，其處私室，飲食言笑如平常。又每朝令進二溢米，而私令取肥肉脯鮓，置竹筒中，以蠟閉口，衣補裹而納之。」查《隋書》、《北史》，均未見此記載，乃宋人據小說家言。

常在文帝面前誣陷詆毀。文帝早已對楊秀的作為極表不滿，經楊素一說，遂於仁壽二年（六〇二）七月下詔征楊秀回京。

楊秀接到詔書十分猶豫，想以有病為由推辭不行，總管司馬源師來勸他，楊秀臉色一變厲聲說：「此自我家事，何須卿也。」源師流著眼淚苦諫：「我被任為王府幕僚，怎敢不盡心竭力？皇上有敕追究您，已有很久，若仍遷延不去，朝廷內外猜疑駭懼，聖上震怒，再來追究，大王又如何申辯？」[164] 朝廷恐楊秀生變，乃於七月戊子（十二日）任命獨孤楷為益州總管，乘驛馳至成都接替楊秀。獨孤楷到後，楊秀仍不肯成行，又經獨孤楷的苦心勸導，楊秀才上路。但獨孤楷察覺楊秀有反悔之意，忙部署軍隊作應變準備。果然，楊秀啟程才走了四十餘里，在路上自思前途未蔔，又打算返回成都襲擊獨孤楷，他先派人回城探視，知獨孤楷已有準備這才作罷。

楊秀回到長安時母親獨孤氏剛去世不久，葬於太陵。文帝見到楊秀時臉色嚴峻，不與言語，第二天又派使者來嚴辭責備，後楊秀再見父皇，畏懼萬分，叩頭謝罪，太子楊廣則虛情假意地為楊秀說情，其他幾個王則在旁流淚。文帝怒氣未消，大吼道：「往日秦王糜費，我曾以父道訓斥他，今日楊秀蠹害生民，我當以君道來繩治他。」於是將楊秀交付法官，有人勸諫文帝念及骨肉，不要處罰蜀王，文帝勃然大怒，要割掉他的舌頭，並厲聲對群臣說：「應當將楊秀推於鬧市斬首，以謝百姓。」於是命楊素、蘇威、柳述等人對楊秀窮追治罪。

楊廣雖假意為四弟開脫說情，但他知道父皇一旦氣消原諒了楊秀，楊秀就有可能東山再起，成為與自己爭奪皇位的勁敵。為了就此將楊秀一棍子打死，必須加重楊秀的罪狀，於是楊廣又暗中與楊素精心策劃，鍛煉成獄，要置楊秀於死地。他們知道隋文帝相信鬼怪巫術，楊廣暗中製作木偶人，捆住手腳，用針釘住其心，帶上枷鎖，並寫上文帝及漢王楊諒的姓名，還寫上：「請西嶽慈父聖母收楊堅、楊諒神魂，如此形狀，勿令散蕩。」又派人祕密將木偶人埋在華山腳下。然後，誣陷楊秀狂妄地自稱應圖讖，宣稱京師有妖異怪狀，造謠說蜀地征瑞吉祥，並寫了一則檄文曰：「逆臣賊子，專弄威柄，陛下唯守虛器，一無所知。」自陳蜀中甲兵之盛，要「指期問罪」，發動叛亂。這些謀逆的材料都收到偽造的楊秀文中。

楊素又裝模作樣地搜出了文集，並據文集所提供的「線索」，假戲真做地來到華山腳下，發掘出預先埋好的木偶人，於是「鐵證如山」，全部交到了文帝手中。見到這些「確鑿」罪證，文帝異常震怒，歎曰：「天下寧有是耶！」於是重治楊秀，十二月癸巳（二十日），下詔罷楊秀王爵，廢為庶人，幽禁於內侍省，不得與妻子相見，僅給兩名僚族女婢照應生活起居。受牽連的蜀王黨羽百餘人，也都受到嚴厲處罰。如右衛大將軍元胄及楊素的政敵治書侍御史河東柳彧，並除名為民。文帝又派司農卿趙仲卿往益州窮究秀黨，益州官屬除源師外多相連坐。河東柳儉「在職十餘年，民夷悅服」，也坐免職回鄉裡，「妻子衣食不贍」。[165]

隋文帝又下詔數楊秀罪狀：

> 汝地居臣子，情兼家國，庸、蜀要重，委以鎮之。汝乃干紀亂常，懷惡樂禍，睥睨二宮，佇遲災釁，容納不逞，結構異端。我有不和，汝便覘候，望我不起，便有異心。皇太子，汝兄也，次當建立，汝假託妖言，乃雲不終其位。妄稱鬼怪，又道不得入宮，自言骨相非人臣，德業堪承重器。妄道清城出聖，欲以己當之，詐稱益州龍見，托言吉兆，重述木易之姓，更治成都之宮，妄說禾乃之名，當為八千之運。橫生京師妖異，以證父兄之災，妄造蜀地徵祥，以符己身之籙。

164 參見《隋書》卷六六〈源師傳〉。

165 《隋書》卷六六〈源師傳〉；《隋書》卷七三〈柳儉傳〉。

汝豈不欲得國家惡也，天下亂也？輒造白玉之珽，又為白羽之箭，文物服飾，豈似有君？鳩集左道，符書厭鎮。

漢王於汝，親則弟也，乃畫其形象，畫其姓名，縛手釘心，枷鎖杻械。仍雲請西嶽華山慈父聖母神兵九億萬騎，收楊諒魂神，閉在華山下，勿令散蕩。我之於汝，親則父也，復云請西岳華山慈父聖母，賜為開化楊堅夫妻，回心歡喜。又畫我形象，縛手撮頭，仍雲請西嶽神兵收楊堅魂神。如此形狀，我今不知楊諒、楊堅是汝何親也。[166]

這份詔書把楊秀數落得禽獸不如，罪莫大焉。不但包藏禍心，刻剝人民，而且肆毒心於兄弟，詛咒父母早死，為得皇位六親不認，無所不用其極。然而，楊秀固然有許多罪惡，有爭權奪位之妄想，但請西嶽神兵九億萬騎收楊堅魂神，特別是收幼弟楊諒魂神，則是顯而易見的誣陷，明眼人一看便知其荒唐。

當時楊素一手遮天，像誣陷太子楊勇一樣誣陷蜀王楊秀。隋文帝盛怒之下，除一味相信之外，便是嚴厲懲處了。而楊秀既遭「幽逼」，卻「憤懣不知所為」，啞巴吃黃連，有苦無法說。多虧了大姐楊麗華護持，史稱「蜀王得罪，帝將殺之，樂平公主每匡救，得全」。[167]哥哥楊勇被廢時只求保全性命，楊秀被廢時上表則只求開恩，希望能與愛子「爪子」相見。[168]

這樣，楊廣不動聲色，由楊素出面，詆毀誣陷，假父皇之手，又除掉了一個爭奪皇位的對手，廢掉了一個親弟弟，這對楊廣來講當然是一個不小的勝利，對隋朝政也產生了很大影響。

楊廣的幼弟漢王楊諒時坐鎮并州，也是楊廣的天然對手，楊諒受到父皇的特別寵愛，大哥楊勇被讒廢，二哥楊廣奪得皇太子位，對年輕的楊諒刺激很大，於是「居常怏怏，陰有異圖」。四哥蜀王楊秀又被廢，更使他「愈不自安」，預感到下一個遭殃被廢的將輪到自己，於是暗中作應變準備。楊諒總管五十二州諸軍事，自崤山以東，至於滄海，南至黃河北至塞，盡歸他統領，所居乃天下精兵之處，他藉口防禦突厥，上書文帝：「突厥方強，太原即為重鎮，宜修武備。」[169]得到父皇批准。於是招兵買馬，繕治器械，收納亡命，準備父皇一死即以武力爭奪帝位，奪位不成則復高齊之舊。皇太子楊廣當然明白幼弟的用心和陰謀，但文帝對楊諒十分寵愛信重，楊廣已連續除掉了一兄一弟，不便再對幼弟下手。

第四節　搶班爭權奪位　弒父屠兄幽弟

仁壽四年（六〇四）對皇太子楊廣來講是最難熬的一年，也是他人生最關鍵的時刻。宮廷內權力爭奪暗流迭起，皇太子位還沒有坐穩。古代的政治鬥爭毫無遊戲規則可言，只有強者詐者才可能出奇制勝。楊廣陰險詭詐，殘忍惡毒，終於喋血宮門登上了帝位。

柳述用事　楊廣居閑

權力鬥爭是最複雜最神祕的人間爭鬥。在奪嫡鬥爭中，除兩個弟弟外，反對楊廣奪宮的還有部分

166《隋書》卷四五〈文四子·庶人秀傳〉。
167《隋書》卷二三〈五行下〉。
168 同註166。
169 同註166。

朝臣和州郡牧守，他們的攻擊目標主要是對準了權相楊素。

楊素與楊廣狼狽為奸，廢太子楊勇和蜀王楊秀成功後，楊素「威權越盛」，朝臣中敢忤逆他的，就會遭到暗算或至處死，甚至誅夷全家。如治書侍御史柳彧蔑視楊素，公開對抗，楊素藉口治蜀王黨羽，以「內臣交通諸侯」罪，將柳彧除名為民，配戍懷遠鎮。[170] 而附會楊素的人，即便是無才無德，也會加官進爵。此時，內外大臣都屈從於楊素勢力，「朝廷靡然，莫不畏附」。[171] 敢於與楊素對抗的只有少數幾人。

首先出來反對楊素的，是以性格「剛謇」、歷任諫官而有「鯁正」之名的定安烏氏人梁毗。仁壽二年（六〇二），梁毗在任西寧州刺史十一年後征為大理卿，入朝後見楊素專權，「恐為國患」，乃上「封事」（即密封專呈給皇帝的奏摺）指楊素為人陰險。奏章儘管激怒了隋文帝，但所言誠亮有節。梁毗並指陳：太子、蜀王罪廢之日，百僚無不震驚惶悚，唯楊素眉飛色舞，喜形於色，是視國家有難而以為自己的榮幸。梁毗發言謇謇，辭氣不撓，確實震撼了文帝，動搖了楊素的地位，史稱，楊素「自此恩寵漸衰」。[172]

梁毗首先放炮，少與其「同志友善」的貝州長史河東聞喜人裴肅即起而回應，大膽地上書直接為楊勇、楊秀及高熲開脫，請求給他們「自新之路」。文帝見書，謂楊素曰：「裴肅憂我家事，此亦至誠也。」於是征裴肅入朝。這使楊廣緊張萬分，對心腹張衡說：「使（楊）勇自新，欲何為也？」張衡認為：「欲令如吳太伯、漢東海王耳。」[173] 也就是將楊勇、楊秀外封藩王，這顯然對楊廣不利。接踵而來的有尚書左丞李綱，更直接指陳楊勇「才非常品，性本常人，得賢明之士輔之，足嗣皇業。奈何使弦歌鷹犬之徒，日在其側，乃陛下訓導之不足」。[174] 認為是文帝教導無方，非楊勇之過，這更是為廢太子申冤。後來文帝召見裴肅，說明自己五子「並皆同母，非為憎愛輕事廢立」，表明楊勇「不可復收之意」[175]，但楊廣心裡仍不踏實。

反對楊廣、楊素更有力者，乃是楊廣的妹夫、文帝的女婿柳述。

柳述，字業隆，河東解人，出身於門閥世家。祖父柳慶為北魏尚書左僕射，父柳機、族叔柳昂在北周皆曆官顯要。周隋禪代之際，「周代舊臣皆勸禪讓，（柳）機獨義形於色，無所陳請」，而為隋文帝所疏忌。據史書記載：「機、昂並為外職，楊素時為納言，方用事，因上賜宴，素戲機曰：『二柳俱催，孤楊獨聳』，坐者歡笑，機竟無言。」[176]楊素以勢欺人，當眾奚落柳機，但柳氏既是大門閥，有雄厚的政治文化基礎，又通過門閥聯姻，提高政治地位。時隋文帝愛女阿五，初嫁王誼子王奉孝，奉孝早卒，阿五新寡，年方十八歲，「美姿儀，性婉順，好讀書」，文帝於諸女中「特所鍾愛」，封為蘭陵公主。文帝為公主再選新郎，帝室嫁女最講門第，百里挑一才挑出河東柳述與後梁皇族蕭瑒為候選人。文帝也曾徵求楊廣意見，因蕭瑒是楊廣的小舅子、王妃蕭氏之弟，楊廣當然希望小妹與小舅子成親，就向父皇說項，文帝「初許之」。[177]後又徵求關中門閥韋鼎的意見，韋鼎是最講究家族淵源門第婚宦的，他曾「考校昭穆」，追溯自己的先祖，從春秋戰國時期的楚太傅韋孟以下二十餘世，作《韋氏譜》七卷。說實在的，南朝帝室蘭陵蕭氏和河東柳氏聯姻帝室都可謂門當戶對，韋鼎難以定奪，於是回答：「（蕭）瑒當封侯，而無貴妻之相，（柳）述亦通顯，而守位不終。」文帝聽後感到官位還不

170《隋書》卷六三〈柳彧傳〉。
171《隋書》卷四八〈楊素傳〉。
172《隋書》卷六二〈梁毗傳〉。
173《隋書》卷六二〈裴肅傳〉。
174《大唐新語．節義第十》。
175 同註173。
176《隋書》卷四七〈柳機傳〉。
177《隋書》卷八〇〈列女．蘭陵公主傳〉。

是自家物，由我封官久遠即是，於是將公主嫁給了柳述。[178]這使楊廣很不高興。

柳述聰敏有才幹，愛好文藝，少年時即充任皇太子楊勇的親衛，與楊勇過從甚密。成為文帝乘龍快婿之後，更官運亨通，任內史侍郎。父親柳機也徵召入京，「禮遇益隆」，曾拜納言出任宰相。另外，蘭陵公主又特別爭氣，史稱，公主「諸姊並驕貴，主獨折節遵於婦道，事舅姑甚謹，遇有疾病，必親奉湯藥」。文帝得知很高興，不但對阿五特所鍾愛，而且蔭及柳述，「於諸婿中，特所寵敬」。柳述在父死後襲爵建安郡公，判吏部尚書事，得到文帝的親任信用，在政治上漸露頭角。他又「怙寵驕豪，無所降屈」[179]，很自然地成了楊廣、楊素的政敵，並且是勁敵，皇太子楊廣對柳述用事「彌惡之」。[180]

楊素「時稱貴幸，朝臣莫不讋憚」，獨柳述以帝婿之重，經常當眾給楊素難堪，時柳述在吏部，判事有不合楊素意者，楊素傳令柳述改正，柳述即對來者說：「去告訴僕射，就說我柳尚書不肯。」[181]楊素怒髮衝冠，卻又沒有辦法。柳述還經常在文帝身邊當楊素的面揭他的短，讓楊素下不了臺。於是，楊素內心對柳述是恨之入骨。

由於受到柳述的掣肘，楊素在仁壽年間再也沒有幹成什麼大事，對朝政的控制和影響力逐漸削弱，唯有對外作戰仍充當統帥。

仁壽元年（六〇一）正月丁酉，突厥又入侵恒安，代州總管韓洪戰敗，廢為庶人。隋文帝令楊素為雲州道行軍元帥，率歸附隋朝的突厥啟民可汗北征。但附於啟民的斛薛等諸姓叛變，楊素率上大將軍梁默等以輕騎追趕，在荒漠上轉戰六十餘里，大破突厥阿勿思力俟斤部。又遣柱國張定和、領軍大將軍劉昇從別路邀擊，多有斬獲。楊素所率隋軍大獲全勝，但西突厥步迦（達頭）可汗仍頻繁南掠啟民，隋朝則讓啟民遣使往北方鐵勒諸部策反。

仁壽元年（六〇一）至三年（六〇三），大漠北面鐵勒的思結、阿拔、僕骨等十餘部及東面奚、霫等十餘部趁突厥步迦汗庭衰弱之際，擺脫可汗統治，紛紛歸附隋朝。僅仁壽元年（六〇一）五月己丑（初七）一次，歸附隋朝的就有男女九萬餘口[182]，北突厥於是大亂。木杆——阿波可汗之裔的泥利可汗遂在西部擁兵自雄，擊敗步迦（達頭）之子咄六葉護，迫其淪為自己的小可汗，又遣兵東進，封閉已眾叛親離的步迦西歸之路。步迦可汗無路可走，只好逃奔吐谷渾，後不知所終。南突厥啟民可汗在隋朝的支持下，大舉北進，盡有蒙古草原之眾。隋文帝讓長孫晟送啟民於磧口安置。至此，突厥又定型為東西兩大汗國，而東突厥實際上已是隋朝的附庸。啟民可汗對隋王室俯首貼耳，歲遣朝貢。這是楊廣奪嫡成功立為皇太子後，隋朝最重大的政治發展。

隋文帝當時六十多歲，大權在握，雖晚年家族多故，但明察嚴整，「蓄疑卸下，芟夷有功於己者不遺餘力」。[183]仁壽三年（六〇三）八月，幽州總管燕榮因「性嚴酷」，屈辱大門閥范陽盧氏，暴虐部下，被文帝征還京師賜死。[184]楊素雖立有大功，但他作威作福，以權謀私，構陷朝臣，樹敵太多。梁毗、裴肅的抗表上書及柳述的當面諫言，文帝雖未能盡納其意，但對楊素的任使信用的確是轉變了。「上漸疏忌之，後因出敕曰：『僕射，國之宰輔，不可躬親細務，但三、五日一度向省，評論大事。』外示優崇，實奪權也」。以致「終仁壽之末」，楊素「不復通判省事」[185]，不再主持三省的全面工作。

178 《隋書》卷七八〈韋鼎傳〉。
179 《隋書》卷四七〈心心〉。
180 《隋書》卷八〇〈列女・蘭陵公主傳〉。
181 參見《隋書》卷四七〈柳述傳〉。
182 《隋書》卷二〈高祖紀下〉。
183 王夫之：《讀通鑒論》卷一九〈隋文帝〉。
184 《隋書》卷七四〈燕榮傳〉。
185 《隋書》卷四八〈楊素傳〉。

隋文帝不但「疏忌」楊素，而且開始逐次剪其羽翼，將其弟楊約出為伊州刺史。[186]其從叔楊文紀也由宗正卿兼給事黃門郎判禮部尚書事之位外放，「仁壽二年（六〇二），遷荊州總管」。[187]甚至與楊素友善的薛道衡也被斥出朝廷。史稱：「仁壽中，楊素專掌朝政，道衡既與素善，上不欲道衡久知機密，因出檢校襄州總管。」一書呆子被斥出朝竟不知為何，「一旦違離，不勝悲戀」，傷心得哽咽不能言語。其實，隋文帝很欣賞薛道衡的才能，只因他黨於楊素，才忍痛割愛，斥往襄陽。為此隋文帝愴然改容曰：「今爾之去，朕如斷一臂。」慰勉遣之。[188]

這時皇太子楊廣的日子也很不好過，他在京師居閑，事事處處必須看父皇的眼色行事，凡事都得謹慎小心，以防忙中出錯。仁壽初年，楊廣曾「奉詔巡撫東南」，回了一次江都，算是幹了一件實事。後來，文帝每往仁壽宮避暑，都令皇太子楊廣在京師「監國」。[189]但即便是監國，國家大政還是得取決於文帝，楊廣在東宮，實際上無事可幹。居閑不符合楊廣的願望，也不合他的性格。時楊廣的親信將軍史祥，乃北周大將史甯之子，關隴勳貴，正率兵屯弘化以備胡，楊廣修書一封給史祥：

將軍總戎塞表，胡虜清塵，秣馬休兵，猶事校獵，足使李廣慚勇，魏尚愧能，冠被二賢，獨在吾子。昔餘濫舉，推轂治兵，振皇靈去塞外，驅犬羊乎大漠。於時同行軍旅，契闊戎旃，望龍城而衝冠，眄狼居而發憤。將軍英圖不世，猛氣無前，但物不遂心，僶俛從事。每一思此，我勞如何。將軍宿心素志，早同膠漆，久而敬之，方成魚水。

近者陪隨鑾駕，言旋上京，本即述職南蕃，宣條下國，不悟皇鑒曲發，備位少陽，戰戰兢兢，如臨冰穀。至如建節邊境，征戰四方，褰帷作牧，綏撫百姓，上稟成規，下盡臣節，是所願也。是所甘心，仰慕前修，庶得自效。謬其入守神器，元良萬國，身輕負重，何以克堪！所望故人匡其不逮。

比監國多暇，養疾閑宮，厭北閣之端居，罷南皮之馳射。博望之苑，既乏名賢，飛蓋之園，理乖終宴。親朋遠矣，琴書寂然，想望吾賢，疹如疾首。[190]

這封信述說了皇太子楊廣閒居東宮「陪隨鑾駕」、「述職南蕃」、「監國多暇」的多般情景，楊廣嚮往總戎邊塞，馳騁大漠的生活，對自已的閒居多暇感到厭倦。甚至罷馳射，琴書寂然。此信是出自楊廣之手的一篇詞情並茂的散文，文學水準很高。此時政治上受到壓抑的皇太子楊廣，也就只能盡情發揮他的文學才能了。閒暇之餘，楊廣常與牛弘詩書往來，有時編纂書籍，舉辦佛事，他令東宮學士柳䛒編纂了《法華玄宗》二十卷。[191]

仁壽元年（六〇一），楊廣撰文敬告天臺山寺先師智者大師全身舍利靈龕之座，曰：

竊聞民生在三，事之如一，皆資聖範，能遂賢功。顏國不值宣尼，豈鄰殆庶，尹喜不逢老氏，安致長蛉。況乎乘般若之舟，望菩提之岸，弗有明導豈至宅所。複因信使俱次法城，所謂自利，利他人我兼利。師及弟子智斷具足，抑又聞曰疏傅告老，太子贈以黃金，桓師退辭家庭，陳於喪服。斯並有為，方內少用。報恩豈臻。無際空表，盡酬師力。弟子宿植德本，早承道教，身戒心慧，蒙瑩明珠。雖復時流歲，永生滅不追。行住坐臥伏膺如在。爰以景昧謬齒元良，守器非才，

186《隋書》卷四八〈楊素傳〉。
187 同註186。
188《隋書》卷五七〈薛道衡傳〉。
189《隋書》卷三〈煬帝紀上〉。
190《隋書》卷六三〈史祥傳〉。
191《隋書》卷五八〈柳䛒傳〉。

升離多懼，複奉明詔曩經作伯。暫輟監撫還省宸方。瞻望天臺有如地踴，僧使續來龕瑞重壘，多寶妙塔如意分身。玉毫金光分霄破暗，應念彈指自室空聲。有一於此，已稱顯應。四者難並，豈非希有。自曇光坐滅之後，道猷身證已來。與公飛錫所不能稱，靈運山居未有斯事。盛矣哉！是我大師證道之基趾也。至矣哉！是我良田之報歲也。《詩》云：無言不酬，無德不報。《經》稱：知恩報恩。諸佛皆爾。近年雖尊識約修構，只桓多慚布金。止因山宇庶同，心淨力盛。勝土莊嚴，幸僧眾無虧，熏練不輟，冥力深扶，人功多虧。192

這是釋家文獻保存下來的出自楊廣手筆的又一篇散文。皇太子楊廣鑽研佛學時兼談孔丘、老子，談《詩》論《經》，附會佛典。楊廣並非真有心於佛學玄理，而是借此寄託自己不得安分的心靈，借此傾吐自己受到壓抑的心緒。這又從另一個側面讓我們看到了皇太子楊廣居閑無所作為時的焦慮之狀。

這時朝廷政治空氣凝集。仁壽三年（六〇三），當時大儒王通（逝後謚曰文中子）來到長安見隋文帝，獻太平十二策。文帝讓公卿大臣議論，公卿們看不起王通，不悅。文中子知謀不能用，於是賦了一首〈東征歌〉而返歸河汾。其歌曰：「我思國家兮遠遊京畿，忽逢帝王兮降禮布衣，遂懷古人之心兮將興太平之基。時異事變兮志乖願違。籲嗟之不行兮垂翅東歸。皇之不斷兮勞身西飛。」193 隋文帝聞知再徵文中子，文中子已走，隱居河汾白牛溪，著王氏六經，授徒教學。游其門北面受學者皆天下俊傑，如魏徵、薛收等，後皆為唐初佐命大臣。194

仁壽宮變　登臨大寶

獨孤皇后去世之後，已屆花甲之年的老皇帝楊堅才終於擺脫了悍婦的管制，得以無拘束地親近女色，日日歡宴，時時笑歌。隋文帝寵幸兩位南國絕色美女，其中宣華夫人陳氏乃陳宣帝之女，是陳後主的妹妹，陳亡之時被配入後宮掖庭，她有兩位姐姐也分別被隋文帝賞賜給了滅陳功臣賀若弼、楊素為妾。國破家亡，女人遭殃，雖貴為南朝公主，也免不了淪為奴婢。宣華陳氏入宮後因「性聰慧，姿貌無雙」，而被選為嬪，成為文帝所寵幸的極少數幾個嬪妃之一。文帝曾對裴肅說：「吾貴為天子，富有四海，後宮寵幸，不過數人。」[195]另一位能列入這少數「後宮寵幸」的是容華蔡氏。蔡氏也是一位南方淑女，丹陽人，陳滅亡之後入宮為世婦。她「容儀婉嫕」，也大得文帝親愛。但是，獨孤皇后性妒，她在世時，文帝雖然喜歡這兩個絕色美人，卻很少和她們親近。獨孤皇后「內擅宮闈，虛嬪妾之位，不設三妃，防其上逼」，致「後宮罕得進御」。及「至文獻崩後，始置貴人三員」，三員之中陳、蔡為最，二人不久進位夫人，加宣華、容華之號，而宣華夫人陳氏更是「專房擅寵，主斷內事，六宮莫與為比」。容華夫人蔡氏也「參斷宮掖之務，與陳氏相亞」。[196]

後宮的變化對朝政會產生很大影響，首先是皇帝楊堅由於惑於美色，而使原先謹守儉樸的生活改變了，並「由是發疾」。舊史稱文帝「精華稍竭」[197]，身體漸漸衰弱。文帝病危時，對自己已屆花甲之年沉迷於女色深表悔恨。皇帝身體衰弱加快了隋朝權力交接的速度。這對剛入儲宮不久的皇太子楊廣來說未嘗不是好事。

---

192 《國清百錄》卷三〈皇太子敬靈龕文第七十五〉。
193 《樂府詩集》卷八六。
194 《唐語林》卷一〈德行〉。
195 《隋書》卷六二〈裴肅傳〉。
196 《隋書》卷三六〈后妃．宣華、容華夫人傳〉。
197 《隋書》卷六五〈儒林傳序〉。

善於耍手腕的楊廣對於父皇寵愛的宣華夫人陳氏當然不會不加利用。早在江都揚州總管任上，晉王楊廣為奪嫡就已設法對陳氏進行拉攏。史稱：「晉王廣之在藩也，陰有奪宗之計，規為內助，每致禮焉。進金蛇、金駝等物，以取媚於陳氏。皇太子廢立之際，頗有力焉。」[198] 楊廣無孔不入，充分利用了父皇枕側女人。陳氏黨於楊廣，為其奪嫡出過力，至楊廣奪嫡成功，當上皇太子，特別是獨孤皇后死，宣華夫人陳氏「專房擅寵，主斷內事」之後，楊廣與這位年齡比自己還小，美麗動人的後母的關係就更加微妙，而且引起了後代史家和小說家的極大關注。

仁壽年間的隋最高統治層既暗藏著不穩，楊廣當皇太子才兩、三年，哥哥楊勇囚禁在東宮並未心服，天天都在企求面見父皇申冤。這對楊廣時刻都是潛在的威脅。權相楊素被疏忌，在文帝面前已說不上話了，而一旦有人在文帝面前揭露楊廣與楊素的奪宮陰謀，文帝醒悟，則楊廣的皇嗣地位就可能發生動搖。在如此嚴峻的時刻，楊廣要進一步拉攏處於皇枕之側的宣華夫人陳氏，規為內助，顯然是十分重要的。

當時還有一點很重要，即柳述用事，他「任寄逾重，拜兵部尚書，參掌機密」，實際上是副宰相。駙馬宰相柳述年輕有為，「職務修理，為當時所稱」，但也有缺點，「不達大體，暴於馭下」，脾氣不太好。柳述「自以為無功可紀，過叨匪服，抗表陳讓」，文帝雖允其請，但仍令攝兵部尚書。[199] 柳述在禁中辦事，仍是實際上的宰相。柳述「少以父蔭，為太子親衛」，其族叔父柳昂亦「開皇初，為太子太保」。[200] 二柳與廢太子楊勇有過密切關係。仁壽年間，駙馬宰相柳述既為岳父隋文帝寵信，對楊廣構成了最現實最嚴重的威脅。與柳述同時提拔在朝掌政的黃門侍郎元岩也與柳述一樣，並不依附楊廣、楊素。這位元岩與前蜀王楊秀長史元岩姓名相同，同出河南洛陽，為北魏帝裔，但並不是同一人。蜀王長史元岩封平昌郡公，已於開皇十三年（五九三）卒於任上，後蜀王楊秀得罪，文帝曾追憶說：「元岩若在，吾兒豈有是乎！」[201] 黃門侍郎元岩封龍涸縣公[202]，年紀要小得多，與柳述一樣都是關隴勳貴的後起之秀。隨著權力鬥爭的消長，在楊素被疏後，元、柳用事，隋上層統治集團中出現了一股反對楊廣同情楊勇的勢力。

仁壽四年（六〇四）正月，隋文帝在大赦天下之後，按例又準備往仁壽宮避暑，留皇太子楊廣監國。乙丑（二十八），詔朝中賞罰支度事無巨細，並付皇太子楊廣處理。這種安排對楊廣當然極為有利，而對以柳述為首反對楊廣同情楊勇的勢力，則是相當不利的。為了阻止隋文帝往仁壽宮，柳述等竟唆使原楊勇太子東宮術士章仇太翼出來諫止，稱「是行恐鑾輿不返」。但這反倒觸怒了文帝，章仇太翼被囚禁，文帝聲言待還朝時再斬首。[203] 隨即擁著宣華、容華二夫人往仁壽宮避暑享樂去了。

仁壽宮雖恬靜安寧，盛夏清涼，但年已六十四歲的隋文帝因縱欲過度，到四月已感到身體吃不消，不久竟染病不起。六月他又大赦天下，到七月甲辰（十日），文帝更病重不治，躺在床上，和左右文武百官訣別，握住大臣們的手歔欷不止。丁未（十三日）在大寶殿駕崩，臨死命皇太子楊廣赦免了章仇太翼。

關於隋文帝的死，史書記載十分隱晦、簡略。如《隋書．高祖紀下》記仁壽四年（六〇四）秋七月乙未（初一）：

日青無光，八日乃復。己亥（初五），以大將軍段文振為雲州總管。甲辰（初十），上以疾甚，

198《隋書》卷三六〈后妃．宣華夫人傳〉。
199《隋書》卷四一〈柳述傳〉。
200《隋書》卷四七〈柳昂傳〉。
201《隋書》卷六三〈元岩傳〉。
202《隋書》卷八〇〈列女傳．華陽王楷妃〉。
203《隋書》卷七八〈藝術．盧太翼傳〉。

臥於仁壽宮，與百僚辭決，並握手歔欷。丁未（十三日），崩於大寶殿，時年六十四。

據此，則隋文帝疾甚而崩，屬自然正常的死亡。但我們知道，《隋書》及《北史》乃唐貞觀朝官修的正史，唐太宗李世民「玄武門之變」殺兄屠弟逼父奪得帝位，與後文所揭示的隋煬帝楊廣弒逆何其相乃，故對隋文帝的真正死因貞觀史臣不得不多方規避，有意支解、閃爍、曲隱隋文帝駕崩的過程，給後人留下了傳疑之筆。[204]

上引《隋書・高祖紀下》所記，《北史・隋高祖文帝本紀》略同，惟不書「己亥，以大將軍段文振為雲州總管」一事。但是，二書楊素、張衡、宇文述、郭衍、宣華夫人陳氏等列傳中，卻零散地記載了隋文帝死亡的情況。宋代司馬光修纂《資治通鑒》時，即綜合了散見於列傳中的有關記載。同時，又在《通鑒考異》中收錄了唐人野史小說兩篇，用以存疑、備考，揭示隋文帝死事。

其一為趙毅《大業略記》，云：「高祖在仁壽宮，病甚，追帝（楊廣）侍疾，而高祖美人尤嬖幸者，唯陳、蔡二人而已。（煬）帝乃召蔡於別室，既還，面傷而發亂，高祖問之，蔡泣曰：『皇太子為非禮。』高祖大怒，齧指出血，召兵部尚書柳述、黃門侍郎元岩等發詔追庶人勇，即令廢立。帝（楊廣）事迫，召左僕射楊素、左庶子張衡進毒藥。帝（楊廣）簡驍健官奴三十人皆服婦人之服，衣下置仗，立於巷之間，以為之衛。素等既入，而高祖暴崩。」

其二為馬總《通曆》，云：「上有疾，於仁壽殿與百僚辭決，並握手歔欷。是時唯太子及陳宣華夫人侍疾，太子無禮，宣華訴之。帝怒曰：『死狗，那可付後事！』遽令召勇。楊素祕不宣，乃屏左右，令張衡入拉帝，血濺屏風，冤痛之聲聞於外，崩。」

司馬光引述的這兩段祕聞，所記宮闈非禮事主一說蔡夫人，一說陳夫人，兩相矛盾，但情節大致相同。引文後司馬光又曰：「今從《隋書》。」於是《資治通鑒》綜合《隋書》諸列傳，又為文云：

上寢疾於仁壽宮，尚書左僕射楊素、兵部尚書柳述、黃門侍郎元岩，皆入閤侍疾，召皇太子入居大寶殿。太子慮上有不諱，須預防擬，手自為書，封出問素，素條錄事狀以報太子。宮人誤送上所，上覽而大恚。陳夫人平旦出更衣，為太子所逼，拒之，得免，歸於上所。上怪其神色有異，問其故，夫人泫然曰：「太子無禮！」上恚，抵床曰：「畜生何足付大事！獨孤誤我！」乃呼柳述、元岩曰：「召我兒！」述等將呼太子，上曰：「勇也。」述、岩出閤為敕書，楊素聞之，以白太子，矯詔執述、岩，系大理獄。追東宮兵士，帖上臺宿衛，門禁出入，並取宇文述、郭衍節度。令右庶子張衡入寢殿侍疾，盡遣後宮出就別室。俄而上崩。故中外頗有異論。陳夫人與後宮聞變，相顧戰慄失色……205

《資治通鑑》所記及其《考異》所引二書，雖互有出入，但一致將文帝之死視為宮闈穢事激變引發。歷代小說家據此更大肆渲染，演繹成故事。

如明代袁於令評改的《隋史遺文》第二四回題為「恣烝淫太子迷花，躬弒逆楊廣篡位」。十分著力地描述了這段豔情。文中敘楊廣謀奪了哥哥楊勇東宮之位，母后獨孤娘娘崩後，「把平日妝飾的那一套不好奢侈，不近女色的光景，都按捺不住。況且隋文帝也虧得獨孤皇后身死，沒有拘束，寵幸了

204 參見王光照：〈隋文帝之死述論〉，載《中國史研究》一九九三年第二期。

205 《資治通鑑》卷一八〇隋文帝仁壽四年。這段文字系綜合《隋書》卷三六〈后妃．宣華夫人傳〉、卷四五〈文四子〉、卷四七〈柳述傳〉、卷四八〈楊素傳〉、卷六一〈郭衍傳〉、卷五六〈張衡傳〉等。其中〈宣華夫人傳〉所述最詳。〈文四子．房陵王勇傳〉稱文帝「寢疾於仁壽宮，征皇太子（廣）入侍醫藥，而奸亂宮闈」，事聞於文帝，文帝抵床曰：「枉廢我兒。」因遣使追勇。〈柳述傳〉也載：「時皇太子無禮於陳貴人，上知而大怒，因令述召房陵王。」〈楊素傳〉記文帝「所寵陳貴人，又言太子無禮，上遂發怒，欲召庶人勇」。

一個宣華陳夫人，一個容華蔡夫人，把朝政漸漸丟與太子，所以越發得意了。到了仁壽四年（六〇四），文帝年紀高大，禁不得這兩把斧頭。四月間，已成病了。因令楊素營建仁壽宮，卻不在長安大內，在仁壽宮養病。病到七月，病勢漸漸不支。尚書左僕射楊素，他是勳臣；禮部尚書柳述，他是駙馬；還有黃門侍郎元岩，他是近臣，三個人入宿閣中。太子入宿太寶寢殿中，常用是陳夫人、蔡夫人，率領宮嬪伏侍。太子也常進宮侍疾。這兩個夫人都不避的。蔡夫人是丹陽人，江南婦女，水色自是異常，不消說是標緻的。那陳夫人，不惟是南人，卻又是陳高帝之女，隨陳後主入隋，她更是玉葉金枝，錦繡叢中生長，說不盡她：『肌如玉琢還輸膩，色似花妖更讓妍，語處嬌鶯聲睍睆，行來弱柳影蹁躚。』她當獨孤皇后在時，已曾寵幸了。故此太子謀奪東宮時，要她在文帝前幫襯，也曾送她金蛇、金駱駝、珠翠首飾、錦繡衣服，她也曾收受。但兩邊也只聞名，不大見面。到這時同在宮中，便也不相避忌，又陳夫人舉止風流，態度閒雅，徐行緩步，流目低眉，也都是她常事。太子見了，都疑是有意於他，一腔心事，被她引得火熱。正是：『花弄清香非惹蝶，柳舒密蔭易招鶯。』那知文皇雖是不起之疾，太子與楊素都書來書去，把他後事盡預備了。但在父皇之前，終有些忌憚。要膽大闖進他宮中去……不期一日問疾入宮，遠遠望見一位麗人，步出宮來：『日映朱顏麗，風牽翠帶長，卻疑巫峽女，行雨逐襄王。』獨自緩步雍容而來，不帶一個宮女。太子舉頭一看，卻是陳夫人。她是要更衣出宮，故此不帶一人。太子喜得心花大開，暗想道：『機會在此時矣！』吩咐從人，且莫隨來。自己三步那做兩步，隨入更衣處……正在不可解脫之時，只聽宮中一片傳呼道：『聖上宣陳夫人！』此時太子知道留她不住，只得放手，道：『不敢相強，且待後期』。夫人喜得脫身，早已衣衫皆縐，神色皆驚，太子猶自為她整鬢整衣。陳夫人也稍俟喘息甯貼入宮，不料是文帝睡醒，從她索藥餌。如何敢遲？只得舉步到御榻前來。那文皇把那朦朧病眼一看，好似：『搖搖不定風敲竹，慘慘無顏雨打花……』便問道：『為甚作此模樣？』此時陳夫人也知道隋主病重，不欲把這件事說知惱他，但一時沒甚急智遮掩，只得說一聲道：『太子無禮！』文皇聽得這句言語，不覺怒氣填胸，把手在御榻上敲兩下道：『畜牲何足付大事？獨孤誤我，獨孤誤我！快宣柳述與元岩到宮來！』太子也怕這事有些決撒，也自在宮門緝聽。聽得父皇怒罵，又聽得叫宣柳述、元岩，不宣楊素，知道有難為他的意思，急奔來尋張衡、宇文述一干計議。這幹正打帳做從龍之臣，都聚做一處，見太子來得慌張，還道是大行宴駕，至問起緣故，宇文述道：『這好事也只在早晚間，太子這般性急！只是柳述這廝，他倚著尚了蘭陵公主，恃是勳戚重臣，與臣等不相下，斷不肯為太子周旋，如何是好？』張衡道：『如今只有一條急計，不是太子，便是聖上……』正是『勢當騎虎不能下，計就屠龍事可為』。」於是一不做，二不休，由張衡入宮拉殺文帝，血濺屏風。

以上所述雖然添油加醋，但基本上還是根據正史所述史實推演而來，距離史實相差不會太遠。明朝崇禎年間「無射日吉衣主人」於西湖冶園為《隋史遺文》所作序言稱：「史以遺名者何！所以輔正史也。正史以紀事，紀事者何？傳信也。遺史以搜逸，搜逸者何？傳奇也。」[206]

明代另一部署名齊東野人著《隋煬帝豔史》，也對楊廣趁父皇臥病之機，調戲後母宣華夫人進行了著力描寫。此書第三回題「正儲位謀奪太子，侍寢宮調戲宣華」。作者把楊廣說成是個「色中餓鬼」，入宮「看見宣華，早已魂銷魄散，如何禁得住一腔欲火！不轉珠地偷睛細看，見宣華美麗異常，心頭欲火如焚，恨不得一碗水將她吞下肚去」。這個無恥的太子，只顧「人生行樂」，竟不管「什麼名分不名分」，在宮中百般調戲起宣華來，宣華正色說道：「妾雖宮闈妃媵，已經聖上收備掖庭，名分攸關，豈可相犯！殿下請自尊重。」楊廣不聽，終於闖禍。作者以詩述曰：「一時欲火澆難滅，千載淫風吹不休。試問玉人誰是主？夕陽衰草滿宮愁。」在千鈞一髮廢立之際，楊廣被迫弒父自立，「當年

206《隋史遺文》，北京大學出版社一九八八年版。

只道臣如虎，今日誰知子似狼」。稱帝王後，楊廣做的第一件事就是與後母宣華夫人同枕共寢，遂了他的欲望。作者又以詩諷道：「惠懷無親天下笑，新臺有賦古今羞。長門多少閑姬妾，偏向先皇枕席求。」[207]

這段史事，也不盡是小說家的胡編亂造，而是出自正史。《隋書．后妃．宣華夫人傳》所載最為詳細：

> 太子遣張衡入寢殿，遂令夫人及後宮同侍疾者，並出就別室。俄聞上崩，而未發喪也。夫人與諸後宮相顧曰：「事變矣！」皆色動股栗。晡後，太子遣使者齎金合子，帖紙於際，親署封字，以賜夫人。夫人見之惶懼，以為鴆毒，不敢發，使者促之，於是乃發，見合中有同心結數枚，諸宮人咸悅，相謂曰：「得免死矣！」陳氏恚而卻坐，不肯致謝，諸宮人共逼之，乃拜使者。其夜，太子烝矣。

所謂烝，即淫。楊廣迫不及待，在父皇剛死，屍骨未寒的當夜便霸占了後母，而且，容華夫人蔡氏也「自請言事，亦為太子所烝」。[208]

小說家抓住如此重要的題材加以發揮，大肆渲染，清人褚人穫所著並廣泛流傳於民間的歷史演義小說《隋唐演義》更是綜合明人的《遺文》、《豔史》，發揮得淋漓盡致。其書第十九回題為「恣烝淫賜盒結同心，逞弒逆扶王升御座」。極盡誇張地描述了隋煬帝烝淫後母的可恥行徑。正史、野史、小說的露骨描寫，把一個女子宣華夫人陳氏當成了歷史的主角，特別是明清小說廣泛流傳於民間社會，影響更大。這些小說所依據幾乎全是正史所載，其根子卻還在於貞觀史臣。

弒父淫母，十惡不赦，成為隋煬帝最大的罪惡。著名史學家周一良先生也把此二端列為楊廣罪惡「最嚴重」的。在引述了《隋書．宣華夫人傳》烝淫原文後，作者評曰：「這豈是給智顗信裡所表現的虔誠的佛弟子總持嗎？」[209]對於仁壽宮變，唐人隱諱遮蓋，明清人大肆渲染，事情的真實性到底如何，頗值得思量。

仁壽宮變是不是因宮闈穢事而釀成奪位驟變的偶然突發事件呢？考諸史籍，有不少疑點。開皇年間，楊廣「矯情飾行」二十年，獨與蕭妃居處，表現出極強的自制力，何以一時糊塗，在自己當上皇太子四年之後，大膽妄為偷吃父皇身邊草。常言講，小不忍則亂大謀，天下美女何其多，極具耐心的皇太子楊廣又何至於獨獨要烝淫自己的後母，置自己於危險境地，將自己二十年奪嫡成果毀於一旦呢？楊廣既做夢都想嗣位當皇帝，值此父皇病篤，繼統在望之時，恐怕更難以萌發淫逼父愛的急切之心，若其如此輕佻，則其行為前後相悖，此於情不合。

再從宣華陳夫人方面來講，既然奪宮時她已授手於楊廣，若果皇太子真愛慕於她，值先君疾甚行將就木，嗣君即將繼位之際，「性聰慧」的宣華陳夫人恐亦難以無慮其後身所托，脫口說出「太子無禮」的話，以開罪於皇太子。否則，其行為亦前後相悖，於情理不合。再退一萬步講，皇太子楊廣果真與後母宣華陳夫人有曖昧關係，也不一定要鬧到弒父奪位的地步。我們知道，唐朝的武則天先是唐太宗的才人、昭儀，也曾與皇太子李治交歡，太宗死後武氏竟堂而皇之地成了唐高宗的皇后。宋儒朱熹說，「唐源流出於夷狄，故閨門失禮之事不以為異」[210]，不值得大驚小怪，必不致以女色而傾亂國家。大肆渲染此事，有以桃色事件曲隱宮廷政變的真實史跡之嫌。

207〈隋煬帝豔史〉第三四回，長江文藝出版社一九九三年版。

208《隋書》卷三六〈后妃・容華夫人傳〉。

209 周一良：〈佛家史觀中之隋煬帝〉，原載一九四七年一月二一日天津《益世報》史地周刊第二五期，周著《唐代密宗》一書全文收錄，上海古籍出版社一九九六年版。

210《朱子語類》卷一一六〈歷代類三〉。

由於宮禁事祕，正史對於文帝之死，也都是推測之言。如《隋書．楊素傳》載：「及上不豫，素與兵部尚書柳述、黃門侍郎元岩等入閣侍疾，時皇太子入居太寶殿，慮上有不諱，須預防擬，乃手自為書，封出問素。素錄出事以報太子。宮人誤送上所，上覽而大恚。所寵陳貴人，又言太子無禮。上遂發怒，欲召庶人勇。太子謀之素，素矯詔追東宮兵士帖上臺宿衛，門禁出入，並取宇文述、郭衍節度，又令張衡侍疾，上以此日崩，由是頗有異論。」這裡把楊素給楊廣的密信誤送到文帝之手，說成是奪位驟變的另一原因，史稱「頗有異論」，亦系傳聞，也是不肯定的說法。但是，所有史傳都把張衡說成是直接弒君的凶手。明人徐枋曰：「隋張衡建奪嫡之謀，後文帝不預，衡獨侍疾，無狀而崩，此千古亂臣賊子之尤也」。[211] 張衡後來被隋煬帝處死，也曾臨刑呼曰：「我為人作何物事，而望久活？」[212] 張衡弒逆連自己也承認，恐怕是實有此事。楊素暮年臨死時亦說出「我豈須更活耶」[213]，對自己助紂為虐，助楊廣弒逆感到痛悔。大量史實表明隋文帝的確是死於非命，是楊廣命楊素，由張衡動手，拉殺於病榻，血濺屏風。雖史筆曲折，但楊廣弒父奪位自古無人否認。如唐宰相陳叔達就曾對唐太宗說：「臣以隋氏父子自相誅戮，以致滅亡。」[214] 明人李贄說：「仁壽四年(六〇四)，寢疾暴崩，廣為之也。」[215] 清儒王夫之謂：「楊廣之殺君父，殺兄弟。」[216] 但問題的關鍵在於，楊廣何以要下此毒手？既然不是因宮闈穢事所激發，那麼原因何在？

前面我們已經述說仁壽年間隋高層出現了以柳述、元岩為首的反對楊廣、楊素，同情楊勇的政治集團，在楊廣奪嫡的總後臺獨孤皇后於仁壽二年（六〇二）去世後，反對楊廣的勢力開始集結，權相楊素被架空，親黨遠放，楊廣奪嫡陰謀暴露後，首先遭到自己兄弟姐妹的不滿和反對。楊勇、楊秀雖被幽禁，但人還健在，幼弟楊諒則手握重兵，「陰懷異圖」，姐姐樂平公主、妹妹蘭陵公主也都站在了楊廣的反面。妹夫柳述更事事專與楊廣作對，宣華陳夫人的態度似乎也有變化，她在隋文帝駕崩後不足一年也去世，時年二十九，亦恐怕是死於非命。總之，楊廣的奸詐醜行足以令人厭惡，在他爬上皇太子位後，兄弟妹婿後母不願他日後騎在自己頭上，團結起來反對他，擁護性寬厚的楊勇，乃是情理之中的事。宣華陳夫人與柳述合勢，攻擊楊廣人面獸心，禽獸不如，試圖擁廢太子楊勇復位，拉楊廣下馬。仁壽末年皇太子楊廣已處於弱勢，新一輪儲位之爭，在楊廣冊封之時就已開始，且愈演愈烈，到仁壽四年（六〇四）達於白熱化。楊廣被迫自衛，由衛宮走向奪位，在隋文帝態度發生轉變的關鍵時刻，肆行弒逆，冒天下之大不韙，乃是勢所必然之事。紅顏女子宣華陳夫人在政治漩渦中扮演了重要角色，這時在文帝枕側，她是反對楊廣擁護楊勇，而為柳述他們所用的。所謂楊廣向她送同心結，當夜烝淫的傳說實不足為訓。其實反奪宮失敗，她也沒有得到好的下場。隋文帝死訊傳來，陳夫人和諸後宮「皆色動股栗」，皇太子送上金盒子，她也惶懼不安，以為是鴆毒，這分明是說宣華陳夫人不附太子，是楊廣的反對者，正是她編織了「太子無禮」的罪名，試圖「廢廣立勇」再奪宮，而一旦失敗，她又如何能不緊張萬分。楊廣反奪宮獲勝說明楊廣棋高一著。弒父繼統，沒有讓擁護楊勇的勢力得逞，這亦可謂是一場驚心動魄的宮廷政變。

隋文帝被弒之後如何收場，這對楊廣、楊素來講，已不是一件難事。他們很快偽造出一份文帝遺詔，語及平生，安排後事，作最後的政治交待：

> 嗟乎！自昔晉室播遷，天下喪亂，四海不一，以至周、齊戰爭相尋，年將三百。故割疆土者

211《讀史稗語》卷三。
212《隋書》卷五六〈張衡傳〉。
213《隋書》卷四八〈楊素傳〉。
214《貞觀政要》卷五〈論仁義第十三〉。
215《藏書》卷七〈世紀·混一南北〉。
216《讀通鑒論》卷一九〈隋文帝七〉。

非一所，稱帝王者非一人，書軌不同，生人塗炭。上天降鑒，爰命於朕，用登大位，豈關人力！故得撥亂反正，偃武修文，天下大同，聲教遠被，此又是天意欲甯區夏。所以昧旦臨朝，不敢逸豫，一日萬機，留心親覽，晦明寒暑，不憚劬勞，匪曰朕躬，蓋為百姓故也。王公卿士，每日闕庭，刺史以下，三時朝集，何嘗不罄竭心府，誡敕殷勤。義乃君臣，情兼父子。庶藉百僚智力，萬國歡心，欲令率土之人，永得安樂，不謂遘疾彌留，至於大漸。此乃人生常分，何足言及！但四海百姓，衣食不豐，教化政刑，猶未盡善，與言念此，唯以留恨。朕今年逾六十，不復稱夭，但筋力精神，一時勞竭。如此之事，本非為身，止欲安養百姓，所以致此。

人生子孫，誰不愛念，既為天下，事須割情。勇及秀等，並懷悖惡，既知無臣子之心，所以廢黜。古人有言，「知臣莫若於君，知子莫若於父」。若念勇、秀得志，共治家國，心當戮辱遍於公卿，酷毒流於人庶。今惡子孫已為百姓黜屏，好子孫足堪負荷大業。此雖朕家事，理不容隱，前對文武侍衛，具已論述。皇太子廣，地居上嗣，仁孝著聞，以其行業，堪成朕志。但令內外群官，同心戮力，以此共治天下，朕雖瞑目，何所復恨。

但國家事大，不可限以常禮。既葬公除，行之自昔，今宜遵用，不勞改定。凶禮所須，才令周事，務從節儉，不得勞人。諸州總管、刺史已下，宜各率其職，不須奔赴。自古哲王，因人作法，前帝后帝，沿革隨時。律令格式，或有不便於事者，宜依前敕修改，各當政要。嗚呼，敬之哉！無墜朕命！[217]

這篇「遺囑」，可謂是楊廣及其幫凶的精心製作。楊廣首先肯定父皇結束戰亂割據，「撥亂反正」，開創大一統局面，使「天下大同」。接著，在讚頌隋文帝「一日萬機」、「不憚劬勞」、「罄竭心府」、「誡敕殷勤」的同時，又為自己弒逆進行掩蓋，以文帝的口氣聲稱「朕今年逾六十，不復稱夭，但筋力精神，一時勞竭」，把父皇的死因說成是積勞成疾，而且是「本非為身」，即不是為了自己，而是「止欲安養百姓」。既美化了父皇，又為自己弒逆之罪開脫了罪責。下面再譴責「惡子孫」楊勇和楊秀的「悖惡」，稱讚「好子孫」楊廣的「仁孝」，希望「內外群官，同心戮力」，輔佐嗣君楊廣，「共治天下」，則先帝雖死無恨。最後談治國，政令沿革，有不便者可作修改，務當政要。為日後楊廣稱帝後改革典章制度，大興工役埋下了伏筆。

楊廣等對隋文帝之死「秘不發喪」[218]，先收捕反對自己的柳述、元岩，穩住宮禁中樞。在八天之後，乙卯（二十一），皇太子楊廣才於靈前即皇帝位。楊廣掌握了無限皇權，想怎麼幹就怎麼幹，要什麼就是什麼，他當然可以立即霸占父皇的後宮嬪妃，也可以當夜烝淫反對過自己的後母宣華陳夫人，但這些都不是最重要的，他心中急於要幹的首要大事是除掉心腹大患哥哥楊勇。這天，楊素之弟楊約恰好來朝見，楊廣即派楊約入長安，調換了留守者，詐稱文帝詔命，賜前太子楊勇死。當楊勇拒絕服毒時，楊約即將他活活勒死。然後陳兵集眾，命軍隊進入戰備狀態，再發布隋文帝去世的凶信。

八月丁卯（初三），隋文帝的梓宮從仁壽宮運至京師，丙子（十二日），楊廣在大興殿為文帝出殯，宣布柳述、元岩「罪狀」，二人一並除名。柳述被流放到龍州，元岩被放逐至南海，均在嶺南邊遠，不久死於任所。這是楊廣對反對自己當皇帝的人最直接的報復。

楊廣還命令蘭陵公主和柳述斷絕關係，打算將她改嫁他人，公主誓死拒絕，不再朝見煬帝，並上表請免去公主名號，要求與柳述一道放逐嶺南。煬帝大怒不從，公主憂憤而死，年僅三十二歲。蘭

217《隋書》卷二〈高組紀下〉。

218《隋書》卷四五〈文四子·房陵王勇傳〉。

陵公主留下遺書：「昔共蕫自誓，著美前詩，郎嬀不言，傳芳往誥。妾雖負罪，竊慕古人。生既不得從夫，死乞葬於柳氏。」[219]蘭陵公主堅貞不屈，至死從夫，堅決反對楊廣，這又從一個側面讓我們看到公主與柳述在隋文帝死前確曾導演了反奪宮，擁大哥楊勇復位的政變。或許正是蘭陵公主說動了後母宣華陳夫人，女人和女人對話自有其優越性，加上文帝於諸女中對蘭陵公主「特所鍾愛」，公主有向父皇進言的機會。蘭陵公主還說服了比自己大十多歲的大姐楊麗華，楊麗華是周天元的遺孀，開皇六年（五八六）封樂平公主，也違抗父命堅貞不肯改嫁。[220]在反楊廣擁楊勇保楊秀問題上，姐妹意見一致，三個與隋文帝最親近的女人不停地訴說，足以傾動帝意，這也許就是仁壽宮變的幕後原因。正因為如此，楊廣對自己的同胞小妹才恨之入骨，得其遺書後「愈怒」，對小妹的死訊並不傷心，「竟不哭」，薄葬於洪瀆川，朝野人士對蘭陵公主的貞烈，卻傷感不已。[221]

在一切處理停當後，太史令袁充又出來說話了：「皇帝即位，與堯受命年合。」示意百官上表慶賀。但禮部侍郎許善心則認為「國喪剛完，不宜稱賀」。佞臣宇文述既一向討厭許善心，他這時已由太子左衛率遷左衛大將軍，於是示意御史彈劾，結果許善心被降職為給事郎，降了兩級。[222]在慶賀楊廣登基當皇帝的人群中，當然少不了佛教釋家弟子。仁壽四年十一月三日，天臺山寺僧智越又派遣僧使智璪及時送來賀信：

竊聞金輪紺寶，奕世相傳，重離少陽，時垂御辨。伏惟皇帝菩薩，聖業平成，纂臨洪祚，四海萬邦，道俗稱幸。

佛教弟子阿麼，總持菩薩楊廣，奮鬥二十年，現在終於稱心如願當上天子，要成就「菩薩聖業」，為此天臺僧眾無不「喜踴之至」。[223]

但就在這年十一月壬子（二十日），亡國之君陳後主薨於洛陽，時年五十二。楊廣追贈他為大將軍，封長城縣公，立諡曰「煬」，葬於河南洛陽之邙山。[224]南朝舊臣許善心、周羅睺、虞世基、袁充、蔡征等同往送葬，由許善心撰寫了祭文，仍尊舊主為「陛下」，結果又被宇文述參了一本。許善心等援引古例，楊廣沒有窮究，但內心卻十分不快。[225]隋為陳後主陳叔寶立諡曰「煬」，乃惡諡，充分表現了楊廣對荒嬉玩樂之君陳叔寶的輕蔑鄙視。但元人胡三省卻批註曰：「諡法，好內怠政曰煬，帝（楊廣）諡陳叔寶曰煬，豈知己不令終，亦諡曰煬。」[226]楊廣當然無法知道自己死後的諡號，然他既已稱帝，諡號雖在死後才有，但按約定俗成的稱呼，此後我們只好稱楊廣為隋煬帝了。

楊諒叛亂　羊質獸心

正當仁壽宮和長安城內為辦隋文帝喪事及隋煬帝登基忙得不可開交之際，并州總管、煬帝的幼弟漢王楊諒迅即發動了叛亂，這是隋宮帝位爭奪的最後一次搏擊。

漢王楊諒是一個年輕英俊的將軍，父母在世時曾受到特別的寵愛。他二十來歲繼二哥楊廣、三哥楊俊之後，坐鎮天下精兵之處的并州，肩負抵禦北方突厥的重任，隋文帝許以他可不拘律令，便宜從

219《隋書》卷八〇〈列女．蘭陵公主傳〉。
220《周書》卷九〈皇后．宣帝楊皇后傳〉。
221 同註219。
222《隋書》卷五八〈許善心傳〉。
223《國清百錄》卷三〈仁壽四年皇太子登極天臺眾賀至尊第八十二〉。
224《陳書》卷六〈後主紀〉。
225 同註222。
226《資治通鑒》卷一八四隋文帝仁壽四年。

事。文帝還為這位幼子「盛選僚佐，前後長史、司馬，皆一時名士」。如以「公正著稱」的安定皇甫誕為并州總管府司馬，「總府政事，一以諮之」。[227]以南朝梁元帝名將王僧辯之子王頍為總管府諮議參軍[228]，著名學者吳郡張沖為漢王侍讀[229]，河間尹式任漢王記室。[230]隋文帝還禮聘關隴勳貴豆盧勣的女兒為漢王妃[231]，做賢內助。漢王楊諒府上可謂人才濟濟，兵強馬壯。

楊諒曾兩次充任統帥率領大軍出塞作戰，但卻都只是名義上的統帥，實際統帥都是高熲，楊諒只是見習作戰。因此，開皇十八年（五九八）征高句麗失敗責不在他，開皇十九年（五九九）三月討突厥，史書稱他「竟不臨戎」，致使突利大敗，其實責任也不在楊諒。後來，宰相高熲、楊素都披甲上陣，大破突厥都蘭、達頭十餘萬眾，漢王楊諒又是名義統帥，大勝也不能歸功於他。[232]

開皇二十年（六〇〇）楊廣陰謀奪嫡成功，特別是蜀王楊秀被廢論罪，使楊諒恐懼不安。於是藉口防備突厥，在管內「大發工役，繕治器械，貯納於并州」，又「招納亡命，左右私人，殆將萬人」[233]。隋文帝時或認為楊諒年幼不足為慮，或許認可幼子在外藩擁兵以牽制楊廣，總之，其在世時沒有採取任何措施制止楊諒的謀叛。

楊諒「潛有異志」亦早已為其部下覺察，其中有王頍、蕭摩訶最得楊諒信任，也最為楊諒賣力，這一文一武兩個得力助手都是南方人。

王府諮議參軍王頍，字景文，其父王僧辯在南朝平定侯景之亂後，被陳朝創立者陳霸先謀殺。王頍與諸兄留在江陵，被楊忠率領的西魏軍擄往關中。入關後王頍任俠放蕩，二十歲以後發憤讀書，「勤學累載」，遍讀五經，大為儒者所稱。二十二歲時被周武帝引為露門學士，但入隋後卻受到關隴勳貴排擠，官位低卑，因而心懷不滿。他又熟讀兵書，「常以將相自許」，有縱橫天下之志，經常自歎生不逢時。開皇五年（五八五）授著作佐郎，不久遷國子講授、博士。兄長王頒滅陳時為報父仇掘陳霸先墓，鞭屍揚灰，後居官齊州刺史。王頍因才學雄辯也曾被文帝看重，但後卻「坐事解職」，配防嶺南，數年後才回到北方，授楊諒漢王府諮議參軍，官位雖低，但因他「倜儻有奇略」，受到漢王的禮遇和尊重。王頍也傾心於漢王，「陰勸諒繕治兵甲」。[234]平陳之役被俘的陳朝大將蕭摩訶，入隋後僅授勳官開府儀同三司，而無實職，亦很不得志，「鬱鬱思亂」，年七十時得隨漢王楊諒到并州，楊諒正「陰有異圖」，收納人士，於是對蕭摩訶極為「親善」，士為知己者死，老將蕭摩訶遂成為漢王楊諒麾下大將，與王頍一道「贊成」漢王叛亂。

楊諒在太原，時時注意著京師的政治動向，因得不到京師消息，於是天天觀察天象。隋文帝駕崩楊諒一點也不知曉，那天，楊諒觀察天文，見「熒惑守東井」，即正好火星處在井宿的位置，漢王府儀曹傅奕通曉天文星曆，楊諒忙問他「是何徵兆？」傅奕知漢王有異圖，稱天象正常。傅奕為自免於禍，不敢胡亂推測，楊諒很不高興[235]，內心焦慮萬分。

再說隋煬帝登上帝位，自然也不會忘記坐鎮并州企圖奪位的最後一位對手幼弟楊諒。時隋文帝靈

227 《隋書》卷七一〈皇甫誕傳〉。
228 《隋書》卷七六〈王頍傳〉。
229 《隋書》卷七五〈張沖傳〉。
230 《隋書》卷七六〈尹式傳〉。
231 《隋書》卷三九〈豆盧傳〉。
232 岑仲勉《通鑑隋唐紀比事質疑》「漢王諒為突厥所敗」條考證曰：「《通鑑》卷一八〇仁壽四年八月後『突厥嘗寇邊，高祖使諒禦之，為突厥所敗，其所領將帥坐除解者八十餘人，皆配防嶺表』。按此事不見《隋書》各列傳。司馬氏殆采自隋末說部，蓋追敘也。漢王諒征突厥見《隋書》惟開皇十九年一役，然本傳稱其『竟不臨戎』，有傳諸將亦未見因諒敗績而謫戍之事，疑未可信。」
233 《隋書》卷四五〈文四子．庶人諒傳〉。
234 《隋書》卷七六〈王頍傳〉。
235 《資治通鑑》卷一八〇隋文帝仁壽四年。

柩及煬帝百官尚留仁壽宮，「京師空虛」，為防漢王「起逆」，隋煬帝令郭衍馳還京師，「總兵居守」。同時，派遣車騎將軍屈突通以文帝的璽書徵召楊諒入朝，企圖調虎離山，將楊諒騙到京師加以軟禁。但煬帝萬萬沒有想到，父皇先前為預防變故，曾與楊諒訂有「密約」，曰：「若璽書召汝，於敕字之傍別加一點，又與玉麟符合者，當就征。」[236]所謂符，乃兵符，一般做成魚、獸之形，分成左、右兩半，一半在將軍，一半在皇帝，皇帝調兵時派遣使者將自己手中的半塊兵符交與在外鎮守的將軍，兩半相合將軍才受命，以防假造聖旨發兵叛亂。據史書，開皇七年（五八七）四月，隋文帝「頒青龍符於東方總管、刺史，西方以騶虞，南方以朱雀，北方以玄武」。[237]這一制度直到唐朝仍然沿用。隋因并、揚、益三總管均由宗王出鎮，統屬地域極廣，於是有專門的玉麟符。楊廣稱帝後當然很輕易地就能拿到半邊玉麟符，但他無法知道文帝生前與楊諒之間的密約。漢王楊諒見到假造的文帝詔書，見傍邊無點，馬上察覺有變，於是質問屈突通，屈突通辭氣不撓，漢王只好將他放回。

楊諒通過假詔書知道了仁壽宮發生變故，他不願坐以待斃，於是按早已預謀好的計畫，決定叛亂。從當時東西兄弟二人的形勢來看，楊諒總管山東舊齊境內五十二州軍事，所居乃天下精兵處，擁有重兵，如果處置得當，充分調動所部將士，鼓行而西，是有可能迅速拿下京師長安，以武力奪得帝位的。而勝敗的關鍵，則在於楊諒能否駕馭自己的部下。起兵伊始，軍師王頍就為楊諒謀劃：「王所部將吏家屬，盡在關西，若用此等，即宜長驅深入，直據京都，所謂疾雷不及掩耳。若但欲割據舊齊之地，宜任東人」。[238]王頍的兩個方案「直據京都」和「割據舊齊」都切實可行，其關鍵則在於用人。但楊諒不能定奪，在用人方面，他既不重用關隴勳貴，也不重用山東人士，反而重用王頍、蕭摩訶等南方失意士人，這不能不說是漢王的一大失策。結果，漢王部下大批關隴勳貴將士對楊諒不是陽奉陰違，就是據城叛變，連其妻兄豆盧毓也在關鍵時刻出賣他，充當官軍內應。豆盧毓時任漢王府主簿，楊諒依王頍謀將發兵作亂，豆盧毓「苦諫」不從，乃與弟弟豆盧懿暗中計議：「吾匹馬歸朝，自得免禍，此乃身計，非為國也，今且偽從，以思後計。」[239]

漢王總管司馬關隴動貴皇甫誕更流著眼淚出來諫止：「竊料大王兵資，無敵京師者。加以君臣位定，逆順勢殊，士馬雖精，難以取勝。願王奉詔入朝，守臣子之節，必有松、喬之壽，累代之榮。如更遷延，陷身叛逆，一掛刑書，為布衣黔首不可得也，願察區區之心，思萬全之計，敢以死請。」[240]說得十分誠懇，但楊諒哪裡聽得進去，拍案發怒，將皇甫誕逮捕囚禁。就實際情況來看，皇甫誕的分析不無道理，漢王從兵資和名位上講的確處於劣勢，但是，劣勢可以轉化為優勢，兵既不厭詐，當時文帝新死，煬帝新立，且仁壽宮變，楊廣弒逆，「中外頗有異論」，楊廣的帝位也不穩固，若楊諒也矯詔高舉義旗，「聲元凶之罪而舉兵，天下其誰能敵之」。[241]時并州流行一首童謠：「一張紙，兩張紙，客量小兒作天子。」楊諒所署官皆發告身一紙，別授則發二紙，故有此謠。楊諒聞知，內心竊喜，說：「我幼字阿客，量與諒同音，吾於皇家又最小，應讖語當為天子。」[242]楊諒以為自己慶讖得天命，也就不考慮許多，一味起兵要奪皇帝位了。楊諒既不採納王的建議，又不認真考慮皇甫誕的勸諫，持其強兵魯莽行事，開始了軍事冒險。

楊諒沒有去作廣泛的政治軍事動員，暴揚楊廣之罪，卻唱言「楊素反，將誅之」，以謠言惑眾造

236《舊唐書》卷五九〈屈突通傳〉。
237《隋書》卷一〈高祖紀上〉。所謂騶虞，應作白虎，唐人諱虎，而以騶虞代之。
238《隋書》卷四五〈文四子・庶人諒傳〉。
239《隋書》卷三九〈豆盧附毓傳〉。
240《隋書》卷七一〈皇甫誕傳〉。
241《資治通鑑》卷一八〇隋文帝仁壽四年胡三省注。
242《北史》卷七一〈庶人諒傳〉；《冊府元龜》卷八九三〈總錄部・謠言〉。

反。這樣，尚未起兵，就已使自己處於被動，漢王所轄五十二州，從他反者僅十九州，僅及其三分之一。而且，既詐眾造反，則事不宜遲，應趁部眾尚未明白之前迅速解決問題。王府兵曹河東聞喜人裴文安建策分兵略地，楊諒大悅，立即作出四面出擊的部署，派遣二路軍隊南渡黃河略地河南：一路由所署大將軍余公理指揮，出太谷，直取河陽（今河南孟縣）；另一路由大將軍綦良指揮出滏口，直到黎陽（今河南浚縣）。又派大將軍劉建率軍東出井陘，略取燕趙之地，派柱國喬全幟出兵雁門（今山西代縣境內），進攻官軍李景部。並任命裴文安為柱國，與柱國紇單貴、王聃等率軍西向直指京師，兄弟皇位爭奪的戰幕就此拉開。

隋煬帝任命右武衛將軍丘和為蒲州刺史，鎮浦津（今山西永濟縣西南）。楊諒挑選精銳騎兵幾百人，戴婦人蔽身用的面罩，詐稱是楊諒的宮人返回長安，守城的門衛沒有覺察，叛軍直入蒲州，丘和逾城逃回長安。裴文安等率西征大軍欲搶占浦津關西渡黃河，但楊諒卻突然改變主意，命紇單貴拆斷河橋，據守蒲州，將裴文安召回。楊諒裹足不前，一是京師軍情不明，二是後方不穩，因此不敢貿然出擊，為求穩還是先鞏固後方。於是作據守之策，任命了數州刺史，等待楊廣派兵來攻，這就使楊諒變主動為被動，處於任人宰割的境地。

楊諒不圖進取，不敢進兵關中，為保據河東，占有舊齊之境，又發兵北攻抗拒他的代州總管李景。關隴勳貴李景「臂力過人，驍勇善射」，是一員猛將。楊諒先後派劉嵩、喬鐘葵率勁勇三萬來攻，李景部下不過數千，率軍作「殊死鬥」[243]，牽制並屢敗大批楊諒軍。在南線楊諒採取守勢，隋煬帝派楊素率輕騎五千來襲蒲州（今山西永濟縣西南），楊素乘夜來到河邊，士馬銜枚渡河，拂曉時發動突然襲擊，叛軍守將沒有準備，王聃以城降，紇單貴逃走。隋煬帝於是任命楊素為并州道行軍總管、河北安撫大使，率步騎四萬直取太原，討伐楊諒。

楊諒派出略地的軍隊也都出師不利，綦良率軍進攻慈州（治今河北磁縣），遭刺史上官政的頑強抵抗，未能攻克，乃率兵向南轉攻行相州事薛胄（相州治今河南安陽），又未攻克。於是從滏口進攻黎州（治今河南浚縣），堵塞白馬津（今河南滑縣黃河南岸）黃河渡口。餘公理率軍自太行山到河內（治今河南沁陽），屯兵河陽（今河南孟縣西），也沒有進展。隋煬帝任命親信右衛將軍史祥為行軍總管，駐軍河陰（今河南孟津縣）。兩軍隔河對峙。

史祥先在黃河南岸大陳渡船，擺出北渡架勢，餘公理見勢即在北岸「聚甲以當之」。史祥隨即暗中潛於下流渡過黃河。餘公理自恃兵眾，馬上率軍來拒戰。史祥趁叛軍尚未成列，命將士迅猛出擊，在須水大破餘公理軍。得勝後史祥又移師東攻黎陽（今河南浚縣），進討綦良，綦良軍不戰而潰，史祥乘勢追擊，殺萬餘人。這樣，楊諒南路兩軍很快被擊滅。

在漢王楊諒所據的心臟地區太原城，也出了問題，隋煬帝讓顯州刺史豆盧賢祕密派人給其弟豆盧毓送詔書，讓他充當內應於內起事，使楊諒的妻族豆盧氏堅定地站到了楊廣一邊，而楊諒卻蒙在鼓裡。由於南面軍事吃緊，楊諒要去介州（今山西介休），於是命令妃兄豆盧毓和總管朱濤留守太原。楊諒走後豆盧毓即對朱濤策反，朱濤不從，被豆盧毓殺死。豆盧毓於是從監獄裡把皇甫誕放出來，與一批關隴將領商議閉城拒楊諒。楊諒知情後立即率軍回攻太原，時豆盧毓等尚未準備好，見楊諒率軍到，便哄騙士兵說賊軍來了，城上箭如雨下，楊諒轉攻西門，城上士兵認識楊諒，打開城門放楊諒進城，豆盧毓、皇甫誕等均被處死。[244] 然而，豆盧毓的行動打亂了楊諒的陣腳，使太原城人心惶惶，軍心不穩。

在東部，幽州刺史竇抗不明京師情況，鼠揣兩端，隋煬帝派勃海李子雄往幽州（治今北京市），

243《隋書》卷六五〈李景傳〉。

244《隋書》卷三九〈豆盧附毓傳〉。

李子雄到任先將竇抗逮捕，接著發步騎三萬，自井陘向西進攻楊諒。時楊諒部將劉建正將井陘守將京兆人張祥包圍，企圖出井陘東出略地燕、趙。李子雄於抱犢山擊敗劉建軍，劉建逃走。這使楊諒四面受敵。煬帝又任命左領軍將軍長孫晟為相州刺史，徵發山東兵與李子雄合勢。長孫晟因兒子在楊諒處，辭不敢當，煬帝推心置腹地安撫說：「公著勤誠，朕之所悉。今相州之地，本是齊都，人俗澆浮，易可騷擾，尚生變動，賊勢即張，思所以鎮之，非公莫可。公體國之深，終不可以兒害義，故用相委，公其勿辭。」[245]長孫晟見煬帝對自己不見疑，遂愉快地接受了任命。隋煬帝在此關鍵時刻，堅定地信用關隴勳貴，收到了很好的成效。

北面代州總管李景被楊諒圍困一個多月，隋煬帝命朔州刺史代人楊義臣率步騎二萬往救。楊義臣也是關隴勳貴，本姓尉遲氏，其父以尉遲迥作亂自請改姓，義臣幼養宮中，文帝賜姓楊氏。時叛將喬鍾葵有兵數萬，楊義臣見自己兵少，就集中所有的牛、驢，共幾千頭，命士兵數百各持旗一面，將牛驢隱藏於山谷間。黃昏後兩軍交戰，義臣命士兵驅牛驢狂奔，一時塵埃滿天，戰鼓動地，叛軍以為官軍大出伏兵，驚恐潰逃，楊義臣縱兵進擊，以少勝多，大敗喬鍾葵，遂解代州（治今山西代縣）之圍。[246]楊義臣與李景合軍，從北面壓向太原。

在太原以南，晉、絳、石三州的州城均有楊諒的重兵防守，隋軍統帥楊素僅向每城各派兵二千去牽制，自率大軍北進直攻太原。楊諒派部將趙子開率領十餘萬人，用柵欄堵塞山徑小路，在高壁山嶺上屯兵據守，擺開一個長達十里的陣勢，縱深設防，以為萬無一失。楊素命令部下諸將列兵對陣，圍而不攻，自己率一支騎兵冒險潛入霍邑（今山西霍縣）東北的霍山，沿著懸崖山谷前進。官軍在峪口紮營，楊素坐在營帳外，挑選三百人守營，軍士們恐懼敵軍強盛，不想出戰，多數人爭著要守營，致使軍隊行動遲緩。楊素馬上把爭著留下守營的三百軍士召出軍營，不問青紅皂白全部斬首。當他再次下令挑選留守人員時，士兵們無一敢留。於是楊素率軍馳馬疾進，突然出現在叛軍背後，直指敵酋趙子開的兵營，鳴鼓縱火。叛軍對這突如其來的行動，不知所措，於是大亂，自相踐踏，死傷數萬人。楊諒所署介州刺史梁脩屯兵介休，聽說楊素將至，即棄城逃跑，趙子開軍於是潰散。

楊諒聞知趙子開十萬大軍被擊潰，驚恐萬分，乃親率十萬人馬趕到蒿澤（今山西平遙西汾河幹流上一大湖）抵禦楊素，其時雙方兵力對比楊諒仍處於絕對優勢，正面決戰勝負尚不可知，但恰逢天降大雨，楊諒竟打算退兵。軍師王頍勸道：「楊素懸軍，士馬疲弊，王以銳卒親戎擊之，其勢必舉。今見敵而還，示人以怯，阻戰士之心，益西軍之氣，願王必勿還也。」[247]楊諒不聽，竟率軍大踏步後退，至清源（今山西清徐縣，距太原西南約一百公里）據守。王頍見楊諒無勇無謀，知大勢已去，對兒子說：「氣候殊不佳，我軍必敗，汝可隨從著我。」果然，楊素率軍直接向楊諒進攻，又以少勝多，大敗楊諒，並於戰陣中活捉蕭摩訶，叛軍死者一萬八千餘人。楊諒退守晉陽（太原），被楊素四面包圍，楊諒束手無策，窮蹙無計，只好乞降，其餘黨羽隨即被全部平定。楊諒起兵，「月餘而敗」[248]，幾十萬大軍得不到正確指揮，結果一敗塗地，這是隋朝建立以來一場最大的內戰。

楊諒的失敗完全在於自己的太輕率，毫無軍事經驗，缺乏謀略，「羊質獸心」，他實在不是其二哥的對手。隋文帝在世時所言：「彼（楊廣）取爾（楊諒）如籠內雞雛耳。」說得太准了，楊廣取幼弟楊諒，的確就像老鷹抓小雞一樣輕而易舉。

論兵力，楊諒的確十分強大，他起事時的兵力估計在三十萬—四十萬，楊廣出動的兵力總計不到十萬。雖然楊廣以皇帝之尊可以調動全國兵力，特別是關隴強大的府兵，正如漢王府司馬皇甫誕所

245《隋書》卷五一〈長孫晟傳〉。
246《隋書》卷六三〈楊義臣傳〉。
247 參見《隋書》卷四五〈文四子．庶人諒傳〉。
248《隋書》卷二三〈五行志下〉。

說：「大王兵資非京師之敵。」但楊廣新立，短時間內要調動大批兵力仍很困難，楊諒則作了多年準備，可以在很短時間集中大批軍馬，就局部而論楊諒兵力處於優勢。但官軍卻處處以少勝多，用詭計出其不意，出奇兵取勝，這只能說明楊諒的庸劣無能。

然而，楊諒缺乏指揮經驗，他的軍師王頍卻是曠世奇才，楊諒舉兵反，「多頍之計」，王頍「數進奇策」，但楊諒「不能用」，這就使楊諒的失敗不可避免。在楊廣已具皇帝身分，已處在代表國家正統的優勢地位之下，楊諒起兵取勝的唯一希望就是集中兵力突襲長安，此策王頍一開始就倡議了，但楊諒中途變卦，沒有決心。繼而想劃河為界，割據舊齊之地，卻又四面出擊，自不量力，各方面都沒有任何進展。官軍統帥楊素則久經戰陣，老謀深算，敢於孤軍深入，直搗老巢，置敵於死地。在兵臨城下眾叛親離的情勢下，楊諒只好投降。

王頍在楊諒兵敗後，企圖投奔突厥，逃至深山，道路斷絕，知道自己難以倖免後，乃對兒子歎息說：「我的計謀韜略，不亞於楊素，但坐言不見從，遂至於此。我不能坐受擒執，以成全楊素這豎子之名。」說完悲痛地自殺了。[249] 後楊素得王屍，仍殘酷地梟首於太原。蕭摩訶也被斬首，時年七十三。

楊諒叛亂，性質是爭奪帝位，分裂國家，沒有任何正義可言，他的失敗不僅是楊廣之幸，也是國家之幸，誰還會允許剛統一的國家重又大分裂呢？隋煬帝得到捷報欣喜萬分，立即派楊約奉「手詔」到太原慰勞功臣楊素。詔曰：

公乃先朝功臣，勳庸克茂。至如皇基草創，百物惟始，便匹馬歸朝，誠識兼至。汴都、鄭州，風卷秋籜，荊南、塞北，若火燎原，早建殊勳，夙著誠節。及獻替朝端，具瞻惟允，爰弼朕躬，以濟時難。昔周勃、霍光，何以加也！賊乃竊據蒲州，關梁斷絕，公以少擊眾，指期平殄。高壁據險，抗拒官軍，公以深謀，出其不意，霧廓雲除，冰消瓦解，長驅北邁，直趣巢窟。晉陽之南，蟻徒數萬，諒不量力，猶欲舉斧。公以棱威外討，發憤於內，忘身殉義，親當矢石，兵刃暫交，魚潰鳥散，僵屍蔽野，積甲若山。諒遂守窮城，以拒鐵鉞。公董率驍勇，四面攻圍，使其欲戰不敢，求走無路，智力俱盡，而縛軍門。斬將搴旗，伐叛柔服，元惡既除，東夏清晏，嘉庸茂績，於是乎在。昔武安平趙，淮陰定齊，豈若公遠而不勞，速而克捷者也。朕殷憂諒暗，不得親御六軍，未能問道於上庠，遂使劬勞於行陣。言念於此，無忘寢食。公乃建累世之元勳，執一心之確志。古有人言曰：「疾風知勁草，亂世有誠臣。」公得之矣。乃銘之常鼎，豈止書勳竹帛哉！功績克諧，哽歎無已。稍冷，公如宜。軍旅務殷，殊當勞慮，故遣公弟，指宜往懷。迷塞不次。[250]

這是有史可考隋煬帝即皇帝位後，自出其手筆的第一道詔文，也是一篇氣勢磅礴的優秀散文。楊廣文采果然不俗，稱帝後更是大放異彩，出手淋漓，一氣呵成，再也見不到半點壓抑之感。楊廣把自己描述為正人君子，幼弟楊諒乃人面獸心，自己是皇帝萬民之主，代表國家代表正義，楊諒則是亂臣賊子叛逆奸回，平叛行動是大義滅親，古有先例。詔文數落了楊諒的罪行，稱頌了楊素平叛的功績，把楊素比著周勃、霍光，其功可書之竹帛，流芳千古。此時的楊廣，對楊素的感激真是到了無以復加的地步，沒有楊素，就沒有自己的皇位，故煬帝引古人言：「疾風知勁草，世亂有誠臣。」楊素的確是楊廣帝業的第一功臣。

249 參見《隋書》卷七六〈王頍傳〉。
250 《隋書》卷四八〈楊素傳〉。

楊素得到隋煬帝褒美自己的手詔，馬上惶恐上表陳謝，表示要「百殞微軀」報君之恩。回到京師之後，煬帝賜給楊素物五萬段，及楊諒的妓妾二十人，並拜其子為儀同三司。[251]

楊廣又親自寫詩賜在南線接連擊敗楊諒叛軍的將軍史祥，詩云：

伯奭朝寄重，夏侯親遇深。
貴耳唯聞古，賤目詎知今！
早標勁草質，久有背淮心。
掃逆黎山外，振旅河之陰。
功已書王府，留情太僕箴。[252]

詩文與賜楊素的「手詔」有異曲同工之妙，讚美史祥的英才大略，雖用典故，但主旨仍然是疾風知「勁草」，這與前不久任皇太子居閒時寫給史祥的信，判若兩人。皇上親筆手詔題御詩，對於將相大臣來講，已是最大的恩典了。

對於亡身殉國的皇甫誕、豆盧毓，隋煬帝也下詔「褒顯名節」，贈官爵封其子孫。其餘有功將士李子雄、楊義臣、李景、王仁恭、崔仲方、元壽、陶模、崔彭、趙元淑、麥鐵杖等，也都得到不同程度的封賞。

平定漢王楊諒的叛亂，意味著隋最高層權力過渡已經完成。時群臣奏議應將楊諒處死。著作郎王邵為求媚於煬帝，特意上書，請改楊諒姓氏。[253]但是，已是絕對勝利者的楊廣這時可以隨意發慈悲，他說：「朕終鮮兄弟，情不忍言，欲屈法恕楊諒一死。」於是除名為民，絕其屬籍[254]，不承認幼弟是皇室成員。

隋煬帝對隨從漢王叛亂的部下的處罰則毫不手軟，官吏臣民受牽連獲罪被處死和流放的竟有二十餘萬家。甚至連叛亂時態度不明朗的原刑部尚書檢校相州事薛冑也被「鎖詣大理」，「除名配防嶺南」。[255] 平叛失利戰敗的將軍丘和及上官政也受到除名流放嶺南的處分，因蜀王楊秀事除名在家的原右衛大將軍元冑對丘和說了一句「上官政，壯士也」，被丘和告發，竟獲罪處死，而丘和因告發有功則免罪補代州刺史，上官政亦得征為驍衛將軍。[256]

仁壽四年（六〇四）十月己卯（十六日），隋煬帝將父皇安葬於太陵，立廟號稱隋高祖，謚號曰文皇帝，與文獻皇后獨孤氏同墳而異穴。這時，能向父母致祭盡孝的也只有「好子孫」楊廣一系了。

楊廣以隋文帝次子，經營十多年終於登臨大位。他廢胞兄楊勇皇太子位，除四弟楊秀蜀王爵，在危急時刻發狠斷然弒父，搶班奪位，接著撲滅幼弟楊諒的反叛。楊廣在兄弟五人當中最狠最毒，也最有才能，他的皇位完全是靠自己經營奪得。按皇位繼承法，楊廣不居嫡長，本不能繼承皇位，現在他終於奪得了，成功了，應該說他盡了最大的努力，冒了最大的風險，費盡了心機，也要盡了陰謀。他弒父屠兄幽弟，其行為可謂豬狗不如。但他的成功證明他不是一個庸人而是一個強者，一個心狠手毒的強者。若不強，他也可能被自己的親兄弟剁成肉醬。皇位的爭奪可謂殘酷無情，不是你死，就是我亡。

在以血緣維繫的世襲制君主專制制度下，和平地接班難以保證，在沒有民主選舉機制的封建時

251 《隋書》卷四八〈楊素傳〉。
252 《隋書》卷六三〈史祥傳〉。
253 《隋書》卷六九〈王邵傳〉。
254 《隋書》卷四五〈文四子・庶人諒傳〉。
255 《隋書》卷五六〈薛冑傳〉。
256 《隋書》卷四〇〈元冑傳〉。

代，兄弟相爭陰謀奪位雖說是殘酷無情，但經過一番爭鬥，往往是相對有能力者爭得了帝位，如隋煬帝和唐太宗。奪位者雖不能說是有積德，但有才能是毫無疑問的。皇帝有才比無才好，若有才又有德，那就更好了。一個新皇帝即位，整個天下將會有一番大的變化，後代之人將會從功和德兩個方面對其作為進行評價。

第四章　大興工役　虐用民力

隋煬帝以弒父屠兄幽弟奪得帝位，為了證明自己龍飛九五是合於天道，即皇帝位是當之無愧，乃以拼命的精神試圖在短期內建立最偉大的功業，建立「奄吞周漢」的豐功偉績，成為「子孫萬代莫能窺」的千古一帝。翌年正月初一，隋煬帝改元大業，稱大業元年（六〇五），宣布大赦天下。大業，是要成就千秋萬代矚目的偉業之意。時有識者認為大業「於字離合為大苦末也」[1]，是不吉利，但煬帝並不介意。又立蕭妃為皇后，立長子楊昭為皇太子，隋第二代君王的新朝局面開始了。

大業年間創大業，千秋功罪後人評。隋煬帝氣度恢弘，志向萬千，多年的壓抑一掃而去，現在終於可以放手大幹了。在即位不到一年時間內，連續大興工役，掘長塹、置關防、營建東都、廣築離宮、開鑿大運河、大造龍舟、巡遊江都等，役使男女數百萬，幹得轟轟烈烈，驚天動地，然而成效如何，自古至今評價不一。

第一節　營建東都　廣置離宮

洛陽地處中原大地，是著名的九朝故都。在中國歷史上，有許多王朝實行兩京制，如西周都鎬京

1《隋書》卷二二〈五行志上〉。

（長安），周公姬旦東營洛邑，洛邑後成為東周的都城。東漢亦實行長安、洛陽兩京制，隋和唐也一樣，除首都長安有中央政府外，在東都洛陽另有一套「東京官」，皇帝時而在長安，時而在洛陽坐朝君臨天下。後代如明實行南京、北京兩京制，清則實行北京、盛京（瀋陽）兩京制。歷代實行兩京制的目的都在於強化王朝對國家的統治，被認為是一項成效卓著的重要政治措置。然而，唯獨隋煬帝建東都，在歷史上卻招來了非議，是非曲直，難以定評。

營建東都　控扼山東

在平定漢王楊諒叛亂後，籍沒流移的晉陽逆黨有二十餘萬家，隋煬帝下令將其中大部分遷徙到洛陽附近，以便集中監視控制。

洛陽地處今河南省的西部，在黃河中游的南岸，這裡群山環抱，地勢平坦，河流縱橫，土地肥沃，氣候溫和，是建都的好地方。仁壽四年（六〇四）十一月乙未（初三），隋煬帝大駕光臨洛陽，癸丑（二十一），即發布了營建東京的詔令，詳細述說了營建洛陽新城的必要性和緊迫性。《隋書》全文收錄了這一詔令。然而，四、五百年後的宋朝司馬光修纂《資治通鑒》時，幾百字的詔文僅收錄了不著邊際的十六個字，編者另采野史小說杜寶《大業雜記》，把煬帝營建東都的原因歸之於迷信圖讖之說，營造東都成了煬帝的一大罪狀。其文云：

> 章仇太翼言於（煬）帝曰：「陛下木命，雍州為破木之沖，不可久居。」又讖云：「修治洛陽還晉家。」帝深以為然，十一月乙未，幸洛陽。2

這樣一來，煬帝營建洛陽的原因不僅荒唐，而且可笑。僅憑此一點，人們立即就會認為隋煬帝是一個昏庸之徒，是個有如北齊後主、周天元一樣的昏君。然而，此事卻是一件冤案。

宋代史學家兼理學家司馬光不采正史詔令，代之以野史小說的道聽塗說，是以取捨和選擇史料為手段，企圖寓褒貶善惡於敘事之中，以貶低隋煬帝的政治眼光和才能，突出煬帝的荒暴無道，以為殷鑒。[3]當然，上引《資治通鑒》史料的可靠性大成問題，我們不談《大業雜記》作為小說野史的可信度如何，僅就其所述章仇太翼其人，原是廢太子楊勇的門客，又在仁壽宮變前參加柳述集團，反對楊廣，卻又怎麼可能在煬帝剛即帝位不久便出現在煬帝身邊，並成為煬帝的親信，而且由他一言，竟產生了遷都的效力。這樣，不僅煬帝成了昏君，歷史也成兒戲了。

然而，篡改歷史總會留下破綻，後代學者不僅對此提出了質疑，而且進行了詳盡考證，說明營建洛陽有其歷史發展的必然性和合理性。

既然《隋書》全文收錄了隋煬帝於仁壽四年（六〇四）十一月癸丑（二十一）關於營建東京的詔令，為了考證歷史真相，我們當然有必要將詔文全文照錄，讓世人評判：

乾道變化，陰陽所以消息；沿創不同，生靈所以順敘。若使天意不變，施化何以成四時；人事不易，為政何以厘萬姓《易》不云乎：「通其變，使民不倦」「變則通，通則久」「有德則可久，有功則可大」。朕又聞之，安安而能遷，民用丕變。是故姬邑兩周，如武王之意，殷人五徙，成湯後之業。若不因人順天，功業見乎變，愛人治國者可不謂歟！

然洛邑自古之都，王畿之內，天地之所合，陰陽之所和。控以三河，固以四塞，水陸通，貢賦

2 《資治通鑒》卷一八〇隋文帝仁壽四年十月。

3 參見高敏：〈關於隋煬帝遷都洛陽的原因〉，載《魏晉隋唐史論集》第二輯，中國社會科學出版社一九八三年版。本節對該文多有參引，餘不遍注。

等。故漢祖曰：「吾行天下多矣，唯見洛陽。」自古皇王，何嘗不留意，所不都者蓋有由焉。或以九州未一，或以困其府庫，作洛之制所以未暇也。我有隋之始，便欲創茲懷、洛，日復一日，越暨於今。念茲在茲，興言感哽！

朕肅膺寶曆，纂臨萬邦，遵而不失，心奉先志。今者漢王諒悖逆，毒被山東，遂使州縣或淪非所。此由關河懸遠，兵不赴急，加以并州移戶複在河南。周遷殷人，意在於此。況復南服遐遠，東夏殷大，因機順動，今也其時。群司百辟，僉諧厥議。但成周墟塉，弗堪葺宇。今可於伊、洛營建東京，便即設官分職，以為民極也。

夫宮室之制本以便生，上棟下宇，足避風露，高臺廣廈，豈曰適形。故《傳》云：「儉，德之共；侈，惡之大。」宣尼有云：「與其不遜也，寧儉。」豈謂瑤臺瓊室方為宮殿者乎，土階采椽而非帝王者乎？是知非天下以奉一人，乃一人以主天下也。民惟國本，本固邦甯，百姓足，孰與不足！今所營構，務從節儉，無令雕牆峻宇復起於當今，欲使卑宮菲食將貽於後世。有司明為條格，稱朕意焉。[4]

我們只要對這個詔令稍加分析，就可以明白隋煬帝在即位之初決定營建洛陽，乃是出於對當時政治、經濟、軍事形勢，及洛陽對控扼東方的重要性的充分認識，而作出的重大決策。詔令中並提到「民為國本，本固邦寧」的先王之教，以說明煬帝的舉措是為國為民。更提起先聖「變則通，通則久」，以及「有德則可久，有功則可大」警句，說明變革乃是時代之需要，是合乎天道順應時代潮流的。

隋煬帝決定營建東都的最直接原因，是剛剛平定的漢王楊諒的叛亂。由於京師長安「關河懸遠，兵不赴急」，漢王悖逆，「毒被山東，遂使州縣或淪非所」。隋府兵多集關中，遇大規模叛亂，由長安調兵，往返費時，不利於迅速作出反應。對漢王悖逆，「從反者十九州」，煬帝更心懷畏懼，直到大業三年（六〇七）北巡河北時，仍念念不忘漢王的反叛，說：「自蕃夷內附，未遑親撫，山東經亂，須加存恤。」[5]山東地大物博，山東不穩，則帝國的統治基礎就不穩。唐人杜牧分析魏晉南北朝以至隋唐的中原形勢，指出：「山東者，不得不可為王，霸者不得不可為霸。」[6]正因為如此，要使隋朝長治久安，也必須安輯山東。

再從隋朝的統治狀況來看，營建洛陽實亦為當時政治、軍事形勢的客觀需要。

隋承北周，以僻處西隅的秦隴關中東進南下，統一中國。統治者以關隴勳貴為中心，他們竭力加強關隴的軍事優勢，以「內重外輕」之勢，駕馭四方，長安自然成了西魏、北周、隋以至唐的政治中心。當時外族侵擾亦多來自西北的突厥和吐谷渾，建都長安顯然也便於就近指揮抗擊。然而，山東地域廣大，人口眾多，曾長期受東魏、北齊統治，入隋後存在著許多不安定因素。楊堅篡周之際，雖然調集關中府兵很快討平三方構難，但廣大的山東地區對新建的隋政權仍存在很強的離心力。

江南情勢的複雜性更超過山東，滅陳後，亡國的江南人士對北人心懷恐懼，離心力更強。雖然一年後江南地區的全面反叛再次被撲滅，但並沒有從根本上剷除江南豪族勢力，江南地區的變亂和少數民族叛亂仍時有發生，成為隋王朝的憂患。這說明統一的隋王朝，還需要進一步加強對江南的控制。煬帝詔令中「況復南服遐遠」之句，說的就是京師長安對控制江南有鞭長莫及之歎。

東漢光武帝劉秀起於東方，深感中原形勢重要，於西元二五年建都洛陽，使洛陽很快成為繁盛的都市。古詩〈青青陵上柏〉描寫東漢洛陽市景宮殿云：「洛中何鬱鬱，冠帶自相索。長衢羅夾巷，王

---

4 《隋書》卷三〈煬帝紀上〉。

5 同註4。

6 《樊川文集》卷六〈罪言〉。

侯多第宅。兩宮遙相望，雙闕百餘尺。」[7]王公百官雲集帝王之都，洛陽成為政治經濟文化的中心。但東漢末年董卓之亂，洛陽遭到毀滅性破壞，巍峨的宮殿被燒成一片廢墟。軍閥董卓挾漢獻帝並盡徙洛陽人口數百萬西走長安。詩人曹植描述洛陽的劫後慘景曰：「步登北邙阪，遙望洛陽山。洛陽何寂寞，宮室盡燒焚。垣牆皆頓擗，荊棘上參天。不見舊耆老，但睹新少年；側足無行徑，荒疇不復田。遊子久不歸，不識陌與阡。中野何蕭條，千里無人煙。念我平生親，氣結不能言。」[8]後其兄曹丕稱帝建魏，於西元二二〇年在廢墟上重建新都，此即歷史上有名的洛陽「漢魏故城」。西晉繼續徵用民工擴建，但「八王之亂」後這裡又成了兵火戰場，重又變成一片廢墟。北魏孝文帝由代北遷都洛陽，又加重建，其盛時東西二十里，南北十五里，城內外寺院共一千三百六十七所，「金刹與靈臺比高，宮殿共阿房等壯」。[9]洛陽成為金碧輝煌的佛教文化中心和北魏後期的政治統治中心。但魏末爾朱榮之亂和東、西魏戰爭很快使洛陽「城闕為墟」，內外官寺民居，存者什二、三。[10]然時人皆以洛陽「世稱朝市，上則於天，陰陽所會；下紀於地，職貢路均」[11]，居天地之中，全國心臟，為最理想的帝王之都。隋煬帝的姐夫周天元在位時已有意恢復洛陽舊都，常役四萬人起洛陽宮，並將北齊鄴城石經遷至洛陽。但周天元不久死去，史稱：「及營洛陽宮，雖未成畢，其規摹壯麗，逾於漢、魏遠矣。」[12]漢魏晉北朝至隋統一，洛陽的都城地位幾起幾落，數遭兵燹成為廢墟，但其天下中心的地位使她又數度重建，立為首都或陪都。隋煬帝為適應由長期分裂到統一政權的政治軍事需要，營建東都，採取長安、洛陽兩京制，是一項具有長遠戰略考慮的重要措置。

另外，營建東都也有經濟上的原因，可以說是關東地區經濟發展水準超過關中地區，中國經濟重心逐漸南移的必然結果。一位經濟史學專家曾指出：一個政權應當把首都建在什麼區域內，以及在這一區域之內把都城定在某一地區，雖然要考慮多種因素，但首先考慮的則是經濟因素。長安所在的關中地區的農業經濟，戰國時秦開鄭國渠以後，一向很發達，西漢之世，關中的膏腴之地，畝產達一鐘，但關中八里秦川面積有限，當關東黃、淮大平原一望無際的田野被漸次開墾出來後，關中地區的農業經濟在全國的重要性便開始日益下降。漢魏之際關中農業倚為命脈的鄭國渠、白渠等水利設施，因河床下切等原因，灌溉面積驟減十分之九，面積減少了三萬八九千頃之多，導致糧食產量急劇下降，而關中人口的增加，使長安的糧食供給都發生困難，以致不得不仰賴於漕運關東糧食。到隋唐時代，「地狹人繁」的渭河平原的農業產量更遠遠不能滿足龐大的中央政府和駐軍的需要。隋文帝對於如何解決關中的糧食供應更是一籌莫展，史載：開皇十二年（五九二），「京輔及三河，地少而人眾，衣食不給」。開皇十四年（五九四）八月辛未（初九），關中「大旱人饑」，隋文帝只得率關中「戶口，就食洛陽」[13]，成為「逐糧天子」，這種窘迫的局面在新即位的隋煬帝看來，的確是難以容忍，必須加以改變。

再則，在魏晉南北朝時期，江南經濟得到了長足的發展。隋朝時長江流域各州郡每年都存有足夠的餘糧，隋文帝以長安為都，糧食和物資供應在一定程度上要依靠漕運南方資糧，此亦為隋煬帝修通南北大運河的重要原因。然而，糧食轉輸於洛陽好辦，洛陽以西達於長安則有不可克服的困難，其中最突出者，就是三門峽，改用陸路繞過三門天險，卻運量有限，所費尤多，得不償失。

7 《古詩十九首》，見《文選》卷二九。
8 曹植：〈送應氏詩二首〉，見《文選》卷二〇。
9 楊衒之：〈洛陽伽藍記〉，《說郛》卷四。
10 《資治通鑑》卷一五八梁武帝大同四年。
11 《周書》卷七〈宣帝紀〉。
12 《北史》卷一〇〈周本紀下．宣帝〉。
13 《隋書》卷二〈高祖紀下〉。

上述一系列情況表明，在黃土高坡土地資源日益耗盡且漕運艱難的長安，已不再是國都的最佳位址。隋都長安，在經濟上遇到了嚴重困難。而洛陽的經濟條件比長安優越，地域更遼闊，農業生產更發達，又臨近山東、河北與江南等產糧地區。與其在長安苦於漕運而不得不頻頻就食洛陽，不如遷都洛陽，使「水陸通，貢賦等」，這不是既利國又利民的大好事嗎？

從地理形勢來看，洛陽北臨黃河，是一個「控以三河，固以四塞」的形勝要地。據《隋書．食貨志》記：「初造東都，窮諸巨麗，帝昔居藩翰，親平江左，兼以梁、陳曲折，以就規摹。」這是說隋煬帝曾對洛陽地理形勝作過實地考察，然後才作出遷都決策。又據唐人李吉甫《元和郡縣誌》記載：「初，煬帝常登邙山，觀伊闕，顧曰：『此非龍門邪！自古何因不都於此？』僕射蘇威對曰：『自古非不知，以候陛下』。帝大悅，遂議都焉。」[14]這又再一次證實隋煬帝是作過實地考察。同時，說明了唐代學者李吉甫也肯定隋煬帝營建洛陽的原因是基於洛陽有地理形勢上的優越性。

大業元年（六〇五）三月戊申（十八日），隋煬帝下詔論政刑得失、考課虛實等事，又提到「關河重阻，無由自達。朕故建立東京，躬親存問」。[15]對於好作巡遊，躬親庶政的隋煬帝來說，居天下之中的洛陽當然更便於他君臨天下親臨國務。洛陽西走關隴，東達海岱，北通燕趙，南至江淮，其距離大體都相等。隋煬帝由洛陽出發，向四個方向都作過巡視，且幾乎年年出巡。再說，洛陽只是作為東都，即第二首都，長安作為第一首都的地位仍未取消。隋煬帝後來又營建江都，作為第三首都，並三游江都。一個王朝設三個都城，也是前所未有的，但洛陽的政治地位看來最為重要。明人陳建在《建都論》中說：「建都之要，一形勢險固，二漕運便利，三居中而應四方。必三者備，而後可以言建都。長安雖據形勢，而漕運艱難；汴居四方之中，而平夷無險，四面受敵。惟洛陽三善咸備。」[16]據說，早在西周初，周公就認為建都洛邑「天下中，諸侯四方納貢職，道裡均矣」。[17]隋煬帝又將營建東都和開運河連為一體。同於大業元年（六〇五）三月開工，運河以東都為中心，東都以運河輸漕南糧為生命線，使洛陽「三善咸備」。

從以上分析可知，隋煬帝在營建東都詔令中所說關於洛陽政治軍事形勢、經濟狀況、地理特徵等方面的理由，都符合當時實際狀況，說明營建洛陽，的確是經過深思熟慮後作出的決策。為了使臣民信服，隋煬帝營東都詔還引經據典，從哲理上論證「乾道變化」的道理，說明洛陽居天下中，是要開創大事業。由此看來，隋煬帝營建東都決不是輕信什麼童謠迷信的盲目偶然舉措，也不是單純出於荒淫逸樂的私欲。

洛陽新城　規制宏偉

東都洛陽的正式營建始於隋煬帝即位的第二年。大業元年（六〇五）三月丁未（十七日），隋煬帝詔尚書令楊素、納言楊達、將作大匠宇文愷以及閻毗、裴蘊、裴矩、何稠、元弘嗣等「營建東京」。這是一個有宰相重臣參加、權力很大的工作班子，充分表明了皇帝的重視。工程至大業二年（六〇六）正月辛酉（初六）竣工，前後歷時十個月，可謂神速。按煬帝在前一年發布的詔令，似乎營東都起初尚有務從節儉的打算，要因陋就簡短時間內趕造出一個新都城，但實際營造中的情況卻並非如此。

營造東都的總監是尚書令楊素，副監為宇文愷，實際規劃設計的總工程師則是宇文愷。宇文愷小字安樂，是隋朝建築藝術大師，他出身於關隴勳貴之家，是隋開國功臣杞國公宇文忻之弟。宇文愷世

14《元和郡縣誌》卷五〈河南道．河南府〉。
15《隋書》卷三〈煬帝紀上〉。
16《昭代經濟言》卷九。
17《漢書》卷四三〈婁敬傳〉。

代為武將，諸兄並以弓馬自達，愷獨好學，博覽群書，多才多藝。曾任太子楊勇的左庶子，營宗廟副監。開皇二年（五八二）七月，隋文帝在長安城東南的龍首原建大興城，特任宇文愷為營新都副監，宰相高熲雖任總監，但大興城營造的規劃、工程設計等實際全出於宇文愷。後宇文愷又總領疏通渭河通漕運，因兄宇文忻被誅坐除名於家。開皇十三年（五九三）修建仁壽宮時，宰相楊素推薦宇文愷規劃設計，於是任檢校將作大匠，不久充仁壽宮監，遷將作少監。獨孤皇后崩殂，其山陵營建又是宇文愷協助楊素完成，因得賜爵安平郡公。煬帝即位營建東都，宇文愷又被楊素推薦充作副手，遷官將作大匠，成為新都建設的總設計師。宇文愷「揣帝心在宏侈，於是東京制度窮極壯麗，帝大悅之」。[18]煬帝開初「務從節儉」的打算，到開工伊始便代之以「窮極壯麗」了。

據文獻和考古資料，隋東都洛陽城的規劃基本上是依據了長安新城大興城，也是由郭城、皇城、宮城三大部分組成。據《隋書．地理志》記載：大興城「東西十八里一百十五步，南北十五里一百七十五步，周六十七里」。是現存明代西安城的七倍。而這樣大的城市僅用了不到兩年時間就初步建成，可謂是速戰速決。大興城營建時是先築宮城，次築皇城，後築郭城，布局嚴謹，宮殿街坊功能區分明確，集中地表現了大一統帝國的政治藍圖，體現了隋統治者的追求。東都洛陽新城和京師大興城一樣，均非在漢魏故城上修建，而是選址於漢魏故城（今白馬寺東三里外）之西約十公里重建，其地由隋煬帝親自選定。

洛陽新城的規劃布局由宇文愷在總結大興城建築經驗的基礎上制定的，也是一座精心設計，規模宏大的城市，由於地形不一樣，洛陽新城的平面布局與大興城有明顯的不同。我們先來看看歷史文獻的記載：宮城「在皇城北」[19]，「在都城之西北隅」[20]，「宮城有隔城四重」。[21]宮城北對「曜儀門，號曜儀城。其北曰圓壁門，號圓壁城」[22]，皇城在「都城之西北隅」[23]，其「北即含嘉倉，倉有城，號含嘉城」。[24]郭城則「南廣北狹，凡一百三坊，三市居其中焉」。[25]「都內縱橫各十街，分一百三坊」[26]，

「每坊東西南北各廣三百步，開十字街，四出趨門」。[27]「東都豐都市東西南北居二坊之地，四面各開三門，邸凡三百一十二區，資貨一百行」。[28]「定鼎門街廣百步，上東、建春二橫街七十五步，長夏、厚載、永通、徽安、安喜門及當掖門等街廣六十二步，餘小街各廣三十一步」。[29]「築西苑，周二百里」[30]，等等。上述文獻記載，近年已被考古發掘逐步證實。[31]

據考古資料，洛陽新城的規模比大興城要小四分之一，也是一座四周有高大城牆的封閉式城市。城市的布局大體與長安大興城相仿，由郭城、皇城和宮城三部分組成，但更突出皇城、宮城的至尊地位。只是限於地形，宮城並不在城市中軸線上，而在西北隅的高坡上，因這裡是全城最高處，且風景秀麗，可俯視全城，南望伊闕，故在此建宮殿，顯然，這更突出了皇權的至高無上，體現了大隋王朝

---

18 《隋書》卷六八〈宇文愷傳〉。
19 《新唐書》卷三八〈地理志二〉。
20 元《河南志》卷三。
21 《舊唐書》卷三八〈地理志一〉。
22 同註20。
23 《唐六典》卷七〈尚書工部〉。
24 同註20。
25 同註23。
26 同註21。
27 元《河南志》卷一引〈韋述記〉。
28 《太平御覽》卷一九一引〈兩京記〉。
29 同註27。
30 《資治通鑑》卷一八〇隋煬帝大業元年。
31 宿白：〈隋唐長安城和洛陽城〉，載《考古》一九七八年第六期，本節所引文獻和考古資料，多得自該文。又參見馬得志〈唐代長安與洛陽〉，載《考古》一九八二年第六期。

包容天下的氣勢。

據測量，洛陽新城的宮城東西壁各長約一千二百七十米，城牆內外均包砌磚塊，中間夯築部分寬約十五—十六米，西南隅厚達二十米，宮城北接曜儀、圓壁二城，為宮城北面的隔城，現有遺跡可尋的是南面正中的則天門、其西的光政門及北牆的玄武門。宮城又稱禁省，是皇帝寢宮及御前議事殿閣之所在，宮城內殿堂林立，計有乾陽殿、大業殿、文成殿、文清殿、修文殿、儀鸞殿、觀象殿、觀文殿、含涼殿等，其中大業殿、文成殿是隋煬帝經常召見大臣，商議軍國大事的場所。乾陽殿是皇帝舉行大典和接待重要外國和少數民族使團的地方，建得金碧輝煌，最為華麗。據說此殿「基高九尺，從地至鴟尾高一百七十尺，十三間二十九架，三陛軒，六掍鏤檻，欒護百重，粢拱千構，雲楣彩柱，華欂壁璫，窮軒甍之壯麗，其柱大二十四周，倚井垂蓮，仰之者眩曜，南軒垂以珠絲網路，下不至地七尺，以防飛鳥，四面周以軒廊，坐宿衛兵」。[32] 在宮城內，遍植枇杷、海棠、石榴、梧桐以及各種名藥奇卉，風景如畫，安福門內北院是隋煬帝寢殿，「雕飾最華」。[33]

皇城則圍繞著宮城東西南三面，夯築城壁，內外砌磚，城牆寬約十四—十六米，保存較好的西壁約長一千六百七十米，這種布局有利於防禦。皇城內有貫通南北的三條大道，其內建有社、廟、府、寺等建築，有許多殿堂和院落，是百官衙署和禁軍衛府的駐地。皇城內的省府寺監是由吏部侍郎裴矩監修，前後修了九旬即三個月時間。[34] 皇城東有東城，也建有部分官署。東城之北為含嘉倉城，為國家的大型糧庫。皇城正門曰端門，兩邊是左、右掖門，右掖門內有「子羅倉」，也是一座糧庫。

郭城也稱羅城，是百官府第和百姓街坊。其布局規模宏偉，整齊有序，平面近似方形，東壁長七千三百一十二米，南壁長七千二百九十米，北壁長六千一百三十八米，西壁因洛水紆曲，長六千七百七十六米。外郭城的城牆全用夯土版築，牆垣基址寬十五至二十米。在東、南各開三門，均為三個門道，北、西因皇城各開三門，共十個城門。其中正南門為建國門，門址寬二十八米，一門三道，中門道寬八米，兩側門各寬七米，門堵隔牆各寬三米。建國門南通伊闕，渡天津橋，北對端門至建國門的南北大街叫天津街或天街，街寬一百二十一米，長約四公里，是全城中軸線上的主幹道，「隋時種櫻桃、石榴、榆、柳，中為御道，通泉流渠」。[35] 不僅夾道成蔭，而且流水成渠。有洛水自西而東穿城而過，將洛陽分為南北二區，為連接南北，在洛水上建有四座橋梁。城內除洛水外，還引瀍水、伊水入城，並開鑿幾條漕渠，這使洛陽新城的水陸交通條件比大興城更為方便。另外，城內有三處市：通遠市在北，豐都市在南，大同市在西，比大興城多設了一個，並且都傍可以行船的河渠。如北市就南沿洛河，北傍漕渠，南市依通運渠，西市臨通津、通濟二渠，貨船可直達市中。可見洛陽新城的設計，比大興城更多地考慮了繁榮工商業的問題。時北市「天下之舟船所集，常萬餘艘，填滿河路，商販貿易，車馬填塞」。南市「其內一百二十行，三千餘肆，四壁有四百餘店，貨賄山積」。[36] 工商業繁榮，盛況空前。北市附近開設了眾多酒店旅館，成為洛陽最繁華的地方。

另外，在上春門外，建築了諸郡邸百餘所，是接待各郡長官來東都朝見天子的住所，在建國門外還設置了四方館，以接待外國和少數民族使者。城內佛塔祠廟林立，還建有「胡祆祠」、「祆神廟」、「波斯胡寺」等，住在城裡的外國人和少數民族當不在少數。

洛陽新城的裡坊數同長安大興城一樣，由郭城內的縱橫街道構成，城內一百零三個里坊都大致呈方形，各坊面積相近，約一裡見方，較大興城的坊略小一些，坊分布在洛水南北的東部地段，與市的

32《大業雜記》，見《說郛》本。
33 徐松：《兩京城坊考》卷五〈東京．宮城〉。
34《隋書》卷六七〈裴矩傳〉。
35 韋述：《兩京新記》。
36 元《河南志》卷四、卷一。

聯繫更方便，城內各功能分區間的關係更加緊湊，坊的四周有坊牆，牆正中開坊門，坊內有縱橫交錯的十字街，井然有序，以利於管理和控制城內居民。裡坊制遵循封閉形制，坊門面臨大街，夜間施行宵禁，一般居民不得對街開門，而官僚貴族府第則不受此限。

洛陽新城的規劃處處以皇帝居住的宮城為主導，宮城處在城內最顯赫的位置，由皇城包圍，層層屏護，城牆堅固嚴密，防禦措施遠在長安宮城之上。宮城、皇城、郭城三環相套，城內有城，宮殿相接，巍峨壯麗，一切配置都體現了皇權的至尊至貴。隋煬帝對新都建設十分重視，從選定地點，制定規劃，到具體施工，建築完成都加過問，並下死命令促期完工。從仁壽四年（六〇四）十一月癸丑（二十一）發布營東京詔，到大業元年（六〇五）三月丁未（十七日）詔楊素、宇文愷正式營造東都，中間四個月隋煬帝親駐洛陽，親臨指導，參與規劃。新都寄託著隋煬帝的理想和抱負，可惜因戰火，隋洛陽新城的地上建築全部不存於後世。

西苑離宮　配套工程

營造東都洛陽是隋煬帝開創統治新局面而採取的戰略性步驟。隋煬帝的眼光注視著東方的中原大地，而不僅僅局限於一座城市，作為第二首都，洛陽新城具有巨大的政治、經濟、軍事、文化等方面的功能，同時進行的大運河開鑿工程及隨之而來的置倉儲糧、修築西苑離宮等，都可以看成是東都的配套工程。隋煬帝隨之以洛陽為中心馬不停蹄地向四周巡遊，東都的政治地位實際上超過了京師大興城。

近些年來，考古工作者對隋唐洛陽城的含嘉倉進行了系統發掘，有重要發現。倉城緊靠今洛陽老城區的北側，殘存的城牆厚約十七米左右，有些地方殘牆高尚有三米上下。倉城總面積約四十二萬平方米，已探出糧窖二百五十九個，並發掘了其中六個。經碳十四測定，遺物年代多是唐或北宋的。《通典》記唐朝倉貯糧食中，「含嘉倉，五百八十三萬三千四百石」[37]，若按粟每石折合今八一斤計，約合二三・六二五萬噸。既有唐宋遺物，說明含嘉倉城在唐宋時代仍在發揮作用，而倉城的規模是在隋煬帝時奠定的。

地窖儲糧是中國古代人民在長期生產實踐中創造出來的一種方法，隋建含嘉倉時，總結了前人的經驗，改進了糧窖的結構，創造出大型密集糧窖的儲糧辦法，其步驟是先從地面往下挖一個土窖，對窖底加固夯實後用火焙烤，然後鋪上黑灰層，窖均作口大底小的圓缸形，窖口直徑最大的在十八米左右，深十二米左右；最小的口徑八米左右，深六米左右，窖與窖之間成行排列，行距一般六—八米，十分整齊，分布相當密集。含嘉倉這種口大底小的缸形窖符合力學原理，它可以使窖內儲糧的壓力通過板壁分散在土窖的周壁上，以減輕下層的負荷量，這種結構充分體現了當時人的偉大創造力。[38]

隋唐人還在地窖四壁塗上桐油隔水防潮，下面鋪設木板、草和糠，元人王禎《農書》說：「夫穴地為窖，少可數斛，大至數百斛，先令柴棘燒，投其土焦燥，然後周以糠，穩貯粟於內。」這樣，地窖儲糧就能較長時間保存糧食不變質。據《新唐書・食貨志一》載：「粟藏九年，米藏五年，下濕之地，粟藏五年，米藏三年。」隋東都含嘉倉建在高處，既無風雨水火之慮，又省蟲鳥啄食之耗，密封後與空氣隔絕，使蟲害減少，的確是較優越的儲糧辦法。[39] 含嘉倉城若貯滿二十萬噸糧食，足夠數十萬人一年的食用。為了使東南糧賦源源不斷地輸入東都並妥為儲藏，隨著大運河的開鑿，隋又沿運河

37 《通典》卷一二〈食貨典第十二〉。
38 河南省博物館：〈洛陽隋唐含嘉倉城的發掘〉，見《文物》一九七二年第三期。
39 余扶危：《隋唐東都含嘉倉》，文物出版社一九八二年版，第五〇頁。

修築了一些糧倉，這就確保了東都的糧食供應，徹底解決了當年京師大興城「逐糧天子」的尷尬局面。

為了改善洛陽與長安之間崤山、函穀之間「峻阜絕澗，車不可方軌」的陸上交通，隋煬帝又下令「廢三崤舊道，令開菱柵道」。[40] 大業三年（六〇七）北巡時，隋煬帝曾令「開直道九十里」[41]，從太行通沁陽，以改善洛陽與太原之間的交通。再加上以洛陽為中心開鑿的南北大運河，使東都洛陽的水陸交通四通八達，成為全國交通樞紐，真正的「天下之中」。在洛陽新城中則修有漕渠，「引谷、洛水，自苑西入，而東注於洛」[42]，接通大運河。城內河渠上又建有天津橋、通濟橋、利涉橋等，其中天津橋是一座浮橋，「以架洛水，用大船維舟，皆以鐵鎖鉤連之」[43]，這使東都城內外水陸交通十分便捷。

洛陽新城西皇家禁苑——西苑，又稱會通苑或顯仁宮，也與新城同時修築，其規模則大大超過了長安大興城北的皇家禁苑大興苑。據《隋書．食貨志》記稱：「又於皁澗營顯仁宮，苑囿連接，北至新安，南及飛山，西至澠池，周圍數百里，課天下諸州，各貢草木花果，奇禽異獸於其中。」顯仁宮實即西苑，《隋書．煬帝紀上》大業元年（六〇五）三月記「又於皁澗營顯仁宮」，並未記西苑事，《資治通鑒》卷一八〇大業元年五月記：「築西苑，周二百里，其內為海，周十餘里，為蓬萊、方丈、瀛洲諸山，高山水百餘尺，臺觀殿閣，羅絡山上，向背如神，北有龍鱗渠，縈紆注海內。緣渠作十六院，門皆臨渠，每院以四品夫人主之，堂殿樓觀，窮極華麗。宮樹秋冬凋落，則剪綵為華葉，綴於枝條，色渝則易以新者，常如陽春。沼內亦剪綵為荷芰菱芡，乘輿遊幸，則去冰而布之。」《通鑒》所據，乃《大業雜記》等小說，似乎三月築顯仁宮之外，又於五月修西苑，其實西苑與顯仁宮是一回事。禁苑是皇家遊逸射獵之地，西苑乃為一處承襲漢代皇家苑囿傳統的大型園林，供皇室享樂，此亦為帝國首都不可缺少的重要工程。

為使皇家成員稱心滿意，從大江以南、五嶺以北，徵集奇材異石，嘉木異草，珍禽奇獸，運送到洛陽，「以實園苑」。[44] 隋煬帝起初「務從節儉」、「無令雕牆、峻宇復起於當今」的詔令早已拋到了九霄雲外。隋煬帝的宮殿禁苑，可以說是最奢侈的宮苑，明代小說《隋史遺文》據《大業雜記》對西苑十六院的奢華及隋煬帝的荒淫生活，進行了著意描寫，其第二六回題為「二百里海山開勝景，十六院嬪御鬥豪華」。其開首詞〈滿江紅〉曰：「塗膏衂血，打疊就一人歡悅。苑囿池臺，似天角，隱隱雲霞層列。水滿銅溝，山開玉，琪樹寒煙結。景色天然，直是域中奇絕。可堪世換時移，不堪回首處，看殘豔竭。蕭鼓聲希，只換得鳥聲蛩語淒咽。春風羅綺，轉眼向誰尋覓也？野花黃蝶，世事如伊，笑殺前人拙。」如詞所述，西苑建築得華貴壯麗，但隋煬帝實際上並沒有心思在此遊玩享受，因為他大部分時間都在外巡遊，十六院只能是一座空院。

為使新都儘快繁盛起來，充實東都的人口和經濟，大業元年（六〇五）三月，隋煬帝下令：「徙豫州郭下居民以實」東京，又「徙天下富商大賈數萬家於東京」。大業二年（六〇六）五月，又「敕江南諸州，科上戶分房入東都住，名為部京戶，六千餘家」。大業三年（六〇七）十月，又「敕河北諸郡送工藝戶陪東都三千餘家」。[45] 這些措施使得洛陽新城的經濟文化很快發展起來。隋煬帝時洛陽有二十萬二千二百三十戶，若每戶按五口計算，至少有一百萬以上人口，這使洛陽很快成為名副其實的與長安並稱的東、西二京，成為新的政治、經濟、文化中心和國際性都市。

除營建東都洛陽外，隋煬帝還在全國許多地方修建離宮別所，在數年內建立起以洛陽為中心的宮

40《大業雜記》。
41《資治通鑒》卷一八〇隋煬帝大業三年八月。
42《隋書》卷二四〈食貨志〉。
43《元和郡縣誌》卷五〈河南道〉。
44《隋書》卷三〈煬帝紀上〉。
45 同註44。

殿群，以供自己巡遊駕幸。據《隋書．地理志》，隋時全國各郡有宮室約一十六所，《資治通鑒》記長安至江都置離宮四十餘處。這些離宮亦可看作是營建東都的配套工程。當然，所有宮室並非都是隋煬帝新建，如晉陽宮、中山宮，北齊時就有，汾陽宮也建於北齊，大業四年（六〇八）隋煬帝下令擴建。同州宮、長春宮、蒲州宮乃北周所建。但是，隋煬帝對前朝行宮離院不僅全部修繕保留，而且續有擴建。盛治宮室，大興土木，濫用民力。一個人擁有如此多的離宮，而每座離宮都養了一批宮女，這當然反映了隋煬帝的荒淫。但隋煬帝又把離宮當成了自己的工作場所，因為隋煬帝無日不巡遊，在外需要行宮便殿，隋煬帝當皇帝十四年，大部分時間都不在長安或洛陽。然而，如果說離宮的修築有其必要，既然隋煬帝不常住，大興土木興建豪華的東都宮殿和西苑，豈不是浪費嗎！

第二節　掘長塹置關防　修馳道築長城

在營建洛陽新城的同時，隋煬帝為拱衛東都，又大興工役修築了一系列國防工程。仁壽四年（六〇四）十一月乙未（初三），煬帝親幸洛陽，丙申（初四），即詔「發丁男數十萬掘塹，自龍門東接長平、汲郡，抵臨清關，渡河，至浚儀、襄城，達於上洛，以置關防」。[46] 這是隋煬帝即位後興建的一項大工程。

所謂塹，即阻斷交通的長溝，這條溝從黃河東岸的龍門往東延綿數千里，橫跨今山西、河北、山東數省，地域相當廣袤。在洛陽以北兩百里開外修築一道長壕，橫斷於華北平原，並在沿線各地設置關防，即崗哨，用以拱衛東都。這是一項工程浩大的國防工事，其作用在於隔阻騎兵，目的在於防止河北一帶的叛亂，可能是鑒於漢王楊諒反叛，也可能用以對付北疆遊牧族的鐵騎。此舉亦可以看作是營造東都的配套工程，且先於東都營造。這一浩大工程役丁當不下五十萬人。

但長塹的作用有限，數年後隋煬帝又大興工役修築長城，用以防範塞外的突厥騎兵。

大業三年（六〇七）四月隋煬帝下詔「巡省趙、魏」，這次巡幸在外足有兩年時間，行旅中隋煬帝念念不忘國家安全，五月戊午（初十），「發河北十餘郡丁男鑿太行山，達於并州，以通馳道」。在太行山橫截開出一條馳道，從河北達於并州太原府，既便於隋煬帝巡行車馬的通過，也便於戰時調兵。此可謂在掘長塹之後，隋煬帝下令修築的第二項國防工程。據《隋書・地理志》，黃河以北預此役者估計有恒山、趙、信都、武安、博陵、魏、汲、襄國、雁門、武陽、河間、平原、清河、離石等十幾郡，當時各郡合計有一百九十餘萬戶，若平均每兩戶抽一丁，此役共役丁在一百萬人左右，費時大約再三個月。另外，在晉東南加上前述穿越太行山通河內（今河南沁陽）的九十里直道，及洛陽與長安之間所開蔓柵道，以及修大運河時在運河岸邊築御道，還有大業六年（六一〇）所修西起榆林北突厥牙帳，東達於薊（今北京市西南）的三千里御道，隋煬帝在修築道路方面的工程量也是很大的。結合大運河工程，其總體思想是搞網狀分布的交通線，在適應開鑿運河的東南地區開運河，在不宜開河的西北地方則開馳道，交通四通八達，暢通無阻，以適應國家統一後的形勢。而且，這些工程都是同步進行，可以認為是統一規劃中的統一舉措。

為了確保北部邊疆不受遊牧族鐵騎的侵犯，大業三年（六〇七）七月和大業四年（六〇八）七月，隋煬帝又連續兩次下詔大修長城。煬帝親往塞北，達於燕趙，親自督促，相當重視。看來，長塹、馳道與長城是一組配套相關的大型國防工程，長城是第一道防線，馳道用以快速調兵，長塹是第二道防線，拱衛東都，確保中原的和平安寧。

我們知道，萬里長城是和秦始皇的名字聯繫在一起的，秦滅六國之後，為了進一步有效地防禦北方

46《隋書》卷三〈煬帝紀上〉。

遊牧民族的侵擾，秦始皇下令大規模修築長城，把從前秦、趙、燕三國的長城連接起來，西起隴西郡的臨洮（甘肅境內），東至遼東，築起一條長達萬里的城防，從此，萬里長城便巍然雄峙在祖國大地上了。

修長城是秦漢以來歷代中原王朝相沿不變的防禦工作。隋朝建立後，為防禦北方的遊牧民族突厥、契丹、吐谷渾的擄掠，也多次修築長城。隋修築長城總凡七次，其中隋文帝時修築了五次。

第一次在開皇元年（五八一）四月，隋文帝「發稽胡修築長城，二旬而罷」。[47] 所修地段是今山西北部。這年十二月，北齊貴族高寶甯勾結突厥，與沙鉢略可汗合軍攻陷隋臨渝鎮，隋文帝命周搖為營州總管六州五十鎮諸軍事，敕「緣邊修堡鄣，峻長城以備之」[48]，這是第二次。臨渝即今山海關，所修乃河北東段原北齊長城。第三次是開皇五年（五八五），隋文帝令司農卿崔仲方「發丁三萬於朔方靈武築長城」，西距河，東至綏州，「綿曆七百里，以遏胡寇」。[49] 朔方在今陝西橫山縣，靈武在今甘肅靈武縣西南黃河東岸，綏州在今陝西綏德縣，這是一道西起寧夏川，東至黃河邊，橫跨黃土高原的長城。第四次是開皇六年（五八六）二月，隋文帝令崔仲方「發丁男十一萬修長城，二旬而罷」。[50]《資治通鑒》則記「隋復令崔仲方發丁十五萬於朔方以東，緣邊險要築數十城」[51]。開皇七年（五八七）二月，隋文帝又「發丁男十萬餘修築長城，二旬而罷」。[52] 這是第五次。

從開皇元年（五八一）到開皇七年（五八七），隋文帝五次修長城都集中在隋滅陳之前，其中穿越黃土高原的由靈武至綏德這段長城，一次徵發了十幾萬人。除此以外，工程量都不是很大，一般都是一旬或二旬而罷。突厥降服後，隋文帝就再也沒有下令修長城了。

隋煬帝修長城僅兩次。大業三年（六〇七）七月，「發丁男百餘萬築長城，西距榆林，東至紫河，一旬而罷，死者十五六」[53]。這道長城西起今內蒙古托克托縣黃河以南，東至今山西境內的蒼頭河，源出今山西平魯縣，在今內蒙古涼城縣西南，長兩百多里，橫跨隋定襄郡（治今內蒙古和林格爾北）。據《隋書·地理志》：「定襄郡大利縣有陰山，有紫河。」這是一道新築的長城，目的是防禦突厥。

擔任長城修築總監的是閻毗[54]，此役徵發民役百餘萬，用十來天時間築長城二百多里，可謂是興師動眾的急役。

第二次是大業四年（六〇八）七月辛巳（初十），隋煬帝「發丁男二十餘萬築長城，自榆穀而東」。[55]《資治通鑒》引述此文之下有胡三省注：「此榆穀當在榆林西。」[56]但其具體方位卻無法確定。近人王國良依據《水經注》「河水逕西海郡南，又東逕允川西，曆大小榆穀北」，及《讀史方輿紀要》中「陝西西寧鎮榆穀注」所云：「榆谷在衛西，西寧鎮亦設西寧衛。」斷定這段長城在今青海省境內[57]，此乃一家之言。

這年隋煬帝使裴矩說鐵勒大破吐谷渾，可汗伏允南奔黨項羌，其地皆為隋有，隋煬帝置州、縣、鎮、戍。按王國良的說法，吐谷渾降服時，於今青海西寧市沿西川河築一道長城，實在看不出有什麼實際作用。我們認為，大業四年（六〇八）修築的可能還是大業三年（六〇七）所築的榆林那段長城。這年八月，隋煬帝還親祠恒嶽，在河東、河北一帶巡幸。據《隋書·五行志上》：「大業四年（六〇

47 《隋書》卷一〈高祖紀上〉。
48 同註47。
49 同註47。
50 《隋書》卷六〇〈崔仲方傳〉。
51 《資治通鑒》卷一七六陳長城公至德四年。原始史料出自《隋書》卷六〇〈崔仲方傳〉。
52 《隋書》卷一〈高祖紀上〉。
53 同註47。
54 《隋書》卷八〈閻毗傳〉。
55 同註47。
56 《資治通鑒》卷一八一隋煬帝大業四年胡注。
57 王國良：《中國長城沿革考》第四篇，商務印書館一九三一年版。

八），燕代緣邊諸郡旱。時發卒百餘萬築長城，帝親巡塞表百姓失業，道殣相望。」這裡所說可能就是大業三年（六〇七）和大業四年（六〇八）兩次修長城，由於緣邊諸郡遭到大旱災，隋煬帝為構築長久的國防體系竟不顧人民死活，徵發百餘萬民夫忍著饑餓築長城，結果造成「百姓失業，道殣相望」，一片淒慘景象。隋煬帝主觀上雖然胸懷壯志，幹的是一番偉大的事業，客觀上卻走向了反面。

但隋煬帝卻沒有感到自己有什麼過錯，他意氣風發，親至邊塞，詩興大發，隨即寫了一首古詩〈飲馬長城窟行〉，副標題為「示從征群臣」：

蕭蕭秋風起，悠悠行萬里。
萬里何所行，橫漠築長城。
豈臺小子智，先聖之所營。
樹茲萬世策，安此億兆生。
詎敢憚焦思，高枕於上京。
北河秉武節，千里卷戎旌。
山川互出沒，原野窮超忽。
摐金止行陣，鳴鼓與士卒。
千乘馬騎動，飲馬長城窟。
秋昏塞外雲，霧暗關山月。
緣嚴驛馬上，乘空烽火發。
藉口長城侯，單于入朝謁。
濁氣靜天山，晨光照高闕。

釋兵仍振旅，要荒事方舉。
飲至告言旋，功德請廟前。[58]

這首詩大概寫於大業四年（六〇八）八月間，史載，三月「乙丑（十二日），車駕幸五原，因出塞巡長城」[59]，到七月辛巳（初十）詔修榆谷以東長城，煬帝在北部邊塞盤桓達半年之久。這首詩氣勢豪邁，一掃先前當皇太子時出塞詩那種思婦幽怨情懷，豪情壯志，不吐不快，是一氣呵成的上乘之作。隋煬帝寫詩「示從征群臣」，認為長城乃「先聖之所營」，是「安億兆生民」的「萬世策」。有了這些堅固的工事，歷代帝王才得以「高枕於上京」。看來，隋煬帝顯然不是只顧眼前利益，而是考慮長遠的國家利益。於是，在太平時日不惜血本，不顧代價，加緊修築長城。在煬帝看來，築長城既是一件神聖偉大光榮、利國利民、造福後代的事業，就要幹好幹快。

隋長城西起寧夏，向東由陝北經榆林，到黃河西岸，再由偏關而東，分內外兩支：外長城利用北魏所築長城，經紫河、今張家口、獨石口、古北口、馬蘭峪，直到臨渝關（今山海關）。內長城利用北齊所築長城，自偏關向東南經汾陽、崞縣、紫荊關、居庸關，與外長城復合。隋長城雖沿襲了北魏、北齊長城，但也新築了河南和陰山一帶的長城。唐朝則因國力強盛，只是後期才感邊患，所修築的長城只是沿襲隋長城而已。

「城上一培土，手中千萬杵。」在崇山峻嶺間修長城，其勞動的艱辛可想而知。專制君主用強制手段，使用大批勞力才得完成如此宏大的工程。隋煬帝兩次修長城，比其父隋文帝五次修長城為少，

58《樂府詩集》卷三八，見逯欽立〈先秦漢魏南北朝詩〉下冊，《隋詩》卷三。
59《隋書》卷三〈煬帝紀上〉。

但役使的民夫卻大大超過文帝時期。文帝修長城是直接抵禦突厥，突厥降服後就不再舉役。隋煬帝修長城時突厥已降服，並沒有侵擾之事，但在太平之時隋煬帝依然舉百萬之眾修長城。後來唐太宗提起此事，也深有感觸地說：「隋煬帝性好猜防，專信邪道，大忌胡人，築長城以避胡」。[60]唐太宗在談到大將李勣（即徐世勣）守邊稱職時，又說：「隋煬帝不能精選賢良，安撫邊境，唯解築長城，以備突厥，情識之惑，一至於此！朕今委任李勣於并州，遂使突厥畏威遁走，塞垣安靜，豈不勝遠築長城耶」。[61]對築長城提出批評，認為長城的修築「卒何所益」。[62]

唐太宗認為大興土木修築長城得不償失，對北方遊牧胡騎應懷之以德，畏之以威，採用懷柔政策可自享太平。此話雖有一定道理，但並不完全對。歷史事實證明彪悍的遊牧民族對中原農業居民的侵擾並不是曉以仁德所能阻遏的，國防工程還是有必要修的。在古代主要以弓箭、刀斧、戈矛等冷兵器進行戰爭時，城牆、關隘、長塹、壕溝對於防禦、守備的確具有重要意義。特別是北方遊牧民族騎兵非常彪悍，如果沒有堅固的防禦工事，則中原王朝就隨時有被他們攻入的危險。但大型工程要量力而行，不要一哄而上，「一旬而罷」，人海戰術搶工趕期，搞得民眾家破人亡，讓民眾承受不了。隋唐以後，萬里長城仍在繼續修築，明朝修長城前後就有一八次之多，把長城西端由隋朝時的寧夏延長到嘉峪關。今天我們看到的長城即明長城，其中東部相當長一段沿用了隋長城。

第三節　開鑿南北大運河　千秋功罪後人評

正如萬里長城與秦始皇的名字聯繫在一起一樣，大運河是與隋煬帝的名字聯繫在一起的。萬里長城和南北大運河是中國古代兩項最宏偉巨大的工程，世界聞名。開鑿以洛陽為中心溝通南北的大運河，是隋煬帝即位後大業年間急於要完成的「大業」之一。晚唐詩人皮日休〈汴河懷古〉詩云：「盡道隋亡為此河，至今千里賴通波。若無水殿龍舟事，共禹論功不較多」。[63]開運河和營東都一樣役使了幾百萬人民，使役夫死亡相繼。運河開成後隋煬帝又大造龍舟游江都，耗費了大量錢財，又直接導致了隋朝的滅亡。因此，對於隋煬帝開運河，自古以來評價褒貶不一，皮日休認為如果沒有巡遊耗費之事，則其功不在大禹治水之下，且光此一事，煬帝即可與聖人比美。但唐代詩人秦韜玉〈隋堤〉詩則云：「種柳開河為勝遊，堤前常使路人愁。陰埋野色萬條思，翠束塞聲千里秋。西日至今悲兔苑，東坡終不反龍舟。遠山應見繁華事，不語青山對水流。」[64]諸如此類的唐詩宋詞還有很多，相比之下，還是貶斥批評者為多。

遠山應見繁華事　不語青山對水流

大業元年（六〇五）三月辛亥（二十一），隋煬帝幾乎在下令「營建東京」的同時，又「發河南諸郡男女百餘萬，開通濟渠，自西苑引谷、洛水達於河，自板渚引河通於淮」。[65]開始了更大規模的開鑿大運河的工程。

隋煬帝一即位就徵發百萬民工，開挖連接黃河與淮河的通濟渠，同年又發淮南民十餘萬開邗溝，

60《貞觀政要》卷六〈慎言語第二十二〉。
61《舊唐書》卷六七〈李勣傳〉。
62 同註60。
63《全唐詩》卷六一五。
64《全唐詩》卷六七〇。
65《隋書》卷三〈煬帝紀上〉。

連接淮河與長江。大業四年（六〇八）又開挖北至涿郡（治今北京市）的永濟渠，大業六年（六一〇）從京口（今江蘇鎮江）引長江水直達餘杭（今浙江杭州）入錢塘江。形成南起餘杭，中經江都、洛陽，北至涿郡，溝通海、河、淮、江、錢塘五大水系，貫穿今浙江、江蘇、安徽、河南、山東、河北六省及北京、天津兩市，全長四千華里的南北大運河。大運河是世界上開鑿最早、航程最長、最雄偉的一條人工運河，成為古代貫通南北交通的大動脈。

運河，就是為了運輸而開鑿的人工河流，或疏浚自然河流使其達到通航的要求。由河流和運河進行的運輸古代稱漕運，開運河的目的就是為了通漕運。開鑿運河，工程量極為浩大，在古代生產工具極為落後的情況下，開挖四千餘里的大運河，其困難艱辛可想而知。

隋煬帝即位不久，為什麼不遺餘力要開挖大運河呢？難道僅僅「種柳開河為勝遊」嗎？又，唐人小說《開河記》稱：「睢陽有王氣」，開河可「鑿穿」王氣，而煬帝又「喜在東南」，遂詔征北大總管麻叔謀為開河都護。[66]以後歷代小說更大肆渲染，鑿穿王氣遂被認為是開鑿運河的首要原因。一項宏偉碩大的水利工程建設被描繪得如此荒誕不經，歷史顯然被不負責任的小說詩歌創作者顛倒了。

隋煬帝到底為什麼要大興工役開鑿南北大運河？任何一個重大歷史事件，總會有它的背景和社會發展的必然性，大運河的開鑿也有其客觀的社會需要，我們有必要就此進行認真仔細的分析。

中國是一個歷史悠久、地域遼闊的文明古國，翻開地圖來觀察中國的地理地形，西部是青藏高原、黃土高原，地形呈西高東低之勢。因此，中國的主要河流都是由西向東，長江、黃河都發源於青藏高原，穿越崇山峻嶺，奔騰呼嘯，一瀉千里，進入東部平原，然後徐徐入海。在沒有比舟船更便捷的交通運輸工具的古代，用人工開鑿南北走向的運河水道以通漕運，也就成為古代中國人的事業和追求。為了溝通主要水系，以形成腹地廣闊的水路交通網，就必須開鑿南北運河，以彌補東西向河流的不足。

早在春秋戰國時期，我們的祖先就開始開挖人工運河。最著名的運河要數邗溝和鴻溝了。春秋末期霸主吳王夫差，在西敗楚國，南破越國後，企圖繼續北上中原，與齊、晉爭霸，為了便於軍運，夫差遂於周敬王三十四年（西元前四八六）徵調軍民，先在長江北岸築邗城（今揚州蜀崗），然後引水向北，經螺絲灣黃金壩北上，穿過武廣和陸陽兩湖之間，北入樊良湖，又東北入博支、射陽兩湖再往北，在長江與淮河之間，開了一條運河，直至淮水末口（今江蘇淮安縣北五裡北神堰），運河名「邗溝」，又名「渠水」，亦稱「中瀆水」。邗溝全長約四百里，是利用沿途一帶豐富的湖泊沼澤的自然水源而完成的[67]，比隋煬帝開運河早一千多年。

周敬王三十八年（西元前四八二），吳國又在商（今河南商丘）、魯之間「闕為深溝」，開管道，由淮入泗，北接沂水，西連濟水。這段向北延伸的運河稱黃溝，這使吳軍能不遠千里逾淮水入於濟，挺進中原。然而吳王雖耗費巨大人力開鑿了北通中原的運河，但就在他於黃池爭得霸主地位之時，臥薪嚐膽的越王勾踐卻趁機進兵攻占了吳國後方，夫差落了個國破人亡的可悲下場。

春秋末年，大約在西元前三六〇年，魏惠王開始開鑿連接黃淮的鴻溝。鴻溝在黃河下游的平原地區，出於蒗蕩渠，其地在河南滎陽縣境，大致是引黃河水東南流，入圃田澤（今河南中牟西），由圃田澤開大溝東流到大梁（今河南開封）城南，始稱鴻溝。西元前三四〇年，魏惠王又由大梁向東南開掘，再往南又折而向東，與自然河流沙水、汴（古作汳）水相交，分為數支，分別由潁水、渦水、泗水入淮。《史記．河渠書》謂：「滎陽下引河水東南為鴻溝，以通宋、鄭、陳、蔡、曹、衛。」通過人工引出黃河水，形成以鴻溝為中心的運河網，以蜘蛛網一般的支流，連通濟、汝、淮、泗四大河

66《開河記》，見〈說郛三種〉，上海古籍出版社一九八八年版。

67 參見朱偰編：《中國運河史料選輯》，中華書局一九六二年版。

流，組成黃淮之間的水網交通，把春秋時期的中原各國聯繫起來。鴻溝於是成為中原航運的重要紐帶，這條水道又稱汴渠，溝通了黃、淮兩大水系。南北走向的鴻溝，在後來楚漢相爭時曾成為兩大敵對勢力的自然分界線。

江南運河開鑿的歷史，也可以追溯到遙遠的春秋時代，其時的太湖平原分布著遠比今天更多的自然河流和湖泊，古時稱為「三江五湖」。吳都姑蘇（蘇州）處於水網地帶，早在邗溝開鑿之前，吳國已開鑿了連接諸自然水道的人工運河。即由今蘇州西北行，穿過漕湖，逆太伯瀆與今江南運河而上，再經陽湖北入古芙蓉湖，然後由利港入於長江，以達揚州。又據《越絕書．吳地傳》：在太湖以南越國屬地開百尺瀆，從蘇州向南，直達錢塘江邊，以轉運越國的糧食。吳越之間發生的多次戰爭，都是水戰，都利用了運河。後越王勾踐滅吳，為加強對吳地的控制，在蘇州以南鑿「通江陵道」，乃蘇州至吳淞間運河的前身。西元前三三四年楚滅越，春申君黃歇在無錫進行軍事屯墾，在惠山開鑿「西龍尾陵道」。秦滅楚，於始皇三十七年（西元前二一〇）開鑿丹徒曲阿，曲阿之名即取自運河「截之直道使之阿曲，故曰曲阿」。這年秦始皇南巡會稽，由雲夢順江而下至丹陽，因令赭衣者鑿丹徒，改名丹徒，而其原名乃谷陽。經秦始皇的開鑿，今鎮江至丹陽的水道已開通，這些地方正是隋江南運河所經之處。秦始皇由運河南下，「丹徒水道入通吳、會」[68]，上會稽祭大禹，望於南海，立石刻頌秦功德。始皇北歸時的一段水路，走的也是江南運河。這樣看來，秦始皇對大運河的開鑿，也曾有過功勞，這是以往人們很少提及的。

漢朝政府對汴渠、邗溝也進行了多次維修，東漢順帝陽嘉中（一三二—一三五），從汴河以東直到淮口沿岸積石為堰，加固堤防，稱「金堤」。靈帝時又「增修石門，以遏淮口。水盛則通注，津耗則輟流」[69]，使汴渠成為漢代漕運的骨幹水道。對邗溝則有東漢永和（一三六—一四一）中廣陵太守陳登的整治，陳登開挖了一條新道，由江都雷塘經樊良湖改道津湖，再直由末口入淮[70]，以利漕運。

在江南地區，西漢武帝時為了便於徵調閩越貢賦，在吳江南北沼澤地帶開運河百餘里，南接杭嘉運河，基本上接通了蘇州至嘉興間的航運水道。

魏晉南北朝分裂割據時期，漕運網遭到破壞，為了軍事目的及通過漕糧解決政府糧食，對修整和開挖運河仍然不遺餘力，特別值得一提的是開挖了黃河以北的運河。黃河以北因陸旱水少，人工管道的開挖晚於黃河以南。建安九年（二〇四），曹操為平定河北袁紹父子，遏淇水東流入白溝，以通糧運。建安十一年（二〇六）為北攻烏桓，曹操又引滹沱河水北入泒水（今大沙河），以利軍用，稱平虜渠。同年又鑿泉州渠，南起泉州縣（今天津市武清縣西南），從泃河口鑿渠接潞河，以通海運，稱新河。[71]建安十八年（二一三），曹操在鄴（今河北磁縣南）鑿渠引漳水入白溝，名「利漕渠」，又引漳水經其所造銅雀臺，由城西注入城東，稱「長明溝」。[72]這些管道貫通了河北平原的運河網，貫通了海河與黃河水系，便利了河北平原的水道運輸。

在江南地區，孫吳據江南，恃長江天塹與曹魏抗爭，赤烏八年（二四五），孫權令校尉陳勳率屯田兵三萬「鑿句容中道」[73]，向東截斷山岡，越鎮江南境，東接雲陽（今丹陽），沿水道築十四埭以蓄水，號稱「破岡瀆」，與春秋時吳國所開管道相接，使建鄴（今南京市）和東南諸郡上下船只得避大

68《南齊書》卷一四〈州郡志〉。關於江南運河，參見許輝：〈歷經滄桑的江南運河〉，載《運河訪古》，上海人民出版社一九八六年版。
69《水經注》卷五〈河水五．浪蕩渠〉。
70《水經注》卷三〇〈淮水注〉。
71《水經注》卷一四〈濡水注〉。
72《水經注》卷一〇〈漳水注〉。
73《三國志》卷四七〈吳主孫權傳〉。

江風浪之險，成為六朝時期吳、會一帶漕糧的重要水道。東晉南朝宋、齊、梁、陳各代都注意維修破岡瀆。梁時在句容縣東南又開上容瀆，並開挖了太湖流域運河網，在常州市至今還保留著的新坊橋，乃始建於梁大同元年(五三五)，現存者雖為元代重修，但可由此推知南朝時江南一帶的運河是暢通的。

江北的運河也一直暢通。東晉永和年間（三四五－三五六）曾改修邗溝南段，自今儀征境內的歐陽埭引江水，東行至今三汊河、揚子橋北上廣陵（今揚州），此為後來儀揚運河的前身。在北周滅北齊之時，南朝陳宣帝曾派大將吳明徹率水軍乘艦船北上爭地，周武帝派大將王軌南下，率騎兵「輕行自清水（即泗水）入淮口」，設置障礙，「遏斷船路」，斷敵歸路。[74]這一事實表明，在隋建立前不久，從長江經邗溝運河，再經淮泗水道可至彭城（徐州），這條水道還可直通戰艦，北周軍正是以截斷水道而戰勝陳軍的。由此亦可見運河水道對於立國水鄉的南朝來說，可謂是生命線。[75]

以上所述都是在隋大運河沿線開鑿的運河，足見開挖南北運河不僅必要，而且歷史上早有此舉，隋煬帝開鑿連接五大水系的大運河在其前已有了相當的基礎。古代社會生產力水準低下，陸地交通全靠人力畜力，運輸量少，耗費大，特別是遠端運輸，所運物資尚抵不上路途中運夫和馬牛所食，因此，利用河流進行水上運輸，在古代是最便捷最經濟的運輸。行船載量大，航程長，是陸路車馬運輸無法企及的。為此歷代王朝都以國家力量組織漕運，充分利用長江、黃河、淮河、海河等自然河流，行船輸運，開挖南北向的人工運河，以彌補東西向河流的自然缺憾。結束了南北朝分裂割據狀態之後的大隋王朝，為適應統一王朝各方面的需要，在原有運河基礎上整修和開鑿一條溝通南北五大水系的大運河，以形成腹地廣闊的水路交通網，顯然是利國利民順應歷史潮流的宏偉功業。

隋文帝也曾修繕運河，為伐陳統一中國，開皇七年（五八七）四月，文帝下令沿吳邗溝故道，「於揚州開山陽瀆，以通運漕」[76]，運兵輸糧。

如此看來，歷代封建帝王，包括秦始皇、漢武帝、漢光武、曹操、孫權及隋煬帝的父親隋文帝在內，都不遺餘力地開鑿運河，隋煬帝即位後也熱心於南北大運河的開鑿事業，實不足為怪。不同於以往的是，隋煬帝開鑿大運河的規模超過任何一代帝王，大運河有全面規劃，溝通五大水系，工程非常浩大。促使煬帝定下大決心興辦如此浩大的工程也有深刻的經濟政治原因。

隋時，已有兩大基本經濟區，這與秦漢時期只有北方黃河流域得到充分開發不同，南方長江流域已是經濟發達區域，是財賦的重要來源。近些年對洛陽含嘉倉城及洛口、回洛城考古發現，所儲主要是南方來的租米。南方經濟區在全國經濟中的地位日益突出。

在全國經濟中心經六朝開發逐漸南移之後，政治中心由於各種原因還不能隨之南移，隋統一後如何把這兩個分離兩百多年的經濟區聯繫起來，成為一個整體，更具體地說就是如何以南方的經濟來支撐北方的政治，是統一王朝面臨的歷史任務。隋必須把南方的經濟重心與北方政治軍事重心聯繫起來，使南北成為統一的整體。[77]另外，入隋以後首都關中地區糧食供給常感不足，營建洛陽開鑿運河轉漕江淮糧資就都已成為當務之急。為了適應經濟自身發展的要求，開鑿南北大運河勢必成為隋朝統治者的首要事情，溝通南北的運河大工程，正是在這樣的客觀形勢下進行的。所以說，運河的開鑿是符合時代的需要的，大運河是時代的產物，並非出自某個帝王的主觀意志。

開鑿南北大運河在政治上軍事上也可以加強隋中央政府對江南地方及北部邊塞的控制，具有重要的政治軍事價值。大業四年（六〇八）開鑿的永濟渠，「北通涿郡」（治今北京市），就是直接為征伐高

---

74 《南史》卷六六〈吳明徹傳〉。

75 以上所述多參引揚州師範學院歷史系大運河史編寫組〈隋朝以前的南北大運河——古大運河的形成過程〉，載《江海學刊》一九六一年第一一期。又參見《運河訪古》，上海人民出版社一九八六年版。

76 《隋書》卷一〈高祖紀〉。

77 參見傅築夫：《中國封建社會經濟史》第三冊第一章‧總論。

句麗的需要。

綜上所述，由於魏晉南北朝以來長江流域經濟的發展和隋朝的政治統一，必然要求加強南北聯繫發展交通，促進物資交流，中央集權的君主專制制度的強化也必然要求在全國範圍內加強政治和軍事統治，在當時以河道為主要交通幹線的情況下，連接南北的大運河的開鑿已是勢在必行，是歷史發展的必然產物。

厚地刳為溝　萬眾挖運河

隋煬帝所開運河以東都洛陽為中心，分為南北兩個系統，先南後北分階段進行，前後共費時六年。南運河是洛陽東南方向的通濟渠、邗溝、江南運河；北運河為永濟渠。大運河設計的總方案是以黃河為基幹，向東南、東北作扇形展開，充分利用黃河南北自然地形的特點，使運河順應地形，由高向低緩緩流去。這種方案，既利用了黃河南北水流的自然趨勢，又溝通了不同水系之間的水路交通，使南北運河成為溝通富庶經濟地區與國都的紐帶，顯示了中國運河工程進入了一個新的階段。大運河凝聚著決策人隋煬帝高瞻遠矚的戰略眼光和敢辦前人不敢辦的大事的自信和決心。同時，也凝聚著運河設計者和千百萬挖河民工的智慧與血汗。

大運河是分成四段進行開挖的。

（一）通濟渠

通濟渠又名御河，是連接黃河和淮河兩大水系的運河，是大運河最先開鑿的一段。據《隋書・煬帝紀上》，大業元年（六〇五）三月辛亥（二十一），隋煬帝詔「發河南諸郡男女百餘萬，開通濟渠」。《隋書．食貨志》也載：「煬帝即位……始建東都……開渠，引谷、洛水，自苑西入而東注於洛，又自板渚引河達於淮海，謂之御河。河畔築御道，樹以柳」。《隋書》明確地記載了通濟渠開闢於大業元年（六〇五）三月。《元和郡縣圖志》卷六〈河南府〉亦記通濟渠「自洛陽西苑引谷、洛水達於河；自板渚引河入汴口；又從大梁之東，引汴水入於泗，達於淮」。這就明確地指明通濟渠分為三段：一是自洛陽西苑引谷水、洛水，循陽渠故道東向由洛水注入黃河；二是再自洛口利用黃河自然河流至板渚，這兩段河航程較短，只是引水，接通洛陽西苑，便於巡幸。其主幹部分是第三段，即由板渚引黃河水向東南注入淮水，長約一千三百多里。所謂板渚，即板城渚口[78]，《元和郡縣圖志》卷五〈孟州汜水縣〉下云：「板渚在縣東北三十五里」。即位於今河陰縣的黃河南岸，是古代著名津渡之一。今板渚在滎陽汜水鎮東北三十五里，現已居於黃河北岸。

由於歷史久遠，隋煬帝所開通濟渠故道走向到底如何，歷來存在二說，至今也一直難以精確測定，學術界存有不同看法。一般都認為大運河是循古汴渠「由泗入淮」。唐代詩人白居易著名的〈長相思〉詞云：「汴水流，泗水流，流到瓜洲古渡頭，吳山點點愁。」[79]說的就是循運河於汴、泗會合後，過淮河西經山陽瀆再過長江到瓜洲（今江蘇鎮江）。到宋朝，人們乾脆就稱：「汴水，古通濟渠也」。[80]據清代地理學者顧祖禹考證，通濟渠源於〈禹貢〉的雍水，春秋時稱邲水，秦漢時稱鴻溝[81]，後來又叫蒗宕渠、蒗蕩渠或汴渠。近人朱偰引經據典，從諸多方面證明了「由泗入淮」說的可靠性，而且宋代文豪蘇東坡也曾考證過這條水路，他在「書傳」中寫道：「自淮、泗入河，必道於汴，世謂

78《資治通鑒》卷一八九唐高祖武德四年三月壬午胡注。
79《全唐詩》卷四三五。
80 宋．王存等：《元豐九域志》卷一。
81《讀史方輿紀要》卷四六〈河南道〉。

煬帝始通汴入泗……又足見秦、漢、魏、晉皆有此水道，非煬帝所創開也。」[82]強調隋煬帝利用故舊管道進行修整，開成通濟渠。司馬光《資治通鑑》也採用此說，記云：「自大梁之東引汴水入泗，達於淮。」元人胡三省注曰：「引河入汴，汴入泗，盡皆故道。」[83]

也有人通過分析文獻資料和考古資料後，進行實地考查，聲稱通濟渠並不是遵循舊汴渠故道，而是採取比較直的航道，直接由汴水經商丘東南流入淮河。認為「隋煬帝所開的通濟渠，完全是一條新的管道」，「無論渠首、渠尾以及主要線路，都和兩漢的汴渠不同」。聲言隋煬帝開通濟渠「在今開封以下即趨向東南，就是要打通一條直接入淮，不再繞道今徐州的捷徑」。因為今徐州以下的泗水河道彎曲，「懸水三十仞，流沫九十里」，不是理想的航道，撇開泗水河道，徑直入淮，不僅路近，而且可利用今商丘東南睢水分出的蘄水。通濟渠就是利用蘄水河道而開成的。[84]

兩種意見目前尚難下定論，只能求同存異。但從時間上講，隋煬帝詔令開通濟渠是大業元年（六〇五）三月辛亥（二十一），同年八月壬寅（十五日）就全線完工，前後時間僅一百七十一天，如果不利用故舊管道加以拓寬和連接，純粹另鑿新河，在當時生產力情況下，即便是百萬人齊上陣，能在不到兩百天時間裡完成千里運河，是難以想像的。所以，兩種說法都承認是利用了故舊河道，只不過一說是循汴渠，一說是利用蘄水而已。

日本學者青山定雄氏檢索了大量中國古代歷史文獻，經過縝密的考證，也提出了自己的看法。青山定雄首先依據唐代學者李翺《來南錄》和當時日本僧人圓仁《入唐求法巡禮行記》等材料，確定了唐代運河河道大概位置。通濟渠唐代改稱廣濟渠，宋代稱汴河。唐元和四年（八〇九）李翺在去嶺南赴任時，取汴河水路，由河陰經汴州、宋州，到達泗州。會昌五年（八四五）日本僧人圓仁由長安回揚州，「前發去汴河，路次每縣，不免自雇船。汴州已來傍河，路次人心急惡不善，能傾所吃汴河水之急渾濁也。京牒不說程糧，在路自持糧食，二十二日到西州，州管東徐節度府。泗州普光寺，是天下著名之處……二十三日渡淮到盱眙縣」。[85]這裡西州、盱眙，青山先生認為是泗州、盱眙之訛誤，並據此確認圓仁與李翱兩人走的是同一水道，這條水道與宋代汴河完全相同。

然而，唐宋時代除了這條汴河外，還有一條稱作「古汴河」的水道，從雍邱（今河南杞縣）經宋州（今河南商丘）和徐州注入泗水。這條古汴河就是兩漢以來散見於各正史中的汴水。宋人有詩描述這條古汴河：「秋晴卷流潦，古汴日向幹。扁舟久不解，畏此行路難。此行亦不遠，世知方如山」。由此詩我們可以窺見古汴河水道乾涸，航行頗為艱難的情況。

那麼，隋代通濟渠的位置何在呢？青山定雄氏又詳盡地從《隋書．煬帝紀》《隋書．食貨志》《通典》《元和郡縣圖志》《太平御覽》《冊府元龜》《資治通鑒》《宋史》中引述三十八條史料。其中《隋書》《通典》《冊府元龜》《宋史》所記為導黃河入汴河；《元和郡縣圖志》《太平御覽》《資治通鑒》則記導黃河入泗水，然後再注入淮河。前一種說法即與唐宋汴河相當，後一種說法即所謂古汴河。隋煬帝所開通濟渠，二者必居其一。青山定雄先生推定前一種說法為正確。認為隋煬帝所開鑿的通濟渠應如《隋書》所記，是由河陰縣的板渚引黃河水東南行，匯入淮河。《元和郡縣圖志》等所謂「入泗達淮」，是把通濟渠混同為古汴水道了。理由是：（一）隋煬帝大興勞役興修的運河，後世理應照樣沿用，唐宋人沒有理由一定要放棄便利的新河而非使用古河不可。（二）既然確知唐宋時代與汴河（即通濟渠）相對應還存在著另外一條古汴河，而沒有任何記載說明唐宋時代重新開鑿過新運河，那麼，通濟渠絕

82 參見朱偰：《中國運河史料選輯》第六章按語，中華書局一九六二年版，第一七頁。又參見潘鏞：《隋唐時期的運河和漕運》第二章第三節，三秦出版社一九八七年版。
83 《資治通鑒》卷一八〇隋煬帝大業元年。
84 參見馬正林：〈唐宋運河述論〉，載《運河訪古》，上海人民出版社一九八六年版。又，本節參考此書之處很多，謹志謝忱。
85 圓仁：《入唐求法巡禮行紀》。

不會是唐宋人眼中的古汴河。這一推論令人信服。

日本學者青山定雄先生從中國古代文獻史料中查出唐宋汴河之外還有古汴河，並確定唐宋汴河就是隋煬帝開鑿的通濟渠，的確是撥開了繚繞在運河身上的層層迷霧，推翻了自古以來通濟渠走古汴渠故道的陳說。但青山定雄先生亦不認為通濟渠就完全是開鑿了一條新河道，他依據唐宋文獻進行考證後認為：汴河河道在雍邱分為新、舊兩條，新河道是從雍邱（今河南杞縣）東南流入淮水。這條河在隋代以前從未見諸文獻記載，隋煬帝開鑿運河後才為人所知，因而一定是隋煬帝新開挖的。這一帶本有睢水、渙水等河流向東南流，因此通濟渠有可能利用了一部分原有河道。「從河道的形勢來看，利用睢水的可能性更大一些，但不管怎樣，仍有相當大一部分應當是隋煬帝新開的。」青山定雄氏據此斷定：「隋煬帝開鑿通濟渠的工程規模一定是極其宏大的」，是南北運河間「最為傑出的工程」，「這條河開鑿以後，可以避免以往古汴河與自然河流相似的迂曲狀況，同時也可以避開泗水呂梁湍急的水流，為後世興利之大是不言而喻的」。[86]

中國學者在文獻考據基礎上又運用考古資料，認為隋煬帝開通濟渠利用了今河南商丘東南睢水分出的蘄水而開成，也是比較接近事實的。一九八四年七月十四日至八月二十五日，中國唐史學會組織了唐宋運河考察隊，對大運河南段進行了一次實地考察，行程三千餘里，考察成果由上海人民出版社於一九八六年十月出版了《運河訪古》一書。參加考察的青年學者馬正林寫道：通濟渠是隋煬帝新開的一條管道，不僅有大量文獻資料可以證明，而且遺留到今天的實物資料也十分豐富，今河南、安徽沿通濟渠一帶的群眾，都把唐宋汴河故道稱為隋堤，現宿州永城公路正好占用了隋堤。考察組在考察中也找到了數段高於地平面三至五米的隋堤遺址。近年來在安徽泗縣、靈璧、宿州、濉溪等縣市，陸續出土了完整的木船、船板以及唐宋遺物等，都為汴河的具體路線提供了實物證據。濉溪縣隋堤河槽寬約三十五—四十米，堤坡較緩，從地面挖下七米均為沙土。馬正林先生還以親身經歷證實了唐人李翱《耒南錄》所記載元和四年（八〇九）從洛陽乘船入黃河，由河入汴，由汴入淮所走完汴河全程路線「是完全可信的」。李翱提到汴河岸上的地名有汴梁口、陳留、雍邱、宋州、永城、埇橋、泗州，然後「下汴入淮」，「轉淮上河入揚州」[87]，這些地名在考察中都得到了證實。[88]

大量事實表明，通濟渠是經過仔細勘探，精心設計，既利用了舊渠，又新開了水道，去曲就直，連接黃淮的人工大運河。通濟渠全長一千三百多里，「河畔築御道，樹以柳」。[89]白居易〈隋堤柳〉詩云：「大業年中煬天子，種柳成行夾流水。西自黃河東至淮，綠陰一千三百里。」[90]所敘正是隋御河御道的壯麗景況。為開鑿通濟渠，隋煬帝徵發了河南、淮北諸郡百萬民工，費時約半年完成，其工程之艱巨及其完工之神速，再一次令世人震驚。

（二）邗溝

邗溝是連接江淮的一段運河，也是隋煬帝修鑿的大運河的第二段，在大運河四段中邗溝航程較短，但作用卻非常重要，歷史也最悠久，隋煬帝對其整修開鑿的時間與通濟渠幾乎同時。《資治通鑒》卷一八〇隋煬帝大業元年（六〇五）三月辛亥（二十一）在述「開通濟渠」之後，緊接著記云：「又發淮南民十餘萬開邗溝，自山陽至揚子入江，渠廣四十步」。這條運河與開皇七年（五八七）隋文帝開的山陽瀆處於同一路段，一種說法認為隋煬帝只是徵發十餘萬民工進行疏浚開闊而已。另一種說法

---

86 青山定雄：〈唐宋汴河考〉，見《日本學者研究中國史論著選譯》第九卷，中華書局一九九三年版。
87《耒南錄》，見《唐代叢書》第三集。
88 見馬正林：〈唐宋運河述論〉，載《運河訪古》，上海人民出版社一九八六年版。
89《隋書》卷二四〈食貨志〉。
90《全唐詩》卷四二七。

則認為山陽瀆與邗溝是兩條河，兩河並存，均連通江淮。

開皇七年（五八七）隋文帝詔開山陽瀆，工程量並不大，只是繞道射陽湖的吳邗溝故道，經宜陵樊汊、灣頭，再與舊邗溝相接，為伐陳運兵輸糧。隋煬帝修邗溝時則又疏浚舊邗溝西線，即循東漢陳登所開的邗溝直道。這種兩條水道都可航行的情況，在東晉之時就已存在，詩人謝靈運〈西征賦〉云：「樊梁、博文亦可通水，白馬、射陽並為間道。」[91]白馬湖和射陽湖均在水道上。就溝通江淮的整個運河來說，隋文帝和隋煬帝基本上都還是循邗溝故道，所以，當通濟渠鑿成時，邗溝亦已修畢，當月隋煬帝就乘龍舟由新修好的運河巡幸江都。

隋煬帝所開邗溝西線意義很大，此乃「為後世運道直徑之始」[92]，也就是說，和通濟渠一樣，隋煬帝取直了邗溝，縮短了江淮水運的距離，這種做法顯然是出於整個大運河的通盤考慮，使長江與淮河、黃河之間航運暢通無阻。由此來看，邗溝亦是御河（通濟渠）的一部分，是同時設計同時開工，同時完成的統一工程，估計御道和堤柳也一直延長到了長江邊。

邗溝全長三百餘里，是中國最古老的運河。雖然自春秋吳王夫差以來歷代都不斷地加以培護修整，但隋煬帝的修整是最徹底的一次。以後唐宋兩代的邗溝，也就是隋煬帝所開鑿的邗溝西線，江淮物資通過邗溝溯汴西上，源源不斷地輸往洛陽和汴梁，為維護這條水運生命線，隋以後歷代政府仍在不斷維修。隋唐之際，由於長江三角洲向海上推移，揚子江江面逐漸變窄，沿江河渠也容易被泥沙阻塞。唐代中葉，由於瓜沙並岸，今揚州城南長出二十餘里，漕船不得不繞道瓜步。開元二十二年（七三四）唐潤州刺史齊澣在今揚子橋至瓜洲鎮之間，開鑿了二十五里的伊婁河，為邗溝增加了一個新的入江運口，方便了漕運。為此大詩人李白寫詩讚頌曰：「齊公鑿新河，萬古流不絕。豐功利生人，天地同朽滅。」[93]齊澣開了二十五里新運河就被「詩聖」李白捧為萬古長流的不朽偉績，而隋煬帝整修了三百里邗溝千里運河，卻沒有看到有讚頌他的詩詞，反倒罵聲四起，遺臭萬年，豈不哀哉！

（三）永濟渠

永濟渠是隋煬帝所鑿運河的第三段，是隋南北大運河走向東北，溝通黃河、海河兩大水系的主幹渠。《隋書．煬帝紀》載：大業四年（六〇八）正月乙巳（初一），煬帝下詔「發河北諸郡男女百餘萬開永濟渠，引沁水南達於河，北通涿郡」。同書〈食貨志〉亦載大業四年（六〇八）「發河北諸郡百餘萬眾，引沁水，南達於河，北通涿郡」。涿郡治所在薊，地在今北京市西南郊。「北通涿郡」就是從今河南武陟縣西北的沁水北岸向東北開渠入衛水，再由衛水通淇水、洹水、漳河，接漯水（今永定河）以達涿郡。這段運河工程的總負責是閻毗，開渠的目的則與後來的遼東之役有關。[94] 閻毗開永濟渠也是充分利用舊運河故道，據《初學記》記：「隋煬帝於衛縣，因淇水之入河，立淇門以通河，東北行，得禹九河之故道。隋人謂之御河。」[95]

關於永濟渠的規制和管道走向，《元和郡縣圖志．河北道一．永濟縣》載：「永濟渠，在縣西郭內，闊一百七十尺，深二丈四尺，南自汲郡引清、淇二水東北入白溝，穿此縣入臨清。按漢武帝時，河決館陶，分為屯氏河，東北經貝州、冀州而入渤海，此渠蓋屯氏古瀆，隋氏修之，因名永濟。」據此可知永濟渠也是循舊渠或自然水道開鑿，有相當的深度和寬度，可以通龍舟。大致說來，自今河南武陟至汲縣一段，是用沁水、清水（衛河）鑿成；汲縣至館陶一段，是利用曹操所修白溝而成；館陶與滄州（清池縣）一段，是部分地利用了漢代屯氏河而成；滄州以下至涿郡，又部分地利用漳水，至

---

91 《揚州水道記》卷三引。

92 《江蘇水利全書》卷一二〈江北運河一〉。

93 李白：〈題瓜州新河餞族叔舍人賁〉，見《全唐詩》卷一八四。

94 《隋書》卷六八〈閻毗傳〉。

95 《初學記》卷六〈河第三．敘事〉。

獨流口則與漳水別而另闢新道，並折向西北，經信安、永清縣與漯水（永定河）相接，直達涿郡薊城（今北京市）。[96]

但是，由於時代久遠，史書記載簡略，關於永濟渠的渠線也是聚訟紛紜。永濟渠所以引沁水入渠，一是沁水水源豐富，二是沁水入黃河距離通濟渠渠首板渚最近，舟船容易渡過黃河，便於與南運河接通。從沁水下游的地形河勢來看，永濟渠大約是利用河流的凹岸自流引水，但沁河與清河之間的管道大約在隋朝末年就已淤塞不通了，這是因為沁水暴漲暴落，容易氾濫，水流往往猛衝向東方，「衛小沁大，其勢難容」[97]，為此隋以後的唐宋再也沒有在如此險惡的地段開渠。由於沁水不斷氾濫並向東沖出新的水道，加上歷史上多次引沁灌溉，今武陟縣一帶有數條管道遺跡，已很難辨明哪一條是隋煬帝所開鑿的，永濟渠的準確位置，只有經過進一步的實際勘探，才能作出準確的回答。

大致來講，永濟渠是以通濟渠渠首對岸的沁水入黃河處附近為渠口，其地在今河南武陟西北，向東北方向挖人工運河會合清河（衛河）、淇水，經過新鄉、汲縣、衛縣（今河南淇縣），在衛縣段的淇水之上修造了分水入渠的淇門，然後流經黎陽（今河南浚縣東北），再從內黃縣和洹水縣之間向北流去，經魏縣（今河北大名西）、貴鄉（大名東北）過館陶縣，穿永濟縣，再經臨清西門外，過清河東南十里、武城、曆亭、漳南（均在今山東德州以南）、長河（德州以東）西十里、東光縣西南、白橋、南皮、長蘆（今河北滄州），直北過今青縣、靜海，至獨流口折向西北，接桑幹水（今永定河）達涿郡薊城（今北京市），全長二千餘里。[98]

隋煬帝開挖永濟渠，成為調運河北地區糧食的主要管道，同時又可用來加強對北方的軍事控制。永濟渠的開挖與攻高句麗有關，永濟渠終點涿郡薊城（今北京市）地理位置十分優越，一直就是北方的軍事重鎮，後隋煬帝進兵高句麗，永濟渠也就成為漕糧運兵的主要通道。永濟渠是南北大運河四段管道中最長的一段，雖充分利用了舊管道，但工程量仍然浩大，其間役使了河北百萬民眾，「丁男不供，始以婦人從役」[99]，是男女老少齊上陣，役夫役婦們流血流汗，終於使北運河也暢通無阻。

然而，唐宋時代北運河由於與黃河糾纏不清，迅速淤積，河道衰敗不堪，宋代稱永濟渠為御河，雖也是聯繫國都開封及洛陽與河北交通的紐帶，但其作用遠不能與南運河相比，主要是向河北邊防運送軍糧，發揮鞏固國防的作用。元以後因建都北京，對大運河進行了全面整治，整個航線發生了大的改變。

（四）江南運河

江南運河是隋煬帝所開南北大運河最南一段，溝通了長江水系與錢塘江的聯繫。但是，此河卻不載於《隋書》《北史》，最初的記載是《資治通鑑・隋紀》，該書卷一八一隋煬帝大業六年（六一〇）冬十二月載：「敕穿江南河，自京口（今江蘇鎮江）至餘杭（今浙江杭州）八百餘里，廣十餘丈，使可通龍舟，並置驛宮草頓，欲東巡會稽。」一些江南地方誌，如清乾隆《鎮江府志》、嘉慶《丹徒縣誌》都轉引《資治通鑑》的記載。這條運河繞太湖之東，穿越於江南最富庶的吳、會地區。江南河修成後，隋煬帝又下令在會稽等地修建離宮別院。

---

96 參見馬正林：〈唐宋運河述論〉，載《運河訪古》一書。馬文及《運河訪古》一書本節多有參考引述，作者均為專家，又經實地考查，所言信而有據，讀者可直接參考原書。以下行文凡引自該書者，恕不一一遍注。

97 《讀史方輿紀要》卷四九〈懷慶府〉。

98 參見胡戟：《隋煬帝新傳》，上海人民出版社一九九五年版，第九二頁。胡著參考了張昆河〈隋運河考〉、岑仲勉《黃河變遷史》、黃盛璋〈永濟渠考〉等近人研究成果，且胡戟先生本人參加了一九八四年唐史學會組織的運河訪古，所述永濟渠航線必有所據，故引之。

99 《隋書》卷二四〈食貨志〉。

歷史上人們一般並不懷疑隋時這條運河的存在，但該運河興起於何時，卻也有爭論。南宋詩人陸游在《入蜀記》文中，就認為江南運河始於隋，梁、陳以前京口與錢塘江之間並「不通漕」。但我們前面已述實際上早在春秋時代吳國就開通了姑蘇（今蘇州）到長江的運河，秦始皇又鑿斷丹陽一帶高地，由「丹徒水道入通吳會」，說明自錢塘江至長江，秦漢時就已有運河溝通。六朝都在今南京建都，孫吳曾鑿破岡瀆，西連秦淮河，東接江南運河，東晉時曾修丁卯埭（在今鎮江南）平衡水位。江南河既然在隋以前就早已存在，大業六年（六一〇）隋煬帝「穿江南河」，可能只是對六朝以來的江南運河加以開闊、疏浚而已，因工程量不大，故《隋書》未見記載。

江南運河全程八百里，河寬約十餘丈，其路線據一九八四年實地考察過此段河道的學者描述，是北起京口（鎮江），東南經曲阿（今丹陽）、陵口、呂城、奔牛、常州、戚墅堰、無錫、望亭、滸墅關、蘇州、吳江、平望、嘉興，東繞太湖而折向西南，再經石門、崇德、塘棲、拱宸橋至杭州西南的大通橋附近入於錢塘江。江南運河北渠首京口（今鎮江）隔長江與江都（今揚州）的瓜洲渡口相望，使江南河與邗溝直接接通，通過水道可以把江南財賦輸送到東都洛陽。

隋唐之際長江三角洲及浙東一帶三吳地區已是經濟發達地區，這裡四季分明，雨量充沛，加上河網稠密，湖泊眾多，資源豐富，是魚米之鄉，其富饒程度早已超過關中八百里秦川。江南運河北接邗溝汴渠，使西北關隴重鎮與江南財富緊密聯繫在一起，其政治意義和經濟意義都顯而易見。[100]

唐宋以後，特別是安史之亂後及南宋時期，江南河的運輸效益更著，歷代政府也都不遺餘力地加以維修整治，擴大其運輸能力，據說時至今日江南運河的貨運量已達億噸，成為大運河四段中貨運最繁忙的河段。唐宋時代，隨著浙東平原經濟的發展，又在古舊管道的基礎上修築了長約二百五十里的浙東運河，從錢塘江岸的西興起，向東經蕭山、錢清、板橋、紹興、陶家堰、曹娥至上虞，東向與姚江相接，然後經餘姚、半浦至寧波入甬江，由鎮海入海。南宋建都臨安（杭州），浙東運河遂成為首都入海的唯一水道，明州港（寧波）成為當時最富饒的對外貿易港口。唐宋時代，隋大運河隨著經濟發展的需要又有新的擴展，以後歷代帝王仍在不斷地修整開挖運河。

大運河的開鑿解決了古代南北大宗貨運的大難題。在隋煬帝初即位的短短六年時間，一條南起餘杭，北至涿郡，貫通五大水系，全長四千多華里的世界最長的人工運河終於開鑿完成。大運河是隋煬帝為了統一帝國的需要而鑿通的，修成後遂成為南北交通的大動脈，對隋、唐、宋、元、明、清歷代政治、經濟、軍事和文化的發展，都起著極其重要的作用。隋煬帝開鑿的南北運河以洛陽為中心，加上隋文帝修鑿的西通長安大興城的廣通渠，形成一個完整的運河網，與長江、黃河、淮河、海河、錢塘江等自然河流一起，構成了溝通全國水上交通的完整體系，在隋朝之時已是「商旅往還，船乘不絕」[101]，其運輸效益是巨大的。雖然隋煬帝以前許多王朝都開鑿了運河，隋南北大運河許多河段都是循已有故舊水道加以修整，但是，完成縱貫南北的大運河，把全國水網合成完整的水運體系，隋煬帝是第一人。在隋煬帝之前誰也沒有做，也不敢做，甚至連想都不敢想。

大運河開鑿的工程技術是很複雜的，雖然運河各段都有舊道可循，隋運河是半自然、半人工，又利用了古運河故道，其相當部分並非隋代新創，但在短短六年時間要完成連系五大水系貫穿各種複雜地形長達四千多里的人工運河，在勘察測量、利用大然湖泊和故水道、平衡水位差、節制水量等諸方面，都必須有相當的科學水準。隋運河工程進展的順利神速表明了當時技術的高超。從史實看，大運河的開鑿是有總體規劃而又分段進行的，而每一段都是一次設計、一次施工、一次通航的。在隋亡

100　參見蔣福亞：〈三吳地區經濟的發展和江南河的開鑿〉，見《運河訪古》，上海人民出版社一九八六年版。蔣先生稱江南運河動工之際，隋煬帝下令廢除了丹陽（今江蘇南京）與三吳之間的水道，切斷這個在將近四百年中南方政治和軍事中心與三吳地區的聯繫，以加強對三吳地區的控制，加強三吳與京洛的聯繫。此一推斷有其一定道理，但不知所據何在。

101　《舊唐書》卷六七〈李勣傳〉。

後千餘年的漫長歲月中，大運河雖也歷盡滄桑，幾經改道，但一直頑強地存在到清末，直到近代鐵路的修築並取代它承擔南北貨運之前，它一直是國內溝通南北的大動脈，為祖國南北的物資文化交流日夜奔忙。雖然現在的作用不如古時顯著，但作為文化遺產，千里大運河也是舉世公認的古代文明奇跡之一，煥發著耀眼的文明光彩。大運河是中國歷史上偉大時代的產物，也是中華民族智慧和力量的結晶，是中國人民的驕傲。當我們在歌頌創造這一偉大奇跡的古代勞動人民時，「當然也不能抹煞當時以極大魄力發動這一偉大工程的具有高瞻遠矚戰略眼光的決策人隋煬帝的一份功勞」。[102] 據說，「隋煬帝鑿汴河，自製水調歌」。[103] 隋煬帝自作詩歌來讚頌鑿運河的豐功偉績，他自己對這一得意之作，也是十分自豪的。

通漕運儲倉糧　興利萬世水流長

開運河是為了通漕運，大運河修成後，「自是天下利於轉輸」[104]，特別是東南方向的通濟渠、邗溝效益更大。在開鑿南北大運河的同時，作為配套工程，隋煬帝又在東都及運河沿線修築了大批官倉，用於儲存漕米。除前述東都洛陽含嘉倉、子羅倉外，大業二年（六〇六）隋煬帝又在洛陽附近大運河邊新建洛口倉和回洛倉。除此以外，隋朝著名的糧倉還有黎陽、常平、廣通等倉，隋文帝時已有修置。

置倉儲糧是隋文帝以來的一項重要國策。《隋書．食貨志》載：「開皇三年（五八三），朝廷以京師倉廩尚虛，議為水旱之備，於是詔於蒲、陝、虢、熊、伊、洛、鄭、懷、邵、衛、汴、許、汝等水次十三州，置募運米丁。又於衛州置黎陽倉，洛州置河陽倉，陝州置常平倉，華州置廣通倉，轉相灌注，漕關東及汾、晉之粟，以給京師。」除朝廷設置的巨倉名廩之外，州縣也設有官倉，如社倉等。另外，隋文帝還普設義倉，「儲之閭巷，以備凶年」。[105]

但是，隋儲糧於官的政策有些過頭，有時竟不顧人民死活。開皇十四年（五九四）大旱，關中大饑，「是時倉庫盈溢」，隋文帝「竟不許賑給，乃令百姓逐糧」關東。後唐太宗就此事提出了尖銳批評：「隋文不憐百姓而惜倉庫」。[106]隋煬帝則更過分，不僅災年閉倉拒賑，而且「逆取數年之賦」[107]，在官倉囤聚了大量租米。如此來看，隋倉儲那麼多的糧食，並不是為了備荒，而是用於皇室百官士兵食用，而非為百姓。那麼多的糧食，光靠肩擔車推是無法聚集到少數幾個大官倉中去的，所依靠的是運河水運。

東都洛陽及大運河修築開鑿之時，隋煬帝已考慮並實施了更大規模系統儲糧的辦法，在東都附近及運河沿線修建了幾處大型糧倉，用以儲存由御河、邗溝漕運來的江淮糧賦。

隋糧倉最大者當然是洛陽城內的含嘉倉。這座倉城規模宏大，總面積約四十三萬平方米。清人徐松《兩京城坊考》記洛陽城中有一條從含嘉城中流出南注入漕渠的支渠，名為泄城渠，與大運河連接，這條人工管道當是為運糧需要而專門修鑿的。但是，歷史文獻中並不見含嘉倉在隋代已儲大量糧食的記載，考古發掘並經碳十四測定的遺物年代多是唐或北宋的。含嘉倉真正作為大型糧倉起作用約開始於唐初。隋時洛陽城官倉所儲乃多布帛。另外宮城內子羅倉據考古測定，其形制和結構與含嘉倉

102 參見胡戟：〈千秋功罪說隋煬〉，載《運河訪古》，上海人民出版社一九八六年版。
103 劉餗：《隋唐嘉話．補遺》。
104 《通典》卷一〇〈食貨典．漕運〉。
105 《隋書》卷四六〈長孫平傳〉。
106 《貞觀政要》卷八〈辯興亡第三十四〉。
107 《隋書》卷四〈煬帝紀下〉；又《舊唐書》卷五三〈李密傳〉記李密討隋煬帝檄文指斥煬帝「逆折十年之租」；《冊府元龜》卷五一〇〈邦計部．重斂〉亦有隋煬帝「逆收數年之賦」的記載。

糧窖基本相同[108]，據《大業雜記》：「子羅倉有鹽二十萬石，子羅倉西有粳米六十餘窖，窖別受八千石。」其貨源皆出於東南，由大運河漕運而來。

隋煬帝又在洛陽附近新建洛口倉和回洛倉。洛口倉，又名興洛倉，其址在鞏縣東面洛水東岸，因地處洛水入黃河之口，故稱洛口倉，建於大業二年（六〇六）十月，倉城周圍二十餘里，穿窖三千個，每窖可容糧食八千石，置監官並鎮兵千人守衛。[109]全倉儲米二千四百萬石，是隋代最大的糧倉。隋大業年間由運河運來的東南漕米，很大部分都貯藏在這裡，由此往西再運往洛陽、長安。當用兵東北時，又可由此運糧渡黃河，經沁水轉入永濟渠而運往河北，故而洛口倉可謂東都洛陽周邊的最大糧倉，又是用兵東北的軍糧轉運站，地位極為重要。回洛倉建於大業二年（六〇六）十二月，在洛陽城北約七里，倉城周圍約十里，穿窖三百個，是隋東都的糧食倉庫。

隋煬帝在洛陽附近建的這兩處糧倉是隋代主要糧倉，入唐後才逐漸廢棄，為含嘉倉所取代。

另外，隋文帝開皇三年（五八三）即已置河陽倉、常平倉、廣通倉、黎陽倉，「轉相灌注」[110]，與洛口倉、回洛倉形成隋代著名的六大官倉。

黎陽倉位於汲郡黎陽縣西南大伾山麓（今河南浚縣東二里），西瀕永濟渠，東臨黃河，在黃河北岸，水運極為便利，河北租米都先集中於此，用兵東北時，江淮軍糧也可先儲於此，是河北地區唯一重要糧倉。隋煬帝三征高句麗，這裡都是重要軍需轉運站，曾派重臣在此督運漕糧。

河陽倉在河南偃師縣，其北邙山山脈地勢高燥，適宜修建糧倉。後來通濟渠又由偃師縣西入洛水，使其漕儲更為方便，此倉滿足了從洛口倉轉漕糧賦入洛陽的需要。

常平倉位於陝縣（治今三門峽市）西南四里，其地臨焦水，西俯大河，地勢高平，故又名太原倉。「地控兩京水陸二運」。漕船至三門峽，一般採用陸運，自陝縣西至長安則可利用黃河、渭河廣通渠，史載此倉乃「蓄巨萬之倉」[111]，是三門峽的轉運糧庫。

廣通倉，大業初為避隋煬帝諱改名永豐倉，位於今陝西華陰縣東北三十五里渭河入黃河處，在今潼關附近。關東漕米入關中，都先集中於此，是關中地區最大糧倉。

另外，在汴河與黃河交會口，還有較小的武牢倉，《舊唐書．李密傳》云：「興洛、武牢，國家儲積。」又《隋書．地理志》云：濟北郡盧縣有成回倉。盧縣在今山東茌平縣西南五十里，西北面臨黃河，成回倉應是黃河運道上的一個糧倉。糧倉都是按當時的漕運路線設置、分布，各倉的地理位置與當時的分段運輸法有著很大的關係。經唐代改進，從江南來的漕船至汴口即可將租米卸下，輸入武牢倉內，再由河船經黃河入洛水，貯於洛口倉，由此而西至陝縣太原倉，可再分兩條路線：一為溯洛水經河陽倉，入含嘉倉；一為由車或馱陸運至陝，或水運至永豐倉，最後輸入長安太倉。所謂「節級轉運，水通而舟行，水淺則寓於倉以待，則舟無停留，而物不耗失」[112]，形成一整套完備的漕運體系。[113]

但是，隋朝置倉儲糧的過頭政策卻加重了對農民的剝削。隋煬帝還「取社倉之物以充官費」[114]，使公眾儲備用於救荒的義倉性質發生變化，成為聚斂的手段。隋雖儲積了大量漕糧，但煬帝對倉糧的控制極為嚴格，並不用於賑濟。大業末年遇水災，「米穀踴貴」，齊郡丞張須陁「將開倉賑給」，官屬

108 參見余扶危：《隋唐東都含嘉倉》，文物出版社一九八二年版，第五〇頁。

109 《資治通鑑》卷一八〇隋煬帝大業二年十月。

110 《隋書》卷二四〈食貨志〉。

111 《朝野僉載》卷二。

112 《新唐書》卷五三〈食貨志〉。

113 參見鄒逸麟：〈從含嘉倉的發掘談隋唐時期的漕運和糧倉〉，見《文物》一九七四年第二期。本節關於糧倉的敘述，主要引述該文。

114 《舊唐書》卷七〇〈戴胄傳〉。

不敢，均稱「須待詔敕，不可擅與」。[115] 開一個郡倉濟荒竟要皇上詔敕批准。隋末農民起義瓦崗軍領袖徐世勣曾言於李密曰：「天下大亂，本是為饑，公若得黎陽一倉，大事濟矣！」[116] 貴族楊玄感亦以督黎陽倉運起兵反。李密奪得黎陽倉、洛口倉，開倉散米，來就食者近百萬口，足見隋煬帝儲積的漕米多得驚人。這都是通過大運河輸來的民脂民膏，唐代詩人李敬方有詩云：「汴水通淮利最多，生人為害亦相和。東南四十三州地，取盡脂膏是此河。」[117] 的確，隋煬帝利用運河溝通南北，肆意掠奪運河沿線人民的財富，隋朝人民為開鑿運河付出了艱巨勞動，流盡了血汗，換來的卻是剝削的加重，所以唐末學者皮日休說，運河的開鑿，「在隋之民不勝其害也」。[118]

但是，皮日休又說，大運河的開鑿，「在唐之民不勝其利也」，「今日九江外，復有淇、汴，北通涿郡之漁商，南運江都之轉輸，其為利也博哉」。[119] 所謂利，還是利在漕運。繼隋而立的唐王朝也是起於關隴，以長安為首都，以洛陽為神都，也要「常轉漕東南之粟」[120]，農民負擔雖仍舊很重，但並無開河勞作之苦，唐經濟重心在江南，政治中心仍在關中，而「天下以江淮為國命」[121]，東南運河系統直接影響到唐王朝的興衰。為把江淮財賦輸送到北方，不得不利用運河。唐統治者對疏鑿運河十分重視，但並沒有大興工役大規模開鑿運河，而是充分利用了隋煬帝開鑿的運河，所以後人稱為「隋氏作之雖勞，後代實受其利」。

隋煬帝開鑿的運河網經唐人的培護治理，大部分河段在唐朝都暢通無阻。史書描述當時的盛況說：「天下諸舟，舟航所聚，旁通巴、漢，前指閩、越，七澤十藪，三江五湖，控引河洛，兼包淮海，弘舸巨艦，千舳萬艘。」[122] 又稱：「自揚、益、湘南至交、廣、閩中等州，私行商旅，舳艫相繼。」[123] 唐玄宗開元年間，宰相裴耀卿仿隋代漕運模式，創造「節級轉運法」，「三歲漕七百萬石，省陸運傭錢三十萬緡」[124]，每年漕糧入關中達二百三十餘萬石。有學者斷言：「大唐帝國的繁榮在很大程度上，可以歸因於繼承和改善了運河體系。」[125]「大唐帝國的崩潰與運河年運量的衰落有密切關連。」[126]特別是安史之亂後，河北藩鎮割據，唐王朝的「賦取所資，漕挽所出，軍國大計，仰於江淮」。[127]晚唐大文豪韓愈更稱：「當今賦出於天下，江南居十九。」[128]通濟渠、邗溝成了唐維繫其政權的生命線。史學大師陳寅恪先生更以其深邃的洞察力描述了運河與唐亡的關係，稱「夫黃巢既破壞東南諸道財富之區，時溥復斷絕南北運輸之汴路，藉東南經濟力量及科舉文化以維持之李唐皇室，遂不得不傾覆矣。史家推跡龐勳之作亂，由於南詔之侵邊，而勳之根據所在適為汴路之咽喉，故宋子京曰：『唐亡於黃巢，而禍基於桂林。』嗚呼！世之讀史者儻亦有感於斯言歟？」[129]可以這樣講，大運河暢通，江南物資能源源不斷地充實關中，唐朝就出現繁榮昌盛，統一局面就得到維系。運河受阻，則王朝就岌岌可危，運河斷絕，則統一局面瓦解，王業於是蕩然矣！

115《隋書》卷七一〈張須陁傳〉。
116《舊唐書》卷六七〈李勣傳〉。
117 李敬方：〈汴河直進船〉，見《全唐詩》卷五〇八。
118《皮子文藪》卷四〈汴河銘〉。
119 同註118。
120《新唐書》卷四三〈食貨志三〉。
121 杜牧：〈上宰相求杭州啟〉，見《全唐文》卷七五三。
122《舊唐書》卷九四〈崔融傳〉。
123《元和郡縣圖志》卷五〈汴渠〉。
124《舊唐書》卷九八〈裴耀卿傳〉。
125 英·崔瑞德主編：《劍橋中國隋唐史》，中國社會科學出版社一九九〇年譯本，第一三五頁。
126 史念海：《河山集》，三聯書店一九六三年版，第二〇八頁。
127 權德輿：《權載之文集》卷四七〈論江淮水災上疏〉。
128《韓昌黎集》卷一九〈送陸歙州詩序〉。
129 陳寅恪：《唐代政治史述論稿》下篇。

直到宋朝，隋煬帝所開運河仍然作用很大。宋人張洎說：「唯汴水橫亙中國，首承大河，漕引江湖，利盡南海，半天下財賦，並山澤之百貨，悉由此路而進。」[130]宋都大梁（今河南開封），就是因為它瀕臨汴河，大大縮短了江淮漕運的路程。通過汴河，「歲漕江、淮、湖、浙米數百萬，及至東南之產，百物眾寶，不可勝計，內外仰給焉。」[131]所以，張洎又說：「煬帝開畎，以奉巡遊，雖數湮廢，而通流不絕，於百代之下，終為國家之用者，其上天之意乎。」[132]

對於隋煬帝開鑿的大運河在經濟上的積極作用，唐、宋時代也有人作出了公正評價。如唐人許裳〈汴河十二韻〉詩云：「昔年開汴水，元應別有由。或兼通楚塞，寧獨為揚州」。[133]否認當時流行的煬帝開運河只是為了到揚州遊玩的說法。宋人陳昂作〈隋河論〉，「渭浚治之病民，遊觀之傷財，乃天之所以亡隋，然使隋不興役財，以害其民，則又安有今日之利。」[134]宋人盧襄看到大運河「每歲漕上給京師者數千百艘，舳艫相銜，朝暮不絕」的壯麗景觀，也不禁歎道：「蓋有害於一時，而利於千百載之下哉」。[135]的確，大運河使隋民「不勝其害」，但唐宋以後歷代之民確實是「不勝其利」啊。

第四節　萬舸東南行　錦帆下揚州

隋煬帝開鑿南北大運河，雖功在中華，利在千秋，但古人有「種柳開河為勝遊」的詩句，今人亦有開河「出於君王游幸之私意」[136]的評說。這些批評又不能說是沒有根據，因為隋煬帝在通濟渠和邗溝剛一貫通時，便乘龍舟率領皇后妃主、百官大臣、僧尼道士和大批軍隊，大講排場，揚帆啟程往江都巡遊去了。並且，隋煬帝還三次循著運河巡遊江都。

唐代詩人杜牧有詩云：「錦纜龍舟隋煬帝，平臺復道漢梁王；遊人閑起前朝念，折柳孤吟斷殺腸。」[137]在詩人看來，不僅隋煬帝開運河是為了巡幸遊玩，而且直接造成了亡國的禍端。歷代野史小說更是對隋煬帝開河巡遊進行了大肆描繪和渲染。明人袁於令《隋史遺文》第二五回〈新皇大逞驕奢，黔首備遭塗毒〉，其後總評說：「秦政之築長城，為防胡計，非為遊娛也。開河之役，誠有功於後人，若論楊廣，則只為流連之樂耳，未可與秦皇並也。」如此說來，雖然開運河客觀上利在千秋萬代，但隋煬帝的主觀願望並不在利國利民，而是為了一己之利。秦始皇築長城為國防，隋煬帝開運河只是為了玩樂。雖然萬里長城和大運河都是舉世聞名的偉大工程，但秦始皇因長城而永垂不朽，隋煬帝卻因大運河而遺臭萬年。這種看法亦有確鑿的正史史料為佐證，隋煬帝巡遊江都大講排場，奢華浪費的確是十分驚人的。

然而，隋煬帝下江都鋪張浪費大講排場，是不是僅僅只是為了玩樂，在鋪張排場的背後，抑或還有更重大的政治背景和更深刻的文化使命，這就成了評價隋煬帝和運河工程的關鍵問題之一。

我們先來看看隋煬帝是怎樣首游江都的。據《隋書》記載，早在大業元年(六〇五)三月戊申(十八日)，即丁未(十七日)令楊素營建東京的第二天，隋煬帝即發布了「巡曆淮海」的詔書：

> 聽采輿頌，謀及庶民，故能審政刑之得失。是知昧旦思治，欲使幽枉必達，彝倫有章。而牧

---

130 《宋史》卷九三〈河渠志．汴河〉。
131 同註130。
132 同註130。
133 《全唐詩》卷六〇四。
134 《宋史》卷四三九〈陳昂傳〉。
135 盧襄：〈西征記〉，見《說郛》卷二四。
136 張昆河：〈隋運河考〉，載《禹貢》卷七，一、二、三合期。
137 杜牧：〈汴河懷古〉，見《全唐詩》卷六七〇。

> 宰任稱朝委，苟為徼幸以求考課，虛立殿最，不存治實，綱紀於是弗理，冤屈所以莫申。關河重阻，無由自達，朕故建立東京，躬親存問。今將巡曆淮海，觀省風俗，眷求讜言。[138]

煬帝聲言自己「昧旦思治」，營建東都目的就在於「躬親存問」，就近聽政。為了進一步體察民情，眷求讜言，宣布將「巡曆淮海，觀省風俗」，聽采輿論。看來，隋煬帝要巡視江淮是早有準備，並預先詔告了天下的。

為了方便南下巡遊，幾天後，辛亥（二十一），隋煬帝就下詔開鑿連接黃淮的通濟渠，開通自洛陽達於江都的河運。為實現南巡願望，幾天後，庚申（三十日），隋煬帝又「遣黃門侍郎王弘、上儀同於士澄往江南采木，造龍舟、鳳艒、黃龍、赤艦、樓船等數萬艘」。[139]這樣看來，營建東都、開鑿運河、巡遊江都三件事在隋煬帝頭腦裡是放在一起通盤考慮的，都是剛即皇帝位的煬帝所要成就的宏偉大業之一。隋煬帝既有魄力一聲令下徵發百萬民眾營造東都，又徵發百萬民夫開鑿運河，當然同樣有魄力下令為不久運河開通後的巡遊而建造各色船艦數萬艘。粗略計算一下，造船所役船工亦當在數十萬，加上後來巡遊路上所費，當是不亞於營東都、修運河的又一大工役。

果然，歷時五個月，通濟渠鑿成，連接江淮的邗溝也修復，自洛陽至江都水路全線貫通，王弘、於士澄在揚州督造的船隊也按時五個月完成了。一切都在隋煬帝的規劃之中，在官吏的促役之下，役夫加班加點趕工奪時，南運河和船隻都有了，於是詔發龍舟等各類船隻「數千艘」，往洛陽「奉迎」煬帝。大業元年（六〇五）八月壬寅（十五日），隋煬帝即開始了他的第一次巡遊江都。

隋煬帝首游江都和通濟渠的開鑿在時間上是如此之緊湊，且開運河前隋煬帝就發布詔書宣布將「巡曆淮海」，所以，歷來人們認為「種柳開河為勝遊」，也就不能不說是言之有理了。依正史所載及煬帝大業元年（六〇五）三月戊申（十八日）詔書，通濟渠的開鑿及其急役五個月完工，的確與煬帝急於要巡遊江都有關。在建造數萬艘船艦的同時，又「自長安至江都，置離宮四十餘所」[140]，也是為巡遊而備，使隋煬帝掖庭宮人無論走到哪裡，都有像樣的住處，亦可謂考慮得十分周到。

為了巡遊江都，隋煬帝不惜血本，動用大量資財，徵發大批工役，作了周密的準備。開通自洛陽至江都的運河完全可以被認為就是為巡遊所做的重要準備，不然，何至於要急役五個月，役使百萬民眾，挖渠二千里，這樣巨大艱難的工程本來花上二、三年時間又有何不可呢？而且，通濟渠和邗溝「渠寬四十步，渠旁皆築御道，樹以柳」[141]，御道和種柳顯然不是為了通漕運，而是為了皇家巡遊大型編隊所預備的重要排場。這樣說來，隋煬帝開鑿通濟渠疏通邗溝的直接主觀目的，就是為了這次大規模的巡遊。

大型龍舟的製造，更完全是為了這次大規模巡行而事先特意製作的。龍舟船隊據《隋書．煬帝紀》記載，有：龍舟、鳳艒、黃龍、赤艦、樓船「數萬艘」。其中送往東都奉迎隋煬帝的各類船隻就有「數千艘」，組成規模龐大的龍舟船隊。杜寶《大業雜記》記龍舟船隊有「五千餘艘」，並對這支船隊的各類船作了較詳細的記載：有龍舟一艘，翔螭一艘，浮景舟九艘，漾水彩舟三十六艘，五樓船五十二艘，三樓船一百二十艘，二樓船二百五十艘，板艙二百艘，朱鳥航二十四艘，蒼螭航二十四艘，白虎航二十四艘，玄武船二十四艘，飛羽舫六艘，青鳧舸十艘，淩波舸十艘，黃篾舫二千艘，平乘五千艘，青龍五百艘，艨艟五百艘，艚舟五百艘，八櫂舸二百艘，艀艋舸二百艘，總計為五千一百九十一

138《隋書》卷三〈煬帝紀上〉。
139 同註138。
140《資治通鑑》卷一八〇隋煬帝大業元年。
141 同註140。

艘。也有人統計為五千二百四十五艘。[142]

龍舟船隊不僅數量龐大，而且規制特別，用工精緻，各色船隻如舟、航、舫、舸、船、艅、艚等，在形制、功用、大小、花色上均有明顯區別。舟和船是古代對水上航運工具的通稱，但一般來說，舟乃尊稱，船乃俗稱。龍舟船隊中冠以舟者，都是皇帝、皇后、妃嬪、貴人、美女、夫人乘坐之船；而冠以船者，則為一般官吏士兵所乘，其規制有明顯的不同。航，一般指方形的船，或兩船相並而行之船。舫，原指竹木筏，後用以稱呼船，一般也指兩船相並。舸，一般指大船，但後來可用來稱呼小船。艅，也是一種大船，煬帝船隊中的艅是用來裝載「羽儀服飾、百民供奉之物」的，則其規制，當不會太小。艚，既用來稱呼貨船，也指一般戰船。艨艟又稱「蒙沖鬥艦」，則是一種典型的戰船，其形制外狹而長，用以衝突撞擊敵船。舴艋是一種小船，形似蚱蜢之狀，也用以作戰。[143] 隋煬帝為巡遊江都在不到半年時間內製造了大大小小形制不一的這麼多種類的船隻，龍舟鳳艒，貨船戰艦，琳琅滿目，其數量之多，規模之大，製作之速，在中國古代造船史上，實屬罕見，這顯示了隋代造船工人的聰明才智和當時造船業的高超水準。當然，船工勞役之苦，亦可想見。

隋煬帝乘坐的龍舟，規制巨大，豪華至極，堪稱水上宮殿。據《大業雜記》：「龍舟高四十五尺，闊五十尺，長二百尺。」[144] 共四重，上一重有正殿、內殿、東西朝堂，周以輪廓；中二重有一百六十房，[145] 皆飾以丹粉，裝以金碧、珠翠，雕鏤奇麗，綴以流蘇、羽葆、朱絲網路；下一重，長秋內侍（宦官）及乘舟水手，以青絲大絛繩六條，兩岸引進。按隋開皇尺長約二九．五釐米，二百尺合長五十九米，闊五十尺合一四．七五米。這樣大的船在渠廣四十步的邗溝中，只能兩岸纖引而行。龍舟完全是按照宮殿形制來設計製造，將宮殿建築技術運用於造船中，也顯示了設計者和造船工人的聰明才智。舊小說有詩稱讚龍舟之妙：「牙作帆檣錦作纜，蘭為櫓楫桂為橈。繁華不信人間有，疑是龍宮蜃氣高。」[146]

皇后乘坐的船取名「翔螭舟」，翔者，盤旋而飛也，螭者，無角之龍，是人們常用來作為器物裝飾之用的一種祥物，用這種盤旋而飛的無角之龍來刻畫船首，作為僅次於皇帝的供皇后乘坐的船的代稱，是名副其實的，其規制雖較龍舟「差小」，但其裝飾卻與龍舟無異。位卑於皇后的妃嬪所乘之船名「浮景舟」，又名「小水殿」，雖有朱絲網路其上，但每艘船皆比龍舟、翔螭舟少一重；而貴人、美女、十六夫人乘坐的漾水彩舟則一般只有二重，又名大朱航。以上各色舟船也都是按照宮殿形制設計建造，只是等級差別不同。隨行官吏所乘船只也按官品高低而有別，諸王公主和三品以上的官吏乘五樓船，四品官人和一些僧尼、道士乘三樓船，五品官吏和各國來賓蕃客乘二樓船，六品以下九品以上的從官和五品以上官吏的家屬，只能乘黃篾舫。[147]乘船者總數依最低限度的估計也在十萬人以上。

大業元年（六〇五）八月壬寅（十五日），隋煬帝自洛陽西苑出發，乙巳（十八日），煬帝先乘小朱航由漕渠出洛口至黃河，在黃河上換乘王弘來「奉迎」的龍舟，龐大的龍舟船隊沿著大運河浩浩蕩蕩向揚州駛去。在通濟渠上，「舳艫相接二百餘里，照耀川陸，騎兵翊兩岸而行，旌旗蔽野」。五十天后，最後一條船才駛出。隋煬帝命「左武衛大將軍郭衍為前軍，右武衛大將軍李景為後軍」[148]，負責護衛船隊，河道上千舸競發，兩岸彩旗招展，真是威武雄壯極了。

142 楊文安：〈從「隋煬帝豔史」一書看筆記、小說對隋煬帝形象之歪曲〉，載《隋唐五代史管窺雜稿》第一輯。
143 參引自方亞光：〈漫談隋煬帝下揚州時的龍舟船隊〉，載《文史知識》一九八七年第四期。
144 《資治通鑑》卷一八〇隋煬帝大業元年記為長二百丈，錯。中華書局標點本校記注宋刊一二行本作「尺」。
145 同上書，記作一二〇房。
146 《隋煬帝豔史》第二五回，長江文藝出版社一九九三年版。
147 以上材料均依據《大業雜記》，見《說郛》第一一〇。參引自方亞光〈漫談隋煬帝下揚州時的龍舟船隊〉，見《文史知識》一九八七年第四期。
148 《資治通鑑》卷一八〇隋煬帝大業元年；《隋書》卷三〈煬帝紀上〉。

船除載人外，還載有「內外百司供奉之物」，及士兵的「兵器帳幕」，船由兩岸挽夫牽引著行進，共有挽船士八萬餘人。由於船隻規制不一，乘坐者身分有尊、卑高低，挽引各類船隻的船夫也分成了不同的等級。如挽引「龍舟」的稱「殿腳」，有一千零八十人，分為三番，

每番三百六十人，皆「著雜錦采裝子襖行，纏鞋襪」。挽引「翔螭舟」的名「殿角」，有九百人，挽引「浮景舟」的稱「船腳」，每船一百人。龍舟四重的「下二重安內侍及船腳」，「船腳即水工之名」。[149] 挽引百官大臣、僧尼道士、蕃客所乘之船的船夫每艘約四十至五十人不等，稱「黃夫人」，士兵所乘之船則不給挽縴夫，由其自己纖引。船隊魚貫而行，錯落有致，兩岸御道上是騎兵護衛著縴夫，水中行進的船隊按一定的規制排列，如船隊中有朱鳥航、蒼螭航、白虎航、玄武航，古代常以朱鳥、青龍、白虎、玄武指四方之位，龍舟船隊中以這些代表方位的宿名命船，且各為二十四艘，規制如一，當是有意安排，表示它們在行進中的方位。又有飛羽舫、青鳧舸、淩波舸，從船名來看是快捷之意，它們在船隊中為「宮人、習水者乘之，往來供腳」，以供應船員之飯食，防備航行之意外，這類船在航行中可方便地四處移動。[150]

南巡船隊和兩岸士兵總計在二、三十萬人，像一股洪流滾滾而來，沿新修的運河徐徐東南行。為供給這麼多人的食宿生活，沿途民眾苦不堪言，隋煬帝命令「所過州縣，五百里內皆令獻食，多者一州至百轝，極水陸珍奇」，勞民傷財。佳餚豐盛，「後宮厭飫，將發之際，多棄埋之」[151]，浪費極大，獻食從役者每天都在十數萬眾，以致沿途騷然，農事拋荒，民不得安居。

如此規模的船隊，空前盛大的儀仗，這在中國歷史上可謂是空前絕後。千年後的明三保太監下西洋的船隊也難以企及，鄭和的寶船雖較龍舟為大，但華美豪奢則等而下之遠矣，清乾隆皇帝下江南的船雖豪華，但卻沒有那麼大的規模。隋煬帝有〈泛龍舟〉詩描述其巡行船隊：

舳艫千里泛歸舟，言旋舊鎮下揚州。

借問揚州在何處，淮南江北海西頭。

六轡聊停御百丈，暫罷開山歌棹謳。

詎似江東掌間地，獨自稱言鑒裡遊。[152]

侍臣虞世基及其弟虞世南亦寫有〈奉和幸江都應詔詩〉，虞世基詩有「澤國翔宸駕，水府泛樓船」句，虞世南詩有「安流進玉舳，戒道翼金吾」句[153]，都是描述巡遊隊伍的。時隋君臣上下對巡遊盡是一片讚揚之聲。

唐人亦有大量詩篇對隋煬帝巡遊江都進行了著力的描繪，但唐人與隋人不同，唐詩不是讚美龍舟船隊的壯麗，而是惋惜煬帝此行的荒唐。最著名的是大詩人白居易的〈隋堤柳〉，可謂傳誦一時。當然，白居易指斥隋煬帝巡遊江都不只是指大業元年（六〇五）這一次，而是三次南巡江都合在一起批。請看：

隋堤柳，　歲歲年深盡衰朽；

風飄飄兮雨蕭蕭，三株兩株汴河口；

老枝病葉愁殺人，曾經大業年中春。

149 宋．曾慥編：《類說》卷四〈船腳〉條。

150 參見方亞光上揭文。

151《資治通鑒》卷一八〇隋煬帝大業元年。

152《樂府詩集》卷四七。

153《文苑英華》卷一七〇。

大業年中煬天子，種柳成行夾流水，
西自黄河東至淮，綠陰一千三百里。
大業末年春暮月，柳色如煙絮如雪，
南幸江東恣佚游，應將此柳系龍舟；
紫髯郎將護錦纜，青娥御史直迷樓，
海內財力此時竭，舟中歌笑何日休；
上荒下困勢不久，宗社之危如綴流。
煬天子！
自言福祚長無窮，豈知皇子封酅公；
龍舟未過彭城閣，義旗已入長安宮；
蕭牆禍生人事變，晏駕不得歸秦中。
土墳數尺何處葬，吳公臺下多悲風；
二百年來汴河路，沙草和煙朝復暮；
後王何以鑒前王，請看隋堤亡國樹。154

詩句義正辭嚴，發人深省。在詩人筆下，「大業年中煬天子」成了個大昏君。不能說詩人白居易批得沒有道理，特別是將三游江都合在一起來批，指出其時「海內財力此時竭」，鞭辟入裡。歷史已證明隋煬帝有錯，而錯就錯在心中不存百姓，游幸而亡國，值得後王鑒誡，這是後話。

然而，在舊小說中，隋煬帝的江都巡遊則是滿章淫穢。本來《隋書・食貨志》記龍舟船隊挽船縴夫皆為招募來的水工，謂之「殿腳」，《大業雜記》亦記引舟殿腳「並取江淮以南壯者為之」，並詳細記載了各色舟船縴夫的不等數目。但是，署名顏師古撰的唐小說《大業拾遺記》則改成了：「每舟擇妙麗長白女子千人，執雕板鏤金楫，號為殿腳女。」[155] 並編造了隋煬帝在船舷上觀賞兩岸引纖的「殿腳女」的情節。這一情節立即為明清小說提供了素材，明朝署名齊東野人撰的小說《隋煬帝豔史》第二五回即題為〈王弘議選殿腳女〉，述王弘向隋煬帝提議選取吳越十五—十六歲的女子牽纜，並說：「用女子牽纜原要美觀，若添入男人便不韻矣。若慮女子牽挽不動，莫若再選一千嫩羊，與美人相伴而行，豈不美哉。」煬帝聽罷大喜，於是選一千名吳越少女充作殿腳女，一千隻嫩羊伴其間。清褚人穫撰《隋唐演義》第四九回更將此編成如此一段豔詩：「蛾眉作隊，一千條錦纜牽嬌；粉黛分行，五百隻纖腰挽媚。香風蹴地，兩岸邊蘭麝氤氳；彩袖翻空，一路上綺羅蕩漾。沙分岸轉，齊輕輕斜側金蓮；水湧舟回，盡數款低橫玉腕，嫋嫋婷婷，風裡行來花有足；遮遮掩掩，月中過去水無痕。羞殺淩波仙子，笑他奔月姮娥。分明無數洛川神，仿佛許多湘漢女。似怕春光將去，故教彩線長牽；如愁淑女難求，聊把赤繩偷系。正是珠圍翠繞春無限，更把風流一串穿。」並述煬帝與蕭后在龍舟船樓中細細觀看：只見兩岸上「錦牽繡挽，玉曳珠搖，百樣風流，千般嫋娜，真個從古已來，未有這般富麗，帝后倚欄賞玩，歡喜無限」云云。

明清小說的無聊杜撰只是迎合庸俗的小市民口味，將隋煬帝的巡遊醜化至無可復加的地步。當然，也就進一步把煬帝描繪成了一個典型的昏君。《豔史》第二五回開篇詩云：「天子風流不讓仙，看花特地泛龍船。綠蔭兩岸垂楊度，紅袖千行錦纜牽。麗勝西池羞穆主，富於牛頭笑張騫。君王豈不

154《全唐詩》卷四二七。
155《大業拾遺記》，香豔叢書本。

欣欣樂，只是斯民實可憐。」帝王為逞一己之欲行一時之樂而不顧百姓死活，虐待黃花少女，當然也是個昏暴之君。

然而，詩歌小說雖然傳誦千百年，但其描述的並不是真實的歷史。隋煬帝不惜耗資巨萬，造就如此盛大空前的船隊儀仗，即位之初就匆忙下江都巡遊，表面上看是浮華之舉，是遊山玩水尋求快樂。但仔細分析一下，籌畫得如此周密有步驟，如此大規模的巡遊僅僅是帝王一時興到之舉，是隋煬帝心血來潮玩樂於一時，這是無論如何也說不通的。

前面我們已經點出，大規模巡遊江都和營造東都、開鑿大運河緊密聯繫在一起，是「大業年中煬天子」初即皇帝位時頭腦中通盤考慮的「大業」之一。玩是無論如何玩不出這麼高的水準來的。我們在前幾節分析了營建東都在於就近控扼山東，開通南北運河則在於加強對江淮新經濟區域的聯繫和控制，都具有積極的意義。順著這條思路，我們如果也從積極的方面加以考慮，南巡亦具有安撫江南，加強對江南的控制，以維護王朝大一統局面的積極意義。隋煬帝盛張儀衛，大講排場，是要以皇帝至高無上的尊嚴威懾江南，穩固江南的統治，這與秦始皇統一全國後東巡山東、南祭禹陵的政治意圖和基本精神，是完全一致的。正是因為如此，隋煬帝還特意帶上了陳後主的遺孀沈婺華。陳叔寶死後，沈后「自為哀辭，文甚酸切」[156]，隋煬帝幾次南巡，都沒有忘記帶上這位出身大家閨秀、謹守禮法的亡國皇后，其用意則顯然是用以聯絡南人感情，更好地懷柔江南士族。如果是為了遊玩，帶此老婦又有何用。

當然，隋煬帝初登九五即以如此大的規模巡遊江都，顯然還有一種炫耀功業顯示自己的心理，當年的藩王阿麼如今成了皇上，變態炫耀符合隋煬帝的心理狀態，大講排場就是為了炫耀。同時，南巡也可聯絡舊部，賞賜對自己奪嫡立過功的藩邸舊臣，如龍舟船隊行至東平郡（治今山東鄆城東）時，太守吐萬緒迎謁於河岸傍，隋煬帝讓他登上龍舟，問長問短，吐萬緒「因頓首，陳謝往事」，令煬帝激動不已，遂加吐萬緒金紫光祿大夫。[157]總之，終於坐了江山當了皇帝的隋煬帝不能不對成就自己帝業的江都故舊要有所表示，看一看江東父老。

隋煬帝來到江都，帶給江東父老的第一件禮物是於大業元年（六〇五）十月乙丑（初二），在江都宣布大赦江淮已南，揚州給復五年，舊總管內給復三年。[158]所謂給復，即免除租賦。

第二件令江東父老深感榮幸的事，是大業二年（六〇六）初，隋煬帝盛張禮儀，納陳後主第六女陳婤為貴人。煬帝對陳貴人「絕愛幸」，並為此特詔滅陳時被隋文帝流放至邊遠的陳皇室子弟，「盡還京師，隨才敘用」。於是，陳氏子弟算是翻了身，「並為守宰，遍於天下」。[159]據統計，大業年間陳宗室子弟得為縣令者二十一人，郡守、通守者七人，郎官四人，卿五人。舊史臣將陳朝子弟命運的巨變歸功於一女子的得寵，然而，隋文帝時陳宣帝之女宣華夫人得寵，卻並沒有能給陳皇室子弟帶來什麼政治上的好處，這說明政策的變化具有更深刻的動因。隋煬帝納陳婤是政治聯姻，這一舉動顯然又大大疏通了大隋皇室與南朝人士的感情，令舊陳遺舊感恩戴德，對融合南北士人，維護國家統一，具有深遠的意義。

值得大書特書一筆的是，隋煬帝在江都對典章文物、制禮作樂特別重視。大業二年（六〇六）二月丙戌（初一），隋煬帝命尚書令楊素、吏部尚書牛弘、大將軍宇文愷、內史侍郎虞世基、禮部侍郎許善心「制定輿服」。[160]又令「太府少卿何稠、太府丞雲定興盛修儀仗」。煬帝對何稠說：「今天下大

156《陳書》卷七〈皇后．後主沈皇后〉。
157《隋書》卷六五〈吐萬緒傳〉。
158《隋書》卷三〈煬帝紀上〉。
159《陳書》卷二八〈鄱陽王伯山傳〉。
160同註158。

定，朕承洪業，服章文物，闕略猶多。卿可討閱圖籍，營造輿服羽儀，送至江都。」[161]讓這麼多顯要的宰相大臣及儀禮專家修訂輿服儀衛制度，足見隋煬帝的重視。制禮作樂既是政治大事，也是文化大事，為了向江南人民顯示朝廷盛大的禮樂文明並使其嘆服，煬帝不惜血本，耗費了大量人力和財力，「所役工十餘萬人，用金銀錢帛巨億計」。[162]隋煬帝還特派兵部侍郎明雅等前往勾覆檢查，「毫釐無舛」才最後交差。[163]結果造出各色輿服五花八門，「始備輦路及五時副車。上常服，皮弁十有二琪，文官弁服，佩玉，五品以上給犢車、通幰，三公親王加油絡，武官平幘，褲褶，三品已上，給瓟槊。下至胥吏，服色皆有差。非庶人不得戎服」。[164]又制定五品以上文官的車駕，上朝時的禮服、佩玉等品級規劃；武官的馬要用珂來裝飾，人須戴頭巾，穿騎服。

至於儀衛，則由何稠總其成。太府卿何稠的先祖是西域胡人，他聰慧精巧，博覽群書，貫通古今文物典章制度。對於隋煬帝交給他制禮作樂的任務，何稠亦多有創見，多所改作，他在天子禮服上畫日、月、星、辰，用漆紗製成皮帽。又制做三萬六千人的黃麾儀仗，以及輅輦、車輿和皇后的儀仗，文武百官的禮服，也都務求華麗壯美，以使隋煬帝滿意。為製作豪華的儀衛，何稠向各州縣徵收羽毛，百姓為了搜捕鳥獸，水上陸上都布滿了羅網，可用作羽毛裝飾的鳥獸幾乎一網打盡。《太平廣記》記大業元年（六〇五）隋煬帝「初造羽儀，毛氅多出江南，為之略盡」。[165]其時「禽獸堪氅毦者，殆無遺類」。據說烏程縣（今浙江湖州市）有棵很高的樹超過百尺，樹周沒有可攀附的枝枒，樹頂有鶴巢，有人要上樹捉仙鶴，因無法攀頂而要將樹砍倒，仙鶴怕傷及幼仔，就自己把羽毛拔下來扔到地下，時有阿諛者遂稱為吉祥之兆，說：「天子制羽儀，鳥獸自獻羽毛。」[166]此雖系傳聞，但足見其擾民之深。

何稠將各種羽儀衣冠皆依期送於江都[167]，為按時完成任務，所役十數萬工匠沒有少流血汗。自後，隋煬帝每次出行，羽儀儀仗隊就把街巷填滿，連綿二十餘里，光怪陸離，觀者莫不為其豪奢華麗所傾倒，「文物之盛，近世莫及」。[168]舊史和小說往往將隋煬帝的這些舉措述為別出心裁的玩樂，玩得是如此的荒唐，若視為玩笑，則隋煬帝的昏荒足可與其姐夫周天元比高下了。然而，隋煬帝的用心並非如此，製作羽儀非但不是為玩樂，反倒與隋煬帝要成就的「大業」有關。大型精美的羽儀令一向以文物自傲而看不起關隴武力勳貴的江南士人也不能不心服口服，雖然鋪張耗費的金銀錢帛不計其數，連鳥獸的毛都剝了個精光，但北方征服者南巡不再是向南人炫耀武力，而是盛陳文物，不僅是友善的表示，而且客觀上也必將促進南北文化的交流，這就使隋煬帝首游江都具有大型官方文化巡禮的性質[169]，大大加強了南北人士的融合和團結，有利於國家的統一。隋煬帝甚至還將後來收藏於東都寶磧、妙楷二臺的名畫書法「盡將隨駕」[170]，以在南方展示。作為總導演的隋煬帝，亦可謂用心良苦。

隋煬帝南巡既具有重大的政治文化使命，隨行人員既有中原碩學鴻儒，如大文豪薛道衡，博學通識的牛弘，同時，還隨身帶來大批僧尼道士，回到江都四道場，講經弘法，好不熱鬧。當年的總持菩薩現在是佛徒天子，煬帝蒞臨南方，也沒有忘記對天臺山僧團的眷顧，釋史有載：「大業元年（六〇

161《隋書》卷六八〈何稠傳〉。
162《資治通鑑》卷一八〇隋煬帝大業元年。
163 同註161。
164《隋書》卷三〈煬帝紀上〉。
165《太平廣記》卷四六〇〈烏程採捕者〉。
166《資治通鑑》卷一八〇隋煬帝大業元年。
167《隋書》卷六八〈何稠傳〉。
168 同註166。
169 參見王光照：〈試論隋煬帝三巡江都〉，載《江海學刊》一九八七年第一期。
170 唐．張彥遠：《歷代名畫記》。

五）九月，鑾輿幸巡淮海，目光矚江南，惆悵臺岳。」[171]

智者大師智顗圓寂後，楊廣並沒有放鬆對天臺僧團的拉攏，當了皇太子後，也一刻沒有中斷與天臺僧團的聯繫，信使不斷，系情日深。仁壽元年（六〇一）十一月初三，皇太子楊廣遣太子右庶子張衡向天臺山僧使灌頂、智璪宣令，問先師智顗「亡後有何靈異？」[172]十二月十七日，皇太子楊廣又撰文敬告天臺山寺先師智者全身舍利靈龕之座，並遣員外散騎侍郎兼通事舍人張乾威送僧使灌頂還山[173]，到天臺山寺敬設蔬飯，並向山寺賜物，計有「大銅鐘一口、納袈裟一領、鵄納褊袒二領、四十九尺幡七口、黃綾裙一腰、氈二百領、絲布祇支二領、小幡一百口、和香二合、胡桃一籠、衣物三百段、奈麨一合、石鹽一合、酥六瓶」。[174]天臺山寺僧智者弟子上首智越收到賜物，於仁壽二年（六〇二）正月六日奉啟一封致謝。[175]不久，楊廣又遣太子右庶子王弘往天臺山施物，計有「飛龍綾法衣一百六十領、幡一百五十張、光明鹽一石、酥五瓶」。[176]智越等於仁壽二年（六〇二）四月十五日再奉啟致謝。[177]這年八月十八日，皇太子楊廣又遣右庶子張衡向天臺山寺宣令，稱江都慧日道場僧慧莊、法論二大師於東宮講《淨名經》，用的全是智者大師的疏，判釋經文，楊廣一日兩次躬親臨聽。為更好地理解經義，楊廣令天臺寺選派一諳熟智者法華經義者，入京講論，並又賜物若干，遣揚州司功參軍蔡恪入山為智者設千僧齋。[178]大業元年（六〇五）正月十三日，已即帝位的隋煬帝又遣內史侍郎虞世基、內史舍人封德彝向天臺僧使智璪宣敕，讓他傳達聖旨，請智者弟子們「勿損先師風望」。又令右僕射蘇威宣敕賜天臺寺物五百段。[179]三月十七日，智越等得報又啟奏陳謝聖恩。當隋煬帝巡幸江都的消息傳到天臺山，沙門智越等於八月三十日即派智璪奉啟致賀，書曰：「仲秋已冷，伏惟皇帝陛下起居萬福，越等早蒙垂覆，曲荷慈恩，山眾常得安心奉國行道，伏聞輿駕巡撫，江都寺眾欣踴，不任馳戀之誠。」[180]為迎鑾輿，天臺寺僧忙得不可開交。

從大業元年（六〇五）九月到大業二年（六〇六）三月在江都的半年時間，煬帝以帝王之尊廣泛地接觸了江南各界人士，特別是南方宗教人士，而與天臺寺僧的接觸更是頻繁，不僅書信、使者往來不斷，煬帝還親自接見了天臺寺使者及各路僧使。大業元年（六〇五）九月十九日，天臺寺僧使智璪等於楚州（今江蘇淮安）華林園向隋煬帝呈送「起居表」，煬帝讓通事舍人李大方宣敕讓他們至揚州相見。九月二十六日智璪與江南諸州其他寺院的僧使一大批人，「引對大牙殿前」，受到皇帝親切接見。隋煬帝稱江南各寺院高僧為「師」，自己謙稱「弟子」，他讓宰相蘇威向眾高僧宣敕云：「和南師等，天氣漸冷，師等各堪行道，弟子巡撫舊住，師等故能來相覽，師等好去。」[181]已龍飛九五、身踞九鼎之上的隋煬帝能如此謙恭地尊稱江南各路高僧為「師」，自己謙稱「弟子」，不能不引起我們的注意。隋煬帝的這一姿態表明他並沒有忘記當年藩居江都時為安定江南局勢而延攬佛道人士，極具耐心地做天臺智者大師工作時的努力，為了融合南北差異，維護國家統一，已當上皇帝的總持菩薩楊廣更是深感責任重大，我們完全有理由認為，隋煬帝迫不及待地巡遊江都，躬親存問巡曆淮海，就是他早年藩居江都時所從事的感化籠絡江南人士以成天下一統偉大事業的繼續和擴大。

171《國清百錄》卷四〈敕造國清寺碑文第九十三〉。
172《國清百錄》卷三〈僧使對皇太子問答第七十四〉。
173《國清百錄》卷三〈皇太子敬靈龕文第七十五〉。
174《國清百錄》卷三〈皇太子令書與天臺山眾第七十七〉。
175《國清百錄》卷三〈天臺眾謝啟第七十八〉。
176《國清百錄》卷三〈皇太子重令書第七十九〉。
177《國清百錄》卷三〈天臺眾謝啟第八十〉。
178《國清百錄》卷三〈皇太子弘淨名疏書第八十一〉。
179《國清百錄》卷三〈至尊敕第八十三〉。
180《國清百錄》卷三〈輿駕巡江都宮寺眾參啟第八十五〉。
181《國清百錄》卷三〈僧使對問答第八十六〉。

釋史《國清百錄》卷四〈僧使對問答第八十六〉比較詳細地記敘了隋煬帝接見存問天臺僧使智璪的情況。大業元年（六〇五）十一月二十日，通事舍人李大方引智璪入江都宮內，隋煬帝親切地尊智璪為「師」，揖讓「師上座坐」。坐定，煬帝讓張衡發問：「師等是先師之寺僧，眾和合不？相諍競是非不？」智璪欲起身回答，隋煬帝讓智璪坐下，說：「師坐勿起。」智璪於是答稱：「門人一眾掃灑先師之寺，上下和如水乳，盡此一生奉國行道，不敢有競是非，常以寒心戰懼。」煬帝聽罷大喜，連聲稱讚「好，好，好！」煬帝又問：「師等既是先師之寺，行道與諸處同，為當有異？」智璪又答：「先師之寺與諸寺有異，六時行道四時坐禪，處別行異，道場常以法奉為至尊。」煬帝聽罷更為高興，連稱「大好，大好！」即讓張衡宣敕，云：「弟子為先師度四十九人出家。」接著又宣布：「弟子欲為先師造碑。」並問智璪：「先師有若為行狀？」智璪回答：「先師從先以來，訖至無常，其間靈異非止一條，並是弟子灌頂記錄，為行狀一卷，放在山內未敢看。」煬帝聽罷又連稱「大好，大好，弟子正欲為先師造碑。」接著煬帝又問：「灌頂師何在？」智璪答稱灌頂在寺患痢疾四十餘日，本應出奉參見，卻因病不堪在道。煬帝聽罷又說了一聲「好」，接著又問寺中戒約，智璪回答：「先師在世有十條制約，名系於寺，若身居別處則不同止。」煬帝聽後又連連點頭稱「大好，大好！」接著又問寺廟檢修如何，當智璪答稱屋頂有漏雨時，煬帝即表示：「弟子即敕使人檢校」。接著，煬帝又對天臺山寺諸多方面關照提問，智璪一一作答，最後宣敕：「弟子遣使送師等還寺，為先師作功德碑。」智璪辭出居棲靈寺，隋煬帝又派祕書監柳顧言來看望，請智璪回天臺寺後即送智者行狀，以便撰寫功德碑云云。182

以上隋煬帝與智璪的對話，是我們現今所能見到的唯一一件隋禁內談話的實錄，是佛教天臺宗僧侶以當時實情所作的比較可信的記錄。我們今天見到的記載隋煬帝與天臺宗往來書信及對話的釋史《國清百錄》編於隋朝，初為智者大師的門徒智寂編集的「先師遺迎信命」，後因智寂在搜訪未周的情況下圓寂，再由智的另一弟子灌頂續更撰次，意在「貽示後昆，知盛德之在茲」。[183]《國清百錄》收錄了陳、隋諸帝及諸王與天臺僧眾之間的往來敕疏書啟，特別是隋煬帝與天臺宗的每一次交往，都有詳細記載，是不可多得的第一手資料，可以補正史之缺，其史料價值遠在隋唐小說《大業雜記》、《開河記》、《海山記》等之上，應當受到學界重視。

從隋煬帝與佛教天臺宗僧使智璪的對話來看，當年的總持菩薩倒是沒有因當了皇帝而擺架子，顯威風，而是平易近人，和藹可親，仍然保持了當年延攬智者大師時的謙恭樣子，口稱弟子，尊佛教長者為師。隋煬帝於大業元年（六〇五）九月二十六日在大牙殿接見南方各大寺院的僧使，十一月二十日又單獨引見天臺智璪於禁內，推之於上座，苦口婆心，促膝談心。這哪裡是遊玩，分明是工作，是在對江南宗教界做意識形態文化融合的工作。這一工作從開皇十一年（五九一）移鎮江都開始，楊廣極具耐心地做了十多年，現在終於收到了成效。如果說當年智者大師對弟子楊廣的百般延攬視而不見，凜然不附，對大隋王權心存觀望，至死也沒有依附隋朝，那麼天臺宗智者大師的門徒弟子們在大師死後卻積極主動地向皇權靠攏。楊廣當了皇帝後在政治上對天臺宗更是大力扶植，據《國清百錄》記載，智者大師生前設計並得到當時的晉王楊廣資助的天臺山新寺廟，正好於大業元年（六〇五）建成，時在江都的隋煬帝即下敕徵求佛教界意見，為山寺題名，敕稱：「前為智者造寺，權因山稱，經論之內，復有勝名，可各述所懷，朕自詳擇。」[184]天臺山僧使智璪立即奏稱：「昔陳世有定光禪師，德行難測，遷神已後，智者夢見其靈云：今欲造寺未是其時，若三國為一家，有大力勢人當為禪師起

182 《國清百錄》卷三〈僧使對問答第八十六〉。

183 參見徐三見：〈國清百錄之初步研究〉，載《東南文化》總一〇二期。

184 《國清百錄》卷三〈敕立國清寺名第八十七〉。

寺，寺若成國即清，必呼為國清寺，伏聞敕旨欲立寺名，不敢默然，謹以啟聞。」[185]天臺智者大師的弟子們編造大師生前指示：「王家造寺，陳、齊俱滅，隋方代周，此三國成一是也。」[186]這說明起於南朝的佛教天臺宗智者大師的弟子們已完全認同了大隋皇統，隋煬帝十多年堅持不懈的努力，終於結出了豐碩的成果。在得到智璪的啟奏後隋煬帝欣喜萬分，立即表示同意以「國清」命寺名，以應驗智者大師「三國成一」的美意。顯然，隋煬帝自己便是智者預言起寺的「大力勢人」，是南方佛教的最有力的保護者，大檀越（施主），法輪王。於是即下敕云：「此是我先師之靈瑞，即用即用，可取大牙殿榜，填以雌黃，書以大篆，付使人安寺門。」[187]隋煬帝御筆親題「國清寺」三個大字，自後國清寺名歷盡千載，至今山寺仍屹立在佛教聖地天臺山中。

山河一統，舉國澄清，隋煬帝南巡江都，順應了南北朝以來南北文化區域發展必然融合的大趨勢，煬帝不惜糜費，造作龍舟，編制羽儀，制禮作樂，南國采風，撫慰南人，其實質是以文化聯絡來鞏固政治統一，具有重大深遠的歷史意義。

特別是隋煬帝對南方佛教天臺宗的政治扶植，終於使天臺宗最早形成獨立的佛教宗派。天臺宗以天臺山為基地，起於南朝融合了南北佛教各家，智者大師獨創方便法門的「三諦圓融」之說，使天臺宗銷鑠了幾百年的南北偏好，樹立起不同於印度佛教的具有中國特色的新宗派，這標誌著真正意義的中國佛教的誕生，而統一王朝正需要這樣的學說來建立隋最高神學。隋煬帝對智者大師及其天臺宗教義「親所聞見，眾咸瞻仰」，「荊楚莫不歸伏」，對智顗獨創的佛教學說他曾深有體會地說：「智者融合甚有階差，譬若群流歸乎大海。」[188]為此，隋煬帝對天臺宗不遺餘力地加以扶植，這就使歷史出現了巨大反差，起於北方關隴地域的隋王朝雖以強大武力征服吞併了南方佛國陳朝，但十多年後在意識形態特別是宗教文化思想上，南方教派和學風卻以其精深反客為主，融合北學，成為統一王朝的官方神學，並且讓北人心服口服，南人欣欣鼓舞，這就使得隋朝大一統的局面更加鞏固。這與隋文帝朝的情況也形成了鮮明的對比，說明隋煬帝一即皇帝位就以其最高皇權適時進行了重大政策調整，南巡江都正是這一重大政策調整的重要政治步驟。如果我們能以這樣的大背景分析隋煬帝開運河下揚州，撥開因歷代詩人小說家不負責任的隨意編造所縈繞在煬帝身上的迷霧，深入洞察隋煬帝南巡的重大政治文化意義，我們就不會簡單地認為巡遊江都是隋煬帝個人的驕奢矜伐荒淫之舉，而是和營建東都、開鑿大運河工程一樣，也是功在當代，利在千秋的偉大事業。

隋煬帝首巡江都在南方度過了一個冬天，於第二年春天，即大業二年（六〇六）三月庚午（十六日）離開江都，乘龍舟溯運河而上北返。四月庚戌（三十一），隋煬帝一行大陳法駕禮儀，備千乘萬騎，車聲轔轔，馬聲篤篤，緩緩進入剛竣工的洛陽新城，大張旗鼓地搞了一個隆重的入城式，算是勝利結束南巡，驗收了新都洛陽。次日，隋煬帝又親御皇城正南的端門，布宣布大赦，免除天下今年租稅[189]，給全國人民減輕負擔，以示喜慶。豐碩偉業大功告成，隋煬帝自己更是萬分高興。

第五節　帝王若竭生靈力　大業沙崩固不難

隋煬帝即位之初，就以其非凡氣度，驚人的魄力，徵發數百萬男女，大幹快上，舉辦了好幾件前人不敢放手大幹的工程。像營建東都、開鑿南北大運河、掘長塹、置關防、開馳道、築長城、置糧

185《國清百錄》卷三〈表國清啟第八十八〉。
186《佛祖統紀》卷六〈四祖天臺智者〉。
187 同註185。
188 隋．灌頂：《隋天臺智者大師別傳》。
189《隋書》卷三〈煬帝紀上〉。

倉、造龍舟、巡遊江都、制羽儀等，幾乎每一件事都有其正當理由，幾項大工程也都是功在當代、利在千秋的大事業，廣置離宮亦是為了巡狩之方便，也未必可一筆抹煞。然而，隋煬帝所幹每一件事既都是大好事，為什麼千年來卻是一片叫罵聲？把隋煬帝描繪成一個昏君暴君，豈不怪哉？冤哉？

隋煬帝蒙受了許多不白之冤，使許多有識之士奮起為他翻案。的確，只要比較一下與隋煬帝同處一個時代的其他君主，如同是亡國之君的北齊後主高緯、北周天元宇文贇、南陳後主陳叔寶，是鷹是雞就一目了然。這三個亡國昏君的共同特點是全無政治抱負，沒有建功立業之心，唯知一味享樂，天下大事國家政務全拋到九霄雲外，他們才是真正的昏君，當了皇帝擁有無上權力卻沒有半點責任心，沒有想為子民辦一件好事，與隋煬帝相比，真可謂天地之間天壤之別。

隋煬帝區別於歷史上諸多昏君的一個最大特點是，他不是一個只顧個人享樂而無所作為的君主，他想幹好事幹大事成聖王之業，想大有作為。但幹好事的心太大，結果走向了反面，成為亡國之君。舊小說有詩云：「禹王治水爭言利，煬帝修城盡道荒。功業相同仁暴異，須知別自有商量。」[190]舊史評隋煬帝曰：「山陵始就，即事巡遊，以天下承平日久，士馬全盛，慨然慕秦皇、漢武之事，乃盛治宮室，窮極侈靡。」[191]古人批隋煬帝侈靡荒暴，但也承認隋煬帝想仿效大禹、秦皇、漢武，成就一番聖王之業。然「功業相同仁暴異」，其結果是走向了反面，仁政和暴政的區分似乎就在於一念之差。不能說古人的論斷就沒有其一定道理，但舊史舊小說從正面提出了深刻的問題，卻不能從正面去作科學分析。何以聖王之業會變成亡國之政，古人只好歸於宿命，隋煬帝於是被描繪成一個天生的大壞蛋，所幹的好事也都只能是為了一人之淫樂，和周天元及高緯、陳叔寶兩個後主差不多，是昏暴之君，天生禍國殃民，以致亡國。因此對隋煬帝舉辦的所有「大業」都予以無情的否定，進而是大肆醜化汙蔑，使之與歷史事實相去甚遠。

近幾十年來，中外史學界本著實事求是的治學態度，糾正舊史特別是舊小說的謬誤，試圖對隋煬帝營建東都、開鑿大運河、修長城、巡遊等事以及煬帝本人重新作出公正的評價，寫出了相當多的翻案文章。自從一九五九年第一篇公開為隋煬帝翻案的學術論文發表後，在六〇年代初及八〇年代以後，國內史學界就評價隋煬帝問題進行了兩輪學術討論。有不少學者提出，隋煬帝「雖是亡國之君，卻是有為之主」，他即位後順應歷史潮流，迅速把隋朝的政治、經濟、文化推向了極峰，「是很有才能和氣魄的政治家」。是一位「同秦始皇、漢武帝一樣的具有雄才大略的政治家和軍事家」。他一生「作了不少有利於中國古代經濟文化發展的事業，對促進歷史的發展是有貢獻的」。他的「一系列國事活動，無不具有建設和發展統一國家的歷史內容，是個有重大歷史貢獻的傑出人物」。

關於營建東都洛陽，不少學者認為這是當時政治經濟形勢所決定，有其必然性和合理性。隋煬帝營東都是戰略眼光遠大，是為了更好地控制山東及江南地區，以穩固隋王朝的統治基礎，是繼承其父隋文帝的未竟之業，不失為明智之舉。關於開運河，也是適應當時政治、經濟發展的需要。有學者指出，隋煬帝在條件已成熟時不失時機地發起和組織了這一雄偉工程，完成了時代賦予的重大使命，建立了不可抹煞的功績。大運河的開鑿加強了南北經濟文化交流，促進了社會進步，權衡利弊，還是利大於弊。關於巡遊，也是有明確的政治目的，是為了加強對地方和邊防的控制，為了求治。巡遊與營造東都、開運河一樣，都不是單純為了遊玩享樂。學者們也都承認隋煬帝確有種種惡政，但歷史功績不容抹煞，不應全盤否定，等等。於是提出隋煬帝是一個「功大於過」的歷史人物。舊史舊小說在隋煬帝臉上抹了不少黑，把顛倒的歷史再顛倒過來是歷史學者的神聖責任。有學者呼籲天下人還隋煬帝一個公道，不要以成敗論英雄，不要總把隋煬帝當反面教員。然而，要給歷史人物翻案或作最後結

190 《隋煬帝豔史》第一四回。

191 《隋書》卷四〈煬帝紀下〉史臣曰。

論，並不那麼簡單，尚有許多問題亟待解決。有的同志宣稱對歷史人物思想和活動應有具體分析，不但否認開運河、建東都、巡遊是「暴政」，而且否認隋煬帝是一個「千古暴君」，有人乾脆宣言：「暴君乎？英主乎？荒淫乎？雄傑乎？浮言不可枉信！」認為隋煬帝有功於民族國家，不但不是暴君，而且是一位偉大的皇帝。當然，這種過了頭的評價，學術界並不是一致同意，也有不少學者撰文認為隋煬帝「過大於功」，是一個「不折不扣」的暴君，論者就隋煬帝「功大於過」還是「過大於功」論爭相當激烈，意見分歧很大。192

本書對學界的論爭作了廣泛收集整理，試圖在吸收學術界已有研究成果的基礎上，再作進一步分析。正如前幾節所述，我們認為隋煬帝興建的東都、塹道、長城、運河、龍舟等每一項大工程在當時都有其一定理由，都不是單純為了享樂、遊玩，可以說沒有一件不是利在治國，而且實際上也是功在當代，利在千秋，隋煬帝可謂對中華民族，對子孫後代作出了突出貢獻。特別是從主觀上看，隋煬帝的用心可以說都是好的，而且幹好事的心很大，很迫切，不是有如北齊後主高緯、北周天元宇文贇那樣不負責任地瞎胡鬧。營東都、鑿運河、巡江都等大役都不是一時心血來潮、隨心所欲之舉，而是經過通盤考慮精心策劃的「大業」，是出於國家利益的考慮。在營造東都、開鑿運河、巡遊江都之前數月，隋煬帝發布了詔書，事先詔告天下。我們可以推測，從仁壽四年（六〇四）十一月癸丑（二十一）詔發，至大業元年（六〇五）三月丁未（初五）正式啟動營東都工程，辛亥（二十一）啟動運河工程，其間煬帝君臣對諸大工役是進行了詳細論證的。隋煬帝志向非凡，試圖追秦皇、漢武，成不世之功，這沒有什麼不好，像隋煬帝這樣雄心勃勃想幹大事業的皇帝在中國歷史上實在不多。況且所幹的每一件大業都是順應了歷史發展潮流，適應了當時統一後王朝政治經濟文化發展的需要。別人想幹不敢幹，甚至連想也不敢想，隋煬帝狠狠心，一下子全都付諸實施，確實表現了隋煬帝是一位有為的君主，是具有遠見卓識有魄力的傑出政治家，這是他與高緯、宇文贇、陳叔寶等亡國昏君的根本區別。

如果說要為隋煬帝翻案，我贊成先摘掉昏君的帽子，他不但不昏庸，而且有才有能，敢作敢為，是當時第一流的政治家。

隋煬帝決不是一個昏君，然而，他暴不暴就是另外一個問題了。昏和暴並非同義詞，是兩個不同概念，不能混為一談。昏是昏聵無所作為，只顧玩樂荒政禍國，暴指殘酷無情，不恤民力，驅民於水

---

192 筆者檢索並參考過的論文，主張隋煬帝「功大於過」，或對煬帝所興諸役進行辨析的論文有萬繩楠〈論隋煬帝〉，載《史學月刊》一九五九年第九期；趙克堯〈隋煬帝再評價〉、〈隋煬帝評價的再探索——對吳恩強異議的質疑〉，分別載《溫州師專學報》一九八六年第四期和一九八九年第一期；韓隆福〈論隋煬帝的歷史作用〉，載《安徽史學》一九八六年第三期；胡戟〈千秋功罪說隋煬〉，載《運河訪古》一書，上海人民出版社一九八六年版；趙雲旗〈論隋煬帝評價中的幾個問題〉，載《學術月刊》一九八四年第七期，又〈評隋煬帝的歷史功績〉，載《晉陽學刊》一九八六年第一期；韓樂學〈試評隋煬帝〉，載《西北師院學報》一九八五年第四期；劉勇〈試論隋煬帝〉，載《湖北師院學報》一九八九年第一期；武伯綸〈略論隋煬帝及其葬地〉，載《文博》一九九二年第五期；華世銑〈關於評價楊廣的幾個問題〉，載《中國史研究》一九九五年第四期；高敏〈關於隋煬帝遷都洛陽的原因〉，載《魏晉隋唐史論集》第二輯，中國社會科學出版社一九八三年版；伯岳〈隋煬帝為何營建東都洛陽〉，載《西北大學學報》一九八七年第二期；童毅之〈隋煬帝營建東都與山東士族〉，載《歷史教學》一九八七年第三期；王義耀〈關於隋煬帝開運河評價中的幾個問題〉，載《學術月刊》一九六四年第八期；洪學〈關於隋煬帝開運河的評價綜述〉，載《學術月刊》一九六四年第九期；樊樹志、徐連達〈從隋煬帝開運河談起〉，載《文匯報》一九六四年一月七日；翁俊雄〈也談隋煬帝開運河的問題〉，載《文匯報》一九六四年三月五日；晏金銘〈隋煬帝開運河的歷史評價〉，載《求索》一九八二年第三期；胡戟〈煬帝西巡〉，載《絲路訪古》，甘肅人民出版社一九八二年版；王光照〈論隋煬帝三巡江都〉，載《江海學刊》一九八七年第一期。主張「過大於功」並對前論提出商榷的論文有：魏福昌〈隋煬帝是不折不扣的暴君——與萬繩楠同志商榷〉，載《史學月刊》一九五九年第九期；曹永年、周增義〈論隋煬帝的功與過——兼與萬繩楠同志商榷〉，載《史學月刊》一九六〇年第一期；黃惠賢〈略論隋煬帝之暴政〉，載《武漢大學學報》一九八三年第四期；褚祖煜〈隋煬帝時期民役的特點及形成原因〉，載《歷史教學問題》一九八七年第六期；吳恩強〈隋煬帝的再評價異議〉，載《溫州師院學報》一九八九年第一期；何燦浩〈評煬帝之政的性質及成因〉，載《寧波師院學報》一九八九年第一期；羅嗣忠〈淺談鑄成隋煬暴君的客觀歷史必然性〉、〈隋煬帝的個性特徵及其社會後果〉，分別載《青海師範大學學報》一九九一年第二期、一九九四年第一期；等等。上述論文對筆者啟發很大，不少論點為本書所吸收並引述，謹志謝忱。

火。當然，有的皇帝既昏又暴，如周天元宇文贇，但周天元沒有什麼才能，施暴的範圍有限，掀不起狂風大浪。昏君既無德又無才，而暴君則可能有才而無德，隋煬帝的政治才能是無可懷疑的，但他為君仁德如何，他對被統治的千百萬子民的態度如何，就成為評價他暴不暴的關鍵問題了。

要在理論上說明隋煬帝是一個暴君似乎比較容易，因為按照階級分析的觀點，隋煬帝殘酷壓榨剝削役使百姓，最後被農民起義推翻，他怎麼能不是一個暴君呢？然而，否認隋煬帝是「千古暴君」的翻案者卻提出：「試想，歷史上哪有一個有作為的封建帝王的豐功偉績不是和『民不聊生』聯繫在一起呢？那些威震一代的英雄豪傑，有誰不是以光輝和陰影為表裡呢？再說，在古代修好一條數千里的運河不付出極大代價是不可能的，那種要求隋煬帝既要完成這一工程又不許加重農民負擔的論點是不合情理的。」翻案者將階級分析的觀點放到了一邊，卻又宣稱是根據馬克思主義對歷史人物思想和活動應進行具體分析的要求和對英雄史觀的批判的觀點立言[193]，這顯然造成了理論上的混亂。為了將道理講述得更清楚，我們還是以歷史事實來說話。

隋煬帝是卓越的政治家，他高瞻遠矚有魄力，順應歷史潮流要幹大事幹好事創大業，「大業」年號意味著輝煌繁盛。然而，如何完成其大業，如何把煬帝心中的好事、大事都幹好，流芳千古，成不世之功，就不是一個簡單的問題了。歷史沒有玩笑可開，好事可能變成壞事，事情可能走向反面。雖然皇帝權大無邊，可以調動一切，但也不能心想事成。特別是辦大事創大業更要付出沉重代價。所以，一個有責任心的最高統治者，在辦大事之前，就不能不考慮成就大事的主客觀條件。大業初年有沒有財力和物質條件支援如此浩大的一系列工程呢？從役的勞動人民是否承受得起？天下子民到底願意付出多少血汗作出多少犧牲來為後代造福，為今上建功？這是興辦大役的唯一決策者隋煬帝必須首先考慮的問題。

隋煬帝是否考慮了成就大業的客觀條件呢？我們認為像他這樣卓越的政治家，是不會不加考慮的。首先是物質條件，隋煬帝即位時，隋立國已二十五年，天下一統亦幾近二十年，由於先皇隋文帝的節儉儲積，隋國庫的確擁有巨大的財富。開皇十七年（五九七），「中外倉庫，無不盈積」[194]，到隋文帝末年，「天下儲積得供五六十年」。[195]

所以元人馬端臨說：「古今稱國計之富者，莫如隋。」[196]清人王夫之也說：「隋之富，漢、唐之盛未之逮也。」[197]到大業初年，正值「天下承平日久，士馬全盛」，「赤仄之泉，流溢於都內，紅腐之粟，委積於塞下」。這就為煬帝大興工役提供了必要的物質條件。於是煬帝「負其富強之資，思逞無厭之欲，狹殷周之制度，尚秦漢之規摹」。[198]得以下決心大幹快上，大興工役，成不世之業。後來唐太宗曾對侍臣王珪說：「煬帝恃此富饒，所以奢華無道，遂致滅亡。」認為「煬帝失國亦此之由」。[199]

唐太宗所說雖有一定道理，但並不完全對，物質條件具備，不以豐富的財力籌辦大事，而死守庫房，是昏庸的表現。隋煬帝不至於當守財奴，失國原因也並不在此。但財力充沛，還必須考慮民力能否承受，對此，隋煬帝的考慮恐怕就未必盡當，其失國原因恐怕也可追溯於此。

隋全盛時有人口約四千六百餘萬，人力資源也是豐富的，但並非取之不盡。舉辦大型公共工程雖可說民力能夠承受，如隋立國之初文帝就營造了比東都洛陽規制更大的長安大興城。但如果連續舉

193 趙雲旗：〈論隋煬帝評價中的幾個問題〉，載《學術月刊》一九八四年第七期。
194 《隋書》卷二四〈食貨志〉。
195 《貞觀政要》卷八〈辨興亡第三十四〉。
196 《文獻通考》卷二三〈國用考〉。
197 《讀通鑒論》卷一九〈隋煬帝〉。
198 《隋書》卷四〈煬帝紀下〉史臣曰。
199 《貞觀政要》卷八〈辨興亡第三十四〉。

辦大型工程，民眾從役的承受能力就有一定限度。然而，隋煬帝考慮的不是民役的限度，而是其強大的皇權到底能徵集到多少人。隋煬帝相信，權力無限，徵調的人力也就無限，因此，民役是沒有限度的，皇帝可以隨心所欲地舉辦他想辦的一切大型工程。

隋煬帝手中有錢有糧，而且有權，不僅具備了經濟條件，更加具備了政治條件，政權力量令人生畏，即使沒有經濟條件，也可用政治強力實行超經濟強制，只要有了權，沒有條件可以創造條件。皇權可以支配一切，只要皇帝一聲令下，就可能化作全民行動，君權無限，國家人力、財力、物力高度集中，當然也就具有巨大的能量，幹出一般人難以想像的大事業。

從主觀上講，隋煬帝是想幹好事，幹大事，利國利民，成聖王之業。然而，要成就大業舉辦大型工程，必須役使千百萬子民來貢獻體力，否則，將一事無成。我們知道，封建專制國家的基礎是一家一戶從事個體生產的小農，小農經濟最脆弱，經不起折騰，正如馬克思所言：「對小農來說，只要死一頭母牛，他就不能按原來的規模來重新開始他的再生產。」[200]在生產力極其低下，沒有大型機械的古代，要開鑿千里運河，修築萬里長城，談何容易，全靠勞動者一雙手，一鍬一鍬地鏟，一石一石地搬，封建政權只能依靠政治強力，行政命令，徵集大量役夫，搞人海戰術，才可能興辦大型工程。於是幾十萬、幾百萬農村丁壯被迫離開農業生產，被官府徵調從役，每徵發一次大役，不但必然要影響農業生產，致使「耕稼失時」而破產，而且必然有大批青壯勞動力因工傷勞累而死亡。而農業是古代社會的基礎，農民是國家的基石，先儒宣言的「民為邦本，本固邦寧」的道理，封建統治者不是不知道。因此，舉辦大型工程理應慎重，皇帝必須首先考慮子民能否承受，要考慮子民的生存狀態。大型公共工程不是不能辦，但要掌握一個「度」，這個「度」就是子民的承受能力，不計成本濫用民力，驅民於水火，役黔首於死地，無視人民最起碼的生存權利，就必然產生暴政。隋煬帝錯就錯在這裡，暴就暴在這裡，亡國之由亦在於此，他大興工役，虐用民力，大大超出了人民的承受「度」，從而形成苛暴之政。

有史家指出：「使用民力過度，妨礙生產自然不好，但不能這樣就把開運河這件事否定掉，斥之為暴政。古代各王朝土木工程沒有一件不是使用民力過度的，秦始皇、隋煬帝的大興土木是兩個突出的例子，只要這種土木工程對當時與後代有利，就應該肯定。如果簡單斥為暴政，勞民傷財，那古代就不應該有什麼土木工程建築了。如果沒有那些大大小小的工程，社會也談不到能有什麼發展。」[201] 此話初一看，似乎很有道理，但若仔細分析，就會發現言過其實。古代大大小小的工程固然要搞，更何況利國利民，功在當代，利在千秋的大工程呢！但是大工程為什麼不可以在當時民眾能承受得起的限度內有計劃地適當地搞，而要爭時間，搶速度，役使百萬民眾一哄而上，不顧人民死活搞人海戰術，使民眾死亡相屬呢？民眾最起碼的生存權利不能不受尊重，不能因成一人之功業而叫萬民就死。也不能為造福後代就要叫當代人作無謂的犧牲。大運河工程固然重要，但為什麼就不可以搞得慢一點，十年工期不算長，至少可使被役民眾喘口氣，得以保全性命，留給一點最起碼的生存權，也算是皇帝給人民的德政。況且，歷史也並沒有要求隋煬帝一人一朝去完成千里運河工程，實際上南北大運河也是春秋至清幾千年不斷挖掘的成果。要人民付出代價可以，但不能付出死亡的代價。

然而隋煬帝不顧人民死活，不但好大喜功，而且急功近利，大興工役來得十分急，且多而集中，在大業初年半年內，連續下令掘長塹、營東都、鑿運河、造龍舟、巡遊江都、制羽儀等，役使男女數百萬。而且，此役綿綿無絕期，一項工役尚未完成，新的工役又起，一次巡遊剛完馬上又接著另一次巡幸。百役繁興，六軍不息，竭盡國力，大興土木，惟權力意志是用，根本不考慮民眾的承受能力，

200 《資本論》第三卷，人民出版社一九八七年版，第六七八頁。

201 萬繩楠：〈論隋煬帝〉，載《史學月刊》一九五九年第九期。

「視億兆如草芥」[202]，不把民眾最起碼的生存權利放在眼裡。因「土木之功不息」，隋煬帝時的民役苛重不僅遠遠超過文帝之時，而且在中國古代歷史上也是罕見的。

明代學者李贄輯錄史料，述隋煬帝勞民傷財之事最為詳備。[203] 今人胡如雷先生對仁壽四年（六〇四）隋煬帝即位起至大業八年（六一二）第一次東征高句麗，八年時間所役用的人力，也作了一個大致的估算，雖然不一定十分準確，但這種量化極有利於我們作進一步的分析。胡先生統計八年時間的二十二項力役共徵用人力約三千零一十二萬餘人，並宣稱沒有明確記載而無法計算的工程還有很多，除外還有郡縣正常的傜役、兵役，勞役之苦，人民負擔之重，實難以想像。大業年間隋全國人口四千六百萬，二十二項勞役就徵用人力三千餘萬，幾乎是全民就役。[204] 由於勞役不息，不堪重負，當時人稱「天下死於役」。[205] 而四海從役，天下騷動，為的就是要成就隋煬帝一人之功業。

雖然隋煬帝興辦的每一項工役都對國家有利，功在當代，利在千秋，營東都、開運河、修長城、巡行都可謂大好事，但如果將這些大好事相加，人們就不難發現，其勞役總量驚人，規模空前，大大超出了當時勞動人民能夠承受的限度。而且工役空前嚴急，修千里運河僅用幾個月，為如期完工，督役官吏必然苛暴殘忍，稍有怠慢便舉鞭打人促工，不僅是嚴政、苛政，而且是急政。孔子講苛政猛於虎，我們要再加上一句，急政狠如狼。

大規模的急政，使諸多德政統統走向了反面，成為系統的暴政。隋煬帝慕秦皇、漢武之功，大興工役要創不世之業，結果以嚴急，不顧民眾死活而形成空前規模的暴政。當然，煬帝必須對此暴政負責，而他的暴，不是對國家暴，也不是對民族暴，更不是對後代暴，相反，對國家，對民族，對後代他是有功的。他的暴是對人民暴，對被他統治下的活生生的子民施之以暴政，他為國家民族的利益，為自己建千秋萬代之功，不惜驅其統治下的千百萬生靈就死，為後代人犧牲當代人，急功近利，好大喜功，把自己的功業建立在千百萬人的白骨之上，結果形成大規模的系統的暴政。

隋文帝修仁壽宮，「役使嚴急，丁夫多死」，但文帝感到內疚，適可而止。而隋煬帝對民夫從役死亡卻無動於衷，營東都時每月役丁二百萬，「役使促迫，僵僕而斃者十四五」。大業三年（六〇七）發丁百餘萬修長城，「死者十五六」。十之四五、十之五六是古人誇張之筆，死亡人數雖不可能半數以上，但其數當不會太少。雖然隋煬帝營東都時宣言「務從節儉」，又宣言「輕徭薄賦」[206]，但都不過是一紙空文，他置自己親手制定的法令條規於不顧，行非常之役。

按隋文帝開皇初年定的賦役，以一床（一夫一婦）為單位，田租粟三石，戶調絹二丈；男子一八歲成丁服役，歲役二十日，「不役者收庸」。開皇十年（五九〇）又規定，民年五〇，「免役折庸」。煬帝即位後對文帝規定的租調力役，又以法的形式加以減輕，據《隋書．食貨志》：

「煬帝即位，是時，戶口益多，府庫盈溢，乃除婦人及奴婢、部曲之課，男子以二十二成丁」。

成丁由十八歲增為二十二歲，推遲了四年，這意味著男子可以減少征四年賦役；婦女不授田也不課稅，是減輕了人民的負擔。如果從法制上看，煬帝之賦役輕於文帝朝，據此從表面上「看不出煬帝是一個暴君」。但這並不說明問題，因為煬帝行法外之法，舉非常之役，營東都、鑿運河、修長城所徵發的力役，都不是農民的正役，而是役外之役，其役外之役規模之大，是正役的數十百倍。[207]

202 《隋書》卷七一史臣曰。
203 《藏書》卷七〈世紀．隋煬帝楊廣〉。
204 胡如雷：〈關於隋末農民起義的若干問題〉，載《文史》一九八一年第一一輯。
205 《隋書》卷二四〈食貨志〉。
206 《隋書》卷三〈煬帝紀上〉；卷二四〈食貨志〉。
207 黃惠賢：〈略論隋煬帝之暴政〉，載《武漢大學學報》一九八三年第四期。

隋煬帝表面上裝著仁君模樣，仁者愛人，經常宣布大赦，免除民眾部分賦役。據《隋書・煬帝紀上》，大業元年（六〇五）秋七月丁酉（初九），「制戰亡之家給復十年」，即免征賦役十年；冬十月己丑（初二），赦江淮以南，揚州給復五年，舊總管內給復三年；大業二年（六〇六）四月辛亥（二十七），大赦，免天下今年租稅。大業三年（六〇七）四月甲申（初六），大赦天下，關內給復三年。大業四年（六〇八）八月辛酉（二十一），巡幸河北，大赦天下，車駕所經郡縣，免一年租調；九月，詔免長城役者一年租賦。大業五年（六〇九）西巡，六月戊午（二十三），大赦天下，隴右諸郡給復一年，行經之所，給復二年[208]，五年之中凡七次下詔免役。隋煬帝每巡遊一次，所過郡縣往往給復免征賦役若干，但實際上，所過郡縣皆令獻食，不僅比正常賦役重數倍，郡縣吏更「競務刻剝，以充貢獻」，耗費之大，無以數計。結果是租賦之外，徵稅百端，「奸吏侵漁，內外虛竭，頭令箕役，人不聊生」。[209] 詔紙上的承諾落不到實處，如本有丁歲役二十日的規定，但煬帝征役從無限制，橫徵暴斂，雖然明令「除婦人之課」，但大業四年（六〇八）鑿永濟渠，卻「丁男不供，始以婦人從役」。一方面大赦天下給復免除租稅，減輕人民負擔，另一方面又大征工役向子民大規模無償索取，二者幾乎是同時同步進行。煬帝言行相悖，表裡不一，說話不算數，自己違反自製的法規詔令，因此，我們不能僅憑幾道赦文詔令就認同隋煬帝的德政，認為是皇恩浩蕩。從實際政治來看，紙上的恩惠根本沒有具體落實到百姓，說的是堯舜之言，行的卻是桀紂之事，對人民是狠毒至極。大赦、給復、蠲免等等，亦不過是「矯情飾行，以釣虛名」而已。

清人王夫之稱：「隋之毒民極矣，而其殃民以取滅亡者。」[210] 隋煬帝以其政治強力率意孤行，隨意向人民索取，不考慮人民的承受能力，不顧百姓的死活，為成一人之功業而虐用民力，人民苦不堪言，死亡相屬，慘不忍睹。如營東都總計十個月，每月役丁二百萬人，總役丁數達二千四百萬人次，搞的是人海戰術，為抓時間搶速度趕造出新都城，役夫每日無夜拼命地幹仍然緊急。隋煬帝「又命黃門侍郎王弘、上儀同於士澄往江南諸州采大木，引至東都，所經州縣，遞送往返，首尾相屬，不絕者千里」。[211]大江南北從役者更不計其數。宮殿的梁柱要從豫章（今江西）採伐，兩千人曳一柱，下施鐵轂，若用木轂，很快就因磨擦生火，燒壞不能用，但就是鐵轂也往往走一兩里就壞了，要有數百人專門拿著鐵轂更換，一天只能走二十—三十里，這樣計算，一根木柱的運輸就要花數十萬工。[212]為促期完工，東都督役官吏督役嚴急，在凶顏惡煞的督役皮鞭下，役丁僵僕而斃，「所司以車載死丁，東至城皋，北至河陽，相望於道」。[213]東都雖營造得十分宏偉，但它是在人民白骨上建立起來的，這樣大的工程用十個月完工，只有極權專制的皇帝，用行政強暴手段，超經濟強制的辦法才能實現。唐人胡曾〈阿房宮〉詩云：「新建阿房壁未幹，沛公兵已入長安。帝王若竭生靈力，大業沙崩固不難。」[214]建立在人民白骨之上的「大業」，像沙崩一樣容易轟然而垮。

開鑿大運河也一樣，當時勞動人民為此付出了巨大的犧牲。大運河在開鑿過程中，動用了民夫數百萬，大業元年（六〇五）開通濟渠徵發「河南諸郡男女百餘萬」（見前引）；修邗溝又徵發了淮南民夫十餘萬（見前引）；大業四年（六〇八）開永濟渠徵發了河北諸郡男女百餘萬（見前引）；大業六年（六一〇）開通江南河役民數目缺載，估計亦在百萬，合計總數在三百多萬。「丁男不供，始

208 《隋書》卷三〈煬帝紀上〉。
209 《隋書》卷四〈煬帝紀下〉。
210 《讀通鑒論》卷一九〈隋煬帝七〉。
211 《隋書》卷二四〈食貨志〉。
212 同註211。
213 《資治通鑒》卷一八〇隋煬帝大業元年三月條。
214 《全唐詩》卷六四七。

以婦人從役」，運河所經之地幾乎男女老少齊上陣。隋煬帝完全是以政權力量，不計報酬就驅使了數百萬民眾從役，而且工役如此嚴急，通濟渠和永濟渠這樣長達千里的運河都是幾個月就完成了的。可以想像，在官吏不顧民夫死活嚴厲督役之下，從役男女沒日沒夜地幹，經久不息地勞作，受凍挨餓，加上疾病侵襲，死亡相屬。唐人小說《開河記》描繪開通汴渠徵發勞役的情況：「煬帝有敕，朝堂有諫開河者斬之，詔以征北大總管麻叔謀為開河都護。詔發天下丁夫，男年十五以上，五十以下者皆至，如有隱匿者斬三族。煬帝以河水經於卞，乃賜卞字加水（汴）。丁夫計三百六十萬人，乃令五家出一人，或老幼、或婦人等，供饋飲食。又令少年驍卒五萬人，各執杖為吏，如節級、隊長之類，共五百四十三萬餘人。麻叔謀乃令三分取一，分人自上源而西，至河陰，通連古河道。至渠成，點檢丁夫，約折二百五十萬人，其部役兵士，舊五萬人，折二萬三千人，下塞之處，死屍滿野。」[215]小說中的死亡人數雖有誇張，不可全信，但人民的勞苦犧牲確實很大。後代小說對此又加以渲染，正如孟薑女哭倒長城的故事一樣，在民間流傳。

一九八四年運河訪古考察隊在隋運河所經的泗縣聽到了民間「哭孩頭」的傳說故事，說是安徽泗縣東北二十里古汴河邊上有小鎮叫枯河頭，隋朝時稱「哭孩頭」。據說隋煬帝所命開河都護麻叔謀不但殺了完不成任務的民夫的頭，而且殺百姓的小孩吃，百姓為記住這個仇，把鎮名命曰「哭孩頭」。直到解放後鎮名才改為枯河頭。又宿縣文物工作者說，一九五〇年冬疏浚濉河時，發掘出許多稷子，群眾傳說隋煬帝下揚州時因此段河道地勢較高，水枯不通船，乃命用稷子拌香油鋪在幹河床上，再織挽龍舟滑行，有歌曰：「隋煬帝下揚州，楚國稷子伴香油。」[216]民間傳說不見得是真實的歷史，但表達了人民的愛憎。人民最痛恨統治者濫用民力，耗費民財，不顧百姓死活。隋煬帝興大役雖功在國家，但遭到了人民痛恨。

有學者以大業六年（六一〇）前沒有爆發農民戰爭，來論證隋煬帝大興工役尚未超出當時農民所能承受的限度，農民大起義是大業七年（六一一）征遼引發的，以此來說明煬帝大興工役並未構成對人民的暴政。這也不能令人信服。我們在前面論證了大業年間舉辦的一系列大型工程，都是經隋煬帝通盤考慮，並親自決斷實施的。以洛陽新城為中心，以運河為雙臂，四方巡遊，加強控制，鞏固統一，每一項工程包括修建一座座離宮這樣相對較小的工程，都在煬帝宏偉規劃之中，具有建設和發展統一國家的歷史內容，後來的征討高句麗更是隋煬帝心目中的大事業之一，而開永濟渠就是為了興遼東之役，大興兵役征遼和大興工役營建大工程之間，並非沒有聯繫，都是煬帝急於要幹的大業。隋煬帝狂妄自大，予智爭雄，為所欲為，功業好事他想一個人成就，要氣吞宇宙，功蓋萬代。他巡遊江都三次，征討高句麗也是三次，接二連三，實在是太過分了。隋煬帝想建功立業但心中不存百姓，所舉辦的所有工役沒有一件是與生產的發展直接相關，絲毫不考慮人民的生計，不考慮現實民生。大役迫使無數農民離開土地，脫離生產第一線，致使百姓窮困，財力俱竭。由於役重，為避役，青壯農民竟自殘肢體，謂之「福手」、「福足」，到唐初貞觀盛世，「遺風猶存」[217]，最後實在活不下去，只有鋌而走險，造反起義，反抗暴政。

主張為隋煬帝翻案的學者都強調，隋煬帝所興每一項大役，他的一系列活動，都順應了歷史潮流，主張凡順歷史潮流而動者就是進步事業，就應加以肯定。的確，隋煬帝所興每一項大工程，他的每一項國事活動，無不具有發展和建設統一國家的歷史內容，都不是逆時代潮流而動。但是，以往人們評價歷史人物，只注意到順應時代潮流和逆歷史潮流而動二者，而忽略了超越歷史、跨時代潮流而

215《開河記》，見《說郛三種》，上海古籍出版社一九八八年版，第五〇九六頁。
216《運河訪古》，上海人民出版社一九八六年版，第四八頁。
217《資治通鑑》卷一九六唐太宗貞觀十三年。

動者。凡不顧歷史條件，不顧當代人民的承受能力，把子孫後代的事業都包攬下來，以成一人功業者，就是跨越時代潮流的人。這種人和順應時代潮流的人有本質不同，好事一人幹，欲速則不達，其後果是造成社會的總崩潰，其危害與逆時代潮流而動一樣，都會對社會發展造成巨大破壞。看不到跨越時代追求不世功業的危害，認為順應歷史潮流幹得越多越好，正是長期以來「左」的思想的流毒。幹過了頭會翻車，本是明顯的道理，但「左」的思想傾向蒙住了不少同志的眼睛，這是應該深刻反省的。進步事業超越了歷史條件，幹得太急，也會轉化為反動，越想建立一個人間天堂，就越會造成一個人間地獄。隋煬帝正是超越時代，企圖在短期內建立「奄吞周漢」的聖王之業，結果造成暴政的。

有人將大業年間的徭役歸結為侈大性、集中性、急迫性、苛酷性、耗亡性五個特點。[218] 隋煬帝為創大業不顧百姓死活，自己也不辭辛勞四處巡行不肯休息，然而，偉大功業為什麼不可以留一些讓後人去做呢？試想如果隋煬帝在其諸多工役中僅僅只是完成了一、兩項，僅僅開通了南北大運河，其他留給後人去做，隋煬帝或許可以不朽。但問題的關鍵在於隋煬帝幹好事的心太大，超出了當時人民的承受能力，他用政治強制力把人民拖入絕境，造成毀滅性後果。大業三年（六〇七），禮部尚書宇文就私謂高熲曰：「長城之役，幸非急務。」[219] 當時國內人民「久厭嚴刻，喜於寬政」，大役之後本應適可而止，好事可留待來年，許多大役亦可留待子孫去完成。但隋煬帝為成一己之功，一而再，再而三地舉辦大役，諸多大工程幾乎是同時上馬，大興工役加上苛政、急政，終於形成系統的大規模暴政。

隋煬帝暴就暴在從不考慮子民的生死，在他眼中，千百萬人民只不過是他用以實現宏偉功業的工具，芸芸眾生有如牛馬牲畜。他無視子民的生存權利，「不以百姓為念」，只要自己一人能立事立功，死人再多也在所不惜，這就是暴君的本質，暴是對人民暴，對他所統治的千百萬子民施暴。賈誼《過秦論》評秦始皇「仁義不施」，古詩稱大禹和隋煬帝興辦水利「功業相同仁暴異」，所謂仁與暴的區別，就是對人民的態度。對於統治者來講，「仁」的政治含義就是統治者對被統治者要有起碼的憐惜，最低限度要讓子民得以存活。儒家大講仁政，在君主專制時代，仁的要求就是希望統治者憐惜被統治的千百萬民眾。隋煬帝不講仁政，急功近利，以苛政急政形成系統的暴政，結果走向了反面。

218 褚祖煜：〈隋煬帝時期民役的特點及形成原因〉，載《歷史教學問題》一九八七年第六期。

219 《隋書》卷五六〈宇文弢傳〉。

第五章　大修文治　釐定制度

在大興工役，建不世之功的同時，隋煬帝登基伊始，又大修文治，改定典章制度，力求在統治方式上要有所創新。其內容包括興辦教育、恢復州縣學、推崇儒業、三教並重、扶持佛教和道教以助教化，禁絕讖緯、整理圖籍、修訂《大業律》、統一度量衡，在文化氣氛高漲的情勢下興辦科舉、創立進士科，改定官制、修訂法令、檢括戶口、大索貌閱等。這一切也都是隋煬帝要成就的聖王之業的重要組成部分。

隋朝是改革的時代，隋文帝和隋煬帝都銳意改革。舊史往往把隋代改革的成就歸之於文帝，現今為煬帝翻案者又把改革的功勞劃歸煬帝，這都不對，煬帝的改革是在文帝改革的基礎上進行的，二人都有貢獻。由於煬帝改革典章制度是在文帝基礎上進行，韓昇先生《隋文帝傳》多有敘述，且唐朝又推翻煬帝改作的制度而從文帝開皇之制，有關大業制度的史料有限，筆者另有考證文章。[1] 故而對官制、法制、戶籍、地方行政等改制內容從略，而專就大興文治、舉辦科舉作較詳細的考論。

第一節　三教並重　移風易俗

隋煬帝既追求聖王之業，先聖賢哲治國皆以教化為先，制禮作樂，他當然不會甘居落後。隋煬帝在統治思想意識形態方面繼承了文帝制定的多元一統，三教並重，內法外儒的方針，同時也試圖有所創新，在文教政策上作出了重大調整。

大業元年（六〇五）正月戊申（十七日），隋煬帝在坐穩了皇位後，即下詔稱：「昔者哲王之治天下也，其在愛民乎？既富而教，家給人足，故能淳俗厚，遠至邇安。治定功成，率由斯道。朕嗣膺寶曆，撫育黎獻，夙夜戰兢，若臨川谷。」[2] 當即發八使巡省風俗。緊接著就採取了一系列移風易俗的措施，卓有成效地開展了文化建設。

興學辦校　敦獎名教

大業元年（六〇五）閏七月丙子（十八日），隋煬帝在即將巡遊江都之前，在東都洛陽發布了興辦教育，拔擢人才的詔令，把興學作為教化民眾、移風易俗的最主要措施。

興辦教育的社會功用現時代人已看得十分清楚，科教興國業已提高到決定國家興亡的戰略高度。而一千三百多年前的中國最高統治者也能從移風易俗的角度對教育事業大加宣導，是頗足稱道的，請看隋煬帝的興學詔書：

> 君民建國，教學為先，移風易俗，必自茲始。而言絕義乖，多歷年代，進德修業，其道寖微。漢采坑焚之餘，不絕如線，晉承板蕩之運，掃地將盡，自時厥後，軍國多虞，雖複黌宇時建，示

1 參見拙文〈隋朝政府體制的改革和機構編制的調整〉，載《政治與行政管理論叢》第一輯，天津人民出版社一九九九年版。〈隋唐地方行政的調整改革〉，載《政治與行政管理論叢》第三輯，天津人民出版社二〇〇一年版。〈大索貌閱新解〉，載《江西社會科學》一九九六年第九期。〈隋朝的法制改革〉，待發表。

2 《隋書》卷三〈煬帝紀上〉。

經業，同愛禮，函丈或陳，殆為虛器，遂使紆青拖紫，非以學優，制綿操刀，類多牆面。上陵下替，綱維靡立，雅缺道消，實由於此。朕纂承洪緒，思弘大訓，將欲尊師重道，用闡厥繇，講信修睦，敦獎名教，方今宇宙平一，文軌攸同，十步之內，必有芳草，四海之中，豈無奇秀！諸在家及見入學者，若有篤志好古，耽悅典墳，學行優敏，堪膺時務，所在採訪，具以名聞，即當隨其器能，擢以不次。若研精經術，未願進仕者，可依其藝業深淺，門蔭高卑，雖未升朝，並量准給祿，庶夫恂恂善誘，不日成器，濟濟盈朝，何遠之有，其國子等學，亦宜申明舊制，教習生徒，具為課試之法，以盡砥礪之道。3

這是有關文教事業，培養和選拔人才的一整套施政綱領。詔令追溯了教育發展的歷史，談到魏晉南北朝因戰亂學業荒虛的情況，強調統一王朝要有全新的教育，思弘大訓，尊師重道，興辦學校，獎掖人才。顯然，這是一個令莘莘學子倍感振奮的詔令。

當然，興學並不是一紙詔令就能解決的問題，隋煬帝到底在興辦教育方面做了哪些事，哪些事是前人所未做，哪些是在前人基礎上做的，其成效如何？煬帝詔書既追溯了歷史，並認為前代狀況不盡如人意，我們也就有必要簡單地追述一下隋文帝朝教育發展的情況。

早在傳說時代，華夏兒女就開始了有組織的教育活動。《尚書．舜典》記載，虞時設學官管理教育，命契為司徒，「敬敷五教」。西周時逐漸形成一個以禮、樂、射、禦、書、數為主體的「六藝」教育體制。春秋戰國之時「私學」興起，出現諸子百家思想學派。但秦始皇焚書坑儒，廢除私學，求學者只能「以吏為師」。漢武帝「廢黜百家，獨尊儒術」，元朔五年（西元前一二四）開創太學，作為王朝的最高學府。除太學外，地方政府辦的學校郡曰學，縣曰校，鄉曰庠，聚曰序。在分裂戰亂的魏晉南北朝，文化教育時興時廢，但學制仍有所發展。晉代中央學制分為兩種，一為國子學，一為太學，國子學是貴族學校。南朝宋文帝在京師設儒學、史學、玄學、文學，稱為四門學制，打破了儒學一統教育的狀況。梁合儒、佛、道於一堂，三教並重，講經坐禪，進德修業。然而，分裂時期學校屢遭破壞，教學不成系統也是事實。

隋統一，為文教事業的發展提供了有利條件，開皇初年，隋文帝對教育也很重視。時河東柳昂上表請文帝「勸學行禮」，文帝閱後十分讚賞，於是下詔：「建國重道，莫先於學，尊主庇民，莫先於禮。」下令「始自京師，爰及州郡，宜祗朕意，勸學行禮」。[4]其興學詔書與隋煬帝大業元年（六〇五）閏七月丙子（十八日）詔的立意主旨差不多。「自是，天下州縣畢置博士習禮焉。」[5]隋文帝的勸學行禮詔大概頒於開皇三年（五八三）四月。[6]據《隋書．百官志下》，隋開皇官制序列中有國子寺，是專管文教事業的獨立機關，設祭酒一人為主管，屬下有主簿、錄事各一人，統領各官學，這可以說是中國歷史上設立專門教育行政部門和設置專門教育行政長官之始。朝廷官辦學校除國子學、太學、四門學外，還設有書學、算學和律學，這是專科學校教育的新創舉，另外，太醫署也招收生徒傳授醫術。[7]

然而，隋文帝雖勸學興教，但當時官學教育品質卻很差，開皇九年（五八九）文帝稱生徒「未有灼然明經高第」，究其原因，則是「教訓不篤，考課未精」。[8]到仁壽元年（六〇〇）六月乙丑（十三

3《隋書》卷三〈煬帝紀上〉。
4《隋書》卷四七〈柳昂傳〉。
5 同註4。
6《隋書》卷一〈高祖紀上〉。
7《隋書》卷二八〈百官志下〉。
8《隋書》卷二〈高祖紀下〉。

日），文帝認為諸生「多而未精」，「今宜簡省」，採取了嚴厲措施，「國子學唯留學生七十人，太學、四門及州縣學並廢。其日，頒舍利於諸州」。七月戊戌（十七日），又下令「改國子為太學」。[9] 全國唯留太學一所，置博士五人，從五品，學生七十二人，其餘中央和地方學校統統廢棄。學者劉炫上表，「言學校不宜廢，情理甚切，文帝不納」。[10] 這就是著名的廢學事件。

舊史對隋文帝廢學多有批評，認為文帝「不悅詩書，廢除學校」，「不達大體」[11]，特別是暮年，「精華稍竭，不悅儒術，專尚刑名，執政之徒，咸非篤好」。[12] 其實，文帝廢學另有原因，唐人封演歸結為「諸生多不精勵」。[13] 開皇初文帝大倡文教，費了很多錢辦學，但官學生員「徒有名錄，空度歲時」，二十多年來學校並未培養出文帝所期望的人才，一生簡樸的文帝不能容忍學校糜費，斷然加以「簡省」。文帝的行動有可理解之處，但也有些過分，因為學校的社會功效人盡皆知，應加強管理來提高教學品質，對不精於學、空度歲時的生員可以開除，不能因噎廢食，大規模廢除學校。在簡省學校的同時，文帝又「頒舍利於諸州」，將化民易俗的希望更多地寄託於佛教，史稱文帝朝「民間佛書，多於《六經》數十倍」[14]，這當然不會有什麼好的作用。

隋煬帝即位後糾正了文帝之失，於大業元年（六〇五）復開學校。《隋書・儒林傳・序》：「煬帝即位，復開庠序，國子郡縣之學，盛於開皇之初。」但我們也不能誇大文帝簡省學校的失誤，用以捧高隋煬帝。文帝開皇年間興學崇儒功不可沒，煬帝的政教方針還是繼承了文帝朝，恢復了開皇學校體制。

隋煬帝的文化素養畢竟比文帝高，雖然也推行三教並重的文教政策，但對儒學教育化民易俗更加重視。大業三年（六〇七）改制，煬帝將國子學改為國子監，「依舊置祭酒，加置司業一人，丞三人，並置主簿、錄事各一人」[15]，加強教育行政管理。國子監置博士、助教、學生，並下詔徵集學行優敏者，予以不次待遇，「並量准給祿」，地方郡縣各級學校也設有儒官，有的學官秩在九品以下，雖屬流外官，但也由朝廷發給俸祿，「流外給廩，皆發自於（劉）炫」[16]，這一措施使各地辦學積極性空前高漲。如江都人曹憲為祕書學士，聚徒教授，諸生數百人，當時公卿以下亦多從之受業。[17]在偏僻山區辦學校有成績的，還受到特別獎賞，如柳旦大業初年拜龍川郡太守，「民居山洞，好相攻擊，旦為開設學校，大變其風，煬帝聞而善之，下詔褒美」[18]，這使大業年間的學校教育，「盛於開皇之初」，學校培養出了一大批有用人才，如大學者顏之推的兒子顏思魯、顏愍楚、顏游秦學業最精，在學校時與溫氏三兄弟同學，顏思魯與溫大雅同在東宮伴讀太子；顏愍楚與溫彥博同直內史省；顏游秦與溫彥將均典校祕閣，「二家兄弟，各為一時人物」[19]，少時學業，顏氏為優，但後來到唐朝溫氏兄弟俱為大官，傳為佳話。

由於對儒學教化作用的重視，隋煬帝繼承其父隋文帝的做法，竭力抬高孔子及其後代的社會地位。隋學制規定，每歲以四仲月「釋奠於先聖先師」，年別舉行鄉飲酒禮，十分恭敬隆重。而且又大封孔子後裔，隋文帝時封「孔子後為鄒國公」，煬帝時「改封為紹聖侯」，並為此下詔稱孔子為「先師

---

9 《隋書》卷二〈高祖紀下〉。
10 《隋書》卷七五〈儒林・劉炫傳〉。
11 同註9。
12 《隋書》卷七五〈儒林傳・序〉。
13 《封氏聞見記》卷一〈儒教〉。
14 《資治通鑑》卷一七五。
15 《隋書》卷二八〈百官志下〉。
16 同註10。
17 《舊唐書》卷一八九上〈曹憲傳〉。
18 《隋書》卷四七〈柳旦傳〉。
19 《舊唐書》卷六一〈溫大有傳〉。

尼父」。大業四年（六〇八）十月丙午（初六），隋煬帝詔曰：「先師尼父，聖德在躬，誕發天縱之姿，憲章文武之道。命世膺期，蘊茲素王，而頹山之歎，忽逾於千祀，盛德之美，不存於百代。永惟懿範，宜有優崇。可立孔子後為紹聖侯，有司求其苗裔，錄比申上。」[20]煬帝還令牛弘等作了一首〈先聖先師歌〉，其辭云：「經國立訓，學重教先，三墳肇冊，五典留篇，開鑿理著，陶鑄功宣，東膠西序，春誦夏弦，芳塵載仰，祀典無騫。」[21]由於隋煬帝敦獎名教，使儒學之徒倍感榮耀，從學之風日熾。

當然，隋文帝和煬帝的儒是內法外儒，儒學用於教化但並未用於治國，兩個皇帝雖都興學行禮，卻都未施行仁政，因此，不能因隋敦獎名教就誤把儒學看作隋統治思想。近人章太炎先生就一針見血地指出，隋煬帝「尊事孔子，奉行儒術」，是為了「便其南面之術，愚民之計」。[22]

隋煬帝本人文化程度高，素好風雅，因而對各種學術也相當重視，在國子監除儒學外，還有史學。如東海人包愷從王仲通受《史記》《漢書》，「尤稱精究」，大業中為國子助教，「於時《漢書》學者，以蕭、包二人為宗匠，聚徒教授，著錄者數千人」[23]，足見史學在隋煬帝朝也得到了較大發展。煬帝還下令潘徽與著作佐郎陸從典、太常博士褚亮、歐陽詢等協助楊素修撰《魏書》[24]，後因楊素病死而未修成。在煬帝宣導下，國子監統領下的國子學、太學、四門學以及其他專科學校重又振興起來。隋煬帝的舉措順應了歷史潮流，在推進文教事業發展方面作出了貢獻。

隋祚雖短，然在教育事業方面的建樹卻不少，如教育行政管理機關的創設，專科學校的創辦，除設立專門研習儒家經典的國子學、太學及四門學之外，還設有書、算、律學、史學等，又在有關業務部門設博士，招收學生，進行職業性訓練等，均由隋開其端。這些新學校的設置及其教育制度，都為唐代所繼承和發展，並為後世所效法，應當予以肯定。但這些創置，既有隋煬帝的功勞，也有隋文帝的功勞，總之，在兩代帝王的宣導下，有隋一代的文教事業有了長足的發展。

統一經學　整理圖籍

隋統治者敦獎名教，內法外儒，在思想文化領域採取措施加強統治，其內容還包括對南北經學的統一融合，對天下圖書文籍的整理，以適應統一王朝的政治需要。

西漢時期，儒家經典被欽定為「經」，於是有了經學，自後經學一直是中國古代學術思想的主流。魏晉南北朝雖出現玄學取代經學，佛教、道教盛行於世，先後成為顯學，但在學術上儒家思想的統治地位並未動搖，國家太學生修習的課目仍是儒家經典，經學的研究不但沒有中斷，而且南北朝形成了南北學術的不同風格，清代經學家皮錫瑞把魏晉南北朝說成是「經學的分立時代」。[25]

經學南北學風迥異會造成思想觀念的歧見，這與統一王朝所要求的思想意識形態的高度統一不相符合。南北學風的不同本來就是分裂歷史所造成，《隋書・儒林傳・序》記南北學風曰：「大抵南人約簡，得其英華，北學深蕪，窮其枝葉。」南朝經學受玄學影響較大，不拘一家之說，重義理，有一些新穎的見解，北朝經學遵循漢代訓詁章句之學，注意歷史考證，顯得比較保守、煩瑣。由於流派眾多，三教並立，隋統一前尚不能產生一種足以統領全部文化的儒家學術思想體系。學風的不同也影響到學者的價值取向和民間風俗。蘇威曾對隋文帝講：「江南人有學業者，多不習世務，習世務者，

---

20 《隋書》卷三〈煬帝紀上〉。
21 《東府詩集》卷四。
22 章太炎：〈駁康有為論革命書〉，見《章太炎政論選集》上冊，中華書局一九七七年版。
23 《隋書》卷七五〈儒林・包愷傳〉。
24 《隋書》卷七六〈文學・潘徽傳〉。
25 《經學歷史》目錄，中華書局一九五九年版。

又無學業。」[26]隋初大學者顏之推云：「今北土風俗，率能躬儉節用，以贍衣食，江南奢侈，多不逮焉。」這種情勢當然不符合統一王朝的政治需要。

隋統一南北，中央集權的君主專制國家要求意識形態、學術思想的統一，南北學風的合流成為勢所必然。清末經師皮錫瑞所稱「經學分立時代」到「經學統一時代」，實際上是在隋朝開始，至唐朝而完成的。隋祚雖短，但文帝和煬帝對經學進行了兩輪大的整治，經學出現了兩期繁榮。《隋書．儒林傳》有一段長序講述了有隋一代學術和文教的興衰狀況。學術和文教緊密結合在一起，相比而言，隋文帝更崇佛、道，對儒學的提倡前後有波動，而隋煬帝對儒學的推崇和扶植則是一貫的。

隋文帝對學術的貢獻最值得一提的是聚眾講論，宣導自由辯論，由政府出面組織對儒經、佛經的學術論辯。如「吳興沈重名為碩學，高祖嘗令（辛）彥之與重論議」。[27]有一次「釋奠禮」，文帝「親幸國子學，王公以下畢集，（馬）光升座講《禮》，啟發章門，已而諸儒生以次論難者十餘人，皆時碩學，光剖析疑滯，雖辭非俊辨，而理義弘贍，論者莫測其淺深，咸共推服，上嘉而勞焉」。[28]官方組織的辯論既可識別人才優劣，又可通過辯論消除歧見，統一思想，這比以行政手段強求學術思想統一要高明得多，也較合情理。隋煬帝繼承了這一學術政策，並將辯論場所由國子監遷到了內史省，經常「征天下儒術之士，悉集內史省，朝次講論」[29]，展開爭鳴。辯論內容多為領略經義短長，考定經本，爭論時由「納言定其差次，一以聞奏」，通過辯論求同存異，這對於統一歧義滋生的南北經學，效果極著，當然，辯論的目的在於統一，而不是繼續紛爭。

隋煬帝於時廣招明經儒士，四方至者甚眾。大業元年（六〇五），許善心為禮部侍郎，奏薦儒者徐文遠為國子博士，包凱、陸德明、褚輝、魯世達之輩並加品秩，授為學官。[30]這批學者先前多為南朝人，據《舊唐書．徐文遠傳》：文遠等各主一經，「時人稱文遠之《左傳》、褚輝之《禮》、魯世達之《詩》、陸德明之《易》，皆為一時之最」。國子監和太學平時都大擺講席，歡迎辯論。如「文遠為所講釋，多立新義，先儒異論，皆定其是非，然後詰駁諸家，博而且辨，聽者忘倦」。[31]由於煬帝的宣導，演講儒家經典的活動空前盛行，其盛況超過佛教高僧大師的說禪論經。如以《三禮》學稱著江南的褚輝在講論堂上，知博善辯，「無能屈者」。[32]有一次隋煬帝徵集諸郡儒官集於東都，令國子祕書學士與之論難，結果孔子後裔孔穎達為最，補太學助教。[33]又如楊汪為國子祭酒，煬帝「令百僚就學，與汪講論，天下通儒碩學多萃焉，論難鋒起，皆不能屈」。煬帝令御史將楊汪的論辯寫下來閱覽，「省而大悅」，賜良馬一匹。[34]煬帝還讓陸德明與魯世達、孔褒均「會於門下省，共相交難」，結果論辯無出陸德明右者，授國子助教。[35]

時有「二劉」劉焯、劉炫，皆北方人，學通南北，博極今古。年輕時曾在武強交津橋劉智海家閉門讀書時年，並曾問禮於北齊河北大儒熊安生，入隋後受到內史令李德林的重視，楊素、蘇威等也「莫不服其精博」[36]，但隋文帝看不起他們，令往成都教授蜀王，受到楊秀侮辱。直到隋煬帝即位，二劉才重新受到尊重，均授太學博士，講授經義。從師承關係或學術淵源上看，二劉之學顯然更多地

26《隋書》卷六六〈柳莊傳〉。
27《隋書》卷七五〈儒林·辛彥之傳〉。
28《隋書》卷七五〈儒林·馬光傳〉。
29《隋書》卷七五〈儒林·褚輝傳〉。
30《隋書》卷五八〈許善心傳〉。
31《舊唐書》卷一八九上〈徐文遠傳〉。
32《隋書》卷七五〈儒林·褚輝傳〉。
33《舊唐書》卷七三〈孔穎達傳〉。
34《隋書》卷五六〈楊汪傳〉。
35《舊唐書》卷一八九上〈陸德明傳〉。
36《隋書》卷七五〈儒林·劉焯傳〉。

繼承了北學，其師劉軌思、熊安生等，都是北方經學大師，但二劉對北學並不滿意，從師「皆不卒業而去」，二人對北學「多所是非」，又兼通南學。在隋代經師中，劉焯較系統地撰寫了《五經述義》，劉炫則對諸經分別撰寫了「述義」，及《五經正名》十二卷，可謂集南北經學之大成，代表了隋代經學最高成就。時「天下名儒後進，質疑受業，不遠千里而至者，不可勝數，論者以為數百年已來，博學通儒，無能出其右者」。[37] 二劉的經學對唐代的影響極大，孔穎達入唐後作《五經正義》，其中《尚書正義》、《毛詩正義》皆本二劉，並說「諸公旨趣或多因循，帖釋注文，義皆淺略，惟劉焯、劉炫最為詳雅」。[38] 二劉在隋統一的條件下，對南北經學進行了綜合，孔穎達云：「劉焯組織經文穿鑿孔穴……使教者煩而多惑，學者勞而少功。」劉炫嫌劉焯煩雜，「就而刪焉，義既太略，辭又過華，雖為文筆之善，乃非開獎之路」。在孔穎達看來，二劉繼承北學樸實說經之體，染上了以浮華說經的陋習。這說明二劉經學兼綜南北，如此學風，正是隋煬帝所喜愛並提倡的。

南北經學統一的標誌是唐初孔穎達等作《五經正義》，而孔穎達的義疏多承隋人，其先驅當首推隋煬帝所信用的學士陸德明及其所撰《經典釋文》。

陸德明（五五〇—六三〇）為南方蘇州吳（今江蘇吳縣）人，曆仕陳、隋、唐三代，隋煬帝時為祕書學士，後遷國子助教，在隋煬帝發起的經學辯論會上曾獲頭名，受到煬帝的重視。陸德明年輕時在江南陳朝即開始撰寫經學著作《經典釋文》，入隋國子監獲教職使他能充分利用煬帝祕府收藏的大量書籍。陸德明宗南學，善言玄理，《經典釋文》是為十四部儒家典籍注音、釋文。陸德明集諸家之成，兼采南北，曾採集漢魏六朝音切，凡二百三十家，又兼采諸家儒士訓詁，考證各本異同，工程浩大，他的工作得到了隋煬帝的支持。

陸德明在《經典釋文．序錄》中詳述了經學傳授源流，該書所選經注《周易》用王弼注，《尚書》主孔安國傳，《詩經》主毛傳鄭箋，《三禮》俱主鄭玄注，《春秋左氏傳》用杜預注，《公羊傳》用何休注，《穀梁傳》用范寧注，《孝經》用鄭注十八章本，《論語》用何晏集解，《老子》用王弼注，《莊子》用郭象注，《爾雅》用郭璞注。上述一四種經注，漢人注本占六種，魏晉人注本占八種。若除去道家經典《老子》、《莊子》注本不算，後唐宋人注本除《孟子》注外，《孝經》後來採用了唐玄宗注本，皆承陸德明所選。《經典釋文》成為唐孔穎達《五經正義》及宋人所編《十三經》所依據的注本。這些注本的選定，說明陸德明遠見卓識，也反映了經學在長期發展和篩選後積累的成果，為歷代學者推重。陸德明《經典釋文》兼綜漢、魏兩大學術傳統，將南、北學風融匯於一體，這是南北經學統一在隋代的表現，成為唐代經學統一的先聲。當然，從學風上看，陸德明更多地反映了南學的特點，如他把《老子》、《莊子》也放進儒家經典中，這在魏晉以前、唐宋以後的儒家經典中是不可能的。南朝承緒魏晉玄學，把《老子》、《莊子》與《周易》並列，稱為「三玄」，陸德明的著作除《經典釋文》外，尚有《老子疏》、《易疏》，反映了南學風尚，從思想源流來看，更多地染上了王弼一派的風格。陸德明注經注重分析義理，不惟作音注，且兼釋經義，務求內容詳盡充實，其治學風格及其取捨，實開隋唐經學之先河，對後世的影響不容低估。[39]

隋唐經學統一，從本質上講也是南學壓倒了北學。這一發展的關鍵正是隋煬帝之時。煬帝即位前在江都十年受南方學風薰陶，即位後雖包兼南北，但更注重南學，以其強大的政治影響力，推動了南學對北學的統一。清代經學家皮錫瑞《經學歷史》敘曰：「至隋經學統一，則「有南學，無北學。」又說：「北人篤守漢學，本近質樸，而南人喜談名理，增飾華詞，表裡可觀，雅俗共賞，故雖亡國之

---

37 《隋書》卷七五〈儒林・劉焯傳〉。

38 《尚書正義・序》，見《十三經注疏》。

39 參見章權才：《魏晉南北朝隋唐經學史》第八章第三、四節，廣東人民出版社一九九六年版。

餘，足以轉移一時風氣，使北人舍舊而從之。」就是說儘管北方在軍事上壓倒南方，但南學卻以「喜談名理」、「表裡可觀」而俘獲了北人。南學既具有理論上的創造性和智力上的啟發性，而其表達形式上又能獲得雅俗共賞，所以更具學術活力，又逢王朝統一的歷史條件和隋煬帝的政治助力，迅速在學壇上占了上風，在思想意識形態領域鞏固了統一局面。皮錫瑞又說：「學術隨世運為轉移，亦不盡隨世運為轉移，隋平陳，而天下統一，南北之學，亦歸終一，此隨世運為轉移也。天下統一，南並於北，而經學統一，北學反並於南，此不隨世運為轉移也。」[40]在此學風流變的關鍵時刻，隋煬帝的作用不可低估，南學雖以精審取勝，但煬帝在政治上的扶植也作用重大，後來歷史也曾發生反復，如清乾嘉考據之風興起，深蕪的漢學又占統治地位，這亦與當時的政治環境有關，說明政治能夠左右學術。學術流變即不可忽略政治的作用，所以隋煬帝可謂是中國學術史上具有重要影響的人物。

隋祚雖短，但經學上的成就不小，除以上列舉的二劉、陸德明外，據《隋書．儒林傳》，隋經學著作還有太學博士吳郡褚輝撰《禮疏》一百卷，祕書學士餘杭顧彪撰《古文尚書疏》二十卷，國子助教餘杭魯世達撰《毛詩章句義疏》四十二卷，國子祭酒何妥著《周易講疏》十三卷、《孝經義疏》三卷、《樂要》一卷，吳郡張沖撰《春秋義略》、《論語義》十卷、《孝經義》三卷，隴西辛彥之撰《六官》一部、《禮要》一部、《新禮》一部、《五經異義》一部，並行於世。平原王孝籍注《尚書》及《詩》，遭亂零落。另外，由梁入北的明克讓著《孝經義疏》一部[41]，及王頍撰《五經大義》三十卷，因兵亂不存[42]。可謂學者輩出，著述不斷。這些學者「洞幽究微，鉤深致遠」，其學術價值在唐朝得到高度評價。

隋朝又廣求逸書，並組織學者對經籍圖書進行了大規模整理，亦是一大文化盛事。

隋以前的長期分裂戰亂給學術文化載體的圖書文化事業造成了巨大破壞，隋建立後，廣求遺書，整理圖籍當然就成為一項重要的文化事業。開皇三年（五八三），祕書監牛弘給隋文帝奉上《請開獻書之路表》，第一次系統地闡述了自上古至隋圖書事業的發展簡史，陳述了自秦始皇焚書至南北朝戰亂對書籍造成的五次大災難，即所謂「五厄」。經此五厄，至隋，「今御書單本，合一萬五千餘卷，部帙之間，仍有殘缺，此梁之舊目，止有其半」。牛弘向隋文帝建議通過「勒之以天威，引之以微利」的辦法，向民間徵集圖書。隋文帝同意牛弘所請，於是「詔購求遺書於天下」。[43]

據《隋書．經籍一》記：「隋開皇三年（五八三），祕書監牛弘表請分遣使人，搜訪異本。每書一卷，賞絹一匹，校寫既定，本即歸主，於是民間異書，往往間出，及平陳已後，經籍漸備。」大開獻書之路使朝廷獲得大量圖書，但也有不少偽書出現，如當時學者劉炫就「偽造書百餘卷，題為《連山易》、《魯史記》等，錄上送官，取賞而去」。[44] 這就有必要以國家力量組織專門學者對圖書進行整理，對此，隋朝二代君主都做了不少有益的工作。

隋主持圖書整理事業的國家機構是祕書省，祕書省在南朝時即專「掌國之典籍圖書」，在北朝也「典司經籍」。隋文帝時祕書省置「監、丞各一人，郎四人，校書郎十二人，正字四人，錄事二人。領有著作、太史二曹。著作曹，置郎二人，佐郎八人，校書郎、正字各二人。太史曹，置令、丞各二人，司曆二人，監候四人。其曆、天文、漏刻、視祲，各有博士及生員」。[45] 博士是專家，生員是學生兼助手，其他則是官員和辦事人員。作為朝廷主管文化事業的機構，祕書省除管理圖書外，還主管修史、天文、曆法等，國家既有專門修史的機構，開皇十三年（五九三）五月癸亥（二十四），隋文

40 《經學歷史》第七章〈經學統一時代〉。
41 《隋書》卷五八〈明克讓傳〉。
42 《隋書》卷七六〈文學．王傳〉。
43 《隋書》卷一〈高祖紀上〉；卷四九〈牛弘傳〉。
44 《隋書》卷七五〈儒林．劉炫傳〉。
45 《隋書》卷二八〈百官志下〉。

帝下詔：「人間有撰集國史、臧否人物者，皆令禁絕。」[46]禁絕民間修史及廣求天下遺書，並由官方統一整理，都是旨在加強思想文化統一的重大措施。

隋煬帝即位後，繼續執行文帝的各項思想文化政策，繼續搜尋逸書，圖書事業有了更大的發展。大業三年（六〇七）官制改革，煬帝調整擴大了祕書省人員編制，原來的二十八人增加為一百二十人。由於煬帝崇尚南朝文化，祕書監一職長期選南人擔任，大業初先拜藩邸親信柳䛒（顧言）為祕書監[47]，柳䛒死後，以著名學者虞世南主持祕書省事務。

大業年間，長安嘉則殿藏書已達三十七萬卷，經挑選、配補，其正御本（標準本）亦已達三萬七千卷，比牛弘上表時已有大幅度增加。隋煬帝對國家藏書進行了系統的整理，「祕閣之書，限寫五十副本」，以便傳布。為便於保存，圖書按品質分為上、中、下三品，上品用紅琉璃做軸，中品用黑紫色琉璃做軸，下品用黑漆圓木做軸，以區別分藏，另將副本藏於東都觀文殿，並按內容分庫管理。如觀文殿前書室，東屋藏甲、乙（經、史），西屋藏丙、丁（子、集）。甲乙丙丁四部分類自西晉荀勗首創，並無經、史、子、集之名，到隋時，可能有了類的分目。唐人修《隋書·志》，襲隋舊首次按經、史、子、集分類，《隋書·經籍志》記唐武德五年（六二二）克平東都王世充，盡收其圖書及古跡，並收得圖書目錄，「今考見存，分為四部，合條為一萬四千四百六十六部，有八萬九千六百六十卷」，隋末因戰亂已亡佚了很多，而其中經部（甲部）共存書六百二十七部，五千三百七十一卷。若通計亡書合九百五十部，七千二百九十卷，分為易、書、詩、禮、樂、春秋、孝經、論語、緯書、字書共十種，是為分目。其中《易經》六十九部，五百五十一卷，若通計亡書則合九十四部，八百二十九卷；《書經》三十二部，二百四十七卷，若通計亡書則合四十一部，共二百九十六卷；《詩經》三十九部，四百四十二卷，若通計亡書則合七十六部，六百八十三卷；《禮經》——《周禮》《禮記》《儀禮》共一百三十六部，一千六百二十二卷，若通計亡書則合二百一十一部，二千一百八十六卷；《樂經》四十二部，一百四十二卷，若通計亡書，則合四十六部，二百六十三卷；《春秋經傳》九十七部，九百八十三卷，若通計亡書，則合一百三十部，一千一百九十二卷；《孝經》十八部，合六十三卷，若通計亡書則一百一十六部，一千二百零七卷；另有《緯書》十三部，九十二卷，通計亡書合三十二部，共二百三十二卷；小學字書一百零八部，共四百四十七卷，若通計亡書合一百三十五部，五百六十九卷。以上經學、小學之書六百二十七部，乃是經隋煬帝朝祕書省編目整理過的。其中經部《孝經》注本，就包括偽孔安國傳和北魏拓跋鮮卑語本，藏入祕府，以備考訂。為收集漢魏南北朝歷代注本，隋官府費力不少。

隋煬帝還廣集人才從事各類圖書編纂，共成書三十一部，一萬七千卷，他「為帝前後近二十載，修撰未嘗暫停，自經術、文章、兵、農、地理、醫、蔔、釋、道乃至蒱博、鷹狗，皆為新書，無不精洽」[48]，其中有大型類書《長洲玉鏡》和《區宇圖志》。《長洲玉鏡》四百卷，由原晉王府文學虞綽、柳䛒、虞世南、庾自直等參預編撰，以南朝梁武帝時所編《華林遍略》為底本。《華林遍略》有七百卷，北齊後主高緯曾依據此書加上北朝著作，編成《修文殿御覽》三百六十卷。隋煬帝令人重新編纂，除去蕪雜重複部分，增加不少新的內容，故所記多於《遍略》，而卷帙卻有減少，堪稱精洽。可惜此書至宋代不傳。據《隋書．經籍志二》：「隋大業中，普詔天下諸郡，條其風俗、物產、地圖上於尚書。」隋煬帝據此組織編纂了《區宇圖志》一百二十九卷，由煬帝敕纂，分類記敘地理情況，另有《諸郡物產土俗記》一百五十一卷、郎蔚之的《諸州圖經集》一百卷。隋煬帝還宣導編纂大型類書，時有杜臺

46 《隋書》卷二〈文帝紀下〉。

47 《隋書》卷五八〈柳䛒傳〉。

48 《資治通鑑》卷一八二隋煬帝大業十一年正月。

卿撰《玉燭寶典》十二卷，杜公瞻撰《編珠》四卷，其類目有音樂、器玩、酒膳、黍稷、車馬、舟楫等，很有實用性，可惜都不傳於世。隋代類書《北堂書鈔》是中國現存最早的大類書，作者虞世南是隋煬帝的寵臣，在其任祕書郎時，抄集經史百家之事以備用，撰成一百七十三卷，所取材料皆注有出處，並加解釋和按語。隋煬帝本人也有文集編輯成書，並流傳於世，唐太宗曾閱讀過《隋煬帝集》，稱讚說：「文辭具博。」大業年間，在隋煬帝宣導下，從事編纂的學者很多，隋煬帝以寶櫥收藏臣下新編的書，可惜的是真正流傳下來的著作不多。

禁焚讖緯　熱心技藝

隋代廣求逸書，煬帝整理圖籍，對於保存和發展中華傳統學術文化作出了重要貢獻，也是功在當代，利在千秋的事業。但是，在廣求詩書的同時，隋煬帝卻又大規模地燒書，這豈又不是一件怪事。然而，隋煬帝所燒的書和其所求書性質大不相同，求的是經書，燒的是緯書。所謂緯書，系對儒家經書而言，《詩》《書》《禮》《樂》《易》《春秋》和《孝經》等七經均有相對的緯書，總稱「七緯」。又有《論語讖》及《河圖》《洛書》等，合稱《讖緯》。從廣義來講，緯書泛指一切講術數占驗的書。

所謂讖緯，乃是把儒家經學神學化的一種學說，是儒生與方士混合所形成的一種迷信風氣。「讖」是一種隱祕的語言，假託神仙聖人，預決吉凶，告人政事，讖書是占驗書，「緯」是相對「經」而言，由於緯與儒家六經相連，漢儒多推「仲尼所作」，認為「孔子既敘六經，以明天人之道，知後世不能稽同其意，故別立緯及讖，以遺來世」[49]，但孔子從未言及讖緯。西漢末年方士化的儒生大量造作讖緯，並編輯成書，東漢光武帝劉秀更以圖讖起兵，這就使讖緯從蓍者的先驗之辭演化為帝王的政治工具。中元元年（五六），光武帝「宣布圖讖於天下」，計有《河圖》九篇，《洛書》六篇，還有偽託伏義到孔子演繹的三十篇，再加上《經緯》三十五篇，共八十篇，形成系統的迷信體系。但由於其荒誕無稽，東漢以來就遭到有識之士的責難質疑，魏晉以降，統治者也開始明令禁讖，到隋文帝受禪，「禁之逾切」。然而，歷代帝王在禁讖緯前，莫不托命圖讖以取得帝位，開皇元年（五八一）隋文帝詔曰：「朕應籙受圖，君臨海內。」[50]史稱：「時高祖作輔，方行禪代之事，欲以符瑞以耀之，其或造作而進者，不可勝計。」對此，周一良教授分析說：「楊堅父子奪取政權時迷信並宣揚圖讖，而天下既定後，又嚴禁圖讖，並非有意於破除迷信，乃畏懼民間利用圖讖起義，或大臣利用之以叛亂，危及隋王朝統治。」[51]

隋文帝以外戚篡位得天下，在心理上總懷有心病，為懾服臣民，當然也利用符瑞，甚至不惜造作圖讖，把自己能當皇帝說成是上帝的旨意。但讖緯之術的繼續流行又會給最高統治者以巨大壓力，隋文帝唯恐有人也借圖讖謀奪帝位，於是又反過來禁止讖緯，只許自己利用，不許別人沾邊。開皇十三年（五九三）二月丁酉（二十七），隋文帝「制私家不得隱藏緯候圖讖」。[52]開皇十八年（五九八）五月又「詔畜貓鬼、蠱毒厭魅、野道之家，投於四裔」。[53]

隋文帝的禁令是嚴厲的，其兒女親家王誼得罪被誅，就是因為巫覡盈門，「鬼言怪語，稱神道聖」。[54]倒楣的皇太子楊勇也聽信「能占候」的新豐人王輔賢，輔賢占曰：「太白襲月，皇太子廢退

49《隋書》卷三二〈經籍志一〉。
50《隋書》卷一〈高祖紀上〉。
51 周一良：《魏晉南北朝史札記．隋書札記》，中華書局一九八五年版，第四二七頁。
52《隋書》卷二〈高祖紀下〉。
53 同註52。
54《隋書》卷四〇〈王誼傳〉。

之象也。」[55]愚蠢的楊勇於是「以銅鐵五兵造諸厭勝」，結果被文帝所置「候人」察知，楊素又據此添油加醋，促成其罪，終於廢太子而立晉王楊廣為嗣。

然而，隋文帝楊堅本人卻也非常迷信，他不但相信佛道、符瑞、陰陽五行及各種鬼怪，而且對民間流行的包括山神、土地、河海龍王等神，也深信不疑，曾詔稱「敢有毀壞偷盜佛及天尊像、嶽鎮海瀆神形者，以不道論」。[56]皇后獨孤氏與楊素之妻同時染疾，御醫認為是有人故意利用貓鬼妖術作怪，為此文帝下令到處驅鬼。隋文帝既如此迷信，所以他禁緯並不是破除迷信，只是政治上加強控制的一項措施而已。

因此，隋文帝一方面禁止圖讖占候厭勝之術，另一方面卻允許臣下以讖語讚頌吹捧自己。門閥士族太原王劭四處採集民間歌謠，「引圖心讖緯，依約符命，捃摭佛經，撰為《皇隋靈感志》合三十卷，奏之」。這雜合佛經讖緯為一體的「靈感志」立即受到文帝重視，「命宣示天下」[57]，成為專門解說楊隋天下符合天意的理論著作。開皇十六年（五九六），侍臣許善心又宣揚文帝之治是「祥圖瑞史，赫赫明明」[58]。薛道衡也上頌稱文帝是「著在圖籙，彰乎儀表」。[59]

隋煬帝即位後，也「嘗言及高祖受命之符，因問鬼神之事」。[60]但煬帝並不迷信鬼神，相反，對於讖緯流行，蠱惑人心，危害社會穩定，破壞國家統一局面的危害性有更深的認識，於是採取斷然措施，史稱：「煬帝即位，乃發使四出，搜天下書籍與讖緯相涉者，皆焚之，為吏所糾者至死，自是無復其學，祕府之內，亦多散亡。」[61]凡與讖緯相關的書統統燒掉，不燒而被人檢舉者也定死罪。而所謂「祕府之內，亦多散亡」，則是指後來的情況，據史載，大業元年（六〇五）煬帝「於東都置道士坊，凡五行、占候、蔔筮、醫藥者皆置此中，遣使檢查，不許出入」。[62]在禁絕民間圖讖緯書的同時，國家設館保存了一部分，但作為禁書嚴加看管，一般人不得出入。

隋煬帝的禁令十分嚴厲，據《朝野僉載》記載：

隋大業之季，貓鬼事起，家養貓為厭魅，頗有神靈，遞相誣告，京都及郡縣被誅戮者，數千餘家，蜀王秀皆坐之。隋室既亡，其事亦寢。

凡以鬼怪巫術蠱惑人心者皆嚴懲不貸，就是皇親國戚也不例外。隋煬帝初即皇位就以其雷電般的政治魄力和嚴厲的行政手段禁絕讖緯，特別是對緯書採取了一焚了之的做法，使儒家讖緯之學在歷史上「寖傳寖微，幾乎滅絕」。煬帝焚緯是歷史上最徹底的一次禁絕讖緯的行動，其成績超過以往歷朝歷代，使東漢以來風靡盛行的讖緯之學徹底淪喪了。

讖緯迷信的氾濫曾多次造成社會動盪，並嚴重阻礙了中國學術思想的發展，隋煬帝禁絕讖緯，客觀上有利於社會穩定，是意識形態領域鞏固王朝統一的又一有效措施。禁緯搬掉了一塊障礙中國傳統文化健康發展的絆腳石，掃除了迷信，促進了唐代經學、佛學、史學和文學的繁榮。清除讖緯也恢復了漢初形成的儒家學說的本來面目和淳樸學風，使唐宋以後的經學研究得以沿著哲學義理、名物訓詁的道路向前發展，逐漸建立起來一套謹審嚴肅、實事求是的科學方法，這在中國文化史上具有極為重大的意義。

55《隋書》卷四五〈文四子·房陵王勇傳〉。
56《隋書》卷二〈高祖紀下〉。
57《隋書》卷六九〈王劭傳〉。
58《隋書》卷五八〈許善心傳〉。
59《隋書》卷五七〈薛道衡傳〉。
60 同註58。
61《隋書》卷三二〈經籍志一〉。
62《長安城坊考》卷五；《舊唐書》卷一九一〈方伎·乙弗弘禮傳〉。

由於隋煬帝的禁緯相當嚴厲，流傳中國一千多年的大量讖緯之書幾乎燒了個精光，朝廷祕府收藏的後亦因戰亂而散失，到唐朝修《隋書．五朝史志》，其〈經籍志一〉附於六經之末的緯書尚有十三部九十二卷，加上亡書存有目錄的則三十二部，共二百三十二卷。然到宋代，緯書更散失殆盡，僅存《易緯》。禁絕緯書雖是好事，但亦不無遺憾之處，緯書雜有神學迷信，書名既詭異，內容又龐雜，讖緯諸篇在中國古代文化典籍中大部分是糟粕，但其中也保存有許多有用的學術文化資料，記錄了不少天文、曆法、醫學和地理知識。如〈河圖〉云「地恒動不止」、「陰陽相薄為雷」，《春秋元命苞》云「陰陽激為電」等，包含著一些寶貴的古代自然科學知識。即使是迷信的內容也有不少古代神話傳說和風俗人情的記述，從中也多少可以窺見漢代學術思想的風貌。而特別是在秦漢史籍匱乏的情況下，不加整理就一焚了之，也是文化上的一次損失。清儒康有為站在今文經學的立場，將隋煬帝焚緯誇張為「再遇秦焚」。[63]康有為的說法顯然有偏頗，隋煬帝焚緯與秦始皇焚書坑儒有本質不同，秦始皇是不要學術，隋煬帝旨在發展學術，掃除邪說，但二人以此加強意識形態的統一的目的則是一致的。

明朝時，開始有人雜采舊文，輯錄緯書，清代輯佚學興，緯書又大略可考，作為學術史料，而不再用作詭異之術。後人的輯本有明代孫瑴的《古微書》，清代孫在翰的《七緯》、馬國翰的《玉函山房輯佚書》、黃奭的《逸書考》。日本學者安居香山、中村璋八於二〇世紀七〇年代合編的《緯書集成》，綜合各家輯本，加以校勘、索引，是現今最完備的輯本。上海古籍出版社一九九四年影印了《緯書集成》。這些工作似乎是補煬帝之過，然而，隋煬帝在國家圖書館是保存了部分緯書的，這部分保存本的散失，責任並不在煬帝。作為一項文化政策，隋煬帝禁緯焚緯無可指責，是足可稱道的善舉，是有功於民族文化發展的大好事。

當然，漢以來流行中國千年的讖緯之學至隋朝滅絕，除隋煬帝的禁絕政策外，也另有深刻的社會文化原因。這就是佛教、道教的廣泛傳播，使一種更加精緻的宗教神學在人們社會生活和精神生活中逐漸占據了重要位置，南北朝隋唐五代時雖也發生過「三武一宗毀佛」，卻並沒有像讖緯那樣被禁絕。佛經的研習日益精湛，並逐漸中國化。荒誕不經的讖緯較之精緻的佛教神學，顯得粗疏多了，對民眾和統治者都缺乏吸引力，自然要遭到淘汰衰亡的命運。[64]

然而，和隋文帝一樣，隋煬帝在禁緯的同時，並不反對祕書令袁充為自己占星。大業末年袁充「假託天文，上表陳嘉瑞，以媚煬帝」。煬帝每欲征討，袁充立即「假託星象，獎成帝意」。[65]傳當時社會上有圖讖言「李氏當為天子」，隋煬帝以為李渾、李敏「名當祆讖」[66]，竟殘酷將他們冤殺。這又說明隋煬帝禁緯主要還是出於政治上的考慮，他自己也有迷信的一面。當然，他並沒有料到他這麼一禁，就把讖緯連枝帶根全挖了。

隋煬帝禁緯雖然不能說是破除迷信，提倡科學，但隋煬帝的確是中國歷史上少有的熱心於工藝技術的皇帝。清康熙皇帝熱愛科學，從西洋人學幾何、算術、繪畫。隋代科學當然不如清朝發達，熱心的隋煬帝主要是對工程技術、天文曆算及醫學表現出極大的興趣，是工藝技術的大力宣導者。

據記載，隋煬帝的圖書館和書庫有「飛仙」裝置，「於觀文殿前為書室十四間，窗戶床褥廚幔，咸極珍麗，每三間開方戶，垂錦幔，上有二飛仙，戶外地中施機發。帝幸書室，有宮人執香爐，前行踐機，則飛仙下，收幔而上，戶扉及廚扉皆自啟，帝出，則垂閉復故」。[67]有人把這說成是「機器

63 《新學偽經考》卷一二。

64 參見周予同：〈緯書與經今古文學〉，載《周予同經學史論著選集》，上海人民出版社一九九六年版。又李勤德：〈隋代的禁緯和焚緯〉，載《鄭州大學學報》一九八六年第二期。本節寫作主要參引二文，餘未一一詳注。

65 《隋書》卷六九〈袁充傳〉。

66 《隋書》卷三七〈李渾傳〉、〈李敏傳〉。

67 《資治通鑒》卷一八二隋煬帝大業十一年。

人」。這種裝置還見於煬帝臥室，據載，柳䛒以詩文最受煬帝寵愛，二人「言宴諷讀，終日而罷」，有時竟「同榻共席，恩若友朋」，而煬帝「猶恨不能夜召，於是命匠刻木偶人，施機關，能坐起拜伏，以像於䛒」。這個木偶人柳䛒，經常與煬帝對酒歡笑。[68] 如果這兩條史料所述確實，則隋煬帝御用的飛仙木偶當是世界上最早的「機器人」。

由於隋煬帝的宣導，隋時工藝技術領域出現了不少發明，《隋書》何稠傳、宇文愷傳都記載了一些遊藝性實用性自動機械，均是奉煬帝之命造作。如宇文愷所造「觀風行殿」是一座活動宮殿，可在草原上移動，供煬帝巡行北塞之用，能「容侍衛者數百人，離合為之，下施輪軸，推移倏忽，有若神功」。[69] 遼東之役，隋煬帝命何稠造橋渡遼水，何稠「二日而就」，又造「行殿」及「六合城」，城周圍八里，高十仞，成為一座活動的城堡，上布甲兵，六仗建旗，四隅置闕，「高麗望見，謂若神功」。何稠很有巧思，「時中國久絕琉璃之作，匠人無敢厝意，何稠以綠瓷為之，與真不異」。[70]

隋煬帝對天文曆法也很重視，他曾「征天下曆算之士，咸集於東宮」，劉焯所修《皇極曆》深得他的嘉獎。大業年間劉焯上所著《曆書》，與太史令張胄玄多有不同，被駁不用[71]。又據史載：「隋大業中，耿詢造渾（天）儀成，進之，（煬）帝召太史令袁充、少府監何稠等檢驗，二辰度數，晝夜運轉，毫釐不差，帝甚嘉之」。[72] 據說，耿詢製作的是不用人力的水運渾象，放於室內其運轉顯示的星象與實際相契合，使漢代張衡的傑作得以繼承和發展。耿詢又與宇文愷合作，製造出可以方便攜帶的馬上刻漏和固定於乾陽殿前的稱水漏器，只要向盤中滴漏出一斤水，就是時間過了一刻，這種計時儀器比浮箭法讀刻劃計時要靈敏得多，隋唐時得到廣泛應用。以上發明，在在都反映了隋煬帝時的技術水準。[73]

隋煬帝對醫學也很重視，隋最高醫學管理機構是太醫署，由太常寺統轄，下有主藥二人、醫師二百人、藥園師二人，醫博士二人、助教二人、按摩博士二人、祝禁博士二人等員。煬帝時太醫署又置監五人、正十人。太醫署的醫師除負責傳授醫術教育學生之外，還必須參加醫療工作，並以醫療成績作為考核標準。藥園師和主藥，主要負責藥物的種植、採收、炮製、貯存，以備應用，各科博士、助教則主要負責本專業的教學工作。另外還有尚藥局，是御用保健機構，煬帝時屬殿內省，其長官稱奉禦，增設了司醫和醫佐等職，說明煬帝對醫學的重視。煬帝自己也懂一點藥方，有一次在觀文殿設宴，煬帝對侍臣諸葛潁說：「朕昔有壽禪師，為之合諸藥，總納一竹筒內。」[74]又據史載，有陳亡入隋的名醫許智藏，隋煬帝經常向他「詢訪」有關病理，並「以轝迎入殿」，為自己治病，智藏所開藥方「用無不效」。[75]在煬帝朝任太醫博士之職的名醫巢元方，更受煬帝詔旨，於大業六年（六一〇）主持編撰了《諸病源候論》一書，共五十卷，此書將內、外、婦、兒、五官、皮膚等科一千七百餘種病證分為六十七門，分別從病因、病理、臨床表現、演變過程及預後等方面進行了確切的論述，代表了隋代對疾病的認識水準。唐以後的重要醫著對病因病理的論述，大多以此書為依據，宋代太醫局還將《諸病源候論》定為學生的必修課程。另隋唐之際的昝殷也在繼承前人成果的基礎上，廣泛收集民間單方驗方，撰成《經效產寶》，這是現存最早的較系統的婦產科專著，對後世婦產科學的發展具有

68《隋書》卷五八〈柳䛒傳〉。
69《隋書》卷六八〈宇文愷傳〉。
70《隋書》卷六八〈何稠傳〉。
71《隋書》卷七五〈劉焯傳〉。
72《太平廣記》卷一四六〈定數一·耿詢〉。
73 參引自《中華文明史》第五卷，河北教育出版社一九九二年版，第三五五頁。
74《太平廣記》卷七六〈壽禪師〉。
75《隋書》卷七八〈藝術·許智藏傳〉。

重要影響。[76] 隋煬帝對醫學的重視，促進了隋代醫學的發展。

為便於發展和管理財政經濟，隋煬帝還對度量衡製作了改革，統一標準。史稱大業三年（六〇七）「改度量權衡，並依古式」。[77] 關於量器，「開皇以古鬥三升為一升，大業初，依復古鬥」。[78] 關於衡制，「開皇以古秤三斤為一斤，大業中，依復古秤」。[79]

尊崇佛道　融並寺塔

由於佛教、道教在魏晉南北朝時期廣泛傳布於民間和各王朝官僚貴族之中，隋唐王朝在思想文化方面一貫施行多元一統、三教並重的政策，在尊崇儒學的同時，也弘揚佛道。雖然出現過多次毀佛事件，但為時很短，佛教很快就得到恢復。如北周武帝滅佛，至隋不僅復興佛法，而且得到更大發展。宗教既為千百萬民眾所信奉，用帝王手中的一時權力和簡單粗暴的行政手段是根除不了的，因勢利導在政治上加以利用和控制，才是統治者的最佳選擇。

隋兩代帝王文帝和煬帝都崇信佛教，實行三教並重政策，但推崇的程度和順序卻有不同。隋煬帝的三教順序是儒、佛、道，煬帝興學崇儒的同時，佛教、道教也得到宣導和發展。但是，其父文帝的三教順序卻是佛、道、儒，自稱「我興由佛法」，尊為「轉輪聖王」。釋史記文帝「因集業故，得生人中，王領國土，故稱人王。處在胎中，諸天守護，或先守護然後入胎，三十三天，各以己德分，興是王以天護故，稱為天子」。[80] 開皇元年（五八一）隋文帝即位之初，即普詔天下，任聽出家，仍令計口出錢，營造經像，官寫一切經，置於各寺，天下之人，從風景慕。開皇五年（五八五）文帝敕云：「佛以正法，付囑國王，朕是人尊，受佛付囑。自今以後，訖朕一世，每月常請二十僧，隨番上下，經師四人，大德三人，於大興善殿，讀一切經，雖目覽萬機，而耳喰法味，每夜行道。皇后及宮人，親聽讀經，若有疑處，問三大德」[81]，表現出無比的虔誠。隋文帝甚至「每日臨朝，於御床前，置列高座二所，一置經師，令轉大乘，二置大德三人，通三藏者」。[82]念佛成了文帝起居生活中的首要大事。開皇二十年（六〇〇）十二月，文帝又詔曰：「佛法深妙，道教虛融，咸降大慈，濟度群品，凡在含識，皆蒙覆護。」但仁壽二年（六〇二）閏十月又降詔稱：「禮之為用，時義大矣。黃琮蒼璧，降天地之神，粢盛牲食，殿宗廟之敬，正父子君臣之序，明婚姻喪紀之節，故道德仁義，非禮不成，安上治人，莫善於禮。」於是下令載緝經史，「修定五禮」。[83]對道教、儒家也一併加以推崇。佛、道、儒皆有時用，三教並重，故時人李士謙論三教優劣曰：「佛，日也；道，月也；儒，五星也。」[84]

然而，隋文帝尊佛重在修功德，並不研習佛教義理，唐僧道世總結隋文帝興佛之功行曰：「隋文帝開皇三年（五八三），周朝廢寺，咸乃興立之。名山之下，各為立寺。一百餘州，立舍利塔。度僧尼二十三萬人，立寺三千七百九十二所，寫經四十六藏，十三萬二千零八十六卷，修故經三千八百五十三部，造像十萬六千五百八十區。自餘別造不可具知矣。」[85]隋文帝可謂功德無量，但

---

76 參見《中華文明史》第五卷，第三八五—三八六頁。
77《隋書》卷三〈煬帝紀上〉。
78《隋書》卷一六〈律曆志上〉。
79 同註78。
80《歷代三寶記》卷一二；《勝天王經》引《金光明經・正論品》。
81《辯正論》卷三。
82《大唐內典錄》卷五。
83《隋書》卷二〈高祖紀下〉。
84《隋書》卷七七〈李士謙傳〉。
85《法苑珠林》卷一〇〇；參見《辯正論》卷三。

其所推崇的乃北方風格的佛教，注重修行、造像等宗教實踐，而少究經義。

和隋文帝不同，煬帝信佛卻不佞佛，三教並重以儒為先，既修功德卻更重義理。隋煬帝更重南方風格的佛教，自認是天臺智者大師的虔誠弟子。早在江都受戒之時，楊廣即從智者研習法華經義。楊廣在《受菩薩戒文》中有兩句話值得注意，即「恥崎嶇於小徑，希優遊於大乘」。[86]按印度佛教有大乘小乘之分，所謂乘，有「運載」和「道路」的意思。「小徑」就是小乘，這兩句話的意思是，楊廣恥於走崎嶇不平的小乘的道路，不願做小乘人，而希望「優遊於大乘」，普度眾生。按照佛教的說法，小乘只能度自己或很少一些人，比較「自私」，車小，路窄。大乘則不僅能度自己，而且能普度眾生，車大，道路寬廣。這表明了楊廣敬從佛法要為天下蒼生尋得正果的博大胸懷。智者大師亦說過：「匹夫行善，止度一身；仁王弘道，含生荷賴。」[87]佛教也需要大勢之人的政治庇護。按照智顗的意思，只有隋煬帝這樣的「仁王」出來弘道，才能「澤及群生」。若此，隋煬帝也就是「含生荷賴」的菩薩了。

隋煬帝敬奉的天臺宗即源於大乘佛教，並以印度大乘中觀派創始人龍樹為始祖，以下慧文、慧思，智顗為四祖。智顗圓寂後，弟子灌頂對大師的著作進行了整理，並一直得到隋煬帝的關注和支持，灌頂在理論上沒有什麼創見，主要是闡發智顗思想。智顗的重要著作「天臺三大部」——《法華主句》《法華玄義》和《摩訶止觀》，均系由智顗口述，灌頂筆錄成書。灌頂，字法雲，俗姓吳，生於陳文帝天嘉二年（五六一），死於唐太宗貞觀六年（六三二），祖籍常州義興（今江蘇宜興），後遷居臨海章安，故又稱章安大師。他二十歲出家，三年後投智顗門下，之後到智顗圓寂，一直沒有離開過智顗，成為智顗創立天臺宗的得力助手。由於灌頂繼承了智顗的事業，受到隋煬帝的重視，煬帝經常延請他入京傳授《法華經》義，稱「禪師既是大師（智顗）高足，法門委寄，今遣延屈，必希霈然隨使入京」。[88]這使灌頂成為極有影響的高僧，後被天臺宗人尊為「五祖」。天臺宗以折中的態度調和三教，破斥南北，以方便圓通為名，任意發揮，構成自身的宗教思想體系，反映了南北統一後的時代需要，因而最合隋煬帝口味。

隋文帝和煬帝都十分重視對宗教的政治控制，在政治統一之後更謀求思想意識形態領域的統一，用煬帝的話來說，即「孔老釋門咸資鎔鑄」。[89]對思想文化實行專制是秦漢以來專制君主的一貫國策，只是方式各有不同而已。相比而言，隋煬帝在這方面做得最為成功。

在隋朝的政治中心長安大興城，有隋文帝所建大興善寺、玄都觀等佛教道教中心寺觀，猥集了大批高僧。當楊廣被立為皇太子時，也於京師大興城內建日嚴寺，成為太子楊廣佛事活動的中心。據說，日嚴寺居於朱雀門街東第四街的青龍坊內，仁壽元年（六〇一）楊廣營造府邸時施材而建。[90]日嚴寺一切供給皆出楊廣，像江都四道場一樣，也「四海搜揚」各地佛教俊傑。除招攬到彥琮、法顯、慧常、辯義、法侃等北方高僧外，多數是自江都慧日道場聘來的原南朝高僧，如智脫、法澄、道莊、法論、吉藏等。楊廣並令中書舍人王延壽到江都，把在江南搜集到的佛像送往日嚴寺收藏。[91]因此，有人說日嚴寺實際上是江都慧日道場在長安的延伸。[92]

楊廣把他坐鎮揚州時所經營的江都四道場的佛教文化遺產移入日嚴寺，並在寺裡組織僧人進行譯經活動，到楊廣繼位皇帝，日嚴寺的聲望就超過大興善寺，成為京師的佛教文化中心。釋史有云：

---

86 《廣弘明集》卷二七。
87 《國清百錄》卷二〈讓請義書第四十九〉。
88 《天臺九祖傳．灌頂傳》。
89 《廣弘明集》卷二七〈受菩薩戒疏〉。
90 《長安志》卷八〈青龍坊〉條，按日嚴寺毀於唐貞觀元年。
91 《集神州三寶感通錄》卷中。
92 山崎宏：〈煬帝の四道場〉，《東洋學報》第三四卷，一九五二年。

「日嚴大德四十餘人，皆四海宗師，一時翹楚。」[93]日嚴寺聚集眾多南北高僧及許多雜科藝僧，各個宗派都在寺內講道，如「慧業超悟」的天臺智者弟子智脫就隨楊廣入京，住日嚴寺，楊廣經常「遺學士諸葛穎齎書請講」。智脫於是「即奉命成化宣譽王朝，自江南成實並述義章」。[94]在皇太子楊廣支持下，智者大師手下高足智脫得以在長安講述江南天臺宗教義，把南方教風引到北方。

除灌頂、智脫等天臺大德外，另一位南方高僧，三論宗的宗師嘉祥大師吉藏（五四九—六二三），也來到日嚴寺講述三論要旨。吉藏與智顗齊名，俗姓安氏，據說是「安世高苗裔」[95]，祖先是安息（波斯）人，因避仇移居南海，在交、廣居住，遷居建康。吉藏於梁武帝太清三年（五四九）生在建康（今江蘇南京市），史載他「貌像西梵，言實東華」，外表長得像西域人，說話卻完全是漢語。他父親也是個虔誠的佛教徒，法名道諒，吉藏七歲由父親送給法朗法師門下出家，年十四即習《百論》，十九歲開始講經，頗富辯才，他在建康興皇寺住了二十多年，法朗圓寂（五八一）後，吉藏繼承了法朗的衣缽，成為三論宗的宗師。開皇九年（五八九）陳亡時吉藏四十一歲，與智顗一樣都離開了建康，智顗西去，他卻東游吳越，然後住會稽（今浙江紹興）秦望山的嘉祥寺，此寺乃東晉琅邪王薈所造，吉藏在此一住就是十五年，因而被稱為嘉祥大師。吉藏在嘉祥寺曾開講《法華經》，開皇十七年（五九七）曾致書智顗請講《法華》，智顗死後，吉藏只好從智者的弟子灌頂學習天臺宗教義。這時，吉藏已是江南最有聲望的高僧，楊廣於是極力延攬。開皇末年，吉藏終於被楊廣召到江都主持慧日道場，三論宗的宗典《三論玄義》就是吉藏主持慧日寺時寫的。為了把南方的三論宗弘揚到北方，吉藏也願意借助王權來傳布他的學說，所以吉藏後又隨楊廣遷居長安，主持日嚴寺，在寺講經。結果道俗雲集，聲振中原，人們紛紛向他布施供養，吉藏因此大興佛事，寫二千部《法華》，並造二十五尊佛像。據說京師有位名曇獻的禪師，所住寺宇太小，於是邀吉藏到該寺主講《三論》，卻乘機募化建寺經費，不幾天便募足了。長安曲池有人建大佛像，高十餘丈，單金剛寶座就有一丈多高，但座剛建好就沒錢了，吉藏知道後主動來住了十多天，所在附近州縣人聞訊便帶來許多功德錢，使佛像不久就完成了。可見吉藏感召力之大。

三論宗宣揚印度大乘佛教中觀派的「空論」，以「三論」——《中論》《十二門論》《百論》為主要經典，故名三論宗。從鳩摩羅什譯出《三論》，到法朗，是為「古三論」，到了嘉祥吉藏大師寫《三論疏義》，闡明「三論」的奧義，才大成了三論空宗，而叫做新三論。吉藏可謂奠定了中國空宗思想的基礎，他的著作《三論玄義》《大乘玄論》《三諦章》，是三論宗的寶典，吉藏從「空」的觀點建立思想，即採用否定的方式，以論證「無所得」。三論宗強調一切事物都是因緣和合而生，因而是無自性的，即性空的，無所得的；但為引導眾生而用假名以說有，這樣，不離性空而緣生的一切現象曆然可觀，雖有假名，仍是天得，這才是一切事物的真實本相。吉藏和智顗是同一時代人，都在獨創新宗派，並都受到隋煬帝的延攬和支持。天臺宗以《法華》為宗經，統一南北朝佛教，受到煬帝贊許；三論宗則以三論（空）為中心，統一各派佛學，也符合隋朝的要求。吉藏的名氣雖不及智顗，但二人的學說都符合隋統一後新的歷史條件下要求融合一切教派以建立最高神學的主旨，楊廣亦不因二人是南朝亡國之餘而心存偏見，而是在政治上大力扶持，在「王途既一，佛法重興」[96]的局面下，三論宗亦與天臺宗一同成為中國最早形成的佛教宗派。

楊廣延攬吉藏並把他帶到長安講經，主持日嚴寺，目的正是利用吉藏去統一佛教各流派，因為專制帝國的統一政權，要求有相應的統一的宗教。繼智顗之後，楊廣要利用吉藏的名聲及其學說，設法

93 《續高僧傳》卷一一〈辯義傳〉。
94 《續高僧傳》卷九〈隋東都內慧日道場釋智脫傳〉。
95 日本．安澄：〈中論疏記〉，載《大正藏》第六五冊。
96 《隋天臺智者大師別傳》。

集中南北各地名僧，建立統一的佛教，以鞏固大一統局面。楊廣即皇帝位後，吉藏在隋煬帝支持下即成了隋朝佛教界的首領人物。

起於南方的天臺宗和三論宗在隋煬帝扶植下最先形成宗派，並成為統一王朝的最高神學，也使南方教派徹底壓倒了北方教派。和儒家經學一樣，南方教風從此戰勝北派教風，「有南學，而無北學」，亦為北人認同，這無疑在思想文化領域起到了鞏固統一的作用，應該說，這是隋煬帝文化政策的又一大成功。

吉藏一直活到唐初，並與唐高祖李淵結交甚深，唐武德六年（六二三）他七十五歲時逝世，唐為他舉行了隆重葬禮，吉藏死後三論宗在與天臺宗等佛教宗派的競爭中日趨衰微，其學說被其他宗派批判、吸收從而失去了其存在意義，但它傳到日本後卻流傳久遠。

隋煬帝扶植天臺宗和三論宗，為建立王朝最高神學不遺餘力，同時也舉辦了不少其他佛事，唐僧道世總結煬帝的功德為：「隋煬帝於長安造二禪定，並二木塔，並立別寺十所，官供十年。修故經六百一十二藏、二萬九千一百七十二部，治故像十萬零一千區，造新像三千八百五十區，度僧六千二百人。」[97]其度僧尼、立寺、造像較之文帝要少得多，但整理佛教典籍、綜理教派教義等更有意義的事上卻較文帝做得多，而更具社會意義。隋煬帝新造佛像很少，而是修治故像，這表明在這項功德上所費人力財力並不多。

還有一件更有意義的佛道事業值得一提，隋煬帝在營造東都時，在洛陽新城新建了四道場，道場建在宮廷之內，所以又叫內道場。早在東漢延熹九年（一六六），桓楷上漢桓帝的奏文中，曾建議於宮中建黃老浮屠之祠。西晉太康元年（三八一），晉武帝曾築精舍於殿內，但為時不長。隋東都內道場實為中國佛教史上最早的內道場，其始建於隋煬帝之時，以後唐宋歷代非常盛行。[98]這反映了佛、道與王朝的雙重聯繫，一方面是與皇宮關係更緊密了，另一方面也意味著受王朝政治控制更進了一步。

關於東都內四道場的方位，《大業雜記》云：「入景運門，入道左有內史內省、祕書內省……道右命婦朝堂，惠日、法雲二道場，通真、玉清二玄壇。」據此，則四內道場在宮禁中與（中書）內省和祕書內省左右平列。東都內道場與江都四道場一樣也是佛、道各二部，佛教叫東都內慧日、法雲道場，道教則有通真、玉清玄壇，其名雖異，但仍是基於隋煬帝佛、道並信的宗教政策，實際上是江都四道場的延長。法雲道場、通真玄壇極可能為女尼及女冠道場，玉清玄壇可能是道士道場，而現存資料，則以內慧日道場為多。實際上四道場以佛教活動為主，是僧侶活動的中心。許多僧侶直接來自江都慧日道場，也有來自長安日嚴寺，從江都——京師——東都，又含有晉王——皇太子——皇帝地域及政治上的意義。江都四道場收納了眾多江南高僧道士，長安日嚴寺亦以江南僧侶居多，而東都內道場收納的僧道則已是遍及全國各地。如智脫、法澄、道莊、法輪、智炬、立身、智果來自江南，道宗、智國、智騫、敬脫、辯相、法護、道基、三慧、智徽、志寬、法安則為北方僧人。上述十八人中，有六人來自江都慧日道場，另外，上清道教首領第十代宗師王遠知也從江都來到了洛陽，住在玉清玄壇，來時煬帝「親執親子禮」，並讓皇孫代王楊越拜王遠知為師。[99]

東都四道場除招引了大量高僧「盛弘法席」，講經解經外，還招致了大量「道藝」之人。釋史有載：「大業之始，帝彌重之，威轢王公，見皆屈膝。常侍三衛奉之若神，又往名山，召諸隱逸……時總萃慧日，道藝二千餘人，四事供給，資安而立。」[100] 書法家智果也以藝僧的身分來到了東都內道場。所有寺僧皆由國家供養，隋煬帝還不時賞賜大量財物，智果就記得煬帝一次就給東都內慧日道場賜錢一

97 《法苑珠林》卷一〇〇。
98 高雄義堅：〈支那內道場考〉，《龍谷史壇》第一八輯。
99 趙道一：《歷代真仙體道通鑒》卷二五〈王遠知〉。
100 《續高僧傳》卷二六〈隋東都寶揚道場釋法安傳〉；《華嚴經傳記》卷四七。

萬，金鐘二枚。隋煬帝與后妃、大臣還經常與內四道場的僧、尼、道士、女冠及各類雜科藝人遊玩，詠詩演唱。每年正月十五的花燈，更是熱鬧非凡，隋煬帝詩興大發，寫了一首〈正月十五日於通衢建燈夜升南樓〉詩：

法輪天下轉，梵聲天上來。
燈樹千光照，華焰七枝開；
月影凝流水，春風含夜梅，
幡動黃金地，鐘發琉璃臺。[101]

煬帝吟後，大臣接著唱和，諸葛潁寫了〈奉和通衢建燈應敕〉詩：

芳衢澄夜景，法炬爛參差，
逐輪時徒焰，桃花生落枝。
飛煙繞定室，浮光映瑤池，
重閣登臨罷，歌管乘空移。[102]

比較這兩首詩，隋煬帝詠元宵花燈結合梵天佛法，內涵更深，諸葛潁只是一味稱頌良宵美景，內容平平。隋煬帝興致極高，把自己看成為萬民景仰，普度眾生的法輪王，而與民同樂。

隋煬帝最值得稱道的佛事功德是整理佛典經籍，他在東都洛水之濱上林園設置翻經館，將原在江都道場系統翻譯佛經的事業轉移到東都洛陽進行。「四事供養，無乏於時」。[103]法琳說隋二君三十七年共譯經八十二部法琳：[104]，道宣則說：「所出經、論、傳法等合九十部，五百一十五卷。」又說：「隋朝傳譯道俗三十一人，譯出經論等一百七十部，七百卷。」[105]而唐智昇卻說隋朝譯經「緇素九人，所出經論及傳錄等，總共六十四部，三百一十卷」[106]，其說法出入很大。看來，隋新譯的佛經不是很多，但整理的佛經總數可觀，據《隋書·經籍志》記載，隋已有大乘、小乘佛教經典一千九百五十部，六千一百九十八卷。其中大乘經六百一十七部，二千零七十六卷；大乘律五十二部，九十一卷；大乘論三十五部，一百四十一卷；小乘經四百八十七部，八百五十二卷；小乘律八十部，四百七十二卷；小乘論四十一部，五百六十卷。共一千三百一十二部，四千一百九十九卷。其餘六百多部，二千來卷著作，《隋書·經籍志》都把它們列入雜、疑類著作。又據隋費長房《歷代三寶記》，隋代共有佛經二千一百四十六部，六千二百三十五卷，其中包括注、疏、史等。而據隋僧法經《眾經目錄》的記載，隋共有佛經二千二百五十七部，五千三百一十卷，其總量既多，整理所費功力顯然是巨大的。[107]《隋書·經籍志》載：「於內道場集道、佛經，別撰目錄」。不僅佛教典籍，對道教典籍也進行了編目整理。

道教在隋代雖然受到崇奉和扶植，但在三教序位上始終居於佛教之下。《隋書·經籍志》稱：「高祖雅信佛法，於道士蔑如也。」這是與佛教相比，顯得道教被冷落，實際上，文帝開皇、仁壽兩個年號，都是得之於道經周。[108]隋建國之初，文帝也曾利用道教編造「受命之符」，為他篡奪北周製造輿論。隋長安大興城有玄都觀，承北周設通道觀。研究三教學術，集義學道士，研討道教教義。隋煬帝

101《廣弘明集》卷三〇。
102 同註101。
103 念常：《佛祖歷代通載》。
104《辯正論》卷三。
105 道宣：《大唐內典錄》卷五〈隋朝傳譯佛經錄第十七〉。
106 智昇：《開元釋教錄》卷七。
107 參見郭鵬：《中國佛教思想史》中卷上編〈隋代佛教思想〉，福建人民出版社一九九四年版。
108 周一良：《魏晉南北朝史札記·隋書札記》「開皇年號」條，中華書局版。

繼承了文帝扶植道教的政策，東都四道場養了不少道士，道士劉進喜、李播此時皆注疏《老子》，以「重玄」為宗，採用佛教的思辨方法和詞旨發揮老莊哲學。劉進喜並造《太玄真一本際妙經》，述說道教哲理，但其中大部分內容是竊取了佛教教義。當時所編《玄門大義》體系已較完備，包羅宏富，這為唐代道藏的完成準備了前提條件。到了唐朝，道教被定為三教之首，冊封老子為玄元皇帝、聖祖，攀為同宗，在政治上利用道教，神化老子以達到神化唐皇室的目的。然而，三教次序雖有變，但三教並重的總方針仍承隋朝，沒有大的變化。[109]

隋唐道教煉養術也有較快發展，據說隋煬帝也曾利用道士合煉金丹，以求長生不死，史載：「初，嵩高道士潘誕，自言三百歲，為帝合煉金丹。帝為之作嵩陽觀，華屋數百間，以童男童女一百二十人充給使，位視三品，常役數千人，所費巨萬。雲金丹應用石膽、石髓，發石工鑿嵩高大石深百尺，都數千處，凡六年，丹不成。帝詰之，誕對以『無石膽、石髓，若得童男女膽、髓各三斛六鬥，可以代之。』帝怒，鎖詣涿郡，斬之。」[110]這則故事惟見於《資治通鑒》，不見於《北史》、《隋書》，所采乃小說家言，真假參半。然古代帝王如秦始皇、唐太宗都曾信用方術金丹，上當受騙求不死藥，唐太宗甚至被丹藥毒死。相比而言，隋煬帝縱使有求丹不死藥之事，卻也不致迷信至深，最後將托言用童男童女膽髓煉丹的道士潘誕斬首，就這一點來講他比秦始皇和唐太宗強。

隋煬帝與文帝在宗教問題上的最大區別就在於，煬帝雖尊佛道，但並不迷信，雖信佛但並不佞佛，而是把佛教作為他統治國家的手段。但文帝卻迷信至深，「始龍潛之日，所經行處四十五州，皆造大興國寺」[111]，除佛寺命名大興外，新建都城名大興城，皇宮曰大興殿、大興門，又有大興縣、大興園等，似乎有了大興之名，國必大興旺，大發達。

隋文帝認為得天下、統一天下是由佛教之力，開皇二十年（六〇〇）下詔沙門壞佛像、道士壞天尊者，以惡逆論。仁壽元年（六〇一）廢學校時，詔天下諸州名藩建靈塔，分送舍利於三十一州，並詔曰：「朕歸依三寶，重興佛教，思與四海之內一切人民，俱發菩提，共修福業。」[112]連高句麗、百濟、新羅三國使者將還，亦各請舍利，於本國起塔供養，詔並許之。[113]日本學者山崎宏統計仁壽年間建立舍利情況：仁壽元年（六〇一）十月十五日正午起塔三十所，二年（六〇二）四月八日五十一所，四年（六〇四）四月八日三革十所，前後諸州起塔一百一十一所。[114]所謂舍利，乃佛之身骨，即佛祖釋迦牟尼的遺骨，全國各地甚至國外高句麗都起塔供養，哪有那麼多的舍利，是真是假，只有天知道。

據說舍利一裹文帝得之於「潛龍」之時[115]，更令人懷疑。

隋煬帝不但不迷信佛道，而且在尊崇佛道於政治上加以利用的同時，還加以嚴格限制。大業三年（六〇七）正月二十八日，隋煬帝又下了一道《行道、度人天下敕》，雖自稱「菩薩戒弟子、皇帝總持」，要建立勝緣，度僧立寺，大濟蒼生，但同時正告僧眾「無始惡業」，「皆得清靜」，而不要沾染「罪垢」。[116]隋煬帝十分重視佛教戒律，在剃度僧人的同時又嚴格限制度僧數量。早在大業元年（六〇五）十一月二十日於江都宮引見天臺僧使智璪時，煬帝即詢問天臺寺內常規，並讓張衡宣敕云：「師等既是行道之眾，勿容受北僧及外州客僧，乃至私度出家，冒死相替，頻多假偽，並不得容受。」又敕

109 參見任繼愈主編：《中國道教史》第六章，上海人民出版社一九九〇年版。
110 《資治通鑒》卷一八一隋大業八年正月。
111 法琳：《辯正論》卷三。
112 《廣弘明集》卷一七〈隋國立舍利塔詔〉；《法苑珠林》卷五三。
113 《廣弘明集》卷一七；又見《釋氏通鑒》卷六「仁壽元年」條。
114 山崎宏：《支那中世佛教の展開》第一部第六章，第三三三頁，日本清水書店刊行，昭和一七年。
115 《廣弘明集》卷一七〈慶舍利感應表〉。
116 《廣弘明集》卷二八。

云：「弟子（煬帝自謂）為先師（智顗）度四十九人出家，停寺受業繼於後，師（智璪）可檢校，有道心者必系籍人，非私度者。」[117]

據道世統計，隋代二君度僧尼二十三萬六千二百人，其中煬帝僅度六千二千人，不及文帝的零頭。煬帝要求剃度出家者必有道心，必系有僧籍者，而不允許私度，並進行嚴格管制。在江都宮與智璪親切交談仍不失時機地正告天臺僧團，不要「容受北僧及外州客僧」，「不要容受假偽私度」。煬帝為恩師智顗特別剃度的僧人不過四十九人，其他廟有官方度牒的僧人數目可想而知。又據道世統計，隋代兩君四十七年，有寺三千九百八十五所，其中文帝立寺三千七百九十二所，煬帝僅立寺一百九十三所。[118]與文帝相比，煬帝又僅及零頭。不僅如此，大業五年（六〇九），隋煬帝還曾下敕「融並寺塔」，凡僧數不及五十人的小寺統統廢除，將其合併於鄰近大寺，無德行的僧侶勒令還俗。[119]時隋煬帝正大興工役，拆毀寺院，沙汰僧尼，可以用於充工役，充實國用。煬帝甚至下令「屏除流徒隱逸」，禁止僧侶遊歷。「菩薩戒弟子皇帝總持」的隋煬帝對佛徒不講絲毫情面，一切必須納入他的政治控制之下，不聽命者後果難以設想。為此廬山神林寺僧大志專程來東都洛陽上表，燃臂燒身進諫[120]，但煬帝不為所動。據《長安志》，光大業七年（六一一）京師大興城拆毀的佛寺就在二十二座以上，有東一光福坊的聖敬寺、東三來庭坊的仁法寺、永寧坊的明覺寺、昭國坊的香海寺等等。[121]隋煬帝的「融並寺塔」令是確實無疑地實施了。

當了皇帝的「總持菩薩」對佛教徒如此嚴厲不大度，致使煬帝統治時發生了多起僧侶造反的事。大業六年（六〇一）正月初一淩晨，有數十人自稱彌勒佛，皆素冠練衣，焚香持華，自建國門來到皇宮，監門衛兵見佛皆稽首，這些人入宮門後即奪衛士兵仗舉行叛亂，想入宮殺煬帝，被齊王楊暕發覺而追斬，「於是都下大索，與相連坐者千餘家」。[122]大業九年（六一三）又有唐縣人宋子賢自稱彌勒佛出世，以幻術惑眾，「聚眾數千百人，遂潛作亂」。[123]至隋末農民起義，有大批佛徒參加到了起義者的行列。[124]

但隋煬帝自始至終沒有放棄對佛教道教的拉攏。大業七年（六一一）煬帝為征高句麗來到涿郡，「遣使迎道士王遠知至涿，見之於臨朔宮，親執弟子禮，命於中嶽修齋儀，復詔京師置玉清玄壇以處之」。[125]煬帝又招請天臺高僧灌頂、智璪至涿郡大本營中，互述同學之歡，並施寺物五百段。[126]

然佛僧對隋煬帝仍不放心，擔心北周武帝那樣的毀佛浪潮的到來，正當隋煬帝在涿郡招見佛僧道士，重申維護佛道之旨的同時，幽州沙門智苑即開始「發心造石經藏之，以備法滅」，他「於幽州北山，鑿岩為石室，即磨四壁，而以寫經，又取方石，別更磨寫，藏諸室內，每一室滿，即以石塞門，用鐵錮之」。智苑「精練有學識」，當隋煬帝率大軍齊集涿郡時，他找到蕭皇后「同母弟」內史侍郎蕭瑀，蕭后與蕭瑀既出之於佛教世家，「性篤信佛法」，蕭瑀即將智苑之請告白蕭后，蕭后立即帶頭「施絹千匹，及餘錢物，以助成之」。蕭瑀也施絹五百匹，雖未見有煬帝賜物的記載，但他默許了，實際上是贊許此事，結果「朝野聞之，爭共舍施，故苑得遂其功」。所造石經已滿七室，

117 《國清百錄》卷三〈僧使對問答第八十六〉。
118 《法苑珠林》卷一〇〇。
119 《法苑珠林》卷一八引高臨《冥報記》。
120 《續高僧傳》卷二九〈隋廬山釋大志傳〉。
121 參見山崎宏：《隋の高句麗遠征と佛教》。
122 《隋書》卷三〈煬帝紀上〉。
123 《太平廣記》卷二八五〈宋子賢〉。
124 參見姜伯勤：〈隋末農民戰爭與反佛浪潮〉，載《歷史研究》一九七八年第二期。
125 《舊唐書》卷一九二〈王遠知傳〉。
126 《續高僧傳》卷一九〈唐天臺山國清寺釋灌頂傳〉、〈智璪傳〉。

智菀高壽，至唐貞觀十三年（六三九）卒。「其弟子猶繼其功」。127 蕭瑀唐朝時仍為宰相，繼續從中贊助，這項工程一直持續到明朝時，刻出的石經總字數超過現今的百科全書，這就是北京馳名中外的房山石經。

房山石經始刻於隋煬帝大業年間，唐朝人唐臨《冥報記》卷上〈隋釋智菀〉條作了記載，此乃房山雲居寺石經的最早歷史記載，《冥報記》後在中國失傳，宋人所編《太平廣記》卷九一徵引了這條史料。可幸的是《冥報記》唐朝時由日本留學僧帶到日本，得以保留至今。

又據明朝人德清《涿州西石經山雷音窟舍記》記載，隋仁壽年間，智菀（又記靜菀）從隋文帝處得到印度僧人所贈佛舍利三粒，於大業年間安置於雷音洞內。明萬曆二十年（一五九二）三月六日，慈聖太后令將佛舍利迎入宮供養三日，後放回原處。一九八一年中國文物工作者在修繕雷音洞時發現舍利兩粒，乃明萬曆年間封藏的隋舍利，以函套函的方式密封，函有五個，分別為石函、銀函、玉函等。第二層青石函的蓋上刻有「隋大業十二年歲次丙子四月丁卯朔八日甲子於此函內安置佛舍利三粒願住持永劫」三十六字銘文，經學者反復考證，確認為一千三百餘年前智菀安置在雷音洞的佛舍利，所失一粒可能是明萬曆年迎入宮供養時留在宮內。128

雲居寺在今北京市房山縣，寺東石經山高約五百米，共開鑿了九洞，分上下二層，以雷音洞為中心，雷音洞開鑿最早，乃隋智菀首啟，刻有《涅槃經》、《華嚴經》、《維摩經》等一百四十六塊，唐、遼、金及明朝代有續刻，現九個洞內及洞外共貯藏經碑一．四萬餘塊，是佛教石經中規模最大，歷史最久的文化珍品。而這項偉大的文化工程，是起始於隋煬帝之時的，當然，此役並非煬帝之初衷，相反，倒是出於對煬帝的防範，也是煬帝始料所未及的。但是，此役與隋煬帝有關，則是肯定的。

隋煬帝大修文治，三教並重，移風易俗，重視思想文化建設，在意識形態領域大做鞏固國家統一的工作，對中國古代的文化發展產生了巨大影響，也作出了傑出貢獻。隋煬帝的這些作為既影響歷史甚巨，我們也應該予以客觀公正的評價，對他的業績不應一味抹煞，有不少功績亦應實事求是地予以基本肯定。

第二節　選賢任能　開科取士

隋煬帝大修文治的最突出成就，恐怕要算舉辦科舉，創立進士科了，這一偉大變革使中國古代選官方式發生了歷史性轉折，從而深刻地影響到社會政治的各個方面，並對唐宋以後的歷史發展產生了巨大的影響。但科舉制的產生也有其深刻的社會歷史文化背景，它是直接由漢魏晉南北朝以來的察舉制發展而來，至隋文帝廢除九品中正制，新的選官方式按照封建官僚體制內部的發展規律也就必然要產生。對此，隋文帝和煬帝作了許多有益的創革，到唐宋時代科舉遂成為選官體制的主流。

隋煬帝創立進士科，其功不可沒，但也有人懷疑進士科創自隋朝。進士科到底創立於何時？其意義如何？隋前後選官制度發展的情況如何，學術界對此有過激烈的爭論。為求公正，我們有必要較詳細地作一番歷史敘述和考證，以對隋煬帝這一最突出的文治成就作一番客觀評價。

從察舉到科舉　文帝罷中正

隨著門閥制度的衰落，選官制度至隋時面臨歷史性轉折。在隋以前，中國古代選官方式先後曾出

127《太平廣記》卷九一〈釋知宛〉條引《冥報記》。

128 見一九八七年四月二八日《光明日報》刊趙朴初文。

現過貴族世卿世祿制、征辟察舉制、九品中正制等，均在不同時期占據過主導地位。

上古三代國家機構實行「親貴合一」的組織原則，依據血緣關係的親疏遠近來調整統治階級內部的權力關係，所以商周實行的是貴族世卿世祿制度。但是，在貴族內部也選賢貢士，據《禮記・王制篇》，世卿世祿制也存在考選，只是範圍局限在極少數貴族中，而且進士、秀才、貢士之名古已有之。

戰國至秦，由於各國變法征戰，任官賜爵主要按軍功大小，破除了宗法血親體制，同時，舉薦客卿也成為常制。有一個叫毛遂的人薦舉的是他自己，於是有了「毛遂自薦」這一成語，而名傳千古。兩漢以後，為適應專制集權官僚政治對人才的需要，發展了以察舉為主體，以辟署、徵召、舉薦、軍功、納貲、任子等為輔助的，多種途徑的官吏選拔制度。而「察舉制便是科舉制的前身和母體」。[129]察舉存在於兩漢魏晉南北朝，至隋以前長達七百—八百年之久。

察舉又名貢舉、薦舉，是一種由下向上保薦人才的制度，並在推薦和甄核兩個環節上逐漸展開並規範化。漢武帝罷黜百家，獨尊儒術，接受了儒家意識形態，強調以孝治天下，選官優待孝子廉吏。漢察舉科目繁多，有孝廉、秀才、察廉、光祿四常科，取人標準是德行和才能，而尤以德行孝廉為重，而對德行的考察無法依賴於考試，只能依賴於舉主的瞭解和社會評價。但察秀才有的是對策後任用，對策則是一種考試方式，問以政事或經義，以對策成績優異分派官位。東漢順帝陽嘉元年（一三二），尚書令左雄改革察舉制，使舉孝廉也建立了考試制度。但「當時未有黜落法，對策者皆被選，但有高下爾」。[130]對考試的作用不能估計太高，入仕的關鍵還在於舉薦。

三國魏文帝曹丕採用吏部尚書陳群的建議，實行「九品官人法」，任用「賢有識鑒」的鄉賢擔任本籍州郡的大小「中正」，由他們按九品來評定當地人才等級，把人物分成上上、上中、直至下下九品，由小中正報大中正核實，大中正上報司徒核實，再交吏部尚書選用。以後，選用標準除因循東漢察舉所要求的德行、經學等以外，又增加了家世、才實等內容，並據士人德才行狀及地方清議寫出評語，叫做「狀」，選用人才時須將品、狀結合起來，建立人事檔案制度。[131] 這種辦法一度曾使「儒雅並進」，收到了一定效果。

然而，中正品評人才多以門第為重，而選用者也是士族，後來「臺閣選舉，徒塞耳目，九品訪人，唯問中正，故據上品者，非公侯之子孫，則當塗之昆弟也」[132]，致使「公門有公，卿門有卿」，「上品無寒門，下品無勢族」。[133] 高門子弟憑藉門第獲上品，門閥壟斷了仕途，九品中正制遂成為鞏固門閥阻塞寒素人才入仕的工具。

南北朝後期，隨著門閥政治的衰敗，按照德才而不是依據門第選任官吏的問題又被提出。南朝梁武帝對此改作最多，曾一度廢除中正，用「無復膏粱寒庶之隔」代替了門第選人，「不通一經，不得為官」。[134] 天監八年（五〇九），梁武帝詔曰：「其有能通一經，始末無倦者，策實之後，選可量加敘錄，雖復牛監羊肆，寒門後品，並隨才試吏，勿有遺隔。」[135] 詔書中把能通一經作為參加策試的唯一條件，並特別指出，雖寒門後品，都可隨才試吏。隋宰相蘇威之父蘇綽在西魏時所擬《六條詔書》第四條也指出，「自昔以來，州郡大吏，但取門資」，而門資者，「乃先世之爵祿，無妨子孫之愚瞽」。指出「今之選舉者，當不限資蔭，唯在得人」。[136] 可見南北朝後期都恢復了察舉秀才、孝廉的制度，一

129 參見閻步克：《察舉制度變遷史稿》引言，遼寧大學出版社一九九一年版。本節寫作多參引該書，以下不一一遍注。
130 葉夢得：《石林燕語》卷九。
131 參見陳仲安：《漢唐職官制度研究》第三章第二節，中華書局一九九三年版，第二六三頁。
132 《晉書》卷四八〈段灼傳〉。
133 《晉書》卷四五〈劉毅傳〉。
134 《通典》卷一四〈選舉〉。
135 《梁書》卷二〈武帝紀中〉。
136 《周書》卷二三〈蘇威傳〉。

些寒門子弟通過明經試策的方式進入了仕途，說明南北朝都已出現科舉制度的萌芽。[137]

隋建立後，如何選拔新一代官吏，自然提到了文帝面前，開皇二年（五八二）正月甲戌（三十日），隋文帝「詔舉賢良」。開皇七年（五八七）正月乙未（二十日），文帝又「制諸州歲貢三人」。[138] 學者劉焯開皇時「以儒學知名，為州博士，刺史趙煚引為從事，舉秀才，射策甲科」[139]。崔賾開皇初由秦王楊俊薦舉，「射策高第」，授校書郎。[140] 王貞由汴州刺史樊叔略引為主簿，「後舉秀才，授縣尉」。[141] 竇威由內史令李德林「舉秀異，射策甲科，拜祕書郎」[142]。又有韋雲起「隋開皇中明經舉，授符璽直長」。[143] 開皇十八年（五九八）七月丙子（初七），隋文帝又下詔：「京官五品已上，總管刺史，以志行修謹，清平幹濟二科舉人。」[144] 看來隋文帝旨在恢復漢代的察舉制，所察者孝廉、秀才，被舉者要「射策」，即考試才能「高第」，但仍須由州縣或中央官員的薦舉，並設立了每年歲貢三人的常貢，科目則有甲科、秀才、明經、志行修謹、清平幹濟等名目。舉後即授官，所謂射策高第。開皇末年，賀德仁由僕射楊素推薦，授豫章王府記室參軍[145]；溫彥博由秦王楊俊薦，授文林郎[146]；其兄溫大有仁壽中因尚書右丞李綱表薦，授羽騎尉[147]；高儉仁壽中「舉文才甲科，補治禮郎」。[148] 有杜正倫者，仁壽中與兄正玄、正藏一家三兄弟「俱以秀才擢第」。[149] 以上人才的湧出，既有舉薦，也有考試，歷史已推進到察舉向科舉轉化的前夜。

仁壽二年（六〇二）七月丙戌（初十），隋文帝又「詔內外官各舉所知」。[150] 仁壽三年（六〇三）七月丁卯（三十日），文帝又下詔選拔人才，其令州縣搜揚賢哲，皆取明知今古，通識治亂，究政教之本，達禮樂之源。不限多少，不得不舉，限以三旬，咸令進路，徵召將送，必須以禮。[151] 所舉包括隱跡江湖、潔身自好者，是全國範圍大規模的推舉人才。宰相蘇威之子蘇夔開皇時因議樂得罪在家，逢此時文帝下詔舉天下「達禮樂之源」者，於仁壽末年被雍州牧、楊廣之子晉王楊昭所舉，「與諸州所舉五十餘人謁見」了文帝[152]，文帝對他最為滿意。從詔書來看，隋文帝仁壽末年舉薦人才的措置與開皇初已大有不同，一是貢舉人數「不限多少」，凡有「閭閻秀異之士，鄉曲博雅之儒」，不得不舉。這些才士不一定出自貴族高官子弟，可以是閭閻鄉曲之人，也可以是浪跡江湖者。開皇十六年（五九六）六月甲午（十三日），隋文帝曾「制工商不得進仕」[153]，除工商戶外，凡國家編戶不問門第寒素，凡有才之人都可以舉。「搜揚賢哲」，「各舉所知」，就是要盡攬天下人才，這與科舉制的精神是一致的。要中外官員舉人，也不能簡單地理解為仍為他薦，這裡只是要他們分別負責中外制科報名事務，有才者聞風自往官府報名也是可以的，以使盡攬天下人才。雖然隋文

137 參見萬繩楠：《魏晉南北朝文化史》第二章第三、四節，安徽教育出版社版，第六六頁。
138 《隋書》卷一〈高祖紀上〉。
139 《隋書》卷七五〈儒林．劉焯傳〉。
140 《隋書》卷七六〈文學．崔賾傳〉。
141 《隋書》卷七六〈文學．王貞傳〉。
142 《舊唐書》卷六一〈竇威傳〉。
143 《舊唐書》卷七五〈韋雲起傳〉。
144 《隋書》卷二〈高祖紀下〉。
145 《舊唐書》卷一九〇上〈賀德仁傳〉。
146 《舊唐書》卷六一〈溫彥博傳〉，又《新唐書》卷九一〈溫彥博傳〉云：「開皇末，對策高第。」
147 《舊唐書》卷六一〈溫大有傳〉。
148 《新唐書》卷九五〈高儉傳〉。
149 《舊唐書》卷七〇〈杜正倫傳〉；《太平廣記》卷一七九引《譚賓錄》。
150 同註144。
151 同註144。
152 《隋書》卷四一〈蘇夔傳〉。
153 同註144。

帝旨在恢復漢代察舉制，但經過七百—八百年的發展，其制度程式依照某種規律已向更新形態發展，九品中正制衰落之後，察舉制在隋唐之際發展為科舉制已是順其自然、水到渠成之事了。

由察舉向科舉的轉折，關鍵在隋代，而其標誌之一則在隋文帝廢除九品中正制。有人以隋文帝、煬帝恢復的是漢代察舉而否認隋代科舉制度的產生，把察舉和科舉看成為本質上截然不同的選官方式顯然是誤解。所謂科舉制度，就是由國家設立科目，定期地進行統一招考，即「分科舉人」，「開科取士」，考中者得以入仕，察舉制也要考試並分有科目，但其與科舉不同在於察舉制主要在薦舉，考試是次要的。科舉則關鍵在於考，是一種考選入仕的制度，南北朝後期南北政權都更重視舉秀才考試，可以看作為科舉制的萌芽，但九品中正薦舉制度還存在，所以不能認為科舉制已成立。

南北朝後期，九品中正制無論在南朝還是在北朝都已式微，但最後罷除是在隋文帝之時，《文獻通考》斷言：「九品及中正，至開皇中方罷。」[154]日本學者濱口重國氏結合隋朝地方行政制度的改革，特別是隋文帝廢止了被稱為「鄉官」的州縣自辟的僚屬，確立了流內官以上一切由中央任命的制度，從而確認隋文帝開皇十五年（五九五）「罷州縣鄉官」，正是完全廢止九品中正制度的確切年代。[155]唐人劉秩指出：「隋氏罷中正，舉選不本鄉曲，故里閭無豪族，井邑無衣冠，人不土著，萃處京畿……五服之內，政決王朝，一命免拜，必歸吏部。」[156]九品中正制的完全廢除，是對魏晉南北朝以來的士族門閥制度的沉重打擊，《通典》記隋文帝廢除地方中正及地方流內官均由吏部選署後的情況說：「自是海內一命以上之官，州郡無復辟署矣。」又追敘說：「自後周以降，選無清濁，初盧愷攝吏部尚書，與侍郎薛道衡、陸彥師等，甄別物類，頗為清簡，而譖愬紛紜，愷及道衡皆除名。」[157]此事《隋書·陸彥師傳》記為「隋承周制，官無清濁，彥師在職，凡所任人，頗甄別於士庶，論者美之」。這是站在門閥士族的立場說話。但《隋書·盧愷傳》記盧愷，「甄別士流，故涉黨固之譖」，遭到攻擊，當為事實。雖然門閥士族贊成盧、薛、陸等人甄別清濁的舉動，但隋文帝和關隴勳貴深為反感，盧、薛、陸俱出身門閥世族，所以被告為朋黨受到了處分。

九品中正制的廢除使門閥士族不再能壟斷仕途，但士族仍以家世相矜，在社會風俗中、人們的意識中仍然有其地位。如趙郡李氏「宗黨豪盛，每至春秋二社，必高會極歡」。[158] 京兆韋氏代有人物，「世為關右著姓」。[159] 隋文帝為子孫婚配，多求諸門閥世家。開皇十七年（五九七）隋文帝又聘山東門閥博陵崔氏女為楊廣長子河南王楊昭妃，崔氏「閨門整肅，為當時所稱」[160]，太府卿崔弘度以一門二妃，還有一位乃秦王楊俊妃，得意得很。文帝又為楊廣第二子豫章王楊暕納京兆韋氏女為妃[161]，即韋孝寬的孫女。文帝十分看重京兆韋氏門第，稱之為「百世卿族」。[162] 曾親令韋世康和韋鼎回京兆杜陵光宗耀祖。由此看來，隋文帝雖然在政治上打擊門閥士族，但在思想觀念上仍頗重門第，其子孫婚姻都是求之於門閥世族。門閥貴族制和專制皇權在政治上必然不能相容，大隋王權越鞏固，門閥制在政治上就必然無容身之地。然而，社會風俗觀念並非一時能除去，重門第仍然在統治階級上層婚俗中盛行。

皇室如此，大臣也仿效，越國公楊素時方貴幸，重清河崔儦門第，為其子楊玄縱娶崔氏女為妻，

154 《文獻通考》卷二八〈選舉一〉。
155 濱口重國：〈所謂隋的廢止鄉官〉注文第二二，見《日本學者研究中國史論著選譯》第四冊，中華書局一九九二年版。
156 《通典》卷一七〈選舉五．雜議論中〉。
157 同註156。
158 《隋書》卷七七〈李士謙傳〉。
159 《隋書》卷四七〈韋世康傳〉。
160 《隋書》卷七四〈崔弘度傳〉。
161 同註160。
162 《北史》卷六四〈韋孝寬傳〉。

聘禮甚厚，迎親之日，公卿滿座，楊素親往迎接崔儦，崔儦卻「故敝其衣冠」，倒騎驢慢慢而來，表示對親家翁的輕視。[163] 崔儦的另一女兒嫁僕射子趙元楷，因「家有素範」，遵禮度，被列入列女傳[164]，受人尊敬。

但是，家世門第只是在人們思想觀念上受推重，門閥失去特權，自矜地望，這種觀念一直頑固地延續到唐初。貞觀十一年（六三七）吏部尚書高士廉等曾奉命撰《氏族志》，但這並不能保證門閥的政治地位，如開皇年間關隴勳貴燕榮對代為著姓的范陽盧氏就毫不客氣，「皆署為吏卒以屈辱之」。[165] 大業中，隋煬帝命段文操督祕書省學士，粗暴的關隴勳貴武夫段文操看不起學士的儒雅，竟鞭撻士族子弟，前後至千數，段文操並未因打人受處分，僅僅是受到社會輿論的譴責，「時議者鄙之」。[166]

以上事實表明，制度變革並非輕而易舉，要受到意識形態、社會風俗及經濟基礎各方面的牽制，隋文帝思想觀念上重門閥，但在實際政治上破除門閥，廢除九品中正制，這為科舉制的創立提供了必要前提。雖然我們不能就此認定文帝朝已有了科舉，但是科舉制創立的前夜，到隋煬帝即位，創設進士科，終於在隋朝完成了從察舉到科舉這一劃時代的歷史轉變。

從重德到重才　創設進士科

隋煬帝是一個很有才學也最重視才學的皇帝，據史書記載，「煬帝自負才學，每驕天下之士，嘗謂侍臣曰：『天下當謂朕承藉餘緒而有四海耶？設令朕與士大夫高選，亦當為天子矣』」。[167] 煬帝認為自己當皇帝並不見得依靠父子血統，若以文才進行考試選舉，也是非我莫屬。這一方面表明煬帝以才學自負，另一方面也表示煬帝對科舉選士的熱心。隋煬帝是科舉制度創立的關鍵人物。

作為一種選官制度，科舉舉人重在才能，分科公開考試，張榜公布成績，得官的關鍵在通過考試，榜上有名。科舉制以文辭和經術設科大比，士人之進退系於程文之科第。而世卿世祿制所重者為血統，征辟察舉制重在德行，九品中正制重在門第。與科舉於考場見高低相比，其他各種選官辦法都顯得不夠公平。

隋煬帝對以門第平流進取坐享清官最看不起，即位後繼承文帝的政策，著力打擊門閥士族。大業初，通事謁者韋雲起上疏曰：「今朝廷之內多山東人，而自作門戶，更相剡薦，附下罔上，共為朋黨。」並開列了那些以門第自矜者的姓名，煬帝於是下令大理推究，結果使不少名門子弟配流免官。[168]大業五年（六〇九）二月，隋煬帝又「制魏、周官不得為蔭」[169]使一部分無功受祿的關隴勳貴武夫也受到沉重打擊，其子孫不得再門蔭得官爵。

隋煬帝認為得官主要應依靠自己的才能，並著力搜刮才智之士。大業元年（六〇三）正月，煬帝詔：「若有名行顯著，操履修潔，及學業才能，一藝可取，咸宜採訪，將身入朝。所在州縣，以禮發遣。」同年閏七月，煬帝又詔曰：「方今宇宙平一，文軌攸同，十步之內，必有芳草，四海之內，豈無奇秀。諸在家及現入學者，若有篤志好古，耽悅典墳，學行優敏，堪膺時務，所在採訪，是以名聞，即當隨其器能，擢以不次。」[170]在興辦學校，敦獎名教的同時，選拔優秀學人，隨其才能，任以

163《隋書》卷七六〈文學．崔儦傳〉。
164《隋書》卷八〇〈列女．趙元楷妻〉。
165《隋書》卷七四〈燕榮傳〉。
166《隋書》卷六〇〈段文振傳〉。
167《隋書》卷二二〈五行志上〉。
168《舊唐書》卷七五〈韋雲起傳〉。
169《隋書》卷三〈煬帝紀上〉。
170 同註169。

官職。

如何徵召選拔人才呢？大業三年（六〇七）四月甲午（十六日），隋煬帝下了一道詔書：

天下之重，非獨治所安，帝王之功，豈一士之略，自古明君哲後，立政經邦，何嘗不選賢與能，收采幽滯。周稱多士，漢號得人，常想前風，載懷欽佇，朕負扆夙興，冕旒待旦，引領岩穀，置以周行，冀與群才共康庶績。而匯茅寂寞，投竿罕至，豈美璞韜采，未值良工，將介石在懷，確乎難拔？永鑒前哲，憮然興歎！凡厥在位，譬諸股肱，若濟巨川，義同舟楫。豈得保茲寵祿，晦爾所知，優遊卒歲，甚非謂也。祁大夫之舉善，良史以為至公，臧文仲之蔽賢，尼父譏其竊位。求諸往古，非無褒貶，宜思進善，用匡寡薄。

夫孝悌有聞，人倫之本，德行敦厚，立身之基。或節義可稱，或操履清潔，所以激貪厲俗，有益風化。強毅正直，執憲不撓，學業優敏，文才秀美，並為廊廟之用，實乃瑚璉之資。才堪將略，則拔之以禦侮，膂力驍壯，則任之以爪牙……文武有職事者，五品已上，宜令十科舉人。有一於此，不必求備。朕當待以不次，隨才升擢，其現任九品已上官者，不在舉送之限。[171]

這份詔令充分表達了隋煬帝思賢若渴之心，要徵召天下賢才，包括垂釣的隱士都出來做官，以匡輔自己。應舉的賢才應德才兼備。這裡雖仍以道德為先，但實際上煬帝看重的還是才能。隋煬帝要求地方官依令十科舉人，十科是：孝悌有聞、德行敦厚、節義可稱、操履清潔、強毅正直、執憲不撓、學業優敏、文才美秀、才堪將略、膂力驍壯。這裡德、才各占一半，十科之中文才美秀一科，有人認為是進士科[172]，為十科的重點，但只是推測。重德的目的是移風易俗，推行教化，如《隋書．孝義傳》所舉幾個丁父憂哀毀骨立，養母以孝聞的孝子，都得到了皇帝表彰，卻並沒有授與實際理政的職事官，可見重德倡孝只是表面文章。兩年以後，大業五年（六〇九）六月，隋煬帝又詔「諸郡學業該通、才藝優洽，膂力驍壯、超絕等倫，在官勤奮、堪理政事，立性正直、不避強禦，四科舉人」。[173]十科舉人改為四科舉人，減去的全是有關德行的科目，足以證明煬帝所重還在才能，其中「才藝優洽」，有人又認為可能與進士科有關。

十科舉人向四科舉人的變化，反映了隋選官向實際操作化方向轉化，雖然其操作程式過程史書不載，無法測知，但可以肯定其中必包含著重大的變革，進士科大約在此時創立了。

進士是科舉中的一科，由隋煬帝創立，唐人已置信不疑，如武則天天授年間（六九〇—六九二）薛登上疏曰：「煬帝嗣興，又變前法，置進士等科。」[174]唐人楊綰於唐肅宗即位之初上疏中也提到：「煬帝始置進士科。」[175]杜佑《通典》稱：「煬帝始建進士科。」[176]其後鄭樵《通志》、馬端臨《文獻通考》，都說隋煬帝創立了進士科。小說則有劉肅《大唐新語》云：「隋煬帝改置明（經）進（士）二科。」[177]其後如五代王定保《唐摭言》云：「進士科，始於隋大業中。」[178]北宋李昉撰《太平廣記》亦云：「進士科，始於隋大業中。」[179]王讜《唐語林》亦載：「隋置明經、進士科，唐承隋。」[180]正

171《隋書》卷三〈煬帝紀上〉。
172 範文瀾：《中國通史簡編》修訂本第三編第一冊。
173 同註171。
174《舊唐書》卷一〇一〈薛登傳〉。
175《舊唐書》卷一一九〈楊綰傳〉。
176《通典》卷一四〈選舉典二．歷代制中〉。
177《大唐新語》卷一〇〈釐革〉。
178《唐摭言》卷一〈散序進士〉。
179《太平廣記》卷一七八〈貢舉一．總敘進士科〉。
180《唐語林》卷八〈補遺〉。

史則有歐陽修《新唐書・選舉志上》云：「進士科起於隋大業中」。朱熹《通鑑綱目》卷三六更認為進士科始建於隋煬帝大業二年（六〇六）。《金史・移剌履傳》也追敘說：「進士之科，起於隋大業中。」另外，《元史・選舉志一》，明清人的考辨劄記，如明人馮夢禎著《歷代貢舉志》、董其昌《學科考略》，以及清人陶福履《常談》等書「進士」條，均明言進士科始置於隋。大學者顧炎武《日知錄》云：「隋煬帝置明經、進士二科。」[181] 甚至《清史稿・選舉志二》也稱進士科始置於隋。無論是正史，還是野史、小說、筆記，隋以後諸多史書都明白無誤地記載了進士科創立於隋煬帝之手。文獻記載不乏可徵信者，說明古人對此已深信不疑。

但是，近人卻有不相信進士科首創於隋煬帝者，作文進行考辨，謂進士科首創於唐。一九八三年《歷史研究》第二期刊發了何忠禮先生《科舉制起源辨析》一文，引發了學術界的一番論爭[182]。何忠禮否認隋煬帝創設進士科的理由大約有三點：

一曰：唐代杜佑、五代王定保、宋人歐陽修及至清初顧炎武等均因襲唐初薛登舊說，但「薛登之說看來是個孤證」，因為遍檢自隋煬帝到薛登時的大量文獻資料，包括《隋書》、《北史》和隋唐之文人士大夫的有關奏章、文集，至今尚未發現能證明隋有進士科的材料。自隋至唐長達一個世紀的時間裡，十分引人注目的進士科，「竟然沒有留下一點蹤跡」。

對此，不少學者提出了不同意見，關於薛登以前的資料，有人提到唐高祖武德四年（六二一）四月發布的敕令：

> 諸州學士及早有明經及秀才、俊士、進士，明於理體，為鄉裡所稱者，委本縣考試，州長重覆，取其合格，每年十月隨物入貢，斯我唐貢士之始也。[183]

這裡所謂「早有明經及秀才、俊士、進士」，就是先前已有的修明經、秀才、進士業的人。由於此前唐政權尚未舉辦科舉，所以這些修明經、秀才、進士業者，是唐以前就存在的，既已有修進士業的人，必定已經有了進士科。唐人蘇鄂更明確地說：「近代以諸科取士者甚多。武德四年（六二一），復置秀才、進士兩科。」「復置」既非「創置」，唐人所謂「近代」也不指本朝，這說明隋代已有進士科，唐武德四年（六二一）只是恢復了前朝的秀才和進士兩種科目。據武德敕令可以認為，最早承認進士科創置於隋者恐怕就是唐高祖，武德四年（六二一）敕令距隋亡僅四年，其可信程度比薛登更大。因此，薛登之說並非孤證。況且其時唐尚未統一全國，四處征戰，創設新制尚未提上議事日程，其包括選官制度在內的其他多數典章制度，基本上都是「唐沿隋舊」。

再從另一個角度推論，在唐朝人心目中，隋煬帝為一個暴君，貞觀君臣一直將他引為殷鑒，武則天朝薛登的奏章公然稱隋煬帝始創進士科，如果不是因進士科果真是煬帝所創，在舉進士已蔚為士子競趨之鵠的時代。——薛登必不敢憑空杜撰胡說，將唐朝優良典制的發明權，拱手讓給隋煬帝。即使說了，也應有人出來反駁，然而在文獻記載中，卻未發現任何不同看法。到唐代宗寶應二年（七六三），禮部侍郎楊綰在上疏中再次點明「煬帝始置進士科」，皇帝將此疏交給諸朝臣加以討論，仍然無人提出反對意見，可見唐人認為隋煬帝創置進士科，已成共識。[184]這就不能說是「沒有留下一

---

181 《日知錄》卷一六〈明經〉條。

182 何忠禮文刊發後，《歷史研究》又連續刊發了多篇論文進行了爭鳴，如金旭東〈科舉制起源辨析之商榷〉、周東平〈關於科舉制度起源的幾點意見〉，均見《歷史研究》一九八四年第六期；徐連達、樓勁〈漢唐科舉異同論〉，載《歷史研究》一九九〇年第五期。閻步克《察舉制度變遷史稿》一書第一四章，對有關科舉創立之時間的學術爭論作了概括，其書遼寧大學出版社一九九一年版。本節綜合參引了上述論著。

183 《唐摭言》卷一〈統序科第〉。

184 參見金旭東：〈科舉制起源辨析之商榷〉，載《歷史研究》一九八四年第六期。

點蹤跡」。

何忠禮先生的第二條理由是認定隋煬帝不可能以詩賦選取進士，進而否定隋煬帝始置進士科，認為「考進士以試詩賦為主，是盛唐間的事，與隋煬帝毫不相干」。不少學者認為這是把設置進士科同進士科的考試內容與方法混為一談了。事實上隋文帝時考秀才，煬帝時考進士，主要不是考詩賦，而是試策。開皇末杜正倫舉秀才，「尚書試方略」。唐人薛登上疏稱煬帝創置進士科，「於是後生之徒，復相仿效，因陋就寡，赴速邀時，輯綴小文，名之策學」。[185] 楊綰說隋煬帝置進士科，亦稱「當時猶試策而已」[186]。策試即時務對策，即有關國是對策的問答，這要求應試者對國情大勢具有敏銳的觀察力和決斷力，又因為要寫在考卷上，輯為策學。薛登追憶舊事，指責策學「不以指實為本，而以浮虛為貴」[187]，這是有人在考卷上作文字遊戲，並不是朝廷所宣導的。開皇中，李諤對隋文帝說：「魏晉文風尚存」，朝廷以之取士要亂政，文帝於是下令禁斷浮辭，這是整肅文風，而不是不要文辭策試。實際上從南北朝以來，凡舉秀才，均為對策中第，如南朝梁江淹舉秀才，「對策上第」[188]，許善心在陳，由太子詹事江總「舉秀才，對策高第」。[189] 隋科舉起先也是以策試高下來取捨授官的，至隋煬帝即位，策試中加以文采非但不會遭指斥，反而更有效用。實際上隋科舉有時也考詩賦，如杜正玄舉秀才，主考官左僕射楊素「乃手題使擬司馬相如〈上林賦〉、王褒〈聖主得賢臣頌〉、班固〈燕然山銘〉、張載〈劍閣銘〉、〈白鸚鵡賦〉，曰：『我不能為君住宿，可至未時令就』。正玄及時並了，素續數遍，大驚曰：『誠好秀才。』命曹司錄奏」。[190] 範文瀾先生推測：「隋煬帝本人是個文學家，創立進士科，以考試詩賦為主，是不足為奇的。」[191]

何忠禮先生的第三條理由是否認史書所載房玄齡、溫彥博、侯君素、孫伏伽、張損之、楊纂諸人的進士身分，認為除《舊唐書》本傳關於楊纂為隋大業中進士的記載，因文獻闕如，無從查考，其他人的進士身分很可能是子虛烏有。按舊史對上述人的進士出身記載如下：《新唐書》卷一〇六、《舊唐書》卷七七〈楊纂傳〉「大業中，進士舉，授朔方郡司法書佐，坐楊玄感近屬除名」。《祁陽縣誌．鄉賢傳》記溫彥博為隋進士。《唐摭言》卷一有「如侯君素、孫伏伽，皆隋之進士也明矣」語。《全唐文》卷三九三獨孤及《唐故河南府法曹參軍張公碑》記張損之「隋大業中進士甲科」等。何忠禮先生考辨說，其中侯君素者，本名侯白，《隋書》和《北史》均記為「舉秀才」。《太平廣記》引《啟顏錄》也記「隋侯白，州舉秀才，至京畿，辨捷，時莫之比」。[192] 史書已明載他在隋舉秀才而非進士。另孫伏伽，清人徐松據《玉芝堂談薈》所記，考出他系唐武德五年（六二二）進士[193]，而非隋進士。又鄧嗣禹在二〇世紀三〇年代發表的〈中國科舉制度起源考〉一文中，通過考證，否定了張損之、溫彥博二人的進士身分。[194] 何忠禮後又專門撰文論〈張損之並非隋進士〉。[195] 另外，舊史記隋舉秀才入仕的尚有許

185《舊唐書》卷一〇一〈薛登傳〉。
186《舊唐書》卷一一九〈楊綰傳〉。
187 同註186。
188《梁書》卷一四〈江淹傳〉。
189《隋書》卷五八〈許善心傳〉。
190《北史》卷二六〈杜銓附杜正玄傳〉。
191 範文瀾：《中國通史簡編》（修訂本）第三編第一冊。
192《太平廣記》卷二四八〈詼諧四〉。
193 徐松：《登科記考》卷一。
194《史學年報》第二卷第一期，一九三四年。
195 見《歷史研究》一九八六年第三期。

敬宗[196]、李孝貞[197]、薛收[198]、岑文本[199]等。察孝廉者有王績[200]、張行成[201]等。大業十年（六一四）五月庚子（初三），隋煬帝又詔：「舉郡孝悌廉潔各十人。」[202]何忠禮先生於是認為隋雖摒棄九品中正制，但除新增一些取士科目外，只能是重新恢復了漢代征辟察舉制。

然而，楊纂為進士的記載否認不了，房玄齡的情況則更複雜，新、舊《唐書》本傳都記載他「年十八，舉進士」，「薨年七十」，或記七一。房玄齡卒於唐太宗貞觀二十二年（六四八），則舉進士當在開皇十五年或十六年（五九六）。何忠禮據《金石萃編》卷五〇中的〈房玄齡碑〉「年十有八，俯從賓貢」，而認為把「賓貢」理解為「舉進士」為不確切，此碑立於唐高宗永徽年間，應是較兩《唐書》更具權威的有關房玄齡生平的第一手資料，兩《唐書》作者把「賓貢」誤作舉進士，所記不可靠。

但也有人認為兩《唐書．房玄齡傳》與房玄齡碑不同處尚多，史傳多據實錄，未必就採用了房玄齡碑。且「賓貢」一詞隋以前是舉秀才、孝廉的代名詞，隋唐之時也可指代進士。何忠禮所稱科舉興後，賓貢的「鄉飲酒禮」漸告廢棄與事實不符，唐初賓貢一般可泛指參加「鄉飲酒禮」的所有被舉者，當然也包括進士。賓貢的「貢」，實乃「貢士」，即地方州縣向中央推舉人才，這在制度上稱為「鄉貢」，《冊府元龜》載：「唐循隋制，諸郡貢士」[203]，隋開皇七年（五八七）正月，「制諸州歲貢三人」，唐武德四年（六二一）四月十一日，唐高祖敕諸州學士及白丁，有明經及秀才、俊士明於理體為鄉曲所稱者，委本縣考試，州長重複，取上等人，每年十月入貢。武德五年（六二二）十月，「諸州共貢明經一百四十三人，秀才六人，俊士三十九人，進士三十人，十一月引見，敕付尚書省考試」。[204]由此可見，參加「賓貢之禮」者不僅有明經、秀才，還有俊士、進士，足見房玄齡之進士出身為可靠。[205]

除楊纂、房玄齡史有明載為隋進士外，有人還發掘出新史料。如中華書局《文史》集刊第三輯載有陳直先生文《古籍述聞》，其中有一節題為「隋進士科開始於隋煬帝大業元年考」，云：「一九二〇年洛陽出土隋北地太守陳思道墓誌，文字殘缺很多，有云『公弱冠及進士第，授北地太守，遷諫議大夫，以大業二年卒』。」並據此以為隋代進士科開始於煬帝大業元年（六〇五）。再《北史・杜銓附杜正藏傳》記大業中「正藏弟正儀充進士，正倫為秀才，兄弟三人同時應命，當世嗟美之」。則還有杜正儀是大業進士。《太平廣記》引《譚賓錄》云：「隋代舉進士總一十人，正倫一家三人」。[206]但《舊唐書・杜正倫傳》記為「隋代舉秀才止十餘人，正倫一家有三秀才」。另外，大業年間舉明經入仕的孔子後裔的孔穎達，他於大業初年即舉明經高第，授河內郡博士。[207]又《資治通鑑》記有「明經劉蘭成」，胡三省注曰：「劉蘭成蓋嘗應明經科，因稱之，新唐志曰：『唐制取士之科，多因隋舊，則明經科起於隋也』。」[208]

由於隋末戰亂，隋圖籍散失嚴重，隋人關於進士科的記載，大多被淹沒，今人所得隋創設進士科

196《舊唐書》卷八二〈許敬宗傳〉。
197《隋書》卷五七〈李孝貞傳〉。
198《舊唐書》卷七三〈薛收傳〉。
199《舊唐書》卷七〇〈岑文本傳〉。
200《舊唐書》卷一九二、《新唐書》卷一九六〈王績傳〉。
201《舊唐書》卷七八〈張行成傳〉。
202《隋書》卷四〈煬帝紀下〉。
203《冊府元龜》卷六三九〈貢舉〉。
204《唐摭言》卷一五〈雜文〉。
205 參見周東平：〈關於科舉制起源的幾點意見〉，載《歷史研究》一九八四年第六期；又參見莊昭：〈進士科起源試探〉，載《史學月刊》一九八五年第二期。
206《太平廣記》卷一七九杜正玄條引《譚賓錄》。
207《舊唐書》卷七三〈孔穎達傳〉。
208《資治通鑑》卷一八六唐高祖武德元年。

的史料雖多，但實際內容卻十分貧乏，人們只能據簡單的史料作推測。如岑仲勉先生以房玄齡年十八「本州舉進士」的記載，認為進士科創立於隋文帝開皇年間，而不是隋煬帝大業年間[209]，並稱「餘謂開皇七年（五八七）制定之貢士，實唐代進士科之先聲也」。[210]韓國磐先生也據此推測，「開皇三年（五八三），隋文帝在地方行政組織中裁省了郡這一級，實行州縣兩級制，煬帝改州為郡，實行郡縣兩級制，故選舉時，文帝間稱『州舉』，「煬帝年間則記為『郡舉』」。也認為進士科在開皇十五六年（五九六）出現。[211]

進士科始創於隋文帝開皇末年的可能性也是有的，但目前只有房玄齡一個孤證，且古代典籍大都載明進士科創立於隋煬帝，從各方面全面分析，隋煬帝創立進士科的可能性更大，況且，即使進士科創於文帝朝，煬帝對科舉也繼續進行了創革，仍有功勞，我們就不必為文帝、煬帝的發明權再作論爭。然而，除隋唐之爭外，還有西漢說，徐連達、樓勁著文認為科舉制應創始於漢朝，認為漢代察舉也有考試，漢唐科舉一脈相承。在科舉體系、組織步驟、考試環節三大要素上，漢代察舉與唐代科舉基本一致。唐代科舉只是在懷牒自投、舉選相分、科舉與學校緊密結合等技術環節上有重大發展，認為漢代才是科舉的初創期，唐代則系完善期。[212]徐連達等先生的說法不能說沒有道理，然而察舉制雖也有考選，但薦舉更為重要，還是不能等同於考場見高低的科舉制。我則比較贊同閻步克先生的觀點，認為「察舉制是科舉制的前身與母體」。既然古代文獻一致認定隋煬帝創設了進士科，在目前史料不足以推翻這一結論之前，不必為此再作爭論。

我們還認為，隋煬帝不僅創置了進士科，而且明法、明算、明字等科也可能創置於隋煬帝時。《唐語林》卷八記云：「隋置明經、進士科，唐承隋，置秀才、明法、明字、明算，並前六科」。六科之中，明經、秀才兩科實際上漢以來的察舉制中就有，進士科創於隋，我們在前面講到，書、算、律三學專科學校的創辦始於隋，就此我們也完全有理由認為明算、明書等科與進士科一樣，也都是首創於隋，將科舉與學校制度緊密結合，也是隋煬帝的突出貢獻。

當然，科舉制的產生發展有一個過程，隋朝時由於錄取名額很少，尚未成為入仕主要途徑，當時也並非十分引人注目。五代人王定保說科舉制創於隋，「然彰於武德而甲於貞觀」[213]，又說：「進士科始於隋大業中，盛於貞觀、永徽之際。」[214] 唐初，科舉制也並未成型，唐高祖李淵甚至試圖恢復九品中正制。武德七年（六二四）正月曾詔：「依周、齊舊制，每州置大中正一人，掌知州內人物，品量望第，以本州門望高者領之，無品秩。」[215] 但不久廢棄。隋及唐初的科舉並不是取士的主流，不完善也不成熟。直到盛唐之時，門蔭和勳官上番入仕、雜色入流中的品子等身分性因素仍起強大作用。隋代科舉也並沒有選出什麼高官，不少人如岑文本、薛收等大業時「郡舉秀才」，竟「不應」。[216] 而且，隋朝雖有進士之科，卻尚無科舉之名，科舉之名，唐人時或有之，如李肇《國史補》卷下記貞元十二

209 岑仲勉：《隋唐史》上冊唐史第十八節注。

210 《通鑑隋唐紀比事質疑》「進士科之始」條，原文為：「《通鑑》卷一七六陳禎明元年（開皇七年）正月乙未，隋制諸州歲貢士三人」。按《通典》十四，隋煬帝始設進士科，但不能舉其年。近人或疑開皇已有，所據者亦不過房玄齡傳等。今考《通鑑》此條，實本自隋紀。考《隋書．食貨志》開皇十二年條稱，「令尚書其（均田）事策問四方貢士」。《芒洛遺文續》中卷〈貞觀二十年李護志〉：「隋開皇中應詔舉秀才。」唐人稱得解者為「鄉貢進士」，則與隋制稱貢士相同。又中唐後世數僅及三百，除子州外，每州約舉三人。故《雲溪友議》卷八有「八百孤寒齊下淚」之詠。征諸此兩點相類，「餘謂開皇七年制定之貢士，實唐代進士科之先聲也」。

211 〈關於科舉制度創置的兩點小考〉，韓國磐：《隋唐五代史論集》，三聯書店一九七九年版，第二九七頁。

212 徐連達、樓勁：〈漢唐科舉異同論〉，載《歷史研究》一九九〇年第五期。

213 《唐摭言》卷一〈述進士．上〉。

214 《唐摭言》卷一〈序進士科〉。

215 《資治通鑑》卷一九〇唐高祖武德七年。

216 《舊唐書》卷七〇〈岑文本傳〉；卷七三〈薛收傳〉。

年（七九六）唐德宗怒，「欲廢科舉」。但更多的是以「科第」、「科選」稱之，官方多稱貢舉，至宋代才流行科舉稱呼，貢舉也可謂是舊的察舉制留下的胎記。唐武則天以後，大開制科，才通過科舉廣泛地選拔人才，唐玄宗開元以後，科舉入仕才逐步成為高級官吏的主要來源，天寶年間確定進士科以詩賦取士，進士科才終於發展成為選拔官吏的主要途徑。[217]科舉選官按照封建官僚體制內部的要求，經過幾百年的發展演變，經過好幾代人的改革終於出現並成型。科舉制的創立不能歸功於某一個帝王，但隋煬帝順應歷史潮流，不失時機地創立進士科，對於推進中國古代選官制度的變革，創立科舉，其功勞是不可淹沒的。

隋以後，歷代統治者都運用科舉來選拔具有才學、見識和有能力的人才，將他們安排到各級政府，組成一個強有力的文官系統。科舉把讀書、考試、當官三者聯繫在一起，使不少知識精英通過考試當了官，有了做官管理國政的機會，從而提高了國家機構管理人員的素質。科舉又把權力、財富、地位和學識結合起來，造就了中國古代官僚重才重教育的優良傳統。通過科舉，中央和皇帝把選官大權抓在自己手裡，加強了全國政權的集中和統一。

明代初次來華的西方傳教士利瑪竇等看到當時井然有序的科場考試，十分震驚和欽佩，認為中國是「文憑社會」，把秀才、舉人、進士直譯為學士、碩士、博士，並介紹給西方人，認為中國人的社會等級是以受教育的程度來劃分的。的確，唐末宋初之時，由於科舉興盛，使東漢末年到魏晉南北朝直至隋唐都一直存在的門閥貴族階級在中國社會最後消失了。十八世紀西方啟蒙學者對科舉製造就的中國專制官僚政體推崇備至，認為是除皇帝外人人平等的「開明專制」社會，皇帝把國家交給通過考試錄用的「哲學家」(儒生）來管理，這些認識，當然僅僅是看到了表面。

然而，科舉制打破門第、地域、年齡界限，具有相當大的開放性和一定程度的競爭性，學子通過考試公平競爭，優者當官，這在古代社會不能不說是一個公平的、最好的選官制度，為充分選拔人才提供了條件。歷代科舉也的確選拔了不少人才，如唐宋八大家等，宋以後宰相多進士出身，這些人雖不一定個個都是哲學家，但的確為鞏固統治出了大力。科舉籠絡了大批知識分子，也緩和了不少社會矛盾，使社會最低層的庶人也有機會通過考試步入統治階級上層，為社會提供了合法狀態下階層流動的可能性，使統治階級及其機構內部不斷得到更新，從而更有活力，有利於社會的穩定和統治的長期延續。科舉制度的創立，對中國古代政治產生了巨大影響。

217 參見吳宗國：〈科舉制與唐代高級官吏的選拔〉，載《北京大學學報》一九八二年第一期；又參見吳宗國著：《唐代科舉制度研究》，遼寧大學出版社一九九一年版。

第六章　天子風韻　權力意志

隋煬帝追求聖王之業，大興文治，要致天下以太平。他也完全具備了聖王的某些主客觀條件，承緒大業，個人資質也屬上乘，可謂才華橫溢。唐太宗後來看到《隋煬帝集》，認為「文辭具博，亦知是堯、舜，而非桀、紂」。但在君主專制制度下，大權集於一人，皇帝的個性關係到天下的存亡，其個人意志又成為政治好壞的決定性因素，當好皇帝實不容易。唐太宗在講了上面一番讚歎隋煬帝文才的話之後，又疑惑不解地發問：「然行事何其反也？」[1]意思是說，一個有才能的皇帝，為何成了暴君，以致亡國？顯然，皇帝有才能未必能成聖人，言行雖效堯、舜，但濫用權力，就可能走向反面。

第一節　熱愛文學　宣導藝術

「亡國之主，多有才藝，考之梁、陳及隋，信非虛論。」[2]這是唐史臣魏徵考查史實後發出的感歎。政治才能和藝術愛好雖不是一回事，有人不可兼得，但也有人能相容得很好。隋煬帝就是一位既有政治才能，又有詩人氣質，熱心藝術的皇帝。然而，和歷史上許多才藝出眾的皇帝一樣，都是亡國之君，其前代如梁元帝、陳後主的豔詩，北齊後主亦能親執樂器，綺弦而歌；後代如南唐李後主的詞，北宋徽宗的書畫，都是冠絕一時。而隋煬帝則不僅詩文並茂，而且有多方面的藝術愛好和才能，他稱得上是一位有影響的文學家和藝術家。

文辭具博　詩賦綺麗

楊廣自小「好學，善屬文」，受過良好的教育，具有極高的文化素養。當了皇帝以後，楊廣曾極口自誇說：「就是與士大夫比才學，我也該當皇帝。」自認文才天下第一。事實上，隋煬帝也的確是隋代文壇重鎮，流傳至今的詩歌有四四首，而其實際創作絕不止這些，隋煬帝的創作和他的文風對隋代文壇產生了巨大影響。

隋代文壇的主要特點是南北不同文學風格的匯流融合，二百多年的南北朝政治上的對峙，使隋以前的文學發展呈現出各自不同的發展趨向。但南北文風融匯在南北朝後期就已開始，西魏大將楊忠攻入江陵，將南方詩人王褒、庾信等擄至長安，這些身懷家國之痛的詩人將北方蒼涼、沉鬱的感受，與南朝流風餘韻相結合，使詩歌成為發於肺腑的感情傾吐。庾信的一曲〈哀江南賦〉，風靡當時文壇，而「暮年詩賦動江關」。庾信融合南朝詩歌的精密華美與北地民歌的質樸剛健為一體，開拓了嶄新境界，而極大地影響了北方文風。庾信的詩成為長安貴遊子弟模仿的樣本。據說，楊廣初為文時，即「為庾信體」[3]，就是說，楊廣少年時代就已深深地熱愛江南風格的詩歌藝術，這與他行伍出身的父祖「好武少文」的家風大不相同。

隋統一，更多的南方詩人北上，促成了進一步的交流和互相學習，文壇很快出現南北混一局面。而南方文風在隋煬帝扶持下又占了上風。當然，南北融合是主流，但在隋文帝朝，情況則正好相反。

1 《資治通鑒》卷一九二唐太宗貞觀二年。
2 《陳書》卷六〈後主本紀．史臣魏徵曰〉。
3 《隋書》卷五八〈柳䛒傳〉。

隋文帝時，晉王楊廣招攬柳䛒、庾自直、諸葛潁、虞世基、虞世南等梁、陳舊宮體文人，暗自形成一個文人團體。太子楊勇及諸王也都招攬了一些文人，從事一些創作。所謂「宮體詩」，是南朝梁武帝時集結於皇太子蕭綱（即後來的簡文帝）周圍的一群貴族詩人，如庾信和他的父親庾肩吾、徐陵等「文並綺豔」之徒，彼此模仿提倡形成的一種文學，他們以太子東宮為中心，故稱「宮體」。宮體文學追求聲律，誇耀辭藻，但格調則傷於輕靡。宮體詩的內容較多描寫男女豔情和婦女生活，其中有的模擬南朝樂府民歌，有的則從感官愉悅的角度描寫宮廷女性的聲色姿態。到陳朝，後主陳叔寶好為豔詩，與宮廷詩人「狎客」唱和，集中反映了南朝上層統治者淫侈頹廢的生活。但宮體詩中也還有許多詠物寫景詩，刻畫精細，有獨到之處，形式上講究聲律、對仗和辭藻，藝術上很有講究。

南朝宮體詩不僅大為青年楊廣所傾倒，也影響了北朝作家的創作。薛道衡（五三九—六〇九）是聲譽最高的北方詩人，文壇宗匠，他出身於河東門閥士族，父祖出仕北齊。薛道衡在北齊與范陽盧思道、安平李德林齊名。北齊亡後入周、隋，因其詩名聞南北，文帝讓他出使陳朝，以文會友，受到南朝詩壇的讚譽。薛道衡作詩注意吸收南朝詩歌音律、技巧，思想性雖平淡，但藝術上有獨創，善於用精巧的語言表達細膩的感情，史稱：「江東雅好篇什，陳主尤愛雕蟲，道衡每有所作，南人無不吟誦。」[4] 薛道衡最著名的代表作是〈昔昔鹽〉，內容是寫獨守空閨的少婦思春，其中「暗牖懸蛛網，空梁落燕泥」一句，以白描手法把春閨獨守、空寂難耐的少婦情態寫得躍然紙上，成為膾炙人口的名句。這首詩也深得楊廣喜愛，他即位後，薛道衡被召入宮廷充作御用詩人，有應詔而作的奉和應制詩五首：〈從駕晉陽詩〉、〈奉和月夜聽軍樂應詔詩〉、〈奉和臨渭源應詔詩〉、〈秋日游昆明池詩〉、〈從駕天池應詔詩〉等。但薛道衡的詩友是權相楊素，相互之間詩詞唱和，友誼很深。楊素的邊塞詩代表的是另一種風格境界，其〈出塞〉二首雄渾雅健，慷慨粗獷。二人的詩代表了隋朝北方詩人的最高成就。

隋煬帝喜好南朝詩風，聚集在他身邊的文人多為南士，如徐陵之子徐儀，陳亡後隱居於錢塘赭山，楊廣特派人將他召到身邊。[5] 這批由梁、陳入隋的文人詩風與楊素大為不同，他們以詞采華麗，對仗工整，雕琢精美為工，有宮體餘韻。如柳䛒〈陽春歌〉云：

春鳥一囀有千聲，春花一叢千種名。

旅人無語坐簷楹，思鄉懷土志難平。[6]

詩大概寫於楊廣坐鎮江都之時，詩歌內容較空泛，而用力於雕琢詞句，吟詠花草，流連光景，與梁陳宮體輕綺詩風一脈相承。但柳䛒的詩卻大得楊廣讚賞，「唯當文共酒，暫與興相迎」，楊廣每有詩作，必令柳䛒潤色，然後才公開示人。有一次楊廣朝京師還江都，詩興大發，作〈歸藩賦〉，即命柳䛒作序，賦和序均辭藻典麗，王府學士大肆奉承了一番。由於柳䛒豔詩的影響，竟使楊廣的「文體遂變」。[7]

隋文帝楊堅則不愛好文學藝術，對淫聲豔辭深惡痛絕，認為文風不良是亡國的禍端。開皇四年（五八四），文帝「普詔天下公私文翰，並宜實錄」。治書侍御史李諤也上書指陳北魏以來「崇尚文詞，遂成習俗」，而南朝齊、梁文風更「競一韻之奇，爭一字之巧，連篇累牘，不出月露之形，積案盈箱，唯是風雲之狀」，「體尚輕薄」。文帝閱後大加讚賞，立即把李諤這篇奏文頒發全國，使「四海靡然向風，深革其弊」。[8] 文帝用行政手段強制推行文風改革，並令御史糾察，聞風即劾，大臣「莫不鑽仰

4 《隋書》卷五七〈薛道衡傳〉。
5 《冊府元龜》卷九八〈帝王部．徵聘〉。
6 《文苑英華》卷一九三。
7 《隋書》卷五八〈柳䛒傳〉。
8 《隋書》卷六六〈李諤傳〉。

墳集，棄絕華綺，擇先王之令典，行大道於茲世」。[9] 使風靡一時的南朝豔曲暫告匿跡。隋文帝本人並不作詩，開皇十年（五九〇）幸并州，設宴與秦王楊俊及王子相聚，一時興起，出口一詩：「紅顏詎幾，玉貌須臾；一朝花落，白髮難除。明年後歲，誰有誰無。」[10] 此詩感歎人生短暫，寫得樸實猶如大白話。楊廣為取悅父皇也曾假正經地批評輕薄不正的文風，但在江都藩邸卻搬弄南朝豔曲，多因舊曲而改填新詞。如〈春江花月夜〉，原為陳後主所造曲，楊廣填詞二首：

（一）

暮江平不動，春花滿正開。
流波將月去，潮水帶星來。

（二）

夜露含花氣，春潭漾月輝。
漢水逢遊女，湘川值兩妃。[11]

這兩首詩雖豔，但楊廣筆下的春水、春花、夜霧、月色和傳說中的動人故事也具有一種清新、明快的美，具有江南民歌的素質，沖淡了宮體格調，給人以歡悅之感。

南朝蕭梁時的宮體詩人沈約〈四時白紵歌〉五首，描寫歡情舞態，配以辭曲以舞女演唱起舞，曾大得梁武帝欣賞，其中〈夏白紵〉：「朱光灼爍照佳人，含情送意遙相親。嫣然一轉亂心神，非子之故欲誰因？翡翠群飛飛不息，願在雲間長比翼。佩服瑤草駐顏色，舜日堯年歡無極」[12]。這首歌舞辭曲也大得楊廣喜愛，即因其曲填新辭，作有〈四時白紵歌〉，其中〈江都夏〉：

黃梅雨細麥秋輕，楓樹蕭蕭江水準。
飛樓綺觀軒若涼，花簟羅帷當夜清。

菱潭落日雙鳧航，綠水紅妝兩搖漾。
還似扶桑碧海上，誰肯空歌採蓮唱。[13]

這首詩雖寫宮廷生活，但其江南明瑟水木的清新氣息還是沖淡了宮體格調，意境比沈約要高。另外，楊廣又填有〈東宮春〉，當是他當了皇太子後所作：

洛陽城邊朝日暉，天淵池前春燕歸。
含露桃花開未飛，臨風楊柳自依依。
小苑花紅洛水綠，清歌婉轉繁弦促。
長袖逶迤動珠玉，千秋萬歲陽春曲。[14]

此詩也頗為清新明快，內容上與舊宮體詩是有區別的。

隋煬帝即位時，原來在江都聚集在他身邊的南朝宮體詩人都得到了提拔，在朝當官成為幸臣，如諸葛潁遷官著作郎，甚見親幸，出入宮禁，煬帝高興時常留他在宮內用膳，「賜之曲宴」，經常與皇后嬪妃連席同餐。煬帝曾賜諸葛潁詩一首：

---

9 《隋書》卷六六〈李諤傳〉。
10 《隋書》卷二二〈五行志上〉。
11 《樂府詩集》卷四七。
12 《樂府詩集》卷五六。
13 《文苑英華》卷一九三。
14 同註13。

參翰長洲苑，侍講肅成門。
名理窮研核，英華恣討論。
實錄資平允，傳芳導後昆。[15]

對諸葛潁的才華深表讚賞。另一位出自南朝高門的詩手王胄在煬帝即位後也遷官著作佐郎，其詩文受到煬帝重視，有一次煬帝從東都還長安，賜天下大酺，乘興寫了一首五言詩：

東都禮儀舉，西京冠美歸。
是月春之季，花柳相依依。
雲蹕清池道，雕輦御晨暉。
嘹亮鐃笳奏，葳蕤旌旆飛。
後乘趨文雅，前驅厲武威。[16]

煬帝對自己的詩頗感滿意，於是令王胄唱和。王胄寫道：

河洛稱朝市，崤函實奧區。
周營曲阜作，漢建奉春謨。
大君苞二代，皇居盛兩部。
招搖正東指，天駟逌西驅。
展軨齊玉馭，式道耀金吾。
千門駐罕畢，四達儼車徒。
是節春之暮，神皋華實敷。

皇情感時物，睿思屬枌榆。
詔問百年老，恩隆五日酺。
小人荷鎔鑄，何由答大鑪。[17]

煬帝對王胄的唱和深表滿意，認為王胄詩「氣高致遠」。待詔禁宮的舊南朝宮體詩人還有虞綽、虞世南、庾自直、蔡允恭等，煬帝命虞綽和虞世南、庾自直等在祕書省修纂類書《長洲玉鏡》等多部，由虞綽筆削總纂，以便尋查典故。[18]煬帝對自己周圍文士的詩歌也都分別有所評價，他說：「氣高致遠，歸之於（王）胄；詞清體潤，其在（虞）世基；意密理新，推庾自直。過此者，未可以言詩也。」[19]

由於隋煬帝的大力宣導，一批宮體詩手十分活躍，與煬帝相唱和。詩人庾自直，五言詩寫得特別好，深為煬帝喜愛，後煬帝每有詩作，都先給庾自直看，讓他對詩進行「詆訶」，指陳缺點，提出修改意見。煬帝對庾自直的批評往往虛心採納，有時為寫好一首詩往來修改好幾次，直到雙方都感滿意為止。一個帝王能如此虛心，確為「人之所難」[20]，也難能可貴。然而，煬帝周圍的宮體詩人的應制詩大都內容貧乏，雖詞采華麗，卻了無情思。如煬帝寫了一首〈月夜觀星〉詩：

15《隋書》卷七六〈文學．諸葛潁傳〉。
16《初學記》卷一三〈巡狩第七〉。
17《隋書》卷七六〈文學．王胄傳〉。
18 同註17。
19 同註17。
20《隋書》卷七六〈文學．庾自直傳〉；明．徐枋：《讀史稗語》。

團團素月淨，翛翛夕景清。
谷泉暗驚石，松風動夜聲。
披衣出荊戶，躡履步山楹。
欣見月堂亮，喜見泰階平。
觜參猶可識，牛女尚分明。
更移斗柄轉，夜久無河橫。
徘徊不能寐，參差幾種情。[21]

詩中描述的是今夜月色好，出門觀星，滿天星斗可見，再附會以「泰階平」等套話，雖對仗工整而未見境界，沒有韻味，感覺不到真情的流露。或許是一次詩會，圍繞著煬帝此詩，竟引出一大批應詔奉和之作，現保存下來的詩便有諸葛潁、虞世南、蕭琮、袁慶等所作[22]，都是應制唱和，內容均是月夜觀星，然而觀星又沒有觸發真實感情，為完成任務只好硬湊。又由於是命題作詩，無話可說，又不得不說，只好用典，排比富麗的辭藻，而處處都是拼湊的痕跡。這些詩均無可取之處。其他的大量應制詩，也大都如此。[23]

隋煬帝平時有靈感時，寫的一些描述四季感受的詩，倒是頗為真摯。如：

洛陽春稍晚，四望滿春暉。
楊葉行將暗，桃花落未稀。
窺簷燕爭入，穿林鳥亂飛。
唯當關塞者，溽露方沾衣。

——〈晚春詩〉

夏潭蔭脩竹，高岸坐長楓。
日落滄江靜，雲散遠山客。
鷺飛林外白，蓮開水上紅。
逍遙有餘興，悵望情不終。
——〈夏日臨江詩〉

故年秋始去，今年秋復來。
露濃山氣冷，風急蟬聲哀。
鳥擊初移樹，魚塞欲隱苔。
斷霧時通日，殘雲尚作雷。
——〈悲秋詩〉

覺歲將至，已復入長安。
月影含冰凍，風聲淒夜寒。
江海波濤壯，崤潼阪險難。
無因寄飛翼，徒欲動和鑾。
——〈冬夜詩〉24

21《初學記》卷一〈天部上・星四〉。
22 同註21。
23 參見羅宗強等：《隋唐五代文學史》，高等教育出版社一九九〇年版，第一九—二〇頁。
24《初學記》卷三〈歲時部上〉。

這四首詩把春、夏、秋、冬四季的不同感受寫得惟妙惟肖，人性意味十足，也很有氣勢。詩在宮廷及文士中吟唱，不僅蕭后和後宮妃主愛好，連煬帝年幼的小兒子趙王楊杲也能背誦。[25]

隋煬帝的詩在藝術上取得了一定成就，他的一首斷句小詩「寒鴉飛數點，流水繞孤村，斜陽欲落處，一望黯消魂」，為歷代傳為名句。後宋朝詞人秦觀將其點化到自己的〈滿庭芳〉中：「斜陽外，寒鴉數點，流水繞孤村。消魂，當此際。」[26]可謂意境萬千。隋煬帝的〈春江花月夜〉對唐代詩人張虛若的同題樂府也不無誘發力。可見歷代詩人對隋煬帝的詩還是十分鍾愛的。

隋煬帝的邊塞詩則給我們展現出另一種風貌，如〈飲馬長城窟行〉及〈白馬篇〉、〈紀遼東〉、〈雲中受突厥主朝宴席賦詩〉、〈臨渭源詩〉、〈季秋觀海詩〉、〈望海詩〉等，均寫得氣勢恢宏，風格剛健，其中〈季秋觀海詩〉，風格別致，詩云：

孟軻敘遊聖，枚乘說愈疾。
逖聽乃前聞，臨深驗茲日。
浮天迴無岸，含靈固非一。
委輪百穀歸，朝宗萬川溢。
分城碧霧晴，連洲彩雲密。
欣同夫子觀，深愧玄虛筆。

這首詩辭藻典麗，但內容深奧，想像力極為豐富，是感情的傾吐，而非矯揉造作的宮體詩所能比。清代評論家沈德潛云：「隋煬帝豔情篇什，同符後主，而邊塞諸作，矯然獨異，風氣將轉之候也。」[27]

隋煬帝熱愛文學，工詩能文，獎掖文士，又開創以策問詩文取士的進士科，對隋唐詩歌的發展起了一定的促進作用。隋煬帝自己的創作水準也相當高，其現存四十四首詩中，豔詩約僅四－五首，大部分寫得都有一定意境，有一定技巧，很有特色。魏徵在論及隋煬帝詩文時說：「其與越公書、建東都詔、冬至受朝詩及擬飲馬長城窟，並存雅體，歸於典制。」其詩「雖意在驕淫，而詞無浮蕩」。[28]隋煬帝詩有一定的思想性和藝術性，初步突破了齊、梁詩風，從綺麗的宮體中昇華出內容充盈的新篇章，在隋代詩壇可謂獨步一時。隋祚雖短，隋文帝又「素無學術」，厭惡華美辭文，詩壇只是在大業年間才出現了十來年的繁盛，雖然未見到多少令人神往的詩篇，宮廷御用文人們亦難以突破應制宮體的窠臼，但煬帝詩還是多少有些突破，煬帝朝詩壇的創作可以說為盛唐文學的繁榮作了鋪墊和準備。當時隱居山林的大儒王通對隋煬帝時流行的綺麗文風持批評態度，認為「諸侯不貢詩，天子不采風，樂官不達雅，國史不明變，其則久矣，詩可以不續乎？」[29]但他們自己創作不多，作用不顯。

隋煬帝以帝王之尊創作詩文，據說十分恃才驕傲，史載：「帝善屬文，而不欲人出其右，司隸薛道衡由是得罪。」薛道衡誅死後，煬帝惡狠狠地說：「更能作空梁落燕泥否？」又煬帝為《燕歌行》，文士皆和，著作郎王冑獨不下帝，帝每銜之，冑竟坐此見害，而誦其警句曰：「庭草無人隨意綠，復能作此語邪？」這段記載見於《隋書．五行志》，唐代小說《隋唐嘉話》卷上亦有記載，《資治通鑒》卷一八二大業九年記事也收錄了，似乎真有其事，其實，都與史實相悖。薛道衡的死另有原因，我們下面將詳述，王冑的死更與寫詩無關，我們前面提到煬帝喜歡王冑的詩，並虛心向庾自直學詩，王冑

25《隋書》卷五九〈煬三子．趙王杲傳〉。

26《詞林紀事》，成都古籍書店一九八二年版，第一八三頁。煬帝詩見《筆塵》。

27《古詩源．例言》，中華書局一九七七年版，第三頁。

28《隋書》卷七六〈文學傳．序〉。

29《玉海》卷三八〈隋文中子續詩〉條。

恃才恃寵的確也相當自負，史載王胄「性疏率不倫，自恃才大，鬱鬱於薄宦，每負氣陵傲，忽略時人，為諸葛潁所嫉，屢譖之於帝，帝愛其才而不罪」。[30]由此來看，煬帝不但不妒王胄之才，反而「愛其才而不罪」，真正妒忌王胄才華的是其文人同類諸葛潁等，王胄發牢騷是由於嫌官小，而其死則是後來楊玄感叛亂受到株連。由此看來，關於王胄、薛道衡死於隋煬帝妒才，又是小說家的編造。

隋亡唐興，唐太宗對隋煬帝的詩最為欣賞，曾作宮體詩令群臣唱和，由隋煬帝身邊入唐的虞世南諫曰：「聖作誠工，然體非雅，正恐此詩一傳，天下風靡」。唐太宗領悟，對侍臣說：「群臣皆若世南，天下何憂不理。」[31]然而，比較隋煬帝和唐太宗詩，會發現二人風格相近，而論文采，唐太宗不如隋煬帝。

賞析書畫　百戲繁盛

隋煬帝不僅詩文並茂，而且對書法、繪畫、音樂、歌舞等也都十分熱愛。本來他可以朝文學藝術方向發展，但帝王之路改變了他的生活道路，他的藝術造詣因其暴虐亡國而多所湮沒，這是需要著力發掘並重新給予評價的。

隋煬帝為了實現他理想中的美的生活，即位後以國家財力贊助書法、美術、雕塑等各項藝術活動，他大力羅致海內各方面的藝術家和專門學者，以供御用。又於東都觀文殿後築二臺，東曰妙楷臺，收藏自古書法帖跡；西曰寶跡臺，收藏自古以來的名畫。隋煬帝本人雖然沒有流傳下來什麼書畫作品，但據載他曾親自主編了《古今藝術圖》五十卷，「既畫其形，又說其事」[32]，可惜此書早已不存。隋煬帝召集南北藝術家齊集東都，互相交流，進一步促進了南北藝術風格的融合和進一步發展。如畫家展子虔和董伯仁，一個來自河北舊齊之地，一個來自江南陳朝，初被召入隋宮互相瞧不起，後經過在一起作畫，各有所長，成為互相學習互相推重的好友，時人並稱「董展」。

隋煬帝宮廷的書法家有虞世基、虞世南、歐陽詢、丁道護、閻毗、智果等，在煬帝宣導下，東晉「二王」書風，由陳入隋，風行全國。虞氏兄弟早年師從僧智永，而智永則為東晉「書聖」王羲之第五子王徽之的後裔，生於陳，住紹興永欣寺，閉閣學書三十年，「禿筆成塚」，其書法「筆力縱橫，真草兼備，綽有祖風」。他的墨蹟有一件唐時由鑒真和尚帶到日本，流傳至今。永欣寺另一藝僧智果，「工書銘石，甚為瘦勁」，也得王羲之真傳。二僧均得煬帝讚賞，據說煬帝曾評論說：「和尚(指智永)得右軍肉，智果得右軍骨」。[33] 智果被延攬到宮廷，但墨蹟不存。智永雖沒有被延攬到煬帝宮廷，但他的學生虞世南等將王羲之以來的江南書法帶到藝術隋宮苑，在煬帝宣導下使隋代真草書傳「二王」衣缽。後虞世南、歐陽詢入唐，既成為唐太宗的書法老師，又直接影響了唐代書法。隋代書法攙雜諸體，南北混融，以南朝風格為主逐漸統一規範化，這與隋煬帝喜好南朝「二王」風格是分不開的。[34]

隋煬帝延攬的畫師有來自南方、師承南朝風格的董伯仁、鄭法士、楊契丹、孫尚子等；也有經歷北齊、北周入隋的展子虔、田僧亮、閻毗、楊子華等，另外還有來自西域于闐的尉遲拔質那等，這些宮廷畫師擅長宗教畫，也都從事其他題材的創作，且各有專長，他們傳世的作品今日已難以見到，但著錄於畫目中秉承煬帝旨意而作的〈遊春圖〉一類全景畫很多。如展子虔的〈長安車馬人物圖〉、〈雜

30 《隋書》卷七六〈文學・王胄傳〉。
31 《玉海》卷二九〈唐宮體詩〉。
32 唐・張彥遠：《歷代名畫記》。
33 唐・張懷瓘：《書斷》。
34 參見《中國美術全集・書法篆刻編》第三卷〈隋唐五代書法〉，楊仁愷文《隋唐五代的書法藝術》，人民美術出版社一九八四年版。

宮苑南郊白晝〉，鄭法士的〈洛中人物車馬〉、〈游春苑圖〉，楊契丹的〈幸洛陽圖〉、〈貴戚遊宴圖〉，及其他許多〈畋獵圖〉。這類作品有的可能是寓有故事的風景畫，有的則是南北朝以貴族生活為主題的風景畫的進一步發展。隋代繪畫開始擺脫漢代原始稚拙之氣，擺脫了人物畫初期樸素的狀態，一方面繼承了傳統技法，另一方面又大量吸收了隨佛教傳入而來的西域藝術風格，表現方法更為豐富多彩。如展子虔的風景畫「動筆形似，畫外有情」，看上去「咫尺千里」，為唐代山水畫的發展奠定了基礎。展子虔是隋朝最負盛名的畫師，他描繪的車馬能在靜止的畫面上呈奔飛之狀，他的人物畫能生動地捕捉各種情態，隋煬帝曾召他往江都，為寵臣王世充畫肖像。[35]

隋煬帝不是將御用畫師禁錮在宮廷，而且給予充分的創作自由。除在宮廷創作的大量卷軸畫外，大多數畫師都與佛、道二教有密切關係，為寺廟道觀畫了大量壁畫。如展子虔就曾在長安定水寺、海覺寺、光明寺，東都龍興寺、天女寺，作過壁畫，畫過〈法華經變圖〉。董伯仁畫過〈彌勒變〉。鄭法士與楊契丹在佛教壁畫方面也享有盛名，他們與田僧亮一同在京城光明寺小塔合作一幅畫，鄭法士畫東壁、北壁，田僧亮畫西壁、南壁，楊契丹畫外邊四面，當時稱為「三絕」。[36]這些經變圖與佛教故事結合在一起，如表現極端華麗的淨土和極端悲慘的地獄，其中神仙鬼怪、鳥獸昆蟲都凝集著豐富的想像力，呈現出廣闊的生活畫面。

大量佛寺道觀的壁畫，也得到隋煬帝的喜愛，江都慧日道場就有「張善果畫壁」[37]，煬帝外出行幸，也常往寺觀欣賞壁畫，並曾寫了一首〈謁方山靈岩寺詩〉：

> 梵宮既隱隱，靈岫亦沈沈；
> 平郊送晚日，高峰落遠陰。
> 迴旛飛曙嶺，疏鐘響畫林；

蟬鳴秋氣近，泉吐石溪深。
杭跡禪枝地，發念菩提心。

煬帝的近侍諸葛潁隨即和了一首：

名山鎮江海，梵宇駕風煙。
畫栱臨松蓋，鑿牖對峰蓮。
雷出階基下，雲歸梁棟前。
靈光辯晝夜，輕衣數劫年。
一陪香作食，長用福為田。[38]

煬帝欣賞壁畫的方山靈岩寺在什麼地方，大概是山西太原以西約四十公里外的天龍山石窟，或甘肅蘭州西南方永靖縣境內的炳靈寺石窟，二者必居其一。據考，所謂方山，梵名為毘布羅山（vipula），又作毘富羅山，意譯為方山、大山，為中印度摩揭陀國王舍城五山之一。而太原天龍山石窟原名就叫方山，北齊時建天龍寺，故改天龍山，石窟鑿於北齊、隋唐間，以漫山閣九連洞的佛像和浮雕著稱。蘭州附近的炳靈寺石窟，唐宋時曾叫靈岩寺，為中國現存最古老的石窟，它處於黃河上游永靖縣之西的紅砂岩小積石山中，存有大量石刻藝術、塑像和壁畫，現存最早的古願文「摩崖刻石」

35 參見《中國美術全集．繪畫篇》第二卷〈隋唐五代繪畫〉，金維諾文《隋唐時期的繪畫藝術》，人民美術出版社一九八四年版。
36 《太平廣記》卷二一一〈鄭法士〉。
37 《江都縣誌》卷一七〈寺觀〉。
38 《廣弘明集》卷三〇。

之記載為「大代（北魏）延昌二年（五一三）歲次癸巳六月甲申朔十五庚戌」。寺院西南北三壁有北魏時代的精美造像，風格與雲岡、龍門、敦煌等處略有不同，隋唐時代的造像亦有不少。隋煬帝曾北巡、西巡，這兩處石窟都有可能到過，這些精美的藝術品在千年之前曾吸引得煬帝流連忘返，雖然煬帝和他的幸臣諸葛潁詩中所描述的「畫林」、「畫栱」究竟是哪一處壁畫尚無法確定，但煬帝對這一佛教藝術形式十分熱愛，並大加提倡，則是可以肯定的。

炳靈寺石窟所鑿佛龕極多，作為印度覆缽式之塔形，由於隋代復興佛教，龕窟造像遍地興起，除天龍山石窟和炳靈寺石窟外，在敦煌莫高窟、天水麥積山石窟、廣陽北石窟寺、洛陽龍門、安陽寶山靈泉寺、邯鄲響堂山以及山東曆城神通寺千佛岩、益都駝山、雲門山、東平白佛山、長清五峰山等地均有造作，光敦煌莫高窟現存隋窟就多達七十窟，尤堪矚目。由於皇帝提倡，隋朝野競相修建寺窟，推動和提高了佛教造像藝術的精進，隋代盛行白大理石造像，在太行山東麓的定縣周圍發現很多，煬帝的宮殿離苑以佛教為題材的壁畫也不少[39]，當然，這也耗費了不少錢財。

在音樂歌舞方面，隋煬帝的造詣更高，其醉心於此可謂達到了狂熱的地步。但是隋煬帝之父隋文帝本質上並不愛好藝術，也不懂音樂。鑒於北齊後主高緯、周天元宇文贇及陳後主等因樂曲玩物喪志，編制豔曲以致亡國的教訓，文帝把樂舞藝術統統視為禍國害君的淫技。開皇元年（五八一）四月戊戌（十九日），隋文帝下令將太常演奏散樂的樂工統統放免為百姓，凡非正聲清商及燕樂七部四舞之類的太常樂工，也一皆罷遣，由牛弘主持此事，禁止演奏雜樂和百戲[40]，唯留太常雅樂，供朝慶大典使用。

所謂雅樂，乃登封祭祀朝會等正式場合演奏的樂舞，被稱為正調。在封建時代，音樂被用作推行王化的重要手段，制禮作樂向來被看成是一件政治大事，《隋書・音樂志上》曰：「聖人因百姓樂己之德，正之以六律，文之以五聲，詠之以九歌，舞之以八佾。實升平之冠帶，王化之源本。」文帝於是鄭重其事地讓朝臣公開討論整理雅樂。

開皇二年（五八二），歷經梁、北齊、北周入隋的大學者顏之推上言，稱華夏之域禮崩樂壞已久，太常雅樂盡是西域胡樂，請求依據南朝梁武帝時的古樂考求華夏正聲。然而，隋文帝卻以為梟梟梁音乃亡國之音，還是襲用北周雅樂為好。不久下詔征知音之士集尚書省，參定音律，結果爭論了七年，最後採納的竟是不懂音樂的何妥的主張。何妥諂媚道：「黃鐘者，以象人君之德」。及奏黃鐘之調，文帝聽後說：「滔滔和雅，甚與我心會。」最後規定雅樂只准用黃鐘一調，不得轉調。[41]

開皇九年（五八九）滅陳，獲號稱華夏正音的南朝舊樂，發現與隋樂大不相同，晉王楊廣於是上表請求重議正樂，為此太常寺增設了清商署，進行校定，受命校樂的牛弘請求雅樂可以旋宮轉調，但文帝仍以為何妥宿儒不會有錯，只許用黃鐘一宮，高興得何妥寫詩慶賀：「八行陳樹羽，六德審知音。天道兼韶濩，充庭總韎任。高天渡流火，落日廣城陰。百神諧景福，萬國仰君臨。天樂非城鼓，且用戒民心。」[42]極盡諂媚之能事。以權力來裁定藝術，最後只能是扭曲藝術。文帝之時，隋朝的藝術氣氛極端壓抑、沉悶，楊廣也矯情飾行，在父皇面前竭力裝出不好聲色的樣子。但仁壽元年（六〇一）楊廣被立為皇太子時，在太廟聽到單調的雅樂，也深表不滿，曾上言「請更議定」[43]。

隋煬帝即位後，於大業元年（六〇五）下詔重修高祖廟雅樂，「增多開皇樂器，大益樂員，效屆

39 參見《中國美術全集．雕塑》第二卷〈隋唐五代雕塑〉，史岩文《隋唐的雕塑藝術》，人民美術出版社一九八四年版。

40 《隋書》卷一〈高祖紀上〉。

41 《隋書》卷一四〈音樂志中〉。

42 《初學記》卷一五〈雅樂第一〉。

43 《隋書》卷一五〈音樂志下〉。

樂懸，並令新制」。[44] 文帝時樂隊需要用懸掛編鐘、磬鼓的木架二十個，煬帝增至三十六架，並令寵臣柳䛒、何稠、諸葛潁、袁慶隆負責禮樂之事。被文帝廢棄不用的梁武帝時的可以旋宮轉調的雅樂隨即恢復了，時會稽人孔德昭在太常觀看了新製作的雅樂，寫詩贊云：「大君膺寶曆，出豫表成功。鈞天金石響，洞庭弦管清。八音動繁會，九變葉希聲。和雲留睿賞，薰風悅聖情。盛烈光韶濩，易俗邁咸英。切吹食無取，率舞欉輕生。」[45] 其浩然氣勢和華麗樂章可謂令人耳目一新。卞斌和之曰：「小臣濫清耳，長奉南風弦」[46]。由此可推知，煬帝雅樂大量採用了南朝音律。

大業六年（六一〇）二月庚申（二十八），因太常少卿裴蘊之議，隋煬帝下令將文帝時罷為編戶的前北魏、北齊、北周及梁、陳的樂戶及其子弟，統統配入太常，在長安專門置樂坊供他們居住，凡有異技能歌善舞者均萃集樂府，並置樂府弟子，轉相教授，使太常樂工達到三萬餘人[47]，其數目大大超過先前任何朝代。

隋煬帝尤其醉心於燕樂，所謂燕樂，乃游宴時演唱的比較自由的音樂歌舞，又稱宴樂或俗調。燕樂又泛指雅樂以外的全部藝術性音樂，其較之廟堂雅音正調更具娛樂、欣賞性，其基礎來自民間，大量地吸收了外來成分，形式多樣，內容更豐富，配以歌舞，又成為大型樂舞，而最具魅力。樂舞的主要特徵是規模大，樂部多，民族和地方特色各具，異彩紛呈。

開皇初，隋教坊宮廷燕樂被定為七部：一曰國伎、二曰清商伎、三曰高麗伎、四曰天竺伎、五曰安國伎、六曰龜茲伎、七曰文康伎，稱「七部樂」，又雜有疏勒、扶南、康國、百濟、突厥、新羅、倭國等伎。負責制禮作樂的大儒牛弘為迎合隋文帝情趣，沖淡外來及少數民族味道，加進了四個漢魏以來中國的傳統舞，奏稱：「四舞，按漢魏以來，並施於宴餉。」然而，文帝仍慼燕樂「聲不正」，而大加排斥，希望「親賓宴歡，宜奏正聲」。[48]

煬帝對宮廷燕樂大加整理，將七部擴大為九部，即清商、西涼、龜茲、天竺、康國、疏勒、安國、高麗、禮畢。稱「九部樂」，其中清商為「清商三調」，乃「漢來舊曲」，為漢族傳統的民間音樂，以下除最後「禮畢樂」外的七部，則均為外來或少數民族樂舞，而特別以「龜茲樂」為最優美。龜茲在今新疆，地處古絲綢之路上，南北朝時，西域各處音樂先彙集於此，與本地樂融合後再傳入中原，據林謙三氏考證，龜茲所接觸的外來音樂文化，以隨佛教文化東傳的印度音樂的影響更多一些。[49]前秦呂光滅龜茲，中原「因得其聲」，至隋有「西國龜茲、齊朝龜茲、土龜茲等三部」，有樂工曹妙達、王長通、李士衡、郭金樂、安世貴等，都是演奏龜茲樂的能手。他們估炫於王公之間，「舉時爭相慕尚」。[50]「西涼樂」是以敦煌為中心的西北胡漢雜居地區的音樂，其樂調主要得自於龜茲樂而加以變通，使胡樂與漢樂得到進一步融合，為此林謙三氏認為：「隋代之俗樂調大抵是借用著龜茲樂調為中心的胡調而稍稍漢化了的。」[51]另外，疏勒樂也出自今新疆，康國樂、安國樂則出自今中亞，加上天竺（印度）、高麗（朝鮮），九部樂彙集四面八方，可以說是萬方樂奏，盛況空前。最後一部「禮畢」又稱「讌後」，出自晉太尉庾亮家，帶假面具「執翳以舞」，謂之「文康樂」，後被用於多部樂舞的結尾。[52]

44《隋書》卷一五〈音樂志下〉。
45《初學記》卷一五〈雅樂第一〉。
46 同註45。
47《隋書》卷三〈煬帝紀上〉；卷六七〈裴蘊傳〉。
48 同註44。
49 參見林謙三：《隋唐燕樂調研究》第二章，商務印書館一九五五年版。
50 同註44。
51 參見林謙三：《隋唐燕樂調研究》第三章，商務印書館一九五五年版。
52《隋書》卷一五〈音樂志下〉。

樂器是構成樂曲風格的重要因素，用於演奏九部樂的樂器更是中外合流，盛況空前，這些樂器大概可分為管樂、弦樂、打擊樂三大類。管樂器有笛、笙、簫、篪、篳篥、角、笳、貝、葉等；絃樂器有琴、瑟、箏、琵琶、箜篌、五弦、三弦、筑、擊琴等；打擊樂器有鐘、磬、鈴、鉦、鐸、鐃、鈸、方響、錞於、拍板、節鼓、腰鼓、羯鼓、毛員鼓、都曇鼓、答臘鼓、雞婁鼓、齊鼓、擔鼓、連鼓、鞉鼓、桴鼓、鐃鼓、槃鞞、王鼓等。[53]在這些樂器中，笛的演奏占有重要地位，笛又稱橫吹，隋煬帝的幸臣姚察有一首〈賦得笛詩〉：「作曲是佳人，制名由巧匠，鶤弦時莫並，鳳管還相向。隨歌響更發，逐舞聲彌亮；宛轉度雲窗，逶迤出黼帳。長隨畫堂裡，承思無所讓。」[54]看來，笛聲在樂曲中是格外響亮。樂器中有很多來自少數族，有些更遠自波斯、印度，數百年來經中原人民的消化改造，已和傳統樂器融為一體，每奏一部樂，所用樂器不同，樂工數目不等，且每部樂曲調風格不一，合奏出的優美旋律，令人賞心悅耳，美不勝言。

隋代燕樂以傳統漢族音樂為基礎，大量吸收西域音樂及少數民族音樂，在大業年間初步形成新的音樂體系。外來音樂在隋煬帝宣導下登上大雅之堂，衝擊了傳統禮樂定於一尊和歸於雅正的音樂觀，使樂律、樂器多有改革，豐富了音樂的表現力。

九部樂之外，燕樂中含有多段的大型歌舞曲叫「大曲」，是綜合聲樂、器樂和舞蹈而為一體連續表演的大型樂舞，通常分為散序、中序、破三大部。散序節奏自由，為器樂部分；中序歌唱為主，器樂伴奏，又稱歌頭；破以舞為主，器樂伴奏，節奏漸快，也稱舞遍。煬帝時曾有〈水調歌〉〈鬥百草〉〈泛龍舟〉等大曲出現，其中〈水調歌〉詞曲均為煬帝親作，〈鬥百草〉〈泛龍舟〉則為煬帝令西胡樂師白明達創作，大概由煬帝寫詞，白明達配曲，二人合作，妙造新聲。另外，還有〈萬歲樂〉〈藏鈎樂〉〈七夕相逢樂〉〈投壺樂〉〈舞席同心髻〉〈玉女行觴〉〈神仙留客〉〈擲磚續命〉〈鬥雞子〉〈還舊宮〉〈長樂花〉〈十二時〉等大曲，「辭極淫綺」，配以龜茲調，演唱起來令人聽來「掩抑摧藏，哀音斷絕」[55]，而大得煬帝讚賞。煬帝親作豔篇，被之管弦，歌舞其中，流連忘返，他還作詩描寫歌舞中舞女的姿態：

步緩知無力，臉曼動餘嬌；
錦袖淮南舞，寶襪楚宮腰。[56]

看來，煬帝的確在歌舞藝術中陶醉了。

除多部樂和歌舞外，廣義的燕樂還包括與民間音樂有關的一切音樂雜戲，其中重要的是鼓吹和散樂。宮廷宴會一般先奏雅樂，接著是歌舞大曲，餘興未盡，鼓吹和散樂也接著上演。隋煬帝規定宮廷宴餉設鼓吹，依照梁武帝的規制設熊羆十二案，主要用打擊樂器和管樂，敲打演奏起來聲音威武雄壯，熱鬧非凡，猶如「熊羆驅豹，騰倚承之，以象百獸之舞」。[57]而且，隋代的鼓吹開始與散樂結合。

散樂指散於四方之俗樂，品種繁多，又稱百戲，它包括各種戲弄，也包括各種雜技。散樂始盛於漢代，魏晉南北朝時大量西域幻術散樂輸入，同漢族音樂伎藝匯合。北齊武平年間（五七〇—五七六）有魚龍爛漫、俳優、侏儒、山車、巨象、拔井、種瓜、殺馬、剝驢等雜技戲目。北齊亡後數年，鄭譯向周天元奏請將北齊散樂人徵集到長安，隋開皇初文帝下令全部放免。大業二年（六〇六）突厥啟民可汗來朝，煬帝欲誇耀一番，下令「總追四方散樂，大集樂都」，起初先在宮內華林苑積翠池側表演，煬帝與宮女們觀賞，後來就到大街上表演。有一出大型雜技：「有舍利先來，戲於場內，

53 參見楊蔭瀏：《中國音樂史稿》上冊，第九章，人民音樂出版社一九八〇年版。
54《初學記》卷一六〈笛第十〉。
55《隋書》卷一五〈音樂志下〉。
56《喜春遊歌》之二，見《樂府詩集》卷七七。
57 同註55。

須臾跳躍，激水滿街，黿鼉龜鼇，水人蟲魚，遍覆於地，又有大鯨魚，吐霧翳日，倏忽化成黃龍，長七八丈，聳踴而出。」叫做「黃龍變」。[58] 這場大型雜技，場面宏大，變化萬端，熱鬧異常，大概就是所謂魚龍蔓延之樂。

又有「俳優」戲，「以繩系兩柱，相去十丈，遣二倡女，對舞繩上，相逢切肩而過，歌舞不輟」，又有「夏育扛鼎」：「取輪石臼大甕器等，各於掌上而跳弄之，並二人戴竿，其上有舞，忽然騰透而換易之。」還有「神龜負山」、「幻人吐火」等場景，千變萬化，「曠古莫儔」，足使觀眾猶如墜入雲霧之中，進入神仙境界。突厥啟民可汗等驚駭萬分，欽佩得五體投地。煬帝更十分得意，於是下令各種雜技到太常寺排練教習，由官司供給。每年正月，萬國來朝，煬帝即將各國使者留至十五日，於端門外建國門內，「綿亙八里，列為戲場，百官起棚夾路，從昏達旦，以縱觀之，至晦而罷」。雜技藝人全都穿上太常配置的錦繡衣裳，歌舞藝人為示滑稽多穿婦人之服，各類化了裝的演員「殆三萬人」。為了配齊這些演藝人員的道具服裝，煬帝下令課河北、河南民戶製作，兩京官庫「繒錦，為之中虛」。[59] 大業四年（六〇八）九月辛未（初一），煬帝又徵集天下馴鷹師齊集東都，結果「至者萬餘人」[60]，為此煬帝專門寫了一首〈詠鷹詩〉：

遷朔欲之衡，忽投罻羅裡。
既以羈華絆，仍持獻君子。
青骹固絕儔，素羽誠難擬。
深目表茲稱，闊臆斯為美。
驚獸不及奔，猜禽無暇起。
雖蒙韝上革，無復淩雲志。[61]

上萬隻鷹隼搏擊長空，情景足為壯觀。

詩人薛道衡有一首〈和許給事善心戲場轉韻詩〉，相當生動地描述了長安洛陽正月十五元宵鬧花燈的場景：「京洛重新年，復屬月輪圓。」「萬方皆集會，百戲盡來前；臨街車不絕，夾道閣相連。」「佳麗儼成行，相攜入戲場。」「竟夕魚負燈，徹夜龍銜燭。歡笑無窮已，歌詠還相續。羌笛隴頭吟，胡舞龜茲曲；假面飾金銀，盛服搖珠玉。」「抑揚百獸舞，盤跚五禽戲。」[62]詩中描繪了千姿百態的雜技和千奇百怪的花燈，真是異彩紛呈。這種百花齊放的狂歡場面，不僅「振古無比」，而且後世難匹。百戲由官方舉辦，若不是皇帝以國家財力資助，任何個人任何團體都負擔花費不起的。

然而，隋煬帝宣導藝術的目的是粉飾太平，或向四夷炫耀，並且在很大程度上是追求享樂，他講究排場，耗費巨大，窮極侈靡，可謂觸目驚心。他曾多次「大會蠻夷，設魚龍蔓延之樂」，每年正月十五盛陳百戲，舉國歌舞，誇示四夷，「其營費鉅億萬」，而毫不顧惜。他對發展古代文化藝術作出了重大貢獻，在藝術發展史上應有其不可磨滅的地位。但作為萬民之主的皇帝，不能致天下以太平使百姓富足安樂，又何如以節儉著稱的隋文帝。

58 《隋書》卷一五〈音樂志下〉。
59 同註58。
60 《隋書》卷三〈煬帝紀上〉。
61 《文苑英華》卷三二八；《初學記》卷三〇〈鳥部．鷹四〉。
62 《初學記》卷一五〈雜樂第二〉。

皇帝也是人而不是神，皇帝也有自己的生活，但皇帝的生活與平常人不同，皇帝擁有三宮六院，妃嬪成群。隋煬帝可謂是風流天子，他一即位就營造東都，耗費民脂，建豪華的宮苑，其宮廷生活奢侈可想而知。

隋煬帝追求美的生活是無所顧忌的，不僅東都宮苑金碧輝煌，豪華無比，還妙選風景幽雅之地，遍置樓臺亭閣，據說其晚年侈心更重，所建迷樓「千門萬戶，上下金碧，金比伏於棟下，玉獸蹲乎戶旁，壁徹生光，鎖窗射日，工巧之極，自古無有」。[63] 有小說記載：煬帝殿內房中懸有一百二十顆大珠以照明，光比白日，「又有明月寶夜光珠，大者六、七寸，小者猶三寸，一珠之價，值數千萬」。[64] 舊史稱煬帝「無日不治宮室，兩京及江都，苑囿亭殿雖多，久而益厭，每遊幸，左右顧矚，無可意者，不知所適，乃備責天下山川之圖，躬自曆覽，以求勝地可置宮苑者」。[65] 又據史書記載：煬帝「性多詭詰，所幸之處，不欲人知，每之一所，輒數道置頓，四海珍羞殊味，水陸必備焉，求市者無遠不至。郡縣官人，競為獻食，豐厚者進擢，疏儉者獲罪」。[66] 史書的這些記載，不能完全說是無中生有的憑空捏造，雖有誇張或虛構的成分，但煬帝的生活作風與其父文帝的簡樸節儉大不一樣，形成鮮明對照則是盡人皆知的，所以清人王夫之說：「煬帝即位，侈靡即至。」[67]

隋煬帝在衣、食、住、行各方面都極講排場，鋪張浪費。在飲食上務求「精麗」，他對東南西北各地名吃佳餚都瞭若指掌。「吳郡獻松江鱸，煬帝曰：所謂金虀玉膾，東南佳味也」。[68] 又曾將茄子改名曰「崑崙紫瓜」。[69]

隋煬帝經常設宴會群臣，表兄李淵是西魏八柱國李虎的孫子，襲爵唐國公，長得很帥氣，也很有才能，經常被招來參加宴會。李淵面皺，煬帝在宴席上竟當眾汙辱他，稱他「阿婆」。[70] 實際上煬帝與李淵不僅是親戚，而且自小就很友善，但當時「圖讖多言姓李將王」，煬帝心存猜忌，對李淵加以排斥，呼為「阿婆面」。李淵受辱當然心裡不高興，回家後告訴妻子竇氏，竇氏卻解說：「此可相賀，公是襲唐公，唐之為言堂也，阿婆面是堂主。」一番笑話說得李淵不禁大悅。[71] 隋煬帝還在宮中做無聊的拆字遊戲，據說有一次令取左右離合之意，謂杳娘曰：「我取杳字為十八日。」時有宮婢羅羅侍立，杳娘取羅為四維，帝又謂蕭妃曰：「爾能拆朕字乎？」蕭妃乃應聲曰：「能，但移左畫居右邊，豈非淵字耶。」後驗之，乃唐公李淵之淵字。[72] 這個李淵，就是後來創立唐朝的唐高祖。

當然，以上傳說真假難辨，但隋煬帝經常大擺宴席當為事實。隋煬帝有一首〈宴東堂詩〉，描寫他的宴會：

雨罷春光澜，日落暝霞暉。
海榴舒欲盡，山櫻開未飛。
清音山歌扇，浮香飄舞衣。

63《迷樓記》，歷代小史本。
64《太平廣記》卷二三六〈隋煬帝〉。
65《資治通鑒》卷一八一隋煬帝大業四年。
66《隋書》卷四〈煬帝紀下〉。
67《讀通鑒論》卷一九〈隋煬帝〉。
68《隋唐嘉話．補遺》。
69《太平廣記》卷四一一〈崑崙紫瓜〉。
70《隋唐嘉話．補遺》。
71《唐語林》卷四〈賢媛門〉。
72《新編分門古今類事》卷一三引〈南部煙花記〉「隋帝拆字」條。

翠帳全臨戶，金屏半隱扉；
風花意無極，芳樹曉禽歸。[73]

風花雪月時常吟，山珍海味食不休。御用文人圍著隋煬帝團團轉，成天是詩畫歌舞歡宴。一位外國漢學家這樣描述隋煬帝：「他是一位有成就的詩人和獨具風格的散文家，他可能有點像政治美學家……帶有強烈的藝術成分的政治個性具有一種炫耀性的想像力，它能使其個人的歷史具有戲劇性，並使一切現實服從野心勃勃的計畫。」[74]隋煬帝不是一個刻板威嚴的皇帝，而是愛美並極富想像力的風流天子。

隋煬帝寫了不少詩描述他的宮廷生活，如〈喜春遊歌〉云：

禁苑百花新，佳期遊上春；
輕身趙皇后，歌曲李夫人。[75]

佞臣虞世基和了兩首，其中〈長安秋〉有「玉人當歌理清曲，婕妤恩情斷還續」句，寫的是帝王與妃嬪的情愛。再看隋煬帝〈楊叛兒曲〉：

青春上陽月，結伴戲京華。
龍媒玉珂馬，鳳軫繡香車。
水映臨橋樹，風吹夾路花；
日昏歡宴罷，相將歸狹斜。[76]

這都是真實的生活寫照。隋煬帝是風流才子，能詩能歌，這使他的宮廷生活充滿了藝術情趣。

隋煬帝喜歡以月夜從宮女數千騎遊西苑，作〈清夜遊曲〉，用曹植〈清夜遊西園〉之詩配以名曲，於馬上奏之，歌聲傳數里之外，這又與其父文帝在皇宮內死守著獨孤皇后的枯燥宮廷生活形成鮮明的對照。東都西苑周圍二百里，其內有人工湖海，湖裡有蓬萊、方丈、瀛洲諸島仙山，臺觀殿閣，羅絡山上，北有龍鱗渠，縈行注海內，緣渠有十六院，每院的大門都臨著水渠，以四品夫人主院，苑內美女如雲。「銅壺滴滴禁漏起，三十六宮爭卷廉」；「一聲宮漏珠簾下，院院燒燈待至尊」。皇帝妃嬪成群，享有不同於凡人的優裕生活，這在封建專制時代被認為是理所當然的。歷代君王無論優劣都擁有三宮六院，在女色方面都不是好東西。然而隋煬帝似乎更超凡異群，是帝王的情種，舊史舊小說把他描繪成荒淫無度的淫魔，是「色中餓鬼」，以各種異想天開的方式沉迷於女色。如《隋書》說煬帝「所至唯與後宮流連耽湎，惟日不足，招迎姥媪，朝夕共肆醜言，又引少年，令與宮人穢亂，不軌不遜，以為娛樂」。[77]據史書記載，煬帝的內侄梁公蕭鉅和外甥千牛左右宇文皛自小生長於宮中，為煬帝所寵愛，煬帝每於西苑林亭間設宴，盛陳酒饌，總是讓蕭鉅、宇文皛及燕王楊倓與文帝的嬪御們為一席，內道場的僧尼、道士及女賓為一席，煬帝自己與諸寵妃為一席，略相連接。每次罷朝後總是要大宴熱鬧一番，酒酣殽亂，靡所不至，以後習以為常。美少年宇文皛是關隴勳貴宇文慶之子，宇文慶曾贊助文帝篡周，其子宇文靜禮得尚文帝女廣平公主，宇文皛為宇文慶第三子，字婆羅門，時人號曰宇

73 《初學記》卷二四。
74 見《劍橋中國隋唐史》第二章，芮沃壽語，中國社會科學出版社一九九〇年版，第一一九頁。
75 《樂府詩集》卷七七。
76 《樂府詩集》卷四九。
77 《隋書》卷四〈煬帝紀下〉。

文三郎。長大出入宮掖，不限門禁，淫亂宮中，以至於妃嬪、公主皆有醜聲，流傳於宮外。宇文皛自己也畏罪數日不敢見人，後來蕭后看不下去，言之於煬帝，但煬帝竟不加罪，待之如初。[78]這大概就是「引少年令與宮人穢亂」之事。

隋煬帝本人宣淫的記錄史書有確鑿記載的倒是不多。前面我們已經考證出開皇九年（五八九）滅陳時二十歲的楊廣企圖納三十多歲的後主寵妃張麗華的豔事純屬子虛烏有。仁壽宮變，三十五歲的楊廣急不可耐要與後母宣華夫人陳氏交歡的醜事也純系傳聞，沒有確實根據，即便有此事，在隋唐宮廷也並非獨此一回。然而，除以上兩則被後代小說家大肆渲染的豔事之外，史書還是記載了幾則煬帝喜好女色的事實。如煬帝姐姐原周天元皇后樂平公主楊麗華曾進美女柳氏給煬帝，後卻送給了煬帝次子楊暕，為此煬帝十分惱怒。大業八年（六一二）十一月，隋煬帝下密詔，令江、淮以南諸郡地方官「閱視民間童女」，凡姿質端麗者，每歲貢獻朝廷，配入後宮。[79]這是正史明確記載的有關煬帝「好內」好色宣淫的不光彩記錄。唐人杜牧作詩二首對隋煬帝的縱欲好色作了辛辣的諷刺，其第一首題為〈隋苑〉：

紅霞一抹廣陵春，定子當筵睡臉新；
卻笑吃虧隋煬帝，破家亡國為誰人。[80]

第二首題為〈隋宮春〉：

龍舟東下事成空，蔓莫萋萋滿故宮；
亡國亡家為顏色，露桃猶自恨春風。[81]

詩人直把女人看作禍水，把隋煬帝家破國亡的原因說成為宣淫女色。千年來流傳於民間的俗講小說更是把隋宮描繪成淫窟，用各種爭奇鬥豔的字眼描述隋煬帝這個「色中餓鬼」如何如何隨心所欲地玩弄女性，如何如何地貪戀女色。明朝一部署名齊東野人著的《隋煬帝豔史》，其淫穢描寫不下於《金瓶梅》，書中的「色中餓鬼」隋煬帝的貪淫不下於登徒子、西門慶，其實，這都是迎合小市民口味的不負責任的胡編亂造，並不是歷史真實故事。隋煬帝文才秀麗，興趣廣泛，貴為天子，國事繁忙，不可能如井市流氓無賴西門慶那般一心獵豔，一生只為女色奔忙。

人們還應注意到，即使古代對隋煬帝懷有偏見的修史者和嘩眾取寵的小說家，均不能掩蓋這樣一個事實，即煬帝的正妻、皇后蕭氏，一個聰慧有教養的婦女，從十四歲結婚，直到煬帝死時，從來沒有遭到煬帝的冷落而被宮內其他年輕的寵妃取代，她始終被尊重，而且顯然受到寵愛。[82]相比於歷史上許多因皇后年老色衰而以庶代嫡的皇帝，隋煬帝在女色方面還算比較正經的，絕不會因女色誤國。這方面隋煬帝雖比不上父皇隋文帝，文帝懼內與獨孤氏誓無異生子，但獨孤皇后死後文帝還是禁不住女色，以致「精華稍竭」而致衰亡。然即使是與歷史上的英明君主漢武帝、唐太宗、唐玄宗相比，煬帝也不遜色。史書明確記載了隋煬帝僅有三個兒子，兩個是蕭后所生，一個為蕭嬪所生。女兒南陽公主亦出自蕭后，另有一女後為唐太宗妃，不知所出。在古代沒有避孕安全措施的情勢下，盛壯之年當了十多年皇帝的隋煬帝，如果如傳說的那樣好色，成天與女人鬼混，決不會僅有五個子女。要知道唐高祖光兒子就生了二十二個，唐太宗生了十四個，還不包括女兒。由此可推知隋煬帝決不是那種一天

78《隋書》卷五〇〈宇文慶傳〉。

79《隋書》卷四〈煬帝紀下〉。

80《全唐詩》卷五二四。此詩又作「濃檀一抹廣陵春，定子初開睡臉新；卻笑吃虧隋煬帝，破家亡國為何人。」

81《全唐詩》卷五二五。

82 參見前揭《劍橋中國隋唐史》第二章，第一一九頁。

到晚惟與女人廝混尋歡作樂的昏君。當然也不能說煬帝不近女色，清心寡欲，煬帝是人而且是可以任意支配世間所有男人女人，擁有無限權力的天子，對女色他幾乎可以隨心所欲。他擁有後宮佳麗成千上萬，他也侈靡玩樂，但在古代帝王中他決不是最荒淫的一個，決不是好色帝王的典型，他建立了豪華的東都西苑，卻並沒有一頭栽進這只有女人和宦官僕役的禁閉宮苑，他當皇帝十多年，大部分時間都是在外奔波，為國事操勞。

自大業元年（六〇五）八月壬寅（十五日）隋煬帝御龍舟首巡江都後，即「東行西幸，靡有定居」，他鄙夷江東諸帝「多傅脂粉，坐深宮，不與百姓相見」，在位十四年中，煬帝三下江都南巡，又北巡四次，西巡一次，共八次巡遊。這樣，以隋煬帝為中心的政治集團，大部分時間是在到處巡遊，不在京師。據《隋書．煬帝紀》，我們來看看隋煬帝在位時的蹤跡：

大業元年（六〇五）八月，從洛陽御龍舟游江都。

大業二年（六〇六）四月，車駕回洛陽。

大業三年（六〇七）三月，自東都洛陽到京師長安，四月又北巡，由榆林出塞，入樓煩關，經太原，九月回到洛陽。

大業四年（六〇八）三月，出塞巡長城，八月，祠北嶽恒山。

大業五年（六〇九）正月，由洛陽出發，經京師西巡，破吐谷渾，越祁連山入河西，直到張掖以西。九月回京師，十一月到洛陽。

大業六年（六一〇）三月，二游江都。

大業七年（六一一）二月，由江都御龍舟直入通濟渠，四月到大涿郡之臨朔宮。

大業八年（六一二），一攻高句麗。九月回到洛陽。

大業九年（六一三）三月，御駕再到遼東，二攻高句麗。九月回到上谷，後轉高陽。

大業十年（六一四）三月，赴涿郡三攻高句麗，後班師經北平、懷遠，十月回到洛陽，旋回京師長安，十二月又回洛陽。

大業十一年（六一五）五月，赴太原，巡北塞，至雁門被突厥圍困。十月回東都洛陽。

大業十二年（六一六）七月，三游江都，至大業十四年（六一八）在江都被弒，收葬雷塘。

根據以上不很精確的統計，隋煬帝在位十四年前後斷斷續續在京師長安的時間總計不足一年，在東都洛陽的時間累計亦不超過四年，其他大部分時間既不在京師，也不在東都，而在江都的時間累計卻在四年以上。[83]為此，宋人葉適說：「煬帝以巡遊亡天下。」[84]

巡行又稱巡狩，自秦始皇巡狩全國名山大川以來，歷代有作為的皇帝都親自巡行，以統馭天下，但像隋煬帝這樣年年巡遊的皇帝還難以找到第二個。隋煬帝也可謂帝王中勤政的模範，巡行不能簡單地視為遊山玩水，主要方面還是操勞國事，有時甚至有艱險，如大業五年（六〇九）西巡至青海北跨祁連山過大門拔穀，遇上暴風雪，從行者死傷不少。又如大業十一年（六一五）北巡，在馬邑被突厥圍困更險象環生，一個皇帝甘冒如此大的風險巡行邊塞，確是不容易。巡狩顯然有其政治意圖，自秦始皇漢武帝以來，帝王都以巡狩為手段，瞭解國情民俗，以統馭天下。大業三年（六〇七）四月庚辰（初二）煬帝下詔曰：「古者帝王觀問風俗，皆所以憂勤兆庶，安輯遐荒。自蕃夷內附，未遑親

83 岑仲勉：《隋唐史》，中華書局一九八二年版，第四〇—四一頁。

84 《習學記言》卷三六〈隋書一〉。

撫，山東經亂，須加存恤。」[85]巡撫民夷、存問風俗是巡遊的重要目的，在巡行途中就地視察，現場聽政，發布政令，親自處理棘手的政務，也未嘗不是好事。巡狩可以用龐大的皇家儀仗威懾人民，壓服群雄，威服四夷，為此隋煬帝不惜工本，造龍舟，列儀仗，講排場，他跑到荒涼僻遠的陲塞，更不是為了尋歡作樂，尋求刺激。煬帝四次北巡都與突厥有關，大業四年（六〇八）三月他巡視了長城；八月回都的路上祭祀了恒嶽。按照隋禮制：行幸所過名山大川，則有司致祭，嶽瀆乙太牢，山川以少牢。[86]祭名山大川之禮最隆重莫過於封禪，煬帝雖沒有封禪泰山，但祭恒嶽之禮頗采文帝拜岱宗儀，命道士女官數十人於壝中設醮，由熟悉禮制的閻毗設壇場，但後代禮官認為：「事乃不經，蓋非有司之定禮也。」[87]

當然，隋煬帝巡遊天下也絕非成天忙於繁瑣的政務，有時也尋獵歡宴，情趣橫生，而作為詩人的隋煬帝在行途中留下了許多寄託豪情壯志的詩篇。如〈江都宮樂歌〉：

> 揚州舊處可淹留，臺榭高明復好遊。
> 風亭芳樹迎早夏，長皋麥隴送餘秋。
> 淥潭桂楫浮青雀，果下金鞍躍紫騮。
> 綠觴素蟻流霞飲，長袖清歌樂戲州。[88]

又有〈步虛詞二首〉，既歌詠自然美景，也抒發政治豪情，很有氣勢。跟在煬帝后面的御用文人自然免不了應制唱和一番。歌功頌德，奉承煬帝。在現今流傳下來的隋詩中，隨煬帝巡遊中寫下的應制唱和詩占了很大一部分。秀麗山川激發了詩人的情思，雖然應制詩內容有些僵化，但較之宮廷吟唱的賣弄風騷思婦情色詩來，內容是充實多了，顯然，巡遊促進了詩歌創作。

隋煬帝巡遊有時也含有尋歡作樂、遊山玩水的成分，如大業三年（六〇七）煬帝「避暑」汾陽宮，六月辛巳（初四）「獵於連谷」，申辰（二十七）「觀魚於河，以宴百僚」。[89] 隋煬帝每次巡遊都興師動眾，帶上僧尼道士、鼓吹樂隊，「從行宮掖，常十萬人，所有供須，皆仰州縣」。[90] 勞民傷財，亙古未有。煬帝雖勤政，卻不愛民，只顧自己風流、奢侈，不顧百姓死活。史載煬帝北巡，刺史丘和「饋獻精腆」，至朔州時，刺史楊廓無所進，煬帝極不高興，接見郡縣長官時就盛讚丘和而冷淡楊廓，並提升丘和為博陵太守，讓楊廓以丘和為楷模。後煬帝再次北巡路過博陵（今河北定縣），丘和奉貢的饌食更豐美，煬帝也越高興，這樣一來，所過之處，「競為珍侈獻」。[91] 大業五年（六〇九）西巡，天水太守乞伏慧「獻食疏薄」，煬帝大怒，命推出斬首，但見乞伏慧因勞累「無發」，才釋罪除名。[92] 這樣，每一次巡遊的膳食供役，都使所過百姓難以承受，其役不下於營東都、開運河。作為老百姓來講，並不希望皇帝動不動就興師動眾巡狩勤政，而是希望皇帝修心養性，靜坐皇宮為好。

唐太宗後來總結隋亡之「殷鑒」，曾對侍臣說：「隋煬帝廣造宮室，以肆行幸，自西京至東都。離宮別館，相望道次，乃至并州、涿郡，無不悉然。馳道畢廣數百步，種樹以飾其傍，人力不堪，非復已有，以此觀之，好行幸，竟有何益？」[93] 隋煬帝的巡遊雖然主要是政治威懾，文化巡禮，遊樂是

85《隋書》卷三〈煬帝紀上〉。
86《隋書》卷八〈禮儀志三〉。
87《隋書》卷七〈禮儀志二〉。
88《樂府詩集》卷七九。
89 同註85。
90《隋書》卷二四〈食貨志〉。
91《新唐書》卷九〇〈丘和傳〉。
92《隋書》卷五五〈乞伏慧傳〉。
93《貞觀政要》卷一〇〈論行幸第三十七〉。

其次，但過於頻繁，並規模巨大，勞民耗費，其效果只能是負面的。煬帝的藩邸舊臣攝江都贊治張虔威對煬帝數巡幸，致百姓疲敝，深感憂慮，上封事以諫，但煬帝不聽，自後疏斥了張虔威。[94]

隋煬帝不願久居後宮享樂，後宮佳麗也只能空床獨守，成為專制帝王的犧牲品。她們長居深宮，沒有人身自由，沒有愛情，只能默默忍受寂寞、孤獨的痛苦。《迷樓記》記宮女侯夫人不能忍受迷樓的孤寂，自縊身亡，留下宮怨詩八首，其中〈妝成詩〉曰：「妝成自多惜，夢好卻成悲。不及楊花意，春來到處飛。」[95]侯夫人的宮怨詩代表了千萬個宮女的心聲。唐太宗貞觀初年曾對侍臣評論過隋煬帝幽閉成千上萬宮女之事，說：「婦人幽閉深宮，情實可愍。隋氏末年，求采無已，至於離宮別館，非幸御之所，多聚宮人，此皆竭人財力，朕所不取，且灑掃之餘，更何所用？」[96]

第二節　予智予雄　除諫飾非

唐代詩人白居易自編類書《六帖》，收集有關諫諍的格言。如「忠言逆耳利於行，良藥苦口利於病」；「開諫諍之道，辟忠讜之門」；「有諫而無訕，諫而無驕」；「唯木從繩則正，後從諫則聖」；「直能寤主，仁有殺身」；「明主不惡切諫以博觀，忠臣不避重誅之直諫」；「眾人之唯唯，不如一士之諤諤」；「為臣不易，一言興邦，量而後入」[97]，等等。這些都是對君王的藥石之言。但隋煬帝個性極強，權力欲極大，自信自己不會有什麼錯誤，聽不得半點逆耳之言，而一意孤行。又猜忌臣下，誅戮功臣，甚至骨肉至親，也橫加夷戮。在詩情畫意的背後，我們看到的又是一個令人生畏凶惡可怕的皇帝。

猜防功臣　楊素絕醫

皇帝雖居九五之尊，握無上大權，卻又如臨高山之巔，有著很強的危機感。常言講：爬得高摔得狠。當皇帝的人往往提心吊膽，時刻在提防著任何可能有篡位野心的人圖謀不軌。《韓非子．內儲說下》指出，帝王的「權勢不可以借人，上失其一，臣以為百」。臣下隨時都在窺視皇權，帝王必須嚴加防範。

皇帝最擔心的就是掌握實權的宰相和將軍，生怕皇權旁落，皇位被篡。因此千方百計要削弱和分割宰相權力，收奪將帥兵權，為強化皇權，有時不惜採取斷然手段，毫不留情地殺戮功臣宿將。隋煬帝予智予雄，唯我獨尊，史書稱他「猜忌臣下，無所專任，朝臣有不合意者，必構其罪而族滅之。故高熲、賀若弼先皇心膂，參謀帷幄；張衡、李金才藩邸惟舊，績著經論，或惡其直道，或忿其正議，求其無形之罪，加以刎頸之誅。其餘事君盡禮，謇謇匪躬，無辜無罪，橫受夷戮者，無可勝見」[98]。在奪位當上皇帝之初，隋煬帝的內心焦慮異常，朝中任何潛在的危險，都觸動著他敏感的神經，促使他利用一切陰謀權術和暴力手段，去消除潛在的敵手。

隋煬帝疑慮和關注的首要人物，就是為他奪位立有大功，且大權在握的權相尚書左僕射楊素。

---

94 《隋書》卷六六〈張虔威傳〉。

95 見逯欽立輯：《先秦漢魏晉南北朝詩》下冊，中華書局一九八三年版，第二七三九頁。

96 《貞觀政要》卷六〈論仁惻第二十〉。

97 《白氏六帖》卷一一〈諫諍第三十六〉。

98 《隋書》卷四〈煬帝紀下〉。

楊素與楊廣的交情始於開皇九年（五八九）滅陳之時，開皇十年（五九〇）掃滅江南叛亂，兩人配合得很好，起先是楊廣巴結楊素，後來是楊素附會楊廣，最後結成死黨，組成陰謀集團，爭權奪位。楊素不僅在煬帝謀取帝位的過程中立了頭功，煬帝即位後又是他不顧年高統兵迅速撲滅了漢王楊諒的叛亂，使得煬帝的皇位坐得穩當當的。然而，飛鳥盡，良弓藏；狡兔死，走狗烹。正是在煬帝坐穩了皇位之時，楊素就立刻失寵了。史載楊素「雖有建立之策，及平楊諒功，然特為帝所猜忌，外示殊禮，內情甚薄」。[99]老相公此時已成了新皇帝的眼中釘、肉中刺，成了無上威嚴的皇權發揮效能的障礙。功高震主，楊素成了多餘的人。

大業元年（六〇五）二月己卯（十八日），楊素升任尚書令，秩正二品，已是官僚職事系統中最高的品秩，為端揆之官。魏晉以來，尚書令位極人臣，正是因其權任太重，南北朝後期已不輕易授人，成為榮譽虛銜。而隋及唐朝三百餘年榮登此位的除楊素外，僅有唐太宗李世民和平定安史之亂的功臣郭子儀，而子儀當尚書令之日，也正是兵權被削奪之時。實際上，真正穩穩當當做了端揆之官尚書令的，僅有秦王李世民一人而已。楊素當尚書令，是明升暗降，雖尊崇備至，但實權被剝奪了。

楊素在升尚書令的同時，隋煬帝還賜給他東京甲第一區，物二千段。其實，楊素的宅第財物已多不勝計，史載楊素「負冒財貨，營求產業，東西二京，居宅侈麗，朝毀夕復，營繕無已，爰及諸方都會處，邸店、水磑並利田宅以千百數，時議以此鄙之」。[100]楊素如此貪得無厭，這是不是他的家風或個人作風，卻又都不像。因為楊素自小「有大志，不拘小節」，不至於老了反而如此庸鄙。楊素的舉動與漢初蕭何遭劉邦猜忌後，為子弟買田宅的舉止可謂如出一轍。另一方面，隋煬帝明知楊素有的是田宅金錢，還要賞了又賞，其用意一是賞功，再就可能是希望楊素向蕭何學習，只要不對皇權抱非分之想，富貴榮華聽之任之，朝廷提倡。

楊素當了尚書令後不久奉詔營建東都，但實際營造總管是將作大匠宇文愷，工成後楊素卻並未受到一錢一物的獎賞，可知只是掛名而已。正因為閑坐無事，大業元年（六〇五）閏七月甲子（初六），隋煬帝任楊素為太子太師；又以觀德王楊雄為太子太傅；河間王楊弘為太子太保。時元德太子楊昭居於京師長安，煬帝和楊素俱在東都，加三位元老為太子師傅，也只能是榮譽虛銜。況且，觀德王楊雄也早已被猜忌，冷落多年，境況與楊素差不多，只是表面上煬帝對他們儘量優寵。年已老邁的楊素跟隨煬帝的龍舟巡遊了江都，在江都他受命與牛弘等制定輿服。制禮作樂，朝之大事，從許多記載看，楊素積極參預了這項工作，這可謂楊素所做的最後一件有意義的事，無非是為皇帝的威儀及君臣官民等級制度張目，為大隋王朝的全盛張燈結綵。

大業二年（六〇六）三月庚午（十六日），楊素隨煬帝及大批官員離開江都，至四月回到東都，自後他再也沒有出都。六月壬子（二十九），煬帝又加給楊素司徒的榮譽虛銜，品秩加到了正一品，已到了頂。這時太史造出輿論，說隋分野有大喪，預言朝中要死一位大員，煬帝於是改封楊素為楚國公，其食邑二千五百戶，對楊素的賞賜，已到了盡頭，除了皇位，煬帝再也拿不出什麼東西來優禮這位功臣宰相了，只能是巴不得楊素快死。

楊素終於病倒，寢疾之時，煬帝仍假惺惺地經常派名醫來為楊素診治，並賜以宮廷御藥，然太醫回宮時，煬帝又密問楊素病情，生怕他苟延不死。楊素也自知名位已極，不為皇上所容，於是不肯服藥，毫不珍惜自己的病體，只是對伺候在病榻旁的弟弟楊約說：「我豈須更活邪！」躺在床上等死。

楊素算得上是一位風流宰相，出身門閥世家弘農楊氏，文武雙全，好學多識，戰功赫赫。他佐命隋兩朝皇帝，建樹很多。雖位極人臣，但私生活也很有情趣。楊素本人工草隸，善作詩文，和隋煬

99《隋書》卷四八〈楊素傳〉。

100 同註99。

帝一樣有諸多藝術愛好。他家的僕役鮑亨、殷冑是江南士人，因從高智慧叛亂被俘配沒為奴，在楊素家以筆墨侍候。鮑亨善作文，殷冑善書法，最得楊素歡喜。楊素為人豪爽，愛才不愛金錢美女，據說李德林的兒子李百藥因楊素寵妾的勾引，入其室私會，被楊素當場捉住，時李百藥年未滿二十，長得眉清目秀，楊素並未氣惱對他用刑，而是對李百藥說：「聞汝善為文，可作詩自敘，稱吾意，當免汝死。」於是授以紙筆，李百藥即刻立就，楊素閱後極表稱許，不食己言，欣然將自己的愛妾送給了李百藥，並資助數十萬錢。101

楊素本人經常作詩，是隋代詩壇上一位重要詩人，有文集十卷行於當世。但楊素卻從未和同樣能詩的隋煬帝唱和，除獨自吟唱外，便是與薛道衡唱和。《隋書．楊素傳》記楊素嘗以五言詩七百字贈薛道衡，「詞氣宏拔，風韻秀上」，被認為是一時盛作，這十四首詩正是楊素臨死前臥病時所寫。其最後幾首寫得詞情真切，感人至深；薛道衡得詩感慨良多，說：「人之將死，其言也善。」人到老來情最深，天鵝死前的鳴叫最悅耳。大業二年（六〇六）七月乙亥（二十三），楊素終於沉思於詩中命歸黃泉。

在楊素去世的前一天，正巧元德太子楊昭也去世了。楊素是楊昭的太師，師生二人前後兩天相繼謝世，《資治通鑒》卷一八〇考異引《大業雜記》云：「初，太子之遘疾也，時與楊素同在侍宴，帝既深忌於素，並起二卮同至，傳酒者不悟是藥酒，錯進太子，既飲，三日而毒發，下血二鬥餘。宮人聞素平常，始知毒酒誤飲太子，祕不敢言。太子知之，歎曰：『豈意代楊素死乎?命也』。數日而薨。後素亦以毒斃。」這則故事太離奇了。當時皇太子在回長安的路上，楊素在洛陽已臥病不起，不可能同宴，太子的死是另有原因，《通鑒》考異認為：「按他書皆無此說，蓋時人見太子與（楊）素相繼薨，妄有此論耳。」102

楊素的死使隋煬帝高興萬分，認為是除去了心腹大患，但表面上卻表示痛惜，追贈楊素散爵光祿大夫、太尉公、十郡太守。給輼車、班劍四十人，前後部羽葆鼓吹、粟麥五千石、物五千段，由鴻臚監護楊素的喪事。煬帝又下詔：「夫銘功彝器，紀德豐碑，所以垂名跡於不朽，樹風聲於沒世。故楚景武公素，茂績元勳，劬勞無室，竭盡誠節，協贊朕躬，故以道邁三傑、功參十亂。夫臻遐壽，遽戢清徽。春秋遞代，方綿歲祀，式播彫篆，用圖勳德，可立碑宰隧，以彰盛美。」[103] 對楊素的功勳來了個蓋棺定論。但這都是官樣文章，在背後，煬帝卻惡狠狠地說：「使素不死，當夷九族。」[104]

楊素死後收葬於原籍華陰老家。但楊素生前得罪的人不少，特別是南方才士，被楊素起用的不多，太府少卿蕭吉在楊素死後用天象在煬帝面前咕叨，說在楊素墳塚上見到有「白氣屬天」，煬帝忙問其故，蕭吉放言：楊素家當有兵禍，是「滅門之象」。[105] 煬帝半信半疑。

後楊素之弟楊約路過華陰，見到楊素墓，想起兄長臨死前對自已說的那一番話，不禁暗自一陣心酸，不覺爬上墓道失聲痛哭，當地監察御史見狀彈劾，楊約竟為此免官，不久拜淅陽太守，出朝任地方官。楊約為隋煬帝奪嫡也立下了汗馬功勞，仁壽宮變後奉命縊殺楊勇，在長安為文帝布喪，事辦得很幹練。雖然自小受傷未能成為男子漢，但家學淵源，略有學術，兼達時務，也算得上是一個有能力的官僚，曾一度受到煬帝信任，官拜宰相。楊素的長子楊玄感也風流倜儻，才藝出眾，時官拜禮部尚書，與叔父楊約「恩義甚篤」，父親絕醫自求速死和叔父無故攆出朝廷，使他內心極感不平，上朝時忿忿之色形於表面，煬帝見楊玄感憂瘁之狀，問是否因叔父被貶，楊玄感再拜流涕說：「誠如聖旨。」

101 《隋唐嘉話》卷上。
102 《資治通鑑》卷一八〇隋煬帝大業三年。
103 《隋書》卷四八〈楊素傳〉。
104 《歷代小史》卷九。
105 《隋書》卷七八〈蕭吉傳〉。

煬帝追念楊約先前為自己奪嫡功勞很大，於是又征他入朝，但楊約歸朝後不久就去世，乃以楊素之子楊玄挺為其後襲其爵位。

死了兩個佐命元勳，隋煬帝繃得很緊的神經總算輕鬆了一些。

傲狠明德　高熲被誅

大業三年（六〇七）七月丙子（二十九），隋煬帝以「謗訕朝政」的罪名，誅殺文帝時的元老重臣高熲和功臣武將賀若弼、宇文弢，並免去蘇威宰相之職，是為轟動一時的大冤案。

高熲在隋文帝晚年因捲入太子儲宮之爭而失寵於皇帝和皇后，在楊廣陰謀奪嫡文帝猶豫不決之際，高熲以「長幼有序」為由進行過勸阻，高熲出於道義良知，完全是為國家考慮，但他的兒子娶楊勇女為妻，自己是太子楊勇的親家翁，因而被目為有私，不僅失去文帝的信任，免去宰相職務，而且遭到楊廣的忌恨。接著又有小人譖毀，文帝誅王世積時險遭株連喪命。「除名為民」後高熲反倒如釋重負，自以為從權力中心舞臺退了下來，得免於禍。的確，伴君如伴虎，宰相再忠誠也難免遭到皇室的猜忌，稍有不虞便會招來殺身之禍。高熲在文帝朝能保全性命已是不易，自後他居家一言不發，但卻心存社稷，憂國憂民。

文帝死後煬帝即位，為撐門面，或許是楊素的建議，閒置已久的老宰相高熲被拜為太常卿，這雖是一個掌管禮樂清商的閒職，但既有職，高熲也就認真負責地去管理。當煬帝下詔，收集舊北周北齊的樂人及天下的散樂時，高熲即上奏曰：「此樂自文帝以來久已禁廢，若要徵集，恐怕無識之徒棄本逐末，遞相教習。」高熲怕由此造成奢靡之風，於國於民都沒有益處。他的奏言當然未能勸阻煬帝，卻惹得煬帝老大不高興。高熲心存國家，對煬帝繼位三年來大興工役，遊樂侈靡甚為憂慮，曾對副手太常丞李懿說：「周天元以好樂而亡，殷鑒不遠，安可復爾！」當隋煬帝北巡至榆林，造千人大帳，召突厥啟民可汗宴飼，以魚龍蔓延之樂厚待突厥時，曾多次統率大軍征討過突厥深知突厥情性的高熲更是按捺不住，他懷著無限的憂慮對太府卿何稠說：「此虜頗知中國虛實，山川險易，恐為後患。」高熲的這些話不能說沒有道理，也沒有絲毫惡意，但在一片頌揚聲中頭腦已很不冷靜的隋煬帝那裡，是難以聽得進去的。高熲心直口快，又對觀德王楊雄說：「近來朝廷殊無綱紀。」[106]結果被人奏告。同時被奏的還有禮部尚書宇文、光祿大夫賀若弼，宰相蘇威也在其列。這幾人均為先朝文武重臣，功勳卓著，時已老矣。

賀若弼和高熲一樣，在文帝朝已被疏斥。賀若弼因平陳頭功，有些居功負氣，雖位望隆重，貴盛無比，兄弟數人並為刺史列將，但他並不滿足，「每以宰相自許」，目中無人。楊廣為皇太子時曾問賀若弼，楊素、韓擒虎、史萬歲三位良將優劣，賀若弼毫不客氣地說：「楊素是猛將，非謀將；韓擒虎是鬥將，非領將；史萬歲是騎將，非大將。」楊廣又問大將為誰，賀若弼再拜，說：「唯殿下所擇。」[107]其意惟有自己才堪稱大將。這種毫無掩飾的自負狂妄當然令楊廣極不高興。楊廣即位後，對這位桀驁不馴的宿將更是忌恨，「尤被疏忌」，在北巡榆林時賀若弼與高熲、宇文私下議論煬帝飼突厥「太侈」，被人揭發，論以死罪。

宇文弢字公輔，與北周皇室同宗，出自關隴勳貴之家，父宇文珍為北周宕州刺史。宇文弢博學多才，仕周官至南定州刺史，入隋後任尚書右丞，參加了北擊突厥、南平陳朝的多次戰役，以有謀略見稱，立有戰功。宇文弢文武雙全，著有辭賦二十餘萬言，又為《尚書》、《孝經》作注，行於當世。曾

106《隋書》卷四一〈高熲傳〉。

107《隋書》卷五二〈賀若弼傳〉。

繼王韶之後出任并州總管府長史。開皇十八年（五九八）任漢王楊諒元帥府司馬，參加遼東之役，軍還後歷任朔、代、吳三州總管，治軍領政皆有能名，是一位辦事幹練的官僚。煬帝即位後，宇文弼以有才能征為刑部尚書，後轉為禮部尚書，成為尚書「八座」之一，得參預國政。宇文弼作為關隴勳貴曆職顯要，聲望日隆，物議時談，多見推許，但卻遭到了煬帝的猜忌。宇文弼對煬帝大興工役，尤勤遠略及漸好聲色頗為不滿，聲言「長城之役，幸非急務」，又私謂高熲曰：「昔周天元好聲色而國亡，以今方之，不亦甚乎。」[108]與高熲一唱一和，結果被告發。

當時隋煬帝北巡遊興正高，造大帳，宴突厥，備儀衛，建旌旗，威風凜凜，權力意志得到了最大的伸展，欲望得到了最大的滿足。當聽到告發，煬帝不禁勃然大怒，竟有人敢在皇上高興得意時忤逆聖顏，唱反調，這還得了。盛怒之下，煬帝下令將高熲、賀若弼、宇文弼三人一齊處死，並株及後代。高熲諸子徙邊，長子高盛道徙柳城（今遼寧朝陽市）而卒，三子高表仁徙蜀郡。賀若弼妻沒為奴，子懷亮亦免官為奴，不久也株死，群從徙邊。這三位老臣都可謂是先帝心膂，名重天下，一朝就刑誅死，「天下冤之」。特別是高熲，是開國元勳，在文帝朝立事立功者，不可勝數，當朝執政將二十年，朝野推服，物無異議，治致升平，論者以為是真宰相。「及其被誅，天下莫不傷惜」，稱冤不已。[109]

高熲等人案是一件大冤案，受此案牽連的還有僕射蘇威、光祿卿吐萬緒等。蘇威生性懦弱，以告饒而免死，但免去了宰相之職。吐萬緒則在好友賀若弼遇讒時，勇敢地站出來證明賀若弼無罪，結果被免官。[110]

被殺被貶的都是北方人，是關隴勳貴集團成員，有一種觀點認為隋煬帝繼位後排斥關隴勳貴集團，引用關東江南人士，並以此案為證。然而，仔細分析一下我們會發現，這並不符合事實，高熲、賀若弼等人的被殺，關鍵原因是煬帝早已將他們視為異己，因而必置之死地而後快。高熲反對楊廣奪嫡，賀若弼居功自傲自不必說，宇文亦早年當過漢王楊諒的元帥司馬，他們都不被煬帝視為自己的忠臣，而是實現自己權力意志的障礙，不屈從煬帝的權力意志者不死也得死。「君要臣死，臣不得不死。」只有軟骨頭蘇威表示願意屈從煬帝的權力意志，不僅免死，以後還得繼續為相，而蘇威也是關隴勳貴成員。這說明隋煬帝最痛恨的，就是敢忤逆不附從自己權力意志的人。

還有一則故事更能說明問題，楊勇的岳父即雲昭訓的父親雲定興在楊勇被廢後「除名配少府」。應該說雲定興肯定是隋煬帝最討厭的人，雲定興自己也明白女兒女婿垮臺後自己的處境難以設想。他本是一個井市小人，不像高熲、賀若弼那樣有浩然正氣，於是主動賄賂宇文述，通過宇文述向煬帝表忠心。宇文述得到雲定興奉送的明珠就為他求官；對雲定興說：「兄所制器仗併合上心，而不得官者，為長寧兄弟猶未死耳。」意思是雲昭訓生的兒子楊儼尚在。雲定興聽後竟無恥地說：「此無用物，何不勸上殺之。」宇文述於是奏請殺楊勇諸子。雲定興不久得授官少府丞，並步步高升，代何稠為少府少監，轉衛尉少卿，遷左御衛將軍知少府事。大業十一年（六一五）授左屯衛大將軍。只要歸附自己，昔日的宿怨也照樣可以升大官，對不附己者則盡殺不赦，由此可見隋煬帝的權力意志。

本來，高熲、賀若弼、宇文弼等雖不附於隋煬帝，但他們對先帝對隋朝忠心耿耿，並無二心。他們都飽經世故，歷經征戰，文武齊備，又都是開創江山大業的功臣，對隋朝政治掌故、文物典章、四夷情勢都最為瞭解，是隋朝最有經驗的政治家，應該說是隋朝的政治財富，足可備顧問。他們對煬帝好大喜功，不顧人民死活大興工役深表不滿，提出意見也都很有針對性，是藥石之言，很難說是為一己之利，不是怨望洩憤，而是憂國憂民。這些人也並不握有兵權實職，對煬帝早已不會造成現實的政

108《隋書》卷五六〈宇文弼傳〉。
109《隋書》卷四一〈高熲傳〉。
110《隋書》卷六五〈吐萬緒傳〉。

治威脅，不過是背後說了幾句真話而已。清代思想家唐甄說：「直言者，國之良藥也；直言之臣，國之良醫也。」「除膚傷，不除癥結者，其人必死；稱君聖，譎百官過者，其國必亡……是故國有直臣，百官有司莫不畏之，畏之自天子始。」[111] 隋煬帝若能虛心納諫，時常聽一聽直臣對政治的意見，必有益於治理。即使高熲他們形成一個在野的政治反對集團，只要不謀逆篡位，也並不會有損於隋煬帝的政治權威，若處之於諫議之位，聊備顧問，願聽就聽，不聽拉倒，也不礙事，以高官虛位優寵先帝重臣的事例可謂史不絕書。但是，個性極強、權力意志極度膨脹的隋煬帝，聽不得半句逆耳之言，不但不設諫官，而且除諫官以掩其過，難怪後來有人認為「隋以惡聞其過而亡天下」[112]，認為「隋煬帝拒諫而亡」。[113]

高熲等人的被殺，天下稱冤，實際上是嚴重削弱了隋煬帝的統治基礎。上下都要與皇帝保持一致，不再有人敢提反對意見，形成政治上的「一言堂」，表面上看隋煬帝的威權更重了，權位更穩了，但自後煬帝有錯無人諫諍，而人即使是聖人也不可能不犯錯誤，沒有人諫就不能及時糾正，必然釀成大禍。「於斯之時，雖有善鳴者，不得聞於九天；雖有善燭者，不得照於九淵，臣日益疏，智日益蔽，伊尹、傅說不能誨，龍逢、比干不能諫，而國亡矣。」[114]

唐貞觀二年（六二八），政治作風與隋煬帝截然不同、善於納諫的唐太宗讀到《隋書．高熲傳》時，對侍臣房玄齡等說：「朕比見隋代遺老，咸稱高熲善為相者，遂觀其本傳，可謂公平正直，尤識治體。隋室安危，系其存沒。煬帝無道，枉見誅夷，何嘗不想見此人。」[115] 唐太宗也對高熲等功勳大臣的冤死歎息不已。

內懷險躁　張衡屈死

除政治上的反對者必遭刀鋸之禍，身首異處之外，政治上的擁護者或稍不稱心如意，也可能加以刎頸之誅。違背隋煬帝權力意志而死得最冤枉的要數書呆子薛道衡和為煬帝奪嫡建立奇功的藩邸舊臣張衡了。

薛道衡是北方文壇宗匠，但他起先不是關隴集團成員，而是來自北齊的山東門閥士族。他的經歷頗似李德林，但李德林得隋文帝知遇，入隋為相，而薛道衡入隋時卻「坐事除名」，後終以文才回朝任內史舍人，典作軍書。伐陳之役，薛道衡在高熲帳下「掌文翰」，草寫檄文，和晉王楊廣有了接觸。後楊廣坐鎮江都，多次延攬他，都遭到拒絕。薛道衡後來值宿內史省，掌詔敕起草，不久任內史侍郎，掌握了一定權力，其時楊廣雖然愛慕薛道衡的文才，但對他不附從自己甚為怨恨。

薛道衡在文帝朝以文才久當樞要，滿朝文武大臣及諸王都爭相與交，宰相高熲、楊素也雅相推重，使薛道衡的名聲如雷貫耳，竟於一時。但文帝晚年因薛道衡與楊素太近密，而不願讓薛道衡知樞密太久，出為襄州總管。煬帝嗣位時，轉番州刺史。時薛道衡已老，上表請求致仕退休，不久，煬帝征他入朝，內定為祕書監。但書呆子薛道衡卻不識時務地上〈高祖文皇帝頌〉賦，盛讚先帝楊堅功德。其句有：「天性弘慈，聖心惻隱，恩加禽獸，胎卵於是獲全，仁沾草木，牛羊所以勿踐。至於憲

---

111 《潛書》上篇下〈抑尊〉。

112 《資治通鑑》卷一八五唐高祖武德元年。

113 《邵氏聞見後錄》卷九。

114 同註111。

115 《貞觀政要》卷五〈論公平第十六〉。

章重典，刑名大辟，申法而屈情，決斷於俄頃。故能彝倫攸敘，上下齊肅。左右絕諂諛之路，縉紳無勢力之門，小心翼翼，敬事於天地，終日乾乾，誡慎於亢極。陶黎萌於德化，致風俗於太康，公卿庶尹，遐邇嶽牧，僉以天平地成，千載之嘉會，登封降禪，百王之盛典。」[116]全文對仗工整，文辭華麗，直把隋文帝比作聖人。而其中所述文帝的德政，又與煬帝現時的作為形成鮮明的對比。

隋煬帝看到薛道衡所上賦，極不高興，對蘇威說：「道衡致美先朝，此魚藻之義也。」魚藻為《詩經．小雅》的篇名，《詩序》以為諷刺周幽王，「言萬物失其性」，「故君子思古之武王焉」。隋煬帝認為薛道衡的賦是以極力讚美文帝的方法，來貶低自己，這顯然是不附於自己，是冒犯當今天子，如何能容忍。於是，煬帝先給薛道衡以小鞋穿，任薛道衡為容易得罪人的監察官司隸大夫，藉以尋求他的罪過。薛道衡畢竟是一介書生，書呆子氣，未能領悟。司隸刺史房彥謙與薛道衡友善，知道衡必及禍，勸他有所收斂，少說話，杜絕賓客。但薛道衡聽不進去，仍然耿直恃才，信口開河。有一次三臺討論監察條例，經久不決，薛道衡瞧不起諸多胸無筆墨的眾官僚，出口說了一句：「若高熲不死，早就解決了。」此話當即被人奏告到煬帝處。煬帝本來就對薛道衡恃才傲物光火，現在竟然公開為已被處決的高熲鳴冤叫屈，這還得了，於是大怒道：「汝憶高熲邪！」即令有司將薛道衡逮捕審問。薛道衡自以為一句牢騷話沒有什麼了不起，催促憲司早斷，認為煬帝不至於為此小事與自己過不去，並轉告家人備好酒菜，候自己回家與賓客共進晚餐壓驚。豈料煬帝小題大作，舊恨新仇圖報於一日，手敕令薛道衡自盡。書呆子不知道自己的傲慢會引起皇上如此長久的怨恨，他不認為自己有罪，當然不願就死，憲司重奏，煬帝不許，結果被縊殺而亡，妻子流配西域且末。此年大約為大業五年（六〇九），時薛道衡年七十歲，有文集七十卷行於世。對於這位文壇高才的死，「天下冤之」。[117]

據史書記載，辦理薛道衡案的是御史大夫裴蘊，裴蘊知道隋煬帝厭惡薛道衡，於是奏稱：「道衡負才恃舊，有無君之心，見詔書每下，便腹非私議，推惡於國，妄造禍端。論其罪名，似如隱昧。源其情意，深為悖逆。」[118]小事化大，無限上綱，刻意置薛道衡於死地。顯然，薛道衡死於不附會煬帝，甚至「腹非私議」也成了罪狀，更何況薛道衡恃才自負，曾經輕視過「童稚」的楊廣。如今天下一統，煬帝威風八面，可憐書呆子薛道衡只能是枉死了。

薛道衡以惜高熲一句話罹禍，張衡則以一句「薛道衡枉死」獲罪，亦致於死。

隋煬帝的藩邸舊臣張衡為煬帝奪嫡繼統居功最大。煬帝即位後，曾重用藩邸舊臣。如上柱國獨孤楷之弟獨孤盛以「藩邸之舊，漸見親侍」，累轉為右衛將軍。[119]虞慶則的兒子虞孝仁在父親遭誅時除名為民，煬帝嗣位後也以「藩邸之舊，授候衛長史，兼領金穀監，監禁苑」。[120]張衡的名位、功勞遠過於獨孤盛、虞孝仁，煬帝嗣位時，即召張衡入朝任給事黃門侍郎，進散官位銀青光祿大夫，不久又遷官御史大夫，「甚見親重」，成為煬帝最親近的心腹近臣，優禮過於百僚。大業三年（六〇七）煬帝北巡榆林郡，還東都路過太原時，對張衡說：「朕欲過公室，可為朕作主人。」當今天子願意到一個大臣家去作客，對於臣僚來說，的確是莫大的榮耀。興奮不已的張衡於是趕緊回到老家河內郡，與宗族親屬擺好牛酒來迎煬帝。煬帝上太行山，專門開了一條長九十里的直道，直達張衡宅第。御駕親臨張衡家，煬帝見附近山泉優美，乃留宴三日，並對張衡說：「往從先皇拜太山之始，途經洛陽，瞻望於此，深恨不得相過，不謂今日得諧宿願。」[121]一番話說得張衡深為感動，俯伏辭謝，奉觴上壽。煬

116《隋書》卷五七〈薛道衡傳〉。
117 同註116。
118《隋書》卷六七〈裴蘊傳〉。
119《隋書》卷七一〈獨孤盛傳〉。
120《隋書》卷四〇〈虞慶則傳附虞孝仁傳〉。
121《隋書》卷五六〈張衡傳〉。

帝又賜張衡田三十頃，御食器一具，還有許多衣物，以酬張衡襄助奪位的功勞，以後還不斷有賞賜，使張衡貴盛無比。

張衡以為隋煬帝真心以自己為股肱，伴君處事，並不謹慎。大業四年（六〇八）煬帝巡幸汾陽宮，遊樂之餘嫌行宮規制太小，欲擴大，令張衡規劃，並又賜絹五百匹。張衡眼見幾年來煬帝大興工役，修築了不少宮殿，卻不常居住，浪費太大，百姓有怨言。作為煬帝的忠臣，張衡也不能不盡忠盡責有所諫諍。於是在一個休閒時張衡乘機進諫：「比年勞役繁多，百姓疲敝，伏願留神，稍加折損。」這些話正是隋煬帝最不願聽的，逆耳之言竟然出自「恩寵莫與為比」的心腹近臣，足使驕橫不可一世的隋煬帝惱怒。後來煬帝曾指著張衡對侍臣說：「張衡自謂由其計畫，令我有天下也。」對張衡的恩寵自此漸消。

煬帝次子齊王楊暕違法亂制，煬帝以此嚴辭譴責御史大夫張衡失職，又藉口祭祀恒山時父老謁見者衣冠多不整齊，認為憲司不能舉正，於是將張衡貶官出為榆林太守，使他再也不能在身邊進令人討厭的逆耳之言。

大業五年（六〇九）隋煬帝再游汾陽宮，張衡因督役築樓煩城，得謁見煬帝，煬帝見張衡貶官後「不損瘦」，認為是對自己的錯誤沒有認識，不念咎，於是沒有好氣地對張衡說：「公甚肥澤，宜且還郡。」當張衡回到榆林不久，煬帝又敕令張衡到江都督役築江都宮。

在江都，有人向張衡告宮監督役嚴急，催人死命，張衡不能理，反而將訟書交給宮監，使告狀人受到打擊報復。煬帝派楊素之子禮部尚書楊玄感來到江都，告狀人又向楊玄感鳴冤，但玄感與張衡相見還未有所言，張衡先說一句：「薛道衡真為枉死。」這一舉動說明張衡在江都無心督役，而是心在朝政，對朝中發生的各種事憂心忡忡。但楊玄感卻私恨張衡任御史大夫時，所部御史奏劾其叔父楊約，使叔父丟官，因此即奏告張衡怨望。江都丞王世充也添油加醋，一陣亂咬，煬帝於是發怒，火氣頭上先是要將張衡鎖往江都市問斬，火氣稍消後又下令將張衡除名為民，放還田裡。自後張衡不再任官，但煬帝還是派人嚴密監視張衡動靜。大業八年（六一二），張衡的小妾又上言張衡怨望，「謗訕朝政」，煬帝於是賜張衡於家自盡。[122]

張衡和高熲一樣以「謗訕朝政」之罪被誅，罪名雖同但性質卻不一樣。高熲、賀若弼、宇文雖心存社稷、忠誠於隋室，但內心卻瞧不起楊廣，他們沒有當面向煬帝直諫，也不敢當面提意見，而是在背地裡私下議論，忤逆皇上，命歸黃泉。薛道衡更恃才傲物，不把煬帝放在眼裡，口出狂言，以致遭誅。張衡卻不一樣，他對隋煬帝忠心耿耿，為煬帝贊成帝業，視為股肱，親密無間，本可無話不說，實際上張衡也是出於對煬帝的忠心，當面向皇帝提意見，在煬帝高興時「承間進諫」，這顯然是盡忠盡職，本應提倡，得到獎賞。張衡的舉動說明這位當年為煬帝奪嫡耍盡陰謀，並幹出十惡不赦「拉殺」文帝勾當的陰謀家還有點人情味，還能說點人話，他所幹的一切都是為楊廣著想，是想成就煬帝的聖王之業，「眾人之唯唯，不如一士之諤諤。」然而，就是這樣一個一心一意為皇上著想，隋煬帝個人的大忠臣，說了幾句逆耳之言，也不能為煬帝所容忍，那麼，天下人還有誰敢再說話了呢？

宋人范祖禹說：「諫者使下情得以上通，上意得以下達，如氣血流於一身也。故言路開則訟，言路塞則亂者，系乎言路而已。」所以，「國將興必賞諫臣，國將亡必殺諫臣。故諫而受賞者與之祥也，諫而被殺者亡之兆也」。[123] 隋煬帝聽不得任何逆耳之言，認為自己不可能會犯什麼錯誤，狂妄自大，予智予雄，凡敢於指出他的缺點或對他有什麼建議者，輕則被斥責，重則遭殺身滅族之禍，親信近臣也不例外。隋煬帝曾對祕書郎虞世南曰：「我性不欲人諫。若位望通顯而來諫我，以求當世之名者，

122 《隋書》卷五六〈張衡傳〉。

123 《唐鑒》卷一。

彌所不耐。至於卑賤之士，雖少寬假，然卒不置之於地，汝其知之！」[124]這與他文學上的虛心求教好學不倦，判若兩人。當了皇帝的楊廣在政治上絕對專制獨裁，他迷信自己的權力，認為歷史的發展進程完全取決於他個人的意志和活動，歷史由他主宰，這使隋朝政治幾乎完全靠煬帝個人的才智來支撐。作為君主，隋煬帝是當然的最高決策者，他不聽匡輔之言，實際上又是唯一的決策者，宰相大臣對政策的影響力微乎其微，這就使天下之安危系於隋煬帝一人之身。唐人杜牧〈與人論諫書〉曰：「人君一悟而至於治，不悟則烹身滅族，自秦漢以來千百輩，怒諫而激亂生禍者累累皆是，納諫而悔過行道者不能百一。」[125]

皇帝既身系天下之安危，為社稷為百姓本應行事謹慎，多聽聽不同意見，但隋煬帝特別自負，個性特殊，他行事不能說不是為社稷為國家。他要成就豐功偉業，但他不是依靠群策群力，而是迷信主觀意志的支配力量，無視並否認客觀的社會力量，傲視群臣，把君主的權力意志看作為一種足以支配一切而可以不受任何制約的超級力量，隋煬帝妄圖心想事成，要實現他想實現的一切，消滅他想消滅的一切。由於他擁有無上權力，他的強意志必然會轉化為支配性的強力，轉化為巨大的物質力量。隋煬帝除諫飾非，一意孤行，一旦他認定非要幹不可的事是錯了，則全民族都將被引入災難的深淵，這種專制獨裁的君主專制制度使國家萬民時時處在危機之中。

疏忌骨肉　儲宮陵夷

治國平天下的聖人，必先修其身、齊其家。隋煬帝有文武才能，卻不修其德，仁義不施而終不能治好國。在齊家方面，在對待兒女骨肉至親及處理家庭親屬關係方面，隋煬帝同樣搞得是一團糟。雖然對皇后蕭氏的尊寵始終如一，無可指責，但對兒孫子侄卻未能盡善，以致父子相猜，骨肉相殘，儲宮陵夷，最後都不得好死。

隋煬帝的皇位競爭者兄長楊勇和小弟楊諒均敗死，四弟楊秀被囚禁，但煬帝仍不放心，對宗室諸王也加強了戒備，因為這些人是最可能覬覦皇位的人。煬帝即位後對同姓諸侯王「恩禮漸薄，猜防日甚」，其中曾為煬帝為蕭后姻緣牽線為使致禮的堂兄楊綸「尤被猜忌」。楊綸父滕穆王楊瓚是隋文帝同母弟，因反對文帝篡周，「遇鴆以死」。楊綸雖嗣父爵，在文帝朝就「每不自安」，煬帝即位後更「憂懼不知所為」，心裡害怕極了。於是召神問鬼，占卜凶吉，術士王琛安慰楊綸「相祿不凡」，因為「滕即騰也，此字足為善應」。又有和尚惠恩也為楊綸占候。然而沒有不透風的牆，楊綸的舉動立即就有人彙報給煬帝，煬帝的神經本來就繃得很緊，聞訊大怒，即令黃門侍郎王弘窮究此事。王弘揣測到煬帝忌刻諸侯王的心理，於是奏劾楊綸「厭蠱惡逆」，罪當死。[126]

煬帝的另一位堂弟旦王楊集的處境與楊綸一樣不妙，他是文帝異母弟衛昭王楊爽之子，並嗣爵。楊集對煬帝的猜防也憂懼不知所措，呼術士俞普明祈福，結果被人告發。當時朝廷嚴禁讖緯咒詛，有犯者要處死罪。官司對楊集的舉動窮加追究，鍛煉成獄，奏楊集惡逆，罪當死。[127]

隋煬帝要掃滅任何覬覦皇位者的異想，但當坐罪者已不能形成對自己皇位的威脅時，又不妨給點慈悲。對於骨血堂兄弟楊綸、楊集，煬帝表示不忍加誅，於是下詔：「雖復王法無私，恩從義斷，但法隱公族，禮有親親，致之極辟，情所未忍。」[128]雖然宰相大臣議按舊章前律，依照法律，叛逆罪在

---

124 《隋書》卷二二〈五行志上〉。
125 《樊川文集》卷一〇。
126 《隋書》卷四四〈楊綸傳〉。
127 《隋書》卷四四〈楊集傳〉。
128 同註126。

必死，但煬帝權在法上，「法隱公族，禮有親親」，最後還是皇帝說了算，大業元年（六〇五）七月丙午（二十三），滕王楊綸、衛王楊集奪爵徙邊，雖免一死，卻被趕出了朝廷。楊綸被流放到了海南島，其諸弟也都散徙邊郡，其中楊溫在零陵（今湖南境）作〈零陵賦〉，抒發自己的憂鬱，其辭哀思，傳到煬帝手裡，煬帝讀了大為憤怒，將楊溫轉徙南海邊荒。他們兄弟幾人在亂世中苟全性命，楊綸隋亡後歸唐，封懷化縣公。[129]

煬帝的另一堂弟高陽公楊智明乃文帝弟楊整子，因交遊太廣被猜忌，竟致奪爵。智明兄智積在險惡的環境中，每自貶損，不問政治，凡事委政僚佐，清靜自居。智積生有五個兒子，止教讀《論語》、《孝經》而已，不讓他們交遊賓客，生怕兒子有才能而致禍。大業十二年（六一六）從駕江都，生病不呼醫，死時竟對所親曰：「吾今日始知得保首領及於地矣。」[130]為自己得安然去世感到慶幸。

隋煬帝對兄弟無情，對子侄輩更是殘忍。廢太子楊勇生的十個兒子，長子楊儼六歲時被文帝封為長寧王，楊勇被廢時楊儼的爵位也被廢去。但文帝對自己的長孫心存憐憫，留在身邊常從宿衛。煬帝即位後楊儼仍跟著煬帝的衛隊護衛，有一次被煬帝看見，在路上賜給一杯毒酒，鴆殺於路。九個弟弟也都分別流徙於嶺外，到流放地後又被所在長官統統殺死。[131]漢王楊諒的兒子楊顥則禁錮終生，惟秦王楊俊生前未參與帝位爭奪，兩個兒子均被煬帝封以爵位，其長子楊浩襲父爵為秦王，庶子楊湛封濟侯。但是，這些與煬帝有血親的宗王的存在，仍然對煬帝的皇統存在潛在威脅，即使他們自己並無奪位野心，也會有別的野心家利用他們的皇家血統謀叛，老實巴交的秦王楊浩就曾被人利用。後江都宮變，文帝、煬帝的兒孫輩遂幾乎被全部殺光。

隋煬帝忌刻同姓宗王，但對外姓親屬卻十分優禮，因為相對而言他們對皇位的威脅較少。煬帝特別追念舅族獨孤氏，得罪早逝的獨孤陁在煬帝即位之初即被「禮葬」，贈正議大夫，葬後煬帝仍對舅家衰落憐惜萬分，再下詔：「舅氏之尊，戚屬斯重，而降年弗永，凋落相繼。緬惟先往，宜崇徽秩。

復贈銀青光祿大夫」。獨孤陁之弟獨孤整大業初去世，也追贈金紫光祿大夫，平鄉侯。132

隋煬帝對後族蕭氏更是優禮有加，被廢閒居的後梁主蕭琮以蕭后之兄的緣故，「甚見親重」，煬帝嗣位之初即官拜內史令，改封梁國公。蕭琮之宗族，「緦麻以上，並隨才擢用，於是諸蕭昆弟布列朝廷。」蕭琮之弟蕭瓛拜朝請大夫，尚衣奉御，後歷任衛尉卿、祕書監。蕭瑀更以外戚有才行，曾奉侍煬帝於東宮，累遷官至內史侍郎。但蕭琮因以後梁帝王降階為臣，崇信佛教，性淡雅，不願理政，退朝惟縱酒而已。煬帝曾讓楊約宣旨誡勵，但蕭琮依然我故。蕭琮以帝王之裔羈旅於北方，見朝廷豪貴，無所降下，獨與名將賀若弼深相友善，後賀若弼被誅殺，時有童謠云：「蕭蕭亦復起。」意思是後梁蕭氏將恢復帝業，雖然系子虛烏有的謠言，但觸及最高皇權，犯了大忌，煬帝於是大加猜疑，廢蕭琮於家。蕭琮不久死去，贈左光祿大夫。梁國公的爵位由蕭后養於宮中的侄兒蕭鉅承襲。133

凡是觸及皇位皇權，就是最敏感的問題，骨肉至親也要提防。在這個問題上，隋煬帝甚至對自己的親生兒子也嚴加防範，其做法尤甚於其父文帝。

隋煬帝生有三個兒子，若干個女兒。其中蕭皇后生晉王楊昭（又稱元德太子）、齊王楊暕；蕭嬪生趙王楊杲。蕭嬪有可能是蕭后的血親家人，趙王楊杲生於大業二年（六〇六），年齡尚幼，深得帝后喜愛。長子楊昭生而被文帝養於宮中，深得文帝和獨孤后喜歡。據說在宮中每見祖父、祖母扶抱親熱時，楊昭都自覺避開，自小就這麼懂事，文帝因而歎曰：「天生長者，誰復教乎。」十二歲時被文

129《隋書》卷四四〈楊綸傳〉。
130《隋書》卷四四〈蔡王智積傳〉。
131《隋書》卷四五〈文四子．房陵王勇傳〉。
132《隋書》卷七九〈外戚．獨孤陁傳〉。
133《隋書》卷七九〈外戚蕭琮傳〉。

帝封為河南王。楊廣被立為皇太子時，楊昭徙為晉王，並拜內史令，兼左衛大將軍，後三年，轉雍州牧。煬帝即位之時，留楊昭守京師長安，自己住東都洛陽。大業元年（六〇五）遣使立楊昭為皇太子。楊昭為人仁厚，性格謙讓，從不露憤怒之色，且生活儉樸，有祖父母之遺風，本是一位理想的皇位繼承人，但楊昭生得肥胖，雖有武力，能引強弩，但身體並不好。大業二年（六〇六）楊昭由長安朝於洛陽，數月的往來拜會使胖太子應酬不暇，竟致勞疾。將還京師，楊昭請求留下休息幾天，煬帝不許，病體遷延，致臥床不起。隋煬帝沒有及時派御醫診問，卻派巫師來探視，得出的結論竟是「房陵王為祟」，即已死去的楊勇鬼魂在鬧，最後不治，於大業二年（六〇六）七月二十三日病死於行宮。煬帝深為痛惜。

太子楊昭是個仁德之人，死得太早十分可憐，他為煬帝留下了三個孫子：大劉良娣生燕王楊倓，小劉良娣生越王楊侗，韋妃生陳王楊侑，後徙為代王[134]，時皆幼小。

隋煬帝第二子楊暕字世朏，小字阿孩，自小就長得眉目清秀，姿容端麗，也深得祖父文帝喜歡，開皇年間立為豫章王，邑千戶。楊暕年少時受到良好的教育，頗涉經史，尤工騎射，初任內史令，掛宰相銜見習朝政，仁壽年間拜揚州總管江淮以南諸軍事，接替已進京為皇太子的父親楊廣坐鎮江都。煬帝即位後封楊暕為齊王，深得煬帝器重，遷豫州牧。

不久，元德太子去世，楊暕以正宮所育次子理當接嗣，而為朝野注望，大家都認為他將是未來的皇太子，煬帝也令吏部尚書牛弘為齊王府妙選府屬。這年，煬帝備禮拜柳謇之為齊王府長史，拜師的那一天，敕柳謇之：「今以卿作輔於齊，善思匡救之理，副朕所望。若齊王德業修備，富貴自當鐘卿一門，若有不善，罪亦相及。」[135]看來煬帝對楊暕是寄予了厚望，公卿貴族也爭相將自己的子弟送入齊王府，以求富貴。煬帝並將楊昭太子東宮僚屬二萬餘人全部配屬於楊暕名下。於是，自樂平公主及諸貴戚競相至齊王府致禮，百官稱謁，填咽道路。大業三年（六〇七）轉雍州牧，不久遷河南尹，開府儀同三司，寵遇越益隆重。

但楊暕的個性涵養較之其兄差之甚遠，是一個驕恣放蕩的公子哥。史稱：「時上無太子，天下皆以暕次當立，公卿屬望，暕遂驕恣，呼術者令相，又為厭勝之事。」[136] 楊暕昵近小人，所行多不法，他將柳謇之放在一邊，派遣其親近小人喬令則、陳智偉、劉虔安、裴該、庫狄仲錡等人，四處尋求聲色狗馬。喬令則等一群歹徒因得齊王撐腰，膽大妄為，凡訪知人家有漂亮女子，即假傳是齊王楊暕之命召之，載入齊王宅第，隱藏於別室，恣行姦淫，數日後才放歸。庫狄仲錡、陳智偉二人更竄到隴西，責令胡酋進名馬，得數匹進獻給楊暕，楊暕問來歷，不明，就責令送還原主，庫狄仲錡等見齊王不要，乾脆將馬牽回家，詐言是王賜，楊暕也不知道。齊王府群小的胡作非為，使楊暕的聲名日壞。

楊暕也不像當年父皇楊廣那樣能矯情飾貌。有一女子姓柳，貌美嬌豔，樂平公主尋得，曾向煬帝言及，煬帝因公務繁忙當時未作回答，許久之後公主以為煬帝對柳氏女不感興趣，轉而進獻給楊暕，楊暕很高興地收納了。不久煬帝想起公主獻美女之事，就問安樂公主柳氏女何在？公主只得據實答「在齊王府」，煬帝掃興很是光火。有一次煬帝於汾陽宮進行大獵，詔楊暕率千騎入圍場，楊暕受寵若驚，恣意獵射，大獲麋鹿以獻，而煬帝卻沒有獵獲到任何野獸，於是遷怒於跟從自己的侍衛官，侍從們都訴說野獸全被齊王左右所遏阻，根本就不能到煬帝射程範圍來。楊暕竟是這樣一點心計都沒有，一點也不會討好父皇。驕橫無比的隋煬帝於是怒不可遏，刻意求楊暕過失，想整治一下驕縱的兒子。

134《隋書》卷五九〈煬三子．元德太子昭傳〉。
135《隋書》卷四七〈柳謇之傳〉。
136《隋書》卷二二〈五行志上〉。

時被煬帝信用的太史令庾質送兒子庾儉為齊王府屬，煬帝竟對庾質說：「汝不能一心事我，卻使兒子去服事齊王，為何向背如此？」庾質十分惶恐，且不解，回答說：「臣事陛下，兒子事齊王，實乃一心一意為陛下，不敢有二心。」但煬帝怒色不減，將庾質出為合水縣令。[137]

皇帝求人過失當然是不費吹灰之力，不久就找到了楊暕不少過錯，如伊闕縣令皇甫詡違禁擅離職守到齊王宅，京兆人達奚通出入齊王府，與貴遊宴聚。王侯交通外臣是違制，於是御史韋德裕根據煬帝之旨奏劾楊暕，煬帝即令甲士千餘人對楊暕的府第進行了一次大搜索，結果在窮治猛追之下，查出了齊王不少醜事惡行。

原來，煬帝為楊暕娶得關中世族韋沖的女兒為妃，但楊暕卻與王妃的嫂嫂元氏私通，生下一個女兒，外人一概不知。楊暕又經常私自引喬令則到齊王府第內吃喝酣宴，喬令則快活時竟得意忘形，脫楊暕的帽子以為歡樂。又召術士向後庭女子相面占卜，術士指著元氏說：「這位生子者當為皇后，大王貴不可言。」當時朝廷未立皇太子儲宮，楊暕自以為太子應輪到自己，但又顧忌兄長元德太子的三個兒子，內心常不自安，於是暗中安排術士做「厭勝」之事，希望咒死三個侄兒。這些事全部被揭發，煬帝聽後大怒，下令斬喬令則等數人，賜妃嫂元氏死，齊王府僚屬全部流放邊遠，長史柳謇之及將軍董純等亦皆以不能匡正坐除名，惟賀德仁以忠謹免罪，出為河東郡司法。[138]

當時趙王楊杲還是個孩子，煬帝對左右侍臣說：「朕唯有楊暕一子，要不然，就當於市朝斬首，以明國家法度。」自此以後，煬帝對楊暕從沒有好臉，楊暕雖仍掛京兆尹銜，但不再參預時政。煬帝還派一位武賁郎將經常坐鎮齊王府監視，凡小有過失，立即彙報。煬帝又憂慮楊暕會有異動，配給齊王左右的府屬全是老弱，湊數而已。[139] 楊暕因失愛於父母，也內心不安，常有危懼之感。父子關係猶如寇仇，直到煬帝死葬雷塘，預立儲宮冊封皇太子之事再也沒有人敢提，大業十多年中國家沒有儲貳，卻也省去了儲位的生死血腥爭奪。

第三節　屋在乎柱　國在乎相

隋文帝朝從「四貴」輔政到楊素獨攬朝綱，再到架空楊素，柳述用事，朝廷中樞的權力爭鬥此起彼伏。隋煬帝即位後，也著手對領導班子進行改組，建立以自己為核心的政治中樞。

經過大業初年的大清洗，隋煬帝按照自己的意願對中樞輔政的官僚班子進行了篩選調整，宰相體制因此也發生了很大變化。「屋在乎柱，國在乎相」[140]，宰相是官僚系統中最重要的職官，「掌丞天子，助理萬機」，處一人之下，萬人之上，位極人臣，是王朝的頂梁支柱。宋代軍事家陳傅良說：「宰相得人則百官正」。又說：「人主之職論一相，一相之職論百官，一相不得其人，則百官不得其正。」[141]可知宰相在官僚體系中的重要作用。大業元年（六〇五）煬帝任用的三省首長是：尚書令楊素，內史令楊約和蕭琮，納言楊文思、楊達，另外，右僕射蘇威仍留任，這六人皆為三省首長，為正宰相，這可以說是一個以關隴親貴為主體的輔政班子。

然而，這個班子很快就發生了變化，首先是首揆楊素遭猜忌，大業二年（六〇六）任司徒，已是榮譽虛銜，空名宰相，不久以病拒服藥而去世，其弟內史令楊約也很快失勢，不久免官並死去。納言楊文思是楊素從叔，大業初楊素一家三人為相，幾乎獨占了三省樞要，然而這不是煬帝所能長期容忍的。楊文思為政廉正，有足疾不能上殿奏事，加上年老，沒有管多少事，實際上沒有參加權力核心，

137《隋書》卷七八〈庾質傳〉。
138《舊唐書》卷一九〇上〈賀德仁傳〉。
139《隋書》卷五九〈煬三子・齊王暕傳〉。
140《北堂書鈔》卷四九〈設官部一・宰相第二〉。
141《八面鋒》卷一二。

不久死去，時年七十。[142] 楊達是觀德王楊雄之弟，煬帝即位時由工部尚書轉納言，兼領營東都副監，甚得煬帝信重。其兄楊雄一直閉門不通賓客，楊達雖當了一段時間的納言，但沒有任何政績可言，也沒有真正進入朝廷政治中樞。內史令蕭琮有大度，博學能文，很有才能，但不以職務自任，後遭猜忌罷相廢於家，不久死去，三省首長於是凋謝大半。

大業四年（六〇八），隋煬帝又以元壽補內史令，元壽為元魏帝裔，平陳之役曾任晉王行臺左丞，煬帝即位後從楊素討楊諒，奮勇爭先，以功授大將軍，遷太府卿，是煬帝的親信。拜內史令後從煬帝西討吐谷渾，除軍事征討外，元壽並沒有參預有關政事決策的事蹟。

再說蘇威，文帝崩駕時任右僕射，煬帝嗣位後加勳官上大將軍，大業三年（六〇七）曾勸諫煬帝不要修長城，後因高熲案受牽連，被免去宰相職。蘇威是一個軟骨頭，自後附和煬帝，一年後復任魯郡太守，不久召還朝廷參預朝政，拜太常卿。蘇威是先朝老臣，熟悉典章制度，是不可多得的顧問，故幾年後煬帝再委他以宰相之職，任納言，「與左翊衛大將軍宇文述、黃門侍郎裴矩、御史大夫裴蘊、內史侍郎虞世基參掌朝政，時人稱為五貴」。[143]

到大業中後期，「五貴」成為事實上的宰相。值得注意的是，除蘇威任納言外，「五貴」中的其他四人均不是三省首長，甚至不是三省官，有的乾脆就是武職。三省首長之一的內史令元壽反倒不在「五貴」之列，這明顯地反映出宰相體制已發生重大變化。煬帝於大業三年（六〇七）對律令官制進行了重大改革，宰相制度的變化亦當在此後，這種變化顯然也是隨煬帝個人的權力意志為轉移，但也沿襲了文帝朝的做法。

以他官加臨時稱號入相，這些稱號很不規整，史書記載也很不劃一，如前面我們提到蘇威任納言前乙太常卿「參預朝政」，又據《舊唐書・裴矩傳》：「大業初，拜民部侍郎黃門侍郎，參預朝政。」《隋書・宇文述傳》：「還至江都宮，敕述與蘇威常典選事，參預朝政，述時貴重，委任與蘇威等，其親愛則過之。」《隋書・虞世基傳》：「帝重其才，親禮逾厚，專典機密，與納言蘇威、左翊衛大將軍宇文述、黃門侍郎裴矩、御史大夫裴蘊等專掌朝政。」又《隋書・裴蘊傳》：「未幾，擢授御史大夫，與裴矩、虞世基參掌機密。」所謂參預朝政、參掌朝政、專典機密、專掌機密，意思一樣，即得入禁中參與朝廷中樞機密，輔政決策。這些銜名既不規整，顯然不是正式官號，也沒有品秩，因人而命，皆出於臨時，屬臨時性差遣，我們將其皆歸之為差遣宰相。如裴矩，民部尚書（正三品）是其本官，「參掌機密」、「參掌朝政」等是差遣銜，加此銜即可任宰相職事。宇文述以一介武職加「參預朝政」銜，其權勢竟甚於納言蘇威，許善心的兒子許敬宗在唐高宗朝上言：「陛下不見隋室乎？宇文化及父宰相。」[144]說明唐人也確認宇文述的宰相身分。隋煬帝大業中，宰相以他官兼任，已形成制度，並為後來的唐朝所繼承。通過這一辦法，煬帝可以得心應手地將品秩較低而便於使喚的心腹引入禁中，參預決策，發號施令。終大業之世，尚書左右僕射已不再授人，納言、內史令實授者也很少，宰相以他官兼任幾乎成慣例。然而，這種做法並非創於煬帝，文帝時「四貴」之一的楊雄即以右衛大將軍「參預朝政」為相，後柳述以兵部尚書加「參掌機密」，亦被視為宰相，《通典》和《新唐書》也都確認柳述的宰相身分。[145]不同的是文帝朝宰相仍以三省首長為主，而煬帝朝則以差遣宰相為主，並成為普遍現象。這從一個側面說明國家制度成法屈從於帝王的個人意志，皇帝可以隨意改變制度。

「五貴」之中，蘇威、宇文述出自關隴勳貴，蘇威是先帝重臣，也是惟一由文帝「四貴」轉煬帝

142《隋書》卷四八〈楊文思傳〉。
143《隋書》卷四一〈蘇威傳〉。
144《新唐書》卷一〇五〈長孫無忌傳〉。
145《通典》卷一九、二一〈職官一、三〉；《新唐書》卷七三〈宰相世系三・上〉。

「五貴」行列中的宰相。宇文述是煬帝的藩邸舊臣，奪嫡主謀，也是最親信的將領。裴矩則出自山東，為河東門閥大族，由北齊而入周，再入隋。虞世基和裴蘊則來自江南，由陳入隋。可以明顯看出，煬帝最高統治集團已不限於關隴集團，其基礎明顯地擴大了。當然也不能由此就認定隋煬帝排斥關隴集團，關隴勳貴在統治集團中仍占主導地位。裴矩早已融入關隴集團，虞世基和裴蘊也主動向他們靠攏。而煬帝的藩邸舊臣南朝文人柳顧言、庾自直、諸葛潁等因行政能力差，反倒沒有更大的發展。如諸葛潁雖為煬帝寵愛的佞幸，時常與皇后嬪妃同席共宴，但人品不好，常以接近帝后的機會進讒言，譖毀他人，時人稱為「冶葛」，與虞綽等宮體詩人為爭寵而互相傾軋，互相揭短。虞綽恃才任氣，王胄也自恃才大，看不起諸葛潁，結果遭到諸葛潁的短毀。後諸葛潁又與柳䛒（顧言）忿氣相鬥，煬帝親自出面勸解也不能使之和好，於是漸漸失寵，只是詩歌唱和，政治上不再任用。

「五貴」中的三位新人裴矩、裴蘊、虞世基都是以才能、辦事幹練而得升任宰相的。

裴矩，字弘大，河東聞喜人，祖父裴佗為北魏都官尚書，父裴訥之任北齊太子舍人。裴矩雖出身於官宦之家，但繈褓而孤，家境並不優裕，他自己好學多才，有智術，並留心世事，年長後仕北齊為地方掾吏，齊亡入周後久未居官，楊堅為定州總管時才得入其府為記室，後得參楊堅相府記室事，隋成立時遷給事郎，奏舍人事，得入中樞揮翰舞墨。伐陳之役得從晉王，曾受楊廣之命與高熲收集陳朝祕府圖籍。江南叛亂時，裴矩巡撫嶺南平定俚帥王仲宣叛亂，綏集二十餘州，受到文帝嘉獎，任民部侍郎，不久遷內史侍郎。後又奉命撫慰突厥，成為民族事務專家，轉吏部侍郎，在煬帝未即皇帝位前，裴矩以其出色的政治才能步步高升，逐漸步入最高領導層。煬帝即位後，受命營建東都，圓滿完成了政府衙署修建的任務。後煬帝方勤遠略，命裴矩專管外事，經略西域，轉民部侍郎又遷黃門侍郎，參預政事，進入中樞最高決策圈子。

裴蘊與裴矩同姓同宗，亦為河東聞喜人，但不同的是裴蘊的先祖晉末喪亂時南徙江表，成為江南僑姓門閥。裴蘊的祖父裴之平仕梁任衛將軍，父親裴忌仕陳任都官尚書，隨吳明徹北伐被周軍俘虜，降周入隋，在北方任官。裴蘊在陳朝任官，明辯機敏有才幹，但因父親在北朝，裴蘊暗中奉表隋文帝，向北方提供南軍情報，故陳亡後以「夙有向化之心」超授儀同。左僕射高熲不知內情，以為文帝搞錯了，忙進諫：「裴蘊無功於國，寵踰倫輩，臣未見其可。」文帝反倒又加裴蘊勳上儀同，高熲再進諫勸止，文帝卻說：「可加開府。」高熲這才不敢再說什麼，足見裴蘊在南方提供的情報，對隋滅陳是起了相當作用的。作為陳朝臣子，裴蘊是內奸，而對隋文帝來說，裴蘊自然是功臣了，所以「即日拜開府儀同三司，禮賜優洽」。後歷任洋、直、棣三州刺史，都有政績。到大業初年，作為地方官的裴蘊「考績連最」，煬帝也聞知他善於理政，於是征入朝任太常少卿，成為太常卿高熲的副手。任官後裴蘊專與高熲唱反調，他揣知煬帝喜好音樂歌舞，乃上奏將散布民間的前周、齊、梁、陳樂家子弟，皆搜括齊集太常為官樂戶，六品以下的官家及民間有善音樂及倡優百戲者，也統統到太常報到。雖然高熲上表反對，認為是「棄本逐末」，但煬帝卻人加讚賞，於是「異技淫聲咸萃樂府，皆置博士弟子，遞相教傳，增益樂人至三萬餘」。裴蘊因功遷民部侍郎。在民部侍郎任上，裴蘊又幹了一件深得煬帝歡心的大事，即著名的「大索貌閱」，檢出大批丁壯戶口，由此更得煬帝親委，拜官京兆贊治，在任上又發摘纖毫，有罪必究，使吏民懾憚。不久即取代張衡任御史大夫，主管憲臺，與裴矩、虞世基等「參掌機務」，步入朝廷中樞最高決策層。在御史大夫任上，裴蘊「善候伺人主微意」[146]，國家律令典製成了兒戲，於是鍛煉成獄，製造了不少冤假錯案，薛道衡的冤死，就是裴蘊一手操辦，為此卻大得煬帝信任。

虞世基，字茂世，會稽餘姚人，為江東門閥士族，父虞荔仕陳任太子中庶子。世基博學有高才，

146《隋書》卷六七〈裴蘊傳〉。

兼書草隸，被陳人歎為「南金之貴」，宰相徐陵妻之以侄女，仕陳曆太子中舍人、散騎常侍、尚書左丞。曾為陳後主作〈講武賦〉，受嘉獎。陳亡後來到長安，任小官，受歧視，家貧無產業，以致經常上街賣書法字帖以養家糊口，而怏怏不平。又寫詩訴怨，辭情悽切，傳到上層士人中，開始引起注意。因文才出眾，思維敏捷，虞世基被薦為內史舍人，為隋文帝掌文翰草詔書，開始步入隋決策圈。煬帝即位後，柳顧言雅相推重，以文才愈受煬帝信用，不久遷官內史侍郎。適值母親病逝，辭職而去，哀毀骨立，煬帝感其至孝，詔令進肉。世基哀痛吃不下，煬帝派人勸道：「方相委任，當為國家惜身。」前後敦勸了好幾次，足見煬帝對其才藝的愛惜。虞世基與隋煬帝先前並無太多交往，君臣之間先前也無什麼恩遇，其受愛重完全是因為世基曠世逸才。虞世基以內史侍郎「專典機密」，進入「五貴」行列，史載：「於時天下多事，四方表奏日有百數，帝方凝重，事不庭決，入閤之後，始召世基口授節度，世基至省，方為敕書，日且百紙，無所遺謬，其精審如是。」虞世基的弟弟虞世南亦文才與書法超群，但沒有任職中樞，清貧守素。

隋煬帝虎戴數珠，假冒偽善，雖收羅了不少人才，但只能是充當專制皇權的爪牙，「五貴」也個個人性扭曲，充當走狗。其中御史大夫裴蘊為人最奸，史論說他「務於聚斂，且肆刑誅」。「素懷奸險，巧於附會，作威作福，唯利是視」。內史侍郎虞世基則「徒唯諾取容」，「參機衡之職，預帷幄之謀，國危未嘗思安，君昏不能納諫。方更鬻官賣獄，黷貨無厭」。黃門侍郎裴矩雖較廉潔，「然承望風旨，尤好功利」，慫恿煬帝興師遠略，勞民傷財。納言蘇威是個軟骨頭，雖有才智卻不能用，「已為無氣節者」。左翊衛大將軍宇文述更「貪鄙於附會」[147]，既無宰相之才，也無為臣之節，卻最得煬帝信任。

宇文述追隨煬帝最久，居功最多，情好益密，前後賞賜不可勝計，煬帝並以女兒南陽公主下嫁宇文述之子宇文士及，封宇文述為許國公，每年冬至正衙朝會，都賞給宇文述鼓吹一部。宇文述是一介武夫，不像楊素那樣有心計，雖優寵而不遭煬帝猜忌，凡有重大征討，輒令宇文述領兵出征，使宇文述成為煬帝手下第一員武將。煬帝第二次巡遊江都時，令宇文述與蘇威常典選舉，參預朝政，使武夫宇文述步入「五貴」行列，任宰相。史書記煬帝對宇文述的信重及宇文述的權勢曰：「述時貴重，委任與蘇威等，其親愛則過之。帝所得遠方貢獻及四時口味，輒見班賜，中使相望於道，述善於供奉，俯仰折旋，容止便辟，宿衛者咸取焉。又有巧思，凡有所裝飾，皆出入人意表，數以奇服異物進獻宮掖，由是帝彌悅焉。時述貴幸，言無不從，勢傾朝廷，左衛將軍張瑾與述連宮，嘗有評議，偶不中意，述張目叱之，瑾惶懼而走，文武百僚莫敢違忤」。君臣之間親密寵遇到這種地步，可謂上下趣味相投。但宇文述並沒有什麼治國良策，而品性特別貪鄙，凡打聽到別人家裡有珍異之物，必強求奪取到手。富商大賈及隴右諸胡子弟，宇文述也施以恩惠，呼他們為「兒」，於是富商子弟競相賄贈，使宇文述家「金寶累積，後庭曳羅綺者數百，家僮千餘人，皆控良馬」。[148]

宇文述公開貪污受賄，使朝政日益敗壞。「五貴」加上張瑾和吏部侍郎楊恭仁等七人共掌選舉官吏，宇文述掌武官，虞世基掌文官，欲求官者，凡宇文述所薦，皆可得大官。太常樂戶趙行樞有家財億計，認宇文述為父，宇文述稱他為兒，多受其賄賂，結果入選為府兵折衝郎將。[149]選官多以賄成，致使士流嗟怨，惟楊恭仁雅正自守，他是文帝時「四貴」觀德王楊雄的長子，與父親一樣守正，結果不為裴蘊等所容，被貶出朝廷，出為河南道大使。[150]

文士出身的虞世基表面上看很深沉謹慎，但骨子裡也貪鄙無恥，他的繼室夫人孫氏性驕淫，虞世基惑於她的淫蕩，任其奢靡無度，雕飾器服，冠於士林，孫氏還將她與前夫所生兒子夏侯儼帶到虞世

147 《資治通鑒》卷一八〇隋煬帝大業三年；《隋書》卷六七〈史臣曰〉。
148 《隋書》卷六一〈宇文述傳〉。
149 同註148。
150 《舊唐書》卷六二〈楊恭仁傳〉。

基家，夏侯儼更是頑鄙無賴，依仗宰相後爸，公開聚斂，使宰相虞世基府宅「鬻官賣獄，賄賂公行，其門如市，金寶盈積」。[151]

上梁不正下梁歪，最高統治層宰相「五貴」公開納賄，使整個官場日益腐敗，使君子被斥，小人得志。同樣來自南朝的門閥士族袁充也是一個佞臣，他學裴蘊，「候煬帝意欲有所為，便奏稱天文見象，須有改作」，以此來取媚於煬帝，如他指天上「熒惑守太微者數旬」，於時煬帝正繕治宮室，征役繁重，袁充即上表阿諛：「陛下修德，熒惑退舍。」百僚跟著祝賀，煬帝大喜，前後賞賜將萬計[152]。煬帝還信用專以占星之術騙人的術士章仇太翼，賜姓盧氏。[153]與楊玄感一起誣陷張衡的江都宮監王世充，本西域胡人，姓支氏，父幼從其母姓王氏，因冒其姓。王世充性情譎詐，有一條如簧之舌，善言談口辯，頗涉書傳，並喜好兵法，學過律令，頗有才幹。煬帝兩次巡遊江都，王世充都能伺候顏色，阿諛奉承，為煬帝選江南美女，雕飾池臺，奉獻珍物，因而深得煬帝寵愛信用。左武衛大將軍郭衍是煬帝藩邸舊臣，也「能揣上意，阿諛順旨」，事事順從煬帝，煬帝常對人說：「唯有郭衍，心與朕同。」[154]蕭后之弟蕭瑀以外戚遷內史侍郎，委以機務，與虞世基等人一樣成為差遣宰相，但蕭瑀「性剛鯁」，雖為煬帝的小舅子，卻「數言事忤旨」[155]，而遭到疏離，未能列入「五貴」之伍，不久出為河池太守。

由於政治中樞、領導班子的不健全，佞幸小人當道，使「隋政不綱，彝倫斯紊，天子事巡遊而務征伐，具僚逞側媚而竊恩權。是時朝廷無正人，方岳無廉吏，跨州連郡，莫非豺虎之流，諷紫懷黃，悉奮爪牙之毒，以至土崩不救，旋踵而亡」。[156]

151《隋書》卷六七〈虞世基傳〉。
152《隋書》卷六九〈袁充傳〉。
153《隋書》卷七八〈盧太翼傳〉。
154《隋書》卷六一〈郭衍傳〉。
155《舊唐書》卷六三〈蕭瑀傳〉。
156《舊唐書》卷一八五上〈良吏上・序〉。

第七章　方勤遠略　威振八紘

隋煬帝「規摹宏侈，掩吞秦漢」之業不僅表現為對內大興工役，大修文治，而且表現在對外威服四夷，擴張遠略。中國歷代王朝都認為自己居於世界的中央，而稱四周的異族為東夷、西戎、南蠻、北狄。華夷的區別在「禮教」，禮儀之邦的中華王朝因文化高於四夷，是高高在上的天朝上國，四夷必須接受冊封，向中原王朝朝貢，華夷冊封體制是中國王朝時代的國際秩序體系。隋朝經過二十多年的蓄積，府庫盈溢，國力強盛，煬帝即位之初就改變了文帝保守的對外政策，他置四方館於東都建國門外，以待四方使者，使「蠻夷朝貢，前後相屬」。大業年間，中外文化交流盛況空前，使隋朝地廣三代，威加八荒。

第一節　出塞北巡突厥　鎮撫啟民可汗

隋朝的外患主要來自北方草原遊牧民族。《隋書．北狄傳》稱：「四夷之為中國患也久矣，北狄尤甚焉。種落實繁，迭雄邊塞，年代遐邈，非一時也。」他們皆以畜牧為業，侵鈔為資，倏來忽往，雲飛鳥集，讓中原王朝大為頭痛。《北狄傳》所列草原遊牧民族，除突厥外還有鐵勒、奚、契丹、室韋等，其時均役屬於突厥，突厥成為隋朝對外經略的最大課題。

然而，經過二十多年的戰爭與招撫，隋煬帝之時東突厥已臣服。在步迦可汗崩潰之際，北方突厥、鐵勒諸部及東北屬於東胡種族的奚、契丹、室韋等部紛紛向隋要求內附，文帝將他們統統歸於啟民可汗牙帳之下。如開皇末有契丹別部四千餘家背突厥來降隋朝，文帝「悉令給糧還本，敕突厥撫納之」。[1] 仁壽元年（六〇一）突厥男女九萬口內附，三年（六〇三）思結、伏利具、僕骨等鐵勒部歸附，隋將這些內附族系統統置於啟民可汗直接管轄之下。啟民可汗完全是由隋朝扶植而立，逐漸穩固地控制了蒙古草原，稱為東突厥。啟民一再向文帝表示「願保塞下」，於是在文帝仁壽年間，隋已將對突厥的離間政策改為羈縻政策。

隋煬帝即位後，啟民可汗一方面在隋廷領導下統治草原突厥牧民，另一方面則為隋保衛北部邊疆。大業初年，契丹入抄營州（治今遼寧朝陽），煬帝詔韋雲起率突厥兵往討，啟民可汗發騎兵二萬，交韋雲起調遣，韋雲起將其分為二十營，四道俱發，實施突襲，結果「盡獲契丹男女四萬口，女子及畜產以半賜突厥，餘將入朝，男子皆殺之」。煬帝大喜，嘉獎韋雲起。[2]

啟民可汗拜伏於大隋王權之下，對隋室忠心耿耿，然而，遊牧社會的突厥和農業社會的隋王朝，無論是社會生活還是政治制度都迥然不同，不能視為同一的政治實體。突厥全部經濟生活的支柱是畜牧，生活所需主要取給於牲畜，而尤以羊馬為主，擁有羊馬也是衡量貧富的依據，多者為富。突厥的最高首領稱可汗，可汗名號始自柔然，猶古匈奴之單于，和皇帝一樣，具有至高無上的權力。可汗合天命、天力、天智於一身，為天神在人間的代表。為對廣袤的草原實行有效統治，可汗分封其子弟、近親為小可汗，相當於諸侯。可汗的子弟稱「特勤」，各有封地、部曲。可汗以下最高官爵是「葉護」，相當於小可汗，一般由可汗之弟充任，葉護是登上可汗寶座的重要階梯，居於「儲副」的地位。可汗

1 《隋書》卷八四〈北狄．突厥傳〉。
2 《舊唐書》卷七五〈韋雲起傳〉。

王庭建於都斤山（今鄂爾渾河上游杭愛山之北山），為汗國的政治中心，全國一般分為東、中、西三部，各置一「設」，領兵駐紮。設是職位僅次於葉護的典兵武官，建有牙帳，有權在轄區內徵稅。設統精兵，任者必為可汗血親。可汗又分派「吐屯」到被征服各部「監國」，有的吐屯世領其部，成為該部實際君王。突厥政權組織的職官見於記錄的還有啜、俟斤、俟利發、梅錄、達幹、閻洪達凡十等，後發展為二十八等，俱是貴族，官位皆世襲。大小官員無不統領軍隊，帶兵打仗。行政組織方面以數帳為一落，數十落為一氏族，數氏族為一部族，部族酋長稱大小匐，即伯克，由大小可汗、貴族伯克組成的貴族會議，可決定和戰及汗位繼承等重大問題。

東突厥啟民可汗既自認為隋朝臣屬，經常入朝拜見皇帝。大業二年（六〇六），啟民可汗入東都朝隋煬帝，煬帝試圖以中原的文明繁盛使突厥更心悅誠服，史書記煬帝「欲誇戎狄」，「總追四方散樂，大集東都」，進行百戲表演，有噴霧翳日、神龜負山、幻人吐火，千變萬化，曠古莫儔，使啟民一行「大駭」[3]，樂不思蜀，一直住到大業三年（六〇七）正月元旦。煬帝又令「大陳文物」，啟民可汗及其下屬經幾個月的耳濡目染，對中華文物典章佩服得五體投地，於是「請襲冠冕」。煬帝沒有同意，第二天，啟民竟率所部特勤眾僚並拜謝，「固請衣冠」。看來，煬帝的「誇示」沒有白費。他見啟民如此殷情，抑制不住內心的喜悅，對侍臣說：「昔漢制初成，方知天子之貴，今衣冠大備，足致單于解辮。」[4]其得意之情溢於言表。但風俗難移，啟民等少數貴族請改漢人衣冠不一定會得到突厥牧民認同，充當傀儡也有失可汗身分，數典忘祖更可能遭到部民唾棄。隋煬帝沒有同意啟民可汗的請求，但卻決定要親往草原去突厥巡狩。

大業三年四月丙申（十八日），隋煬帝由京師出發，進行首次北巡，這次出塞巡狩是想在草原「耀武」，所以巡行隊伍龐大，不僅有百官，還有大量軍隊，甲士五十餘萬，馬十萬匹，旌旗輜重，千里不絕，另外，還有僧、尼、道士、女官及百戲班子從行。煬帝的預定路線是先到榆林（今內蒙古托克托旗黃河南岸邊），再出塞外，「陳兵耀武」，繞道由突厥走草原東至涿郡（今北京市），這就要在今內蒙古草原上兜一圈子。而五十萬大軍出塞，亙古未有，隋煬帝怕突厥啟民可汗及其部眾驚恐，先派長孫晟往啟民牙帳喻旨。

五月丁巳（初九），啟民可汗即遣兒子拓特勤來到煬帝行在朝見，丙寅（十八日），又遣其兄子毗黎伽特勤來朝，辛未（二十三），再遣使請求親自入塞「奉迎輿駕」。煬帝沒有同意，繼續向塞外行進。六月辛巳（初四），煬帝一行在連谷遊獵，這裡是陝北高原與鄂爾多斯草原的結合部，以前是胡漢交兵的古戰場，這時卻是一片和平景象，煬帝和皇后嬪妃在此圍獵，興致勃勃，由此聯想到致天下以太平的父皇文帝，煬帝知道自己「嗣承平之基，守已安之業」，胡漢一家，天下晏如的大好局面完全是得之於父皇的恩惠，於是下令為文帝「別建廟宇，以彰巍巍之德」。[5] 在此之前，煬帝還視察了仁壽元年（六〇一）朔州總管韓洪與達頭可汗交戰的戰場，見「白骨被野」，不禁駐馬遙望，感慨萬分，即令收葬骸骨，命五郡沙門為設佛供，超度陣亡將士亡靈。[6] 和平局面得之不易，當然要萬分珍惜。

六月戊子（十一日）盛夏季節，煬帝一行來到黃河南岸的榆林郡城。丁酉（二十日），啟民可汗及義成公主率突厥各部酋領來朝行宮，獻上駿馬三千匹，煬帝十分高興，賜給啟民絹帛一萬二千段。己亥（二十二），吐谷渾、高昌也遣使入貢。甲辰（二十七），煬帝登上郡城北樓觀賞黃河上的魚群，並設宴款待百僚和各方使者。七月辛亥（初四），啟民可汗上表：

---

3 《隋書》卷一五〈音樂志下〉。
4 《隋書》卷一二〈禮儀志七〉。
5 《隋書》卷三〈煬帝紀上〉。
6 《隋書》卷五一〈韓洪傳〉。

> 已前聖人先帝莫緣可汗（指隋文帝）存在之日，憐臣，賜臣安義公主，種種無少短。臣種末為聖人先帝憐養，臣兄弟妒惡，相共殺臣，臣當時無處去，向上看只見天，下看只見地，實憶聖人先帝言語，投命去來。聖人先帝見臣，大憐臣，死命養活，勝於往前，遣臣作大可汗坐著也。還養活臣及突厥百姓，實無少短。臣今憶想聖人及至尊養活事，具奏不盡，並至尊聖心裡在。臣今非是舊日邊地突厥可汗，臣即是聖尊臣民，至尊憐臣時，乞依大國服飾法用，一同華夏，臣今率部落，敢以上聞，伏願天慈不違所請。[7]

表文從陳述語言來看，像是從突厥文翻譯過來。啟民追敘了自己當年敗落窘困孤身一人受到文帝扶植，成為突厥大可汗的過程，從表文可知隋朝為「養活」突厥百姓，使其「實無少短」，耗費巨大。而啟民得恩惠之餘，欽慕中華文化，稱臣仍嫌不夠，再次希望「變服襲冠帶」，一同華夏，其心意也的確是誠懇的。

煬帝將啟民的表文交付群臣討論，滿朝公卿都認為應依啟民所奏，「混一戎夏」，使華夷一家，獨煬帝以為不可，乃下詔：「先王建國，夷夏殊風，君子教民，不求變俗。斷髮文身，咸安其性，旃裘卉服，各尚所宜，因而利之，其道弘矣。」隋煬帝的目的不是要讓草原變郡縣，牧民成編戶，對於已降伏的遊牧民族，煬帝要繼續實行羈縻政策，讓他們實行民族自治，保存風俗，只求其政治上世世代代服從大隋王權。於是璽書答啟民，以為「磧北未靜，猶須征戰，但使好心孝順，何必改變衣服也」。[8]

但隋煬帝既「欲誇戎狄」，乃令將作大匠宇文愷率中夏名工巧匠於榆林郡城之東草地，按突厥牙帳形式，設立大帳，帳裡可容數千人。相比之下，可汗的牙庭實在太小，真是天壤之別，不可同日而語。「又造觀風行殿，上容侍衛者數百人」，可以拆並離合，下面裝有輪軸，「推移倏忽，有若神功」。[9]突厥人看見，莫不警駭，直感到自己騎馬太粗疏簡陋，而更仰慕中華文明。

七月甲寅（初七），煬帝親御千人大帳，在帳內備儀衛，建旌旗，設宴款待啟民及其酋領三千五百人，賜物二十萬段，其下各有差。又設百戲之樂，帳內歡聲動地，華夷無隔，好不熱鬧。宴席上，煬帝又下詔，表彰啟民可汗「梯山航海，請受正朔，襲冠解辮，同彼臣民」的赤膽忠心，賜給啟民路車、乘馬、鼓吹、幡旗，待之殊禮，可「贊拜不名」，即朝拜時不必唱名，位在諸侯王之上。這是把啟民可汗當作藩君，把東突厥當作附屬國，讓他們保持高度的自治，華夷既異俗，夷不亂華，華夷無隔，但風俗有別，隋煬帝因而始終沒有同意啟民改換漢族衣冠的請求。

七月丙子（二十九），隋煬帝忽又下詔發丁男百餘萬修榆林以東的長城，煬帝一方面視啟民為藩君，一方面又修長城加以防範，進一步表明華夷有別。高峻的長城既是隔斷華夷的城牆，又是顯示帝國凜凜威風的藝術品，隋煬帝的民族思想並不是混一戎夏，而是確立漢民族中原王朝的正朔，讓夷狄都聽命於大隋皇帝。

八月秋高氣爽，是草原最好的時節，壬午（初六），隋煬帝從榆林出發，出塞北巡。啟民可汗召所部諸國及奚、霫、室韋等種落數十酋長齊集牙帳，恭候迎接天子的到來。隋使長孫晟見啟民牙帳雜草叢生，指著帳前雜草說：「此根大香。」啟民急忙去聞，說：「殊不香也。」長孫晟趁機開導說：「天子行幸所在，諸侯躬親灑掃，耘除御路，以表至敬之心。今牙中蕪穢，謂是留香草耳。」其意為讓啟民修整御道，以表對天子的至誠崇敬，啟民即刻醒悟，拔佩刀親自芟草，所部酋領「爭仿效之」。

7 《隋書》卷八四〈北狄・突厥傳〉。
8 《隋書》卷八四〈突厥傳〉。
9 《隋書》卷六八〈宇文愷傳〉。

啟民又發動全境牧民「舉國就役」，為隋煬帝「開御道」，從榆林北境直至啟民牙帳，又從牙帳達於薊（今北京市），開闢了一條長三千里，寬一百步的御道。對此，隋煬帝歡喜萬分，特別嘉獎了長孫晟。[10]天子大駕光臨塞外草原，的確是一大盛事，太府卿元壽勸煬帝大肆張揚，分二十四軍。日發一軍，首尾相屬，千里不絕，以顯威風。定襄太守周法尚則提請不可麻痹，長亙千里，首尾未知，一旦有事，難以相救，主張結方陣而行。[11]煬帝考慮再三，採納了周法尚的建議，將宮掖百官列成方陣，周邊是士兵，滾滾向北行進。煬帝后妃乘宇文愷製作的「觀風行殿」，百官乘「行城」，城周圍二千步，四面有板，蒙上布，飾以丹青，有樓櫓。行殿和行城連接，周邊鐵騎，固若金湯。牧民們遠遠望見，警以為神，每望御營，十里之外，「屈膝稽顙，無敢乘馬」。啟民更「奉廬帳以俟車駕」。八月乙酉（初九），隋煬帝一行經御道來到大利城（今內蒙古和林格爾西北）可汗牙帳，蕭皇后也來到義成公主帳前，啟民可汗「奉觴上壽，跪伏恭甚，王侯以下袒割於帳前，莫敢仰視」。所謂「袒割」，胡三省注：「袒而割肉」[12]，即露臂割下自己的臂肌奉獻給煬帝。煬帝的興致高到了極點，即賦詩一首：

鹿塞鴻旗駐，龍庭翠輦回。
氈帳望風舉，穹廬向日開。
呼韓頓顙至，屠耆接踵來。
索辮擎膻肉，韋鞲獻酒杯。
何如漢天子，空上單于臺。[13]

看到慓悍的突厥降服，王公屈膝在自己面前，隋煬帝的權力意志得到了最大的舒展與滿足。

煬帝賜啟民可汗和義成公主金甕各一個，還有衣服被褥錦彩，突厥貴族特勤以下也各有不同的賞賜。煬帝在啟民牙帳還接見了附屬於突厥的契丹、室韋、霫、奚等各部酋領。時高句麗也遣使私通於突厥，啟民不敢隱瞞，將使者引來見煬帝，入見後煬帝令牛弘宣旨：「朕以啟民誠心奉國，故親至其所，明年當往涿郡。爾還日，語高麗王知，宜早來朝，勿自疑懼。存育之禮，當同於吾民，如或不朝，必將啟民巡行彼土。」[14]向高句麗王發出了警告。

由於天氣漸冷，隋煬帝沒有按預定計劃東走涿郡回朝，而是就近取馬邑道入塞，啟民可汗一直護駕至入塞後才回牙庭。癸巳（十七日），煬帝一行入樓煩關（今山西靜樂縣境），壬寅（二十六）至太原。為方便明年再次北巡，煬帝下詔營建晉陽宮，回途中煬帝開直道上太行山，一路巡遊，所費極為浩大，於九月己巳（二十三）回到東都。

大業四年（六〇八）啟民可汗又朝煬帝於東都，到三月開春，隋煬帝又開始了第二次北巡，來到太原。關於這次北巡，史書記載不多，史實也多有錯誤，如《隋書．煬帝紀上》記三月乙丑（二十二）車駕幸五原，因出塞巡長城，《資治通鑑》卷一八一也從《隋書》，胡三省注：「帝改豐州為五原郡。」按五原在今內蒙古河套平原，已在塞外很遠，附近沒有長城，煬帝不可能三月開春就跑那麼遠。岑仲勉先生據《隋書．律曆志》及《太平寰宇記》卷五〇校正，認為五原乃太原之誤[15]，是對的。煬帝去年八月在太原建晉陽宮，可以說早就準備了這次巡行，半年時間，離宮修成，煬帝率后妃宮掖及百官來此，是去年北巡的繼續。

10《隋書》卷五一〈長孫晟傳〉。
11《隋書》卷六五〈周法尚傳〉。
12《資治通鑑》卷一八〇隋煬帝大業三年。
13《隋書》卷八四〈北狄．突厥傳〉。
14 同註13。
15 岑仲勉：《隋唐史》上冊，第一一節。

這次巡行準備得更加周到，行宮設六合城，還有蝦須、擊警等名目。六合城方一百二十步，高四丈二尺，以木板搭成，是活動的城堡，「門樓檻皆丹青綺畫」。此外，又造六合殿、千人帳，所謂蝦須、擊警則是可施旋機連弩十分靈巧的機器人。六合城吸收了周法尚去年提出的方陣思想，功能齊備，機關眾多[16]，可謂冠絕一時，但並沒有派上用場，因為這年煬帝並未出塞。

四月丙午（初四），隋煬帝下令在太原之北建樓煩郡，並在汾水之源營造汾陽宮（今山西寧武縣境），汾水源頭有大池，稱天池，汾陽宮環池而建，作為消夏離宮。由於啟民可汗未應約前來朝覲，乙卯（十三日），煬帝下詔褒美啟民，為可汗「置城造屋」，各種用度「隨事量給，務以優厚」。至七月辛巳（初十），再發丁男二十餘萬築長城。八月辛酉（二十一）親祠恒嶽，大赦天下，凡北巡所經郡縣，免一年租調，九月辛巳（十一日），又下詔免長城役者一年租賦。[17]

這次巡狩煬帝始終未能與啟民可汗見面，此時可汗已年老，染上了風疾，大業四年（六〇九）冬十一月[18]以疾甚逝世。煬帝得報十分痛苦，「為之廢朝三日」，立其子咄吉世為始畢可汗，可汗表請按突厥風俗尚義成公主，煬帝下詔同意並詔立。第二年，隋突厥事務的專家長孫晟也謝世，煬帝的目光也就由突厥轉向了西域。始畢可汗冊立後，繼續奉行啟民可汗與隋友好的政策，雙方頻頻遣使，貿易也有所發展。

第二節　經通西域　絲路巡禮

人類文明的進程是文化聯繫、衝突、借用、轉移的結果，由於東西文明的交匯，隋代西戎的情勢較之北狄更為複雜。《隋書．西域傳》稱：「漢氏初開西域，有三十六國，其後分立五十五王」，「魏晉之後，互相吞滅，不可詳焉」。打開隋代地圖，黃河以西廣大區域種落繁多，小國林立，有遊牧民族突厥、吐谷渾、黨項羌、鐵勒，其中鐵勒種落最大，分布在蒙古草原西部及至中亞廣大區域。往南中亞兩河流域有昭武九姓胡及沙漠綠洲的城邦國家，在今吐魯番盆地則有漢人建立的高昌國，往南塔克拉瑪幹大沙漠中有疏勒、于闐等小國，今青海高原則是強大的吐谷渾汗國，再往南西藏高原還有黨項、蘇毗、附國等羌人部落。

隋成立時，西域廣大區域的霸主是突厥，包括吐谷渾在內的各族都臣服於突厥。突厥分裂後，西突厥是西域的主人，他們控制了溝通東西方交通的絲綢之路。隋文帝雖成功地降服了東突厥，但對西突厥及西域廣大地區的經營尚顧不上。煬帝繼位，值天下承平，士馬全盛，隨即對西域開始了大規模有系統的經略。

西突厥和絲綢之路

西突厥在地理上位於中國、印度、波斯、東羅馬等四大文化之間，處在國際商業貿易、宗教文化思想交流的樞紐位置。西突厥始祖室點密（西元五六二—五七六年在位）西征中亞時，擁眾十萬，分由十首領統率，十首領分為五咄陸和五弩失畢兩廂，兩廂之下又各分為五個小部，號為「十姓」。此外，尚有葛羅祿、處月、處密、咽面、莫賀達幹、沙陀、伊吾等部，由可汗委派「設」進行監管。西突厥疆域橫跨天山南北，雄踞中亞，雖不與隋朝接壤，但對隋邊境政治影響極大，並影響波及於東羅

16《隋書》卷一二〈禮儀志七〉。

17《隋書》卷三〈煬帝紀上〉。

18《隋書》卷八四〈北狄．突厥傳〉。按《資治通鑒》卷一八一記啟民卒於大業五年，不知所據為何，今從《隋書》。

馬和印度、波斯。

室點密是突厥大可汗土門之弟，兄弟倆各自向東西兩個方向擴張。室點密沒有請示大可汗就與東羅馬查士丁尼皇帝簽訂了條約，又單獨向外互派使者，批准和戰。室點密死後，其子玷厥更自行繼位，號達頭可汗。西突厥從立國伊始就是一個獨立政權，在西元五六三—五六七年曾聯合波斯攻滅並瓜分嚈噠汗國，後又聯合東羅馬夾擊波斯。由於征服了西域諸胡並控制了絲綢之路，西突厥搜括和積聚了大量財富。西元五六八年東羅馬使臣蔡馬庫斯（Zemarchus）在特克斯河谷的汗庭謁見了室點密可汗，可汗在三個金碧輝煌的牙帳三次接見了他，使者看見可汗坐在裝有輪子可以移動的金椅上，帳幕四周掛著各色美麗的絲織品，金床上擺著金瓶、金壇等飲器，雕鏤之工，不亞於東羅馬。其牙帳較之隋煬帝的「觀風殿」也一點不遜色。奢華的排場展示出西方世界也出現了令人生畏的王權。由於受突厥、波斯的阻隔，隋朝與東羅馬帝國沒有官方往來，但通過突厥仲介的民間商業往來不絕，據現代考古發掘，在咸陽張灣隋墓曾出土了羅馬帝國的金幣。以君士坦丁堡為中心的西方世界需要大量的中國絲綢，一條從長安通往君士坦丁堡的陸上絲綢之路早在西漢之時就已開通，東西文化通過草原沙漠遊牧民族的仲介傳播交匯。正是在隋朝時，一個波斯人將蠶子藏於竹杖中攜帶到東羅馬，使西方世界的養蠶織絲業也緩慢發展了起來。[19]

隋初，文帝曾派太僕元輝出使西突厥達頭可汗處，與其通好，開皇三年（五八三）東突厥沙缽略可汗南侵隋朝失敗，部眾叛散，達頭亦與隋朝通款。但開皇末年達頭與都蘭結盟，聯兵攻隋，都蘭敗死，達頭乘機占據漠北，自立為步迦可汗，暫時統一了東、西突厥，嚴重威脅隋的北部邊境。但好景不長，這種沒有堅實基礎的統一只是曇花一現，在隋軍反擊下，漠北牧民和鐵勒諸部紛紛叛逃漠南啟民可汗，在眾叛親離之下達頭逃入吐谷渾，突厥重又分為東西兩大部，西突厥的汗位被阿波系的泥利奪取，並迫使達頭之裔咄六葉護降為小可汗。泥利死，子達漫立，是為泥撅處羅可汗。

處羅更加窮兵黷武，他西破趁達頭敗亡之機而試圖自立的石國、鐵勒諸部，東破啟民可汗，一度有重新統一東、西突厥之勢，成為隋朝的重大隱患。隋煬帝繼位後，如何對付西突厥，又成為嚴峻的課題。

隋煬帝根據前期成功分裂突厥汗國的歷史經驗，認為對西突厥這一強大勢力，軍事進攻不如政治分化。而西突厥自身又存在木杆—阿波和室點密—達頭兩大汗系，及咄陸和弩失畢兩廂部落，其固有矛盾正可利用，於是任用長孫晟的副手裴矩經略西突厥，繼續使用離強合弱、遠交近攻的政策。在西突厥方面，處羅為政「苛察多忌」，又「撫御無道，其國多叛」，其武功也只是曇花一現。大業元年（六〇五），處羅引兵擊鐵勒，厚稅其物，引發鐵勒契苾部和薛延陀部的聯合暴動，他們連敗西突厥，建立了鐵勒汗國。此時咄六葉護之子射匱也不服處羅的統治，使西突厥處羅可汗面臨崩潰之局。

裴矩在敦煌瞭解到西突厥的內亂情況，又打聽到處羅可汗的母親向氏本為內地漢人，原為泥利可汗婢妾，生處羅，泥利死後再嫁泥利之弟婆實特勤，仁壽末年與婆實一同入隋，現留居長安，而處羅十分思念母親，據此，裴矩即向煬帝奏言，請利用向氏招懷處羅可汗。

大業四年（六〇八）二月己卯（初六），隋煬帝派司朝謁者崔君肅持詔書前往西突厥處羅可汗處慰諭，並求致汗血馬。時處羅雖因內亂自己處境十分艱難，但對隋使十分傲慢，不肯跪受詔書。崔君肅即以東突厥啟民可汗故事，曉以利害，並進行挑撥，最後軟硬兼施，說：「可汗母向氏本中國人，歸在京師，處於賓館，聞天子之詔，懼可汗之滅，旦夕守闕，哭泣悲哀。是以天子憐焉，為其輟策。向夫人又匍匐謝罪，因請發使以召可汗，令入內屬，乞加恩禮，同於啟民。天子從之，故遣使至此。」來意既如此，「可汗若稱藩拜詔，國乃永安，而母得延壽」。不然則當發大隋之兵西討，母子都要遭

19 參見齊思和：〈中國和拜占庭帝國的關係〉，載《北京大學學報》一九五五年第一期。

殃。值此又何惜兩拜之禮，何吝一句稱臣呢？崔君肅這一番話是隋君臣早就精心設計好了的，用以打動處羅之心。處羅亦是一個孝子，一番話也正切中要害，時其處境已十分困難，更怕老母有什麼不測，最後終於從坐墊上起身，向隋使「流涕再拜，跪受詔書」。[20]

崔君肅又利誘說：先前啟民內附，得到文帝嘉獎，賞賜極厚，現在兵強國富，而「可汗後附，與之爭寵」，應該立一功，「深結於天子」。處羅問如何立功。崔君肅即按煬帝的喻旨，要處羅率西突厥騎兵助隋東攻吐谷渾，立功後再入朝，又可見到老母，一舉兩得。一番話，說得處羅大喜，遂遣使隨崔君肅入朝朝貢，進汗血馬。

隋煬帝兵不血刃，以外交手段成功地招撫了西突厥處羅可汗，是其經通西域計畫的一個巨大成功。隋煬帝瞭解到波斯與西突厥為世仇，即位之初就派司隸從事杜行滿和雲騎尉李昱出使西域。李昱來到了波斯國都，記稱其「都城方十餘里」，國王「著金花冠，坐金師子座，傅金屑於須上以為飾。衣錦袍，加瓔珞於其上」。其國盛產真珠、頗黎、瑠璃、碼碯、水精等。隋使者在波斯國進行了友好訪問，波斯國王不久亦遣使隨李昱到隋朝「貢方物」，以後「每遣使貢獻」[21]，關係相當密切。但《隋書》記波斯受到突厥羈縻，則不確。

隋使杜行滿則訪問了中亞兩河流域的昭武九姓國。這些沙漠綠洲中的城邦國家均處絲綢之路要道上，受西突厥的羈縻。杜行滿越蔥嶺先到罽賓國，得瑪瑙杯；來到王舍城，獲佛經；再經昭武九姓的史國，國王贈以十位美女、獅子皮、火鼠毛等禮物；又到安國，見其國王「坐金駝座，高七八尺，每聽政，與妻相對，大臣三人評理國事」，不像東方那樣專制。最後「得五色鹽而返」。[22]《隋書》記安國為「漢時安息國」，亦不確，安息為波斯，安國是昭武九姓國之一，地在今烏茲別克斯坦的布哈拉。

隋煬帝「召募行人，分使絕域」，遣使遠至中亞、波斯等地，招引昭武九姓及波斯等國來隋朝「朝貢」，提高了隋朝的國際威望，促進了中西文化交流，應該說是很有意義的事。

《西域圖記》招誘西胡

西域昭武九姓及諸多胡族，魏晉以來就不斷地入居內地經商。隋國子博士何妥即西域胡人後代，其父「細腳胡」通商入蜀，梁朝時號為「西州大賈」。[23] 又有三藏法師，「父本商胡」，法師生於中國，但儀容面目，猶作胡人，三藏深通佛法，每講經「朝官及道俗觀者千餘人」。[24] 隋煬帝時，西域諸蕃胡商仍成群結隊地趕著駱駝，到河西張掖，與隋交市。為加強管理，大業元年（六〇五）隋煬帝專命吏部侍郎裴矩往張掖，監護西域商人的貿易。

隋煬帝早有經略西域之心，裴矩心領神會，得命後即有意識地、廣泛地和往來的胡商接觸交談，「誘令言其國俗山川險易」，君長姓族，物產服章等，然後根據搜集到的材料整理寫成《西域圖記》三卷，同時還附有詳細的地圖，奏上煬帝。稱：「皇上膺天育物，無隔華夷，率土黔黎，莫不慕化。風行所及，日入以來，職貢皆通，無遠不至。」裴矩編寫了西域四四國的概況，並說：「今者所編，皆餘千戶，利盡西海，多產珍異，其山居之屬，非有國名，及部落小者，多亦不載。」[25] 有些小國只能略而不敘。裴矩是一位辦事幹練很有才能的官僚，雖然本人未曾去過西域，但通過廣泛採訪，有所疑問即詳察於眾口，核實資料，掌握了西域大量真實情況，沒有憑據的寧可暫付闕如，態度十分嚴謹。

20 《隋書》卷八四〈北狄．西突厥傳〉。
21 《隋書》卷八三〈西域．波斯傳〉。
22 《隋書》卷八三〈西域傳〉。
23 《北史》卷八二〈何妥傳〉。
24 《太平廣記》卷二四八〈趙小兒〉條引《啟顏錄》。
25 《隋書》卷六七〈裴矩傳〉。

《西域圖記》從增進對西域各國的了解，彌補史籍缺佚等方面來看，算得上是一部重要文獻，可惜此書後來亡佚，僅《隋書．裴矩傳》存有該書序言。裴矩於此簡要概述了起自隋西垂敦煌，至於西海的絲綢之路，當時共分三條道路，「各有襟帶」。

第一條道路是北道，又叫伊吾道，它開闢於西元六世紀。裴矩記曰：「北道從伊吾，經蒲類海（巴里坤湖）鐵勒部、突厥可汗庭，渡北流河水，至拂菻國（東羅馬，拜占庭）。達於西海。」這條道走天山以北，通過裡海的草原路，其路段是由伊吾（今新疆哈密西南）通過天山北麓，經巴里坤湖，到達突厥可汗弓月城（今伊寧東北），再渡伊黎河，向西越過中亞草原，到達黑海之濱的東羅馬拜占庭帝國疆域。

第二條道路是中道，又叫高昌路。裴矩寫道：「其中道從高昌、焉耆、龜茲、疏勒，度葱嶺，又經鏺汗（費爾幹納）、蘇對沙那國、康國（撒馬爾罕）、曹國（伊什特汗）、何國（阿克塔什）、大小安國（布哈拉和卡爾什）、穆國（馬里），至波斯，達於西海。」這條路沿天山南麓，通往伊朗高原，順沙漠邊緣的綠洲抵達波斯灣。中間經龜茲（庫車）、疏勒（喀什），出葱嶺後遍歷中亞昭武九姓國，再往西南亞。

第三條路為南道，又叫鄯善路。裴矩寫道：「其南道從鄯善、于闐（和田）、朱俱波、喝槃陀，度葱嶺，又經護密（瓦罕）、吐火羅（昆都士）、挹怛、帆延（巴米安）、漕國（喀布爾），至北婆羅門，達於西海。」這條路沿塔里木盆地南緣，經阿富汗進入印度河流域，抵達南亞次大陸西部各港口。

裴矩總結道：「其三道諸國，亦各自有路，南北交通。其東女國、南婆羅門國等，並隨其所往，諸處得達。故知伊吾、高昌、鄯善，並西域之門戶也。總湊敦煌，是其咽喉之地。」[26] 敦煌是隋朝的西部邊陲，是絲綢之路、中西文化交流的重要中轉站。

裴矩揣知煬帝「方勤遠略」，在《西域圖記》中又極力頌揚隋煬帝威德，激蕩其心，慫恿煬帝大規模經略西域。他寫道：「以國家之威德，將士驍雄，汎濛而揚旍，越崑崙而躍馬，易如反掌，何往不至！」只是由於突厥、吐谷渾阻遏了絲路，使朝貢不通。而西胡皆「引領翹首，願為臣妾」，「故皇華遣使，弗動兵車，諸蕃既從，渾、厥可滅。混一戎夏，其在茲乎！」[27]這些話都說到好大喜功的隋煬帝心坎裡去了。唐人魏徵說：「自古開遠夷，通絕域，必因宏放之主，皆起好事之臣。」[28]隋煬帝見到《西域圖記》，果然欣喜不已，除予重賞外，還「每日引（裴）矩至御坐，親問西方事」。裴矩又當面向煬帝訴說西域寶物，分析吐谷渾的虛實並說明其容易被征服，一番話說得煬帝更是心花怒放。於是著手經略絲路，開通西域，並將此事務委交裴矩具體操辦。裴距因此升任民部侍郎，還未及上任，又遷官黃門侍郎，步入「五貴」宰相行列。

煬帝君臣是如何來經營西域的呢？大致有兩種方法，一是使用武力，開通絲路；二是勸說、收買、招誘西域各國遣使來隋朝覲。大業二年（六〇六）裴矩在張掖一次就招徠了西胡十餘國使者，大業三年（六〇七）煬帝北巡祠祭恒岳時，曾有西域十餘國使者前來助祭，使煬帝高興極了。隨後，煬帝又令裴矩親往敦煌經略，裴矩乃「遣使說高昌王麴伯雅及伊吾吐屯設等，啗以厚利，導使入朝」。[29]

下面，我們就分別來談談高昌、伊吾、鐵勒以及吐谷渾的情況。

26《隋書》卷六七〈裴矩傳〉。
27 同註26。
28《隋書》卷八三〈西域傳．史臣曰〉。
29 同註26。

（一）高昌

高昌是磧西西域唯一以漢人為主體的城郭國家，地處今新疆吐魯番盆地，是車師前王庭。西漢通西域，初於此置壁壘，貳師將軍李廣利西征大宛，以其地安置老弱病員，其後即留居屯耕。晉置高昌郡，因漢時有高昌壁而得名，遂成磧西漢族居民的最大聚居地。後五胡紛爭，晉室南渡，高昌郡為河西諸涼王朝版圖，西元四四一年北涼被北魏攻滅，沮渠無諱、沮渠安周西渡流沙，據高昌為都，此為高昌建國之始。西元四六〇年柔然滅沮渠氏，立敦煌漢人闞伯周為高昌王，西元四八一年高車人另立張孟明，後國人殺張氏擁立馬儒，馬儒遣使降魏，又為國人所殺，改立金城榆中人麴嘉為王，是為高昌麴氏王朝。麴嘉並遣其第二子為焉耆王，其勢漸大，為求自存，麴氏先後臣服於柔然、高車、北魏，後突厥興起，又改臣於突厥。突厥內戰初期，阿波可汗得勢，高昌王麴乾固臣於阿波，開皇十年（五九〇）突厥攻破高昌城，有二千人東走歸降隋朝。開皇十七年（五九七）達頭可汗反攻勝利，高昌復又臣於達頭，達頭妻之以女，以結和親。仁壽元年（六〇一）高昌王麴乾固薨，子麴伯雅繼位，是為高昌麴氏王朝第八代君，突厥要求麴伯雅按突厥風俗續娶達頭可汗女為妻，迎娶庶母是漢人所不齒的，但迫於突厥壓力，麴伯雅不得已立老母為自己的皇后。直到仁壽三年（六〇三）達頭覆滅，麴伯雅才得解除與庶母阿史那氏的婚姻。但不久又不得不改臣於泥撅處羅可汗。

其時隋朝國勢日盛，政治影響遠播於西域。高昌已建國一百多年，其語言、文字、風俗、典章制度一如中原，史載高昌王宮內國王坐室「畫魯哀公問政於孔子之像」。但由於長期孤懸磧外，不得不依違於各大胡族勢力之間，「男子胡服，婦人裙襦，頭上作髻」，「俗事天神（摩尼教），兼信佛法」。煬帝即位後，引致西蕃，首先招致的就是高昌。大業四年（六〇八），高昌王遣使貢獻，煬帝「待其使甚厚」，高昌遂欲擺脫突厥、鐵勒，向隋朝靠攏。

（二）伊吾

伊吾即今哈密，其地靠近河西，四周是戈壁灘。伊吾的歷史可以追溯至匈奴屬部伊吾盧，東漢竇固伐北匈奴，奪其地，始築城郭留兵戍守，置伊吾司馬，大開屯田，後曆魏、晉，皆為中國版圖。伊吾扼絲綢之路咽喉，西域商客往來，多取伊吾路。十六國時期伊吾隸河西諸涼，西涼王裔漢人李寶在其國亡後在此建國，附於柔然，封伊吾王，維持了二十多年的統治。及北魏興，李寶率眾東徙敦煌降魏，北魏遣重兵鎮守伊吾，以禦柔然。和高昌國一樣，伊吾居民主體是漢魏屯田士卒遺黎，但中亞昭武九姓胡商僑居於此的也不少。北魏衰亡後其地先後沒於柔然、突厥。西突厥可汗遣吐屯設世監其地。煬帝大業初年，伊吾吐屯設為處羅可汗所委，但處羅的統治受鐵勒打擊發生嚴重危機，在裴矩招誘下，伊吾吐屯設和高昌王一樣，亦向隋朝貢獻。

同時向隋朝貢獻的還有沙磧之南的綠洲小國於闐、疏勒、龜茲、焉耆等。這些小城邦均是漢時舊國，時均信奉佛教。傳說於闐西五百里有比摩寺，乃是「老子化胡成佛之所」[31]，這些小國自西漢張騫通西域後即與中原王朝往來密切，魏晉之後因戰亂阻隔，很少通使。隋煬帝既要恢復漢武之業，方勤遠略，乃派裴矩招誘西域，使中原與西域的關係有了新的發展，大業年間，西域諸國「頻遣使朝貢」，煬帝因置西域校尉，專門負責接待。

30《隋書》卷八三〈西域傳．高昌〉。
31《隋書》卷八三〈西域傳．於闐〉。

（三）鐵勒

鐵勒是西域最大種落，分布最廣，人口最多。《隋書．北狄．鐵勒傳》記：「鐵勒之先，匈奴之苗裔也，種類最多，自西海（裡海）之東，依據山谷，往往不絕。」突厥實則為鐵勒的一支，唐時崛起的回紇也是鐵勒的一支。北朝時又稱敕勒，他們「居無恒所，隨水草流移」，為遷徙方便，普遍使用高大輪子的車，故又稱「高車」。著名的北朝民歌：「敕勒川，陰山下，天似穹廬，籠蓋四野；天蒼蒼，野茫茫，風吹草低見牛羊。」就是北齊高車人斛律金唱出來的。西元五五二年突厥土門可汗征服鐵勒諸部，但隋朝時，鐵勒人在西域歷史舞臺上有過精彩表演，建立過自己短暫的汗國，並與隋煬帝發生了關係。

隋時鐵勒部落約在四十個以上，他們散布在整個絲綢之路上，可謂絲路民族。各部鐵勒酋長由突厥委以「俟斤」官號，統領本部。但突厥可汗對鐵勒的奴役十分殘酷，激起了鐵勒人民的反抗。隋開皇末年強大的突厥汗國崩潰，一方面是隋強大軍事力量的打擊，另一方面是隋離間政策的成功，離間政策也包括離間被突厥統治的鐵勒諸部造反。史載：「開皇末晉王廣北征，納（啟）民，大破步迦可汗，鐵勒於是分散。」[32]分散即逃散，當步迦（達頭）可汗與隋軍接戰時，被挾持的鐵勒人乘機四散逃跑，以擺脫突厥，導致了達頭的總崩潰。開皇二十年（六〇〇），隋命啟民分遣使者「往北方鐵勒等部招攜取之」，仁壽三年（六〇三），漠北鐵勒十餘部盡背達頭，在隋的斡旋下，歸附了啟民，使啟民可汗帳下「人民羊馬，遍滿山谷」。[33]

另外，繼達頭而立的西突厥泥利可汗及其子泥撅處羅可汗也為鐵勒所敗。大業元年（六〇五），處羅可汗因猜忌鐵勒而藉口薛延陀部謀反，「集其魁帥數百人，盡誅之」。處羅的暴行激起了鐵勒諸部的反抗，白山契苾部和金山薛延陀部結成聯盟，推契苾酋長哥楞為莫何可汗，成立了契苾—薛延陀汗國。莫何大敗處羅，很快肅清了準噶爾盆地及天山東麓的西突厥殘餘勢力，高昌、伊吾、焉耆等「悉附之」。莫何遣重臣駐高昌，抽絲路商旅之稅。大業三年（六〇七），莫何可汗的軍隊東向侵犯了隋敦煌要塞，隋煬帝派將軍馮孝慈出敦煌禦敵，結果隋軍戰敗。但莫何可汗感到鐵勒汗國新立，夾在東、西突厥兩大敵國之間，若再結仇於隋朝，於己不利，所以雖擊敗隋軍，並未乘勝追擊，反倒「遣使謝罪請降」。這年，又「遣使貢方物，自是不絕」。[34] 隋煬帝又派裴矩出使鐵勒，「慰撫之」，並諷令莫何可汗東擊吐谷渾汗國以自效，莫何聽命，即勒兵經且末東入青海，大破吐谷渾伏允可汗，使國威遠播於青海和西域。而就在此時，隋煬帝也派兵西攻吐谷渾了。

（四）吐谷渾

在廣大的青藏高原，居住著眾多羌人部落。吐谷渾是羌化鮮卑人建立的大國，又稱吐渾，至隋已立國三百多年。其始祖即名吐谷渾，是西晉時鮮卑慕容部酋長涉歸的庶長子，涉歸嫡子為慕容廆，由於兄弟不和，吐谷渾負氣由徒河（今遼西錦縣西）西走，越陰山，經上隴，止於枹罕（今甘肅臨夏縣枹罕山），駐牧於洮河以西的甘松草原，當地人稱之為「阿柴虜」，以後同化於被其征服的羌人中，其子孫又向西征服青海草原，以其始祖為號建立吐谷渾汗國，拓地至塔里木盆地東緣，地兼鄯善、且末，西北有流沙數百里。至隋呂誇可汗時已曆十八代可汗，其國勢僅亞突厥，並與突厥互為唇齒。史稱「突厥、吐渾分領羌、胡諸國」。[35] 開皇之初吐谷渾曾多次隨突厥入寇，成為隋僅次於突厥的第二號敵國。

32《隋書》卷八四〈北狄・鐵勒傳〉。
33《隋書》卷五一〈長孫晟傳〉。
34 同註32。
35《隋書》卷六七〈裴矩傳〉。

隋文帝對吐谷渾採取安撫政策，保境安民，不輕易挑起戰端。開皇十一年（五九一）呂誇可汗卒，子世伏繼位，遣其侄無素「奉表稱藩，並獻方物」，又請以女兒備後庭，文帝收其禮而拒納其女，並遣使持節往吐谷渾撫慰，推行懷柔政策。開皇十六年（五九六）隋文帝冊宗女為光化公主，嫁世伏可汗，然翌年世伏為其弟伏允所殺，伏允繼立，是為吐谷渾第二十代君，又遣使請依俗繼尚光化公主，文帝從其請。時吐谷渾朝貢使「常訪國家消息」，轉送突厥，文帝深為厭惡。至仁壽三年（六〇三），突厥達頭可汗眾叛親離，無路可走，伏允卻納其入境。突厥重分東、西，伏允又同西突厥泥利及泥撅處羅可汗關係密切，仍以隋朝為敵。

隋煬帝繼位後，伏允遣其子順入朝，煬帝即將順扣留在京師，準備對吐谷渾動武，並前後兩次遣使招西突厥處羅可汗和新建立的鐵勒莫何可汗出兵，與隋東西夾擊吐谷渾。處羅雖口頭承諾，卻實未出師，鐵勒則不久依約從且末突入柴達木盆地，伏允一敗塗地，被迫遣使向隋請降。隋煬帝見伏允已成窮寇，即遣安德王楊雄出澆河（治今青海貴德），許國公宇文述出西平，以迎降為名，行奇襲之實。

大業四年七月，宇文述率軍至臨羌城（今青海湟源縣），與吐谷渾殘軍相遇，伏允見宇文述擁強兵，懼不敢降，率眾西遁，宇文述領鷹揚郎將梁元禮、張峻、崔仁師等引兵窮追，連拔曼頭（今青海共和縣南）、赤水（今興海縣東）二城，斬首三千餘級，吐谷渾餘黨逃丘尼川，宇文述又追來，俘其王公以下二百人，擄男女四千口。伏允南奔雪山，「其故地皆空」，自西平臨羌城以西，且末以東，祁連以南，雪山以北，東西四千里，南北二千里，皆為隋有。隋「置郡縣鎮戍，發天下輕罪徙居之」。[36]

這是隋煬帝對吐谷渾的第一次討伐，此役之後，吐谷渾已元氣大傷，伏允在國土盡失後「無以自資」，遂率餘眾數千騎客居於一直役屬於己的黨項羌。

黨項羌散居在吐谷渾之南東起松州（今四川松潘），西至葉護（今新疆若羌）的廣大區域，其人眾較吐谷渾還多，分為拓跋、細封、宕昌、白狼等八部，其下更有小部落，其中以拓跋部為最強。西元一〇三八年黨項拓跋氏首領元昊建立西夏國，在向北宋皇帝呈獻的表文中自稱其先祖出於元魏拓跋氏，據此則黨項羌與吐谷渾一樣也是由羌化鮮卑人統治著，其俗約同，「牧養犛牛、羊、豬以供食，不知稼穡」。[37]在吐谷渾役使下羌人也常參與寇掠隋境，隋也不時發兵征討。開皇十七年（五九七）二月，隋將史萬歲討襲西寧羌，羌人又相率請降，願為臣妾，隋對諸羌復采羈縻政策。由於山高絕遠，伏允雖逃入黨項羌，但隋煬帝仍堅持對其招撫，未肯輕易對黨項羌用兵，「自是朝貢不絕」。

黨項羌以南西藏高原尚有羌人建立的附國和蘇毗，再往南有吐蕃政權，在這三大政權之間尚散布有諸多羌人部落。大業四年（六〇八），附國王宜縉遣使素福等八人入朝貢獻，附國在今四川西部，西藏東部，其國南北八百里，東西一千五百里。在其西部的蘇毗開皇元年（五八六）曾遣使朝貢，後因路途絕遠不再有聯繫。大業五年（六〇九），附國王又遣其侄宜林率嘉良夷六十人朝貢，欲獻良馬，因路險不通，請開山道以修職貢，隋煬帝以其「勞人」，不許。[38]因為有附國、蘇毗兩大國阻障，處於其南的吐蕃沒有與隋發生關係，隋對吐蕃情況尚不詳悉。[39]由於大業年間西南諸羌紛紛遣使朝貢，隋煬帝於是「緣西南邊置諸道總管，以遙管之」。[40]茫茫高原崇山峻嶺阻斷了隋王權的延伸，當隋軍橫掃青海草原之時，青藏高原的羌人還是依其自然習俗生活繁衍著，煬帝只是羈縻而已。

36 《隋書》卷八三〈西域．吐谷渾傳〉。
37 《隋書》卷八三〈西域．黨項傳〉。
38 《隋書》卷八三〈西域．附國傳〉。
39 參見湯開建：〈隋書之附國非吐蕃〉，載《思想戰線》一九八六年第四期。
40 同註38。

煬帝西巡　設置四郡

隋煬帝在即位後的頭四年對西北邊陲採取的一系列軍事、外交行動，最終導致了大業五年（六〇九）的西巡，其規模與北巡突厥，南巡江都不相上下。隋煬帝親自到了青海和河西走廊，往返有半年之久，是煬帝八次巡狩的第四次，也是最重要的一次，意義十分重大。中國歷史上統一王朝的皇帝不畏艱險親自巡視大西北，也唯有隋煬帝一人而已。

西巡經過充分醞釀和精心準備，隋煬帝「慨然慕秦皇、漢武之功，甘心將通西域」，即位之初就希望開通絲綢之路，派人出使西域，遠至波斯，又令裴矩專門進行經略。時隋版圖最西端為敦煌郡，沿河西走廊置張掖、武威二郡，北有突厥，南有吐谷渾，呈孤立單薄形勢。在有效羈縻突厥，扶植啟民，削弱處羅之後，裴矩不失時機地提出消滅吐谷渾汗國，威振殊域，使西域諸胡及黨項、附國等萬方來朝。經大業四年（六〇八）的打擊，吐谷渾地悉空，伏允已成窮寇，這使煬帝親巡青海成為可能。

大業五年（六〇九）正月戊子（二十日），隋煬帝自東都洛陽回到京師長安，處理了兩個月的政事，三月開春，即開始了西巡。此距去年北巡尚不足一年，煬帝風塵僕僕，又踏上新的征程。西巡隊伍仍然龐大，有大批軍隊，文武百官，還有掖庭后妃、僧尼道士及百戲樂舞演員。但西巡絕不是享樂遊玩，煬帝后來下詔稱：「朕親巡河右，觀省民風，所歷郡縣，訪采治績，罕遵法度，多蹈刑網。」[41]和南巡北巡一樣，都是為國事奔走操勞，現場視事聽政。

煬帝一行三月己巳（初二）從大興城出發，庚午（初三）來到武功縣，存問風俗，地方官報稱有男子史永遵與叔父堂弟同居一屋，得到煬帝嘉獎褒揚，「表其門閭」。乙亥（初八）過扶風（今鳳翔）舊宅，到天水郡，家在天水的右武衛大將軍李景向煬帝獻食，煬帝即以客人的身分向主人致謝。涼州太守樊子蓋也獻來青木香，上言煬帝吐谷渾多鄣氣，用以「禦霧露」[42]，也得到嘉獎。四月乙亥（初三），車駕西至隴川宮，即在隴西郡舉行了一次大狩獵，李景和左武衛大將軍郭衍對大獵有「難言」，被人告發，竟被「之」，李景坐免官。[43] 煬帝既下定決心要狩獵，就容不得別人氣餒，即使是親信也不行。

四月壬寅（初六），高昌、吐谷渾、伊吾並遣使來朝，乙巳（初九），煬帝一行來到金城郡瀕臨洮河的狄道（今甘肅臨洮），又有黨項羌使節來行在所貢方物。煬帝興致極高，在渭水源頭寫了一首〈臨渭源詩〉：

西征乃居此，山路亦悠悠。
地幹紀靈異，同穴吐洪流。
濫觴何足擬，浮槎難可儔。
驚波鳴澗石，澄岸瀉岩樓。
滔滔下狄縣，淼淼肆神州。
長林嘯白獸，雲徑想青牛。
風歸花葉散，日舉煙霧收。
直為求人隱，非窮轍跡遊。[44]

隋煬帝走到哪裡歌到那裡，使旅途充滿了詩意。癸亥（二十七），巡行大軍過洮河，又過枹罕郡

41《隋書》卷六三〈樊子蓋傳〉。
42 同註41。
43《隋書》卷六五〈李景傳〉。
44《初學記》卷六〈地部中·渭水八〉。

的大夏川和漓水，來到臨津關，渡過黃河，再沿黃河向西至西平郡（治今青海省樂都縣），已深入少數民族聚居地。為向當地羌人誇示，煬帝下令「陳兵講武」。

五月乙亥（初九），隋煬帝率后妃、三軍在黃河北岸的拔延山（今化隆馬場山）舉行大規模的圍獵，獵場周長有二百多里，天子巡狩圍獵，可以說是煬帝親自指揮下的軍事演習，投入的軍隊在十數萬，觀者無不驚駭。

五月庚辰（十四日），隋煬帝西入長寧穀（今西寧北川），壬午（十六日）度星嶺（今達阪山），甲申（二十日）來到金山之上（在今西寧西），煬帝大宴群臣和諸領兵將帥，部署對吐谷渾的最後圍剿。丙戌（二十二），巡行隊伍北上來到浩門川（今大通河）。有消息傳來說吐谷渾王率殘部保據覆袁川（今俄博河），煬帝即調動軍隊，令內史元壽屯兵於南面的金山，兵部尚書段文振屯兵北面的雪山，太僕卿楊義臣屯於東面的琵琶峽，將軍張壽屯於西部的泥嶺，連營八十里，將伏允可汗四面團團圍住。然而，所圍並不是伏允，他早已逃入山南積石山，被圍的是冒稱可汗的吐谷渾殘部。

五月壬辰（二十六），隋煬帝親自下令右屯衛大將軍張定和圍攻車我真山（在俄博河南），張定和先勸山上渾主投降，吐谷渾不理，張定和為在煬帝面前表示忠勇，竟不披甲挺身登山，在半山腰被伏兵射死。亞將柳武建繼續登山攻擊，拿下山頭後將守軍數百人斬首。甲午（二十八），被圍困的吐谷渾仙頭王窮蹙，率部落男女十萬餘口、六畜三十餘萬頭投降，隋煬帝親自指揮的對吐谷渾殘部的圍剿大獲全勝。

六月丁酉（初二），隋煬帝又遣大將軍梁默、右翊衛將軍李瓊深入南山擒吐谷渾主，因山峻路險，敵情不明，結果皆力戰而死。

另外，隋煬帝又遣行軍總管趙才率兵部侍郎明雅出合川道，衛尉卿劉權出伊吾道，由西向東進逼吐谷渾，一路橫掃殘留的小股吐谷渾遊騎，西路隋軍這時也來到青海邊，乘勝追擊到汗庭伏俟城（青海湖西四新）。[45]參加這次大規模合圍吐谷渾作戰的將領還有右監門將軍薛世雄、鴻臚卿史祥。史祥軍由「間道出虜，俘吐谷渾男女千餘口」。[46]左武衛將軍周法尚則率軍出松州道（今四川松潘），由南向北進軍討擊，逐捕亡散，這時也到了青海湖。[47]

十幾萬大軍跋山涉水，走過人煙稀少的高原峻嶺，千里行軍，彙集青海，其艱難險阻可想而知，其後勤工作量是多麼巨大。隋煬帝的確不簡單，沒有超乎尋常的魄力，是不敢出如此舉動的。然而，青海並不是巡行的目的地，隋煬帝還要親自率這批人馬穿越祁連山，北上河西走廊。

六月癸卯（初八），煬帝一行經琵琶峽（今青海門源）西上到達祁連山腳下，十數萬人排成一條長蛇陣，開始了穿越祁連山大門拔谷（今民樂縣扁都口）的人間壯舉。[48]

大門拔谷南北縱深四十公里，貫通祁連山，地高天寒，山路隘險，氣候變化無常，白天陽光普照，夜裡就可能陰霾密布。祁連山海拔高，有積雪，只有少許幾個隘口盛夏天雪化才能穿越。但天有不測風雲，碰到天氣有變，盛夏季節也會出現大雪霜凍。因此要求天黑之前必須走出山口，以免不測。隋煬帝率領十數萬人馬從大門拔谷由南而北穿越祁連山，顯然是一個極大的冒險行動。貴為天子的隋煬帝以驚人的氣魄，硬是率領包括后妃宮女在內的隊伍要闖這道鬼門關。由於路太窄，有時只能

45《隋書》卷六三〈劉權傳〉。
46《隋書》卷六五〈薛世雄傳〉；卷六三〈史祥傳〉。
47《隋書》卷六五〈周法尚傳〉。
48 關於穿越大門拔谷的時間，史書記載有異。《隋書》卷三〈煬帝紀上〉記為六月丙午，《資治通鑒》卷一八一記為八月東返時。《隋書》的記載較確切，若按《通鑒》，則煬帝往返曾兩次穿越大門拔穀，不知有何根據，今不取。本節巡行路線多參見胡戟：〈煬帝西巡〉，載《絲路訪古》，甘肅人民出版社一九八二年版；日・佐藤長：〈隋煬帝征討吐谷渾的路線〉，載《青海社會科學》一九九二年第一期。

走一人，隊伍排成長蛇陣，自早至晚，「魚貫而出」，人流不斷，到夜幕降臨，隊伍仍在行走，結果天氣驟變，「風霰晦冥」，寒風刮來，直刺筋骨，文武百官「饑餒沾濕」，隊伍全亂了，後宮妃嬪公主迷失在後面的，也只好與士兵抱成一團，「雜宿山間」，「士卒凍死者太半」，馬驢死者十八、九。雖然這是誇張的描述，但損失極大不容置疑。煬帝的胞姐、先前的周天元皇后樂平公主楊麗華，即是於此次巡行殂於河西，時年方四十九[49]，很可能與在大門拔谷出事有關。然而，雖然犧牲很大，但隋煬帝最後還是成功穿越了祁連山。敢冒如此大的風險爬雪山，穿峽谷，在古代帝王中，也只有隋煬帝一個人幹過。

六月丙午（十一日），勝利穿越祁連山的隋煬帝一行來到了張掖郡城，結束了對吐谷渾地區的巡行。據《隋書・煬帝紀上》記：「壬子（十七日），伊吾吐屯設等獻西域數千里之地。上大悅。癸丑（十八日），置西海、河源、鄯善、且末等四郡。」由於設四郡緊接在伊吾吐屯設獻地之後，容易造成四郡乃其所獻地上設置的誤解，其實，新設四郡均設置在吐谷渾故地。查《隋書・地理志上》所記四郡：

鄯善郡。大業五年（六〇九）平吐谷渾置，置在鄯善城，即古樓蘭城也（今若羌）。並置且末、西海、河源，總四郡，有蒲昌海（今羅布泊）、鄯善水（今車爾臣河，由南而北注入羅布泊）。統縣二：顯武、濟遠。

且末郡。置在古且末城（今且末南），有且末水（即車爾臣河）、薩毗澤（今青海阿雅格庫勒湖）。統縣二：肅寧、伏戎。

西海郡。置在古伏俟城（青海湖西吐谷渾國都），有西王母石窟、青海鹽池。統縣二：宣德、威定。

河源郡。置在古赤水城。有曼頭城（今青海共和縣西）、積石山，河所出，有七烏海。統縣二：

遠化、赤水。

四郡均為原吐谷渾轄境，地跨今青海、新疆。其中河源、西海在今青海，鄯善、且末在今新疆東部，已在磧西。四郡的設置是中國古代疆域史和民族關係史上的重大事件，青海地方除了兩漢曾將東部湟水流域列為郡縣外，是隋煬帝第一次將幾乎全部青海納入中原王朝版圖，歸入郡縣體制之下。煬帝要「掩吞秦漢」，恢復漢武帝時的舊疆域，此其已過矣。司馬光在記此事時，特別強調：「隋代之盛，極於此矣。」[50]

隋煬帝在吐谷渾故地設置四郡八縣的同時，還設置了鎮、戍，「遣兵戍之，每歲委輸巨億萬計」[51]，又移民實邊，「發天下輕罪徙居之」，大開屯田。留將軍劉權於積石鎮（今青海興海縣），鎮戍屯田，招撫羌人。隋煬帝又立伏允之子順為王，讓他統領吐谷渾餘眾，並令早已降服的大寶王尼洛周為輔，然而，他們來到西平郡（治今樂都），所部不服殺尼洛周，順不敢久居掉頭逃回中原。一望無際的柴達木盆地水草豐盛，隋煬帝於此「置馬牧」，縱牝馬二千匹於草原川谷，希望能育得龍種好馬，雖然最後「無效而止」[52]，但隋煬帝想像力豐富，膽子大，什麼事他都敢試一試。

吐谷渾的滅亡和四郡的設置促進了羌漢民族融合，又在河西走廊之南開闢了一條由青海出且末的新的絲綢之路，同時，對河西走廊也起到了拱衛作用，促進了絲路貿易的繁榮。吐谷渾汗國的滅亡也震撼了西域諸國及山南諸羌，使胡羌朝貢相屬，極大地滿足了隋煬帝個人的權力擴張欲和建功成為聖王的理想。

49《周書》卷九〈楊皇后傳〉。
50《資治通鑒》卷一八一隋煬帝大業五年。
51《隋書》卷八三〈西域．吐谷渾傳〉。
52 同註51。

萬乘西出玉門關　萬方來朝有處羅

煬帝西巡的第二個目標是經通西域，招徠西域各國萬方來朝，這項工作一直是交由裴矩來主持。從史書記載來看，裴矩並沒有隨煬帝巡行吐谷渾，而是一直在張掖為煬帝的到來張羅，作準備。另外，闍毗等部分官員和大批工匠也按預定計畫，由河西走廊帶著煬帝的觀風行殿、大型營帳、服裝道具等先行到達張掖。先期到達的還有被裴矩招來的西域各國使節。

大業五年（六〇九）六月丙午（十一日），隋煬帝一行終於穿過大門拔谷，來到張掖郡地界，由於隊伍狼狽，沒有立即接見各方使者。經過約一周的休整，隋煬帝於壬子（十七日）率后妃百官及大批軍隊沿弱水向北來到燕支山（今甘肅山丹縣境達黃山），此山不算高峻，山外北邊漢長城外，就是一望無際的大戈壁灘。長城內是農耕綠洲，煬帝在此搭起廬帳行宮，還有觀風行殿，幾十萬人馬紮營戈壁，營帳連接數十里，旌旗招展，人山人海，昔日荒涼的戈壁灘也換上了新裝。行宮之外，由左翊衛大將軍宇文述設置「斥候」（哨兵）進行警戒。敦煌莫高窟出土的中世紀文書中有一件隋大業五年（六〇九）六月十五日《甲具弓箭勘檢牒》殘片，記有當時對弓箭武器嚴格管理的事項[53]，此時正是隋煬帝在河西巡行之時，這一珍貴的實物史料從一個側面說明當時整個河西處在戒嚴狀態，以確保皇帝的安全萬無一失。

隨後，隋煬帝即以盛大的典禮接見了來朝的高昌王麴伯雅、伊吾吐屯設及西域二十七國（一說三十多國）使者。煬帝令闍毗「持節迎勞」[54]，以威嚴典雅的中華禮儀作盛情的接待。

裴矩也不愧為優秀導演，他讓高昌王及西域各國使者皆排列於隋煬帝經過的道路之左迎候，讓他們皆「佩金玉，被錦罽，焚香奏樂，歌舞喧噪」。各國使節各著民族服裝，排列一行，足為奇觀。裴矩又令武威、張掖士女百姓「盛飾縱觀」，個個穿上節日的衣服來看熱鬧，衣服車馬不鮮者，「郡縣督課之」。結果「騎乘填咽，周亙數十里」。[55]戈壁灘從未有過如此熱鬧的場景，巨大的排場是向西胡顯示大隋王朝的強大和繁盛，顯示隋煬帝的威武，皇帝親至河西巡視絲綢之路，這是千年未有的盛事。

六月丙辰（二十一），煬帝登上觀風行殿，大擺宴席，像前年招待突厥啟民可汗一樣，款待高昌王麴伯雅和伊吾吐屯設，各國使節也請來「陪列」。殿上大陳中華文物，讓人目不暇接。接著大奏九部樂，並表演百戲，設魚龍蔓延，場面熱鬧非凡，足使西胡個個驚歎欽服。宴後，煬帝又分別賞賜各國使節，諸胡個個受寵若驚，感恩戴德不盡。

從大業五年（六〇九）六月到九月盛夏的兩個多月，隋煬帝一直在河西巡視，具體巡幸了哪些地方史書缺載。煬帝既敢於冒險穿越大鬥拔谷，則可以肯定他盡其所欲去了他想去也能去的任何地方。《隋書．西域傳．史臣曰》稱「萬乘西出玉門關」，故宋人傅佐良《武經總要》說煬帝最西到了玉門關，這是中國皇帝足跡向西所止最遠的地方。

九月秋涼，隋煬帝一行才沿著河西走廊往回走。癸未（二十五），車駕回到長安。從三月由此出發，到九月歸來，前後半年時間，西巡結束了，但後頭還有好戲。隨煬帝回京的還有高昌王麴伯雅、伊吾吐屯設、西域各國使節及大批胡商。十一月丙子（十三日），煬帝又把他們帶到東都參觀。為了進一步讓四夷威服，裴矩向隋煬帝建議在東都大演百戲，盛陳文物，大開市禁，著力表現隋朝的富庶，進一步提高王朝的威望。

這年底，郡國朝集使也畢集東都，隋煬帝下令「征四方奇技異藝，陳於端門街」，結果，衣錦綺、

53 唐耕耦編：《敦煌社會經濟文獻真跡釋錄》第四輯，書目文獻出版社一九九〇年版，第四一六頁。
54 《隋書》卷六八〈閻毗傳〉。
55 《隋書》卷六七〈裴矩傳〉。

珥金翠者，以十數萬。大業六年（六一〇）正月丁丑（十五日），煬帝令於端門外盛陳百戲，戲場周圍五千步，執絲竹器樂者一萬八千人，如此眾多的演員一齊表演，其鼓樂聲聞數十里，令人耳目暈眩，夜裡燈火光燭天地，繁華似錦。煬帝又命令百官及洛陽士女百姓坐在街兩旁搭好的「棚閣」上觀看，觀眾也個個「被服鮮麗」，表演一直持續到月終，所費巨萬，直看得西域胡人神魂顛倒。

諸國使者又請求入豐都市交易做買賣，煬帝盛情恩准。為了款待西域胡商，先命東都「整飾店肆，簷宇如一」，「三市店肆皆設帷帳，盛列酒食」，各個店鋪日夜開業，擺出最好的貨物，珍寶充積，人物華盛，連賣菜人的坐席也用上等的龍鬚草織成。胡客皆由官府的官員帶領，「所至之處，悉令邀延就坐，醉飽而散，不取其直」。酒足飯飽不要一分錢，走時美言一句：「中國豐饒，酒食例不取直。」胡客皆驚歎，「謂中國為神仙」。[56] 但有些狡黠者也發現其中有弄虛作假處，「見以繒纏樹」時，說，「中國亦有貧者，衣不蓋形」，還不如以此物給貧者，「纏樹何為？」市場小販們慚不能答。[57]

為威服四夷，隋煬帝不惜血本，雖然「諸蕃懾懼，朝貢相續」，但人民為此付出了沉重代價。然而，大肆鋪張，慫恿煬帝極侈靡的裴矩等卻受到了嘉獎，煬帝對裴矩的想像力及其所作的安排大為滿意，「稱其至誠」，對侍臣說：「裴矩大識朕意，凡所陳奏，皆朕之成算。未發之頃，矩輒以聞，自非奉國用心，孰能若是。」[58] 意思是說裴矩和皇帝想到了一處，謀劃到煬帝心坎裡去了。

和巡遊江都安輯南方一樣，隋煬帝不用武力或少用武力，以大陳中華文物來威服四夷，通過精彩的歌舞百戲展示中國文化的無窮魅力，營造出歡欣富庶，萬方同樂的氣氛，使來自荒漠的胡羌驚歎不已。豔羨之餘，自覺地靠攏大隋王權，這是隋煬帝的成功。為使四夷欽服，煬帝甚至不惜弄虛作假，大業六年（六一〇）高昌國使來獻〈聖明樂〉曲，煬帝「令知音者，於館所聽之，歸而肆習，及客方獻，先於前奏之，胡夷皆驚焉」。[59] 但是，民族關係相當複雜，誇示四夷雖能取得一時成效，卻不能持久地維繫華夷朝貢體制，還是有人不買帳。就在隋煬帝西巡歸來不久，西域形勢就發生了變化。

鐵勒莫何可汗出兵協助隋擊破吐谷渾，吐谷渾滅亡後隋煬帝於其境設置四郡，鐵勒卻一無所得。煬帝西巡時伊吾吐屯設又向隋朝獻地，使隋西境直接與鐵勒接壤，加上高昌王歸附大隋，阻斷了鐵勒南進之路，莫何可汗大為不滿，趁伊吾吐屯設和高昌王隨煬帝往內地之機，乘虛攻占伊吾，並進逼高昌。隋煬帝不能甘心花費巨大錢財經略西域所獲得的成果付之東流，即命右翊衛將軍薛世雄會同東突厥，發兵聯合征討伊吾。東突厥因啟民可汗已死，新立的始畢可汗並未如約發兵，薛世雄孤軍越過流沙，以奇襲奪得伊吾城，並於漢舊城東築新城，留將軍王威戍守，裴矩散布說：「天子為蕃人交易懸遠，所以城伊吾耳。」諸胡信以為真，不再來爭奪，於是隋設伊吾郡，控扼絲路。

為了對付鐵勒，隋又向西突厥泥撅處羅可汗聯絡，但處羅另有所圖，不肯從命，裴矩於是又向隋煬帝獻計分化瓦解西突厥。

煬帝西巡時，曾遣侍御史韋節召處羅可汗來張掖朝見，處羅找藉口不赴，煬帝大怒，但也無可奈何。時達頭之孫射匱在中亞石國北建牙，殺石國國王，令特勤甸職攝石國國政，甸職遣使到張掖朝貢，並代表射匱可汗向隋煬帝致意。[60] 大業六年（六一〇），射匱派使者向隋朝求結和親，裴矩認為這又是離間西突厥的好機會，向煬帝建議先許婚，令射匱發兵討伐處羅，然後結親。煬帝賜使者一支桃竹白羽箭，令射匱早發。射匱得箭十分歡喜，立即起兵襲擊處羅，處羅猝不及防，棄妻子僅率數千騎逃走，屯於高昌東面的時羅漫山。高昌國即將情況告知隋朝，隋煬帝派裴矩帶上處羅母向氏的親信使

56 《隋書》卷六七〈裴矩傳〉。

57 《資治通鑑》卷一八一隋煬帝大業六年。

58 同註56。

59 《隋書》卷一五〈音樂志下〉。

60 《隋書》卷八三〈西域．石國傳〉。

者，使者來到處羅帳中，傳達向氏的曉諭叮囑，無路可走的處羅可汗思母心切，於是隨使者入朝。這已是大業七年（六一一）十二月了。應該說，這是隋朝離間突厥獲得的又一次大勝利。

處羅朝見隋煬帝時向煬帝稽首謝罪，煬帝則說：

今四海既清，與一家無異，朕皆欲存養，使遂性靈。譬如天上止有一個日照臨，莫不寧帖；若有兩個三個日，萬物何以得安？[61]

天無二日，地無二主，傲慢的西戎霸主西突厥處羅可汗終於拜倒在自己腳下，「溥天之下，莫非王土；率土之濱，莫非王臣」，萬方來朝有處羅，隋煬帝的權力意志可謂得到了最大的滿足。大業八年（六一二）元旦大朝會，處羅可汗向隋煬帝奉觴上壽，口中念念有詞：

自天以下，地以上，日月所照，唯有聖人可汗。今是大日，願聖人可汗千歲萬歲常如今日也。[62]

繼啟民稱隋文帝「聖人可汗」之後，處羅又稱煬帝為「聖人可汗」，「聖人可汗」與唐太宗「天可汗」稱號的內涵一樣，但隋煬帝為四夷之主卻早於唐太宗三十多年。煬帝將信義公主嫁給處羅，賜號曷娑那可汗，本想以啟民模式讓他回西突厥，「復其故地」，但由於忙於東征高句麗，煬帝沒有心思再對西域作大的經略，處羅竟隨從煬帝征遼，四處巡行，成為煬帝的一名高級侍衛官。

高昌王麴伯雅也隨從煬帝征高句麗，大業八年（六一二）冬歸蕃時，得尚宗女華容公主，並受煬帝所封官爵光祿大夫，弁國公，這意味著高昌國也成了隋朝的附庸。麴伯雅歸國後令國人「解辮削衽」，恢復華夏風俗正典。而這次隋煬帝也沒有勸阻，因為高昌「本自諸華」，不像啟民出於夷狄。於是下詔褒揚：「伯雅逾沙忘阻，奉贐來庭，觀禮容於舊章，慕威儀之盛典。於是襲纓解辮，削衽曳裾，變夷從夏，義光前載……棄彼氈毳，還為冠帶之國。」[63]但是，高昌國不敢得罪強鄰鐵勒和西突厥，解辮削衽只是說說而已。

再說射匱以武力趕走泥撅處羅可汗之後，即自立為西突厥大可汗，使汗位由阿波系轉回到達頭系。射匱可汗隨即著手恢復祖業，向東擴張，統一西突厥兩廂十姓。處羅可汗失位托庇於隋，但煬帝正專注於東方的高句麗，沒有利用處羅並糾集西域高昌、鐵勒等共同對付復興的西突厥，致使鐵勒契苾、薛延陀二部「並去可汗之號」，臣服於射匱，鐵勒汗國猶如曇花一現消失了。高昌國也被迫重新承認西突厥為宗主國。令人哭笑不得的是，剛從隋朝歸國的國王麴伯雅非但沒有解辮削衽，反而又要硬著頭皮依突厥習俗認自己的「大母」阿史那氏為自己的正妻王后，而隋煬帝所賜年輕貌美的華容公主卻只能做庶妻了。

歸降隋朝的突厥阿波系處羅可汗殘部人馬不多，既無力回歸故土，隋煬帝遂於大業八年(六一二)正月將其人眾一分為三：令處羅弟阿史那闕度設率羸弱萬餘口駐牧於會寧（今甘肅靖遠縣），又令特勤阿史那大奈率餘眾入塞居於樓煩郡（治今山西靜樂），處羅賜號曷娑那可汗後率五百餘騎常隨煬帝巡遊。然而，西突厥阿波—處羅一系是東突厥啟民—始畢一系的寃家仇敵，煬帝不用處羅來對付西突厥射匱，卻部署於靠近突厥的北境，必然引發東突厥新任可汗始畢的疑慮。東突厥在鐵勒汗國滅亡之際收納了大批東徙的契苾、薛延陀部眾，勢力也驟然強大，隋煬帝對此也只能聽之任之。

的確，民族關係最為複雜，顧到了一頭卻顧不到另一頭。隋煬帝的擴張野心太大，西域開拓事業在耗費了巨大財物之後已達到了其光輝的頂點，本應珍惜並著力維護，但隋煬帝的政策沒有一貫到

---

61 《隋書》卷八四〈北狄．西突厥傳〉。
62 同註61。
63 《隋書》卷八三〈西域．高昌傳〉。

底，而是四面出擊，得不償失，在緊要關頭突然將經略的重點轉向了東方的高句麗，從此忽略了突厥，忽略了西方而專注於高句麗，使經通西域的成就前功盡棄。對此，唐人總結說：「至於隋室，早得伊吾，兼統鄯善，且既得之後，勞費日甚，虛納致外，竟損無益。」[64]好大喜功最後竟一無所獲。

第三節　通使海洋　交流文化

隋煬帝在經略西域的同時，對南疆海域也進行了經略，史稱「大業中，南荒朝貢者十餘國，其事蹟多湮滅而無聞」。[65]雖事多湮沒，但經中外學者的多年研究，現亦大致可敘。魏徵評論說：「高祖受命，克平九宇，煬帝篡業，威加八荒。甘心遠夷，志求珍異。故師出於流求，兵加於林邑，威振殊俗，過於秦漢遠矣。」[66]隋煬帝的擴張野心雖超過了秦始皇、漢武帝，但南方熱帶瘴癘之氣候和濤濤海洋萬頃波浪卻阻斷了其權杖的延伸。加兵林邑，師出流求（臺灣），有關這些本書皆從略。但通使海洋卻大大促進了中外文化的交流，茲作詳述。

常駿出使赤土　招徠南洋諸國

仁壽末年隋文帝發動了對林邑國（今越南中南部）的攻略，由於瘴癘之氣，士兵水土不服，隋軍統帥劉方等病死，煬帝即位後適時停止了這場戰爭。但煬帝仍「甘心遠夷，志求珍異」，招募「能通絕域者」下海探險。大業三年（六〇七）有屯田主事常駿、虞部主事王君政等請求出使赤土國。煬帝大為歡喜，即備禮派出了使團。

赤土國在何處？由於史書記載不詳，至今眾說紛紜。《隋書・南蠻・赤土傳》記：「赤土國，扶南（今東埔寨）之別種也。在南海中，水行百餘日而達所都，土色多赤，因以為號，東波羅剌國，西婆羅娑國，南訶羅旦國，北拒大海，地方數千里，其王姓瞿曇氏，名利富多塞，不知有國近遠。」赤土建國於南洋紅壤地帶，是一個地方數千里，不知國界遠近的大國。陳碧笙教授綜合分析前人研究，認為赤土國在今印尼蘇門答臘島。[67] 日本學者桑田六郎《赤土考》首次指出，《隋書》所記赤土就是唐之室利佛逝、宋之三佛齊、明之舊港和占碑。因為據中國舊史赤土僅隋時存在，隋以後卻不見記載，由於古代交通梗阻和語言隔閡，古籍中同名異譯的現象屢見不鮮，唐時赤土被譯為室利佛逝，宋時譯為三佛齊就不足為奇了。否則就很難解釋南洋大國赤土何以突然在歷史上消失。據此陳碧笙教授進一步推論，南朝諸史所記的斤陁利或千陀利是赤土的前身。斤陁、千陀與赤土可能是同音而異字。陳教授又從《隋書》所記疆域、四至及常駿南行的航程、物產、交通等方面證明赤土應在蘇門答臘島。

赤土處在東南亞交通的要衝，在中外文化交流史上具有重要地位，東晉時著名高僧法顯西行印度取經，回國時從師子國（今斯里蘭卡）搭船，泛海八十天到達耶婆提，即千陀利的異譯，其實就是赤土。法顯在此住了半年，西元四一二年搭乘大船回國。

赤土是一個深受印度文化影響，文明程度很高的古國，法顯在其所著《佛國記》中描述了其佛教文化繁盛的景況。南朝時曾五次遣使至建康（今江蘇南京）貢獻，與中國早就有密切的文化交流。但南海行船風險很大，法顯歸國時原擬於廣州上岸，途中遇大風，結果飄到今山東青島才登岸，在海上漂流了兩個多月，所以兩國通使並非易事。

64《貞觀政要》卷九〈議安邊第三十六〉。參見薛宗正〈隋朝與西域〉，載《新疆社會科學》一九八九年第三期。

65《隋書》卷八二〈南蠻傳〉。

66《隋書》卷八二〈南蠻傳．史臣曰〉。

67 參見陳碧笙：〈隋書赤土國究在何處〉，載《中國史研究》一九九〇年第四期。本節寫作主要參引該文，餘不一一遍注。

大業四年（六〇八）三月壬戌（十九日），赤土國遣使向隋貢方物，丙寅（二十三），煬帝遣常駿出使赤土，並往羅刹國。煬帝接見赤土使者在前，派常駿出使在後，這是一種友好互訪。十月，常駿等自南海郡（治今廣州）揚帆出發，「晝夜二旬，每值便風，至焦石山而過，東南泊陵伽鉢拔多洲，西與林邑相對，上有神祠焉。又南行，至師子石，自是島嶼連接，又行二、三日，西望見狼牙須國之山，於是南達雞籠島，至於赤土之界」。[68]常駿所過島嶼地名今難以詳考，學界亦多異說，大概船隊是沿現越南海岸南行，再下馬來半島，師子石可能是今新加坡島，「自是島嶼連接」則可能來到廖內群島中的一系列小島。再行，便到了蘇門答臘島。

赤土國王利富多塞聞知隋使前來，十分歡喜，即遣婆羅門鳩摩羅率三十艘船來迎接，「吹蠡擊鼓，以樂隋使」，又「進金鎖以纜駿船」，一路上吹吹打打，熱鬧非凡。大約一個月左右來到國都僧祗城，國王又派王子那邪迦先與隋使禮見，並送來金盤、金花以接收隋煬帝所致詔函。來到王宮，常駿奉詔上殿，國王以下皆坐，「宣詔訖，引駿等坐，奏天竺樂」，禮儀相當隆重。幾天後，利富多塞國王又親設盛大國宴招待隋使，宴席上「以金鐘置酒，女樂迭奏，禮遺甚厚」。賓主之間始終洋溢著熱情友好的氣氛。

赤土國地處南海交通樞要，南朝時，佛教文化和印度樂舞藝術也由此海路傳到中國。國都僧祗城，「有門三重，相去各百許步，每門圖畫飛仙、仙人、菩薩之像」。赤土是一個強大的海上帝國，《隋書》描述其王宮的豪華奢麗景況曰：「王宮諸屋悉是重閣，北戶，北面而坐，坐三重之榻。衣朝霞布，冠金花冠，垂雜寶瓔珞。四女子立侍，左右衛兵百餘人。王榻後作一木龕，以金銀五香木雜鈿之，龕後懸一金光焰，夾榻又樹二金鏡，鏡前並陳金甕，甕前各有金香爐。當前置一金伏牛，牛前樹一寶蓋，蓋左右皆有寶扇。」[69]可謂金碧輝煌，莊重森嚴，較之西突厥室點密可汗的牙帳一點也不遜色。顯然，這是隋煬帝的權杖染指不到的海上又一專制王權，其豪奢顯示了赤土國王的無上權力。當然，利富多塞國王對隋使很友好，不像室點密可汗對東羅馬帝國使者那樣傲慢。

訪問結束，常駿等啟程歸國，赤土國王派王子那邪迦隨船同行，入隋回訪，其國書用「鑄金為羅葉，隱起成文以為表，金函封之」。並獻上大批珍貴禮物，啟程時更以盛大儀禮相送，充分顯示出赤土國和隋朝一樣，也是禮儀之邦，而不是化外蠻荒。常駿的回程是放洋直駛越南，再沿海岸北行，越過林邑至交趾登陸，再改由陸路，於大業五年（六〇九）春與那邪迦王子一道在弘農（治今河南靈寶）謁見了西巡路上的隋煬帝。煬帝十分高興，賜常駿等物二百段，俱授秉義尉，那邪迦王子更受到優厚的禮遇，跟隨煬帝一路觀光。自後，兩國往來不絕。

常駿南行的使命並不是僅到赤土為止，隋煬帝還要求他們通使加里曼丹西部的羅刹國（婆羅剌）。隋時南洋的政治地圖大約是以赤土為中心，東有加里曼丹的婆羅剌，西有蘇門答臘西部的婆羅娑，南有爪哇島上的訶羅旦國，赤土則處在南洋諸國的中心，東西水上交通的要衝。常駿是否到了或遣分使到了羅刹國，完成煬帝所交使命，史書不載，但據《隋書》所載，南荒朝貢者有十餘國，除林邑、赤土外，還有崇信佛教和道教受印度和中國文化雙重影響、居於林邑之西南的真臘國（今柬埔寨），位於馬來亞半島的丹丹國和北加里曼丹島的盤盤國，巴厘島上的婆利國及迦羅舍國等。[70]

常駿出使赤土是中外關係史上的一件盛事，大大促進了隋與南洋諸國的文化交流，促進了海上絲綢之路中國與南洋的貿易發展。常駿的出使招徠了南洋十餘國朝貢使，也大大滿足了隋煬帝萬王之王的聖王追求，提高了大隋王朝的國際地位。

68《隋書》卷八二〈南蠻・赤土傳〉。
69 同註68。
70《隋書》卷八二〈南蠻傳〉。

日出處天子致書日落處天子

在濤濤的東海之濱太陽升起的地方有日本國，中國古代史籍稱倭國，《隋書·東夷傳》記有倭國與隋朝關係始末，日本史籍《古事記》和《日本書紀》也記載了這段交往。此時，正值日本推古天皇時代，推古朝至大化改新這段歷史時期在日本被稱為飛鳥時代，也是大規模引進中華文明推進日本改革的時代，其初推動改革的是聖德太子。中日關係源遠流長，在隋煬帝和聖德太子當政時，兩國的文化交流有了進一步發展。

日本吸收先進的中國文化最早可以追溯到秦漢時代，據說秦始皇遣方士徐福入海求神藥，率童男童女三千來到日本福岡，現福岡市有徐福的塑像以資紀念。西元前一〇八年，漢武帝在朝鮮半島設立郡縣，先進的漢文化更直接影響到日本。《漢書·地理志》有「樂浪海中有倭人，分為百餘國，以歲時來獻見」的記載。其中倭奴國於東漢光武帝中元二年（五七）遣使來朝，光武帝賜予刻有「漢委奴國王」五字的金印，這枚金印於一七八四年在福岡市的志賀島上發現，現藏於福岡市美術館。

先進的漢文化傳入促進了日本社會的發展，約在西元二世紀初，九州北部出現邪馬臺國，其第二位君主是女王，稱卑彌呼，曹魏時「譯通中國」，魏明帝封女王為「親魏倭王」，並遣使回訪。後大陸漢人為避戰亂移居日本的也不少。約在四世紀末，起於東方的大和國滅邪馬臺國並稱霸日本，甚至派兵入侵朝鮮半島，通過半島輸入漢文化。最早將中國典籍帶入日本的是一個名叫王仁的學者，他從朝鮮半島的百濟攜《論語》十卷赴日。西元五三八年，百濟聖明王遣使向大和國獻佛像和經論，自此佛教也傳入日本。

南朝時，大和國倭五王多次向南朝皇帝朝貢，上表自稱「使持節、都督倭、百濟、新羅、任那、秦韓、慕朝六國諸軍事、安東大將軍、倭國王」，請求皇帝「除正」，也就是要求南朝皇帝承認倭國有權統轄朝鮮半島，但由於百濟也向南朝朝貢，一直保持友好關係，宋、齊、梁諸帝只同意倭王都督五國諸軍事，而不包括百濟。[71] 倭五王求得南朝的冊封，增強了其在日本列島的威望，征服了上百個小國，成為海上強國。但進入六世紀後，由於大姓貴族勢力擴展，倭國社會矛盾日趨尖銳。據《日本書紀》記載，西元五六二年日本在朝鮮半島的據點任那被新羅所滅，導致了長期執掌朝政的大姓大伴氏失勢。西元五九二年，新興的大姓貴族蘇我馬子暗殺了崇峻天皇，立馬子的外甥女御食炊屋姬繼位，是為推古女皇，女皇立廄戶皇子為太子，即聖德太子，與蘇我馬子共同掌政，推行改革。此時隋已統一南北，但隋對東鄰日本發生的事一無所知。

開皇二十年（六〇〇），倭國遣使向隋朝貢，隋文帝才知道東方大海中有個倭人國，於是令有關官司尋訪倭國風俗，但從《隋書．倭國傳》所記看來，隋所獲倭國情報相當皮毛。文帝聽說倭王以天為兄，以太陽為弟，倭王天未明時出朝聽政，日出才停止處理政務，據說是要把政務委交太陽弟弟去處理，文帝覺得「太無義理」，竟高高在上以天子對臣民的口氣訓令倭王改正工作作風，這顯得相當荒唐。

其實此時的日本已發展成為一個相當文明的國家，朝鮮半島的「新羅、百濟皆以倭為大國，多珍物，並敬仰之，恒通使往來」。[72] 執政的聖德太子年輕有為，和隋煬帝一樣很有文化素養，他曾分別向高句麗僧惠慈和五經博士覺哿學習佛經和儒家經典，積極輸入大陸先進文化，宣導政治改革。推古天皇十一年，即隋仁壽三年（六〇三），聖德太子制定了「冠位十二階」，即按德、仁、禮、信、義、智表示官位的高低，並分別配以紫、青、赤、黃、白、黑六種冠色，每種又分大小，共十二階。官階

71《南史》卷七九〈夷貊下．倭國傳〉。

72《隋書》卷八一〈東夷．倭國傳〉。

依據功績和才能，不看門第，這有助於加強王權，推進了貴族的官僚化和以天皇為中心的官僚制的形成。第二年聖德太子又頒布了《十七條憲法》，它廣泛地綜合了中國的儒、法、道及佛家思想，強調以禮治國，以君為天，以臣為地。其中十四條涉及各級官吏的行為準則，歸納起來就是治心、治身、敦教化、盡地利、擢賢良、恤獄訟，均賦役，顯然是直接受到西魏北周宰相蘇綽「六條詔書」的影響。《十七條憲法》是改革的綱領，為以後的大化改新奠定了思想和理論基礎。

此時的日本佛教已廣泛流行，各地都興建了高大的寺廟，著名的法隆寺建築樣式深受隋朝影響。據考古發掘報告，日本最近在奈良縣發現了飛鳥時代的百濟大寺正殿遺址，其規模東西長三六・二米，南北寬二十七米，為歷來所稱道的法隆寺的兩倍，從出土瓦片年代判斷，應是日本最早的皇家寺院，據日本文獻，百濟大寺是早期天皇創建的集飛鳥時代建築工藝技術最高成就的宏偉工程，有九重塔[73]，這表明當時日本已具備很高的文明並已出現強大的王權。正是此時的隋大業三年（六〇七），遣隋使大禮小野妹子被派往中國，同來的還有通事（翻譯）鞍作福利，《隋書・倭國傳》記載了大業三年倭國「遣使朝貢」，並記其使者朝貢時所言：「聞海西菩薩天子重興佛法，故遣朝拜，兼沙門數十人來學佛法。」《宋史・日本傳》也記聖德太子「遣使泛海至中國，求法華經」。

但是，遣隋使向隋煬帝遞交的國書，卻一改先前以中國王朝臣屬自居，請求冊封的做法，倭王稱「日出處天子致書日沒處天子無恙」云云。這反映了雄心勃勃的倭國執政聖德太子要推行平等自主的外交政策。隋煬帝接到國書自然是「不悅」，定於一尊被四夷尊為「聖人可汗」而傲視一切的隋煬帝，決不會允許夷王與自己平起平坐。但對以海相隔的絕域遠夷卻也無可奈何，只好對負責接待遠夷朝貢的鴻臚卿說：「蠻夷書有無禮者，勿復以聞。」即讓下面的官署將不識禮義的蠻夷擋駕於外。當然，隋煬帝當時更不知道上國書要與自己平起平坐的倭王竟是一個女人，否則更要氣壞的。《隋書・倭國傳》記「倭王姓阿每，字多利思比孤，號阿輩雞彌」，可能是推古女皇御食炊屋姬的訛讀。大業四年

（六〇八）三月辛酉（十八日），倭國與百濟、赤土等國使者一起向隋煬帝「貢方物」，受到煬帝的正式接見，煬帝將小野妹子和百濟、赤土使者擺在一起，接受朝貢，仍然是把倭國放在藩屬朝貢外臣的位置，時小野妹子取了一個中國名字，叫蘇因高。

令小野妹子驚喜萬分的是，這年四月隋煬帝派文林郎裴世清為使，一行一三人，同倭國、百濟使者一道，取道百濟出使日本。朝鮮《三國史記》也記：「百濟三十世武王九年春三月，遣使入隋朝貢，隋文林郎裴世清奉使倭國，經中國南路。」又據《隋書》記載，裴世清與小野妹子啟程，經過百濟之後，「行至竹島，南望聃羅國，經都斯麻國，向在大海中，又東至一支國，又至竹斯國，又東至秦王國，其人同於華夏」。秦王國可能是日本列島上接受漢文化很深的小國，或中國移民聚居地，裴世清疑以為是古書上所記「夷洲」，但不能斷定。後「又經十餘國，達於海岸，自竹斯國以東，皆附庸於倭」。[74]這反映了日本列島諸侯林立的狀況。

隋使到達築紫（今北九洲），日本朝野得知後異常歡欣。據《日本書紀》記載，大和朝廷得知隋使到來立即派吉士雄為特使前往迎接，聖德太子還命令在難波（今大阪）修築迎賓館供隋使下榻。裴世清一行在起士雄導引下於六月十五日航抵難波，即由大和朝廷派出的三十五艘銀裝「船」迎入賓館，受到殷勤款待，小野妹子則先行晉京飛鳥（奈良）稟報。據說，小野妹子奏稱隋煬帝回致推古天皇的國書途經百濟時被掠，這就是所謂「國書遺失」事件。日本學界有人認為倭王的國書自稱「日出處天子」令隋煬帝「不悅」，煬帝的回書可能措辭嚴厲地加以訓斥，故小野妹子不敢呈交，偽稱被百濟掠

73 參見《上海譯報》一九九七年四月七日號。

74 《隋書》卷八一〈東夷・倭國傳〉。

去。[75]另一種意見認為隋使裴世清本人帶去了致倭王的國書，煬帝沒有必要另修國書一封交小野妹子帶回。當時隋、倭國力相差懸殊，日方大可不必也沒有力量與隋煬帝分庭抗禮，其意不過是想借助平等外交，提高日本皇室的權威，削弱國內大姓和地方「國造」的勢力。[76]然而，隋使裴世清一行在難波一住就是五十來天，於八月三日才被迎至飛鳥。

從史書所記實際情況來看，大和朝廷不僅對隋使裴世清的接待十分隆重，而且態度誠懇、謙恭。隋使進抵京城飛鳥，先是受到推古女皇派去的小德阿輩臺為首的官員數百人的隆重歡迎，設儀仗，鳴鼓角。後十天又受到大禮哥多毗為首的二百餘騎的郊迎。八月十二日入朝，聖德太子和諸王大臣頭戴金髻花，身穿錦繡綾羅出宮迎接，裴世清呈上隋煬帝致倭國國王的國書：「皇帝問倭皇，使人長吏大禮蘇因高等至具懷，朕欽承寶命，臨御氏宇，思弘德化，覃被含靈，愛育之情無隔遐邇，知皇介居海表，撫寧民庶，境為安樂，風俗融和，深氣至誠，遠修朝貢，丹款之美，朕有嘉焉。稍暄比如常也，故遣鴻臚寺掌客裴世清等，指宣往意，並送物如別。」[77]隋煬帝仍以淩人之氣把倭國看成為修職貢的屬國，以天子口氣嘉獎倭王。國書稱日本天皇為「倭皇」，甚為可疑，估計是後來日本使臣篡改，將王改為皇。就像國書被劫事件一樣，《日本書紀》出於抬高天皇的需要，也存有大量不實之辭。

沒有史料記載裴世清見到的是女王還是太子，隋一直不清楚君臨倭國的是一位女主，但《隋書．倭國傳》記倭王會見隋使時「大悅」，態度十分謙恭誠懇，說：「我聞海西有大隋，禮義之國，故遣朝貢。我夷人，僻在海隅，不聞禮義，是以稽留境內，不即相見，今故清道飾館，以待大使，冀聞大國惟新之化」。在這裡倭王根本沒有擺出「日出處天子」的架子要與隋煬帝分庭抗禮，而是自稱夷人，稱大隋是禮儀之邦，而自己是不聞禮義的蠻荒之地，要虛心向文明大國隋朝學習，甘為藩臣。裴世清當仁不讓，代表隋煬帝撫慰倭王說：「皇帝德並二儀，澤流四海，以王慕化，故遣行人來此宣諭。」[78]云云。禮畢，隋使被引至賓館休息。當然，這段記載是隋朝的一面之詞，裴世清回命時是否添油加醋貶低對方抬高自己，也未可確知。

撇開禮儀不談，隋、倭互使總的來講是友好的。約一個月後，裴世清向倭王辭行歸國，聖德太子於是設宴為隋使餞行。九月十一日啟程時，倭國又任命小野妹子為遣隋使，吉士雄為副使，鞍作福利為通使，另有四名留學生，四名學問僧，作為第二次遣隋使團，陪同裴世清回國。據《日本書紀》，這次大禮小野妹子轉呈的國書用漢語書寫：「東天皇敬白西皇帝，使人鴻臚寺掌客裴世清等至，久憶方解，季秋薄冷，尊何如想清悆，此即如常，大禮乎那利等往，謹白不具。」這是日本首次以「天皇」名義向中國王朝致書。

然而，中國史書對此卻未作記載，只是說日方「復令使者隨（裴世）清來貢方物，此後遂絕」。「貢方物」是隋一相情願的說法，倭國未必承認來隋就是「朝貢」。第二批遣隋使的到來及其覆命情況我們所知不多，隋煬帝是否看了以天皇自居並與隋東、西對稱的倭國第二封國書，若看了又是如何表現，我們就不得而知了。但第二批遣隋使到隋朝後受到了隋熱情接待則是事實。隋為什麼兩次接待了不願以臣屬朝貢名義而來的倭國遣隋使小野妹子，可謂是千古之謎。

《隋書》所記「此後遂絕」，其實也不是事實，大業五年（六〇九）九月小野妹子大使回國，但《隋書．煬帝紀上》記大業六年（六一〇）春正月己丑（二十七），「倭國遣使貢方物」。日本史書記西元六一四年六月一三日（大業十年）還有以大使犬上禦田鍬、副使矢田部造為首的一次遣隋使，他們到翌年七月才回國。又據《日本書紀》，隨第二次遣隋使來的留學生和留學僧，大都是「渡來人」，即漢

75 參見木宮泰彥：《中日交通史》上卷第五章，商務印書館一九八〇年版。

76 參見黃尊嚴：〈隋日交往中的「國書」問題研究述評〉，載《北方論叢》一九九六年第五期。

77 《日本書紀》卷二二〈推古天皇紀〉。

78 《隋書》卷八一〈東夷．倭國傳〉。

人後裔，他們多通漢語。他們在中國留學少則十多年，多則三十餘年，有的直到唐貞觀年間才學成回國，成為後來大化改新的重要顧問。頻繁的遣隋使活動成為以後更大規模遣唐使的先聲，學成歸國的學生鼓吹以中國為藍本建立「法式備定的天皇制國家」，使日本進入了更加文明的「律令時代」[79]。

應該說，隋朝時的中日文化交流取得了重大成果，隋煬帝對促進日中邦交的發展作出了重要貢獻。煬帝優容倭國遣隋使，對倭王的「無禮」採取了少有的克制寬容態度，並主動派出使團回訪日本，沒有計較兩次國書東、西皇帝對稱的問題。當然，隋煬帝並沒有承認倭國主的天皇地位，而是仍然視為朝貢藩國。隋煬帝畢竟是一個很有心計的政治家，他的權杖既無法伸向島國日本，也就只能忍氣吞聲適可而止。而此時隋煬帝對外征討的重點已經轉向了與隋接壤的高句麗，他知道倭國與高句麗素來不和，在拉攏百濟、新羅的同時，也刻意拉攏倭國，或可引為外援，至少可以牽制高句麗，所以，隋煬帝派遣裴世清出使日本，可以看成是針對高句麗的一次重大外交舉動。

第四節　二遊江都　朝野皆以遼東為意

隨著煬帝北巡和西巡取得巨大成功，大業五年（六〇九）隋朝已達極盛，「地廣三代，威振八紘，單于頓顙，越裳立譯」。王朝經濟力量也空前強盛，「赤仄之泉，流溢於都內，紅腐之粟，積委於塞下」。煬帝於是「負其富強之資，思逞無厭之欲，狹殷周之制度，尚秦漢之規摹」[80]，籌畫著幹更大的事。

開春三月，閒不住的隋煬帝又開始了第二次巡遊江都，史書沒有詳細記載這次巡行的具體情形，但煬帝為這次巡行事先作了充分準備，大業五年（六〇九）就大興土木建築了江都宮，而其隨從隊伍和排場也肯定不會亞於第一次，龍舟船隊又是延綿幾十里，兩岸車馬簇擁而行。煬帝寫了一首〈早渡淮詩〉：

平淮既淼淼，曉霧復霏霏；
淮甸未分色，泱漭共晨暉。
晴霞轉孤嶼，錦帆出長圻；
潮魚時躍浪，沙禽鳴欲飛。
會詩高秋晚，愁因逝水歸。[81]

大概就是這次巡行路上寫的。唐代詩人杜牧也有詩描述煬帝的巡行船隊：「夾岸垂楊三百里，秖應圖畫最相宜。自嫌流落西歸疾，不見東風二月時。」[82]對煬帝再次南巡不以為然。

這次巡行江都和大業元年（六〇五）首巡相距已有五年，五年中煬帝威服四夷，被突厥尊為「聖人可汗」，威加四海，春風得意。特別是經通東南海洋絕域，招徠遠夷來朝，更使煬帝感覺光彩，常駿通赤土，陳稜至流求，裴世清使倭國，都帶來了令人欣喜的好消息。此時稱藩臣服的高昌王麴伯雅、伊吾吐屯設及西域各國使者均在身邊，煬帝決定帶他們往錦繡江南去看一看，好讓他們歸蕃時宣揚中原的繁盛，更加心悅誠服地向「聖人可汗」朝貢。在江都宮隋煬帝接見了來訪的赤土國王子那邪迦及尋訪流求歸來的朱寬，還有由海路到來的林邑、倭國、百濟等國使者。

相比而言，大業初年隋煬帝對東南海域的經略較之西域規模要小得多，派往林邑和流求的軍隊均

79 參見依田熹家：《簡明日本通史》，北京大學出版社一九八九年版。
80 《隋書》卷四〈煬帝紀下·史臣曰〉。
81 《初學記》卷六〈地部中·淮五〉。
82 《樊川文集》卷五，〈隋堤柳〉。

僅萬餘人，較之出兵數十萬破擊突厥和吐谷渾來看，算不得大的行動。領兵將領劉方、陳稜也只是二流偏將，出使赤土、倭國的使者常駿、裴世清也為官品秩很低，這都說明大業初年隋煬帝經略的重點在西域，在北方。

在江都宮，隋煬帝適時地把注意力用在了對南方蠻俚等少數民族的撫慰上。由於民族融合進展緩慢，南方濕熱，北方人不耐其氣候，如貝州配防嶺南的罪徒千人，至嶺南後，「遇瘴癘死者十八、九」。[83]不服南方水土使北方關隴人士把嶺南視為畏途。史載：「自嶺已南二十餘郡，大率土地下濕，皆多瘴癘，人尤夭折。」[84]而江南腹地的蠻、僚、俚、越各族人民入隋後仍不斷反隋。大業四年（六〇八），黔安郡（治今四川彭水縣）蠻人向思多起義，殺隋將鹿願，圍攻太守蕭造，煬帝派左武衛將軍周法尚、加右武衛大將軍李景分路進討，雙方激戰於清江，向思多戰敗，造反者被斬首三千級。[85]黔安郡前稱黔州，與鄂西清江郡（治今湖北恩施）接近，清江統縣五：鹽水、巴山、清江、開夷、建始，有戶二千六百五十八，[86]乃今土家族先民聚居區。向思多起義失敗後不久，又爆發了黔安夷酋田羅駒領導的起義，他們沿清江設防，夷陵諸郡民夷多響應，隋煬帝又派郭榮率重兵前往進剿，費了很大勁才將義軍打敗。[87]大業六年（六一〇）十二月，珠崖（海南島）人王萬昌發動俚人起義，時海南島上的珠崖郡統有十縣，有編戶一萬九千一百五十，多為土著俚人。隋煬帝時正在江都，即遣從駕的隴西太守韓洪前往鎮壓，王萬昌被鎮壓後其弟王仲通又舉兵反，煬帝再次詔韓洪征討。[88]隋煬帝在江都發布命令，將珠崖郡析為珠崖、儋耳、臨振三郡，以加強對海南島的政治控制，使海南島與內地的聯繫進一步密切了。為了鎮撫俚越，隋煬帝還特地將曾任桂州總管十七州諸軍事、任上使「民夷悅服」的侯莫陳穎再調往嶺南，出任南海太守。[89]

為了加強對江南的統治，隋煬帝又將江都的行政地位提高一級。大業六年（六一〇）六月甲寅（二十四），「制江都太守秩同京尹」。[90]這使江都具有陪都的地位，成為隋在南方統治的政治中心，隋煬帝本人此次在江都一住就是一年，在江南現場視事聽政。

這一年，隋煬帝雖沒有將龍舟駛向蔚藍色的大海，但卻在對江南水鄉交通狀況大量調查研究的基礎上，於大業六年（六一〇）十二月下敕開挖江南運河，使大運河向長江以南延伸到錢塘江，可直通龍舟。隋煬帝欲東巡會稽（今浙江紹興），並建置了驛宮。但煬帝並沒有寄情於山水之間，而是公務繁忙日夜處理著國內外大事。他在江都接見了各國朝貢使者，卻唯獨未見高句麗使者的到來。前年他在啟民帳中曾向高句麗使者宣旨，要高麗王親自來朝，但高麗王置之不理，兩年沒有派使朝貢。高句麗不朝激起了煬帝君臣的極大不滿，此時「朝野皆以遼東為意」。[91]早在巡幸啟民牙帳時，隋煬帝已作出征討高句麗的決策，在江都，煬帝開始了討伐高句麗的準備，並積極進行軍事部署和人力調動。這年，煬帝「詔山東置府，令養馬以供軍役」，又下令「課天下富人買武馬」，以供遠征，致使馬一匹至十萬錢。又下令「簡閱器杖，務令精新，或有濫惡，則使者立斬」。[92]在全國範圍內徵集武裝，趕造軍器，開始了大規模的軍事動員。

83《隋書》卷七四〈厙狄士文傳〉。
84 同註83。
85《隋書》卷六五〈周法尚傳〉。
86《隋書》卷三一〈地理志下〉。
87《隋書》卷五〇〈隋堤柳〉。
88《隋書》卷三〈煬帝紀上〉。
89《隋書》卷五五〈侯莫陳穎傳〉。
90 同註88。
91《隋書》卷七五〈儒林・劉炫傳〉。
92《資治通鑑》卷一八一隋煬帝大業六年。

由於日夜操勞，煬帝辛苦，身邊的大臣也很辛苦，這年底，又有兩位親信大臣在江都病故，一位是號稱關西孔子的文臣牛弘，一位是武將郭衍。牛弘是先朝大臣中唯一始終受到煬帝信任的人，他學識精博，寬厚恭儉，為煬帝掌文翰，制禮作樂，因積勞成疾，於大業六年（六一〇）十二月病故於江都宮，享年六十六歲，煬帝十分傷惜，令歸葬隴西安定。翌年元旦過後不久的正月壬寅（十六日），藩邸舊臣郭衍又病卒，郭衍也深得煬帝寵信，作為親侍武衛，他見煬帝整日操勞辛苦，就勸煬帝五日一視朝，「無效高祖，空自勤苦」。郭衍的勸告並不完全是出於諂諛邀寵，文帝時楊尚希見文帝「每旦臨朝，日側不倦」，也曾諫曰：「願陛下舉大綱，責成宰輔，繁碎之務，非人主所宜親也」。文帝聽後欣然說：「公愛我者。」[93]煬帝在江都一年大小政務纏身，忙得不可開交，在高負荷的工作日程的重壓下，煬帝累瘦了，郭衍也累病了。煬帝見舊臣郭衍自己病了還如此愛惜皇上身體，越以為忠，說：「惟有郭衍心與朕同。」[94]郭衍的病死使煬帝十分傷心，原藩邸奪嫡親信，現只剩下宇文述一人了。

煬帝於是竭力拉攏南方籍的將領，他將名將江都人來護兒帶在身邊，賜牛酒讓他回家宴鄉里父老，謁先人墓，並令三品以上官「並集其宅，酣飲盡日，朝野榮之」。[95]又召遠鎮武威的廬江人樊子蓋來江都，當眾誇耀說：「富貴不還故鄉，真衣繡夜行耳。」於是敕廬江郡（治今安徽合肥）設三千人大會，讓樊子蓋謁先人墓宴故老。[96]隋煬帝讓南方籍將官衣錦還鄉，炫耀功名，營造出一種南北一體的氣氛，在出征高句麗前大肆拉攏南人，意在鞏固後方。大業六年（六一〇）四月丁未（十六日），煬帝在江都宮「宴江淮已南父老，頒賜各有差」[97]，對南方社會各界展開政治撫慰。這些做法，應該說都是深謀遠慮的。

隋煬帝對佛教天臺僧團更是關懷備至，這時柳顧言奉敕撰寫的「天臺國清寺智者禪師碑」已樹立，其開頭文云：「臣聞在天成象，經緯之法存焉，在地成形，區方之均仿矣。二儀既爾，三才罔然，上聖纘極，明王所以敷教，光覺授道契會，方乃升仙。」其意是說在隋煬帝浩蕩皇恩庇護下，天臺宗才得以發揚光大，得到了最大的發展。最後作四言頌辭：「龍圖畫卦，載蔭五典，金輪拯溺，止弘十善。豈若我皇，樹功宏緬，還源來淨，歸途今顯。鏡鑒先哲，筌源本淨。」[98]這篇奉敕而作的頌歌，表面上看是稱頌智者大師智顗，但實際上是歌頌大隋皇帝楊廣，「豈若我皇，樹功宏緬」，「皇思睿贖，帝師既沃」。在「王道既清」、「混成一乘」的大好形勢下，南北佛徒弟子，芸芸眾生，同沐王化，共創宏偉大業。隋煬帝並不像梁武帝那樣消極出世，賣身佞佛，而是利用佛教，驅使眾生，以達到自己的政治目的。

總而言之，隋煬帝在江都，圍繞著鞏固後方，調動一切可以調動的力量，準備東征高句麗這一中心工作，足足忙了一年，包括派人出使日本，聯絡與國，也是為了對付高句麗。在作了充分動員和準備之後，隋煬帝於大業七年（六一一）二月乙亥（十九日）踏上了征討高句麗的征程。煬帝由江都御龍舟北返，沒有回到東都洛陽，而是直入剛剛開鑿好的通濟渠，跨過黃河直接北上，前往地處前線的涿郡（治今北京市）。壬午（二十六），隋煬帝下達了親征高句麗的詔文：

> 武有七德，先之以安民。政有六本，興之以教義。高麗高元，虧失藩禮，將欲問罪遼左，恢宣勝略。雖懷伐國，仍事省方，今往涿郡，巡撫民俗。

93《隋書》卷六四〈楊尚希傳〉。

94《隋書》卷六一〈郭衍傳〉。

95《北史》卷七六〈來護兒傳〉。

96《隋書》卷六三〈樊子蓋傳〉。

97《隋書》卷三〈煬帝紀上〉。

98《國清百錄》卷四〈敕造國清寺碑文第九十三〉。

發布詔文是要讓全國民眾知曉，煬帝興兵問罪「虧失藩禮」的高麗是正義的，以禮義之師討擊不臣，必然勝利。煬帝北征仍不忘一路上現場聽政，加恩於長者，版授虛位，又於船前補選，考課官吏。龍舟行進了兩個多月，一路巡撫民俗，於四月庚午（初十）到達涿郡（治今北京市）的臨朔宮。

第八章　三征高麗　四海糜沸

隋煬帝即位後短短幾年時間，使大隋皇威播於四夷，這是自漢武帝以來七百—八百年無人可以比擬的。同時，天下苦役，苛政急政使人民付出了巨大代價。隋煬帝沒有讓民眾休養生息，喘一口氣，而是在接二連三地舉辦大役之後，緊接著又投入更多的人力物力，親征東夷高句麗，致使天下騷動。煬帝於大業八年、九年、十年連續三次大規模長途遠征，海內耗盡，卻均歸於失敗。隋王朝也由極盛而劇轉為敗亡，反抗暴政的起義一時競起，征高麗之役成為隋朝歷史的轉捩點，也是隋煬帝一生榮辱的轉捩點。

第一節　東夷有失藩禮　大興問罪之師

高麗即立國朝鮮半島北部及遼東三百—四百年之久的高句麗王國，因其王朝貢於中國，被南北朝及隋唐歷代王朝封為高麗王，因而中國史書按其所封稱為高麗國，《隋書》將其列入東夷傳。按照中國傳統的華夷體制，藩國必須向宗主國朝貢，像中國臣民一樣四夷也得盡君臣之禮，否則，就是失禮，要興師問罪。隋文帝、隋煬帝、唐太宗、唐高宗都對高麗大興問罪之師，而其中隋煬帝則是火氣最大，興兵規模最大者，這位元高高在上的「聖人可汗」竟盛氣淩人地將高麗王高元輕蔑地稱之為「小丑」。

朝鮮半島三國鼎立　東胡濊貊各族朝貢

隋煬帝為何一而再，再而三，不惜一切代價要征討東夷高句麗呢？我們有必要先來考察一下朝鮮半島和東北亞的地緣政治形勢。

隋朝時，東北亞地區居住著許多民族集團和民族國家，統稱東夷。其中高句麗是國力最為強盛並與隋朝接壤的國家。高句麗地跨鴨綠江兩岸，西至遼水，領有今遼東半島和朝鮮半島北部，建都於平壤。其南面朝鮮半島南端是百濟國，東南面是新羅國，另有任那國，在半島上鼎足而立。高句麗北面松花江流域是靺鞨部族，嫩江和黑龍江上游一帶是室韋部族，其西面是契丹、霫、奚等遊牧部族。

東夷部族和國家語言風俗各不相同，從種族上劃分，契丹、室韋、奚、霫屬東胡系統，他們和先前的鮮卑、柔然及後來的蒙古為同族。高句麗、百濟、新羅及靺鞨屬貊系統。

西元前十一世紀，周武王滅殷商，殷宗室箕子率族人五千東走朝鮮，教濊人田桑禮教，建朝鮮國，後受周封爵。戰國時，濊貊附屬於燕，秦滅燕，在遼東設有郡縣。秦末大亂，燕、趙、齊人赴朝鮮避難者數萬人，時箕子四十餘世孫侯准收納流民，勢力大增，自稱為王。漢初燕人衛滿東渡水（今鴨綠江），擊破侯准自立，定都王儉城（平壤），稱朝鮮王。漢武帝元封三年（前一〇八）出兵滅衛氏朝鮮，於其地分置樂浪、臨屯、玄菟、真番四郡，後又罷臨屯、真番，以其地併入樂浪、玄菟。東漢末建安九年（二〇四），遼東太守公孫康在樂浪郡南另設帶方郡，三國曹魏於正始五年（二四四）滅公孫氏，一直到魏晉，中原王朝仍控制著遼東半島和朝鮮半島北部，實行和內地一樣的郡縣制度。先進的漢文化及典章制度由此直接輸入朝鮮，並對周圍地區產生重大影響。所以，當大業三年（六〇七）隋煬帝巡視突厥在啟民可汗帳見到高句麗使者時，裴矩就說：「高麗之地，本孤竹國也，周代以之封箕子，漢世分為三郡，晉氏亦統遼東。」[1]意思是說朝鮮是中國的舊疆。

但是，朝鮮半島南部卻從來未被中原王朝領轄過。約在西元一至二世紀時，半島南部濊貊族中出現許多部族國家，有馬韓、辰韓、弁韓三大區域，中國官員通過樂浪郡和帶方郡同三韓打交道，四世紀時，三韓分別形成百濟、新羅和任那三個王朝，百濟和新羅與中國各王朝都有來往，而特別是與南朝交往更多，任那則依附隔海相望的倭國以自重。

三韓以北的高句麗興起於西元一世紀，也是從濊貊部落發展起來的國家，創業君主名朱蒙，從夫餘南逃，在漢朝郡縣管不了的朝鮮北部及今吉林東部長白山地區建立政權，東漢時與中國多次發生戰爭。晉末喪亂，高句麗也乘機南下攻占樂浪郡（三一三年），翌年又占領帶方郡，不久將都城遷到樂浪郡城平壤，使中國直接統治朝鮮半島的歷史宣告結束。

高句麗與中國南北朝頻繁通使，派往東晉、南朝訪問貢獻方物的使團前後有三十多次，劉宋元嘉十六年（四三九），高句麗王一次就由海路贈送給宋文帝戰馬八百匹。派經北朝都城朝貢的使團更多達九十餘次，有時一年就派出二—三次。另外，中原人為避戰亂逃亡到高句麗的也相當多，他們給朝鮮半島帶去了先進的漢族文化。高句麗從建國以來就人力吸收中國文化，並很早就接受了儒家思想，在國都平壤設有太學。約西元四世紀，佛教也從中國前秦王朝傳入高句麗，高句麗不但自己吸收中國文化，還把中國文化介紹到南方的百濟、新羅及倭國。

百濟和新羅也都分別向南北朝派遣使團朝貢，學習中國文化，百濟國更成為中國文明東傳日本的孔道；新羅國模仿中國設郡縣，「其文字，甲兵同於中國」。南朝陳時有新羅僧玄光法師，從天臺宗三祖南嶽慧思學習天臺法華法門，同智顗一起名列南嶽門下二十八大弟子之一。[2] 玄光學成後回國傳授

1 《隋書》卷六七〈裴矩傳〉。

2 《佛祖統紀》卷九。

法華經義，一時門下也聚集了不少弟子。隋時，又有高句麗釋波若，於開皇十六年（五九六）入天臺山從智者大師學天臺教義，「以神異聞」，但學成後沒有回國。[3] 由於長期受中華文明影響，朝鮮半島文化水準高於四夷，高句麗、百濟、新羅也派留學生、學問僧來隋朝學習，他們「好尚經述，愛樂文史，遊學於京都者，往來繼路，或亡不歸」。[4] 隋煬帝為此在鴻臚寺專門設館，聘請名僧，「教授三韓」[5]，「訓開三韓方士」。[6] 隋文士杜正藏所著《文章體式》被學人號為「文軌」。傳入高句麗、百濟，「亦共傳習，稱為杜家新書」。[7] 中華文化不斷地向朝鮮半島和日本列島傳布，到隋唐時已形成了以漢字為載體的東亞文化圈。

從政治上看，中國南北朝對峙時，朝鮮半島也三國鼎立，各國都結交與國來牽制敵手。時南朝文化優於北朝，故百濟、新羅及倭國多往南朝朝貢。高句麗與北朝接壤，故向北朝朝貢多，但也常渡海通使南朝，北魏曾多次在海上擒獲高句麗派往南朝的使者，但除了詔書責讓外，並不能阻止高句麗向南朝朝貢。南朝亦願意與高句麗、百濟往來，用以牽制北朝。高句麗也阻止百濟與北朝通使，為此百濟曾遣使請求北魏攻打高句麗，遭到拒絕。時中國南北朝統治者和朝鮮半島對立三方都希望對方長久分裂，以求自己的發展和安穩。而隋統一中國，必然打破幾百年來的東亞秩序。

高句麗北面的靺鞨有七大部落，各有酋長，不相統一，常遣使朝貢中原，並南下侵寇高句麗。高麗王想招撫他們，但力不從心。高句麗西面的契丹、奚、霫和西北面的室韋也互為雄長，其中契丹有八大部落，而以大賀氏最強，《遼史．太祖紀》追溯契丹先世出自炎帝，但實際上漢化程度較奚、霫諸部為低，最為「無禮頑嚚」。與契丹同類的室韋文明程度更低，人民貧弱，分為五大部，不相總一。隋時，契丹、奚、霫、室韋諸部皆依附於東突厥，啟民可汗置吐屯設總領他們，並得到隋朝的認可。

朝鮮半島內部的矛盾衝突也很激烈。在西元五世紀，高句麗聯合新羅，百濟聯合倭國，在半島曾進行了長時間的爭霸戰，倭國曾派兵渡海，以任那國為據點，與百濟組成聯軍向北推進，結果被高句麗好大王擊敗。西元五六二年，新羅吞併了任那，將日本勢力逐出了朝鮮半島。高句麗的勢力深入到半島南部，進一步統一半島也就提上了議事日程，為此又與新羅交惡。[8]高句麗甚至想西聯東突厥，與東突厥劃分勢力範圍，以安撫西北契丹、靺鞨之眾。這樣，就使得高句麗在成為東北亞最為繁盛強大的國家的同時，也處於各種矛盾的中心。

天上無二日，高句麗謀求地區霸權的野心顯然不見容於隋朝，隋建立後，東北亞諸國都關注中原局勢的發展，爭相朝貢，想借助隋天子的威權為自己謀取好處。如高句麗王湯在北周武帝掃滅北齊後即「遣使朝貢，武帝拜湯上開府，遼東郡公，遼東王」。至隋文帝「受禪，湯復遣使詣闕，進授大將軍，改封高麗王。歲遣使朝貢不絕」。[9]不甘落後的百濟王餘昌也遣使朝貢，被封為「上開府，帶方郡公，百濟王」。[10]東北亞各族紛紛主動向隋貢獻方物，據《隋書．高祖紀上》：

> 開皇元年（五八一）秋七月庚午（二十三），靺鞨酋長貢方物。冬十月乙酉（初九），百濟王扶餘昌遣使來賀，十二月壬寅（二十七），高麗王高陽遣使朝貢。
>
> 開皇二年（五八二）春正月辛未（二十七），高麗、百濟並遣使貢方物。十一月丙午（初六），

---

3 《三國遺事》卷五。
4 《隋書》卷八二〈東夷傳．史臣曰〉。
5 《續高僧傳》卷一五〈唐京師弘福寺釋靈潤傳〉。
6 《續高僧傳》卷一三〈唐京師大莊嚴寺釋神迥傳〉。
7 《隋書》卷七六〈文學．杜正藏傳〉。
8 參見山中順雅：《法律家眼中的日本古代一千五百年史》，中國社會科學出版社一九九四年版，第一四七頁。
9 《隋書》卷八一〈東夷．高麗傳〉。
10 《隋書》卷八一〈東夷．百濟傳〉。

高麗遣使貢方物。

開皇三年（五八三）春正月癸亥（二十四），高麗遣使來朝。五月甲辰（初七），高麗遣使來朝。五月丁未（初十），靺鞨貢方物，八月丁丑（十一日），靺鞨貢方物。

開皇四年（五八四）夏四月丁未（十六日），宴突厥、高麗、吐谷渾使者於大興殿。五月癸酉（十二日），契丹主莫賀弗遣使請降，拜大將軍。

開皇五年（五八五）夏四月甲午（初八），契丹主多彌遣使貢方物。

開皇初年高句麗幾乎每年都來朝貢，有時一年遣使二次，表現最為主動最為積極。但值得注意的是，百濟和高句麗同時也向江南的陳朝朝貢。史載陳後主至德二年（五八四）十一月戊寅（二十日）和至德四年（五八六）九月丁未（三十日），百濟國兩次遣使向陳獻方物。至德三年（五八五）十二月癸卯（二十一），高麗國遣使向陳獻方物。[11]高句麗和百濟在與隋交接的同時沒有中斷與南朝的交往，並在交往中互通情報，同時根據各自的利害，尋找戰略夥伴。

開皇初隋文帝對四夷的政策方針是息事寧人。時有北齊宗室高保甯據營州（今遼寧朝陽市），連結契丹、靺鞨興兵反隋，文帝「以中原多故，未遑進討，以書喻之」。[12]契丹與靺鞨互相劫掠，文帝對來朝的靺鞨使者說：「我憐契丹與爾無異，宜各守土境，豈不安樂，何為輒相攻擊，甚乖我意」。但文帝君臨天下為四夷主的立場也是堅定的，說：「朕視爾等如子，爾等宜敬朕如父」[13]。文帝對外以突厥和陳朝為主要敵手。值得注意的是，開皇九年（五八九）滅陳後，高句麗等國的朝貢使者與隋的往來斷絕了好幾年。特別是高麗王湯聞陳亡，「大懼，治兵積穀，為守拒之策」。[14]南朝與北朝漢晉時本為一家，遼東漢晉時也是中國領土，隋滅陳統一中國，原亦為中國郡縣的高句麗自然感到震恐，高麗王預感到隋兵鋒馬上就要轉向自己，開始了備戰。

最早建議滅高句麗的是曾為晉王楊廣安輯江南立有大功的吳人陸知命，他曾直詣朝堂向隋文帝上表，請使高麗，說：「陛下當百代之末，膺千載之期，四海廓清，三邊底定。唯高麗小豎，狼顧燕垂，王度含弘，每懷遵養者，良由惡殺好生，欲諭之以德也。臣請以一節，宣示皇風，使彼君面縛闕下。」[15]文帝雖沒有派陸知命出使高麗，但對他的言論是讚賞的。

直到開皇十一年（五九一）春正月辛丑（十八日），高句麗才又遣使入隋朝貢，五月，高句麗又遣使貢方物，恢復了與隋的朝貢關係。這一年高句麗來朝貢兩次，但以後就很少來了，與開皇初「頻有使入朝」的情況判若兩人。同年十二月丙辰（初九），有靺鞨遣使貢方物。開皇十二年（五九二）十二月，靺鞨又遣使貢方物。十三年（五九三）春正月丙午（初五），契丹、奚、霫、室韋並遣使貢方物，其中契丹在開皇十年（五九〇）十一月丙午（二十二）亦曾朝貢一次。十三年七月戊申（初十），靺鞨遣使貢方物。[16]開皇十四年（五九四），新羅遣使貢方物，隋文帝拜新羅王金真平為「上開府，樂浪郡公，新羅王」。[17]隋統一後東夷各族都來朝貢，以靺鞨為最積極，高句麗來得顯然少了。直到開皇十七年（五九七）五月己巳（二十三），高句麗才又一次遣使貢方物。[18]說明隋與高句麗的關係

11《隋書》卷六〈後主紀〉。
12《隋書》卷三九〈陰壽傳〉。
13《隋書》卷八一〈東夷．靺鞨傳〉。
14《隋書》卷八一〈東夷．高麗傳〉。
15《隋書》卷六六〈陸知命傳〉。
16《隋書》卷二〈高祖紀下〉。
17《隋書》卷八一〈東夷．新羅傳〉。
18 同註16。

已呈緊張。

隋文帝既對東夷採取懷柔政策，所以始終沒有主動出擊征討各部，時韋沖任營州總管，「懷撫靺鞨、契丹，皆能致其死力，奚、霫畏懼，朝貢相續」。[19] 對於高句麗的治兵積谷拒隋舉動，文帝派出使團往高句麗「撫慰」，美其名曰：「欲問彼人情，教彼政術」。實際上是進行偵察。但高麗王卻將隋使置之「空館」，「嚴加防守，使其閉目塞耳，永無聞見」。[20] 開皇十七年（五九七）文帝給高麗王湯修璽書一封加以責備。高麗王湯收到隋文帝的璽書惶恐萬分，將奉表謝罪，卻因病謝世。太子高元嗣立，文帝又冊封高元襲爵遼東郡公，高元奉表謝罪，請求封王，文帝又再冊高元為高麗王。[21]

但開皇十八年（五九八）高元卻率靺鞨之眾萬餘騎入寇遼西，被隋營州總管韋沖擊退。[22] 隋末先擊高句麗，高句麗何以敢先舉兵侵隋，這件事頗值得思量，高元恐怕不致如此魯莽。據史書記載，原依附於高句麗的「契丹別部出伏等背高麗，率眾內附，高祖納之，安置於渴奚那頡之北」。[23] 高麗率靺鞨之眾討擊背己入塞依附隋朝的契丹，而不是侵犯隋疆，恐怕才是事實的真相，這反映了高句麗試圖讓契丹、靺鞨之人依附於己，顯然，這不符合隋朝的利益。高元不僅入侵了隋邊境，而且違背了文帝「自化爾藩，勿忤他國」的訓示，使文帝勃然大怒。開皇十八年（五九八）六月丙寅（二十七），文帝下詔黜高麗王元官爵，大興問罪之師，命漢王楊諒為元帥，高熲為元帥長史，總領水陸二路三十萬大軍討伐高句麗。由於準備不足，王師不振，損失慘重，而高元亦「惶懼」，遣使謝罪，上表稱「遼東糞土臣元」。隋文帝於是罷兵，恢復對高元的冊封，高句麗也恢復了對隋的朝貢。

隋文帝征遼雖事起倉促，宰相高熲等曾「固諫」，但隋還是曾聯絡高句麗南面的百濟國。百濟王昌「遣使奉表，請為軍導」。但戰事很快結束，文帝下詔給昌：「往歲為高麗不供職貢，無人臣禮，故命將討之。高元君臣恐懼，畏服歸罪，朕已赦之，不可致伐。」隋與百濟國陸上不接壤，關係處理得好一些，平陳之役，隋有一艘戰船飄至海東聃牟羅國（今濟州島），被送到百濟，百濟王昌資送他們回國，並遣使奉表祝賀隋平陳，受到文帝褒揚，其情形與高句麗正好相反。但高句麗得知百濟與隋的這些交往，即「以兵侵掠其境」。[24]

開皇二十年（六〇〇）正月辛酉（初一），突厥、高麗、契丹並遣使貢方物，時契丹別部又背突厥降於隋，文帝「悉令給糧還本，敕突厥撫納之」，這表明文帝對邊境四夷的政策始終還是安境保民。隋煬帝即位後，國家殷富強盛，朝野皆以遼東為意，惟獨有劉炫以為遼東不可伐，作〈撫夷論〉以諷，已是絕無僅有的少數派。

隋文帝晚年和煬帝大業初年何以朝野皆以遼東為意：從地緣政治學來看，高句麗立國四、五百年，在東北亞局部地區建立了霸權，百濟、新羅不能抗衡，倭國的干涉也被擊退，靺鞨、室韋俯首稱臣，契丹雖叛附不一，亦不能興風作浪，特別是高句麗西聯突厥，又曾南結陳朝，在東北邊境出現了俯瞰中華的形勢，一旦中原有變，有如後來清朝入關，真可謂「狼顧燕垂」，虎視眈眈。所以大業三年（六〇七）隋煬帝在塞外啟民可汗帳見到高句麗使者，即引起了警覺。

到隋煬帝即位後，攻滅高句麗遂成為當時的共識，所以裴矩說：「高麗本箕子所封之地，漢晉皆為郡縣，今乃不臣，別為異域。」孰不可忍。而當大業全盛之時，「安可不取？使冠帶之境，遂為

19 《隋書》卷四七〈韋沖傳〉。
20 《隋書》卷八一〈東夷・高麗傳〉。
21 同註20。
22 《隋書》卷四七〈韋沖傳〉；卷八一〈東夷・高麗傳〉。
23 《隋書》卷八四〈北狄・契丹傳〉。
24 《隋書》卷八一〈東夷・百濟傳〉。

蠻貊之鄉乎」。[25]煬帝表示完全同意，正如他對處羅可汗所言：「譬如天上止有一個日照臨，莫不寧帖；若有兩三個日，萬物何以得安？」隋絕不能容忍比鄰高句麗，隋出兵征討高句麗，事所必然。從歷史上看，不僅煬帝之先已有文帝派漢王楊諒征遼，而且在隋之後又有唐朝唐太宗的數次征遼，太宗以「今天下大定，唯遼東未賓」為辭，一而再，再而三地要征討高句麗，其決心與隋煬帝竟無二致。唐太宗死後，繼位的唐高宗又連續發兵征遼，直到總章元年（六六八）滅亡高句麗，攻拔平壤才算了事。隋唐好幾代帝王都把征高句麗當作大事，而大動干戈。這至少可以讓我們明白，把這場戰爭完全歸結為隋煬帝個人的隨意念頭，權力意志，是沒有根據的。征遼有其深刻的歷史背景，煬帝後來三征高句麗失敗，對宮女說，「征遼亦偶然」，只是自我解嘲。

全國總動員　耀武儆四夷

如何變高麗「蠻貊之鄉」為隋朝的「冠帶之境」，在隋煬帝的外事顧問裴矩看來易如反掌。大業三年（六〇七）裴矩在突厥啟民可汗帳前向隋煬帝策劃並獻計：「今其使者朝於突厥，親見啟民。合國從化，必懼皇靈之遠暢，慮後伏之先亡，脅令入朝，當可致也。」而只要讓高麗使突厥使者回國向國王傳話，「令速朝覲，不然者，當率突厥，即日誅之」。[26]似乎只需一聲恫嚇，高句麗就會乖乖降服，高元也只好乖乖來朝。

隋煬帝當即採納了裴矩的意見，下令征高麗王元入朝。結果，事情並不像裴矩幻想的那麼簡單，高元懼，「藩禮頗闕」，不但不像突厥啟民可汗、高昌王麴文泰那樣「親詣闕貢獻」，反而斷絕了朝貢使者，乾脆不與隋往來了。

這當然激怒了大隋皇帝。

隋煬帝定下討伐高句麗的決心大約就在大業三年（六〇七）之後。大業四年（六〇八）元月，煬帝詔發河北諸郡男女百餘萬開永濟渠，顯然就是為征討高句麗作準備。《隋書・閻毗傳》記閻毗「以母憂去職，未期，起令視事。將興遼東之役，自洛口開渠，達於涿郡，以通運漕，毗督其役」。同書〈五行志下〉記這年太原廄馬死者大半，煬帝令巫者視之，「巫者知帝將有遼東之役，因希旨言曰：『先帝令楊素、史萬歲取之，將鬼兵以伐遼東也。』煬帝大悅，因釋牧馬者」。這是正史中有關征遼的最早史料。

永濟渠北通涿郡，隋煬帝布宣布聲討高句麗及發兵的地點，都在涿郡，永濟渠的開鑿，有利於隋徵調全國兵力及運送全國物資到涿郡。煬帝既在大業五年（六〇九）將吐谷渾納入隋郡縣體系中，將高句麗重新歸入王朝版圖也自然已在他的通盤計畫之中。煬帝先巡江都，作軍事調度，然後沿大運河直達涿郡，正式總動員令隨即下達了。《資治通鑑》記煬帝的軍事動員和調動情況云：

（大業七年二月）壬午，下詔討高麗。敕幽州總管元弘嗣往東萊海口造船三百艘，官吏督役，晝夜立水中，略不敢息，自腰以下皆生蛆，死者什三四。夏四月庚午，車駕至涿郡之臨朔宮，文武從官九品以上，並令給宅安置。於是，詔總天下兵，無問遠近，俱會於涿。又發江淮以南水手一萬人，弩手三萬人，嶺南排鑹手三萬人，於是四遠奔赴如流。五月敕河南、淮南、江南造戎車五萬乘送高陽，供載衣甲幔幕，令兵士自挽之。發河南、北民夫以供軍須。秋七月，發江淮以南民夫及船運黎陽及洛口諸倉米至涿郡，舳艫相次千餘里，載兵甲及攻取之具，往還在道常數十萬

25《隋書》卷六七〈裴矩傳〉。
26 同註25。

人，填咽於道，晝夜不絕，死者相枕，臭穢盈路，天下騷動。[27]

徵調範圍遍及全國，其動員人數之眾，規模之大，遠遠超過開皇九年（五八九）平陳，可以說是「掃地為兵」。這在歷史上是不多見的。仗還沒有打，已經興師動眾，搞得天下騷然。

由於頻興工役，大業五年（六〇九）大索貌閱雖搜括出大批人口，但仍感人役不夠，有總持菩薩法號的隋煬帝這時甚至打起佛教寺院的主意。據初唐人高臨《冥報記》記載：「大業五年（六〇九），奉敕融並寺塔。」釋家史料記載了隋煬帝詔天下僧徒無德業者並令罷廢的詔令，拆毀寺院，沙汰僧尼，用於充工役，充實國用。[28] 直到大業七年（六一一），裁汰僧尼的命令仍在全國推行。據《隋書・王文同傳》：「及帝征遼東，令文同巡察河北諸郡。文同見沙門齋戒菜食者，以為妖妄，皆收系獄。比至河間，求沙門相聚講論，及長老共為佛會者數百人，文同以為聚結惑眾，盡斬之。又悉裸僧尼，驗有淫狀非童男童女者數千人，復將殺之，郡中士女號哭於路。」王文同敢於「收系沙門」，「裸僧尼」，肯定是有上方的指示，但做過了頭，民憤極大，被隋煬帝斬首，成為替罪羊。

大量裁汰僧尼也可能引起社會不穩，為防止有人利用佛教聚眾鬧事，隋煬帝又將天臺宗智者大師上首弟子灌頂召到涿郡，「遠至行所，引見天扆，敘以同學之歡」。[29] 煬帝還專門派遣員外郎崔鳳舉將道士王遠知請到涿郡臨朔宮，親執弟子之禮。[30] 隨即，煬帝令跟隨著他的大批佛、道人士在涿郡擺起了四道場，用以安撫人心。

隋煬帝還把鼓吹、樂隊帶到了臨朔宮，在江都的各國朝貢使者也都來到涿郡，其中還有高昌王麴伯雅、伊吾吐屯設、吐谷渾王太子順。大業七年（六一一）十二月己未（初八），西突厥處羅可汗也來到臨朔宮朝見，煬帝「備設天下珍羞，盛陳女樂，羅綺絲竹，眩耀耳目」，舉辦了盛大的歌舞宴會。由於隋煬帝對征遼勝利毫不懷疑，招各國使者和藩屬君王隨軍，就是要讓他們看一看「聖人可汗」的厲害，親眼見一見不事藩禮的高麗王元的下場，以收殺一儆百之效。

但讓人疑惑不解的是，東突厥始畢可汗沒有遣使來朝貢，也沒有如約派兵參戰。大業三年（六〇七）隋煬帝在啟民可汗帳前向高句麗使者宣旨，令高麗王元來朝，說「如或不朝，必將啟民巡行彼土」，意即要與東突厥聯兵攻打高句麗。此前隋將韋雲起亦曾率東突厥騎兵征討契丹，大獲全勝。征討高句麗果真能得突厥騎兵相助，沿遼河上游快速突擊，對高句麗將是致命的打擊，在塞外天寒地凍環境下作戰，突厥騎兵的戰鬥力無疑優於隋朝府兵。但三次征遼竟未見東突厥以一兵一卒相助，這是大有問題的。時啟民可汗已死，繼立的始畢可汗雖仍受隋冊封，但與隋的關係已經疏遠，大業五年（六〇九）始畢就沒有如約派兵協助隋軍攻伊吾鐵勒軍。特別是年輕的始畢可汗看出隋煬帝扶植西突厥處羅可汗，是慣施的遠交近攻、離強合弱伎倆，對隋已有警惕。另一方面，高句麗既與東突厥通使，雙方面對強隋在戰略上共同利益更多，實際上是唇亡齒寒的關係。始畢可汗從自己的切身利益出發，嚴兵不動，坐山觀虎鬥，顯然，這又是對隋煬帝的不恭敬，並將受到嚴峻的考驗。

隋煬帝不能得到突厥騎兵助力，僅能邀得靺鞨渠帥度地稽所部有限人馬從征，度地稽雖「每有戰功」，但力量太小於大局無關輕重。在這場戰爭中，外藩諸夷多考慮自身的利益，大多都只是作為觀眾。高句麗的世仇百濟是隋天然的戰略夥伴，百濟王餘璋，也很有積極性，大業三年（六〇七）就曾主動遣使請求征討高句麗，煬帝令他「覘高麗動靜」。但百濟是小國，在朝鮮半島仰仗倭國支持，既

27《資治通鑑》卷一八一隋煬帝大業七年二月。
28《法苑珠林》卷一八引《冥報記》。
29《續高僧傳》卷一九〈唐天臺山國清寺灌頂傳〉。
30《舊唐書》卷一九二〈王遠知傳〉。

不敢單獨開罪比自己強大得多的高句麗，且餘璋也深知高句麗若滅亡，下一步就會轉到自己，不如保持現狀於己有利，於是首鼠西端，暗中與高句麗通款，反倒「挾詐以窺中國」。大業七年（六一一），百濟王餘璋又假惺惺地遣使問隋煬帝征高麗的軍期，實際上是為高句麗探聽軍事情報，蒙在鼓裡的隋煬帝反而「大悅，厚加賞賜，遣尚書起部郎席律詣百濟，與相知」。[31] 翌年隋大軍渡遼，餘璋也集兵邊境，聲言助隋，但實際上按兵未動，沒有助隋軍一絲一點。

然而，雖然沒有外援，隋煬帝卻並不在乎。高句麗蕞爾小國，隋以大擊小，必將勢如破竹，煬帝自信心極足，認為只要強大的隋軍齊集，嚇也會嚇得高麗王屁滾尿流，屈膝投降。而且，隋煬帝也有意向包括東突厥、倭國等不馴服者在內的四夷顯示力量，征遼之役與其說是征討高句麗，不如說是殺雞給猴子看，在消滅高句麗的同時，威服四夷，一舉建立以隋為中心的朝貢體制。

正因為如此，隋煬帝進行了超乎尋常的軍事調動。煬帝的期望值甚高，試圖通過充分顯示大隋國力，調集龐大軍力來威嚇高麗王，「脅令入朝」，以期不戰而屈人之兵，迫使高麗王就範。大業七年（六一一）夏秋之際山東河南發生大水災，漂沒三十餘郡，但這並沒有改變隋煬帝討伐高句麗的決心，大規模集兵仍在進行。煬帝並決定御駕親征，皇帝親征，這在封建時代是非同小可的大事。

按照封建禮儀，巡狩親征有造廟致祭之禮，據《隋書．禮儀志三．軍禮》記載：「大業七年（六一一）征遼東，煬帝遣諸將於薊城南桑乾河上，築社稷二壇。設方壝，行宜社禮。帝齋於臨朔宮懷荒殿，預告官及侍從，各齋於其所。十二衛士並齋，帝衮冕玉輅，備法駕。禮畢，御金輅，服通天冠，還宮。又於宮南類上帝，積柴於燎壇，設高祖位於東方。帝服大裘以冕，乘玉輅，祭奠玉帛，並如宜社。諸軍受胙畢，帝就位，觀燎，乃出。又於薊城北設壇，祭馬祖於其上，亦有燎。」隋煬帝的御駕親征大講排場，軍禮儀式搞得如此隆重浩大，各國使節及諸藩王在旁觀看，這其實就是向四夷發出資訊，不向大隋皇帝低頭是不行的，敢於違抗「聖人可汗」的權力意志是絕對沒有好下場的。

第二節　御駕親征遼東　山東農民起義

隋煬帝大興問罪之師，調集全國力量，要踏平有失藩禮的高句麗，以儆告四夷。對於煬帝來講，這場戰爭只能勝，不能敗，也只會勝，決不會敗。隋煬帝對取勝沒有半點懷疑，為此，不僅御駕親征，還帶上各國使者前往觀戰。然而，戰爭的結果完全出乎煬帝的意料之外，百萬之眾潰不成軍，生還者僅十之一、二。敗績不僅使「聖人可汗」大丟面子，而且造成國內政治動亂，波瀾壯闊的農民反暴政求生存的起義，像烈火一樣燃燒起來了。

下詔討「小丑」　武裝大遊行

大業八年（六一二）正月辛巳（初一），從全國各地調集來的征討大軍齊集涿郡（治今北京市），總計達一百一十三萬三千八百人，號稱二百萬。這麼多軍隊在遼東一隅其實無法展開，也用不著，反倒徒然增加了後勤饋運的困難。饋運者「填咽於道，晝夜不絕」，供輸軍糧等物資，其數比軍隊還多。隋煬帝親征還帶著后妃宮女、公卿百官及僧尼道士、儀衛鼓吹等，這哪裡像是打仗，簡直是在演戲。煬帝只是期望以大軍壓境，令高麗王膽怯心寒，以求不戰而勝。[32]

如此興師動眾又如此滑稽的征討，也有人以為不可，並出來諫止。如右尚方署監事耿詢隨車駕至涿郡時，即上書稱：「遼東不可討，師必無功。」煬帝得書大怒，要將耿詢斬首，幸何稠苦諫才得

31《隋書》卷八一〈東夷・百濟傳〉。

32 參見劉健明：〈一場求不戰而勝的攻戰——隋煬帝征高麗試析〉，載《唐研究》第一卷，北京大學出版社一九九五年版。

免。[33]給事中許善心也上封事諫煬帝不必御戎東討，結果也「忤旨免官」。[34]術士庾質被召到臨渝宮（今河北撫寧縣境）行在所，問以吉凶，煬帝問：「朕承先旨，親事高麗，度其土地人民，才當我一郡，卿以為克不？」庾質回答：「以臣管窺，伐之可克，切有愚見，不願陛下親行。」煬帝聽了很不高興，板起臉孔說：「朕今總兵至此，豈可見賊而自退也！」庾質於是分析說：「陛下若行，慮損軍威。臣猶願安駕住此，命驍將勇士指授規模，倍道兼行，出其不意，事宜在速，緩必無功。」[35]其所分析可謂切中時弊，很有道理，但煬帝根本聽不進。

隋煬帝任命兵部尚書段文振為前敵總指揮，從軍事指揮員的角度，段文振也同意庾質「出其不意，事宜在速」的戰略思想，而不同意隋煬帝的耀武威嚇戰術。他在後來出師途中遇疾，上表煬帝分析征戰的天時地利人和說：

> 竊見遼東小丑，未服嚴刑，遠降六師，親勞百乘。但夷狄多詐，深須防擬，口陳降款，心懷背叛，詭伏多端，勿得便受。水潦方降，不可淹遲。唯願嚴勒諸軍，星馳速發，水陸俱前，出其不意，則平壤孤城，勢可拔也。若傾其本根，餘城自克，如不時定，脫遇秋霖，深為艱阻，兵糧又竭，強敵在前，靺鞨出後，遲疑不決，非上策也。[36]

段文振的分析可謂極具遠見，遼東地處塞外北方高寒地帶，冬季嚴寒無法出兵，從時間上講只有半年用兵時間，且夏季多雨，道路泥濘，行軍住宿紮營都很不便，加上路途遙遠，以牛車人力運送軍需困難，若不速戰速決則自己就會陷於被動。開皇十八年（五九八）楊諒出師就因天時不利，「霖潦疾疫」，「饋運不繼，六軍乏食」，三十萬大軍尚未接戰即自行潰散，是為前車之鑒。對此，陳寅恪先生有獨到分析：「中國東北方冀遼之間其雨季在舊曆六、七月間，而舊曆八、九月至二、三月又為寒凍之時期，故以關中遠距離之武力而欲制服高麗攻取遼東之地，必在凍期已過雨季未臨之短時間獲得全勝而後可。否則，雨潦泥濘冰雪寒凍皆於軍隊士馬之進攻餱糧之輸運已甚感困難，苟遇一堅持久守之勁敵，必致無功或覆敗之禍。」[37]由於天時地利不在隋一方，人海戰術派不上用場，人再多也鬥不過老天爺，所以段文振認為宜出奇兵，星馳速發，水陸俱進，直取平壤。可惜段文振在行軍途中病故，未能肩負起前敵總指揮的責任，實際最高指揮者正是不顧天時地利人和頭腦發昏的隋煬帝本人。

隋煬帝根本沒有認真考慮戰役的戰術問題，在完成了一切調動之後，於大業八年（六一二）正月壬午（初二）正式下詔宣布討伐高句麗：

> 粵我有隋，誕膺靈命，兼三才而建極，一六合而為家。提封所漸，細柳、盤桃之外，聲教爰暨，紫舌、黃枝之域。還至邇安，罔不和會，功成治定，於是乎在。而高麗小丑，迷昏不恭，崇聚勃、碣之間，薦食遼、濊之境。雖復漢魏誅戮，巢窟暫傾，亂離多阻，種落還集。萃川藪於往代，播實繁以迄今，眷彼華壤，翦為夷類，歷年永久，惡稔既盈，天道禍淫，亡征已兆。亂常敗德，非可勝圖，掩慝懷奸，唯日不足，移告之嚴，未嘗面授，朝覲之禮，莫肯躬親，誘納亡叛，不知紀極，充斥邊垂，亟勞烽候，關柝以之不靜，先人為之廢業，在昔薄伐，已漏天網，既緩前擒之戮，未即後服之誅，曾不懷恩，翻為長惡，乃兼契丹之黨，虔劉海戍，習靺鞨之服，侵軼遼西。又青丘之表，咸修職貢，碧海之濱，同稟正朔，遂復奪攘琛賮，遏絕往來，虐及弗辜，誠而

33《隋書》卷七八〈藝術・耿詢傳〉。
34《隋書》卷五八〈許善心傳〉。
35《隋書》卷七八〈藝術・庾質傳〉。
36《隋書》卷六〇〈段文振傳〉。
37《唐代政治史述論稿》下篇〈外族盛衰之連環性及外夷與內政之關係〉。

退禍。輶軒奉使，爰暨海東，旌節所次，途經藩境，而擁塞道路，拒絕王人，無事君之心，豈為臣之禮！此而可忍，孰不可容！且法令苛酷，賦斂繁重，強臣豪族，咸執國鈞，朋黨比周，以之成俗，賄貨如市，冤枉莫申。重以仍歲災凶，比屋饑饉，兵戈不息，徭役無期，力竭轉輸，身填溝壑，百姓愁苦，爰誰適從？境內哀惶，不勝其弊。迴首面內，各懷性命之圖，黃髮稚齒，咸興酷毒之歎。省俗觀風，爰屆幽朔，吊人問罪，無俟再駕。於是親總六師，用申九伐，拯厥阽危，協從天意，殄茲逋穢，克嗣先謨。[38]

隋煬帝直把高句麗國王高元稱之為「小丑」，詔文輕蔑憤怒地聲討「小丑」罪狀，指斥高元不修職貢，無事君之心，無為臣之禮，掩匿懷奸，招納亡叛，穿著韎韐衣服侵擾遼東，這些內容和開皇十八年（五九八）文帝詔責高元差不多。值得注意的是詔文後半部指責高元「小丑」內政不修，法令苛酷，賦斂繁重，百姓愁苦，冤枉莫申，則和當年討陳檄文差不多。暴虐不堪為國主，煬帝於是有理由協從天意，拯民於水火，「取亂覆昏」，親總六師進行討伐，這就把隋軍變成了王者正義之師。隋煬帝甚至把自己比作商郊問罪的周武王姬發，成文王之志滅商紂，自己當然也要承先帝之志滅高元「小丑」，「二代承基，志包宇宙」。[39]

詔文既是寫給高句麗看的，也是給四夷各國看的。隋煬帝的詔文甚至公開了用兵作戰部署，百萬大軍分成左右兩翼，每翼又分十二路軍，各路大軍都要「先奉廟略，駱驛引途，總集平壤」。詔文云：「今宜授律啟行，分麾廟路，掩勃澥而雷震，歷夫餘而電掃。比戈按甲，誓旅而後行，三令五申，必勝而後戰。左第一軍可鏤方道，第二軍可長岑道，第三軍可海冥道，第四軍可蓋馬道，第五軍可建安道，第六軍可南蘇道，第七軍可遼東道，第八軍可玄菟道，第九軍可扶餘道，第十軍可朝鮮道，第十一軍可沃沮道，第十二軍可樂浪道。右第一軍可黏蟬道，第二軍可含資道，第三軍可深彌道，第四軍可臨屯道，第五軍可候城道，第六軍可提奚道，第七軍可踏頓道，第八軍可肅慎道，第九軍可碣石道，第十軍可東暆道，第十一軍可帶方道，第十二軍可襄平道。」二十四路大軍全面展開，鋪天蓋地，詔文吹噓隋大軍為百戰百勝之雄師，「顧眄則山嶽傾頹，叱吒則風雲騰鬱」，且煬帝「躬馭元戎」，總其節度，控弦待發，摧枯拉朽，似乎一口可將高麗吞下。隋煬帝要「解倒懸於避裔，問疾苦於遺黎」，建立聖王可汗不朽功業。

詔文最後稱「王者之師，義存止殺，聖人之教，必也勝殘」，「若高元泥首轅門，自歸司寇，即宜解縛焚櫬，弘之以恩，其餘臣民歸朝奉順，咸加慰撫，各安生業，隋才任用，無隔夷夏」。就是說，煬帝不是立足於打，而是立足於撫，百萬大軍首先考慮的不是如何打敗敵人，而是如何接受敵人投降。因為在隋煬帝看來，面對如此強大的「聖王之師」，高麗「小丑」根本不敢負隅頑抗。於是，隋煬帝又要求各路隋軍，「營壘所次，務在整肅，芻蕘有禁，秋毫勿犯，布以恩宥，喻以禍福」，而「若其同惡相濟，抗拒官軍，國有常刑，俾無遺類，明加曉示，稱朕意焉」。[40] 隋煬帝全盤公開軍事部署，不關注取勝的戰略戰術，而強調義師形象。作為總指揮，隋煬帝導演了世界歷史上前所未有的出師的儀式。

一月癸未（初三），征討大軍的第一軍出發，隋煬帝根本不考慮快速進軍，出其不意，而是「每天遣一軍發，每軍相去四十里，連營漸進」，二十四天才使左右兩翼二十四路軍發盡，結果是排成了一條長蛇陣，根本沒有戰鬥力。隋各路軍「首尾相繼，鼓角相聞，旌旗亙九百六十里」，二十四路軍

38《隋書》卷四〈煬帝紀下〉。
39《隋書》卷八一〈東夷傳．史臣曰〉。
40 同註38。

之後又有天子六軍次發，前後相置「又亙八十里，通諸道合三十軍，亙一千四十里」。煬帝又令諸軍各以帛為帶，長尺五寸，闊二寸，題其軍號為記。御營內者，合十二衛、三臺、五省、九寺，並分隸內、外、前、後、左、右六軍，亦各題其軍號，不得自言臺省。王公以下，至於兵丁廝隸，悉以帛為帶，綴於衣領，名「軍記帶」。[41]這樣，光大軍出發就用了四十天，百萬大軍，整齊劃一，秩序井然，「近古出師之盛，未之有也」。然而，這哪裡是去打仗，簡直就是武裝大遊行，是一次軍事大檢閱。

更有甚者，連綿一千多里的長蛇陣皆由隋煬帝「親授節度」，每軍設大將、亞將各一人。騎兵四十隊，每隊百人置一纛，十隊為團，團設偏將一人，並有儀仗隊，「前部鼓吹一部，大鼓、小鼓及鼙、長鳴、中鳴等各十八具，掆鼓、金鉦各二具。後部鐃吹一部，鐃二面，歌簫及笳各四具，節鼓一面，吳吹篳篥，橫笛各四具，大角十八具」。帶這麼多樂器當然不是為了打仗，這和西巡在河西擺魚龍蔓延，南巡在江都制羽儀是同一意思，隋煬帝是要用中華禮樂威召威服東夷，征討不如說是巡狩。

由於根本就沒有立足於打，隋煬帝沒有設想這是一場大仗惡仗，不是費心思去考慮如何制敵的戰術，卻十分注重禮儀排場，當大軍行進至望海鎮（今遼寧遼西縣境），煬帝又於禿黎山設壇，祀黃帝，行禡祭，設軒轅神座，煬帝與諸預祭臣近侍諸軍將，皆齋一宿。[42]由於輕敵，煬帝甚至允許主將宇文述以婦人「家累」自隨。[43]蘇威年老，上表乞骸骨，想退休，煬帝不許，讓他以本官領左武衛大將軍從征。[44]二月甲寅（初四），煬帝又下詔：「朕觀風燕裔，問罪遼濱，文武協力，爪牙思奮，莫不執銳勤王，舍家從役」，表彰從征官兵，並令郡縣存問從征士兵家口，使行役無後顧之憂。[45]

三月癸巳（十四日），隋煬帝來到前線，因怕軍將貪功出擊，令各路軍主帥有事皆須稟報，諸將互相牽制，不設統帥，不許擅自揮師挺進。煬帝以為高麗「小丑」高元及部下大臣見到隋軍盛大架勢，必自動瓦解投降，因此在每軍設「受降者一人，承詔慰撫，不受大將制，戰時為監軍」。[46]如左驍衛長史游元即為蓋平道監軍。[47]仗還沒有打，隋煬帝先給自己的軍隊捆住了手足。為防止百萬大軍中有人開小差，各軍並發給幡旗數百，有事往回走者要執幡而行，無幡而擅離本軍者斬。

兵敗平壤城下 「聖皇」威風掃地

大業八年（六一二）三月甲午（十五日），隋煬帝率領征討大軍經過兩個月行軍，齊集遼河邊，雖聲勢甚盛，但高麗「小丑」卻並未投降，而是阻水拒守。「小國懼亡，敢同困獸」，高元「掃境內兵以拒之」[48]，高句麗上下同仇敵愾，將隋師擋在遼河以西。

隋煬帝來到遼河旁，令工部尚書宇文愷造浮橋三道，但橋短不及岸丈餘，高句麗軍前來騷擾，隋軍赴水接戰，高麗兵在岸上乘高射殺，隋兵無法登岸。這時右屯衛大將軍江南人麥鐵杖請為先鋒，跳上東岸與高句麗軍搏戰，因接濟不上，與武賁郎將錢士雄、孟金叉皆戰死。隋煬帝在河西岸駐足觀戰，親眼看到麥鐵杖等戰死的慘景，為之流涕，「聖人可汗」這才體驗到戰爭的慘烈。

麥鐵杖是江南始興人，出身寒庶，雖不識書，但驍勇有膂力，曾在楊素麾下驅使，從討漢王楊諒，以功進位柱國，隋煬帝又提拔為右屯衛大將軍，受到器重。麥鐵杖以江南寒庶得到重用，「自以

41《隋書》卷八〈禮儀志三．軍禮〉。
42 同註41。
43《隋書》卷六一〈宇文述傳〉。
44《隋書》卷四一〈蘇威傳〉。
45《隋書》卷四〈煬帝紀下〉。
46 同註41。
47《隋書》卷七一〈遊元傳〉。
48《北史》卷七六〈來護兒傳〉。

為荷恩深重，每懷竭命之志」，渡遼河時他對三個兒子留下了遺囑：「吾荷國恩，今是死日，我既被殺，爾當富貴，唯誠與孝，爾其勉之。」煬帝得報也深為感動，稱麥鐵杖「先登陷陣，節高義烈，身殞功存」[49]，讓鐵杖長子麥孟才嗣爵，弟仲才、季才也拜官，賞賜巨萬，並舉辦了隆重的葬禮。麥鐵杖等戰死是征遼第一仗，雖僅為一次小接觸，但隋軍損兵折將，出師不利。

隋煬帝又令何稠繼續造橋，兩天後橋造成，大軍渡過遼河，蜂擁而進，大戰於遼河東岸，高句麗軍大敗，死者萬餘。隋諸路軍乘勝進圍遼東城（今遼寧省遼陽市），即漢時的襄平城。隋煬帝車駕也渡過遼河，並引突厥曷娑那可汗和高昌王麴伯雅、吐谷渾太子順等以及西域南洋各國使者前往觀戰，「以懾憚之」[50]。

何稠又為隋煬帝制造了行殿和六合城，與高句麗遼東城相對而立。六合城造於夜中，「周圍八里，城及女垣合高十仞，上布甲士，立仗建旗。又四隅有闕，面別一觀，觀下開三門。其中施行殿，殿上容侍臣及三衛仗，合六百人」。這麼大的工程僅一夜就完成，諸夷使者雖親眼所見卻不敢相信，天亮之時，高句麗人遠遠望去，忽見一座城樓從天而降，大為驚駭，「謂若神功」[51]，但這也並沒有動搖高句麗軍民抵抗的決心。

遼河東岸作戰的一時勝利令隋煬帝興奮萬分，特下詔大赦天下，命刑部尚書衛文升、尚書右丞劉士龍撫慰遼左之民，給復十年，並在占領區建置郡縣，以相統攝。

四月丙子（二十七），隋煬帝駐蹕臨海頓（今遼寧省遼西縣渤海邊）。見到兩隻大鳥翱翔於天空，感覺心情格外舒暢，於是詔虞綽作銘文，勒於海上，以記功德，其文云：「來蘇興怨，帝自東征，言復禹績，乃御軒營。六師薄伐，三韓肅清，龔行天罰，赫赫明明。文德上暢，靈武外薄，車徒不抗，苛慝靡作。凱歌載路，成功允鑠，反旆還軒，遵林並壑。停與海澨，駐蹕岩阯，窅想遐凝，藐屬千里。金臺銀闕，雲浮嶽峙，有感斯應，靈禽效祉。飛來清漢，俱集華泉，好音玉響，皓質冰鮮。狎仁馴德，習習翮翮，絕跡無泯，於萬斯年。」[52]讀了虞綽歌功頌德的銘文，煬帝十分高興，一時詩興大發，作了一首〈望海詩〉：

碧海雖欣矚，金臺空有聞。
遠水翻如岸，遙山倒似雲。
斷濤還共合，連浪或時分。
馴鷗舊可狎，卉木足為群。
方知小姑射，誰復語臨汾。[53]

詩中所敘是親眼目睹的海邊景觀，有一種粗獷高亢的壯大之氣。隋煬帝又作〈紀遼東二首〉[54]，征途吟詩，寄託了煬帝的聖王之志，侍臣們也隨即唱和。在緊張的征戰之餘，煬帝有如此詩興，心情是那樣的輕鬆，字裡行間顯示出的是必勝的信心。

但隋師渡遼後高句麗仍未見投降，這是煬帝事先萬萬沒有料想到的。下一步如何進討，煬帝心中並無計畫，也沒有作戰方案。五月，煬帝令隋軍水陸二路並進。水路由右翊衛大將軍來護兒為總管，

---

49 《隋書》卷六四〈麥鐵杖傳〉。

50 《資治通鑑》卷一八一隋煬帝大業八年。

51 《隋書》卷一二〈禮儀志七．宮衛〉；卷六八〈何稠傳〉。

52 《隋書》卷七六〈文學．虞綽傳〉。

53 《初學記》卷六〈地部中．海二〉。

54 〈紀遼東二首〉見《文苑英華》卷二〇一。其一「遼東海北翦長鯨，風雪萬里清。方當銷鋒散馬牛，旋師宴鎬京。前歌後舞振軍威，飲至解戎衣。判不徒行萬里雲，空道五原歸」。其二「秉旄仗節定遼東，俘馘變夷風。清歌凱捷九都水，歸宴雒陽宮。策功行賞不淹留，全軍藉智謀。詎以南宮復道上，先封雍齒侯」。

周法尚為副總管，率江淮水軍，舳艫數百里，浮海先進，入水（今朝鮮大同江）。陸路諸將也分路齊頭並進，長驅直赴高句麗都城平壤，煬帝僅留樊子蓋在身邊宿衛。然即使大軍已展開了攻勢，隋煬帝仍怕諸將深入敵境後貪功，破壞他的招降部署，又下詔告誡：「今者弔民伐罪，非為功名。諸將或不識朕意，欲輕兵掩襲，孤軍獨鬥，立一身之後名以邀勳賞，非大軍行法。公等進軍，當分為三道，有所攻擊，必三道相知，毋得輕軍獨進，以致失亡。又，凡軍事進止，皆須奏聞待報，毋得專擅。」[55]於是諸將各奉詔旨，互相監督，不敢赴機，高句麗軍民據城堅守，使隋軍進展緩慢，遼東城亦圍攻了數月不能攻下。

隋煬帝於是下令隋軍猛攻遼東城，但同時又敕諸將，高句麗若降，即宜撫納，不得縱兵。在實施打擊的同時，仍未拋棄招降的幻想。結果，隋軍進圍遼東城，眼看就要拿下，高句麗人即詐稱請降，因有煬帝明旨在先，諸將不敢再攻，先令馳奏於煬帝請旨，待報批准回來，城中已重新調整好城防，繼續頑抗。「如此再三，帝終不悟」，坐失戰機，空勞將士血汗，卻終未能將遼東城攻下。

來護兒水軍溯水而上，來到平壤以西六十里，與高句麗軍相遇。來護兒派其第六子來整和武賁郎將費青奴出擊，大破敵軍。小勝後來護兒輕敵，不聽副總管周法尚的勸阻，違背事先制定的「俟諸軍至俱進」的旨令，挑選精甲四萬人，乘勝直赴平壤城下。高句麗伏兵於城內郭空寺中，出兵與來護兒戰佯敗，誘隋軍入城。隋軍入城後縱兵大掠，無復部伍，高麗王弟高建武率伏兵乘亂出擊，大破隋軍，來護兒僥倖逃脫，生還者不過數千人。高句麗軍追到水隋船隊前，周法尚嚴兵列陣拒戰，高句麗軍也不硬拼，即退走。但來護兒經此一敗已不敢按原計劃留屯平壤城下接應陸軍，只好引兵還屯海邊。

陸上宇文述、于仲文、薛世雄、崔弘昇等各路將軍攻城不下，遂率軍繞過高句麗城池東進，會於鴨綠江西，試圖跨江南下直趨平壤，會合水軍翻動敵軍根本。但人馬眾多，後勤補給困難，高句麗堅壁清野，遠征軍需自負資糧。大軍由瀘河（今遼寧錦州市）、懷遠（今遼寧遼陽西北）二鎮出發時，各路人馬皆給百日糧，還有排甲、槍矟等武器裝備，及帳篷衣服等，每個士兵負重在三石以上，長途跋涉，人馬皆不勝負荷。行軍時又立下軍令狀：「士卒有遺棄米粟者斬。」但實在背不動，士卒宿營時皆在帳篷下偷偷地掘坑，將糧食掩埋，以減輕行軍負擔，期望到高句麗境內能搶劫米麥受用。結果，大軍才行至中路，就快斷炊了。

隋軍有九路約三十萬人渡過鴨綠江南下，兵出樂浪道的老將于仲文較有謀略，他率軍來到烏骨城（今遼寧鳳城縣），故意挑選羸馬驢數千置於軍後，自己率大軍向東進發，高句麗出兵掩襲後路輜重，由于仲文揮師回擊，大破高句麗軍。[56] 高麗王遣大臣乙支文德來到隋軍營帳前詐降，實為探聽軍情，由於煬帝大張旗鼓，以勢壓人，本無軍事機密可言，乙支文德是來查看隋進軍的決心及士氣的。高句麗也知道煬帝有投降不殺的詔令，知道詐降的效果，所以身為高句麗宰相的乙支文德敢於來到隋軍大營，旁若無人。但是，隋煬帝事先也密向于仲文布置，「若遇高元及文德來降，必擒之」。于仲文想趁機逮捕乙支文德，但監軍的慰撫使尚書右丞劉士龍不知煬帝密旨，只知「高麗若降，即宜撫納，不得縱兵」的明旨，出面制止了于仲文的企圖。宇文述等諸將也意見不一，當時也沒有一個統帥，沒有敢拍板負責的，結果白白錯失了擒獲敵軍主帥的機會。乙支文德被放走後，諸將反悔，派人追文德，說：「更有言議，可復來也。」孤身闖虎口的乙支文德哪裡肯依，急速回營。于仲文和宇文述等放走了敵宰相，心裡很不踏實，宇文述以糧盡欲退兵，于仲文則不甘心無功退還，議以精銳追擊文德，並沖著宇文述怒斥：「將軍仗十萬之眾，不能破小賊，何顏以見帝？」他見諸將面有難色，又大吼：「仲文此行，固知無功，何則？古之良將能成功者，軍甲之事，決在一人，今人各有心，何以勝敵！」

---

55 《資治通鑑》卷一八一隋煬帝大業八年五月。

56 《隋書》卷六〇〈于仲文傳〉。

辭氣慷慨激昂，諸將亦為之動容，大家平起平坐，互不統轄，但于仲文敢負責，諸將也就不好意思撤退，宇文述雖知軍中糧食維持不了幾天，仍不得已而附從了于仲文。於是，隋諸將揮師渡過鴨綠江追擊乙支文德。乙支文德老謀深算，他在隋營已察看到士卒面有饑色，於是故意打疲勞戰，一有接觸便佯敗，引誘隋軍追擊，一日七戰，隋軍皆捷，隋諸將於是放開腳步，恃勝長驅直入，東渡薩水（今清川江），追到距平壤城三十里處，傍山紮營，但卻沒有見到應來接應的來護兒水軍。

狡猾的乙支文德再次遣使來詐降，聲稱只要隋軍撤退，便奉高麗王高元前往隋煬帝駐蹕處朝見。宇文述等見士卒疲憊不堪，軍中已無糧草，來護兒水軍又未按期來接應，在高句麗南面答應出兵北上夾擊的百濟軍隊也遲遲未發，而平壤城防險固，一時無法攻拔，於是即因高句麗使者口頭承諾的投降條件而退軍，算是不失體面的班師。

但撤退時，高句麗軍趁機四面抄襲，隋軍結成方陣且戰且退。乙支文德派人送于仲文等詩一首：「神策究天文，妙算窮地理，戰勝功既高，知足願雲止。」[57] 氣得于仲文等隋將嗷嗷叫。

秋七月壬寅（二十四），隋軍退至薩水（今清川江），軍剛半渡，高句麗軍向後路發起總攻擊，隋軍大潰，右屯衛將軍辛世雄戰死，各路軍將爭相逃命，不可禁止。落荒而逃的隋軍將士一日一夜跑了四百五十里，真可謂一瀉千里，至鴨綠江才站住腳。多虧殿後的將軍王仁恭、李景在後面拼命抵抗，高句麗兵才未窮追上來。猛將薛世雄軍在白石山被圍百餘重，四面矢下如雨，薛世雄選二百騎為敢死隊，縱擊衝鋒，破圍而還。[58] 陸上諸路軍惟衛文升一軍獨全。來護兒水軍聞知陸軍潰敗，只好渡海回師。

隋首征高句麗是徹底失敗了，而且敗得很慘，當初渡過遼河的隋九路軍共三十五萬五千人，這時回到遼河以西的僅二千七百人，資儲器械巨萬計，也亡失殆盡。唯一的戰果是攻拔了遼河以西的武厲邏（今遼寧法庫南），隋在此置遼東郡及通定鎮而已。其餘皆一敗塗地，一無所獲。這次隨駕出師還因勞累病死了好幾位元老大臣，除兵部尚書段文振外，還有工部尚書宇文愷、內史令元壽，司空、觀德王楊雄也在隨駕途中病故，其弟納言楊達竟卒於師，煬帝嘆惜久之。[59]士兵死者，更不計其數，直到唐貞觀十九年（六四五），其戰場依然是「骸骨相望，遍於原野」。[60]

慘敗令不可一世的隋煬帝羞愧難言，但他諉過於領兵將領，下令將宇文述等鎖系引還。七月癸卯（二十五），下令班師。

垂頭喪氣的隋煬帝帶著后妃宮女及僧尼道士等一大批人先回到燕郡（治今遼寧義縣），檢校郡事的柳謇之因沒有及時招待打了敗仗的皇帝人等，「坐供頓不給，配戍嶺南」，竟致死於路上。[61]

隋煬帝對於失敗極不甘心，八月，班師途經涿郡（治今北京市）時即下敕運黎陽、洛陽、洛口、太原等倉谷向遼西望海頓（今遼寧遼西縣），令民部尚書樊子蓋留守涿郡，準備明年再舉兵，要復仇挽回面子。

九月庚寅（十三日），煬帝車駕回到東都，開始追究征遼失敗責任，當然，責不在己而全在臣下，斬尚書右丞劉世龍以謝天下，敗將于仲文、宇文述「除名為民」，由監軍的游元任御史加以審訊，楊義臣等皆坐免官。來護兒「坐法受戮」，煬帝還欲盡誅其子，以解其恨，但皆未執行。[62]宇文述因與煬帝情深，又為兒女親家，雖系獄卻不忍加刑，不久釋放。諸將皆將敗績罪過諉於于仲文，仲文憂憤

57《隋書》卷六五〈薛世雄傳〉。
58 同註57。
59《隋書》卷四二〈觀德王雄傳〉。
60《唐大詔令集》卷一一四〈政事．牧瘞〉。
61《隋書》卷四七〈柳謇之傳〉。
62 牛僧孺：《玄怪錄》卷一。

發病而卒。

有功的將領也得到封賞，衛文昇拜金紫光祿大夫，王仁恭進授左光祿大夫，賜絹六千段，馬四時匹，[63]李景賚物三千段，進爵滑國公。[64]戰前曾勸諫煬帝而免官的耿詢也升任太史丞。[65]靺鞨渠帥度地稽亦因功「賞賜優厚」。[66]

高昌王麴伯雅從頭到尾觀看了隋軍的潰敗，回到東都後於十一月己卯（初三）得尚隋宗女華容公主，啟程回去。隋煬帝原企圖以征討高句麗耀武誇示四夷，此次大敗，威風掃地，聖人可汗紙老虎的面目被戳穿了，各國使者紛紛回國。

無向遼東浪死歌　豆子䴚中英雄多

隋煬帝發動的規模空前的征討高句麗的戰爭遭到空前慘敗，致使威信大降，不僅損兵折將，還引起天下騷動，造成國內政治失控和動亂，一場深刻的政治危機籠罩在王朝周圍。煬帝為耀武而「掃地為兵」，民眾則「苦於上欲無厭，下不堪命，饑寒交迫，救死萑蒲」。[67]兵傜役征使農民難以承受，一場反隋農民大起義揭開了序幕，這是隋煬帝征遼最嚴重、也是最直接的政治後果。

攻打高句麗的傜征始於大業四年（六〇八），這年正月，詔發河北諸郡百餘萬人，穿永濟渠，北通涿郡（今北京市），「丁男不供，始役婦人」。沉重的力役使河北山東一帶農民不堪重負。大業五年（六〇九）三月，長白山（今山東章丘、鄒平境內）大洞內，「有狂寇數萬」，估計是逃役的農民，隋煬帝命陳杲仁將兵「平之」，[68]但避役者仍然不絕如縷。大業六年（六一〇）六月，雁門（今山西代縣）人尉文通「聚眾三千，保於莫壁谷」。[69]煬帝又遣鷹揚楊白泉領兵討擊鎮壓。大業七年（六一一）二月煬帝來到涿郡後，全國範圍的兵役徵發正式開始，青壯男子幾乎全數就役。士兵從四遠奔赴如流，民工夫役往返饋運，填咽於道。

這年天公也不作美，秋季在山東、河南發生大水，大業七年（六一一）十月乙卯（初三），黃河大水衝垮了砥柱，出堤逆流數十里，人或為魚鱉。但隋煬帝並沒有因天災而停止徭役徵發，災區人民無以為生，相賣為奴婢，在水深火熱中掙扎。煬帝不顧人民死活，又發民夫運米往前線，「車牛往者皆不返，士卒死亡過半」，加上饑饉，「穀價踴貴」，東北邊尤甚，斗米值錢數百，「所運米或粗惡，令民糴而償之」。要運米車夫自己花錢買米賠償，少一兩也不行。因大軍百萬糧資太多，煬帝又徵發轆車夫六十餘萬，兩人共推米三石，但路途險遠，這三石米還不足供車夫自己吃。好不容易到達北鎮，輸米短少無可交差，轆車夫們只得亡命四野。再加上官吏貪殘，趁機因緣侵漁，使「百姓困窮，財力俱竭，安居則不勝凍餒，死期交急，剽掠則猶得延生。於是始相聚為群盜」。[70]

官逼民反，不得不反。農忙之季征役，行者不歸，使「耕稼失時，田疇多荒」，加上天災，造成饑饉，瘟疫流行，餓殍遍地。隋煬帝為懲罰對己不恭的高元「小丑」，已經紅了眼，「徵稅百端，使人往來，責成郡縣。於時王綱弛紊，吏多贓賄，所在征斂，人不堪命」。[71] 民眾「弱者自賣為奴婢」，強

63 《隋書》卷六五〈王仁恭傳〉。
64 《隋書》卷六五〈李景傳〉。
65 《隋書》卷七八〈藝術・耿詢傳〉。
66 《隋書》卷八一〈東夷・靺鞨傳〉。
67 《隋書》卷七〇〈史臣曰〉。
68 《全唐文》卷九一五，德宣〈隋司徒陳公餘寶造寺碑〉。
69 《隋書》卷三〈煬帝紀上〉。
70 《資治通鑒》卷一八一隋煬帝大業七年。
71 《隋書》卷七三〈魏德深傳〉。

者也只好鋌而走險，暴政之下廣大人民實在活不下去了，波瀾壯闊的隋末農民大起義就是在這樣的背景下爆發了。

征討高句麗之役是隋末農民起義的導火線，但其根源卻在隋煬帝不顧子民死活的苛重力役，和操之過急的所謂聖王之業。煬帝即位後連興大役，虐用其民，營東都，鑿運河，築長城，開馳道，每項工程都是役民百萬，加上其他工程役民在三千萬以上，幾乎年年都有大役。隋的幾項主要大工程在大業六年（六一〇）基本結束，緊接著大業七年（六一一）就徵發兵役攻打高句麗，兵役徭役超過前幾年幾項大工程的總和，幾乎全國就役。一役未消，一役又起，三征高麗，搞得田疇荒蕪，海內怨叛。苛政猛於虎，急政狠如狼。農民起義首先爆發在遭受嚴重水災，而兵役、徭役又最嚴重的山東一帶。史稱：「是歲，大旱，疫，人多死，山東尤甚。」[72] 大業七年（六一一）秋，山東鄒平人王薄自稱「知世郎」，即自謂是通曉當今世事之人，編了一首〈無向遼東浪死歌〉，在民間傳唱：

長白山頭知世郎，純著紅羅錦背襠。
橫矟侵天半，輪刀耀日光。
上山吃獐鹿，下山食牛羊。
忽聞官軍至，提劍向前蕩。
譬如遼東死，斬頭何所傷。[73]

歌謠鼓動煽惑水深火熱中的民眾奮起反抗，不要去遼東為隋煬帝賣命，要拿起刀槍造反，不抗役只有死，反暴政雖斬頭也榮光。歌謠唱出了掙扎在死亡線上的廣大民眾的心聲，農民擁護王薄，於是王薄和孟讓擁眾據長白山（今山東章丘東北），「避征役者多往歸之」，一時眾至數萬，首先揭起了反抗隋煬帝暴政的大旗，橫行於齊郡（治今山東濟南）和濟北郡（治今山東東阿北）之郊，揭開了反隋大規模農民起義的序幕。

齊郡以北的平原郡（治今山東陵縣）有豆子䴚（今山東商河、惠民二縣間），為一個鹽澤，「負海帶河，地形深阻」。自北朝高齊以來，這裡就是逃避徭役的人的藏身之地。逃役者既有窮人，也有富豪，如劉霸道雖「累世仕宦，貲產富厚」，但征遼的繁重徭役也使他破產。劉霸道為人豪爽，遠近避役的農民紛紛來依附於他，於是據豆子䴚為根據地，反抗官役，也揭起了反隋煬帝暴政的大旗，有眾一十餘萬，號「阿舅賊」。

鄃縣（今山東夏津縣東北）人張金稱，聚眾於河曲（即黃河邊），蓨縣（今河北景縣）人高士達聚眾千餘人於清河（今河北清河北）境內，也揭起反隋義旗，不久，義軍擴至數萬，稱「東海公」。

貝州漳南（今山東德州西南）人竇建德，世代為農夫，本人「耕於田中」，少時就尚義氣，膽力過人。有鄉人因貧無以葬父，竇建德主動幫助操辦喪事，大為鄉黨所稱。他曾任里長，大業七年（六一一）募兵時以勇力過人選為二百人長。時山東大水，人多流散，同縣人孫安祖的家被水漂沒，妻子餓死，但縣府仍要孫安祖從征高麗。孫安祖向漳南縣令訴苦，縣令竟大怒，鞭撻孫安祖，安祖激怒之下刺死縣令，逃奔到竇建德處，建德將他藏於家中。面對天下洶洶之勢，竇建德很有遠見地向孫安祖作了分析，「文皇帝時，天下殷盛，發百萬之眾以伐遼東，尚為高麗所敗。今水潦為災，黎庶困窮，加之往歲西征，行者不歸，瘡痍未復，主上不恤，乃更發兵親擊高麗，天下必大亂」。他勸孫安祖與其等死，不如造反。說：「大丈夫不死，當立大功，豈可為逃亡之虜也，我知高雞泊中廣大數百里，莞蒲阻深，地勢險要，可以避難。承間而出虜掠，足以自資，既得聚人，且觀時變，必有大功於

72《資治通鑑》卷一八一隋煬帝大業七年。

73 曾慥：《類說》卷六〈知世郎〉。

天下」。[74]孫安祖經此點撥，豁然開朗，遂決定舉旗反抗隋煬帝暴政。竇建德於是招集數百名逃亡士兵和逃役無業者，讓孫安祖率領進入高雞泊（今河北故城縣西），孫安祖號「摸羊公」。

竇建德暗中籌畫反隋起義，同時應付縣衙門的差役。當時往來於漳南的農民軍，都不侵擾竇建德鄉閭，郡縣吏於是懷疑竇建德與義軍通謀，竟殘酷地將竇建德的家屬收捕，全部殺死。竇建德無比悲憤，懷著對隋暴政的極大仇恨，率麾下二百人投奔清河高士達，高士達任建德為司兵。不久，孫安祖被張金稱火拼，其部數千人盡歸於竇建德，自後竇建德獨自領兵，勢力漸盛，有眾萬餘人。建德「能傾身接物，與士卒均勞逸」[75]，同甘苦，於是逃役之人爭相歸附，為致死力，高士達、竇建德領導的農民起義軍遂成為河北山東間一股強大勢力。

也是在大業七年（六一一），韋城（今河南滑縣東南）人翟讓、章丘（今山東章丘縣西北）人杜伏威等也相繼起兵。反隋小股武裝不可勝數，他們多聚保山林川澤，部伍均為逃避征役的農民，分布在今山東、河南、河北間。史稱：「自是所在群盜蜂起，不可勝數，徒眾多者至萬餘人，攻陷城邑。」這年十二月甲子（十三日），隋煬帝敕各地都尉、鷹揚與郡縣「相知追捕，隨獲斬決」，對起義農民進行殘酷鎮壓，但「莫能禁止」。[76]

隋煬帝不顧天下義軍競起的嚴重局勢，為挽回面子，在大業八年（六一二）征高句麗失敗回來後，又下詔征天下兵集涿郡，修繕兵器，貯運軍糧，準備明年再征。這就進一步激化了國內社會矛盾。煬帝一意孤行，為逞一己之欲而不顧人民死活。民眾大饑，米穀踴貴，卻閉倉拒賑。「是時百姓廢業，屯集城堡，無以自給。然所在倉庫，猶大充牣，吏皆懼法，莫肯賑救，由是益困。初皆剝樹皮以食之，漸及於葉，皮葉皆盡，乃煮土或搗藁為末而食之；其後，人乃相食。」[77]子民的生存都成問題，煬帝不是首先解決民眾的吃飯問題，而是念念不忘自己的「聖王」之業，非要叫高元「小丑」認輸降服不可，這無疑導致當時階級矛盾極度尖銳化，使社會動亂進一步蔓延。

至大業八年（六一二），見諸史籍記載的新的農民起義軍有二十一支之多，其中山東十四支，江淮四支，河南、關中、河西各一支，起義的地區也有擴大，起義群眾除避役的貧苦農民外，還有身分不自由的牧子（牧民）和下層僧侶。到大業九年（六一三）隋煬帝不顧一切第二次征遼及六月楊玄感起兵造反，農民起義已成燎原之勢，掀起了第一次高潮，據近人整理[78]，其中比較大的義軍有：

平原郡（治今山東陵縣）李德逸，「聚眾數萬，稱阿舅賊，劫掠山東」；又杜彥冰、王潤率另一支義軍，於大業九年（六一三）正月壬午（初七）攻陷平原郡城，大掠而去。

靈武（今寧夏靈武縣西南）白瑜娑領導「奴賊」「劫掠牧馬，北連突厥，隴右多被其患」。[79]隋煬帝遣將軍范貴前往鎮壓，「連年不能克」。

江甯（江蘇南京）人樂伯通，聚眾十萬，朝請大夫陳杲仁奉詔討伐。

濟北（今山東聊城一帶）人韓進洛聚眾數萬起義。

渤海（治今山東陽信西南）人孫宣雅，在豆子䴚聚眾數萬反隋。

齊郡（治今山東濟南）人裴長才、石子河率義軍二萬攻打章丘縣城，齊郡丞張須陁倉促拒戰，「身中數創」，援軍趕到，張須陁督軍再戰，農民軍敗走。

---

74 參見《舊唐書》卷五四〈竇建德傳〉。

75 《資治通鑑》卷一八一隋煬帝大業七年。

76 同註75

77 《隋書》卷二四〈食貨志〉。

78 參見王永興：《隋末農民戰爭史料彙編》，中華書局一九八〇年版；李斌城主編《中國農民戰爭史．隋唐五代十國卷》，人民出版社一九八八年版。本書各章有關農民起義的寫作多參考二書，以下未能遍注。

79 參見姜伯勤：〈隋末奴軍起義試探〉，載《歷史研究》一九六三年第四期。

北海郡（治今山東益都）人郭方預聚眾三萬，攻陷郡城。又與秦君弘等部義軍合圍北海郡，但恃強無備，被張須陁襲破，數萬義軍被殺。

濟陰郡（治今山東定陶西南）人孟海公，保據周橋城（今山東曹縣東北），眾至數萬。

河間郡（治今河北河間）人格謙在豆子䴚舉兵反隋暴政，有眾十餘萬。

其時因天子承平日久，兵不習戰，郡縣官吏都尉率軍與農民軍交戰，皆「望風沮敗」。武陽郡丞元寶藏「受詔逐捕盜賊」，卻每戰必敗，武器也全部遺棄，於是又發郡內百姓重新打造，交不出者軍法從事。郡縣吏遞相督責，晝夜喧囂，猶不能備齊，反倒激起人民更加憤怒的反抗。[80]唯有齊郡丞張須陁較有勇略，數有戰績。

張須陁曾從史萬歲征討雲南西爨，又從楊素討擊楊諒，以功授儀同。當王薄率農民軍圍攻魯郡（治今山東兗州）時，張須陁躡其後，乘義軍不備在泰山襲破王薄，殺數千人。又追至臨邑（今山東濟陽西南）擊敗義軍，殺五千餘人。王薄收集亡散，北聯豆子䴚的孫宣雅、石秖闍、郝孝德等部十餘萬，進圍章丘，張須陁率步騎二萬來襲，又大破各路農民軍。

但是，義軍敗後復起，起義者越來越多。隋煬帝又令段達進剿張金稱等部，反為義軍擊敗，農民軍輕蔑地戲稱他為「段姥」。[81]張金稱又引孫宣雅、高士達等眾數十萬，攻破黎陽（今河南浚縣東北）。隋煬帝命武賁郎將王辨、平原通守楊元弘、清河郡丞楊善會聯兵進剿，又被義軍擊敗。在暴力鎮壓的同時，隋煬帝還以「撫慰」伎倆瓦解義軍，如命崔頤「撫慰高陽、襄國（今河北境內），歸首八萬餘人」。[82]又招降渤海格謙、孫宣雅等十餘路農民軍，沒有成功。

大業九年（六一三）五月己卯（初六），當隋煬帝再次御駕親征高句麗時，濟北人甄寶車又「聚眾萬餘，寇掠城邑」。[83]農民起義的星星之火，先由山東豆子䴚、高雞泊中點燃，兩年之內即已成燎原之勢，向全國各地蔓延。

第三節　御駕再出遼東　貴族楊玄感造反

隋煬帝的個人意志不可屈，既已揮手定策，臣民必須萬死不辭。早在第一次征遼失敗班師時，隋煬帝已開始部署明年的第二次親征，水旱災害、民變蜂起並不能改變煬帝的決心。他看不起手拿刀槍的農民的力量，也沒有看到其統治集團內部出現的裂痕，「驕怒之兵屢動」，一意孤行，御駕再出遼東，規模不減當年。但是，已故宰相楊素之子楊玄感起兵反隋，再一次使煬帝的權力意志受挫，征遼計畫被打亂，而反暴政的農民起義則推向了新的高潮。

出師未捷　後院起火

大業九年（六一三）正月過完元旦之後，丁丑（初二），隋煬帝令修遼東古城，以貯軍糧，並詔「征天下兵，募民為驍果，集於涿郡」。[84] 驍果即驍勇果敢之士兵，與府兵不同。府兵是更番宿衛的義務兵役制，驍果則是募兵制，向社會廣泛招募士兵。這一方面說明隋煬帝征遼需動員大量兵員，原府兵已不敷需要，而募及平民，另一方面也標誌著隋兵制發生重大變化。

為統轄指揮應募的大量驍果，辛卯（十六日），隋煬帝令「置折衝、果毅、武勇、雄武等郎將官」。

80 《隋書》卷七三〈魏德深傳〉。
81 《隋書》卷八五〈段達傳〉；卷七一〈楊善會傳〉。
82 《隋書》卷七七〈崔頤傳〉。
83 《隋書》卷四〈煬帝紀下〉。
84 同註83。

驍果分置左右雄武府，以雄武郎將、武勇郎將為正副長官，上屬於左右備身府，有的更充當宿衛禁軍。煬帝又下詔蠲免驍果之家的賦役，領驍果的郎將待遇也很優厚，吸引了不少富家子弟前來應募。如吳興人沈光，因交結前太子楊勇和漢王楊諒被廢於家，此次徵募驍果對於沈光來講，是建功立業的好機會，於是很快報名，應募時賓客相送者百餘騎，沈光酹酒而誓：「是行若不建立功名，當死高麗，不復與諸君相見。」[85]辭氣相當豪邁。

正月戊戌（二十三），隋煬帝宣布大赦天下，己亥（二十四），任命刑部尚書衛文升等輔佐代王楊侑留守長安，拜京兆內史，許以「便宜從事」之權。敕代王待之以師傅之禮。因「奴賊寇隴西」，又詔元弘嗣率兵往剿。到三月丁丑（初三），又「發丁男十萬修復加固大興城」。這些都是為遠征高句麗而先鞏固根本所採取的措施。

隋煬帝又詔恢復敗將宇文述等人的官爵，讓他們繼續征遼將功補過。隋煬帝對再次征遼決心很大，說：「高麗小虜，侮慢上國，今拔海移山，猶望克果，況此虜乎？」[86]真是恨不得一口把高句麗吞下。

但高句麗真是好吃的嗎？滿朝大臣經上次潰敗，心存疑慮。左光祿大夫郭榮認為「中國疲弊，萬乘不宜屢動」，諫煬帝說：「戎狄失禮，臣下之事，臣聞千鈞之弩不為鼷鼠發機，豈有親辱大駕以臨小寇？」[87]但煬帝不聽。煬帝又問術士庾質，庾質仍執前見，並認為「陛下若親動萬乘，糜費實多」。眾大臣都認為煬帝不必御駕親征，派一得力將領充當總指揮也就行了。但隋煬帝卻大為震怒，吼道：「我自行尚不能克，直遣人去，豈有成功也。」[88]煬帝自視甚高，我辦不了的事別人怎麼能行？他聽不進任何勸告，一切仍按他的個人意志行事。

三月戊寅（十六日），煬帝啟程，任民部尚書樊子蓋等輔佐越王楊侗留守東都，任命陰世師代樊子蓋為涿郡留守。樊子蓋父祖皆仕於南朝，侯景之亂後由南入北。樊子蓋參加過平陳戰役，後在邊遠州郡任職有政績，受到煬帝的提拔和重用，非常時期任以非常之任。

隋煬帝安排好一切，於是率后妃百官和大隊人馬兼程北上。夏四月庚午（二十七），渡過遼水，第二次征討高句麗的戰爭又在隋煬帝的親自指揮下開始了。

但二次征遼隋煬帝並沒有什麼新的招數，部署和第一次幾乎一樣。陸路主力以宇文述為主帥，楊義臣為副帥，率大軍渡鴨綠江直赴平壤。水路仍由來護兒率舟師自東萊（膠東半島）海路進發，期與宇文述合圍平壤。隋煬帝自率後路在後督戰，其他各路分道出擊，攻掠高句麗的城池。和上次不同的只是「聽諸將便宜從事」，煬帝收回了軍事進止必須奏報，不許諸將專擅的成命。另外，沒有再設招降慰撫使，但仍設有監軍，如王仁恭軍出扶餘道，有房彥謙「監扶餘道軍」。[89]

王仁恭不愧為一員猛將，大戰開始，他率軍進到新城（今遼寧撫順北），高句麗軍數萬背城結陣，王仁恭僅率一千勁騎撲陣衝擊，將敵陣衝垮。高句麗軍退回城中，嬰城拒守，王仁恭乃指揮後續大軍四面圍攻，軍威甚盛。戰報傳到行在所，隋煬帝大悅，遣舍人往王仁恭營勞問，賜以珍寶。[90]

高句麗方面則仍然採取堅壁清野，據城堅守的戰術，隋煬帝親自統率後路大軍來到遼東城（今遼寧省遼陽市）下，重新布置圍攻。攻防戰鬥打得無比慘烈。為克城立功，隋將郭榮甚至「親蒙矢石，

85《隋書》卷六四〈沈光傳〉。
86《資治通鑑》卷一八二隋煬帝大業九年。
87《隋書》卷五〇〈隋堤柳〉。
88《隋書》卷七八〈藝術·庾質傳〉。
89《隋書》卷六六〈房彥謙傳〉。
90《隋書》卷六五〈王仁恭傳〉。

晝夜不釋甲冑百餘日」。[91] 隋煬帝也十分焦急，一方面派人「窺諸將所為」，督促他們拼命圍攻，一方面經常親臨戰場觀戰。有一天，隋煬帝看見驍果沈光用沖梯攻城，士兵們用一個長十五丈的竹竿將沈光系在頂端，升臨城牆與敵短兵相接，殺十數人。高句麗兵湧上來將沈光從杆頭推下，但沈光還未及跌於地，又抓住杆上的垂絙，緊接著又爬上去，就像耍雜技。這一動人場景為隋煬帝親眼看到，歎為觀止，即召到身邊加以鼓勵表彰，當天就拜朝請大夫，御賜寶刀良馬。自後更選作左右宿衛，親顧漸密，成為隋煬帝的近侍。[92]

就在攻防戰最緊張的時刻，隋煬帝同樣大有詩興，他在遼東城下御制〈白馬篇〉詩一首，歌頌征遼戰士：

白馬金貝裝，橫行遼水傍；
問是誰家子，宿衛羽林郎。
六犀六屬鎧，寶劍七星火；
山虛弓響徹，地迴角聲長。
宛河推勇氣，隴蜀擅威強；
輪臺受降虜，高闕翦名王。
射熊入飛觀，校獵出漁陽；
進軍隨日暈，挑戰逐星芒。
陣移龍勢動，營開虎翼張；
衝冠入死地，攘臂越金湯。
塵飛戰鼓息，風交征旆揚；

轉鬥平華地，追奔掃大方。
本持身許國，況復武功彰；
曾令千載後，流譽滿旅常。[93]

詩中描寫的驍果戰士應募從軍，血戰沙場，為國立功，名留青史，正是沈光等應募驍果的真實寫照。從煬帝的詩判斷，當時隋煬帝的情緒十分高昂，仍充滿必勝的信心。去年的潰敗煬帝認為是偶然失手，怪就怪在當時一心期望高元「小丑」主動投降，沒有立足於打，反倒束縛了將士手足。現在不同了，隋煬帝下令隋軍驍果將士使出渾身解數積極進攻，看他高麗「小丑」如何能頂得住？

在遼東城下，隋軍用飛樓、橦、雲梯、地道四面俱進，但高句麗軍民隨機應變，頑強抵抗。攻了二十多天，仍沒能攻下。隋煬帝於是命令士兵造布囊百餘萬個，貯滿土，一袋一袋地推成闊三十步，高與城齊的魚梁大道，使士卒可以登而攻城。又命工匠趕造八輪樓車，更高出城牆，可以俯射敵城內。隋軍在城周邊了一層又一層，用人海戰術，連續進攻，勢在必得。遼東城內危蹙數四，眼看就要頂不住了。

在圍攻遼東城的同時，隋其他各路大軍也在按計劃向縱深進軍，宇文述、楊義臣率軍再次進至鴨綠江邊。來護兒的水軍也齊集東萊海角，張帆待發。高句麗在隋數路大軍的猛烈進攻下，其勢「日蹙」，國家已到了危亡之秋。但就在這緊要關頭，形勢突然發生逆轉。

91《隋書》卷五〇〈隋堤柳〉。
92《隋書》卷六四〈沈光傳〉。
93《文苑英華》卷二〇九。

大業九年(六一三)六月乙巳(初三),在後方督運糧草的禮部尚書楊玄感在黎陽(今河南浚縣東北)舉兵造反了,並進逼東都,這是隋煬帝萬萬沒有料想到的,這使煬帝精心策劃並調集了全國一切力量的滅高句麗計畫被全盤打亂,再一次受挫。

《隋書.高麗傳》記載隋煬帝二征高句麗事云:「九年,帝復親征之,乃敕諸軍以便宜從事。諸將分道攻城,賊勢日蹙。會楊玄感作亂,反書至,帝大懼,即日六軍並還。」為應付貴族楊玄感的反叛,隋煬帝不得不馬上停止正在進行中的對高句麗的全面進攻,令各路軍回還平叛。

隋煬帝又聽說達官子弟皆在楊玄感處,怕因此動搖軍心,更加憂懼,將老臣蘇威叫到身邊,第一次露出了恐懼之色,問:「此小兒聰明,得不為患乎?」蘇威回答:「玄感粗疏,非聰明者,必無所慮,但恐寖成亂階耳。」蘇威認為楊玄感成不了大事,但身為朝廷大官也起兵造反,恐怕引起其他人也相繼叛亂,產生連鎖反應,最後無法控制。老宰相蘇威頭腦較清醒,他眼見這幾年「勞役不息,百姓思亂」[94],希望以此警告煬帝息兵止役,但煬帝並未領悟。

戊辰(二十六),在隋煬帝身邊又發生了兵部侍郎斛斯政逃奔高句麗的嚴重事件。斛斯政是北魏太保尚書令斛斯椿的孫子,出身代北官宦世家,因有才能器幹而為楊素所重,大業中升任尚書省兵曹郎,並因奉稱旨漸得煬帝信任,楊素之子楊玄感兄弟俱與之交結。隋煬帝第一次征遼時,兵部尚書段文振病逝於途,兵部侍郎員雅後也以兵敗罷職。煬帝於是將兵部軍機要務委交斛斯政,不久升任兵部侍郎。雖然段文振死前曾多次提醒煬帝:斛斯政為人險薄,不可委以機要。但煬帝只當作耳邊風。煬帝更相信自己的眼力,認為斛斯政不錯,委以重任。楊玄感謀反時,曾與斛斯政通謀,當時楊玄感之弟楊玄縱、楊萬碩並從征在遼東,楊玄感暗中派人到遼東,讓他們找機會逃歸。兄弟二人找到斛斯政,請他幫忙。斛斯政於是偽造文牒,將楊氏兄弟放走。但楊萬碩在途經河北高陽縣時被監事許華所執,斬於涿郡。楊玄縱則輕裝逃脫。

事後，隋煬帝追查，窮治楊玄縱黨羽，斛斯政內不自安，遂連夜逃奔高句麗。[95] 斛斯政久知兵部機要，對隋軍事部署內外情況十分熟悉，他的叛逃意味著隋軍全部機密作戰方案都洩露給了敵方。這對高句麗當然是意外的收穫，對隋軍則是巨大的損失。隋煬帝得悉斛斯政叛逃，大為震怒，即命將作少監閻毗率二千騎追擊，但未能追上。斛斯政據高句麗栢崖城，閻毗攻了兩天未能拿下，隋煬帝無可奈何，只好命閻毗速退，閻毗在退軍路上暴卒，時年五十。[96] 隋煬帝對斛斯政恨之入骨，嚴厲查辦其黨羽，有高士廉平時與斛斯政多有交遊，煬帝將他謫至邊遠。[97]

隋煬帝改任裴矩知掌兵部機事，詔宇文述等班師，令馳驛赴河陽（今河南省孟縣南），又發諸郡兵以討楊玄感，並派蘇威為大使去安撫關中。因蘇威年老，煬帝又以其孫尚輦直長蘇儇為副使，蘇威之子蘇夔早先已為關中簡黜大使，出於關中門閥的蘇氏祖孫三人俱奉使關右，足見當時隋煬帝對關中之牽掛，生怕楊玄感揮師傾動根本，想利用蘇氏威望安撫關中。隋煬帝還將術士庾質召來詢問天文，庾質回答：「玄感因百姓之勞苦，冀僥倖而成功，今天下一家，未易可動」，「終必無成」。[98] 一貫傲視一切的隋煬帝這時心裡直打鼓，眼前的大敵不再是高句麗，而是自己的臣下楊玄感，煬帝在遼東開始全面布置對楊玄感的圍剿。

退兵是祕密進行的。六月庚午（二十八）夜二更，隋煬帝密詔諸將，令各引軍速歸，軍資、器械、攻具積如丘山，營壘、帳幕，全部棄之而去，撤退時眾心恟恟，爭相奪路，亂成一團。諸道分散，人

---

94 《隋書》卷四一〈蘇威傳〉。
95 《隋書》卷七〇〈斛斯政傳〉。
96 《隋書》卷六八〈閻毗傳〉。
97 《舊唐書》卷六五〈高士廉傳〉。
98 《隋書》卷七八〈藝術．庾質傳〉。

流滾滾，無復部伍，高句麗人在城頭上看見，聚為奇觀，但未敢貿然出城追擊。當煬帝御營全部渡過遼水，高句麗才敢進逼後軍，殺走在最後的羸弱之卒數千。

在東萊尚未出海的來護兒聞知楊玄感反狀，自動放棄了出海攻擊高句麗的計畫，速回師返救東都。

於是隋百萬大軍又一次狼狽地退回，由於後院起火，出師未捷先退兵，隋煬帝第二次征討高句麗又遭到失敗，一無所獲，皇帝的無上威權再一次掃地以盡，蒙上了羞辱。

黎陽督糧　扯帆舉兵

大貴族楊玄感的起兵，標誌著隋統治集團內部出現大分裂，分化出反對隋煬帝的集團，從而使反煬帝暴政的鬥爭掀起新的高潮。

楊玄感是楊素的長子，長得體貌雄偉，留一副很瀟灑的大鬍子。他自小喜歡讀書，又精於騎射，是一個能文能武的貴族公子。楊玄感蔭父軍功位至柱國，朝會時和父親楊素同列於前排，受到隋文帝的器重，初任官即拜郢州刺史。楊玄感很有心計，常布置耳目潛察屬吏言行，使部下不敢欺瞞枉政，吏民敬服。後轉宋州刺史，以父喪丁憂去職。大業二年（六〇六）起拜鴻臚卿，襲父爵楚國公，不久遷禮部尚書。

作為一個家世顯赫的貴族官僚，楊玄感深刻地察知上層統治集團驚心動魄的傾軋。父親身經百戰，位居宰相，晚年受到文帝斥忌，參與楊廣奪嫡陰謀，而煬帝即位後復又遭到猜忌，以致有病不喝藥，期望速死。就是死後煬帝還說：「使素不死，終當夷族。」這話也傳到了楊玄感耳裡。叔父楊約晚年也淒慘，死非其所。這一切都使玄感深為痛心，萌發出要復仇造隋煬帝的反的強烈欲望。

父親死後，楊玄感像是換了一個人，突然變得更加深沉。他性情驕倨，傾心結交天下豪傑。弘農楊氏既是累世尊顯的門閥士族，而在朝文武又多是父親的門生故吏，玄感本人更愛重文學，有盛名於天下，使四海知名之士多趨其門。楊玄感還虛襟結交懷才不遇之士，如詩人王胄遭煬帝幸臣諸葛潁妒嫉，居官低微，楊玄感卻不以他是南朝降人，結為密友，「數游其第」。[99] 虞綽也遭諸葛潁譖毀不得志，玄感「虛襟禮之」，友誼深厚。虞綽甚至將禁中兵書拿出借給楊玄感閱讀，其族弟虞世南告誡說：「上情猜忌，而君過厚玄感，若與絕交者，帝知君改悔，可以無咎，不然，終當見禍。」[100] 但虞綽不聽。文士南人褚亮因才遭妒，也得到楊玄感保護，與玄感情好日歡。[101] 受其呵護的還有孔子後裔的儒生孔穎達。[102] 對朝中官僚子弟，楊玄感更是傾心交結，關隴勳貴子弟蒲山公李密與楊玄感更是「刎頸之交」。

李密字玄邃，是西魏北周八柱國之一李弼的曾孫，父李寬為隋上柱國，號為名將。李密以父蔭入仕，但他認為大丈夫應以才學取官，遂閉門讀書，拜國子助教包愷為師，受《史記》、《漢書》，尤好兵法，勵精忘倦，「綺繻紈絝，非其好也，屏居一室，勢不營利」。[103] 有一次乘黃牛往老師包愷家求學，將《漢書》十帙掛於牛角，一手捉牛繩，一手翻書閱覽，被越國公楊素看見，楊素覺得奇怪，自後追及問道：「何處書生，耽學若此？」李密下牛再拜通報姓名，楊素又問：「所讀何書？」李密回

99 《隋書》卷七六〈文學・王胄傳〉。
100 《隋書》卷七六〈文學・虞綽傳〉。
101 《新唐書》卷一〇二〈褚亮傳〉。
102 《舊唐書》卷七三〈孔穎達傳〉。
103 一九六九年衛河清淤，在河南浚縣城關羅莊西發現李密墓誌。參見王興亞、任思義：〈李密墓誌的發現及其學術價值〉，載《鄭州大學學報》一九八六年第四期。

答：「是《項羽傳》」。老將軍與小後生因而傾談多時。楊素對李密的志趣大為讚賞，回家後對兒子楊玄感等說：「吾觀李密識度，汝等不及。」於是楊玄感更傾心結托，與語天下事。[104]另外，猛將賀若弼、韓擒虎等人的兒子也與楊玄感情好甚歡。

對朝中官僚，楊玄感更竭力交結，如任職兵部的斛斯政、民部尚書李子雄及司農卿趙元淑等，楊玄感送給他們金寶，潛謀尋找機會廢黜隋煬帝，立秦王楊浩為帝。大業四年（六〇八）從煬帝西巡，經過大門拔谷時，暗懷深仇大恨的楊玄感曾想乘機襲擊行宮，被叔父楊慎制止。楊玄感的反逆之狀曾為其堂弟楊岳察覺，楊岳曾上表「稱楊玄感必為亂」[105]，但拿不出證據，煬帝沒有相信，自後玄感更竭力偽裝。

大業七年（六一一）隋煬帝將舉兵御駕親征高句麗，楊玄感偽裝積極，主動請纓求為將領，聲稱「玄感荷國恩，寵逾涯分，自非立效邊裔，何以塞責」。煬帝大為讚賞，當眾誇耀說：「將門必有將，相門必有相，故不虛也。」於是得到信任，頗預朝政。大業九年（六一三）第二次征高句麗，煬帝委楊玄感在後方黎陽（今河南浚縣東）督運軍糧的重任，終於給了楊玄感報仇雪恨造反的機會。

當隋煬帝率百萬大軍再次御駕親征遼東，國內異常空虛，「百姓苦役，天下思亂」。楊玄感遂與身邊的武賁郎將王仲伯、汲郡贊治趙懷義等謀議乘機造反。他故意滯留運河上的漕運，不按時發送，企圖造成遼東百萬隋軍無糧斷炊，因饑餒而自動瓦解。隋煬帝遣使來催促，楊玄感又託辭水路多盜，船不可前後單獨發送，須武裝保護，不但按下糧船不遣，還暗中派家僮將從征遼東的弟弟楊玄縱、楊萬碩召回，又密遣家僮往京師長安召弟弟楊玄挺和李密等人。為使部眾聽命，又遣家僮偽裝使者，從東方來，假稱水軍總管來護兒因攻高麗失期而謀反，好以鎮壓叛軍名義發兵起事。

大業九年（六一三）六月乙巳（初三），楊玄感入據黎陽城（今河南浚縣東），閉門大索男夫，取船上的帆布為衣甲，署官屬，皆復用開皇時的官號，移書傍郡，以討伐來護兒為名，令郡縣各發兵會於黎陽倉城。郡縣吏有才幹者，楊玄感皆以運糧名義召他們集中，又任命趙懷義為衛州刺史，東光尉元務本為黎州刺史，河內郡主簿唐禕為懷州刺史，經略州縣。時治書侍御史游元也在黎陽督運軍糧，楊玄感勸他一同造反，說：「獨夫肆虐，天下士大夫肝腦塗地，加以陷身絕域之所，軍糧斷絕，亦天亡之時也。我今親帥義兵以誅無道，卿意如何？」遊元是北魏儒臣遊明根之孫，注重君為臣綱的為臣之道，不同意所謂「誅無道」的說法，加以拒絕，楊玄感即將他殺了，這是楊玄感造反所殺第一個隋官，卻是一個不該殺的清官。

楊玄感迅速從漕運船夫中選得少壯者五千人，又選得江南丹陽、宣城篙梢手三千人，於是揭竿而起，聚眾刑豬、牛、羊而祭天誓師，宣布：「主上無道，不以百姓為念，天下騷擾，死遼東者以萬計。今與君等起兵以救兆民之弊，何如？」受苦役的民眾聽後激動得踴躍高呼萬歲。楊玄感於是編整軍隊，有眾一萬，準備偷襲洛陽，但所署懷州刺史唐禕卻逃歸河內，並向東都告密。

正當舉兵之際，李密等趕到了黎陽，楊玄感大為歡喜，以為謀主。楊玄感問以行動方針，李密提出了上、中、下三計。其上計為：「今天子出征，遠在遼外，去幽州猶隔千里，南有巨海之限，北有胡戎之患，中間一道，理極艱危。今公擁兵出其不意，長驅入薊，據臨渝之險，扼其咽喉，歸路即絕，高麗聞之，必躡其後，不過旬月，資糧皆盡，其眾不降則潰，可不戰而擒。」楊玄感聽後又問中計，李密言：「關中西塞，天府之國，雖有衛文升，不足為意，今帥眾鼓行而西，經城勿攻，直取長安，收其豪傑，撫其士民，據險而守之，天子雖還，失其根本，可徐圖也。」楊玄感未置可否，又問下計，李密回答：「簡精銳，晝夜倍道，襲取東都，以號四方，但恐唐禕告之，先已固守，若引兵攻

104《舊唐書》卷五三〈李密傳〉。

105《舊唐書》卷七七〈楊弘禮傳〉。

之，百日不克，天下之兵四面而至，非僕所知，此計之下也。」楊玄感聽後興奮地說：「公之下計，乃上策也。今百官家口，並在東都，若不取之，安能動物，且經城不拔，何以示威」。106

楊玄感對李密所呈扼隋煬帝遼東退路、直取長安、襲取東都上、中、下三策中，偏偏選中下策，這的確如蘇威所言，楊玄感性格「粗疏」，非聰明人，成不了大事，若能按李密上計，直取涿郡，扼煬帝退路，很可能一舉使煬帝政權土崩瓦解。可惜楊玄感不能審成敗，也可能對貌似強大的隋煬帝心存畏懼，而失去了置敵於死地的絕好機會。

楊玄感既采下策，於是引兵攻東都洛陽，又派弟楊玄挺率驍勇千餘人為前鋒，先攻河內郡（治今河南沁陽），但唐禕據城防守，玄挺攻之不克。東都越王楊侗和留守樊子蓋得唐禕報，驚恐萬分，慌忙整頓軍備。唐禕又督河內郡的修武縣（今河南修武）民守臨清關，使楊玄感軍不得渡黃河，又使東都贏得了寶貴的準備時間。

楊玄感只好改從汲郡以南渡黃河，由於當時百姓苦役，天下思亂，結果「從亂者如市」。楊玄感遣弟楊積善率兵三千自偃師南沿洛水西取洛陽，又派弟楊玄挺由白司馬坡越邙山南攻洛陽，自己率三千餘人為後路，自稱大軍。大軍士兵多是農民役夫，並沒有受過軍事訓練，武器裝備也很差，僅人手一刀一棒而已，盾牌也是用柳條編織的，沒有弓矢甲冑。但是，這些農民役夫個個痛恨隋煬帝的暴政，群情激憤，士氣很旺。東都留守樊子蓋派河南令達奚善意來抵禦楊積善，有眾五千，其士卒雖多，但士氣低落，不明叛軍底細，達奚善意也很心虛，率軍渡到洛河南岸的漢王寺紮營。第二天，楊積善的軍隊趕到，官軍見叛軍來勢不善，不敢交戰，竟不戰自潰，鎧仗兵甲皆為楊積善所獲。義軍改善了裝備，勢力大增。隋裴弘策軍來到白司馬坡，與楊玄挺戰，也一經接觸就敗走，鎧仗兵器丟棄大半。楊玄挺也不追，先收拾戰利品武裝自己，然後整軍收拾裴弘策殘軍。六月丙辰（十四日），楊玄挺軍已直抵東都太陽門，裴弘策僅率十餘騎逃入東都宮城，其餘士兵皆降於楊玄感。隋內史舍人韋福嗣被俘，楊玄感大喜，因韋福嗣出身於關中門閥世家，是韋洸之侄，與楊氏為世交，楊玄感於是厚禮韋福嗣，置於左右與自己的親信胡師耽共掌文翰。

楊玄感屯軍於東都東面的上春門，經常向群眾演說誓辭：「我身為上柱國，家累鉅萬金，至於富貴，無所求也。今不顧破家滅族而起兵者，但為天下解倒懸之急，救黎元之命耳！」說得慷慨激昂，極富蠱惑力，聽者皆悅，父老爭獻牛酒，子弟詣軍門請自效者，日以千數。楊玄感又讓韋福嗣代自己修書一封給留守東都的隋主將樊子蓋，歷數隋煬帝罪惡，勸樊子蓋倒戈。書曰：

> 玄感世荷國恩，位居上將，先公奉遺詔曰：「好子孫為我輔弼之，惡子孫為我屏黜之。」所以上稟先旨，下順民心，廢此淫昏，更立明哲。四海同心，九州回應，士卒用命，如赴私仇，民庶相趨，義形公道。天意人事，較然可知。公獨守孤城，勢何支久！願以黔黎在念，社稷為心，勿拘小禮，自貽伊戚。誰謂國家一旦至此，執筆潸泫，言無所具。107

信中還提出要像伊尹放太甲、霍光廢昌邑王那樣黜廢楊廣，「廢昏立明」。但樊子蓋由江淮寒素受到煬帝提拔，感恩戴德，收到楊玄感極富煽動性的信竟不為所動，乃加強城防，調遣軍隊出戰。然樊子蓋既非關隴集團核心成員，由外郡剛調來任京官，人情不熟，東都官僚多對他有怠慢，有的甚至不聽調遣。如裴弘策任官與樊子蓋級別差不多，朝會同班，出城拒楊玄挺失利，樊子蓋再命其出戰，裴弘策竟不肯再出，樊子蓋於是發狠心，下令推出斬首。國子祭酒楊汪小有不恭，樊子蓋又將推出斬首，楊汪叩頭流血求哀才得免死，於是東都將吏皆震肅，不敢仰視，令行禁止。但住在城外的

106《資治通鑒》卷一八二隋煬帝大業九年。

107《隋書》卷七〇〈楊玄感傳〉。

達官子弟四十多人，聽說樊子蓋殺人立威，皆不敢入城，並降於楊玄感。他們中有觀德王楊雄之子楊恭道、韓擒虎之子韓世咢、虞世基之子虞柔、來護兒之子來淵、裴蘊之子裴爽、周羅睺之子周仲、大理卿鄭善果的兒子鄭儼等，都是關隴勳貴或新貴子弟，他們的父親有的竟是隋煬帝左右心腹重臣。楊玄感大喜，悉委之以重任，又收兵得五萬餘人，於是分兵五千守慈磵道、分五千兵守伊闕道，又派韓世咢率兵三千進圍滎陽，派顧覺率五千兵攻取虎牢要塞，虎牢守軍投降，楊玄感遂任命顧覺為鄭州刺史，鎮守虎牢。楊玄感初起就取得不少勝利，力量在不斷壯大。曾任民部尚書，隨來護兒水軍出海征遼的右武侯大將軍李子雄因受煬帝猜忌，也從東平羈旅逃到楊玄感軍中，楊玄感十分歡喜，委為左右手。

但楊玄感沒有達到攻取東都的目標，雖挑選精銳攻城，然樊子蓋嬰城拒甯，城高堅固，楊玄感一時不能攻克，時間拖延對自己不利。這時，留守京師長安的代王楊侑已派刑部尚書衛文升率步騎七萬來救東都。衛文升兼程疾進，至華陰先將楊素的墳塚挖了，焚其屍骨，搗毀陵園，以向士卒誓以必死之心。大軍出潼關，有人提醒恐崤山、函谷關有伏兵，但衛文升卻信心十足地說：「以我推度，設伏奇計非豎子所能及。」於是大踏步鳴鼓而行，如其所料安全地度過了函谷關，馳援東都。

遠在遼東的隋煬帝是在楊玄感起兵後約半個月才接到報告，退兵時即令左翊衛大將軍宇文述、右候衛大將軍屈突通、虎賁郎將陳稜乘驛傳快馬先行，發河北郡縣兵以討楊玄感。來護兒在東萊得知楊玄感誣自己而謀反，圍困東都，大為震怒，立即召部下商議回兵援救。同時令其子來弘和來整乘驛傳向煬帝奏告，而此時隋煬帝已還涿郡（治今北京市），已經下敕派來護兒回救東都，見到來弘、來整兄弟，大為高興，賜來護兒璽書道：「公旋師之時，是朕敕公之日，君臣意合，遠同符契，梟此元惡，期在不遙。」[108] 來護兒遂加快了行軍步伐。

一個月之內，隋各路討逆大軍即四面向楊玄感圍來，楊玄感很快喪失了起兵之初的戰略主動，因不用李密上策，使隋煬帝得以騰出來調動軍隊部署對叛亂的鎮壓。

楊玄感在東都城外，吏民從之如市，然而「至於郡縣，未有從者」，附近隋地方政府並沒有像他原來指望那樣傳檄而定。東都城內樊子蓋一次又一次頂住了楊玄感的進攻，軍心也趨於穩定，對於東都留守來講，堅守待援就是勝利，而對於楊玄感來講，拖延時間就是失敗。原先楊玄感盤算自己振臂一呼，必然天下響應，但一個月後才有江南餘杭民劉元進起兵響應，然而相去太遠，未能起到支援作用。

劉元進是一個頗有野心的庶民，長得「臂垂過膝」，自以為相表非常，陰有帝王之志，遂聚合亡命逃役之徒，試圖起事。當煬帝第二次征高麗徵兵於吳、會之時，士卒多結伴逃散，郡縣吏四處緝拿，官民關係如同水火。當楊玄感起兵的消息傳到江南，劉元進知天下思亂，於是舉兵，三吳地區苦役逃亡者莫不回應，旬月之間有眾數萬。劉元進整頓部伍，準備北渡長江會合楊玄感[109]，但路途遙遠，一時難以到達。後又有梁郡（治今河南開封）民韓相國舉兵回應，楊玄感任命他為河南道元帥，旬月之間也擁眾十萬，攻略郡縣，雖聲勢不小，但起兵太晚，也未能對楊玄感攻東都給予有力配合，亦未能牽制宇文述等隋援軍。韓相國振臂一呼能聚兵十萬，時河南山東農民起義武裝聲勢不小，若楊玄感能聯絡利用，加以部署指揮，本可大有作為，但楊玄感並沒有加以聯絡。

在強大隋軍四面合圍的嚴峻形勢下，楊玄感沒有考慮向山東農民起義軍靠攏，共同推翻隋煬帝暴政，實際上處於孤軍作戰的窘境。然而自視甚高的楊玄感並未察覺自己的危險狀況。楊玄感自得韋福嗣，委為心腹，言聽計從，不再專任李密。而韋福嗣卻是個兩面派，凡為楊玄感策劃，皆鼠持兩端，

108《北史》卷七六〈來護兒傳〉。

109《隋書》卷七〇〈劉元進傳〉。

李密知道韋福嗣並非盡心竭力為義軍考慮，私下對楊玄感說：「明公初起大事，而奸人在側，聽其是非，必為所誤矣。」請求將韋福嗣斬首。楊玄感哪裡聽得進去。李密退出帳後對所親哀歎：「楚公好反而不欲勝，吾屬今為虜矣。」這時李密已預感楊玄感將要失敗。

另一個被楊玄感信用的關隴勳貴李子雄也拿不出什麼好主意，竟勸楊玄感速稱尊號當皇帝，楊玄感問於李密，李密認為此非所急，又陳言請楊玄感實施中策，早定關中，但楊玄感只是笑而止之。

這時，從長安來的衛文升軍已攻到洛陽城北，屯於金谷，楊玄感率軍精銳來攻，衛文升因眾寡不敵，又多次中計，頻戰不利，死傷大半。楊玄感雖不善於謀斷，但作戰勇敢，每戰都親運長矛，身先士卒，喑嗚叱吒，所向摧陷，人們都將他比為項羽。又善於撫慰部下，於是每戰皆捷，眾至十萬，但其弟楊玄挺卻在陣戰中中流矢死。隋將衛文升經苦戰得脫，屯於邙山之北。而這時隋陳稜軍已攻破黎陽（今河南浚縣東），斬楊玄感所署刺史元務本。屈突通率軍屯於河陽（今河南濟源東南），宇文述率大軍繼其後，楊玄感這才開始感到恐懼，問計於李子雄，子雄請楊玄感分兵拒敵。楊玄感於是發兵拒屈突通，但大軍剛開拔，東都城內樊子蓋即開城襲擊楊玄感營寨，掩護屈突通軍安然渡過黃河。就這樣，楊玄感西拒衛文升，東拒屈突通，但樊子蓋卻又出城襲擊，楊玄感軍屢敗，死者數萬人，處境更加危險了。直到這時，楊玄感才肯考慮李密所提出的中策。李子雄也說：「直入關中，開永豐倉以賑貧乏，三輔可指麾而定，據有府庫，東面而爭天下，亦霸王之業也。」李密更獻計說：「弘化留守元弘嗣握強兵在隴右，可聲言其反，遣使迎公，因此而入關，可以紿眾，使部眾聽命。」事也湊巧，這時正好有華陰楊氏宗親來，願為嚮導，於是在七月壬辰（二十日），楊玄感下令解東都之圍，集合軍隊十餘萬西取潼關，並揚言：「我已破東都，取關西矣！」隋宇文述、衛文升、屈突通、來護兒、周法尚等合軍共十餘萬，緊跟在後面追擊，這時，楊玄感已相當被動了，其所信用的韋福嗣也趁亂潛逃，到東都自首去了。

楊玄感軍西進至河南郡陝縣弘農宮，突然竄出一群「父老」遮道勸說楊玄感：「弘農宮城空虛，又多積粟，攻之易下」。楊玄感竟輕率地聽信不明身分者言，改變主意先攻下弘農宮再說。其時弘農宮太守為隋宗室蔡王楊智積，在楊玄感軍未到之前，已策劃「以計縻」住楊玄感，使不得西進，「不出一旬，自可擒耳」。攔路的「父老」正是楊智積所派。當楊玄感來到弘農宮城之下，楊智積又「登陴詈辱之」，破口大罵以激怒楊玄感。惱羞成怒的楊玄感像激怒的雄獅，執意攻城，李密苦諫：「公今詐眾入西，軍事貴速，況乃追兵將至，安可稽留，若前不得據關，退無所守，大眾一散，何以自全」。楊玄感聽不進，親自指揮士兵四面圍攻並放火燒宮城，城門被燒毀，楊智積於是加柴益火，使楊玄感軍不得入，攻了三天，終未攻拔。楊玄感這時氣也消了，逐漸清醒，乃引軍向西，但為時已晚。三天寶貴的時間已錯過，軍至閿鄉（今河南靈寶縣西），宇文述等官軍已追上來了。

宇文述、衛文升、來護兒、屈突通等隋軍於皇天原布陣，楊玄感走槃豆，兩軍對峙亙延五十里，楊玄感一日三敗，且戰且行。八月壬寅（初一），楊玄感又布陣於董杜原，隋各路大軍聯合進擊，宇文述與來護兒列陣於前，屈突通以奇兵掩襲楊玄感軍之後。楊玄感大敗，部眾潰散，玄感僅率十餘騎奔走上洛（今陝西商縣），至葭蘆戍時，只剩弟弟楊積善與他徒步而行，玄感自知不能逃脫，絕望之餘對弟弟說：「我不能受人戮辱，汝可殺我！」楊積善抽刀砍死了哥哥，然後自殺，未死，被追兵所俘，與楊玄感首級一同送往涿郡。

楊玄感所署河南道元帥韓相國率十餘萬眾轉戰至襄城（治今河南臨汝），得知楊玄感敗訊，部眾潰散，韓相國被隋吏所執，傳首東都。這樣，楊玄感起兵前後兩個多月，結果轟然而敗。

隋煬帝在涿郡得到平定楊玄感的驛奏報，一塊石頭落了地，這時天氣漸冷，煬帝起駕南返東都。九月甲午（二十三）至上谷（治今河北易縣），因地方官「供費不給」，煬帝大怒，免太守虞何等人官爵。閏九月己巳（二十八），車駕幸博陵（今河北定縣）。庚午（二十九），隋煬帝追撫往事，竟當眾「流涕嗚咽」，侍衛者也跟著「泣下沾襟」。雖然鎮壓了楊玄感叛亂，但隋煬帝內心仍十分沉重，他的臉面已丟得乾乾淨淨，兩次征討高句麗不成功，外國使者也走了，耀武誇示四夷卻得了個如此結果。煬帝不甘心，也不肯認輸，他感到無臉回東都，於是在半路上停了下來，涿郡的軍資尚在，煬帝考慮明年再舉，一定要挽回面子。十月乙酉（十五日），隋煬帝下詔改博陵郡為高陽郡，「赦境內死罪已下，給復一年」。[110]這時越王楊侗等來高陽行在所朝見，煬帝任楊侗為高陽太守，又征衛文升、樊子蓋來行在所，賞賜極厚。不久，煬帝又讓楊侗回東都任留守，自己留在高陽過冬。煬帝並詔陳稜往江南營造戰艦，為明年再征高句麗作準備，衛文升、樊子蓋也都回任原職。

隋煬帝在高陽行在所對楊玄感叛黨進行了嚴厲懲處，受株連者不計其數。楊玄感起兵是隋統治集團的一次大分裂，強烈地震撼了隋統治集團，內部分裂自此不可收拾，煬帝除殘酷報復反叛者外，對手下將領的猜疑更甚。因司農卿趙元淑放走了自遼東潛逃南歸的楊玄縱，八月辛酉（二十日），煬帝親臨審問，將其斬於涿郡，籍沒其家。[111]煬帝又因留守弘化郡的殿內少監元弘嗣與斛斯政為親戚，派衛尉少卿李淵馳往弘化（治今陝西慶陽），將元弘嗣逮捕，由李淵代為留守，關右天水、隴西、金城、枹罕、臨洮、漢陽、靈武、朔方、平涼、延安、雕陽、上郡、弘化等十三郡兵一時皆受李淵節制。李淵是煬帝的表兄，御眾寬簡，人心多附，煬帝又加忌刻，征還行在所。李淵知煬帝對自己不放心，乃縱酒納賄以自韜晦。兩次征討高句麗都立有軍功的將軍王仁恭，因其侄王仲伯參預楊玄感叛亂，坐免官爵。[112]

隋煬帝的親信、藩邸舊臣文士王胄和虞綽因平時與楊玄感友善，俱徙邊。[113]王胄在路上逃亡，潛還江左，結果為縣吏所捕，被處死，時年五十六。虞綽被捕後遠謫且末（今新疆境內），至長安而逃亡，改名換姓，匿於信安縣令辛大德家，一年後因與人爭田相訟，被人認出告發，執送江都斬首，時年五十四。[114]虞綽作有〈囚詩〉一首：「窮達雖有命，捕逃誠負累；背恩已偷光，臨危未能死。得罪既不測，中心悵無已。厚顏羞朋友，囚心愧妻子。聖日始東抉，徂年迫西汜。方違盛明代，永向幽泉裡。況當此春節，物候驚田裡。桃蹊日影亂，柳徑秋風起，動植皆順性，嗟餘獨淪恥。投筆不重陳，此情害知己。」[115] 兩位時時與隋煬帝唱和的詩人，只因與亂臣友善而死於非命。又江南縉紳康抱因其兄受楊玄感官，竟坐當死。[116]

楊玄感叛亂時，秦王楊浩在河陽（今河南濟源東南），宇文述修書給楊浩，楊浩遂趕到宇文述軍中。但因楊玄感曾打算廢煬帝后立楊浩為帝，事雖未成，但有司彈劾楊浩，以諸侯交通內臣的罪名，「竟坐廢免」。[117]

隋煬帝對反叛分子的處理更加嚴厲，可以說是報復性的，組成了以御史大夫裴蘊、大理卿鄭善果、刑部侍郎骨儀及民部尚書樊子蓋為首的專案組，負責推鞫亂黨。楊積善、李密、王仲伯以及韋福嗣等十餘人被捕後押往高陽行在所，準備交煬帝親自處理。李密在半路逃走，韋福嗣自以為無罪，但煬帝拿出他起草的給樊子蓋書草稿，韋福嗣只好低頭，沒有得到好下場。楊積善則自言手刃楊玄感乞求免死，煬帝沒有理會。宇文述奏請對「凶逆之徒」用重法，以肅將來，煬帝於是將楊積善等交宇文述處置。十二月甲申（十五日），宇文述將楊積善等綁在刑格上，用車輪套於犯人頸上，讓文武九品

110 《隋書》卷四〈煬帝紀下〉。
111 《隋書》卷七〇〈趙元淑傳〉。
112 《隋書》卷六五〈王仁恭傳〉。
113 《隋書》卷七六〈文學・王胄傳〉。
114 《隋書》卷七六〈文學・虞綽傳〉。
115 《初學記》卷二〇〈政理部・囚十〉。
116 《冥報記》下〈隋康抱〉條。
117 《隋書》卷四五〈文四子・秦王俊傳〉。

以上官皆持弓箭來射，一時矢如雨下，韋福嗣等肢體糜碎，而身軀仍在車輪之中，又將他們的身軀加以車裂，五馬分屍，最後皆焚燒成灰，拋灑於地。楊玄感則於東都市陳屍三日，剁成肉醬後焚而揚之。叛將李子雄被鎖送行在所，伏誅，籍沒其家。[118] 楊玄感弟楊民行雖未參加造反，但也在長安家中被抓住斬首，「並具梟磔」。另一個弟弟楊玄獎為義陽太守，起事時想歸其兄楊玄感處，被郡丞所殺。楊氏兄弟遂被全部殺光。公卿中有人奏請改楊玄感兄弟姓「梟」氏，隋煬帝詔可。[119]

舉天之下　十分九為盜賊

楊玄感的造反對隋煬帝打擊很大，不僅使煬帝精心策劃志在必得的第二次征討高句麗的戰爭計畫成為泡影，而且極大地削弱了隋統治者的力量。隋統治集團公開分裂，楊玄感公開打出推翻隋煬帝的口號，要「廢昏立明」，大掃了隋煬帝的威風，極大地削弱了隋煬帝的統治地位，客觀上推動了農民起義的進一步發展，使日益壯大的農民起義由經濟鬥爭轉為推翻隋煬帝殘暴統治的政治鬥爭，而不再是單純的避役抗稅，剽掠資財。農民領袖紛紛稱王稱帝，敢於主動向隋軍發動攻擊，奪取重要城鎮，反隋煬帝暴政的鬥爭由此掀起了第二次高潮。

楊玄感起兵對隋朝滅亡影響甚大，起兵雖很快被鎮壓，但其造成的衝擊波對隋政權的打擊無可估量。當時「山東遂大亂」，各地農民起義風起雲湧。如河北有張金稱、王須拔等農民軍二十七支，多者十餘萬，少者好幾萬，屯據州縣，建營山澤，其下酋帥也有名稱，或雲乞見敵、嫌頭才、徹春頑、勿惜死，又結聚村落，百十為群，如黑社、白社、青特、胡驢之號，浮雲賊、忽律賊。[120] 大小山頭林立，隋在河北的郡縣系統陷於瓦解。大業九年（六一三）八月戊申（初七），隋煬帝下詔：「盜賊籍沒其家」，但並沒有嚇倒造反的農民。

隋煬帝這時決定要以人民為敵，他對負責推鞫楊玄感黨羽的御史大夫裴蘊等說：「玄感一呼而從者十萬，益知天下人不欲多，多即相聚為盜耳，不盡加誅，無以懲後。」裴蘊得旨後，設大獄嚴刑推審，凡與楊玄感有牽連者，皆籍沒其家，殺三萬餘家，流徙者六千餘人，枉死者大半，楊玄感圍東都時曾開倉賑給百姓，裴蘊和樊子蓋等竟下令「凡受米者」，皆抓來集於城南活埋。時小股農民起義到處都有，「郡縣官因之各專威福，生殺任情」。[121]但瘋狂的鎮壓更激起了農民的反抗，起義迅速蔓延到江南、嶺南及西北秦隴一帶。八月乙卯（十四日），有陳瑱等率農民軍三萬，攻陷信安郡（今廣東高要）。九月己卯（初八），山東濟陰（治今山東定陶西）人吳海流、東海（治今江蘇連雲港）彭孝才舉兵起義，有眾數萬。庚辰（初九），有梁慧尚率眾四萬，攻陷蒼梧郡（治今廣東封開縣）。丁酉（二十六），東陽（今浙江金華）人李三九、向但子聚眾至萬餘。一個月之間，就有數起農民反隋暴政的起義在全國不同地區同時爆發。

回應楊玄感的餘杭（今浙江杭州市）劉元進十萬農民軍雖未渡江北上，得知楊玄感敗後，即「轉掠江左」。時有吳郡（治今江蘇蘇州市）還俗道士朱燮，曾任昆山縣學博士，也率學生數十人起兵，苦役者「赴之如市」。又有晉陵（今江蘇武進）民管崇隱居常熟，志氣倜儻，自吹有王者相，被鄉黨捧為首領起義。隋煬帝命虎牙郎將趙六兒率兵馬屯江都縣揚子，分五營以防備江南造反者。管崇派其部將陸顗北渡長江夜襲趙六兒，攻破其兩營，收繳軍器物資，眾至十萬。朱燮、管崇共迎劉元進，推為盟主，占據吳郡（治今江蘇蘇州），劉元進稱天子，朱燮、管崇各為尚書僕射，署置百官，毗陵（治

118《隋書》卷七〇〈李子雄傳〉。
119《隋書》卷七〇〈楊玄感傳〉。
120《類說》卷六〈知世郎〉。
121《資治通鑒》卷一八二隋煬帝大業九年。

今常州）、東陽（治今浙江金華）、會稽（治今浙江紹興）、建安（治今福建福州）豪傑多響應，殺隋郡縣長吏，隋對江南郡縣逐漸失去控制。

隋煬帝又派將軍吐萬緒、魚俱羅率兵南渡長江進剿江南農民軍，劉元進率軍頻戰，互有勝負。朱燮、管崇合軍十萬，退保曲阿（今江蘇丹陽），結柵以拒官軍，相持百餘日，被吐萬緒擊敗，後屯毗陵（今常州市），又敗，管崇等五千餘人戰死。子女被俘者三萬餘口。隋軍乘勝解會稽郡圍，數戰皆捷，恢復隋在江南的郡縣。「然百姓從亂者如歸市，賊敗而復聚，其勢益盛」。劉元進退到福建境內，隋煬帝命吐萬緒、魚俱羅再進剿，但士兵疲弊，吐萬緒請求息甲稍作休整，明年春天再剿。魚俱羅也認為造反農民非一年一歲能平定，他眼見天下漸亂，竟遣家僮用船從江南運米至東都販賣，以聚財貨。又將兒子偷偷接到江南，為自己尋找後路，隋煬帝得知大怒，將魚俱羅斬首，又征吐萬緒詣行在所，吐萬緒憂憤死於途中。[122]

隋煬帝於是改任江都宮丞王世充發淮南兵數萬渡過長江，進剿劉元進，劉元進率軍拒戰，殺官軍數千，王世充退保延陵柵，義軍各持茅草因風縱火，官軍大敗，窘迫中將棄營逃遁，突然風向改變，火勢直撲義軍，劉元進退走，王世充乘機反撲掩擊，大破義軍，自後連戰皆捷，越殺越多，劉元進、朱燮敗死於吳（今蘇州）。餘眾或降或散，王世充召先降者於通玄寺焚香起誓，約降者不殺，散走的義軍原欲逃入海島，聽說王世充誓不殺降，相繼出來投誠，結果被王世充全部抓了起來，活埋於黃亭澗，死者三萬餘人。倖存者轉相警告，復相聚起義，據險為寨，官軍討伐不盡。王世充殺人雖多，卻並未平息江南叛亂，反而使民變越來越多。但隋煬帝卻認為劊子手王世充有將才，益加寵任。

隋煬帝在不斷調兵遣將鎮壓各地農民起義的同時，又命天下郡縣和驛站築城，加強防衛力量。大業九年（六一三）十月丁丑（初七），有呂明星率領的農民軍數千人圍攻東都，被隋武賁郎將費青奴擊敗斬首。這時，山東境內以長白山（今章丘縣東北）為根據地的王薄、孟讓等領導的農民軍又發展到十餘萬人，渤海格謙和孫宣雅也都各擁眾十萬。格謙自稱燕王，孫宣雅自號齊王，四出攻擊隋郡縣，使「山東苦之」。

有的義軍把攻擊矛頭直接對準隋煬帝。河北唐縣人宋子賢善幻術，自稱彌勒佛出世，能變佛形，遠近信奉者「日數百千人」[123]，準備以召開佛教的無遮大會為名，舉兵襲擊隋煬帝高陽（今河北定縣）行在所，因密泄被捕遇害，其黨千餘家受到株連被殺。佛教徒反隋煬帝的還有扶風（今陝西鳳翔）桑門（和尚）向海明，自稱彌勒出世，「人有歸心者，輒獲吉夢」，吸引大批信徒，京畿王輔地區的民眾翕然奉之，稱為大聖。向海明舉起反隋旗幟，眾至數萬，十二月丁亥（十八日），向海明和尚也自稱皇帝，改元白烏。隋煬帝詔派太僕卿楊義臣前往進剿。

這時山東章丘人杜伏威和臨濟人輔公祏亡命後參加下邳人苗海潮領導的農民軍，被苗部眾奉為主帥，杜伏威自稱將軍，轉戰淮南，用火攻燒死進剿的隋將宋顥，力量逐漸壯大。[124]

大業九年（六一三）這一年，隨著貴族楊玄感的起兵和隋煬帝二征高句麗的失敗，農民起義向縱深發展，不僅廣度上大大超過以前，起義烽火燃遍大江南北，而且品質上也有明顯提高，不少義軍突破保山守澤的框框，聯合其他義軍共同作戰，多次擊破官軍的圍剿，使起義烽火越燒越旺。隋煬帝的鎮壓也越來越瘋狂，對造反民眾的懲罰也更加野蠻。煬帝認為犯上作亂必用嚴刑，不久前自己親自主持修定的比較寬仁的《大業律》被拋在一邊，要用嚴刑峻法制服民眾的反抗。然而，「譬如遼東死，斬頭何所傷」，人不畏死，奈何以死畏之。人的最基本的生存權都被暴君剝奪，處在死亡線上掙扎的

122《隋書》卷六四〈魚俱羅傳〉〈吐萬緒傳〉，卷七〇〈劉元進傳〉。《資治通鑑》卷一八二隋煬帝大業九年。
123《隋書》卷二三〈五行志下〉。
124《舊唐書》卷五六〈杜伏威傳〉。

廣大民眾只能以死相拼。既把生死置之度外，嚴刑峻法又算得了什麼，其結果當然是適得其反。面對暴虐的鎮壓，民眾更加憤怒，舉家老小成批成批地加入了農民起義反抗暴政的行列，致使「舉天下之人，十分九為盜賊，皆盜武馬，始作長槍，攻陷城邑」。[125] 除西南四川地區因受兵役遙役騷擾相對較少而比較安定外，全國東南西北已到處都是農民起義的烽火狼煙。

第四節　御駕三征遼東　國內政治失控

隋煬帝又一意孤行第三次御駕親征高句麗，出兵規模不減當年。赴役民眾填咽於道，晝夜不絕，但結果卻又是一場滑稽劇，氣勢洶洶的百萬征討大軍，僅得到一句表示歉意的空話就按原路退回。煬帝是挽回了一點面子，但將士們卻不知走了多少冤枉路。隋煬帝憑藉其無上皇權挾千百萬民眾東奔西顛，結果是失信於天下。征遼失敗使隋煬帝失去了對國內政治的控制。

徒有歸飛心　無復因風力

大業十年（六一四）的元旦，隋煬帝是在高陽（今河北定縣）行在所度過的。此時煬帝心裡仍耿耿於高麗「小丑」高元，去年如果不是豎子楊玄感造反，打亂了他的征討計畫，也許高麗早已滅亡了，「小丑」高元早已是他的階下囚。雖然國內發生了大規模農民起義，但煬帝仍不放棄掃滅高句麗的既定計劃，留住高陽不返回東都度春，就是為再舉伐高句麗作準備。

新年伊始的正月甲寅（十五日），隋煬帝以宗女信義公主，嫁於西突厥曷娑那（處羅）可汗。可汗隨煬帝御駕參加了兩次征遼，煬帝本想讓他及四夷使者親眼看看他掃平高句麗有如彈指一揮，但兩次慘敗使「聖人可汗」的臉面丟盡。嫁公主給曷娑那，顯然是要進一步籠絡他，煬帝還要帶可汗第三次從征，希望能挽回面子，真正威服四夷。

這年，百濟又遣使朝貢[126]，煬帝接見了百濟使者並再約以夾擊高句麗之事。二月辛未（初三），隋煬帝詔百官商討再伐高句麗，皇帝的意志誰也不敢忤逆，全體官員竟沉默了數日。大家都明白，儘管楊玄感叛亂已平定，但國內「群盜所在皆滿」，局勢已亂，征遼鬧得天怒人怨，百官明知當務之急不是遠征高句麗，而是安撫國內動亂，但煬帝駐蹕高陽對高句麗意在必取，群臣又有何話可說呢？只能任憑煬帝一意孤行，一錯到底，讓帝王的權杖伸到許可權的最遠邊界再縮回。

戊子（二十日），隋煬帝下了一道奇怪的詔書：

> 竭力王役，致身戎事，咸由徇義，莫匪勤誠，委命草澤，棄骸原野，興言念之，每懷潛惻。往年出車問罪，將廟遼濱，廟算勝略，具有進止。而諒惛凶，罔識成敗，高熲愎很，本無智謀，臨三軍猶兒戲，視人命如草芥，不遵成規，坐貽撓退，遂令死亡者眾，不及埋藏。今宜遣使人分道收葬，設祭於遼西郡，立道場一所。恩加泉壤，庶弭窮魂之冤，澤及枯骨，用弘仁者之惠。[127]

煬帝裝出一副悲憫心腸，對竭力王役而委命草澤的陣亡將士表示哀悼，派人分道收葬棄於荒野的骸骨，立道場設祭壇，超度死者亡靈。祭弔死者，是為了激勵來者，這是最通常的辦法，但隋煬帝卻不檢討自己兩次御駕親征的失算，正是他自己「視人命如草芥，不遵成規，坐貽撓退，遂令死

125《隋書》卷二四〈食貨志〉。
126《隋書》卷八一〈東夷・百濟傳〉。
127《隋書》卷四〈煬帝紀下〉。

亡者眾，不及埋藏」。自己的瞎指揮造成了百萬兵民的災禍，但煬帝不思痛悔，反而將過錯上推到開皇十八年（五九八），諉過於漢王楊諒和高熲。實際上，不是高熲愎很，楊諒惛凶，恰恰是隋煬帝自己愎很惛凶，罔識成敗，這時的煬帝可謂是輸紅了眼的賭徒，要一味賭下去，不到輸光不會收場。他死要面子，諉過於人，竟嫁罪於父親。清代史學家王鳴盛論煬帝「大業十年（六一四）詔收葬征遼死亡者，而遠引漢王諒、高熲開皇十八年（五九八）征遼敗退事，以大業八年之敗為諱，欲駕罪於父也」。[128]所論一針見血，是十分正確的。

二月辛卯（二十三），隋煬帝下詔第三次御駕親征高句麗，詔曰：「黃帝五十二戰，成湯二十七征，方乃德施諸侯，令行天下。盧芳小盜，漢祖尚且親戎，隗囂餘燼，光武猶自登隴，豈不欲除暴止戈，勞而後逸者哉。」這又是把自己扮成湯武一般的聖王，要除暴止戈，為自己御駕親征尋找歷史根據。接著，他又說：

> 朕纂成實業，君臨天下，日月所照，風雨所沾，孰非我臣，獨隔聲教。蕞爾高麗，僻居荒表，鴟張狼噬，侮慢不恭，抄竊我邊陲，侵軼我城鎮。是以去歲出軍，問罪遼、碣，殪長蛇於玄菟，戮封豕於襄平。扶餘眾軍，風馳電逝，追奔逐北，徑逾浿水，滄海舟楫，沖賊腹心，焚其城郭，汙其宮室。高元伏鑕泥首，送款軍門，尋請入朝，歸罪司寇。朕以許其改過，乃詔班師。而長惡靡悛，宴安鴆毒，此而可忍，孰不可容！便可分命六師，百道俱進，朕當親執武節，臨御諸軍，秣馬丸都，觀兵遼水，順天誅於海外，救窮民於倒懸，征伐以正之，明德以誅之，止除元惡，餘無所問。若有識存亡之分，悟安危之機，翻然北首，自求多福；必其同惡相濟，抗拒王師，若火燎原，刑茲無赦，有司便宜宣布，咸使知聞。[129]

這個詔書與大業八年（六一二）正月壬午（初二）第一次征高句麗的詔文相比，其順天誅惡，弔民伐罪的總基調沒有變，但詔書掩蓋了前兩次出兵的失敗，反而吹噓隋軍曾風馳電逝，沖賊腹心，焚其城郭，汙其宮室，甚至編造出「高元泥首送款請罪」，「朕許其改過，乃詔班師」的謊言。是高元不知好歹，怙惡不改，是可忍，孰不可忍，所以再次御駕親征，救民於倒懸。煬帝說得振振有詞，慷慨激昂，此詔文既要求有關官司「便宜宣布，咸使知聞」，可謂是最廣泛地作了傳達，用以煽惑兵民上前線送死。以謊言愚民惑眾，煽動仇恨，是專制帝王慣用的手法。

隋大軍百萬就這樣又一次被隋煬帝帶上了遼東前線。和前兩次一樣，征人四遠赴如流，舳艫相次千餘里，役夫往返在道常數十萬，死者臭穢盈路，逃役者不計其數。如劉弘基從征遼東，家貧不能自備行裝，行至汾陰，自度已失期當斬，沒有辦法，遂與同伴殺牛，讓官吏來逮捕自己，關進縣大牢。[130]

三月壬子（十四日），隋煬帝御駕來到涿郡，而士卒征人在道者，逃亡幾乎是擦肩而過，人流洶湧。癸亥（二十五），煬帝來到北平郡盧龍縣的臨渝宮（今河北撫寧縣境），在曠野設壇祭祀黃帝。隋煬帝親御戎服主祭，將抓到的逃亡士兵斬首，以人血塗鼓，以示警誡，但是兵民從役者仍逃亡不絕。

四月甲午（二十七），車駕來到北平郡（治今河北盧龍縣）城，一路上民變叛亂此起彼伏，各地變亂的消息不斷傳來，煬帝一面發詔各地官員征討鎮壓，一面繼續行軍，但逃亡不斷，行進很慢。秋七月癸丑（十七日），煬帝御駕才趕到塞外遼河邊上的懷遠鎮（今遼寧省懷遠縣），走了近三個月。隋煬帝雖又一次親臨前線，但原先徵發的軍隊多失期不至，士兵厭戰，役夫逃亡，加上秋涼已到，時間

---

128 《十七史商榷》卷六六〈大業十年〉條。
129 《隋書》卷四〈煬帝紀下〉。
130 《舊唐書》卷五八〈劉弘基傳〉。

不多，隋軍雖貌似強大，但實際上很虛弱。同時，高句麗屢遭隋軍剽掠攻擊，雖頂住了進攻未致亡國，但亦舉國困弊，就總的形勢來看隋軍若再鼓一把勁，滅掉高句麗也不是沒有可能。但是，即使滅亡了高句麗也控制不住，因為隋煬帝連本國局勢都已無法控制，何談他國，因此，征討高句麗已毫無意義。但隋煬帝仍要討個說法，不能不勝而退。

此時，來護兒率水軍泛海先於遼東半島登陸，占領了高句麗的畢奢城（今遼寧大連市北），但水軍副總管周法尚則在進軍途中遇疾而亡，死時遺言以未能親見滅高句麗而深感遺憾。高句麗舉兵來迎戰來護兒軍，被擊敗，來護兒於是部勒兵馬將進攻平壤。高句麗王高元震懼，連年守土作戰已人疲馬乏，無力再戰，於是遣使執送隋叛臣斛斯政於遼東城下，上表乞降。

由於前兩次失敗，隋煬帝對取勝也不像先前那樣有把握，他對戰局的發展也心中沒有底，國內的頻頻叛亂和軍糧轉輸困難使他頗為沮喪。七月甲子（二十八），當高句麗王的使者囚送斛斯政來贖罪乞降，總算討到了一個說法，自己是勝利者，也總能挽回一點面子。現在對於隋煬帝來講，死要活要的就是皇帝的威嚴臉面。於是，下令隋各路大軍停止攻擊，接受高句麗降款，並遣人持節往來護兒軍中，詔其率水軍回師。

來護兒剛打了勝仗，水軍隨船帶糧有運輸條件，士卒士氣較高，對戰爭前景持樂觀態度。接到回師詔令，來護兒大為不滿，即召集部眾喊：「三度出兵，未能平賊，此還也，不可重來。今高麗困弊，野無青草，以我眾戰，不日克之。吾欲進兵，徑圍平壤，取其偽主，獻捷而歸。」不肯奉詔，上表請戰。長史崔君肅認為詔命不可抗，來護兒激憤地說：「吾在閫外，事合專決，豈容千里稟聽成規，俄頃之間，動失機會，勞而無功，故其宜也。」[131]他認為勝利進軍中未達目的突然退兵太輕率，表示寧肯獲罪也要擒得高元，而且，舍此成功機會，今後就不會再有了。從領兵將帥的角度看，來護兒和于仲文都堪稱大將，有建功立業之心，能謀善戰，若隋煬帝不御駕親征，而將大局委交給這樣的將領，發兵二、三十萬，用不著百萬人眾，未嘗就不能滅亡高句麗。然而，有將才煬帝卻不能用。這時，崔君肅也大聲向眾將喊叫：「若從元帥，違拒詔書，必將聞奏，皆獲罪也。」諸將恐懼，都勸來護兒奉詔退軍，來護兒沒有辦法，只好率水軍回還。

八月己巳（初四），秋涼陣陣，隋煬帝自懷遠鎮班師回朝。三次大規模的征遼軍事行動結尾了，最後一次雖走得從容，但同樣是一無所獲。

回師路上，煬帝御駕在邯鄲竟遭到農民軍楊公卿部八千人抄劫，駕後第八隊被抄，義軍奪得飛黃上廄馬四十二匹而去。天子御馬被劫，隋煬帝卻也無可奈何。

冬十月丁卯（初三），隋煬帝回到東都，未作休整就繼續西行，己丑（十五日）回到京師大興城。隋煬帝以高麗使者押斛斯政親告於太廟，算是獻捷。於是下詔征高麗王高元入朝，當然高元根本不會理會，煬帝又自感羞辱，拘留高句麗使者，並下敕令將帥整裝嚴備，試圖再舉兵問罪遼左。但此時天下已大亂，煬帝再也奈何高元「小丑」不得了。[132]隋煬帝心有餘而力不足，他終於知道自己想辦的事不一定都能辦到，知道權力也有限度了。

隋煬帝把滿腔仇恨都集中到高元送來的替死鬼斛斯政身上。宇文述最瞭解皇上的心思，上奏稱：「斛斯政之罪，天地所不容，人神所同忿。若同常刑，賊臣逆子何以懲肅，請變常法。」十一月丙申（初二），煬帝下令依殺楊積善之法，用早已廢棄的酷刑處死斛斯政。於是將斛斯政押解至金光門外，縛於柱上，不用劊子手行刑，

而讓公卿百僚都操弓擊射，然後臠割其肉烹煮之，讓百官啖之。所謂啖，即吃，也就是讓大家把

131《隋書》卷六四〈來護兒傳〉。

132《隋書》卷八一〈東夷・高麗傳〉。

斛斯政吃了來解恨。在隋煬帝的目光威逼下，即使是衣冠楚楚的朝官也不得不強忍噁心，嘗一嘗人肉味道，有佞者竟「啖之至飽」。人肉吃完後再收餘骨，「焚而揚之」[133]，這比千刀萬剮還更洩憤。

隋煬帝在京師還沒有呆上一個月，只是備法駕於南郊祭了一次上帝，禮畢即御馬疾驅回宮。這時國家已成了個爛攤子，許多事要重新處理，國內政治成了一團亂麻，在京師父皇的宮殿中隋煬帝的心也有如一團亂麻，煩躁不安，下令朝班公卿百官都隨他往東都。術士庾質諫：「比歲伐遼，民實勞敝，陛下宜鎮撫關內，使百姓畢力歸農。三五年間，令四海少得豐實，然後巡省，於事為宜，陛下思之。」[134]已無心治國的隋煬帝聽後卻很不高興。庾質雖為占卜術士，但每諫都切中時要，說得很實際，或許是借占卜之名以言人事，煬帝不聽，庾質於是辭以老病不從駕，煬帝大怒，竟下令將庾質鎖送行在所。

這是隋煬帝最後一次告別京師，唐人張祜〈隋宮懷古〉詩云：「廢宮深苑路，煬帝此東行。往事餘山色，流年是水聲。古牆丹雘盡，深棟黑煤生。惆悵從今客，經過未了情。」[135]帝國的首都重鎮宮苑高牆就這樣拋棄而一去不復返，皇帝的責任本是居中君臨四方，居重而馭天下，但大業年間天子竟是這樣不知輕重，四處遊蕩，國內政治逐漸失控，天子之位豈能久乎？

十二月壬申（初九），御駕來到東都洛陽城外，隋煬帝又一次宣布大赦。戊子（二十五），入東都，卻將庾質下獄，最後庾質竟死於獄中。

大業十一年（六一五）春正月甲午（初一）元旦大朝會後，隋煬帝於東都宮殿設大宴招待公卿百僚和四夷使節，來朝貢的使者有突厥、新羅、靺鞨畢大辭、訶咄、傅越、烏那曷、波臘、吐火羅、俱慮建、忽論、靺鞨訶多、沛幹、龜茲、疏勒、于闐、安國、曹國、何國、穆國、畢衛、衣密、失範延、伽斯、契丹等國，但仍沒有高句麗朝貢使者，隋煬帝連續三年大規模征討高句麗，本欲誇耀威服四夷，結果高句麗沒有被征服，自己反倒一敗塗地，威風掃地。現在在四夷面前臉面將往哪裡放，一貫矜誇自負好大喜功，以致竭盡國力變態炫耀的「聖人可汗」，這下子羞都羞死了。四夷使者與其說是來朝貢，不如說是來看熱鬧。以大隋王朝為中心的東亞國際秩序華夷朝貢體制行將崩潰，但隋煬帝還是厚著臉皮拉開遮羞布。乙卯（十五日），大會蠻夷，設魚龍蔓延之樂，頒賜各有差。[136]

一陣鬧騰過後，隋煬帝實在按捺不住自己悲痛的心情，回到長樂宮獨自飲酒大醉，因賦五言詩。詩文今失傳，僅留下最後兩句：「徒有歸飛心，無復因風力。」說的是他雖有聖王淩雲之志，卻無回天之力，其權力意志受到了極大的蹂躪。心潮澎湃，難以平靜。志慕秦皇、漢武頂天立地的好男兒楊廣，今後這皇帝還怎麼當下去？五言詩成，隋煬帝令宮內美人再三吟詠，自己聽著聽著不禁泣下沾襟，在一旁的侍御者也莫不欷歔。[137]

「李氏當為天子」　枉殺李渾李敏

三征高麗，徵兵抓役，徭役交急，民不聊生。一時民眾思亂，「從盜如市，郡縣微弱，陷沒相繼。」[138]從隋煬帝大業十年（六一四）第三次征遼到大業十一年（六一五）七月北巡代北，農民起義又掀起了第三次高潮。

133《隋書》卷七〇〈斛斯政傳〉；《資治通鑑》卷一八二隋煬帝大業十年。
134《隋書》卷七八〈藝術．庾質傳〉。
135《全唐詩》卷五九〇。
136《隋書》卷四〈煬帝紀下〉。
137《隋書》卷二二〈五行志上〉。
138《隋書》卷七一〈楊善會傳〉。

人民也蔑視隋煬帝的無上皇權，隋煬帝既不尊重人民的基本生存權，人民就不奉他為「真龍天子」，一時「李氏當為天子」的讖言在全國各地流傳，在楊隋興起的關隴地區最盛。「盜賊蜂起」，自稱天子或建元置號者比比皆是。

大業十年（六一四）二月丁酉（二十九），就在隋煬帝剛頒下三征高句麗的詔令後不久，有扶風（治今陝西鳳翔）人唐弼舉兵反，擁眾十萬。唐弼依據「李氏當為天子」的讖言，推李弘為天子，自己稱唐王，橫行關隴地區。

大業十年（六一四）崛起的農民軍很多，但隋軍的鎮壓進剿也越更凶殘。轉戰於沂水的東海義軍彭孝才被彭城留守董純打敗擒獲，但董純雖屢戰皆捷，而造反者卻越剿越多。於是有人向隋煬帝誣告董純怯懦，隋煬帝大怒，將董純鎖到東都處死。[139] 鎮壓農民起義最凶殘的要數齊郡丞張須陀，時有齊郡人左孝友率義軍屯於蹲狗山（今山東招遠北），「眾將十萬」，張須陀列八風營逼壓，又分兵扼守要害，左孝友窘迫投降，「其黨解象、王良、鄭大彪、李腕等眾各萬計」，均被張須陀剿滅。張須陀「威震東夏」，隋煬帝提升他為齊郡通守，領河南道十二郡黜陟討捕大使。張須陀於是更加瘋狂。涿郡盧明月部義軍在祝阿（今山東禹城南）與張須陀相持十多天，張須陀糧盡退兵，使其部將歷城人秦叔寶、羅士信分領兵千餘人埋伏於蘆葦間，當盧明月追擊張須陀時，伏兵偷襲盧明月大營，縱火燒柵，盧明月見狀倉皇奔還，張須陀回軍夾擊，大破義軍，俘斬無算，盧明月僅以數百騎突圍。隋煬帝聞訊大悅，優詔褒揚，特令畫工到軍中畫張須陀及其部下小將羅士信戰陣之圖，及二人形象，上於內史。[140]

征遼大軍撤回後，對農民起義的鎮壓又加了碼。如來護兒水軍撤回山東，隨即投入圍剿，其第六子來整更是凶猛異常，「討擊群盜，所向皆捷」，以致有歌謠云：「長白山頭百戰場，十十五五把長槍，不畏官軍十萬眾，只畏榮公第六郎。」為此河北、山東地區的農民起義遭到不少挫折，加上連年災荒，缺吃少穿，山東許多義軍轉向江淮。大業十年（六一四）底，孟讓率軍十餘萬自長白山南下江淮，至盱眙（今江蘇）占據隋煬帝的離宮都梁宮，阻淮為固，抗擊官軍。隋煬帝派江都丞王世充率兵進剿，王世充佯示羸弱，相持不戰，趁孟讓輕敵懈弛時毀柵出擊，大敗義軍，孟讓僅率數十騎奔走。部分潰散的義軍歸附在淮南地區活動的張善安麾下，張善安率眾襲破廬江郡（治今安徽合肥），渡過長江，轉戰鄱陽湖。

大業十一年（六一五）隋煬帝因「戶口逃亡，盜賊繁多」，於二月庚午（初七）下詔：

> 設險守國，著自前經，重門禦暴，事彰往策，所以宅土寧邦，禁邪固本。而近代戰爭，居人散逸，田疇無伍，郛郭不修，遂使遊惰實繁，寇勦未息。今天下平一，海內晏如，宜令人悉城居，田隨近給，使強弱相容，力役兼濟，穿窬無所厝其奸宄，萑蒲不得聚其逋逃。有司具為事條，務令得所。[141]

所謂「天下平一，海內晏如」，以及這年正月十五的魚龍蔓延之樂，都是粉飾太平。隋煬帝實際上已認識到國內局勢的惡化，他企圖把民眾強行遷徙到城裡，學習高句麗軍民堅壁清野對付百萬隋軍的辦法，使造反者孤立無援，缺乏補給而難以持久，同時，割斷民眾與義軍的聯繫，以防止越來越多的民眾逃亡和參加義軍。結果，反而使「百姓廢業，屯集城堡，無以自給」。[142] 加上徭役嚴急，人民在堡壘中無法生存，這就逼迫更多的民眾鋌而走險。

大業十一年（六一五）中，農民起義繼續發展，又興起許多新的農民起義軍。在河北地區，幽州

139《隋書》卷六五〈董純傳〉。
140《隋書》卷七一〈誠節．張須陁傳〉。
141《隋書》卷四〈煬帝紀下〉。
142《隋書》卷二四〈食貨志〉。

人楊仲緒於二月戊辰（初五）率義軍萬餘攻打北平（今河北盧龍），被隋將李景擊斬，然北平一帶已是「盜賊蜂起，道路隔絕」。[143]二月丙子（十三日），上谷（今河北易縣）人王須拔舉兵，自稱「漫天王」，建國號燕，其亞將魏刀兒自稱「歷山飛」，各擁眾十餘萬，北連突厥，南攻燕趙。煬帝萬分憂慮，特召將軍王辯「升御榻」，問以進剿方略。[144]於是發兵與段達、郭絢等合擊惡戰，將「歷山飛」擊敗。[145]但義軍敗而又起，散而復聚。上谷人宋金剛又率眾萬餘，在易州（河北易縣）邊境上與魏刀兒義軍互為表裡，合擊官軍，農民軍勢力復振。

在山東河南地區，有齊郡（治今濟南）人顏宣政、彭城（今徐州）人魏騏驎舉兵。魏騏驎率眾萬餘人據單父（今山東單縣），攻魯郡（治今山東益州）。剛被張須陁打散的盧明月又乘勢重整旗鼓，率眾十餘萬進攻陳（今河南淮陽）、汝（臨汝）一帶。譙郡（治今安徽亳縣）人朱粲原為縣小吏，在從官軍征剿長白山（今山東章丘東北）義軍時反水，轉而聚眾起義，「擁眾數十萬」，朱粲自稱迦樓羅王，遷徙無常，引軍渡淮，攻打竟陵、沔陽，由今河南打到湖北，所向披靡，漢南諸郡多為朱粲攻占。東海人李子通也率眾自長白山轉戰江淮，自稱將軍。

京師國本，王業所基的關中地區，因「百姓饑饉」，「盜賊蜂起」。留守京師的衛文升不能「救恤」，他見「官方壞亂，貨賄公行」，上表乞骸骨，想退休，但煬帝不予批准，只是再派有雅量的蘇夔為使巡撫關中。在山西，絳郡（今山西新絳）有敬盤陀、柴保昌八萬多農民軍四處橫行，隋汾、晉地方長吏難以鎮壓，隋煬帝派樊子蓋發關中府兵前來進剿，使「汾水之北，林塢盡焚」，「有歸首者，無少長悉坑之」。樊子蓋殺人雖多，但「百姓怨憤，益相聚為盜」，終不能取勝。隋煬帝只好改任表兄唐公李淵取代樊子蓋，李淵改用剿撫兼施的辦法，在猛攻義軍的同時，對降者「推赤心待之」[146]，使管內暫得安寧。

李淵在山西剿撫農民起義有功，得到隋煬帝褒揚，但天有不測風雲，在嘉獎背後暗藏著禍害。

殘酷的鎮壓收效甚微，各地農民起義仍風起雲湧，使隋煬帝心煩意亂，不知所措，這時有個名安伽陀的方士，就各地流行「李氏當為天子」讖語，上言隋煬帝盡誅海內凡姓李者。姓李的不光是農民，貴族李淵等李姓也很多，隋煬帝禁絕讖緯，現在讖語仍滿天飛，特別是製造輿論要改朝換代，使人心惶惶。煬帝更不能不有所關注，李淵當然在關注之列，而長期跟隨在身邊的關隴勳貴李敏，則成了首要懷疑對象。

李敏是隋開國元勳李穆的侄孫，自雲為隴西成紀人，西漢騎都尉李陵之後。西魏北周以至於隋，李穆及其兩個哥哥李賢、李遠，均是佐命功臣，李遠更與楊忠同列於府兵十二大將軍之列。隋文帝楊堅篡周之際，得到了并州總管李穆的有力支持，事成後李穆被拜為太師，贊拜不名。在《隋書》列傳中，李穆名列第一。其時李穆子孫雖在繈褓，悉拜儀同，一門執象笏者百餘人，也就是說一家有上百人在朝任官，其貴盛當時無以為比，可謂關隴勳貴大家族。

李敏的父親李崇是李賢之子，幼小即以父勳封侯，仕周以勳授開府，封廣宗縣公。開皇三年（五八三）任幽州總管時，突厥犯塞，率軍拒戰，死於戰陣，時年四十八。子李敏襲其爵位。

李敏字樹生，隋文帝以其父為國捐軀，將李敏養於宮中數年。李敏長得瀟灑漂亮，自小受到很好的貴族式教育，多才多藝，善騎射，歌舞管弦無不通解。文帝長女即隋煬帝的姐姐楊麗華與周天元所生女兒名娥英，也長大待嫁，於是「妙擇婿對」，敕貴公子弟集弘聖宮，宇文公主坐於帷中自選才郎，貴公子們一個接一個出來試藝，選不中者即出宮門。輪到李敏，公主一眼相中，於是假李敏以一品羽

143《隋書》卷六五〈李景傳〉。
144《隋書》卷六四〈王辯傳〉。
145《隋書》卷八五〈段達傳〉。
146《冊府元龜》卷七〈創業〉。

儀。宇文娥英為北周公主，又是大隋皇帝親外孫女，文帝和獨孤皇后愛重有如掌上明珠，楊廣兄弟也親愛有加。李敏後歷任外州刺史，但多不蒞職，常留京師，往來宮內，侍從遊宴，賞賜超過功臣，與楊廣感情也很好，情同骨肉。

大業初年，李敏轉授衛尉卿，樂平公主（楊麗華）去世之前，向煬帝遺言：「妾無子息，唯有一女……今湯沐邑，乞回與敏。」[147]煬帝當即答應，於是李敏竟食邑五千戶。後轉將作監，從舅舅隋煬帝征討高句麗，為新城道軍將。楊玄感叛亂後，正是他向煬帝建議修復大興城防。有鑒於楊玄感以督糧反叛，大業十年（六一四）第三次征高句麗時，隋煬帝派李敏於黎陽督運軍糧，足見煬帝對自己的親外甥女婿的信重。但李敏的姓氏應讖，「李氏當為天子」對隋煬帝來講實在是太要命了，太可怕了。據說當年文帝夢見洪水淹長安，因而新築大興城，而李敏又有一小名叫「洪兒」，姓李又名洪兒，正合當時四起的讖語，煬帝於是當面告訴李敏，希望他改姓名加以回避。

李氏當讖非同小可，得不到大福反而會遭飛來之禍。李敏於是深感恐懼，即把此事告訴了堂叔父李渾及李善衡。

李渾字金才，為李穆的第十個兒子，長得姿貌雄偉，留有一副美鬚髯，在北周任官時就與楊堅友善。後晉王楊廣出藩江都，李渾又以驃騎將軍率領親信，隨楊廣到揚州，成為藩邸舊臣。仁壽年間進位大將軍，拜左武衛將軍，領太子宗衛率，與楊廣關係親密。而其妻乃宇文述之妹，成為隋煬帝的心腹親信。

李渾之父李穆死前隋文帝曾下詔：「中國公器宇弘深，風猷遐曠，社稷佐命，公為稱首，位極帥臣，才為人傑……自今已後，雖有愆罪，但非謀逆，縱有百死，終不推問。」開皇六年（五八六）李穆薨，文帝賜以石槨，百僚送之郭外。因其長子李惇先穆而卒，以其嫡長孫李筠嗣爵，對此李渾相當不滿。仁壽年間，李渾因侄兒李筠吝嗇，祕密指使另一侄兒李善衡將李筠殺死，而李筠早先又與堂弟李瞿曇有隙，李渾遂證李筠為李瞿曇所殺。文帝大怒，將李瞿曇斬首。仁壽四年（六〇四）隋文帝議為中國公再立嗣，李渾於是活動妻兄宇文述，希望幫助他襲得父爵，並答應事成後以封邑食賦之半相贈。宇文述入告皇太子楊廣，說中公子孫盡皆無賴，惟李金才有勳於國，楊廣也對這位藩邸舊臣感恩，於是奏告文帝，使李渾得襲封中國公。李渾在大業初任右驍衛將軍，大業六年（六一〇）改封郕國公，大業九年（六一三）遷右驍衛大將軍，成了朝廷重臣。

但李渾既得嗣父爵，開始擺闊氣，講排場，「後房曳羅綺者以百數」，卻把先前答應給大舅子宇文述食邑之半的許諾忘得乾乾淨淨。宇文述氣憤至極，說：「我竟為李金才所賣，死且不忘。」後方士安伽陀放出「李氏當為天子」的讖語，宇文述於是趁機在煬帝面前誣陷自己的妹夫李渾，說：「臣與金才夙親，聞其情趣大異，常與李敏、李善衡等，日夜屏人私語，或終夜不寐，李渾家代隆盛，身捉禁兵，不宜如此，願陛下察之」。隋煬帝對讖語本已神經過敏，宇文述的挑撥果然觸動了煬帝緊張的神經，於是要宇文述尋找證據。宇文述指使武賁郎將裴仁基上表告李渾謀反，煬帝覽表後令宇文述將李渾、李敏全家逮捕，又派尚書左丞元文都、御史大夫裴蘊等審訊，但審問數天，都未得李氏謀反的證據，只好據實奏聞。但煬帝硬是不相信，又改派宇文述來拷問窮追。

宇文述心裡有鬼，欲置李氏於死地而後快。他從獄中找出李敏之妻宇文娥英，對她說：「夫人，帝之甥也，何患無賢夫！李敏、金才，名當妖讖，國家殺之，無可救也。夫人當自求全，若相用語，身當不坐。」娥英坐了幾天牢早已忍受不了，更經不住宇文述的誘惑，於是請宇文述指教出路，宇文述於是教唆：「可言李家謀反，李金才嘗告李敏云：『汝應圖籙，當為天子。今主上好兵，勞擾百姓，此亦天亡隋時也，正當共取之。若復渡遼征高麗，你我必為大將，每軍有二萬兵，共得五萬人。

147《隋書》卷三七〈李穆傳附李敏傳〉。

又調集諸房子侄，內外親婭，都應募從征，李家子弟必當選為主帥，分領兵馬，散布諸路軍中，伺候間隙，首尾相應。我與你先發動，襲取御營，子弟響起，各殺軍將，一日之間，天下足定矣』。」這樣駭人聽聞的陰謀一句一句由宇文述口述，宇文娥英手寫成表，密封好後由宇文述呈交隋煬帝。並奏稱：「已得李金才反狀，並有李敏妻密表。」煬帝拆開一看，不覺五雷轟頂，自己最親信的兒臣竟有如此陰險的計畫，聯想到前一年重臣楊玄感的反叛，煬帝竟傷心地哭起來，說：「吾宗社幾傾，賴親家翁而獲全。」親家翁即宇文述，煬帝不知宇文述從中搗了鬼，反而激憤萬狀。大業十一年（六一五）三月丁酉（初五），下令誅李渾、李敏、李善衡及李氏宗族三十二人，李氏其餘無少長統統發配流放嶺南。[148] 數月後，宇文娥英也賜鴆而死。

誅滅李氏是繼楊玄感叛亂之後，隋統治集團內部的又一次大分裂。而且是關隴勳貴集團核心成員中的分裂，其影響是相當壞的。其實，煬帝身邊高官顯貴國戚中姓李的還有不少，如後來建立唐朝的李淵和對滅亡隋朝建功最著的義軍盟主李密，也都是關隴勳貴集團核心家族，出自西魏北周八柱國家。那麼，隋煬帝對表兄李淵的戒備如何呢？據小說家傳言的一個可信度不高的故事：「煬帝時有獻巨鯉者，帝問漁者何姓？曰：姓解，乃丹書『解生』二字於額，縱之池中，此魚蓋大，出於波瀾，『解』字已不全，唯存『角生』字，帝惡之，欲射而魚沒，竭池索之，不獲。蓋鯉而角生，乃李唐將興之兆也。」[149] 魚有角是龍，鯉音諧李，以此來附會李唐將興。這顯然是後人根據「李氏當為天子」的讖言及李唐興起的事實編造的故事。牽強附會的文字拆合蘊含著一些耐人尋味的陰謀，當然是為政治服務的。據說劉邦建立漢朝前，社會上流行著「卯金刀，在北」[150] 的讖語，不深究不能解其意，後來才知道「卯金刀」是劉字的拆分，「在輪北」預言劉邦將興起於楚地之北。讖言流行惑眾使人心思亂，造成社會不安定，當然也反映了社會的人心向背，對隋煬帝極為不利。顯然，隋煬帝對李淵、李密之流是猜忌的。

「李氏當為天子」的讖語在動亂中的隋末社會流傳很廣，除扶風人唐弼舉兵十萬推李弘為天子外，不久又有涼州姑臧（今甘肅武威）人李軌被郡人推為河西大涼王，反隋煬帝，「署官署，准開皇故事」。李軌時補鷹揚府司兵，是府兵系統中的下級軍官，只是因為姓李，講義氣，同郡同僚稱：「我聞讖書，李氏當王，今軌賢，非天啟乎！」於是共推為主，率僑居城內的昭武九姓胡人，建旗起義。[151] 政治失控隨著讖語的流行向全國各地蔓延。「李氏當王」、「李氏當為天子」，楊氏天下當亡。

148 《隋書》卷三七〈李穆傳附渾、敏等傳〉。
149 宋．委心子編：《新編分門古今類事》卷一引《闕史》「煬帝縱魚」條。
150 《緯捃》卷九引《孝經．右契》。
151 《新唐書》卷八六〈李軌傳〉。

第九章 眾叛親離 天下土崩

據說有方士說秦始皇：「亡秦者，胡也。」秦始皇為此征役百萬修築長城以備胡，但秦並非亡於長城之外的胡人，而是亡於長城以內的農民起義。然而，秦二世而亡，二世名胡亥，因此後代人又據此稱讖言有征，亡秦者胡也，胡亥也。天命不可違，「凶吉由人，祆不妄作」。據《隋書．五行志》記載，大業末年有童謠：「桃李子，鴻鵠繞陽山，宛轉花林裡。莫浪語，誰道許。」「桃李子」指李密，舊史說他「潛結群盜，自陽城山而來，襲破洛口倉，後復屯兵苑內」。「莫浪語，誰道許」，宇文化及自號許國，隋煬帝最後死於許國公宇文述之子宇文化及之手。童謠出現於隋煬帝生前，「蓋警疑之辭也」。但煬帝終未能悟，最後眾叛親離，死於自己最親近的禁軍之手。

第一節 再巡突厥 雁門被圍

隋煬帝三征高句麗的慘敗和國內反叛相繼，政治失控，使邊疆四夷局勢也發生重大變化。大業十一年（六一五）正月「大會蠻夷」，不僅高句麗再次拒絕入朝，而且西戎吐谷渾王伏允也趁機「復其故地，屢寇河右，郡縣不能禦」。[1] 隋的威望降低到了最低點，華夷朝貢秩序面臨崩潰。

東突厥始畢可汗雖派出了朝貢使，並在朝班中排名第一，但隋煬帝三次征討高句麗，始畢卻沒有派出一兵一卒來助戰。值得注意的是西突厥處羅可汗三次從隋煬帝出征，賜號曷娑那可汗，曷娑那部眾雖弱，但出動了兵馬從征則是肯定的。如特勤阿史那大奈就曾隨煬帝伐遼。[2] 東西突厥既是冤家對頭，隋煬帝與西突厥處羅可汗關係親密，顯然預示著與東突厥始畢可汗的關係已發生變化，啟民時期的親密關係已經疏遠。

啟民是隋朝離強合弱政策下扶植起來的，經過十多年的休養生息，始畢時部眾漸盛，力量開始強大。始畢眼見隋煬帝招撫存養眾寡勢窮的處羅，心存疑慮，賜號曷娑那又尚公主，更使始畢心存戒心。始畢深知隋離強合弱的慣伎，煬帝也確有助曷娑那「復其故地」的考慮，只是因為征遼之役，未遑顧及。現在始畢勢強，曷娑那勢弱，但曷娑那可汗在隋煬帝身邊，早晚將是始畢可汗的禍害，不得不加防備。

隋煬帝和裴矩君臣不久就實施了扶植曷娑那，削弱離間始畢的對突厥政策。早在大業九年（六一三）平定楊玄感之亂後，隋煬帝命裴矩安輯隴右，裴矩來到會寧（今甘肅永登縣東南），存問西突厥部落，命令闕達度設率本部騎兵進討死灰復燃的吐谷渾王伏允，闕達度設「頻有虜獲，部落致富」，裴矩回朝奏告，煬帝「大賞之」。[3]

後裴矩隨駕參加第三次征遼，被特詔「護北蕃軍事」，即專門監視東突厥始畢動向。裴矩認為始畢可汗羽毛已豐，部眾漸盛，不太聽話，便建策分其勢，請煬帝以宗女嫁給始畢之弟叱吉設，拜為南面可汗，以事離間，煬帝認為主意不錯。但在實施中卻未能行通，因為叱吉不敢接受隋公主，而始畢聞知後也對隋煬帝產生了怨恨。

1 《隋書》卷八三〈西域．吐谷渾傳〉。
2 《新唐書》卷一一〇〈史大奈傳〉。
3 《隋書》卷六七〈裴矩傳〉。

一計不成，裴矩又向隋煬帝獻上一計，說：「突厥本淳易行離間，但由其內多有群胡，盡皆桀黠」，為始畢出主意，並教唆之。據說有個叫史蜀胡悉的人尤多奸計，受到始畢的寵信，可用計先誘殺他，煬帝聽後即予准許。裴矩於是派人向史蜀胡悉傳言：「天子大出珍物，今在馬邑交關貿易，若前來者，即得好物」。胡商出身的史蜀胡悉聞知後認為是發財的好機會，不告始畢即盡驅六畜，先來互市，結果在馬邑關下被伏兵斬殺。但裴矩卻以隋煬帝的名義詔報始畢：「史蜀胡悉忽領部落走來至此，雲背可汗，請我容納。突厥既是我臣，彼有背叛，我當共殺，今已斬之。」但始畢可汗並不是傻瓜，更不會輕易上當，瞭解真相後對隋煬帝更加怨恨。[4]

隋與東突厥關係的緊張使隋北部邊疆形勢全面惡化，調整緩和與始畢可汗的關係，維護華夷朝貢體制，是較征討高句麗更重要的大事。隋煬帝於是不顧國內叛亂頻仍的嚴峻形勢，決定再次北巡突厥。北巡目的一是要重新密切與突厥業已存在的朝貢友好關係，二是說服始畢出兵，協助煬帝再征高句麗，三敗之仇，煬帝是不可不報的。

然而，史籍關於隋煬帝這次北巡的記載卻頗多差舛，《隋書．煬帝紀下》認為五月族誅李渾、李敏後不久，「己酉（十八日），幸太原，避暑汾陽宮。」《資治通鑑》卷一八二則記大業十一年（六一五）三月丁酉（初五）殺李渾、李敏等，「己酉（十七日）帝行幸太原，夏四月，幸汾陽宮避暑」。《資治通鑑》的記載較為詳細：隋煬帝行幸前，有二孔雀自西苑飛到宮城朝堂前，被校尉高德儒等十餘人看到，奏告煬帝，於是百僚稱賀，乃於其地造儀鸞殿，所據為《大業雜記》和溫大雅的《大唐創業起居注》。《資治通鑑》又記煬帝幸汾陽宮避暑，「宮城迫隘，百官士卒布散山谷間，結草為營而居」，所據也是《大業雜記》。按，如果北巡僅為避暑，那麼三四月天尚不致暑熱，而不必避暑，因此似不可信。《大業雜記》又記：「六月，突厥入嵐城鎮抄掠，遣范安貴討擊之，王師敗績，安貴死，百司震懼。」《資治通鑑》卷一八二大業十一年八月乙丑「帝巡北塞」下，以考異注轉了這條史料。如果按這條材料，則從邏輯上看似乎是突厥此次突然襲擊促成了正在避暑的隋煬帝立即出塞親巡，但《通鑒》正文不取，因為隋與突厥已公開進行了戰爭，煬帝就更不可能冒險北巡雁門。煬帝北巡是為安撫突厥而來，和大業三年（六〇七）一樣帶了后妃宮女、僧尼道士，準備了魚龍蔓延之樂，決不是要與突厥交戰，更不是興兵討伐。《大業雜記》所云突厥入塞抄掠之事虛假不可信，故《通鑒》不用，僅以考異以備查考。

另外，舊小說還有一種說法：「隋末望氣者雲，乾門有天子氣，連太原甚盛，故煬帝置離宮，數遊汾陽以壓之。後唐高祖起義兵汾陽，遂有天下。」[5] 把煬帝此次北巡說成是壓「天子氣」，更是虛妄。壓誰呢？表兄李淵。

然而，《資治通鑒》卻記隋煬帝到汾陽宮後任命衛尉少卿李淵為山西、河東撫慰大使，「承制黜陟選補郡縣文武官，乃發河東兵討捕群盜」。這與前面的說法正好相反，說明「壓天子氣」確實虛妄。又據《大業雜記》，七月，隋煬帝幸雁門（治今山西代縣），先至天池。按天池在樓煩郡靜樂縣境內管涔山上，大業四年（六〇八）煬帝曾在山上環天池築汾陽宮。據此則隋煬帝往雁門之前先在樓煩郡汾陽宮避暑，時值七月，正是暑日，所說較合情理。

秋八月乙丑（初五），天氣已較涼爽，隋煬帝一行出巡塞北。在三征高句麗失敗，「聖人可汗」威風掃地之時，隋煬帝試圖重演大業三年（六〇七）北巡啟民可汗營帳的故事，以求挽回一點面子。為此煬帝又不辭勞苦執意出塞。樓煩太守陰世師聽說始畢可汗將不利於隋，曾勸煬帝御駕回太原，但煬帝不從。[6] 按常理，隋煬帝早已通知了始畢可汗來迎，始畢若要劫駕，裝成歡迎的樣子，成功的可能

4《隋書》卷六七〈裴矩傳〉記始畢「知其狀，由是不朝」。實際上大業十一年有突厥使者入朝，所記不確。

5《太平廣記》卷一三五引《感定錄》。

6《隋書》卷三九〈陰世師傳〉。

更大，但史書記戊辰（初八）始畢率數十萬騎「謀襲乘輿」，是義成公主先派使者緊急通報了消息。[7]《舊唐書．蕭瑀傳》則記蕭瑀言：「始畢托校獵至此，義成公主初不知其有違背之心。」所記前後有出入。但不管怎樣講，始畢可汗並不像當年其父啟民那樣只帶少數人來迎駕，並親手鏟草開御道，始畢此來，是帶了幾十萬騎兵迎駕。煬帝得報大驚失色，他萬萬沒有料到會有如此突發性的危險。壬申（十二日），隋煬帝一行急忙馳入雁門郡城，齊王楊暕率後軍退保崞縣（今山西原平縣北）。

八月癸酉（十三日），突厥騎兵包圍了雁門郡城（今山西代縣），幾十萬騎兵入塞穿過隋定襄（治今內蒙古和林格爾）、馬邑（今山西朔縣）二郡直入雁門，將隋煬帝、后妃、宮女、宰相、百官等十幾萬人圍得鐵桶一般。煬帝一行猝不及防，上下惶恐，撤民房修築工事以作守禦。時蘇夔領城東面防衛事，用一夜時間造作了「弩樓車箱獸圈」[8]，但是，幾次交鋒官軍均不利，雁門郡四十一城被突厥很快攻克了三十九城，只有雁門、崞縣還在堅守。時雁門郡城有兵民十五萬，糧食僅可支兩旬。突厥幾次猛攻，箭頭紛紛落在煬帝跟前，煬帝恐懼極了，抱著幼小的兒子趙王楊杲失聲痛哭，這是煬帝這一年中第二次哭泣，而且哭得「目盡腫」，帝王威嚴所剩無幾，成了一個淚人兒。

城外殺聲震天，城內亂作一團。關於戰守之策，將相們意見紛紜，煬帝甚至詔令裴矩和虞世基宿於朝堂，「以待顧問」。[9]煬帝嗟歎：「向使長孫晟在，不令突厥至此」[10]。大將軍宇文述建議煬帝率數千騎突圍，儘早脫身，納言蘇威反對，認為萬乘之主不宜輕動，且「城守則我有餘力，輕騎則彼之所長」[11]，避長就短十分危險。民部尚書樊子蓋同意蘇威的意見，說：「陛下萬乘之主，豈宜輕脫，一朝狼狽，雖悔不及，未若守城以挫其銳，四面徵兵，可立而待。」接著，樊子蓋又垂泣而諫：「願暫停遼東之役，以慰眾望，聖躬出慰撫，厚為勳格，人心自奮，不足為憂。」[12]近臣虞世基也同意樊子蓋的看法，「勸帝重為賞格，親自撫循，又下詔停遼東之事」。[13]內史侍郎皇后之弟蕭瑀總結其他人的意見，並進一步獻策說：「北蕃夷俗，可賀敦知兵馬事，昔漢高祖解平城之圍，乃是閼氏（王后）

之力，況義成以帝女為妻，必恃大國之援。若發一單使以告義成（公主），假使無益，事亦無損。」煬帝在窘迫中採納了眾僚的建議，先「發使詣可敦（王后）諭旨」。[14]甲申（二十四），詔天下諸郡募兵勤王。

於是，附近郡縣守令各來赴難，在各路勤王隊伍中，有太原李淵率領的兵馬，據說年僅十六歲的李世民也「應募救援，隸屯衛將軍雲定興營」。[15]就連遠在江都的王世充，也「盡發江都人，將往赴難。在軍中，反首垢面，悲泣無度，曉夜不解甲，藉草而臥」。[16]看來，危難之際又一次進行了全國性的動員。隋煬帝還在圍城內親巡將士，當眾宣布：「努力擊賊，苟能保全，凡在行陣，勿憂富貴，必不使有司弄刀筆破汝勳勞」。又下令「守城有功者，無官直除六品，賜物百段，大官以次增益」。又派使者往各營慰勞，相望於道，於是眾皆踴躍，晝夜拒戰，死傷甚眾。[17]

勤王大軍從四面八方滾滾而來，突厥始畢可汗一時攻不下雁門郡城，當東都大隊勤王兵馬到達忻口（今山西忻縣北），距雁門只有咫尺之遙時，遠在沙漠汗庭的義成公主見到煬帝的使者，派人報告

---

7 《隋書》卷四〈煬帝紀下〉。
8 《隋書》卷四一〈蘇夔傳〉。
9 《隋書》卷六七〈裴矩傳〉。
10 《隋書》卷五一〈長孫晟傳〉。
11 《隋書》卷四一〈蘇威傳〉。
12 《隋書》卷六三〈樊子蓋傳〉。
13 《隋書》卷六七〈虞世基傳〉。
14 《舊唐書》卷六三〈蕭瑀傳〉。
15 《舊唐書》卷二〈太宗紀上〉。
16 《隋書》卷八五〈王世充傳〉。
17 《資治通鑒》卷一八二隋煬帝大業十一年。

始畢「北邊有急」。可汗是個聰明人，此役雖未擒獲煬帝小丑，但也叫他威風掃地，況且自己並無任何損失，見好就收。九月甲辰（十五日），始畢解圍而去。

突厥退走之後，隋煬帝派人出城偵察，見山谷皆無胡馬，乃派出二千人的小隊騎兵追擊，抓獲了突厥老弱二千餘人。九月丁未（十八日），被圍困了近四十天的隋煬帝一行離開雁門回到太原。為報答獎賞當地軍民的勤王，煬帝下詔：「曲赦太原、雁門郡死罪已下。」這時太原四周反叛義軍四伏，蘇威勸告煬帝說：「今者盜賊不止，士馬疲敝。願陛下還京師，深根固本，為社稷計。」[18]眾大臣多勸煬帝速還京師，處理危機四伏的國內政治，然而煬帝面有難色。宇文述揣知煬帝的心思，因而奏稱：「從官妻子多在東都，便道向洛陽，自潼關而入可也」[19]，煬帝於是有了臺階下，令御駕南歸東都。十月壬戌（初三），隋煬帝一行回到東都洛陽。

由於隋煬帝被圍雁門時親口許下賞從行將士勳官，回到東都後眾將士議論紛紛，但具體掌管此事的納言蘇威認為，國庫無法支付如此眾多的獎賞，「追論勳格太重，宜加斟酌」。樊子蓋等執奏不宜失信於親衛將士，煬帝竟毫無顧忌地呵斥樊子蓋：「公欲收物情邪！」嚇得樊子蓋不敢再說話。[20]大業九年（六一三）平楊玄感之亂時，應授勳者就多未兌現，此次雁門解圍，又「勳格不行」，廣大宿衛將士沒有得到企盼已久的賞勳，而煬帝卻再次讓百僚商議討伐高句麗，於是將士無不怨憤。「言其詐眾，朝野離心。」[21]言而無信使跟隨煬帝長從宿衛的禁衛軍也離心了。

雁門之圍後，隋與東突厥的敵對關係公開化並繼續加深，隋煬帝根本不可能再討伐高句麗。始畢可汗解圍北走後，與隋朝的朝貢關係也斷絕，並開始侵寇隋邊境，重新成為隋最大邊患。為防備突厥，隋煬帝以武賁郎將王仁恭驍勇，詔復本官，領馬邑太守。這年，始畢可汗率數萬騎兵侵寇馬邑，又令二特勤向南縱深侵寇，王仁恭時剛上任，郡兵不過三千人，乃選精銳主動迎擊，大破突厥兵，收斬二特勤，煬帝得報很高興，認為是報了一箭之仇。後突厥又侵寇定襄郡（治今內蒙古和林格爾），王仁恭再次將其擊退，大獲六畜而歸。[22] 為加強北境邊防，隋煬帝又詔表兄李淵統領太原本部兵馬，與馬邑太守王仁恭一同「北備邊朔」。[23] 由於與東突厥關係陡然惡化，隋煬帝於是更重視與西突厥發展關係。這年煬帝北巡迴到東都，西突厥射匱可汗派遣其猶子「率西蕃諸胡朝貢」，煬帝令裴矩設宴盛情款待。[24] 又任命靺鞨酋領突地稽居營州（治今遼寧朝陽市），為遼西太守，監視東突厥和高句麗。

第二節　魂褫氣懾　竄身江湖

雁門御駕被圍又一次讓隋煬帝蒙受了恥辱。大隋天子的威嚴在遭「小丑」高元戲弄後，又遭到了東突厥可汗的挑戰，煬帝的威望進一步降低。加上國內局勢已亂，「反者多如帽毛，群盜所在蜂起」。隋煬帝以其大政治家的宏大氣魄和無比豐富的想像力規劃的聖王之業，眼看就要泡湯，無法實現。狂妄的擴張野心被撕得粉碎，無邊無際的權力欲望終於受到了阻遏。無情的打擊使隋煬帝的情緒低落到了極點，既無回天之力，只好逃避現實，於是從一個極端走向另一個極端，隋煬帝像是換了一個人一般，政治上不再有任何進取之心。

18《隋書》卷四一〈蘇威傳〉。
19《隋書》卷六一〈宇文述傳〉。
20《隋書》卷六三〈樊子蓋傳〉。
21《隋書》卷六七〈虞世基傳〉。
22《隋書》卷六五〈王仁恭傳〉。
23《大唐創業起居注》卷一。
24《隋書》卷六七〈裴矩傳〉。

望絕兩京　三下江都

大業十二年（六一六）正月元旦大朝會，已經沒有外國朝貢使者來向隋煬帝貢獻方物了。而且，按例諸郡朝集使這時都應進京朝觀，但由於各地農民起義風起雲湧，占領郡縣，阻隔道路，有二十餘郡的朝集使不能到達東都。這時國內四方叛亂政治失控已使局勢相當嚴峻。隋煬帝非但不反思罪己，撫恤民眾，反而變本加厲地進行鎮壓，「始議分遣使者十二道發兵討捕盜賊」。但瘋狂的鎮壓並沒有成效，農民軍滅而復起，東方不亮西方亮，反暴政的起義此起彼落。

隋煬帝不得不開始為自己考慮後路了。於是詔毗陵（治今江蘇常州）通守路道德，集十郡兵數萬於其郡東南築宮苑，周圍十二里，內為十六離宮，大抵仿洛陽西苑之制，雖規模小得多，但綺麗又過之。隋煬帝還準備修宮苑於會稽（治今浙江紹興），這是為逃奔江南作準備。又因為運河上的龍舟水殿被楊玄感燒毀，早在大業十一年（六一五）十一月隋煬帝就已令江都重新製造，凡數千艘，制度規模大於舊者。悉令送往東都備用。

大業十二年（六一六），新崛起的起義軍有好幾支，先前的義軍也有了新的發展，隋在中原地區的統治已經崩潰。

正月甲午（初七），有雁門（治今山西代縣）人翟松柏聚眾於靈丘，眾至數萬，轉攻附近郡縣，這顯然是去年煬帝北巡雁門被圍役民勤王的直接反映，苦役之下生存無望的農民只有造反這一條生路。二月癸亥（初六），東海人盧公暹率眾萬餘，保於蒼山（今山東境內）。[25] 先已起義的張金稱軍則先後攻占平恩（今河北館陶西北）、巨鹿、武安、清河（均在今河北境內）等地。魏刁兒部將甄翟兒復稱「曆山飛」，擁兵十萬，轉攻太原，他「巧於攻城，勇於力戰」，其部橫行河東，勢不可擋。隋將潘長文奉隋煬帝旨前往征討，被義軍打死。親身經歷了隋末農民起義的唐史臣魏徵描述當時情況為：

「彼山東之群盜，多出廝役之中，無尺土之資，十家之產，豈有陳涉亡秦之志，張角亂漢之謀哉！皆苦於上欲無厭，下不堪命，饑寒交切，救死萑蒲。莫識旌旗什伍之容，安知行師用兵之勢！但人自為戰，眾怒難犯，故攻無完城，野無橫陣，星離棋布，以千百數。豪傑因其機以動之，乘其勢而用之，明智之將，連踵覆沒，莫之能御。」[26]反暴政求生存的人群猶如煮沸了的湯，四海橫溢。

隋煬帝面對無法控制的局勢，也拿不出什麼更好的辦法，他自高自大，死要面子，不願認錯而又不敢直面現實，於是心煩意亂，「恥有盜竊之聲，惡聞喪亂之事」。內心深處，卻「魂褫氣懾」，據史載，自大業八年（六一二）以後，煬帝「每夜眠，恒驚悸，雲有賊，令數婦人搖撫，乃得眠」。大業十二年（六一六）四月丁巳（初一），大業殿西院發生火災，煬帝「以為盜起，驚走，入西苑，匿草間，火定乃還」。[27]因存恐懼，隋煬帝心理不正常，其政治意志已完全崩潰，失志則悲，爾後乾脆不願過問國政，追求享樂，以玩笑來解悶。五月丙午（二十一），出現了日食，煬帝於西苑景華宮徵求螢火蟲，得到數斛；夜出遊玩，將螢火蟲放出，「光遍岩谷」。[28]這種新玩法後來唐貞觀八年（六三四）唐太宗也提起，太宗對侍臣說：「隋煬帝幸玉泉宮，怪無螢火，敕云：『捉取少多，於宮中照夜。』不料，所司遽遣數千人採拾，送五百輿於宮側。」[29]表面上看玩得開心，花樣翻新，但卻掩飾不了煬帝內心的焦慮。

隋煬帝也不時問一問左右侍臣有關各地造反變亂之事。宇文述為讓皇上寬心，詭稱「盜賊漸漸少

25《隋書》卷四〈煬帝紀下〉。
26《隋書》卷七〇「史臣曰」。
27《資治通鑑》卷一八三隋煬帝大業十二年。
28 同註25。
29《貞觀政要》卷六〈慎言語第二十二〉。

了」。煬帝又問：「比原先少幾何？」答稱：「不及十分之一。」納言蘇威在旁聽到宇文述當面撒謊，不敢當眾戳穿，又聽不入耳，於是隱身於柱後，煬帝忙呼之，問他同樣的問題，蘇威回答：「臣非專管此事，不知道多少，但患盜賊漸漸逼近東都」。煬帝問怎麼講，蘇威說：「他日賊據長白山，今近在滎陽（治今河南鄭州）、汜水（今河南虎牢），且往日租賦丁役，今皆無人，豈非都為盜賊？又昔在雁門，許下罷征遼東，今複又徵發，盜賊怎能平息？」蘇威如實奏告，每一件事都說得實實在在，為不觸怒煬帝，說得比較含蓄，保留，但煬帝聽後還是不大高興。隋煬帝並不是積極與老宰相商討對策，而是自我麻痹，在蘇威眼裡，當今皇上幾乎是換了一個人，先前那種雷厲風行的政治作風已完全喪失了，先前叱吒風雲，現在優柔寡斷。的確，這時的隋煬帝已經稱得上是一個昏君了。

幾天後的五月五日，朝臣百僚多向隋煬帝獻珍玩，獨蘇威獻上《尚書》一冊。《尚書》是儒家經典，先聖遺言，由孔子編纂成書，應該是珍貴的禮物。但有人在煬帝面前譖毀說：「《尚書》中有〈五子之歌〉，蘇威用意甚為不遜」。意思是說蘇威以煬帝「逸豫盤遊不知返，將至失邦，如夏太康」。[30] 煬帝聽後渾頭火起，這是當眾把自己比作前代昏君。

〈五子之歌〉所述為夏朝故事，夏第三代君後為太康，繼位後一味田獵遊玩，荒廢政事，不恤民情，致使人民怨恨，而終為有窮氏首領後羿所驅失國。〈五子之歌〉所述乃為太康失國之前，去洛水南田獵，他的五個兄弟和母親也隨同前往，在洛水邊等待他。但太康久去不返，為後羿所拒，五個弟弟在洛水邊等了一百天，仍不見哥哥回轉，心中充滿怨恨，於是各作歌一首，表示譴責，故名「五子之歌」。〈五子之歌〉故事動人，寓意深刻，但清代學者考證出包括此篇在內的諸多古文《尚書》乃東晉豫章內史梅賾的偽作，是確定無疑的偽書。然而，隋朝時尚未懷疑此篇的真偽，其中一些思想對隋唐時期的治國理論產生過重大影響。在隋空前的政治危機之際，蘇威向皇帝進獻《尚書》，自然有其深刻含義。其中「民惟邦本，本固邦寧」的著名論題，是帝王治國的不朽名言。開皇九年（五八九）

討陳檄文，楊廣也曾引用。蘇威將其奉獻給負有治國安邦重大責任的隋煬帝，顯然也具有針對性。

夏後太康的五個弟弟遵循聖王大禹訓誡而作的五首歌，的確令後人回味無窮。其第一首歌詞稍作譯解為：「聖皇先祖大禹有遺訓，民眾可以親近，不可輕賤，民眾是國家的根本，根本牢固國家才安寧。我看普天之下愚笨的男女都有勝過我之處，一人有許多過失，招致怨恨的過錯豈止在明顯處，就是微細看不到的過錯也應用心改正。我面對千千萬萬的子民，內心畏懼就像用腐朽的繩索駕馭六匹馬一樣，居於眾人之上的君主，怎麼能不謹慎專一於治國呢。」第二首歌詞譯解為：「聖祖遺訓還說：在內為女色所迷，在外為田獵所迷，喜好酒色歌舞不知休止，高大的宮室還要雕飾牆壁，這幾項中哪怕染有一項，就沒有不亡國的。」第三首歌詞所述陶唐，即聖王帝堯，堯初居陶，後封唐侯，其意為：「只有那聖王帝堯，擁有冀州之地，如今喪失了他的治世之道，搞亂了他的綱紀法度，所以才招致國家滅亡。」第四首歌詞說：「我們聖明的先祖大禹，是天下萬邦的君主，有治理國家的典章法則，遺留給子孫，使關口通暢計量統一，人民互通有無，公平交易，日用物質不缺，王府也富有了，現在卻廢棄了祖宗的基業，覆滅了宗族，斷絕了祭祀。」第五首歌詞說：「嗚呼！我們歸向哪裡呀！我心懷悲痛，百姓仇視我們，我們將去依靠誰呢？我心中鬱結哀思，面帶羞慚而內心愧悔。不認真修養品德，現在後悔也無法補救了。」「五子」的歌對太康失國痛心疾首的反思讓後人猛省，處在滅亡失國邊緣的隋煬帝，若能真正體會輔佐了大隋兩代君王的老宰相蘇威的良苦用心，對自己在位十多年的作為痛作反思，洗心革面，下詔罪己，大赦天下，結束社會動亂，這在當時應該說是最好的選擇。聖王大禹就說：「予臨兆民，懍乎若朽索之馭六馬，為人上者，奈何不敬。」大禹的謙遜謹慎令人可敬，特別是指出天下之人無論愚賢都有勝我之處，聖王有自知之明，虛心改過，這才是最優美的聖

30《資治通鑑》卷一八三隋煬帝大業十二年。

德。畢竟，隋煬帝還不是有如夏太康、周天元、北齊後主那樣的耽於酒色，只顧遊獵而荒廢政事的荒唐昏君，而是勤政有為一心想成聖王之業的「宏放之主」。隋煬帝錯就錯在忘記了「民惟邦本，本固邦寧」這個千古祖訓，不恤民力，不顧百姓死活，一任己欲，一意孤行。以致濫用權力，把自己的功業建立在千百萬子民的痛苦死亡基礎上，不尊重人權，人民最起碼的生存之權在專制荼毒之下不受任何尊重，沒有半點保障，這就失去了立國的根本，本不固則邦不甯，大隋天下因失去根本，最終得不到安寧，行將滅亡。

道理是這樣的淺顯明白，明擺在隋煬帝面前，就看隋煬帝聽，還是不聽了。蘇威不愧為當時最有經驗的老資格政治家，是文帝朝碩果僅存的輔佐，治國能手，他看到了國家危亡的關鍵之所在，十多年來他唯唯諾諾，不敢措言，但在此危亡之秋，他能站出來用隱晦卻又明白的方式提醒執迷不悟的隋煬帝，應該說是難能可貴的。「眾人之唯唯，不如一士之諤諤。」忠直讜言有如藥石，頭腦發昏的隋煬帝身邊，最需要的就是蘇威這樣清醒的人。

然而，怙惡不悛的隋煬帝雖然理解老宰相蘇威的良苦用心，卻不能用，反而聽信佞人對蘇威的譖毀。他認為呈《尚書》是「大不敬」，是將自己類比失國的夏太康。不久，煬帝又問蘇威征戰高麗之事，蘇威希望趁此機會讓隋煬帝知道天下叛隋者眾，於是回答：「今茲之役，願不發兵，但赦群盜，自少得數十萬，遣之東征，彼喜於免罪，爭務立功，高麗可滅。」蘇威順著隋煬帝仍要征遼滅高句麗復仇的心緒，又曲折地表達了天下叛離應下詔赦免，緩和尖銳的階級矛盾以求更始的想法，但這個意思卻不能為剛愎自用的隋煬帝所領悟。煬帝說：「我去尚猶未克，鼠竊安能濟乎。」[31]表現出這個高高在上的帝王對於人民的極度蔑視。

蘇威出殿后，御史大夫裴蘊即接著奏：「此大不遜，天下何處有許多盜賊。」煬帝於是惱羞成怒，大罵：「老革多奸，以賊脅我，欲撻其口，但隱惡之，誠極難耐。」所謂老革，指皮色枯瘁之形，即「老東西」，指老宰相蘇威。裴蘊既知隋煬帝討厭老宰相蘇威，於是鼓動河南白衣張行本劾奏：「蘇威昔在高陽典選，濫授人官，畏怯突厥。」煬帝下令進行調查，案成，下詔數蘇威罪狀：「威立性朋黨，好為異端，懷挾詭道，徼幸名利，詆呵律令，謗訕臺省，昔歲薄伐，奉述先志，凡預切問，各盡胸臆，而威不以開懷，遂無對命，啟沃之道，其若是乎！資敬之義，何其甚薄」。這道詔書可以說是顛倒黑白，都是莫須有的罪名，蘇威於是除名為民。後又有人誣蘇威與突厥「陰圖不軌」，煬帝將其案下御史大夫裴蘊推審，裴蘊判蘇威罪該死，蘇威知奸臣昏主存心要整治他，縱有百口也無以自明，為苟求性命於亂世，只得喪失人格求哀告饒，並自陳奉事二朝三十餘載，精誠微淺，不能上感，「咎釁屢彰，罪該萬死」。煬帝見老宰相一副可憐相，倒也產生了惻隱之心，特令免死，並其子孫三世皆除名為民。[32]

老宰相蘇威被驅退後不久，七月壬戌（初八），煬帝身邊受信用而敢於講點真話的另一位大臣樊子蓋又去世，隋煬帝於是被一群佞臣包圍，他們只講好聽的，不講不中聽的話，天下亂成一團，煬帝無心治理，只求逃避，每天自我麻痹而已。

這時，江都新造作的龍舟送到了東都，宇文述又帶頭諂媚勸隋煬帝行幸江都。煬帝對中原的混亂政局已喪失信心，多年征戰奔波也感到太累了，爛攤子既無法收拾，不如逃避偷安於一隅，退據自己發跡起家的政治根據地江南。對此，魏徵論說：「煬帝魂褫氣懾，望絕兩京，謀竄身於江湖，襲永嘉之舊跡。」[33] 煬帝的考慮是萬一北方控制不住，就放棄兩京，退保江都，如六朝割據江南。顯然，這

31 《資治通鑑》卷一八三隋煬帝大業十二年。
32 《隋書》卷四一〈蘇威傳〉；卷六七〈裴蘊傳〉。
33 《隋書》卷七〇〈史臣曰〉。

是灰心喪氣，斷送江山。

右候衛大將軍趙才不領悟隋煬帝的心跡，而自以為荷恩深重，無容坐看亡敗，於是斗膽進諫：「今百姓疲勞，府藏空竭，盜賊蜂起，禁令不行，願陛下還京師，安兆庶。臣雖愚蔽，敢以死請。」[34]煬帝竟大怒，將趙才逮捕關押，數天後氣消才放回家。又老道士王遠知也「諫不宜遠去京國，煬帝不從」。[35]朝中大臣多數雖都不欲南行，但煬帝意志消沉，主意已定，非去不可，竟無一人再敢諫諍。只有戎秩正六品的建節尉任宗上書極諫，結果在朝堂被煬帝下令當眾杖殺。

甲子（初十），隋煬帝下達了行幸江都的詔令。留越王楊侗留守東都，任命光祿大夫段達、太府卿元文都、檢校民部尚書韋津、右武衛將軍皇甫無逸、右司郎盧楚等總留後事。這批留守東都的官僚大都是關隴勳貴北方人，其中韋津乃韋孝寬之子。

皇帝要離去，東都上下人心浮動，謠言也很多，據說隋煬帝三游江都時，有樂工吹笛，其父老廢，於臥內聞之，問曰：「何得此曲？」子對曰：「宮中新翻也。」父乃謂其子曰：「宮曰君，商曰臣，此由宮聲，往而不返，大駕東巡，必不回矣，汝可托疾勿去也。」[36]三巡江都，許多美豔的宮女不得從行，泣留煬帝，煬帝也自知此去即不回，卻故作多情地題詩一首：

我夢江南好，征遼亦偶然。
但存顏色在，離別只今年。[37]

並以詩賜宮娥。從行的有宗室皇親、后妃宮女、文武百官、僧尼道士及大批驍果禁軍，還有西突厥曷娑那可汗、靺鞨渠帥度地稽等。

臨行，又有散秩僅從九品的奉信郎崔民象以「盜賊充斥」，四海土崩為由，於建國門上表諫煬帝以社稷為重，不要行幸江都。而這時煬帝要走的決心是九牛也拉不回，激怒之餘，又下令將崔民象處斬。

隋煬帝的龍舟沿兩岸義軍蜂起的運河南行，行程中各地變亂的消息紛紛傳來。戊辰（十四日），有馮翊（治今陝西大荔）人孫華舉兵反隋，自號總管。南方洗夫人的族人高凉通守洗珎徹又舉兵反隋，嶺南溪洞多起而回應。路上，虞世基以「盜賊充斥」請隋煬帝發兵屯洛口倉，煬帝以為是書生之見而不聽。戊辰（十四日），車駕至鞏縣，煬帝又令將箕山、公路二府移於洛口倉內，於是命令洛口倉築城以備不虞。

行至汜水（河南虎牢），又有奉信郎王愛仁上表諫請隋煬帝歸還西京大興城，已被農民起義嚇得猶如驚弓之鳥的煬帝一概不聽，又斬王愛仁，繼續南行。至梁郡（河南商丘南），有郡人大膽邀車上書：「陛下若遂幸江都，天下非陛下之有。」煬帝大怒，又斬諫者。這樣，一路走，一路殺，凡有諫者，格殺勿論。一路急行趕往江都宮，其情形與前兩次巡幸江都炫耀天子氣派是大不一樣，簡直就是落荒而逃。唐詩人李商隱作詩諷刺云：

> 乘輿南遊不戒嚴，力重誰省諫書函。
> 春風舉國裁宮錦，半作障泥半作帆。[38]

隋煬帝龍舟行至運河中道，夜半曾聞岸上歌謠：

34《隋書》卷六五〈趙才傳〉。
35《舊唐書》卷一九二〈王遠知傳〉。
36 唐．段安節：《樂府雜聲》「安公子」節。又《太平廣記》卷二〇四〈王令言〉條引《盧氏雜說》，所記略同，唯樂工乃王令言。
37《新編分門古今類事》卷一三「隋蜀不詳」條引《該聞錄》。
38《隋堤》，見《全唐詩》卷五三九。

我兒征遼東，餓死青山下。
今我挽龍舟，又固隋堤道。
方今天下饑，路糧無些小。
前去三十程，此身安可保。
寒骨枕荒沙，幽魂泣菸草。
悲損門內妻，望斷吾家老。
安得義男兒，爛此無主屍。
引其孤魂回，負其白骨歸。[39]

此時隋煬帝哪有什麼威風可現，只能是促船快走快走。

鋒鏑騰沸　豪傑並起

唐太宗認為隋煬帝若能「常處關中，豈有傾敗」。而「不顧百姓，徑往江都」，不納諫諍，行幸無期，結果，「身戮國滅，為天下笑」。[40]在隋煬帝逃竄江都之時，全國範圍的民眾起義已方興未艾，不僅有農民起義，而且有地主起兵。各路義軍在反隋暴政的鬥爭中逐漸組合成幾支大的聯盟，合力抗擊官軍，並不斷取得勝利。

大業十二年(六一六)八月乙巳(二十一)，有恒山(今河北正定縣南)趙萬海率河北義軍「眾數十萬」攻打高陽(今河北定縣)。這裡前年尚為隋煬帝駐蹕的行宮，有臨時宮殿和大量軍械，結果不到兩年時間即落到農民軍手裡，所獲各種物資無數。

九月，東海（治今江蘇連雲港）杜揚州、沈覓敵等又聚眾數萬，隋煬帝派陳稜將其擊敗。十二月癸未（初一），鄱陽人操天成（又名操師乞）舉兵，自號元興王，建元始興，攻陷豫章郡（治今江西南昌），任其同鄉林士弘為大將軍，四出略地。隋煬帝詔治書侍御史劉子翊率軍進剿，戰鬥中操天成中流矢陣亡，部眾轉由林士弘統領，與官軍再戰於彭蠡湖（今鄱陽湖），結果劉子翊兵敗被殺。林士弘兵眾迅速增到十餘萬人，聲勢大振，向南占領虔州（今江西贛州），自稱「南越王」。十二月壬辰（初十），林士弘自稱皇帝，國號楚，建元太平，地方豪傑爭殺隋郡縣守令，開城回應林士弘。

在河北地區，農民軍郝孝德、孫宣雅、高士達、張金稱、楊公卿、時秀康、魏刁兒等部四處攻打郡縣，隋將帥相繼敗亡，隋煬帝乃令太僕卿楊義臣率重兵進剿。時張金稱駐軍武安郡平恩東北（今河北邱縣南），楊義臣引兵據永濟渠為營，故意示弱據高壘不出戰，待義軍不戒備時乘機劫得義軍營寨，俘張金稱，並殘酷地將張金稱「立木於市，懸其頭，張其手足，令仇家割食之」。張金稱視死如歸，大義凜然，「未死間，歌謳不輟」[41]，表現了農民的英雄氣概。

隋煬帝又從南方調來王世充，攻滅河北義軍格謙。滄州鹽戶高開道為格謙部將，有勇力，乃收集餘部，繼續造反，先後攻占北平（治今河北盧龍）、漁陽（治今北京市）二郡，將隋煬帝征遼時駐蹕的行宮臨渝宮及遼東懷遠鎮統統搗毀，並北連突厥，以為聲援。懷戎（今河北涿鹿西南）浮屠高曇晟，率僧徒五十人擁齋眾造反，殺縣令起義，自號「大乘皇帝」，立尼姑靜宣為「耶輸皇后」，建元法輪，遣使約高開道為兄弟，封為齊王。高開道遂率眾五千人歸附佛教大乘皇帝，但又覺得和尚尼姑稱皇稱

39《海山記》，歷代小史本。

40《貞觀政要》卷一〇〈論畋獵三十八〉。

41《資治通鑑》卷一八三隋煬帝大業十二年。

後頗為荒唐，居三月，殺大乘皇帝高曇晟，兼併其眾，復稱燕王，建元，署置百官，按照傳統王朝模式建立了大燕政權。

隋涿郡通守郭絢奉隋煬帝命率兵萬餘圍剿高雞泊中的高士達，高士達任命竇建德為軍司馬，士達自以為才略不及竇建德，乃將義軍盡交竇建德指揮。建德請高士達守輜重，自選精兵七千迎戰郭絢，詐稱與高士達有隙而降，郭絢信以為真，引兵隨竇建德至平原郡的長河縣擊高士達，半路遭竇建德突然襲擊，殺虜數千人，斬郭絢首以獻高士達。時張金稱餘眾也都投歸竇建德帳下。

楊義臣又欲率官軍入高雞泊圍剿高士達部，竇建德建議高士達先避其鋒，待其疲倦再乘間襲擊，但高士達不聽，留竇建德守寨，自率精兵迎敵，因小勝而縱酒，五天後反遭楊義臣襲擊，於陣中被斬首。楊義臣乘勝進剿高雞泊義軍營寨，竇建德率百騎逃走。但官軍退還後，竇建德又回到高雞泊，收散兵，葬死者，軍復大振，自稱將軍。經過戰火磨煉，竇建德在河北義軍中脫穎而出，成為河北義軍領袖。和其他農民武裝不同，竇建德俘獲隋官吏及士族子弟皆不殺，而是善遇優待，於是不少隋郡縣官以城降附他，使竇建德聲勢日盛，勝兵十餘萬人[42]，與高開道的燕政權同為河北農民軍主要力量。

正當用人之際，隋煬帝最親信的將領宇文述於大業十二年（六一六）十月己丑（初六）在江都病逝，這使楊義臣、王世充等後輩成為煬帝所倚重的將領。對於宇文述的病逝，隋煬帝很傷心，這是最後一位稱心如意的藩邸舊臣，在此多事之秋不能為皇上分憂解難，又怎能不讓煬帝痛惜。死前隋煬帝想親臨宇文述居室探視，群臣苦諫乃止，於是「中使相望」，宦官一個又一個地被叫去探望病情。宇文述的去世和蘇威被斥，使隋中樞輔政的「五貴」只剩下裴矩、裴蘊、虞世基三人，在大廈將傾之時，在主上頭腦發昏之際，匡輔大臣的作為十分重要，然而，「三貴」的表現也同樣不盡如人意。在江都宮，各地郡縣關於民變造反的奏報不斷湧來，起先裴矩尚能如實向煬帝彙報，但隋煬帝不願聽，竟向裴矩發怒，裴矩也就不敢再說話了。內史侍郎虞世基心知煬帝已不可諫止，又想到往昔高熲、張衡以忠諫的大暴政。何以如此？隋煬帝之所以列為暴君、之所以諡號「煬」，其暴就在於濫用權力，不恤民力；其「煬」就在於「去禮遠眾」、「逆天虐民」，忽略統治下人民的生存狀況。評價帝王功過，不在於帝王身懷多少才能，不在於成就多少帝業，而應著眼於為直接統治下的人民生存狀態，帶來了甚麼影響。換言之，作為衡量判斷是否為有德之君，就是考察他是如何對待人民生存為首要關鍵。

除上述外，袁剛先生對於煬帝營建洛陽、修築運河、在位期間馬不停蹄地巡幸各地的原因，都有深入的討論和精闢的見解，而不是單純以「好大喜功」、「剛愎自負」一筆帶過。在結語中，袁剛先生從明君、暴君、昏君、庸君四類，綜合比較北朝末年到初唐的十二位帝王，也著實發人省思！

本書的另一大特色是對史料的蒐集運用。史載，武德四年（621）五月，唐平洛陽，王世充「得隋舊書八千餘卷，太府卿宋遵貴監運東都，浮舟泝河，西致京師，經砥柱舟覆，盡亡其書。」（《新唐書•藝文志一》），由於舟覆使大量典籍湮沒不存，造成唐朝初年修纂隋史時，資料嚴重匱乏，也為後世研究隋史者，常有史料不足之感慨。袁剛先生則是窮盡文獻典籍，本書所徵引的史料，除了正史、隋唐筆記、詩文、唐宋所編各種文集、類書外，還廣泛蒐羅釋家佛典傳記，諸如：《善見律毘婆沙》、灌頂《國清百錄》、《隋天臺智者大師別傳》、道宣《廣弘明集》、《續高僧傳》、《集神州三寶感通錄》、《集古今佛道論衡》、法琳《辨正論》、士衡《天臺九祖傳》、志磐《佛祖統紀》，又兼及石刻史料（如趙明誠《金石錄》、王昶《金石萃編》）、歷史地理（韋述《兩京新記》、李吉甫《元和郡縣圖志》、宋敏求《長安志》、徐松《唐兩京城坊考》、畢沅《關中勝蹟圖志》）、敦煌文書（斯坦因「敦煌漢文文書第613號」）、明清小說（袁於令《隋史遺文》、齊東野人《隋煬帝豔史》、褚人穫《隋唐演義》）等不一而足，將能利用的資料，竭澤而漁、網羅殆盡，又參考撰寫期間中外學術界的研究成果，真正做到傅斯年先生所說的「上窮碧落下黃泉，動手動腳找東西」（〈歷史語言研究所工作之旨趣〉）的精神。此外，書中另一亮點是，各章節適時運用隋煬帝的詩文，以及大量徵引唐朝與後人對隋煬帝的詠史詩，使讀者更能生動鮮明瞭解隋煬帝的性格。書名雖然是《隋煬帝傳》，但涉及內容涵蓋整個隋代，甚至上溯至西魏、北周，下延至初唐時期，也可以將本書視為一部簡明版的隋朝通史。

受限於導讀的篇幅，不能「劇透」太多，本文僅能就書中精彩的篇章，挑選其中一、二，進行概略性介紹，有興趣的讀者自可細細品讀，或進一步參看劉後濱〈袁剛《隋煬帝傳》〉書評，相信對隋煬帝會有不同的認識與全新的評價。

的作者姚思廉之父姚察，當時正在陳朝任官，對隋滅陳時建康的情況比較清楚，後來唐人許嵩所撰《建康實錄》就沒有依從《隋書》、《北史》的錯誤，明確記張貴妃為晉王楊廣所殺。是以，有關楊廣欲納張麗華一事，此為唐初史臣有意貶隋揚唐，醜化隋煬帝的曲筆。這也提醒我們，舊史對隋煬帝的記敘描寫，存在著很大的失實失真與醜化，我們在運用這些史料時，更應秉持謹慎的態度甄別評估。

質疑：《資治通鑒》記載，隋文帝仁壽二年（602）八月獨孤皇后崩逝後，時任太子的楊廣「哀慟絕氣，若不勝喪者；其處私室，飲食言笑如平常。又，每朝令進二溢米，而私令取肥肉脯鮓，置竹筩中，以蠟閉口，衣襆裹而納之。」作者認為獨孤皇后是楊廣的政治靠山，是謀奪儲位主要支持者，對於母后支持自己成功奪嫡，楊廣是感激不盡的；母親的死，楊廣不但失去了政治上的堅強後盾，而且將直接面對來自各方面的反對力量，能否順利繼嗣接班，也成了問題。是以，楊廣恐未必如《資治通鑒》所言表面悲痛欲絕，但在自己府內卻談笑如常。且《隋書》、《北史》皆未見此記載，此乃司馬光據小說家言。

辨偽：關於隋煬帝營建東都洛陽，《資治通鑒》取杜寶《大業雜記》的說法：「章仇太翼言於（煬）帝曰：『陛下木命，雍州為破木之衝，不可久居。又讖云：『脩治洛陽還晉家。』帝深以為然。」要知道章仇太翼原為廢太子楊勇的門客，又在仁壽宮變前參加柳述集團，反對楊廣，怎麼會在煬帝剛即帝位不久，便出現在煬帝身邊，成為煬帝的親信？而煬帝竟由他一言而產生遷都的效力。司馬光不採正史詔令，代之以野史小說，此乃企圖寓褒貶善惡於敘事之中，用以貶低隋煬帝的政治眼光和才能。

比較：我們知道隋文帝與隋煬帝都崇尚佛教，然兩帝對佛教的態度是不同的。作者指出隋文帝尊佛重在修功德，並不研習佛教義理，其所推崇乃北方風格的佛教，注重修、造像等宗教實踐，而少究經義。隋煬帝信佛但不佞佛，三教併重以儒為先，既修功德更重義理，所推崇的是南方風格的佛教。隋文帝對佛教迷信至深，認為得天下、統一天下是由佛教之力；煬帝卻是尊佛但不迷信，重視佛教戒律，嚴格限制度僧與建寺數量，佛教必須納入政治控制之下。書中對煬帝和智顗和尚以及天臺宗、三論宗的關係都有詳細的論述。

評價功過：本書在第一章、第五章、第十章，以及文末的結語，用了不少篇幅討論如何對隋煬帝的功過進行評價。作者不是對其行事進行量化，也不是空泛的以「功大於過」或「過大於功」簡單描述。隋煬帝不似一般亡國之君，貪圖個人享樂而無所作為。事實上，隋煬帝心懷聖王志業「慨然慕秦皇、漢武之事」（《隋書•煬帝紀下》），而其興辦的各項工程，多可視為功在當代、利在千秋。大業之政一件一件地看都是德政，符合時代要求的大好事，但加總起來，就成了人民難以承受為豐富，讀後極具啟發性的一部歷史人物傳記。除「引言」與「結語」外，全書共分十章、三十四節、七十八目，約五十六萬字。第一章介紹隋煬帝楊廣的家世、出生與時代背景。第二章敘述楊廣青年時代北禦突厥、南平陳朝與安輯江南事蹟。第三章論述楊廣如何由坐鎮江都，歷經十年苦心經營，從晉王最終被立為儲君的過程以及在「仁壽宮變」所扮演的角色。第四章談及煬帝即帝位後，進行包括營建東都、掘塹、置關防、築長城、開運河等一系列浩大工程。第五章講述煬帝在位期間的文治特色、改革目的與創新項目。第六章綜述煬帝多元的興趣與非凡的才華。第七章探討煬帝巡遊各地與大業年間對外關係。第八章分析煬帝三征高麗的原因與造成的結果。第九章討論雁門事變後煬帝避居江都、各地割據勢力的相互競逐，以及「江都宮變」煬帝被弒。第十章藉由唐朝「亡隋之轍 殷鑒不遠」作為總結。結語的標題「莫道有才能治國　須知亡國亦由才」，畫龍點睛地蓋棺隋煬帝的歷史定位。

綜觀上述可看出，本書全方位、系統性地介紹隋煬帝的一生，囊括與隋煬帝相關的所有內容，特別是有關隋代歷史上極具爭議性的議題，書中都有深入地論辯分析，並迭出新意，茲略舉數例以明之：

釋疑：關於隋煬帝的出生時間，《隋書》、《北史》與各類史書，均無明確記載，要知道《隋書》修成於唐太宗貞觀十年（636），距隋亡不及二十年；《北史》完成於唐高宗顯慶四年（659），距隋煬帝被弒亦僅四十年，主持《隋書》的魏徵、顏師古、孔穎達；纂修《北史》的奠基與完成者李大師、李延壽等人，皆生活在隋朝，可說是當時人記當代事。然而，相較於隋文帝楊堅的出生時間，《隋書》與《北史》都有清楚詳實的記載，反觀時代更近的隋煬帝楊廣，則含混不清，著實令人不解。作者指出唐初君臣論政的核心是「以隋為鑒」，站在官方立場，將隋煬帝作為反面教材，極力突出隋煬帝的昏暴無道進行貶責，修史材料的取捨，有意無意抱有偏見，煬帝生日的失載即與此政治意識有關。也就是說，明知而不載，反映初唐修史者對隋煬帝的極度蔑視。同樣的，史書對於煬帝與蕭后的婚期和婚禮缺載的原因，也應作如是觀。

辨誣：開皇九年（589）平陳後，對於如何處置寵冠後宮、以鬼道迷惑陳後主的寵妃張麗華，《隋書》與《北史》的〈高熲傳〉云：「晉王欲納陳主寵姬張麗華」，而高熲「乃命斬之，王甚不悅。」；司馬光《資治通鑒》甚至記載楊廣因此變色曰：「昔人云，『無德不報』，我必有以報高公矣！由是恨熲。」作者認為楊廣在奪得帝位前一直是矯情飾貌，況且母后獨孤氏最恨好色納妾，楊廣不可能如此敗壞自己的名聲和功業。且《陳書》和《南史》的記載正好相反。《陳書•張貴妃傳》：「晉王廣命斬貴妃，牓於青溪中橋」；《南史•張貴妃傳》：「晉王廣命斬之於青溪中橋。」都肯定張麗華是楊廣下令處死的。《陳書》

導讀

文武雙全的亡國之君：隋煬帝的功過評價再定位

朱振宏｜國立中正大學歷史系教授兼系主任

說到中國歷史，人們經常將「秦漢」與「隋唐」進行參照比較，不僅是因為這是中國歷史上最強盛輝煌的王朝代表，也是因為秦、隋國祚雖短暫，但都結束此前長期分裂割據時代，下啟漢、唐盛世基業。毛澤東在〈沁園春•雪〉的下闕中曾評價中國歷史上幾位著名的帝王「惜秦皇漢武，略輸文采；唐宗宋祖，稍遜風騷。一代天驕，成吉思汗，只識彎弓射大雕」，作為亡國之君的隋煬帝自然是未入毛澤東的點評。然則，論性格，隋煬帝卻是文采與風騷兼俱；論武功，隋代疆域最為遼闊的階段，也正是在隋煬帝的大業時期。唐修《隋書》，評價隋煬帝云：「地廣三代，威振八紘，單于頓顙，越裳重譯。赤仄之泉，流溢于都內，紅腐之粟，委積於塞下」（《隋書•煬帝紀下》「史臣曰」）。有學者曾說過：秦始皇做過的事，隋煬帝多半也做了，但是他沒有焚書坑儒；隋煬帝做過的事，唐太宗多半也做了，但是唐太宗沒有開運河。然而，秦始皇、唐太宗都有「千古一帝」的美譽，隋煬帝卻落個萬世唾罵的惡名。[1]

國內外有關隋煬帝傳記著作不少，[2] 隨著 2013 年江蘇揚州曹莊隋煬帝墓的發現，對於隋煬帝的功過評價，又掀起一波熱議。[3] 袁剛先生的《隋煬帝傳》是筆者管見國內外有關隋煬帝傳記中徵引史料最

1 胡戟《隋煬帝的真相》（北京：北京大學出版社，2011 年），頁 2。

2 有關隋煬帝的學術傳記，就筆者管見中文書籍中有韓國磐《隋煬帝》（武漢：湖北人民出版社，1957 年）、韓隆福《隋煬帝評傳》（武漢：武漢大學出版社，1992 年）、胡滄澤《隋煬帝傳》（臺北：國際翻譯社，1993 年）、胡戟《隋煬帝新傳》（上海：人民出版社，1995 年，本書後更名為《隋煬帝的真相》）、劉善齡《細說隋煬帝》（上海：人民出版社，2005 年）、蒙曼《隋煬帝楊廣》（臺北：麥田出版社，2012 年）、郭志坤《隋煬帝大傳》（上海：人民出版社，2013 年）。外文書籍有宮崎市定《隋の煬帝》（東京：中央公論新社，2003 年）、Victor Cunrui Xiong, *Emperor Yang of the Sui Dynasty: His Life, Time and Legacy*, Albany: State University of New York Press, 2006.

3 2014 年 10 月 22 日—23 日，江蘇揚州召開一場「『隋煬帝與揚州』國際研討會」，討論隋煬帝與大運河、隋煬帝與揚州、隋煬帝與隋朝、隋煬帝的歷史功過、隋煬帝墓葬發現後的遺留之謎等議題。之後揚州市文物局編、冬冰主編《流星王朝的遺輝：「隋煬帝與揚州」國際學術研討會論文集》（蘇州：蘇州大學出版社，2015 年）。

相繼遭誅戮，害怕禍及於己，雖近侍於煬帝身邊，不敢忤逆煬帝之意，唯唯諾諾，不敢講真話，就講假話。虞世基既知隋煬帝「惡聞賊盜」，所以郡縣及諸將有事告敗求救者，即「抑損表狀」，皆不以實表上聞，反而詭稱：「鼠竊狗盜，郡縣捕逐，行當殄盡，願陛下勿以介懷。」讓隋煬帝感到安慰，煬帝也自我麻醉，信之不疑。以後，凡有使者奏告實情，反而以為妄言，而行杖責，於是各地農民起義越來越猛，陷沒郡縣，遍於海內，而居江都宮的隋煬帝皆不知，也不想知道了。御史大夫裴蘊也順旨以謊言搪塞煬帝。

但是，當楊義臣破除河北張金稱、高士達農民軍數十萬，列狀告捷時，隋煬帝覽後又不住驚歎：「我初不聞賊頓如此，義臣降賊何其多也。」虞世基見狀立即詭言：「鼠竊雖多，未足為慮，義臣克之，擁兵不少，久在閫外，此最非宜。」煬帝翻然有悟，說：「卿言是也。」於是急派人追使者，令楊義臣解散士伍，使河北農民起義軍得到喘息，不久復盛。[43]

這時，原籍南朝的虞世基、裴蘊以奸邪說謊，成了隋煬帝最信任的人，他們對國家前途既無半點責任感，對起於關隴的大隋社稷也沒有絲毫的同情心，他們只顧當官，討好皇帝，成為典型的佞臣小人，關隴勳舊則對他們嗤之以鼻。

關隴人士治書侍御史韋雲起對裴蘊、虞世基居中奸邪用事深為憂慮，乃奮起劾奏虞、裴「職典樞要，維持內外，四方告變，不為奏聞，賊數實多，裁減言少，陛下既聞賊少，發兵不多，眾寡懸殊，往皆不克，故使官軍失利，賊黨日滋。此而不繩，為害將大，請付有司結正其罪」。出自山東門閥的大理卿鄭善果自小受寡母崔氏教導，為官比較清正公允，這時上了賊船入了虞世基一夥，也驕姿佞

42《資治通鑑》卷一八三隋煬帝大業十二年。

43 同註42。

詔，竟奏稱：「雲起詆訾名臣，所言不實，非毀朝政，妄作威權。」煬帝於是將韋雲起降級為大理司直。[44]

據舊史記載，虞世基容貌沉穩慎重，但為人最奸，最善於揣摩煬帝之意，所言多合，而特別受到煬帝愛重，「朝臣無與為比，親黨憑之，鬻官賣獄，賄賂公行，其門如市，由是朝野共疾怨之」。內史舍人封德彝托附於虞世基，認為虞世基不精於官場權術，於是暗中為世基策劃，宣行詔令，諂順帝意，群臣表疏忤旨者，皆屏而不奏，「鞫獄用法，多峻文深詆，論功行賞，則抑削就薄」[45]，故虞世基越是得到煬帝寵信，而隋政就越壞，這時江都宮的政治已是一片黑暗。

隋煬帝不思振作，在江都生活十分糜爛，他對治國平天下的聖王之業已徹底喪失了信心，於是頗思享樂。江淮郡官謁見時，煬帝「參問禮餉豐薄，豐則超升丞守，薄則率從停解」。江都郡丞王世充獻銅鏡屏風，升任通守，曆陽郡丞趙元楷獻異味，遷江都郡丞。「由是郡縣競務刻剝，以充貢獻」，江南廣大民眾，受剝削壓榨更加厲害，「生計無遺」，只得以造反求活路。由於隋煬帝此次幸江都所帶東都美女不多，王世充又密「簡閱江淮民間美女獻之，由是益有寵」[46]，王世充竟由此一躍而為隋煬帝信用的重臣。這樣，江都宮中的隋煬帝已成了典型的昏暴之君，和大業初年的有為之主簡直判若兩人。江都朝廷中的大臣也多是奸佞小人，不求匡救補正，反而助紂為虐，使一度輝煌的強盛王朝成為不可藥救的朽木，滅亡在即。

就在隋煬帝避居江都之後一年時間內，各地反隋起義形成最高潮，農民起義風起雲湧，地主貴族也相繼起兵，社會各階層都打起了反叛旗號，全社會都起來造反，隋朝統治已處在風雨飄搖之中了。

大業十三年（六一七）一至五月，各地農民起義和地主貴族起兵很多，包括隋煬帝親表哥李淵在內的社會各階層齊奮起，反對隋煬帝的暴政。有學者統計，隋末農民起義約有一百二十六起，地主起兵約有六十多起。[47]這樣多的起義實屬驚人，各路英雄豪傑並起反隋，造反旗幟遍布於赤縣神州，成為人民歡慶的盛大節日。

一九五〇年以來，學術界對隋末農民起義十分重視，有不少論著相繼問世，多次掀起研究討論高潮。然在極左之時有一種唯成分論的觀點，專注於起義者的出身、成分，凡出身地主或曾為貴族官僚者，參加反隋煬帝暴政的起義都被說成是「投機分子」，甚至「叛徒」。如大貴族楊玄感和李密因為成分太高，儘管楊玄感曾慷慨陳詞：「我身為上柱國，家累鉅萬金，今者不顧破家滅族者，但為天下解倒懸之急，救黎元之命耳。」儘管他最後真的破家滅族，為除暴犧牲了全家人的生命，卻仍然被定為投機，而為民解倒懸之急這句反暴政的壯語，也被曲解湮沒。李密從楊玄感起兵反隋，後來參加瓦崗軍，並領導了農民起義屬不爭之事實，但又被說成是動機不純，鑽入農民革命隊伍，是陰謀家。這種似是而非的觀點混淆了隋末農民起義的反暴政性質，似乎地主貴族就沒有資格反隋煬帝暴政，成分太高就只能站在農民的對立面，這是相當荒謬的。而實際上在空前規模的暴政面前，隋社會各階級都一致站到了暴君暴政相反的立場上，共同反抗暴政。我們認為，恰恰是因為有社會各階層的參加，包括官僚貴族的參加，才更反映了隋末暴政的深刻性，反映了民眾起義的廣泛性和正義性。當然，反暴政的主體顯然是廣大農民，其基礎是人民群眾，參加者是千百萬苦役的農民，表明其性質是農民起義，但領導者大多是成分較高的地主、官吏，甚至貴族也是事實。隋末農民大起義從本質上講是以農民為主體的全民反暴政的大起義。

隋煬帝這時已成為人民公敵，成為與萬民對立的「一夫」，成為獨夫民賊，招致天下之人、社會

44 《資治通鑒》卷一八三隋恭帝義甯元年。

45 同註44。

46 《隋書》卷八五〈王世充傳〉。

47 參見胡如雷：〈關於隋末農民起義的若干問題〉，載《文史》第一一輯。

各階層的一致聲討。隋煬帝擁有無限權力，沒有任何權力主體可以制約他運用手中的權力，他自以為可用權力調動一切，創造一切，而決不克制自己半點，「思逞無厭之欲」，除諫以掩過，把自己置於千百萬人民的對立面，甚至不考慮本統治集團的利益，而要逞一己之欲。他不承認自己有錯，不肯罪己，而要一味蠻幹下去。「教絕四維，刑參五虐」，「百姓無辜，咸受屠戮，黎庶憤怨，天下土崩」。隋煬帝的倒行逆施只能加劇人民的反抗，到大業十三年（六一七），農民起義在全國範圍內形成了以翟讓和李密領導的瓦崗軍，竇建德領導的河北義軍，杜伏威和輔公祏領導的江淮義軍三大主力，隋末農民起義進入了直接推翻隋煬帝暴政的階段。

這時隋統治集團內部的分裂也在加劇，隋煬帝的倒行逆施也危害了統治集團自身的根本利益，連關隴勳貴也深表不滿，走到了煬帝的對立面。舉起義旗加入反暴政行列的就有楊玄感、李密這樣的關隴大貴族，還有南朝貴族孑遺的蕭銑和江南大族沈法興，也有羅藝、梁師都、李軌、劉武周、薛舉這樣的隋中下級軍官，以及翟讓、魏徵之類的下級小官吏。另外，劉元進、單雄信、徐世勣等不任官的地主豪強及少數民族酋領如嶺南土著洗夫人的孫子馮盎，其同族的高梁通守洗珎徹等，也舉兵反隋。統治階級與被統治階級的大多數人為反暴政而統一行動，都把矛頭對準了獨夫民賊隋煬帝一人。

有學者統計了隋末地主起兵：關中一帶有平陽公主、李通神、段綸（段文振之子）、何潘仁、李仲文、向善志、丘師利、孫華、祝海山、梁師都、劉炅、白玄度、郭子和等十三起；嶺南一帶有馮盎、李襲志、洗珎徹、鄧文進、寧長真、寧道明、李光度、馮暄、姜子路、盧南等十起；江淮三吳一帶有劉元進、沈法興、朱燮、管崇、薛士通、聞人嗣安、樂伯通、汪華、劉孝真、尤龕等十起；中原地區有楊玄感、劉霸道、盧祖尚、徐師仁、韓相國、程知節、劉蘭、蘇邕、鄧同穎、高季輔等十起；河西隴右一帶有李軌、薛舉、張護、王廣等四起；劍南（四川）一帶有蕭闍提、冉安昌、王摩沙、張大智等四起；兩湖地區有蕭銑、朱粲、周法明、鄧士政等四起；河東地區有李淵、劉武昌、呂崇茂等三起；河北有羅藝一起；東北亦有石世則一起；合計六十起。被確認為農民軍的有一百二十起。統計者「先把能夠確認的地主武裝劃分出來，其餘難以辨認的勢力不妨均當作農民軍看待。」[48]其實，難以辨認的和能確認的農民武裝領導人還有很多出身地主，真正純粹的農民其實為數並不多，如瓦崗寨的翟讓就出身小官吏，其他如單雄信、王伯當、徐世勣都是地主富豪，而不是農民。但是，大多數起義部伍無疑都是農民群眾，本無必要按出身成分劃分得那麼清楚，況且實際上也劃分不清楚，我們可以把這些舉起反抗隋煬帝暴政義旗的農民和地主統統稱之為豪傑，可以說隋末是四方豪傑並起，競於一時。

到大業十三年（六一七）五月，李淵、李世民父子在太原起兵，迅速襲占京師長安，隋朝的滅亡即進入了倒計時。

第三節　李密聚義於草莽　瓦崗軍威振中原

在各路反隋義軍中，勢力最強大的即是李密領導的瓦崗軍。為剷除隋煬帝暴政推翻隋王朝，李密及其領導的瓦崗軍進行了浴血奮戰，作出了突出貢獻。李密不愧為造反時代的英雄豪傑，他距南面稱孤當天子亦僅咫尺之遙。

48　胡如雷：〈關於隋末農民起義的若干問題〉，載《文史》第一一輯。

投奔農民軍　共討隋暴君

李密可謂叱吒風雲的傳奇式英雄。大業九年（六一三）參加楊玄感起兵抗暴失敗後被俘，這位貴族子弟憑藉其過人的機智，又逃脫虎口，歷盡千辛萬苦，流落草莽之中，終於成為農民起義領袖。

李密自小受到貴族式教育，讀了很多書，尤專於兵法，襲父爵蒲山公，「乃散家產，賙贍親故，養客禮賢，無所受吝」，有安濟天下之志。據說，李密以貴冑為左親侍，立於仗下時曾被隋煬帝一眼看見，留下深刻印象，退朝後煬帝問宇文述：「向者左仗下黑色小兒為誰？」宇文述回答：「故蒲山公李寬子密也。」煬帝說：「個小兒視瞻異常，勿令宿衛。」宇文述即讓李密辭去侍衛之職，李密反倒大喜，自此可更專心讀書了。[49]

章回小說《說唐》第三五回編造了一個故事，說李密跟隨煬帝到江都。「煬帝傳旨，駕回江都，同蕭后上了龍舟，進得瓜洲。彩女在岸挽牽錦纜。此時李密隨駕，乘了一匹駿馬在岸上觀看，只見蕭后在龍舟內觀覽岸邊風景，果然有天姿國色之容，閉月羞花之貌，不覺魂飛魄散，只是不住眼的觀看。那蕭后偶然抬頭看見，便大怒向宮妃道：『這岸上乘馬的是誰？』宮妃道：『是魏國公李密。』由是李密遭到通緝，逃入草莽」，參加了反隋起義。這則故事把李密描繪成了一個好色之徒，其荒誕無稽自不必說，蕭后此時年近五十，哪能有天姿國色之容，閉月羞花之貌，又怎能令英雄李密「魂飛魄散」。然而，李密逃遁於民間草莽，卻確有一段悽楚動人的故事。

話說大業九年（六一三），八月楊玄感起兵後，因不聽李密的謀劃而致失敗。李密在亂陣中逃走，「間行入關」，與楊玄感的堂叔楊詢相隨，躲在馮翊郡（治今陝西大荔）楊詢之妻家，不久被鄰居告發而被捕，囚於京兆大獄。時隋煬帝在高陽（今河北定縣），傳令將叛亂首領押送行在所。途中李密與難友謀劃脫逃之法，因同囚都是貴冑子弟，多有金銀，李密於是出示金銀給押解差使，說：「吾等死日已近，此金並留付公等，請多關照」。差使見利忘警，走到關外，防禁漸弛，李密等每夜入酒店狂飲喧嘩，一直鬧到天亮，押獄差使漸漸習以為常。行至邯鄲，夜宿於禁中，李密等七人皆穿牆而遁，與王仲伯逃至平原郡（治今山東陵縣），投奔農民軍郝孝德。

李密遁入草莽，來到農民起義軍中，但粗俗的郝孝德看不起貴族子弟李密等，不予收留。李密又投王薄，也沒有收留。李密既亡命草澤，身不由己，「備遭饑饉，至削樹皮而食」。於是和王仲伯等人分手，各求活路。仲伯潛歸天水，李密逃往淮陽（今河南周口市），亡匿農村中，改換姓名，稱劉智遠，當起了鄉村教師，聚徒教授。經數月，李密鬱鬱不得志，作了一首五言詩，題於講堂，詩云：

金風蕩初節，玉露凋晚林。
此夕窮塗士，空軫郁陶心。
眺聽良多感，慷慨獨沾襟。
沾襟何所為？悵然懷古意。
秦俗猶未平，漢道將何冀！
樊噲市井徒，蕭何刀筆吏。
一朝時運合，萬古傳名器。
寄言世上雄，虛生可真愧。[50]

詩成而泣下數行。李密以詩言志，雖逆途多艱，而胸懷天下，只可歎英雄無用武之地，時有人見

49 《舊唐書》卷五三〈李密傳〉。

50 《太平御覽》卷一〇七；《太平廣記》卷三〇〇引《河洛記》。

詩而產生懷疑，即向郡太守趙佗告發，縣獄來捕，李密又逃走。[51]

李密逃到其妹夫雍丘（今河南杞縣）縣令丘君明家，丘君明不敢收留，轉寄於遊俠王秀才家。秀才十分敬佩李密的義舉和才識膽略，將自己的女兒嫁與李密為妻。但後來丘君明的侄子丘懷義告發，隋煬帝得知李密在逃，且題反詩，感到這位名應讖語的李氏黑色小兒將成大禍患，於是急令梁郡通守楊汪派兵往雍丘捕捉。楊汪立即派兵包圍了王秀才家，恰好李密出外，得以漏網逃逸，而妹夫丘君明和岳父王秀才及新婚妻子王氏卻遭株連，當了替死鬼。

這時已是大業十二年（六一六），兩年多流離顛沛隱名埋姓的艱難恐怖生活並沒有壓垮李密的反隋意志，相反，他更加堅強了，他決心和人民站在一起，共同誅討暴君隋煬帝。時有東郡（今河南滑縣東南）韋城人翟讓聚集了萬餘反隋農民隊伍，活躍於山東一帶，李密於是投奔翟讓。

翟讓是位宋江式的人物，曾任東郡法曹，為隋下級胥吏。因「坐事當斬」，獄吏黃君漢「奇其驍勇」，放他逃走。翟讓遂在大業六年（六一〇）底，在東郡之瓦崗寨（今河南滑縣境）聚眾揭竿起義，有同郡富室單雄信驍健重義，善用馬槊，聚少年前往參加。濟陰郡離狐（今山東菏澤北）人徐世勣，年十七，有勇略，雖家富於財，但煬帝的急政暴政使沒有貴族身分的寒庶地主也免不了破產，於是也參加了瓦崗軍。其時山東豪傑並起，和翟讓一樣擁眾起義的還有外黃王當仁、濟陽王伯當、韋城周文舉、雍丘李公逸等，均出身寒庶地主，為山東豪傑。李密從妹夫家逃出來，流落江湖草莽，往來於這些豪傑之間，「說以取天下之策」，宣稱暴虐的楊隋王朝必然敗亡。開始，諸帥不信，稍久，有人相信了，以為李密是公卿子弟，志氣宏遠，「今人人皆雲楊氏將滅，李氏將興」，李密既幾次虎口逃生，再三獲救，大難不死，恐怕就是真命天子，有神靈保護，於是開始敬畏李密，當然也有人因此想謀害他。[52]

時翟讓部瓦崗軍在眾山頭中兵勢最銳，李密因此讓王伯當引薦拜見翟讓，為翟讓謀劃。李密先遊說兵眾較少的諸路豪傑，接受翟讓領導，團結在瓦崗軍周圍，壯大瓦崗寨力量。翟讓於是尊重和信任李密，召與計事參預軍機。李密又勸翟讓舉大事，說：「劉項皆起布衣為帝王。」又說：「今主昏於上，民怨於下，銳兵盡於遼東，和親絕於突厥，方乃巡遊揚、越，委棄東都，此亦劉、項奮起之會也。」並激勵翟讓：「以足下雄才大略，士馬精銳，席捲二京，誅滅暴虐，隋氏不足亡也！」這一席話讓翟讓等耳目一新，但翟讓胸無大志，只是謝道：「吾儕群盜，旦夕偷生草間，君之言者，非吾所及也。」[53]

「席捲二京，誅滅暴虐」是李密從農民反隋鬥爭的實際需要出發，為瓦崗軍制定的以推翻隋煬帝暴政為政治目標的戰略決策。李密非但不是來投機革命，反而以其遠見卓識為農民軍制定革命綱領，使分散的農民團結起來，共同討伐暴君，掃除暴政，使隋末農民起義目標更明確。李密不愧為反隋煬帝暴政的一位英雄豪傑。

時有一位女中豪傑名李玄英，由東都逃出來，在江湖豪傑中求訪李密，到處宣揚「李氏當為天子」，「斯人當代隋家」，人問其故，李玄英說：「比來民間謠歌，有〈桃李章〉曰：『桃李子，皇后繞揚州，宛轉花園裡，勿浪語，誰道許』。」並解釋說：「桃李子謂逃亡者李氏之子也；皇與后，皆君也；宛轉花園裡，謂天子在揚州無還日，將轉於溝壑也；莫浪語，誰道許者，密也。」她預言李密當取代隋煬帝而承天命為天子，於是踏遍青山四處尋覓。功夫不負有心人，李玄英終於在瓦崗寨找到了日夜思念的大英雄李密，於是委身事之，結為夫妻，演出了一段英雄美女的佳話。

51《隋書》卷七〇〈李密傳〉。

52《資治通鑒》卷一八三隋煬帝大業十二年十月。

53《資治通鑒》卷一八三隋煬帝大業十二年。

瓦崗軍以翟讓為首領，賈雄為軍師，邴元真為書記，徐世勣、單雄信為領兵將帥，是一個初具規模的農民政權。時有宋城縣尉齊郡人房彥藻，自負有才學而不為時用，也曾參預楊玄感叛亂，後改變姓名亡命，遇李密，於是一同遊說各路反隋豪傑。李密策劃聯合各路英豪組成反隋大同盟，於是向翟讓建策攻取滎陽，瓦崗軍首次主動出擊，攻破金堤關，占領了滎陽郡若干縣城。時滎陽太守是河間王楊弘之子郇王楊慶，無法對付瓦崗軍，隋煬帝於是調劊子手張須陁任滎陽通守，圍剿瓦崗軍。大業十三年（六一六）十月庚戌（二十七），張須陁率官軍向瓦崗軍撲來，翟讓等驚恐萬分，企圖逃遁以避其鋒。李密卻陳說張須陁勇而無謀，驕狂輕敵，可以一戰而擒之。翟讓不得已只好勒兵迎戰。李密於是布陣設伏，讓翟讓列陣拒戰張須陁，自己率驍勇常何等二十人為遊騎，分兵千餘伏於大海寺（今河南滎陽東北）北林間。張須陁驕橫慣了，輕視翟讓，列方鎮沖瓦崗軍，翟讓迎戰不久即佯敗而去，張須陁驅兵追趕十餘里，及至大海寺北，李密率伏兵由叢林中驟起，猛攻官軍後隊，翟讓亦回馬反擊，徐世勣、王伯當由兩邊圍來，將隋軍團團圍住。張須陁反復突圍，但左右不能盡出，乃仰天哀歎：「兵敗如此，何面見天子。」一被斬於陣中。瓦崗軍乘勝攻占了河南軍事重鎮滎陽。這一仗大長了農民軍的威風，令隋王朝的河南郡縣喪氣。隋煬帝於是任命光祿大夫裴仁基為河南討捕大使，徙鎮虎牢（舊河南汜水縣）以拒李密。

翟讓見李密的確本事很大，於是讓李密建牙，自領一部，號「蒲山公營」，原張須陁部驍將秦叔寶、程咬金、羅士信、趙仁基等均為此營戰將。李密與部下同甘苦，部伍嚴整，戰鬥力最強。又西行至康城，經遊說降服數座縣城，大獲資儲。翟讓先是自回瓦崗，後見李密勢大，復又與李密合軍。

大業十三年（六一七）二月，天下饑饉，隋官倉粟米山積，卻不賑濟饑民。饑寒交迫的民眾異常憤怒，李密派裴叔方往東都覘察虛實，對翟讓說：「今東都空虛，兵不素練，越王沖幼，留守諸宮政令不一，士民離心，倘若將軍親帥大軍，輕行掩襲，以占興洛倉[54]，取之如拾遺耳。然後發粟以賑濟窮乏之人，則遠近孰不歸附！百萬之眾，一朝可集。」然後，「枕威養銳，以逸待勞」，縱使隋官軍來攻，我已有備，然後傳檄四方，引賢豪而資計策，選驍悍而援兵柄，天下指麾可定。李密並強調「此機不可失」，必須先發制人，翟讓亦認為是「英雄之略」，但不敢作主。說：「僕起隴畝之間，望不至此，必如所圖，請君先發，僕領諸軍便為後殿。」二月庚寅（初九），李密與翟讓率精兵七千出陽城（今河南登封東南）北，逾方山（登封東北），自羅口（今河南鞏縣西南）一舉襲占興洛倉。於是「開倉恣民所取，老弱繈負，道路相屬」。四遠饑民扶老攜幼奔赴來投，使瓦崗軍一夕「眾至數十萬」[55]，一說「眾至百萬」[56]，聲勢大振。襲占興洛倉獲得了大批軍糧，壯大了瓦崗義軍隊伍和力量，救濟了廣大饑民，同時，又切斷了東都洛陽的重要糧食供應，具有重要的戰略意義。

留守東都的煬帝之孫越王楊侗急遣虎賁郎將劉長恭、光祿少卿房崱率步騎二萬五千東討，又命虎牢（今河南汜水西北）的河南討捕大使裴仁基等率所部，約於二月十一日會師興洛倉城南，合擊瓦崗軍，以奪回倉城。李密偵知隋軍作戰計畫，分兵拒敵。自東都出來的劉長恭部多有貴遊子弟，以為農民軍「饑賊盜米，烏合易破」，圖僥倖立功，結果先期而至。士卒尚未吃早飯，就渡河搶攻，不等裴仁基會師。翟讓先退，李密率部從側翼發動猛攻，橫沖已很饑疲的劉長恭軍，官軍大敗，死傷大半，劉長恭易服潛逃回東都。裴仁基聞風「懼不敢進」，屯兵百花谷（今河南鞏縣東南）自守。「東都震恐」。瓦崗軍又打了大勝仗，聲威遠揚，李密的威名更震於中原。

54 興洛倉亦名洛口倉，《資治通鑑》卷一八〇隋煬帝大業二年十月有「置洛口倉於鞏（縣）東南原上，築倉城，周圍二十餘里，穿三千窖，窖容八千石以還，置監官並鎮兵千人」。

55 《舊唐書》卷七〇〈李密傳〉。

56 《隋書》卷二四〈食貨志〉。

襲占洛口倉一戰打得精彩，再一次顯露了李密的超凡才能和英雄膽略。這時翟讓等對李密已心悅誠服，於是共推李密為主，上其號魏公。大業十三年（六一七）二月庚子（十九日），瓦崗寨眾豪傑於鞏南（今河南鞏縣）洛口倉城設壇場，奉李密即位，改稱永平元年，並宣布大赦天下。魏公府置三司、六衛，設元帥府，置長史以下官屬，開始了政權建設。

李密拜翟讓為上柱國、司徒、東郡公，亦置長史以下官，為副統帥。任單雄信為左武候大將軍，徐世勣為右武候大將軍。以房彥藻、邴元真為左右長史，楊德方、鄭德韜為左右司馬，祖君彥為記室，其餘各有封拜。

為鞏固勝利，擴大戰果，李密又命護軍田茂修築洛口城，方圍四十里，設置城防，依洛口倉為根據地，作為義軍總部。又命田茂廣造雲旝三百具，以機發石，號「將軍炮」，進逼東都。於是趙、魏以南，江淮以北的農民軍莫不回應。孟讓、郝孝德、王德仁，濟陰房獻伯，上谷王君廓，長平李士才，淮陽魏六兒、李德謙，譙郡張遷及黑社、白社，魏郡李文相，濟北張青特，上洛周比洮、胡驢賊等皆來歸附，李密一一拜官，讓他們各自統領本部，又編制「百營簿」進行管理。而道路降者仍不絕如縷，部眾擴充至數十萬。

李密又適時提出「除亡隋之社稷，布將軍之政令」的口號，把農民起義由開始時的單純「聚眾剽掠」的低級階段，昇華到以推翻隋統治，取煬帝而代之，奪取全國政權的高級階段。於是，李密派遣房彥藻向東開拓，相繼攻下或說下安陸、汝南、淮安、濟陽，河南郡縣大都落入瓦崗軍之手。四月，李密拜孟讓為總管、齊郡公，己丑（初九）夜，孟讓率步騎二千突襲東都城外郭，燒豐都市，越王楊侗上下一片恐慌，使東都官民悉遷入內宮城。

在農民起義的浩大聲勢面前，隋鞏縣長柴孝和、監察御史鄭頲以縣城降於李密。屯於百花谷的裴仁基因失期不至坐使劉長恭戰敗，恐獲罪朝廷，也以虎牢關降於李密。李密封裴仁基為河東郡公，其子裴行儼驍勇善戰，封為絳郡公。以前追捕過李密的淮陽太守趙陀也舉郡降李密。大批隋降將逐漸成為李密在瓦崗軍中依恃的主要力量。

李密又命裴仁基、孟讓率師二萬襲破回洛東倉，燒東都天津橋，後被擊敗退保鞏縣。李密又親率兵攻打洛陽周邊的偃師、金墉，均不克，時東都有兵二十餘萬，尚有一定戰鬥力，但城內乏食，布帛卻堆積如山，以致燃布作柴。越王楊侗派人運回洛倉米入城，又在北邙山、城東上春門和豐都市等地紮營九座，各派兵五千據守。為了阻扼和威逼東都，大業十三年（六一七）四月己亥（十九日），李密又率三萬義軍攻占回洛倉，大修營塹，作持久戰的打算，東都派段達、劉長林出兵七萬拒戰，辛丑（二十一），兩軍大戰於倉城之北，隋軍又敗走。在瓦崗軍進圍東都的同時，各地義軍也都有了很大發展。

為「誅滅暴虐」，李密一面命令部隊大修營塹，從軍事上做好進攻東都洛陽的準備，一面以天下義軍領袖的身分，向天下郡縣發布檄文，暴揚隋煬帝罪惡，列舉其十大罪狀，號召民眾起來推翻獨夫民賊及其黑暗統治，並鼓勵隋官認清形勢，識機知變，棄暗投明。檄文四月丁未（二十七）發出，天下震動。[57]

檄文作者祖君彥是北齊宰相祖珽之子，文辭贍敏著名海內，薛道衡曾向隋文帝推薦，但未被選用。隋煬帝疾其文名，只委了個代理縣令，祖君彥於是鬱鬱思亂，以宿縣歸降李密，李密得之甚喜，引為上客，軍書羽檄，一以委之。祖君彥為李密書寫的討隋煬帝檄文是一篇流傳千古的奇文，不僅義

57《新唐書》卷八四〈李密傳〉。

正辭嚴，大義凜然，而且文辭優美，排比謹嚴，全文二千九百一十字，是一篇優秀的散文，長期被中學語文選作範文。然此文《隋書》煬帝紀、李密傳和祖君彥傳均不載，《資治通鑑》僅提了一句，或許因為是宣傳品，史家少有錄注，惟《舊唐書．李密傳》全文收錄，茲照錄上半段：

自元氣肇辟，厥初生人，樹之帝王，以為司牧。是以義、農、軒、項之後，堯、舜、禹、湯之君，靡不祗畏上玄，愛育黔首，乾乾終日，翼翼小心，馭朽索而同危，履春冰而是懼。故一物失所，若納隍而愧之；一夫有罪，遂下車而泣之。謙德軫於責躬，憂勞切於罪己。普天之下，率土之濱，蟠木距於流沙，瀚海窮於丹穴，莫不鼓腹擊壤，鑿井耕田，治致升平，驅之仁壽。是以愛之如父母，敬之若神明，用能享國多年，祚延長世。未有暴虐臨人，克終天位者也。

隋氏往因周末，預奉綴衣，狐媚而圖聖寶，胠篋以取神器。及纘承負扆，狼虎其心，始曀明兩之暉，終幹少陽之位。先皇大漸，侍疾禁中，遂為梟獍，便行鴆毒。禍深於莒僕，釁酷於商臣，天地難容，人神嗟憤。州籲安忍，閼伯日尋，劍閣所以懷凶，晉陽所以興亂，甸人為罄，淫刑斯逞。夫九族既睦，唐帝闡其欽明；百世本枝，文王表其光大。況復隳壞磐石，剿絕維城，唇亡齒寒，寧止虞、虢，欲其長久，其可得乎！其罪一也。

禽獸之行，在於聚麀，人倫之體，別於內外。而蘭陵公主逼幸告終，誰謂敤首之賢，翻見齊襄之恥。逮於先皇嬪御，並進銀鐶；諸王子女，咸貯金屋。牝雞鳴於詰旦，雄雉恣其群飛，袒衣戲陳侯之朝，穹廬同冒頓之寢。爵賞之出，女謁遂成，公卿宣淫，無復綱紀。其罪二也。

平章百姓，一日萬機，未曉求衣，昃晷不食，大禹不貴於尺璧，光武不隔於支體，以是憂勤，深慮幽枉。而荒湎於酒，俾晝作夜，式號且呼，甘嗜聲伎，常居窟室，每藉糟丘。朝謁罕見其身，群臣希睹其面，斷決自此不行，敷奏於是停擁。中山千日之飲，酩酊無名，襄陽三雅之杯，留連詎比。又廣召良家，充選宮掖，潛為九市，親駕四驢，自比商人，見要逆旅。殷辛之譴為小，漢靈之罪更輕，內外驚心，遐邇失望。其罪三也。

上棟下宇，著在易爻；茅茨采椽，陳諸史籍。聖人本意，惟避風雨，詎待朱玉之華，寧須綈錦之麗。故璿室崇構，商辛以之滅亡；阿房崛起，二世是以傾覆。而不遵古典，不念前章，廣立池臺，多營宮觀，金鋪玉戶，青瑣丹墀，蔽虧日月，隔閡寒暑。窮生人之筋力，罄天下之資財，使鬼尚難為之，勞人固其不可。其罪四也。

公田所徹，不過十畝；人力所供，才止三日。是以輕傜薄賦，不奪農時，甯積於人，無藏於府。而科稅繁猥，不知紀極；猛火屢燒，漏卮難滿。頭會箕斂，逆折十年之租；杼軸其空，日損千金之費。父母不保其赤子，夫妻相棄於匡床，萬戶則城郭空虛，千里則煙火斷滅。西蜀王孫之室，翻同原憲之貧；東海麋竺之家，俄成鄧通之鬼。其罪五也。

古先哲王，卜征巡狩，唐、虞五載，周則一紀。本欲親問疾苦，觀省風謠，乃復廣積薪芻，多備饔餼。年年曆覽，處處登臨，從臣疲弊，供頓辛苦。飄風凍雨，聊竊比於先驅；車轍馬跡，遂周行於天下。秦皇之心未已，周穆之意難窮，宴西母而歌雲，浮東海而觀日。家苦納秸之勤，人阻來蘇之望。且夫天子有道，守在海外，夷不亂華，在德非險。長城之役，戰國所為，乃是狙詐之風，非關稽古之法。而追蹤秦代，板築更興，襲其基墟，延袤萬里，屍骸蔽野，血流成河，積怨滿於山川，號哭動於天地。其罪六也。

遼水之東，朝鮮之地。禹貢以為荒服，周王棄而不臣，示以羈縻，達其聲教，苟欲愛人，非求拓土。又強弩末矢，理無穿於魯縞；沖風餘力，詎能動於鴻毛。石田得而無堪，雞肋啖而何用。而恃眾怙力，強兵黷武，惟在併吞，不思長策。夫兵猶火也，不戢將自焚，遂令億兆夷人，只輪莫返。夫差喪國，實為黃池之盟；苻堅滅身，良由壽春之役。欲捕鳴蟬於前，不知挾彈在後。復矢相顧，髽而成行，義夫切齒，壯士扼腕。其罪七也。

直言啟沃，王臣匪躬，惟木從繩，若金須礪。唐堯建鼓，思聞獻替之言；夏禹懸鞀，時聽箴規之美。而愎諫違蔔，蠹賢嫉能，直士正人，皆由屠害。左僕射、齊國公高熲，上柱國、宋國公賀若弼，或文昌上相，或細柳功臣，暫吐良藥之言，翻加屬鏤之賜。龍逢無罪，便遭夏桀之誅；王子何辜，濫被商辛之戮。遂令君子結舌，賢人緘口。指白日而比盛，射蒼天而敢欺，不悟國之將亡，不知死之將至。其罪八也。

設官分職，貴在銓衡，察獄問刑，無聞販鬻。而錢神起論，銅臭為公，梁冀受黃金之蛇，孟佗薦蒲萄之酒。遂使彝倫攸斁，政以賄成，君子在野，小人在位。積薪居上，同汲黯之言；囊錢不如，傷趙壹之賦。其罪九也。

宣尼有言，無信不立，用命賞祖，義豈食言。自昏主嗣位，每歲行幸，南北巡狩，東西征伐。至如浩亹陪蹕，東都守固，閿鄉野戰，雁門解圍。自外征夫，不可勝紀，既立功勳，須酬官爵。而志懷翻覆，言行浮詭，危急則勳賞懸授，克定則絲綸不行，異商鞅之頒金，同項王之刓印。芳餌之下，必有懸魚，惜其重賞，求人死力，走丸逆阪，匹此非難。凡百驍雄，誰不仇怨。至於匹夫蕞爾，宿諾不虧，既在乘輿，二三其德。其罪十也。

檄文列舉了隋煬帝殺父害兄、亂倫獸行、沉溺酒色、廣營宮榭、科稅繁猥、游幸勞民、征伐高麗、拒諫嫉能、賄政鬻獄、言而無信等十大罪狀。

分析李密所列十大罪狀，有些是切中要害，鞭撻入微。如「窮生人之筋力，罄天下之資財」，廣立池臺，多營宮觀，驅民幹鬼都難為之事，而科稅繁猥，巡遊無度，又恃眾怙力，窮兵黷武，屠害賢才等。但也有不少不實之辭，如「逆折十年之租」、「荒湎於酒，俾晝作夜」、「朝謁罕見其身，群臣希睹其面」，隋煬帝是勤政的模範，決不致溺於酒色而不上朝，當然，江都宮的煬帝另當別論。最感荒唐的是檄文第二條罪狀亂倫，實駭人聽聞，說隋煬帝「逼幸」姦淫自己的妹妹蘭陵公主，則顯然是誣衊。第一條罪狀侍疾禁中對父皇行鴆毒，也沒有根據。文中用了大量典故，講究辭章優美，極盡誇張渲染之能事，我們也只能把它當作宣傳品，這恐怕也是《隋書》等正史不載的原因。罪狀十條可謂大矣，檄文接著說：

> 有一於此，未或不亡。況四維不張，三靈總瘁，無小無大，愚夫愚婦，共識殷亡，咸知夏滅。罄南山之竹，書罪未窮；決東海之波，流惡難盡。是以窮奇災於上國，貐暴於中原，三河縱封豕之貪，四海被長蛇之毒，百姓殄亡，殆無遺類，十分為計，才一而已。蒼生懍懍，咸憂杞國之崩；赤子嗷嗷，但愁曆陽之陷。且國祚將改，必有常期，六百殷亡之年，三十姬終之世。故讖籙云：「隋氏三十六年而滅。」此則厭德之象已彰，代終之兆先見。皇天無親，惟德是輔。況乃槍竟天，申謂之除舊；歲星入井，甘公以為義興。兼朱雀門燒，正陽日蝕，狐鳴鬼哭，川竭山崩。並是宗廟為墟之妖，荊棘旅庭之事。夏氏則災釁非多，殷人則咎征更少。牽牛入漢，方知大亂之期；王良策馬，始驗兵車之會。[58]

煬帝之罪，罄竹難書，檄文預示暴君隋煬帝必然滅亡。其「罄南山之竹，書罪未窮；決東海之波，流毒難盡」一句，是千古絕唱。十惡不赦的人民公敵隋煬帝已為人神共棄，絕不會有好的下場。

58《舊唐書》卷五三〈李密傳〉。

檄文最後分析天下形勢，到處都是反隋義軍：房彥藻略地東南，徐圓朗已平魯郡，孟海公又破濟陽，封民贍取平原，郝孝德據黎陽之倉，李士雄虎視於長平，王德仁揚威於上黨，滑公李景發自臨渝關，劉興祖起於北朔，崔白駒發難於潁川等等，「各擁數萬之兵，俱期牧野之會」，共討隋暴君，剷除隋暴政。隋官守迷不反，玉石俱焚，只有站到造反者一邊，才是出路。

檄文布告海內，咸使聞知，四處流傳，「天下震動」，極大地鼓舞了人民的鬥志，給統治者帶來了極大的心理震恐和思想瓦解。隋煬帝被罵了個狗血噴頭，威風掃地，造反者更揚眉吐氣。留守東都的越王楊侗得悉，如熱鍋上的螞蟻，坐立不安，慌忙派人南下江都奏報皇祖父，請求煬帝急速北返，以挽救危局。隋煬帝看到檄文後，心驚色變，氣得啃土，卻一籌莫展。

據說，隋煬帝在江都，風聞李密的浩大聲勢，「懼留江左，不敢還都」。[59]為解東都之圍，大業十三年（六一七）五月，隋煬帝命監門將軍龐玉等率關中之兵援救東都，但杯水不能救薪火。越王楊侗又派太常丞元善達赴江都，再求救，面奏煬帝說：「李密有眾百萬，圍逼東都，據洛口倉，城內無食，若陛下速還，烏合必散，不然者，東都決沒。」因歔欷嗚咽。煬帝見狀亦為之動容。虞世基眼見煬帝的窘狀，也知道煬帝的心思，既避江都就絕不會返回東都，於是進言：「越王年少，此輩誑之，若如所言，善達何緣來至？」隋煬帝於是有了臺階可下，馬上變臉，勃然大怒斥道：「善達小人，敢廷辱我。」[60]即派元善達往東陽（治今浙江金華）催運糧草，這一帶農民起義也相當活躍，結果元善達不久即被農民軍斬殺。[61]消息傳來，人人寒心，個個杜口，再也沒有人敢在隋煬帝面前提李密了。

各路豪傑縱橫馳騁　四海英雄共推盟主

李密有本事，名應讖籙，接二連三地打大勝仗，威名遠播，受到各路豪傑的推服，於是被各路反隋義軍推為領袖。但是，如何擊垮隋煬帝政權，建立自己的統治，號令全國，卻是相當複雜之事。

記得楊玄感起兵時，李密曾為之謀劃三策，其最下策是圍攻東都，中策是襲取京師長安。但現在李密自己擁眾數十萬，卻也大修營塹，屯於東都堅城之下，一時無法破城取勝，卻也沒有考慮西取長安之策。

東都城防既堅，瓦崗軍與官軍形成對峙膠著狀態，李密的元帥府左、右司馬楊德方、鄭德韜也先後戰死，於是又任隋降官鄭頲、鄭虔象為左右司馬。這時，有柴孝和勸李密西襲長安。的確，「方今隋失其鹿，豪傑競逐，不早為之，必有先我者，悔無及矣」。[62]李密也深知其中道理，但行動起來卻困難重重。他對柴孝和說：「此吾之所圖，僕亦思之久矣，誠乃上策。」承認此為上策，卻不能為，理由是：「但昏主尚存，從兵猶眾。我之所部，並是山東人，既見未下洛陽，何肯相隨西入？諸將出於群盜，留之各競雄雌，若然者，殆得敗矣。」[63]

李密不行上策而擇下策的理由竟與楊玄感差不多，這不會是歷史的巧合。李密確有其難處，作為貴族出身的農民起義軍領袖，如何統領從義民眾的確是一大難題。當年楊玄感起兵要詐眾、紿眾，李密孤身一人遁入草莽，以軍事才能而推為領袖，各路豪傑希望李密拿出辦法打敗眼前的隋軍，拿下東都，取得眼前利益，而決不會對李密的帝王之業感興趣。誠如李密所言，一旦指麾入關，「何肯相隨西入」。西入關中是追求帝王之業，克定東都則是剷除暴政，已是各路農民起義軍領袖的李密，不能

59《隋書》卷八五〈宇文化及傳〉。
60《隋書》卷六七〈虞世基傳〉。
61《資治通鑑》卷一八三隋恭帝義甯元年。
62 同註61。
63《舊唐書》卷五三〈李密傳〉。

放棄眼前的事業，否則，領袖地位不存，帝王之業難求。現在問題的關鍵是，能不能儘快拿下東都。

李密既無法脫身去強奪關中，柴孝和只好請求先「間行觀釁」。李密同意，讓柴孝和率數十騎插入陝縣，持討煬帝檄文相號召，山間義勇歸之者有萬餘人。

時李密幾乎每天都與東都隋軍作戰，且身先士卒，騎馬衝鋒陷陣，有一次被流矢所中，臥於軍中。大業十三年（六一七）五月丁丑（二十八），越王侗又派段達、龐玉等夜出從西北襲回洛倉，李密帶傷率裴仁基出戰，結果大敗，棄回洛倉退回洛口。柴孝和之眾聞李密敗退，竟各自散去。柴孝和西入關的計畫也就擱淺了。六月，李密又率眾與隋軍大戰於平樂園，大敗東都官軍，奪回回洛倉，並加緊了對東都的圍攻，不再考慮西入關中問題。

七月，由於東都危急，在江都的隋煬帝派王世充率江淮勁卒五萬北上，又令將軍王隆率邛黃蠻軍，河北大使太常少卿韋霽、河南大使虎牙郎將王辯等各率所部同赴東都，圍剿李密瓦崗軍，其中韋霽是開皇四大總管之一的韋世康之子。另有河內通守孟善誼、河陽郡尉獨孤武都等也各率所部從四面八方赴援東都，李密的瓦崗軍雖然強大，但四面受敵。

隋煬帝又下詔調留守涿郡的名將、左禦衛大將軍薛世雄率幽、薊精兵三萬南下，參加對李密的圍剿，並命令王世充等各路救援東都的軍隊皆受薛世雄節度。所過遇有「盜賊，隨便誅剪」。

薛世雄率軍南行至河間郡，紮營於七里井，已自稱「長樂王」的河北農民軍領袖竇建德正在武強縣收麥，時河間諸縣官僚依恃薛世雄的武力，欲乘機剿滅長樂王政權，竇建德聞訊先放風麻痹敵人，揚言要逃回豆子䴚落草，薛世雄以為義軍草寇畏懼自己，懈怠不設戒備，竇建德偵知後即率敢死士數百人，星夜急行一百四十里，奔襲薛世雄軍。

翌日淩晨，竇建德率敢死隊行進到隋軍營前，恰巧天有大霧，迷漫山野，咫尺莫辨，竇建德曰：「天助我也。」遂率敢死士先向敵較弱的河間諸縣兵突然發起猛攻。睡夢中的隋軍摸不著頭腦，不知農民軍多少，爬起床連衣服都來不及穿便逃竄求活命。潰敵向薛世雄營狂奔，敢死士直搗薛世雄中軍大帳，驚恐萬狀的隋軍只聞殺聲震天，不知義軍虛實，亂作一團，皆騰柵逃命，自相踐踏，死者山積。身中數槍的薛世雄與左右數百騎狼狽逃入河間郡城，「慚恚發病，歸於涿郡，未幾而卒」，使奉隋煬帝命往東都會剿李密瓦崗軍的官軍失去了統帥。

竇建德的河間大捷有力地支援了在中原苦戰的瓦崗軍，建德隨即派人向李密報捷，並表示願接受領導。這時，朱粲等部義軍，也遣使歸附瓦崗軍，李密任命朱粲為揚州總管，封鄧公。九月，山東、河南又發大水，「死者日數萬人」，餓殍滿野，徐世勣又向李密獻策：「天下大亂，本為饑饉，今若得黎陽一倉，大事濟矣。」[64] 於是李密遂命徐世勣率兵五千自原武（今河南原陽西南）渡過黃河，會同郝孝德、李文相、洹水張升、清河趙君德等部義軍共同襲占黎陽倉，又一次「開倉恣民就食」，一旬之間，得勝兵二十餘萬，隋武陽、武安、永安、義陽、弋陽、齊郡相繼降於李密。

隋武陽郡丞元寶藏以郡降於李密時，其部下有位巨鹿人魏徵，少孤貧，好讀書，有大志，因不事生業而為道士，後為元寶藏典書記。李密見到魏徵為元寶藏所書表文，愛其文辭，遂召他為文學參軍，掌書記室。魏徵於是來到李密身邊，為其策劃，曾進十策說李密，舊史稱李密不能用魏徵[65]，然十策的內容如何，卻又不見記載。

這時河南惟滎陽太守郇王楊慶、梁郡太守楊汪不降，李密讓魏徵代自己寫信招降楊慶，陳說楊慶本姓郭，非楊族，祖父卑孤曾隨母郭氏養於舅族，而冒姓楊氏。李密對隋高官貴戚的隱私瞭若指掌，

64《舊唐書》卷六七〈李勣傳〉。
65《新唐書》卷九七〈魏徵傳〉。

並以此加強心理攻勢，楊慶得書後惶恐萬分，即以郡降李密，並改郭姓魏徵。66

這時，又有一位泰山道士徐洪客，獻書李密為之策劃。認為：「大眾久聚，恐米盡人散，師老厭戰，難可成功」。勸李密「乘進取之機，因士馬之銳，沿流東指，直向江都，執取獨夫，號令天下。」徐洪客獻策與道士魏徵有沒有關係，史文無考，李密得書閱後甚「壯其言」，即以書招徐洪客，但李密的書信剛送去，徐洪客晦跡，不知去向。誠如徐洪客所言，請李密率軍「直向江都，執取獨夫」的策略，正如當年李密為楊玄感所建上策。然而時過境遷，李密既不能引軍向西奪取關中，更無力率軍南下直到江都。後唐太宗論說：「李密顧戀倉粟，未遑遠略。」67但貴族李密的義軍領袖地位既是靠打殺出來的，所部農民與他尚未形成牢固的君臣關係，不繼續打勝仗，其地位能否保住尚成問題，所以只能顧眼前，圍攻東都。瓦崗軍首領李密肩負著摧毀隋軍主力的歷史重任，他一刻也不敢鬆懈。

九月底，王世充、韋霽、王辯、孟善誼、獨孤武都等各率所部彙集東都，惟王隆所率邛黃蠻軍及主帥薛世雄未至。隋煬帝又親自下詔，諸軍皆受王世充節度，己未（十一日），王世充合軍十餘萬向洛口瓦崗軍總部進擊，企圖追尋李密決戰。十月壬寅（二十五），王世充夜渡洛水，紮營於黑石，第二天自率精兵列陣向李密挑戰。李密的騎兵因地勢褊狹難以馳騁，王世充的江淮勁卒操戈於𦓤穳居高臨下撲向瓦崗軍，義軍初戰失利，大將柴孝和溺洛水而死。但李密很快率精騎策馬直取黑石官軍大本營，王世充狂奔四十里回救，被瓦崗軍殺得大敗，斬首三千餘級。越王楊侗聞訊遣使慰勞，王世充又整軍再戰。十一月丙辰（初九），兩軍又夾石子河列陣，李密布下南北十餘里的陣勢，讓翟讓先出戰，不利而退，官軍追來，瓦崗軍王伯當、裴仁基從旁邊衝殺而來，將官軍截為兩段，李密又率中軍進擊，王世充全線崩潰，大敗西逃。

瓦崗軍大勝之餘，內部也出現麻煩。李密的舊主翟讓為人直率忠厚，有人勸他奪回實權，他不同意。但他哥哥翟寬卻怒氣衝天地說：「天子止可自作，安得與人，汝若不能作，我當為之。」此話傳到李密那裡，房彥藻、鄭頲勸李密早圖翟氏，於是李密設計要搬掉翟讓這塊石頭。大業十三年（六一七）十一月戊午（十一日），李密宴請翟讓及其兄翟寬，陪宴的有單雄信、徐世勣、郝孝德、王伯當等初聚義時的諸兄弟豪傑。宴席上李密出示良弓與翟讓習射，翟讓盡力拉了個滿弓，眾人還未來得及喝彩，突然伏兵發，亂刀將翟讓砍死，死時翟讓大叫一聲，聲若牛吼，翟寬也被當場砍死。徐世勣慌忙逃出帳門，也被門衛砍傷頸脖，鮮血直流。單雄信叩頭請命告饒，左右驚恐，莫知所為，只有王伯當預謀此事，呵止左右。李密見翟讓兄弟已死，也忙制止刀斧手再砍，將徐世勣扶起，親自為他包紮傷口。翟讓麾下舊部欲散，李密讓單雄信前往宣慰，不久又單人匹馬入其營撫喻，無人敢動。而翟讓平時對部眾統馭無方，死時「所部無哀之者」。李密於是令徐世勣、單雄信、王伯當分領其眾，瓦崗軍很快安定下來了。

王世充未能坐收漁利，十二月，東都由於糧芻將竭，夜襲倉城，又中李密埋伏，驍將費青奴被斬。王世充作困獸鬥，屢戰屢敗，越王楊侗亦屢屢遣使加以慰勞。王世充陳說李密人眾，自己兵少，數戰疲弊，越王於是又調兵七萬加以補充，敗軍之將由此逐漸掌握了東都的兵權。

到第二年（六一八）正月，王世充再移營洛水之北，造浮橋悉眾進擊瓦崗軍，以求速戰速決。但由於浮橋造成有先有後，先者先渡，缺乏統一指揮。虎賁郎將王辯擊破李密外柵，瓦崗軍中驚擾將潰，王世充不知，鳴角收兵，李密率敢死士數百乘勢反擊，隋軍大敗，士卒爭橋，「溺死者數萬，洛水為之不流」[68]，大將王辯、楊威、霍舉、劉長恭、梁德重、董智通等六人被殺。這天夜裡又突來疾

66 參見《文苑英華》卷六四六〈魏徵為李密檄滎陽守郇王慶文〉。

67 《資治通鑑》卷一八四隋恭帝義寧元年七月。

68 《新唐書》卷八四〈李密傳〉。

風寒雨，官軍凍死者又數以萬計，王世充僅率殘部數千人逃至河陽（今河南孟縣），不敢還東都，自系於獄請罪。越王楊侗再次遣使慰撫，賜以金帛、美女，召王世充還東都。此後，王世充龜縮於洛陽北含嘉倉城，不敢出戰。

李密則乘勝攻陷偃師，修金墉城（今河南洛陽東）屯駐，有眾三十餘萬，鉦鼓之聲，聞於東都。瓦崗軍陣於北邙山，南逼東都上春門，繼續圍攻洛陽。留守東都的隋將段達、韋津出兵拒戰，段達見義軍勢猛，懼而先退，李密麾師追擊，殺韋津於陣，隋軍大敗。於是居於東都的官僚、關隴勳貴子弟紛紛投降。如隋將作大匠宇文愷之子宇文儒童及其堂兄司農少卿宇文穎等等。李密殺出了威名，四海仰慕，「東至海、岱，南至江、淮，郡縣莫不遣使歸降」。各路反隋義軍領袖竇建德、朱粲、楊士林、孟海公、徐圓朗、盧祖尚及隋將周法尚的弟弟周法明等，均遣使通表，勸李密建尊號，李密部將裴仁基等，也上表請正位號，但李密卻說：「東都未平，不可議此。」[69]

李密身居統帥之位，卻能與士兵打成一片，深得瓦崗軍將士和人民群眾愛戴。他本人亦以「四海英雄共推盟主」自詡，專注於東都，「無心外略」，打算攻下東都後稱帝。李密作戰身先士卒，認為「東都兵數敗微弱，而將相自相屠滅，謂旦夕可平」。結果與東都王世充軍「前後百餘戰」[70]，貽誤了向外發展的機會，也消耗了自己的力量。李密為推翻隋煬帝暴政建立了不朽功勳，但他的帝王之夢卻悄然溜走。正當他與東都王世充並殺周旋之際，另一位李姓關隴勳貴卻乘機襲占京師長安，去成就「李氏當為天子」的帝王之業了。

第四節　李淵起兵　克定關中

天下大亂，群雄逐鹿，未知鹿死誰手。隋煬帝避居江都，李密稱雄中原，大業十三年（六一七）

是多事之秋，在各地農民起義風起雲湧之際，地主豪強官僚貴族也紛紛起兵。貴族官僚起兵目的性十分明確，就是要爭奪帝位，而其中最引人注目的則是關隴勳貴李淵的太原起兵。

隋煬帝既不能控制天下政局，只能是引致天下英雄競折腰。《易經》有云：「湯武革命，應乎天而順乎人。」暴君楊廣既為萬民所棄，打著天命旗號誅暴扶正也就成了乘時而起的野心家最時尚的話語。

審時度勢　密運雄圖

在李密大鬧中原之時，李淵也坐不住了。李淵的出身背景和李密十分相似，祖父李虎為西魏八柱國之一，屬關隴勳貴最高門第，最顯赫的貴族之家。

李淵的父親李昞在北周曆官州刺史和總管，「為政清簡，甚獲當時之譽」[71]，雖無赫赫戰功，但襲父爵身分顯貴。李淵生於周武帝天和元年（五六六），七歲襲祖爵為唐國公，年長後「倜儻豁達，任性真率，寬仁容眾」。入隋後補千牛備身，累遷譙、隴、岐三州刺史，官雖不顯，但隋文帝后獨孤伽羅乃李淵的親姨媽，皇后對他「特見親愛」。[72]李淵是隋煬帝的親表哥，比煬帝年長兩歲。另外，李淵之妻竇氏還是北周武帝宇文邕的外甥女，岳母是武帝之姐襄陽長公主，乃宇文泰之女。據說，周武

69《舊唐書》卷五三〈李密傳〉。
70 同註69。
71《冊府元龜》卷一〈帝王部·帝系〉。
72《舊唐書》卷一〈高祖紀〉。

帝對竇氏「特愛重之，養於宮中」。[73]看來，李淵家族自北周至隋都處在皇親國戚的地位。

隋煬帝即帝位後，改任大表兄李淵為滎陽、樓煩郡太守，後征入殿內少監。大業九年（六一三）遷官衛尉少卿。征討高句麗之役，隋煬帝讓表兄在懷遠鎮（今遼寧新民南）督運糧草。楊玄感發動叛亂，煬帝又詔表兄馳驛西鎮弘化郡（治今甘肅慶陽縣），兼知關右諸軍事。李淵以「隋室之近親」，開始知掌兵馬。

時天下已亂，各地農民起義蜂起，「李氏當為天子」的讖言四處流行，隋煬帝「多所猜忌」，藉故處死親外甥女婿李敏，將隋立國第一功臣李穆的後人滿門抄斬，使「人懷疑懼」。對於手握重兵的李姓大表兄，煬帝亦不能不有所戒心，於是即詔征李淵詣行在所，李淵心驚肉跳不敢即往，藉口遇疾未謁，其外甥女王氏時在後宮，煬帝問：「汝舅何遲？」王氏以疾對，煬帝竟問死得了死不了，李淵「聞之益懼，因縱酒沉湎，納賄以混其跡」[74]，為苟全性命於亂世，皇親國戚也不得不韜晦。

李淵假作昏庸，實際上卻深謀遠慮，「有四方之志」。據考，早在隋煬帝舉兵攻高句麗，農民起義開始爆發的初期，李淵就有取隋而代之的打算。當李淵為殿內少監，宇文述之子宇文士及為奉御時，二人即「深自結托」，後武德二年（六一九）宇文士及投唐，李淵對裴寂說：「此人與我言天下事，至今已六七年，公輩皆在其後。」大約在大業十年（六一四）楊玄感造反時，李淵和隋煬帝的女婿宇文士及就曾「在涿郡，嘗夜中密論時事」[75]，密謀推翻隋煬帝。這也說明當時許多達官貴族都萌生了除暴去惡的念頭。但老謀深算的李淵認為時機尚不成熟，故隱忍未發。楊玄感貿然舉兵則果然招致滅門之災。

大業十一年（六一五）隋煬帝北巡汾陽宮，命表哥李淵往山西、河東黜陟討捕，因進剿農民起義有功並在突厥圍雁門時能領兵勤王，煬帝暫時消除了對李淵的猜疑。至大業十二年（六一六），李淵得遷官右驍衛將軍。隋煬帝離開東都巡幸江都之時，又任命李淵為太原留守。并州既是天下精兵所居之處，又地處抗拒突厥的前線，境內農民起義正四處蔓延，對李淵的任命可謂煬帝對表哥至親的信任，這對早就心懷異志的李淵來講，真是千載難逢的絕好機會。然而煬帝猜忌深重，在任李淵留守太原的同時，又任郡丞王威、武車郎將高君雅為副，監視李淵。王威在大業六年（六一〇）曾接替薛世雄戍守伊吾（今新疆哈密東北），是一員虎將。

李淵在太原與馬邑太守王仁恭一起「北備邊朔」，大業十三年（六一七）春突厥的一次入寇，隋軍作戰失敗，隋煬帝三次派來使者要將李淵和王仁恭押送江都，數日後又赦免。這時的李淵「審獨夫之運去，知新主之勃興，密運雄圖，未伸龍躍」[76]，審時度勢，開始密謀反隋。時名將韓擒虎的外甥馬邑郡丞李靖陰察李淵，「知有四方之志」。[77] 李密的姻親晉陽令劉文靜也有所察覺，而「深自結托」。[78] 文水縣木材商人武士彠被李淵引為行軍司鎧，也「陰勸」李淵舉兵，並進「兵書及符瑞」，顯然也洞悉李淵所想，故敢暢言。但李淵機警，說：「幸勿多言，兵書禁物，尚能將來，深識雅意，當同富貴耳。」[79] 武士彠即後來的女皇武則天的父親。另有夏侯端、許世緒也都曾直接向李淵進言帝業之事。李淵還積極網羅人才，收納亡命，逃遼東之役的長孫順德、劉弘基及犯法在逃的竇琮這時都在李淵處得到保護，養為死士。李淵並讓兒子李建成於河東「潛結英俊」，又令次子李世民於晉陽「密

73《舊唐書》卷五一〈高祖太穆皇后竇氏傳〉。
74 同註72。
75《舊唐書》卷六三〈宇文士及傳〉。
76《舊唐書》卷一〈高祖紀・史臣曰〉。
77《舊唐書》卷六七〈李靖傳〉。
78《舊唐書》卷五七〈劉文靜傳〉。
79《舊唐書》卷五八〈武士彠傳〉。

招豪友」，兩個兒子都「傾財賑施，卑身下士」，故得士庶之心，投附者很多。[80]

在李淵未發之際，已有不少隋地方長吏先發兵反隋了。大業十二年（六一六）底，幽州虎賁郎將羅藝殺不同己者，「發庫物以賜戰士，開倉以賑貧乏」，自稱幽州總管，威振邊朔[81]，實際上已獨立。大業十三年（六一七）二月壬午（初二），朔方（治今內蒙古白城子）鷹揚郎將梁師都陰結徒黨據郡反。己丑（初八），馬邑（治今山西朔縣）校尉劉武周舉兵起事，斬太守王仁恭，開倉以賑饑民。劉武周自稱太守，遣使附於突厥，並與突厥聯兵擊敗隋將王智辯。三月丁卯（十七日），劉武周襲破樓煩郡（治今山西靜樂），占領隋煬帝修建的汾陽離宮，大獲宮女美人，送給突厥始畢可汗。始畢可汗立劉武周為定揚可汗，送以狼頭纛。劉武周竊知隋煬帝當年北巡建汾陽離宮意在壓「天子氣」，於是迫不及待地即皇帝位，立其妻沮氏為皇后，改元天興，署置百官，引兵圍雁門郡（治今山西代縣）。郡丞陳孝意遣間使往江都，向隋煬帝求救，成天對著煬帝頒給的委任詔敕俯伏流涕，用以感動左右為隋煬帝盡忠，但並無成效，圍城百餘日被部下張倫斬殺，以城降劉武周。[82]

朔方梁師都起兵後也向西略地，攻占雕陰（治今陝西綏德）、弘化（治今甘肅慶陽）、延安等郡，並稱皇帝，國號梁，改元永隆，突厥始畢可汗也送來狼頭纛，賜號大度毗伽可汗，於是梁師都引突厥騎兵居河南之地，攻破鹽川郡（治今陝西定邊）。[83]流放在榆林郡（治今內蒙古托克托縣南）的隋左翊衛郭子和也陰結敢死士殺郡丞反，開郡倉賑施饑民，自稱永樂王，改元丑平，署置百官，南連梁師都，北附突厥。時北境各路反隋武裝紛紛依附於突厥，現在，又輪到突厥始畢可汗來坐收漁人之利了。始畢以劉武周為定揚天子、梁師都為解事天子、郭子和為平楊天子，其意都在平定楊隋。但郭子和不敢當，於是更號屋利設。[84]又有離石（今山西境內）胡人劉龍兒擁兵數萬反隋，自號「劉王」，以其子劉季真為太子，後劉季真北連突厥，自稱突利可汗。[85]

形勢逼人，太原周圍的郡縣紛紛造反，劉武周等均下級軍官，李淵乃皇親國戚，關隴勳貴，身分和地位不一樣。是忠於表弟煬帝隨隋王朝一同滅亡，還是起而造反，取表弟之位而代之，這是一場生與死的抉擇。時天下英雄並起，決不能等閒坐視，李淵懂得「主昏國亂，盡忠無益」，必須為自己尋找新的出路。

五月，李淵勾結晉陽宮監裴寂，勇敢地住進離宮，把隋煬帝留下幽居多年的美人宮女占為己有，這是犯殺頭之罪，實際上也是向隋煬帝皇權發出挑戰，反隋起義的條件成熟了。

然而，新、舊《唐書．高祖紀》及《資治通鑒》等記載李淵太原起兵這段關鍵史事時，卻把李淵描寫成了一個胸無大志，昏庸無能的糊塗蛋，把晉陽起兵說成是年僅十八歲的李淵次子李世民一手策劃，李淵被迫接受而坐享其成。後人又多據此貶低李淵在創立唐朝中的作用。[86]

對此提出疑議較早的是汪籛教授，他認為舊史把晉陽起兵的密謀描繪成唐太宗的精心策劃，高祖李淵則處於被動地位，是完全不足為信的，並一針見血地指出這是貞觀史臣為了證明唐太宗奪嫡殺兄繼位的合法性而篡改國史的結果。汪籛認為李淵早有叛隋之心，晉陽起兵前後過程都是在他的直接指

80 溫大雅：《大唐創業起居注》卷一。
81 《舊唐書》卷五六〈羅藝傳〉。
82 《新唐書》卷八六〈劉武周傳〉。
83 《舊唐書》卷五六〈梁師都傳〉。
84 《舊唐書》卷五六〈李子和傳〉。
85 《舊唐書》卷五六〈劉季真傳〉。
86 參見範文瀾：《中國通史簡編》第三編第一冊，人民出版社一九六五年版，第九二頁；呂思勉：《隋唐五代史》，中華書局一九五九版，第五一頁。

揮之下進行的，李世民不過在李淵的授意之下在組織起兵方面起了一點作用。[87] 隨著近年對隋唐政治史研究的深入，舊史歪曲歷史事實抬高李世民，貶低李淵和李建成的傳統之論逐漸被拋棄。唐史臣為抬高唐太宗甚至不惜歪曲史實貶低開國之君李淵，那麼對亡國之君隋煬帝的誣衊歪曲當然是更加不遺餘力了。因此，我們讀這一段歷史，必須特別注意對史料的甄別。

晉陽起兵的首謀毫無疑問是李淵，這個老謀深算的顯貴早就有四方之志，從他給兩個兒子的取名就可看出，長子李建成，是建功成業之意；次子李世民是濟世安民之意，由此亦可見李淵的政治抱負。李淵以兒子李建成、李世民、李元吉以及追隨他的劉文靜、裴寂等，組成密謀集團，從大業十二年（六一六）底開始部署，大業十三年（六一七）五月正式發難，經過了半年的精心策劃和準備。時李密領導的瓦崗軍圍攻東都戰鬥正酣，隋軍主力被各地農民軍牽制，李淵「視天下之分崩，有可乘之機，以遠禍而徼福」，起兵反隋，使歷史出現了新的轉折。

晉陽聚義　直下長安

李淵「素懷濟世之略，有經綸天下之心」。[88] 他老沉持重，滿腹韜略，而富於策略手段。為了激發民眾反隋情緒以便起兵，李淵先指使劉文靜偽造隋煬帝詔令：「發太原、西河、雁門、馬邑人年二十已上，五十已下悉為兵，期以歲暮集涿郡，將伐遼東。」這一招效果極佳，立即「人情大擾，思亂者益眾」。[89] 這就為李淵亂中起兵創造了極好的群眾基礎。

由於劉武周引突厥兵進逼太原，又為李淵聚集兵眾提供了藉口，李淵即以討伐劉武周為名，自行募兵。太原副留守王威和高君雅迫於危險的時局，及隋煬帝遙遠無法請示，認為李淵「地兼親貴，同國休戚」，也就沒有提出異議，李淵迅速募得私兵萬餘人。他又遣使者召滯留在河北的兒子李建成、李元吉赴太原，共舉大事，並派人往長安觀覘動靜。

然而，王威、高君雅既受隋煬帝委派，負有監視和牽制李淵的使命，自然最終躲不過二人的眼睛，特別是矯詔事關重大，終於暴露。於是二人便暗中策劃用晉祠祈雨大會，誘殺李淵，卻又被鄉長劉世龍探知告發，李淵遂決定先發制人，於大業十三年（六一七）五月癸亥（十四日）誅殺了王、高兩個副留守，控制了太原城。

李淵公開舉起了義旗，但老謀深算的李淵並沒有打出反隋旗號。李淵的目標是以太原為基地，儘快乘虛入關，襲占長安，號令天下，取楊隋而代之，化家為國。六月己卯（初一），李建成、李元吉兄弟趕到太原。李淵父子與僚臣商討行動方案，由於突厥與劉武周聯合騷亂，太原城防不穩，根基不穩更無法遠征，劉文靜於是勸李淵卑辭厚禮結好突厥。李淵乃主動向突厥始畢可汗寫信，稱：「當今隋國喪亂，蒼生困窮，若不救濟，總為上天所責。我今大舉義兵，欲寧天下，遠迎主上，還共突厥和親，並似開皇之時，豈非好事！」又約征伐所得子女玉帛，皆歸可汗。始畢得信大喜，十分贊成李淵所請，只是不贊成「遠迎主上」。稱：「隋主為人，我所知也，若迎以來，必害唐公而擊我無疑矣。苟唐公自為天子，我當不避盛暑，以兵馬助之。」即復書請李淵取隋煬帝而代之。劉文靜、裴寂等群僚力勸李淵接受始畢可汗的意見，李淵以為不可，裴寂等人又提出尊隋煬帝為太上皇，立代王楊侑為皇帝，「以安隋室」，又議定「改易旗幟，雜用絳白，以示突厥」，因隋用紅旗，突厥用白旗，豎絳白

87 參見汪籛：〈唐太宗〉一文，載《汪籛隋唐史論稿》，中國社科出版社一九八一年版。又參見牛致功：《李淵建唐史略》，陝西人民出版社一九八三年版。

88 《大唐創業起居注》卷一。

89 《舊唐書》卷五七〈劉文靜傳〉。

旗表示兩事之。李淵雖說這是「掩耳盜鐘」[90]，但還是同意了，乃遣使告突厥始畢可汗。

李淵和劉武周一樣卑辭厚禮向突厥稱臣，爭取到突厥支持，許以子女玉帛，犧牲民眾利益，而解除了南下長安的後顧之憂，從戰略上講，這一步不走不行，但畢竟不是光彩的事，故唐史臣記此事隱晦曲筆，然其真相經陳寅恪先生考證，已大白於天下。[91]

李淵向附近郡縣傳檄，惟西河郡（治今山西汾陽縣）丞高德儒不從命，六月甲申（初五），李淵派李建成、李世民率兵圍攻西河，二公子身先士卒，不日將城攻拔，逮高德儒於軍門。高德儒是大業十一年（六一五）見鶯得官的佞人，李世民數落他：「汝指野鳥為鸞，以欺人主，取高官，吾興義兵，正為誅佞人耳！」遂推出門外斬首。二位公子往返共九天回到太原，李淵大喜，於是定計襲奪關中。這時遼山縣令高斌廉已遣使間行往江都，向隋煬帝奏告李淵叛變，煬帝得訊又氣又懼，乃敕東都、西京「嚴為備禦」。[92]

六月癸巳（十四日），李淵建大將軍府，以世子李建成為隴西公，左領軍大都督，指揮左三統軍；李世民為敦煌公，右領軍大都督，指揮右三統軍，各置官屬。李淵又開倉濟貧，大量募兵，擴充軍隊。李淵沒有像劉武周、梁師都那樣急於稱帝，其初創的政權維持在很小的規模，以避早已興起的各路豪傑的鋒芒。但李淵的志向卻最大，要直入京師取楊隋而代之。突厥始畢可汗同意發兵送李淵入關，兵馬「多少隨所欲」，並派其柱國康鞘利送馬千匹，李淵派劉文靜隨康鞘利北還出使突厥，卻沒有讓突厥派大兵，僅藉以為聲勢，以免後患。

時李密已是反隋各路豪傑的盟主，兵力強大。於是李淵先以書信與李密聯繫。李密得書大喜，即讓祖君彥寫回信，說：「與兄派流雖異，根系本同。」即都系隴西李氏，西魏八柱國之後。接著又說：「自唯虛薄，為四海英雄共推盟主，所望左提右挈，戮力同心，執子嬰於咸陽，殪商辛於牧野，豈不盛哉。」李密以反隋盟主身分拉李淵入夥，共同推翻隋煬帝暴政，辭氣豪邁，且希望李淵親往河內而結盟約。但狡猾的李淵考慮的不是聚義誅滅暴隋，而是乘虛入關爭奪帝位，得書笑曰：「密妄自矜大，非折簡可致。吾方有事關中，若遽絕之，乃是更生一敵；不如卑辭推獎以驕其志，使為我塞成皋之道，綴東都之兵，我得專意西征，俟關中平定，據險養威，徐觀鷸蚌之勢以收漁人之功，未之晚也。」其野心昭然若揭。於是讓溫大雅復書稱自己「大會義兵，和親北狄，王匡天下，志在尊隋」，「殪商辛於牧野，所不忍言，執子嬰於咸陽，未敢聞命」。但希望李密「早膺圖籙，以寧兆民」，事成後能再封於唐也就心滿意足了。辭氣綏綏，一副窩囊廢庸劣的樣子。李密得書十分得意，示以將佐說：「唐公見推，天下不足定矣。」於是信使不絕。[93]

七月壬子（初四），李淵以李元吉為鎮北大將軍，太原留守，委以軍政事務。癸丑（初五），李淵點集兵將三萬人，於軍門仗白旗誓師，誓詞中指斥隋煬帝「飾非好佞，拒諫信讒」，「巡幸無度，度兵極武」，以致造成「徵稅盡於重斂，民力殫於芬止，十分天下，九為盜賊」的惡果，表示自己要學伊、霍、桓、文，「廢放而安宗社」，要「奉尊代邸，掃定咸、雒」，以「廢昏立明」為己任。[94]並移檄郡縣，告之以尊立代王楊侑之意，率軍向關中進發。在樓煩的西突厥酋領阿史那大奈也率眾從征。[95]

壬戌（十四日），進軍至賈胡堡，距霍邑（今山西霍縣）五十餘里，京師代王楊侑派虎牙郎將宋老生帥精兵二萬屯霍邑，左武候大將軍屈突通屯軍河東（今山西永濟縣境）以拒李淵。八月辛巳（初

90《大唐創業起居注》卷一。
91 陳寅恪：〈論唐高祖稱臣於突厥事〉，載《寒柳堂集》，上海古籍出版社一九八二年版。
92 同註90。
93《資治通鑑》卷一八四隋恭帝義甯元年。
94《大唐創業起居注》卷二。
95《新唐書》卷一一一〈史大奈傳〉。

二），李淵父子誘霍邑宋老生出城，自早至晚混戰一場，斬宋老生，占攻占霍邑。接著又經臨汾，下絳郡（治今山西新絳縣），癸巳（十五日），到達龍門。李淵認為搶占關中事不宜遲，時間一刻也不能耽誤，於是派兵監視河東郡城屈突通部隋軍，主力南下直取永豐倉（今陝西華陰縣東北渭河口）。

時關中農民起義軍以馮翊（今陝西大荔縣）孫華最強，丙申（十八日），李淵在汾陰（今山西萬榮縣西南）以書招孫華，孫華親自渡河來見，願意歸附，被任為左光祿大夫，隨行其他人也都得到封賞，農民軍的加入使李淵的力量迅速壯大，李淵遂讓他們打頭陣。接著，李淵派劉弘基、阿史那大奈率六千軍渡河，營於河西，屈突通派將桑顯和來襲，被打敗，自後屈突通據河東城不敢出戰，李淵繞過河東城攻占了永豐倉，隋馮翊太守蕭造、華陰縣令李孝常相繼投降。李淵進駐朝邑（今陝西大荔東南）的長春宮，時「三秦士庶，衣冠子弟，郡縣長吏、豪強、弟兄老幼相攜來者如市」。[96]

李淵於是派李建成、劉文靜、王長諧率左路軍數萬屯永豐倉，扼守潼關，拒河東屈突通。又派李世民、劉弘基、長孫順行等率右路軍數萬盡速西取長安。其時長安附近李淵的女兒平陽公主和從弟李神通也各拉起了一支隊伍，麾下有眾七萬餘人，頻頻擊敗京師官軍。李淵還有一個女婿叫段綸，乃段文振之子，也在藍田聚眾萬人回應李淵。李世民率右路軍迂迴長安，會合平陽公主等部。

河東屈突通聞李淵西入關中，留鷹揚郎將堯君素為河東通守，自己率兵數萬救援長安，被劉文靜阻遏。李淵見屈突通無力西援，便命李建成率駐永豐倉左路軍主力與自己一同往長安。十月，李淵來到長安城東門外，集合諸軍共二十餘萬，辛卯（十四日），命諸軍圍城。時京師留守衛文升以老病不能視事，不久病死，守將是左翊衛將軍陰世師和京兆郡丞骨儀，城內兵力空虛，四處又無救兵，到處是農民起義軍。據載自從隋煬帝離去後，大興「皇城諸門皆閉，唯開安上一門，出入皆由之」。[97] 義軍兵臨城下，年僅十三的代王楊侑的地位岌岌可危了。

李淵曾遣使向城內喻以尊隋之意，但未見答覆。甲辰（二十七），李淵命諸軍攻城，並約「毋得犯七廟及代王宗室，違者夷三族」。在攻城中孫華中流矢死，戰鬥打得十分激烈，陰世師「自以世荷隋恩」[98]，又是煬帝藩邸之舊，與骨儀嬰城據守，並將李淵祖墳宗廟鑿毀，以示必死。十一月丙辰（初九），軍頭雷永吉第一個登上城門，義軍蜂擁而上，長安城終於被攻克。

破城時代王楊侑在東宮，左右奔散，唯來自南朝的侍讀姚思廉侍側，李淵將代王遷居大興殿，自己居於長樂宮，與民約法十二條，廢除隋煬帝的一切苛暴法令，下令斬陰世師、骨儀等十餘人，其餘皆不問。

李淵按原議遙尊表弟楊廣為太上皇，正式立元德太子楊昭第三子代王楊侑為帝。[99]改元義寧，並舉行了隆重的儀式。代王即位的詔書也悽楚悲哀，云：「王道喪亂，天步不康……太尉唐公，膺斯作宰，時稱舟楫，大拯橫流，糾合義兵，翼戴皇室，與國休戚，再匡區夏，愛奉明詔，弼予幼沖，顯命光臨，天威咫尺，對楊尊號，悼心失圖……」顯然，這個詔書絕非楊侑本意，而是代表李淵的意思。接著，宣布大赦天下。楊侑成了李淵的傀儡。甲子（十七日），李淵學著北周末年楊堅的樣，由長樂宮入大興殿，讓楊侑任自己為「假黃鉞、使持節、都督內外諸軍事、尚書令、大丞相」[100]，進封唐王，以武德殿為丞相府，每天在虔化門視事。假黃鉞任丞相是自曹操至楊堅以來權臣準備稱帝之前的老辦法，於是詔軍國機務事無大小鹹歸相府。李淵很快組建了丞相府官屬：以裴寂為相府長史，劉文靜為

96《大唐創業起居注》卷二。

97 唐臨：《冥報記》卷下〈隋康抱〉條。

98《隋書》卷三九〈陰世師傳〉。

99 關於代王楊侑立為皇帝的時間，《隋書》卷四〈煬帝紀下〉記為十一月辛酉。《舊唐書》卷一〈高祖紀〉記為癸亥。《隋書》卷五、《資治通鑑》記為壬戌（十五日），後者較為可信。

100《隋書》卷五〈恭帝紀〉。

司馬。十一月己巳（二十二）以李建成為唐世子，李世民為京兆尹、秦公，李元吉為齊公，李唐政權粗具雛形。[101]

當時李淵僅控制長安渭水一帶，關隴局勢仍不穩定，僅有榆林、靈武、平涼、安定諸郡遣使請命。而西面割據金城（今甘肅蘭州）稱帝的薛舉也正在東進謀取長安，有眾號三十萬。當薛舉得知李淵已先克定長安，追悔莫及，於是進圍扶風（今陝西鳳翔）。長安以西的局勢相當混亂危急，李淵派李世民率軍去迎戰，十二月癸巳（十七日），李世民在扶風大破薛舉之子薛仁杲軍。乙未（十九日），平涼（今寧夏固原）留守張隆，丁酉（二十一），河池（治今陝西鳳縣東北）太守蕭瑀及扶風太守竇璡等相繼來降。李淵大喜，蕭瑀是隋煬帝的小舅子，能投奔自己，實不簡單，於是任為禮部尚書，封宋國公。李淵又分遣姜謩、竇軌出散關安撫隴右，左光祿大夫李孝恭招慰山南（四川），府戶曹張道源招慰山東，向四周略地。

東面的劉文靜軍這時仍在與屈突通部相持。屈突通派桑顯和夜襲劉文靜軍營，劉文靜與段志玄苦戰，將桑顯和擊敗，屈突通勢蹙，又聞長安失陷，家屬被虜，乃留桑顯和守潼關，自己率眾投東都洛陽。但屈突通一離開，桑顯和即以潼關降於劉文靜，劉文靜派桑顯和及屈突通之子屈突壽追上屈突通，諭其歸降，屈突通出身關隴勳貴，歷事文帝、煬帝兩朝，「恩顧甚厚」，心裡還有煬帝，乃命左右射兒子屈突壽，桑顯和即刻出來大喊：「汝輩皆關中人，今京城已陷，去欲何往？」眾皆放下武器投降，只剩屈突通單騎一人。屈突通自知不免，於是下馬向東南方向遠在江都的隋煬帝再拜哭號，哀痛地說：「臣力屈至此，非敢負國，天地神祇實知之！」哭罷引頸就拘，送於長安，李淵優禮有加，任為兵部尚書。

李淵即派屈突通至河東郡（治今山西永濟縣蒲阪鎮）城下招諭堯君素，君素在城上見故主已變節，歔欷不能自勝，屈突通也泣下沾衿。故主先發話：「事勢如此，卿宜早降。」故舊對曰：「公為國大臣，主上委公以關中，代王付公以社稷，奈何負國生降，乃更為人作說客邪？公所乘馬，即代王所賜也，公何面目乘之哉？」說得屈突通滿面羞慚，申辯一聲：「君素，我力屈而來！」堯君素站在城上俯臨故上司，不肯從命投降，說：「方今力猶未屈，何用多言。」[102]屈突通羞愧而退。堯君素忠於隋煬帝，為隋固守河東孤城，但力量有限，構不成對長安的威脅。這樣，李淵初步穩定了關中局勢。

大業十四年（六一八）正月丁未（初一），李淵又讓楊侑「詔唐王劍履上殿，入朝不趨，贊拜不名，加前後羽葆鼓吹」，這都是權臣篡位前的殊禮。在初步穩定了長安之後，又頻出書信招諭諸郡縣，「於是東自商洛，南盡巴蜀，郡縣長吏及盜賊渠帥，氐、羌酋長，爭遣子弟入見請降，有司複書，日以百數」。[103]戊辰（二十二），唐王李淵令李建成為左元帥，李世民為右元帥，督諸軍十餘萬出關「救東都」，實際上是東出略地。二月己卯（初四），又派太常卿鄭頲率兵出商洛，徇地南陽；派左領軍府司馬馬元規徇地安陸及荊、襄（今湖北地境）。

四月，李建成、李世民率十萬大軍以「救東都」為名來到洛陽城外，並沒有受到東都越王楊侗的歡迎，東都城門緊閉，無法入城，遂紮營於芳華苑，形成對峙局面。李密派軍隊來騷擾，兩軍小有戰鬥，即「各自退去」。李世民認為：「吾新定關中，根本未固，雖得東都，不能守也。」[104]於是李淵把軍隊調回關中，用以鞏固後方，把圍困東都的艱巨任務，又留給李密了。

101《舊唐書》卷一〈高祖紀〉。
102《隋書》卷七一〈誠節．堯君素傳〉。
103《資治通鑑》卷一八五唐高祖武德元年。
104 同註103。

第五節　江都宮變　獨夫授首

陳寅恪先生論曰：「與夫隋煬帝遠遊江左，所以喪其邦；唐高祖速據關中，所以成帝業。」[105]從軍事形勢上看，關中確有其優勢，李淵確實比楊玄感、李密高明，搶占了府兵家眷所在的關中，政治上也處於有利地位。但隋煬帝遠遊江左，遺失根本，則是出於無奈。急政暴政使人民餓死溝壑，以致人相食，食者不遑易子，不及析骸，真是慘不忍睹，罪莫大焉。人民的反抗使隋煬帝在中原無法立足，逃避江都躲了兩年，已是四海鼎沸，天下土崩，獨夫民賊的最後日子就要到了。然而，隋煬帝對於自己所造罪孽，到了就擒猶未之悟，臨死時才說了一句：「我實負百姓。」

夢斷江淮　臨深履薄

到大業十四年（六一八）時，反隋起義稱王稱帝者已無可計數，首都所在關中根本之地被李淵襲占，東都越王被李密瓦崗軍團團圍住，江山十之八九不在隋手。面對亂局隋煬帝拿不出任何辦法，既「棄崤函之奧區，違河洛之重阻」[106]，南逃江都冀求倖免，「襲永嘉之舊跡」，妄圖偏安江左成司馬睿之業。然而，江左亦非靜土，農民起義的烈火早已成燎原之勢，江淮、江南、江漢及至嶺南各地都有農民武裝和地主武裝，鮮明地揭起了反隋暴政的大旗。

早在大業十年（六一四）楊玄感起兵時，江南就有劉元進舉兵響應，後雖被鎮壓，但其倖存者仍相聚於山野，等待時機。不久，山東農民軍杜伏威、輔公祏、左才相、李子通等數支義軍相繼南下江淮，使東南地區農民起義形成高潮。

杜伏威是齊州章丘人，少不治產業，「家貧無以自給」，與臨濟（山東章丘西北）人輔公祏一同亡命參加農民起義，因有謀略，「眾用其策皆效」，作戰勇敢，被推為頭領。大業九年（六一三）杜伏威率眾入長白山（今山東章丘東北），投奔左君行，「不被禮，因捨去」。大業十年（六一四）轉向淮河流域，自稱將軍，在下邳（今江蘇睢寧西北）合併苗海潮部義軍，勢漸強盛。隋江都留守派校尉宋顥來攻，杜伏威將官軍誘入蘆葦大澤中燒了個精光。大業十一年（六一五）在海陵（今江蘇泰州）又兼併了當地農民軍趙破陣部，眾至數萬，不久攻克安宜（今江蘇寶應），兵威更盛。

另有東海（治今江蘇連雲港）人李子通，少貧賤，以漁獵為生，大業九年（六一三）參加長白山左才相部義軍，因有武藝勇力，受到信重。李子通寬仁好施，頗得人心，不到半年，麾下有眾數萬，因遭左才相猜忌，出走獨立，與左才相各自率兵渡淮南下。在江淮地區李子通又與杜伏威合兵，勝戰之餘，李子通見杜伏威年少雄武，趁他不備，派精騎對他發動突然襲擊。伏威受重傷墮馬，部將王雄誕背起逃蘆葦中。脫險後杜伏威收集殘部，攻打郡縣，不久勢力復振。

隋朝利用農民軍內部火拼，派虎牙郎將來整進攻杜伏威。伏威在黃花輪大敗，身受重傷，被部將西門君儀之妻王氏馱扶救起，王雄誕率十餘名勇士掩護，突圍後義軍尚有八千餘人，但轉戰到鹽城後，隊伍又擴大至數萬。大業十二年（六一六）冬，隋煬帝到江都後派公孫上哲率禁衛軍往圍剿，在鹽城一帶被杜伏威殲滅。

來整移師轉擊李子通，李子通敗後奔海陵（今江蘇泰州），收散兵得二萬人，仍自稱將軍，與隋軍周旋。

大業十三年（六一七）正月，在江都宮的隋煬帝又派右禦衛將軍陳稜率宿衛兵八千攻打杜伏威。

105《唐代政治史述論稿》中篇，上海古籍出版社一九八二年版。

106 朱敬則：〈隋煬帝論〉，載《全唐文》卷一七一。

陳稜曾遠征流求，稱為名將，曾多次打敗農民軍。到達前線後堅壁不戰，企圖消磨農民軍銳氣，以逸待勞。杜伏威識破了陳稜的詭計，送給他一套女人服裝，並致書稱他為「陳姥姥」，陳稜果然被激怒，傾巢而出。杜伏威親至前線挑戰，被隋裨將射中前額，二十來歲的青年統帥杜伏威怒髮衝冠，說：「不殺射者，終不拔此箭。」即頭帶箭傷驅馬衝入敵陣，大呼衝擊，所向披靡，如入無人之境，生擒裨將，令他拔出箭後斬首。接著，杜伏威提著敵將之首，再次沖入敵陣奮擊，連殺數十人，令官軍喪膽，於是隋軍大潰，「陳姥姥」僅以身免。

杜伏威乘勝攻破高郵，攻占曆陽（今安徽和縣），自稱總管，任輔公祏為長史，又分遣諸將攻打屬縣，所至無不降伏。江淮間的小股武裝爭來歸附，聲勢極為浩大。杜伏威小小年紀就以勇力敢打敢拼殺出了威名，成為江淮農民起義軍的盟主。他又挑選驍勇敢死士五千人，組成親軍，號為「上募」，待遇優厚，杜伏威與之同甘共苦，有攻戰即令上募出擊打頭陣，戰罷若見背有傷者便殺，而所獲貲財皆用以獎賞軍士，「有戰死者，以其妻妾殉葬，故人自為戰，所向無敵」。[107] 在皇權秩序管不到的地方，誰的軍事力量強大，誰就是草頭王，杜伏威部遂成為江淮地區最強大的農民軍。李子通既不肯臣服於杜伏威，乃渡過長江，在江南地區發展勢力。

長江中游一帶，以鄱陽湖為中心的幾支反隋農民軍也不斷壯大，其中林士弘部最為強大，自稱皇帝，建國號楚，直接向江都隋煬帝的皇權發出挑戰。鄱陽湖以西的洞庭湖畔也發生了反隋起義，大業十三年（六一七）嶽州（今湖南岳陽）發生兵變，眾人推校尉董景珍為首，董景珍認為自己「素寒賤」，乃推後梁帝裔的羅川縣令蕭銑為主，揚言「羅川蕭銑，梁氏之後，寬仁大度，有武皇之風」，於是派人向蕭銑致意。蕭銑喜出望外，原來，蕭銑的祖父乃蕭巖，開皇初隋文帝收奪後梁國時率兵降陳，陳亡仍事抵抗，而為隋所誅。蕭銑自小孤貧，當過教書先生，隋煬帝即位後因外戚之故擢授羅川縣令，但他心裡一直記著滅國殺祖之仇。現在機會終於到了，哪能不從，於是改隋服色，建梁旗幟，起兵僅五天，遠近投附者就有數萬。農民軍沈柳生部也來歸附，然因爭位被蕭銑處死。蕭銑又築壇於城南，燔燎告天，自稱梁王，以有異鳥之瑞，建元鳳鳴。大業十四年（六一八）蕭銑又稱皇帝，署置百官，一準梁朝故事，追謚其叔父蕭琮為孝靖帝，祖父蕭巖為河間忠烈王，父蕭璿為文憲王，宣稱「隋政不行，天下皆叛」。直接向其姑父隋煬帝的皇權發出挑戰，「必復梁祚」，要接續梁武帝以來的皇統。隋煬帝派曾從陳稜討擊流求的張鎮洲及王仁壽前往圍剿，長久不能取勝。但蕭銑梁政權與林士弘楚政權勢不兩立，互相誅殺，林士弘的聲望不及蕭銑，戰敗逃於安成之山洞，蕭銑遣部將蘇胡兒襲占豫章（今江西南昌市），又遷都江陵，修復園廟，引岑文本為中書侍郎，專掌機密[108]，有恢復南朝局面之勢。

江南廣大地區既充斥著反隋武裝，「天下危亂」，隋煬帝對已在中原大成氣候的李密心存畏懼，不敢北還，而偏安江左的夢想也不能成真，煬帝竟亦憂擾不自安，完全陷入絕望，最後索性萬事不管，過一天享樂一天，縱情聲色。他不斷挑選江淮民間美女充實後宮，和一班宮娥才女吟詠他創作的豔詩，將自己沉浸在淫聲歌舞之中。江都後宮有百餘房，每房都住美女，布置得豪侈無比，美人輪流坐莊，每天由一房作主人。由江都郡丞趙元楷掌管酒饌供應，煬帝與蕭后及寵姬們天天宴飲，酒卮不離口，借酒消愁，從姬們也常醉得歪歪斜斜。煬帝因賦五言詩：

求歸不得去，真成遭箇春，
鳥聲爭勸酒，梅花笑殺人。[109]

107 《舊唐書》卷五六〈杜伏威傳〉。
108 《舊唐書》卷五六〈蕭銑傳〉。
109 《隋書》卷二二〈五行志上〉。

煬帝的旨趣已與開皇初年的陳後主差不多，人一旦意志消沉，什麼荒唐事都會有。退朝時煬帝常穿短衣內褲衩，策杖步遊，遍歷臺館，直到夜盡天黑才止。汲汲顧景，惟恐不足。但苦中作樂終非樂，悲裡尋歡未必歡，煬帝的內心苦悶已極。中原已亂，道路隔絕，無心北歸。據說煬帝在夢中聞二豎子歌：

往亦死，
去亦死。
未若乘船渡江水。[110]

於是下令築丹陽宮，欲移都丹陽。

金甌成瓦解，猶自造離宮。丹陽郡即陳都建康（今江蘇南京市），陳亡後被夷平，改名蔣州，煬帝改州為郡，是為丹陽郡，實即六朝故都建康。現在又要在廢墟上重建新都，利用長江天險天然屏障，移住江左，保據江東。隋煬帝將夢語告訴朝臣，讓眾僚對此加以討論。

朝臣立即陣線分明地分成兩派，進行了激烈的辯論。南方人以內史侍郎虞世基、祕書監袁充等為首，首先表示支持煬帝之議，認為是好夢。

北方關隴勳貴以右候衛大將軍趙才為發言人，極諫不可，謂煬帝車駕應還都長安。

一時，朝堂上趙才極陳入京之策，世基盛言渡江之便，煬帝則一反梟雄常態，默默無言。結果，趙才與虞世基爭得面紅脖子粗，「相忿而出」。門下錄事河北衡水人李桐客奏言：「江東卑濕，土地險狹，內奉萬乘，外給三軍，民不堪命，亦恐終散亂耳。」此言一出，竟被御史彈劾為誹謗朝政。於是公卿皆阿意奉旨言：「江東之民望幸已久，陛下過江，撫而臨之，此大禹之事也。」煬帝於是下令修治丹陽宮，打算遷都江南。[111]

此時，「五貴」宰相之一的關隴勳貴蘇威雖被疏斥，但從幸江都宮，煬帝仍想復用，南朝籍的宰相裴蘊和虞世基即奏言蘇威昏耄羸疾，加以排擠，於是煬帝不再提蘇威。虞世基、裴蘊在江都宮如日中天，最得煬帝信用。「五貴」中僅存的北方人裴矩雖在煬帝身邊能說上話，仍不時向煬帝彙報各地郡縣上奏的民變叛亂情況，但煬帝不願聽，並發怒派裴矩往京師「接候蕃客」，因有疾病而未成行。當李淵舉兵晉陽，煬帝令虞世基往裴矩宅問方略，裴矩說：「太原有變，京畿不靜，遙為處分，恐失事機，唯願鑾輿中還，方可平定。」[112]說明宰相裴矩是站在北人立場上講話。煬帝讓裴矩「復起視事」。不久河東屈突通敗訊至，裴矩告知煬帝，煬帝更大驚失色，下定決心要遷都江南。

隋煬帝退保江南半壁河山的決策已很明確，但當時從駕江都的驍果禁衛軍卻多是關中人，在江都久居不見西歸，思念故鄉親人，而多有逃散。隋煬帝甚為憂慮，問裴矩對付的辦法，裴矩回答：「方今車駕留此已經二年，驍果之徒，盡無家口，人無匹合，則不能久安。臣請聽兵士於此納室。」煬帝認為是奇計，於是令裴矩檢校為將士娶妻。大業十三年（六一七）九月乙丑（十七日），詔「括江都人女寡婦，以配從兵」。[113]裴矩悉詔江都境內寡婦、處女皆集宮監，又召將帥及士兵等「恣其所取」，由他們自行婚配，將士原先有與婦女、尼姑、女冠通姦的，當即公開配為夫妻。結果，驍果們歡喜萬分，互相奔相走告：「裴公之惠也。」[114]

驍果將士的心暫時被穩定，但隋煬帝的心卻平靜不下來，他常自己占候蓍相，常常半夜置酒，

110《隋書》卷二二〈五行志上〉。
111《資治通鑑》卷一八五唐高祖武德元年。
112 同註111。
113《隋書》卷四〈煬帝紀下〉。
114《隋書》卷六七〈裴矩傳〉。

仰看天文，又喜歡用吳方言說話。吳語自稱曰「儂」，煬帝於是對蕭后戲稱：「外間大有人圖儂，然儂不失為長城公，卿不失為沈后，且共樂飲耳。」長城公是陳後主叔寶，沈后乃其皇后，然實際上，隋煬帝此時已沒有陳後主那種風流餘韻盡享人生之樂了。煬帝常喝得酩酊大醉，又常對著鏡子自照，對蕭后說：「好頭頸，誰當斫之！」蕭后聽罷大驚，忙問何故，煬帝卻又漫不經心地笑道：「貴賤苦樂，更迭為之，亦復何傷。」[115] 一生追求聖王之業的英雄天子，一朝竟淪落到如此荒唐境地，又怎能不令蕭皇后心酸。

蕭后自十四歲嫁與楊廣，一直跟隨著夫君，最後當了皇后。煬帝每次巡遊，蕭后未嘗不隨從，她親眼看見丈夫喪失民心，從事業的巔峰跌落入深谷，她最瞭解夫君的個性，心裡明知丈夫有錯，卻不敢措言，真是伴君如伴虎，雖然帝后老而相愛，煬帝始終愛重蕭后，但蕭后仍心有遺憾，她是一位才女，在江都宮寫〈述志賦〉以自寄：

承積善之余慶，備箕箒於皇庭。恐修名之不立，將負累於先靈。乃夙夜而匪懈，實寅懼於玄冥。雖自強而不息，亮愚矇之所滯。思竭節於天衢，才追心而弗逮。實庸薄之多幸，荷隆寵之嘉惠。賴天高而地厚，屬王道之升平。均二儀之覆載，與日月而齊明。乃春生而夏長，等品物而同榮。願立志於恭儉，私自兢於誡盈。孰有念於知足，苟無希於濫名。惟至德之弘深，情不邇於聲色。感懷舊之餘恩，求故劍於宸極。叨不世之殊盼，謬非才而奉職。何寵祿之逾分，撫胸襟而未職。雖沐浴於恩光，內慚惶而累息。顧微躬之寡昧，思令淑之良難。實不遑於啟處，將何情而自安！若臨深而履薄，心戰慄其如寒。

夫居高而必危，慮處滿而防溢。知恣誇之非道，乃攝生於沖謐。嗟寵辱之易驚，尚無為而抱一。履謙光而守志，且願安乎容膝。珠簾玉箔之奇，金屋瑤臺之美，雖時俗之崇麗，蓋吾人之所

> 鄙。愧絺綌之不工，豈絲竹之喧耳。知道德之可尊，明善惡之由己。蕩囂煩之俗慮，乃伏膺於經史。綜箴誡以訓心，觀女圖而作軌。遵古賢之令范，冀福祿之能綏。時循躬而三省，覺今是而昨非。嗤黃老之損思，信為善之可歸。慕周姒之遺風，美虞妃之聖則。仰先哲之高才，貴至人之休德。質菲薄而難蹤，心恬愉而去惑。乃平生之耿介，實禮義之所遵。雖生知之不敏，庶積行以成仁。懼達人之蓋寡，謂何求而自陳。誡素志之難寫，同絕筆於獲麟。[116]

這是蕭皇后留傳下來的唯一筆墨。此賦不僅表現了這位雍容華貴的皇后的才華，而且看得出她的品德和思想。皇后母儀天下，蕭后不像煬帝那樣自負，目空一切，而是內懷「慚惶」，身居高位，若「臨深履薄」，「心戰慄如寒」。皇后懂得皇權的限度，懂得「居高必危」、「處滿防溢」的哲理，應該說蕭后的思想深處與隋煬帝大不相同，她不贊同夫君濫用權力，唯我獨尊，拒諫飾非。雖然沒有任何一條史料告訴我們蕭后曾諫止煬帝，但這位賢淑的婦女是盡了妻室的責任，煬帝個性太強，她說話不起作用，在隋政中沒有留下皇后一絲一點影響。煬帝極盡風流，而蕭后更「自強不息」，她沒有忘記小時生活的艱辛，鄙夷珠簾玉箔、金屋瑤臺的豪奢。而在江都宮，又有誰能理解這位女性的情懷？她的命運既和隋煬帝緊緊聯繫在一起，她只能強忍眼淚和夫君一道走向深淵，故留下絕筆。

115《資治通鑑》卷一八五唐高祖武德元年。
116《隋書》卷三六〈后妃・煬帝蕭皇后傳〉。

驍果激變　縊殺民賊

隋煬帝居江都一晃兩年，政治上沒有任何作為，驕奢淫逸縱情享樂，一行公卿百官禁衛將士幾十萬人在江都耗費巨大。至大業十四年（六一八）來臨，江都糧草已盡，而各地賦稅租米也無法送到，江都朝廷的境況已相當困難了。

從駕關中驍果追思故鄉親人，叛亡不絕，有的竟結夥而逃，郎將竇賢率所部西走，煬帝派騎兵追上將其斬首，但仍然制止不住，亡叛相繼。煬帝甚感憂慮，但又沒有辦法。隋煬帝試圖以鐵腕控制禁軍，但一味鎮壓只能激化矛盾，使禍生肘下。雖然為將士娶妻，但快樂一陣之後，驍果又人人欲逃亡，這使禁軍將領也不得不作出選擇，隋大廈將傾，誰也不願作殉葬品，於是反叛隋煬帝的陰謀開始在禁軍將士中醞釀。

首謀虎賁郎將司馬德戡為關中扶風郡雍人，其父仕北周為都督，德戡仕隋為侍官，遷大都督，為府兵系統的軍官，屬關隴勳貴成員，曾從楊素攻討漢王楊諒，從煬帝征高句麗，以功進位正議大夫，甚得煬帝信任。從幸江都，司馬德戡在煬帝身邊任禁衛軍軍官，統領左右備身驍果萬餘人，在江都東城內紮營。他風聞士兵人人欲謀北歸，心不自安，暗中派校尉元武達訪問驍果，知士兵之心已亂，遂與平時友善的虎賁郎將元禮、監門直閣將軍裴虔通謀議：「今聞陛下欲築宮丹陽，勢不還矣。所部驍果莫不思歸，人人耦語，並謀逃去。我欲言之，陛下性忌，惡聞兵走，既恐先事見誅。今知而不言，其後事發，又當族滅我矣。進退為戮，將如之何？」裴虔通有同感，表示很憂慮。司馬德戡又說：「我聞關中陷沒，李孝常以華陰叛，陛下收其二弟，將盡殺之。吾等家屬在西，安得無此慮也！」元禮、裴虔通都感憂懼，怕煬帝誅殺李孝常的兩個弟弟李孝本、李孝質而引起關中李淵報復，累及將士家屬，乃問計將安出。司馬德戡語：「驍果若走，可與俱去。」二人皆表示同意，於是轉相招引，內史舍人元敏、虎牙郎將趙行樞、鷹揚郎將孟秉、直長許弘仁和薛世良、城門郎唐奉義、醫正張愷、勳侍楊士覽和李復，及牛弘的兒子符璽郎牛方裕等皆串通一起，約為刎頸之交，情相款昵，日夜相結約，於大庭廣眾中無所畏避地公開議論北逃之計。[117]

密謀者皆關隴人士，又地處近侍，與隋煬帝居處很近，因此有不少宮女聽到一些消息，告知蕭后：「外間人人欲反。」蕭后讓他們奏告煬帝，煬帝聽後竟認為此事非宮女所宜言，朝著女流輩大發其怒，並斬了幾個宮女。此後宮女有再向蕭后報告外界情況的，蕭后也無可奈何，說：「天下事一朝至此，無可藥救，何用言之，徒令帝憂耳。」自後也就沒有人再說什麼了。禁軍官兵決定在不危害煬帝和朝廷的前提下集體逃亡，他們約定在三月望日劫十二衛軍馬，「結黨西歸」。[118]

時李孝常之弟千牛左右李孝質、李孝本兄弟倆被煬帝囚禁，關中驍果心急如焚。趙行樞是樂戶子弟，有家產巨萬，與宇文述之子宇文智及相友善，勳侍楊士覽是宇文氏外甥，二人將西逃之謀告訴了宇文智及。宇文智及得知大喜，但他認為「主上雖無道，威令尚行，卿等亡去，正如竇賢取死耳。今天實喪隋，英雄並起，同心叛者已數萬人，因行大事，此帝王之業也」。司馬德戡等禁衛軍官以前都是宇文述的部下，而宇文述在楊素死後一直是關隴勳貴集團成員中居官最高者，最能代表關中人的利益。於是眾皆表示願奉宇文氏兄弟為主，變集體逃亡為發動政變，成就大事，「戮力共定海內」。[119]禁軍謀叛隨即升級了。

左翊衛大將軍宇文述一直是隋煬帝最親信的大臣，為煬帝奪嫡征討立下汗馬功勞，封許國公，其

117《隋書》卷八五〈宇文化及傳〉。
118 同註117。
119《隋書》卷八五〈司馬德戡傳〉。

寵遇「當時莫與為比」。這次隨煬帝巡江都，年過七旬的宇文述染疾。煬帝長女南陽公主是宇文述的兒媳婦，臥病中公主親調飲食，手自捧上。煬帝本人也多次派宦官探問病情。宇文述有三個兒子，長子名化及，次子智及，三子士及。宇文士及開皇末年得尚南陽公主，封新城縣公。化及和智及皆性凶險，幼年即頑皮好鬥，不好文學，這兄弟三個雖出關隴勳貴之家，卻並沒有什麼文化教養。宇文化及「不循法度，好乘肥挾彈，馳騖道中，由是長安謂之輕薄公子」。[120]宇文智及更喜歡打群架，與其共遊的「皆不逞之徒，相聚鬥雞，習放鷹狗」。[121]隋煬帝為皇太子時，宇文化及領千牛，出入東宮臥內，累遷至太子僕，但幾次因受納貨賄而遭文帝斥責免官。宇文智及以父功賜爵濮陽郡公，「烝淫醜穢，無所不為」，其妻長孫氏妒丈夫在外亂搞，而狀告於公公宇文述，宇文述雖以家醜不可外揚，在家裡卻多次氣得以鞭抽撻，幾次氣不過想手刃孽子，但這時哥哥宇文化及往往出來營護，因此哥倆最相親昵。由於宇文士及得尚公主，士及、智及竟恃寵「益驕」，言辭不遜，多所陵轢。見人子女狗馬珍玩，必請托弄來，又常與屠販者遊，窺求利潤。[122]在大街上橫衝直撞，表現出缺乏文化教養的典型的胡族軍事貴遊紈絝子弟的個性。

隋煬帝即位後，宇文化及官拜太僕少卿，而恃舊恩，貪冒尤甚。大業三年（六〇七）從隋煬帝北巡榆林，煬帝為突厥啟民可汗舉辦盛大的樂舞，以誇示四夷，宇文化及和智及兄弟倆卻背地裡「違禁」與突厥交市，追逐商業利潤，大大損害了宗主國隋朝的臉面。煬帝極為震怒，將兄弟倆囚禁了數月，解衣辮發欲斬首，宇文士及請南陽公主到父皇面前為哥哥求情，煬帝怒消，最後還是沒有開刀問斬，將其哥倆並賜宇文述為奴，自後禁廢於家近十年。宇文述臨死之前，煬帝派宦官魏氏問宇文述：「必有不諱，欲何所言？」宇文述最後奏曰：「化及，臣之長子，早預藩邸，願陛下哀憐。」煬帝知訊亦泫然，曰：「吾不忘也。」[123]宇文述薨後，煬帝追憶舊情，為告慰這位自已最寵信的親家翁的亡靈，乃令宇文化及襲爵許國公，起用為右屯衛將軍，宇文智及為將作監，繼其父掌禁軍。

這時，江都宮隋煬帝周圍充斥的多是南方人，虞世基、裴蘊、袁充之流最得信重，武將則有來護兒、陳稜等。北人蘇威被廢，裴矩不敢忤意，關隴勳貴及北方人士頗有怨言，南人北人的成見矛盾很深。宇文氏兄弟以其家世和官宦地位，成為關隴人士最矚目的領袖人物，最具問鼎的身分。關中諸將遂相約請宇文化及為主。宇文化及雖凶險，但胸無大志，不學無術，且「性本駑怯」，「初聞大懼，色動流汗」，兩腿直抖，許久才安定下來，願為亂首。

宇文士及此時任官鴻臚少卿，史書記「化及之潛謀逆亂也，以其主婿，深忌之而不告」[124]，事變「時士及在公主第，弗之知也。智及遣家僮莊桃樹就第殺之，桃樹不忍，執詣智及，久之乃見釋」[125]。似乎宇文士及與弒逆陰謀無染。其實，宇文士及雖貴為帝婿，卻反心早著，早在大業十年（六一四）楊玄感造反時，隨煬帝從征於涿郡（今北京市），任官尚輦奉御的宇文士及就與殿內少監李淵於「夜中密論時事」，預知天下必亂，並向李淵「深自結托」。大業十二年（六一六）從煬帝北巡汾陽宮時，宇文士及向李淵「復盡丹赤」。[126]時隋煬帝三次征遼失敗，威信掃地，天下大亂，統治集團也在分裂，稍眼明一點的人都會有一個正確判斷。宇文士及與李淵的謀議，代表了當時整個關隴勳貴集團的思想動向，可以斷定，參預這種密謀的貴族官僚尚不止李淵與宇文士及二人，說明隋煬帝正在被關隴勳貴

120《隋書》卷八五〈宇文化及傳〉。
121 同註120。
122 同註120。
123《隋書》卷六一〈宇文述傳〉。
124《舊唐書》卷六三〈宇文士及傳〉。
125 同註120。
126 同註124。

集團乃至整個統治階級所拋棄，包括他身邊最親信的人，甚至自己的親表哥、親女婿也都在暗算他，真可謂眾叛親離。

宇文士及謀反在兩個哥哥之先，江都宮變他肯定是參加了，並身列主謀。但舊史中絕難發現他與事變有染，其事出有因。司馬光《通鑑考異》說：「按士及仕唐為宰相，《隋書》亦唐初所修，或者史官為士及隱惡。」[127]在封建時代，弒君，即使所弒乃十惡不赦的暴君，也是大逆不道的罪惡，因為君上有過，臣子只能勸諫，君要臣死，臣不得不死，又何能犯上作亂。隋唐史事既多為貞觀史臣篡改，連唐高祖李淵也被描繪成一個糊塗蛋，為後居唐宰相的弒逆之臣宇文士及作一點隱諱，對於唐史臣來講應是輕描淡寫之筆，讀史者不可不留意。[128]

司馬光《資治通鑑》卷一八五唐高祖武德元年三月條下《考異》引《蒲山公傳》，有宇文三兄弟密謀弒逆之事：

> 趙行樞、楊士覽以司馬德戡謀告化及，化及兄弟聞之大喜，因引德戡等相見，士及說德戡等曰：「足下等因百姓之心，謀非常之事，直欲走逃故非上策。」德戡曰：「為之奈何？」士及曰：「官家雖言無道，臣下尚畏服之，聞公叛之，必急相追捕，竇賢之事，殷鑒在近，不如嚴勒士馬，攻其宮闕，因人之欲，稱廢昏凶，事必克成，然後詳立明哲，天下可安，吾徒無患矣，勳庸一集，公等坐延榮祿。縱事不成，威聲大振，足得官家膽懾，不敢輕相追討，遲疑之間，自延數日，比其議定，公等行之亦已遠，如此則去住之計，俱保萬全，不亦可乎？」德戡等大悅，曰：「明哲之望，豈惟楊家，眾心實在許公，故是人天協契。」士及佯驚曰：「此非議所及，但與公等思救命耳。」

司馬光將這條史料存疑而未引入正文，實際上是可信之史。宇文士及背著妻子與岳父，與兩個哥哥日夜謀劃弒煬帝舉大業，實際上也是為自己尋求出路，他們不願與隋煬帝一同滅亡，為煬帝殉葬，關隴勳貴集團與隋煬帝分道揚鑣了。一切都在緊鑼密鼓地策劃之中，為了激怒煽動驍果，宇文氏三兄弟與司馬德戡等禁軍將校又精心設計了一套騙局。他們讓直長許弘仁、醫正張愷到左右備身府出言惑眾，向所識驍果告云：「陛下聞驍果欲叛，多醞毒酒，欲因享會，盡鴆殺之，獨與南人留此」。驍果們聽此噩訊，個個驚恐，轉相告語，而反謀益急。

司馬德戡等見人心惶惶，知眾心可用，三月乙卯（十日），司馬德戡將驍果軍吏齊集於柱下，告知反叛之意，眾皆伏曰：「惟將軍命！」這天，是風霾晝昏的陰雨天，晚飯後，司馬德戡盜走御廄的馬，暗中布置甲士潛伏宮門外。是夜，元禮、裴虔通於禁宮閣下值守，專門主管煬帝所居殿內，唐奉義掌管關閉城門，與裴虔通串通好，宮殿諸門皆不上鎖。深夜三更，司馬德戡於東城召集驍果得數萬人，並舉火與城外相應。煬帝聞外喧囂又望見火，忙問左右發生何事，裴虔通搪塞說：「草坊失火，外人共救之耳。」當時宮內外隔絕，煬帝信以為真。[129]

宇文智及與孟秉於江都宮城外也聚集了千餘人，劫查夜的候衛虎賁馮普樂，而於街巷布置自己人駐守。煬帝之孫燕王楊倓時年十六，察覺有變，欲入奏告煬帝，但恐被亂黨察覺，因與梁公蕭鉅、千牛宇文皛等，於夜色下穿芳林門側邊的流水洞口而入宮，至玄武門，向門衛詭言：「臣卒中惡，命縣俄頃，請得面辭，死無所恨。」被司宮者遏阻，裴虔通將他囚禁，根本不上報煬帝。[130]

127 《資治通鑑》卷一八五唐高祖武德元年。

128 參見李文才：〈隋末江都之變新探〉，載《人文雜誌》一九九五年第一期；王光照：〈論隋末江都事變〉，載《江海學刊》一九八八九年第三期。

129 《隋書》卷八五〈宇文化及傳〉。

130 《隋書》卷五九〈煬三子．元德太子昭子燕王倓傳〉。

在發難前，宮城外有江陽縣長張惠紹察覺北方驍果的異動，馳告裴蘊，急切中二人相謀矯煬帝詔，發城郭之下軍隊，盡歸榮公來護兒節度，收拾在宮城外的逆黨宇文化及等，然後調發羽林殿腳，即龍舟船夫，派范富婁等前往西苑，歸梁公蕭鉅及燕王楊倓指揮，再突入皇宮援助煬帝。議定好後遣人報虞世基，因詔令必由虞世基發出，但虞世基懷疑所告謀反之事不確實，矯詔事關性命，不敢貿然輕動，於是抑而不許。須臾，兵變發動，裴蘊歎道：「謀及播郎，竟誤人事。」[131]皇帝所居禁宮自古禁閉幽深，把守嚴密，禁內外隔絕，夜晚時分外人是無法進入宮禁的，禁外情況也難於透進禁內。可能燕王楊倓就是宮城外裴蘊派往宮內向煬帝通報情況的，但皇孫楊倓也無法入宮，只能穿水竇而入，未達煬帝寢殿即被擒。禁宮內外消息不通，使孤家寡人隋煬帝失去了平抑禁軍叛亂的最後時機。

丙辰（十一日），天尚未亮，司馬德戡派出部分士兵給裴虔通，以替代原諸門衛士，裴虔通由宮門率數百騎來到成象殿，宿衛兵傳呼有賊，裴虔通於是還走，將諸宮門緊閉，獨開東門，驅殿內原宿衛兵出門，衛兵皆放下兵杖而走。右屯衛將軍獨孤盛見有些反常，忙問裴虔通：「何物兵勢太異！」虔通回答：「事勢已然，不預將軍事，將軍慎毋動。」獨孤盛大罵：「老賊，是何物語。」來不及披上盔甲，率左右十餘人上前攔阻，並揮刀叱之曰：「天子在此，爾等走欲何為！」然而亂兵擁擠，獨孤盛瞬息間就被亂刀砍死於階下。又有千牛獨孤開遠率殿內兵數百人來到雲覽門，叩門請示隋煬帝：「兵杖尚全，猶堪破賊，陛下若出臨戰場，人情自定，不然，禍今至矣。」但門內竟沒有答應聲。隨從軍人見狀散走，亂兵趕來，將獨孤開遠擒獲，見其忠勇，且同是關中人，乃義而釋之。原來，隋煬帝先前挑選了驍健官奴數百人安排在玄武門防守，取名「給使」，以備非常，給使待遇優於其他軍隊，煬帝甚至將宮女賜予給使為妻妾。司宮魏氏是煬帝最信任的宦官，充當煬帝與給使之間的傳達，但是就連煬帝身邊最信任的家奴也被宇文化及等拉攏過去了，成為叛軍的內應。這天，魏氏假傳聖旨讓給使們全部出宮，所以，倉卒之際，竟無一人在者。亂黨入禁宮幾乎沒有遇到什麼抵抗，只是禁外有宇文晶率五十人赴難勤王，很快被亂兵打死。132

司馬德戡率兵順利地自玄武門入，隋煬帝聞知叛亂，但尚不知亂者為誰，顧謂身旁的蕭皇后說：「得非阿孩邪。」阿孩是煬帝與蕭后所生第二子楊暕的小字。自元德太子死後，楊暕為朝野矚目的皇位繼承人，但驕恣不法，妄圖危害親侄子而被廢，煬帝疏遠他，而楊暕也每懷危懼，內不自安，至叛亂四起，煬帝首先想到的竟是自己的親生兒子，以為楊暕企圖奪取帝位，效法自己當年對文帝的辦法發動宮廷政變。煬帝於是倉忙中改易服裝逃於西閣，裴虔通與元禮率兵排列於左閣，宦官魏氏開啟閣門，亂兵遂進入永巷，問：「陛下安在？」有一美人出來，指示方位，校尉令狐行達拔刀按所指方向直進，煬帝隔著窗扉看見，即問令狐行達曰：「汝欲殺我邪？」令狐行達回答：「臣不敢，但欲奉陛下西還耳。」說著放下手中的刀，上前扶煬帝下閣。煬帝來到亂兵中，見為首的裴虔通，乃煬帝為晉王時的親信左右。連最親信的藩邸舊將都謀叛反對自己，煬帝顯然感到吃驚，於是發問：「卿非我故人乎？何恨而反？」裴虔通面對昔日的主上、皇上，今日手中的階下之囚，也深感尷尬，口氣也不那麼沖，回答：「臣不敢反，但將士思歸，欲奉陛下還京師耳。」語言中仍以君臣相稱，但實際上威柄已上下顛倒，太阿倒置了。煬帝順著裴虔通的意思又說：「朕方欲歸，正為上江米船未至，今與汝歸耳」。裴虔通不知應如何處置態度已軟下來的皇上，乃勒兵嚴加看守，自己去報告宇文氏兄弟。

天剛大亮，孟秉等率甲騎往宮城外迎宇文化及，化及尚不知政變計畫成功與否，膽戰心驚一夜，至此仍「戰慄不能言」，被眾人擁而上馬，路上有人來拜謁，宇文化及但俯首據鞍口稱「罪過」，至宮城門，司馬德戡等將校出來迎謁，引入朝堂，眾將皆稱宇文化及為「丞相」。得知隋煬帝已被囚禁，

131《隋書》卷六七〈裴蘊傳〉。
132《隋書》卷五〇〈宇文晶傳〉。

宇文化及一時心喜，傳令將隋煬帝押至江都門遊街示眾。

裴虔通於是入宮向隋煬帝傳令：「百官悉在朝堂，陛下須親口慰勞。」於是牽來一匹馬，逼煬帝騎上。騎慣了金鞍寶馬的隋煬帝嫌馬鞍弊陋，又換上一副新馬鞍，煬帝才上馬，由裴虔通一手牽著轡繩，一手挾刀，走出宮門。煬帝昔日的威風已一掃而光，低頭不語，聽人擺布，牽到哪裡，走到哪裡，亂軍見狀，喜噪動地。

在押送隋煬帝往朝堂的路上，如從夢境中醒來的宇文化及卻傳出話來：「何用持此物出，亟還與手。」意思是說：還不趕快將他殺了。

於是，又將隋煬帝押回寢殿。煬帝問：「虞世基何在？」亂黨馬文舉回答：「已梟首矣！」回到寢殿，裴虔通、司馬德戡等拔白刃侍立，如臨大敵。已成階下囚的隋煬帝見眾人對自己怒目而視，心已涼也，於是垂頭喪氣地歎道：「我何罪至此？」

馬文舉一聽火氣沖天，立即如數家珍地列數其罪狀：「陛下違棄宗廟，巡遊不息，外勤征討，內極奢淫，使丁壯盡於矢刃，女弱填於溝壑，四民喪業，盜賊蠭起；專任佞諛，飾非拒諫，何謂無罪！」馬文舉義正辭嚴，一口氣說了一大串罪狀，說得隋煬帝低下頭來，終於認罪，說：「我實負百姓！至於爾輩，榮祿兼極，何乃如是？今日之事，孰為首邪？」「實負百姓」這句話雖是叛亂禁軍逼迫之下說出來的，但說明煬帝死前還是反思了自己十多年來的作為。然而，他想不通親近禁衛軍為何要反叛，平時對他們不薄，為什麼要造反呢？司馬德戡見煬帝仍心存不服，乃大聲呼叫：「溥天同怨，何止一人！」[133] 為讓煬帝知道自己死有餘辜，宇文化及專門派了封德彝來數落煬帝罪惡，但煬帝雖承認自己對不起百姓，對臣下不忠仍辭氣不饒，反責道：「卿乃士人，何為亦爾？」封德彝竟「羞縮」而去。封德彝是北齊大臣封隆之之孫，其舅為著名文人盧思道，又娶得楊素堂妹為妻，由隋煬帝擢為內史舍人，諂事虞世基，頗得煬帝信任[134]，平時未見有一句諫言，現在卻來給主上算帳，煬帝當然聽不進去。但煬帝見到平素信任的宿衛武將和帳下文臣都反了，從頭到腳都涼了。這時身邊再也沒有人為他幫腔，惟有年僅十二歲的愛子趙王楊杲在旁「號慟不已」，裴虔通極不耐煩，竟舉劍當煬帝的面將楊杲砍死，血濺御服。

接著，亂黨依照宇文化及的命令就要對隋煬帝行刑。這時，煬帝對於死亡倒是相當鎮定，說：「天子死自有法，何得加以鋒刃，取鴆酒來！」原來，煬帝自己早已預料到死期未遠，已無法挽救天下危亡和自己的敗亡，先前對著鏡子謂蕭后說「好頭頸，誰當斫之」，並非開玩笑，他早已用瓶子貯好毒藥自隨，對其所寵幸的美姬說：「若賊至，汝曹當先飲之，然後我飲。」但慌亂中，煬帝環顧四周，索取毒藥，左右美姬早已逃散，一時竟找不到。亂黨馬文舉不允許煬帝再拖延時間，於是讓令狐行達上前推煬帝坐下，煬帝自己解下一條絲練條授予行達，套上頸脖，將煬帝縊死。[135]

一代梟雄、獨夫民賊隋煬帝就這樣在江都宮西溫室平靜地死去了，這一年他剛好五十歲。

殺煬帝後，亂黨又大開殺戒屠殺煬帝親屬。隋煬帝荼毒天下，已是萬劫難逃，求為一個乞丐苟延殘生也不可能。當然，煬帝寧死也不願低下頭，但死後株連到兒孫，卻沒有一個能倖免。清代思想家唐甄有一段精彩的文字，論皇帝之死，說：「家國一破，無所逃於天地之間，盜及寢門，左右奔走，宮妾散亡，珠玉盡俘，宮殿燒焚，身為囚虜，嫡庶諸子，駢首就系，後嬪貴主，受辱於人，累世墳陵，藏穴發掘，松柏斬伐，宗廟丘墟，祏主毀棄，百十鬼神，號哭而無所憑依。當時之時，萬乘之主，求為道路之乞人而不可得也，欲與妻子延旦夕之命而不可得也，亡國之慘，一至此哉！至於破家

133《資治通鑑》卷一八五唐高祖武德元年。
134《新唐書》卷一〇〇〈封倫傳〉。
135《資治通鑑》卷一八五唐高祖武德元年。

亡國，流毒無窮，孰為之而孰主之，非君其誰乎？」[136] 煬帝雖平靜地死去，但他活著的兒孫親屬卻要為他的罪惡承擔責任。煬帝的四弟蜀王楊秀自被廢後，煬帝一直將他帶在身邊，以免他乘隙生事，在江都宮他被囚於驍果營，宇文化及於是想奉楊秀為帝，但眾亂黨以楊秀雄武，以為不可，於是將楊秀及其七個兒子全部殺死，為暴君哥哥殉死。又殺先已被囚的煬帝之孫燕王楊倓，隋宗室、外戚無少長皆死。惟秦王楊浩乃文帝第三子楊俊之子，平素為人和藹有父風，與宇文智及友善，得以保全性命。死得最冤的要算煬帝第二子楊暕了，由於受到煬帝猜忌，他始終處在恐懼之中，害怕有一天父皇突然發怒殺了自己。當宇文化及令人來捕捉楊暕時，楊暕尚臥床睡覺未起，亂兵進其屋，楊暕才警起，忙問：「是何人？」沒有人通報姓名，楊暕還以為是煬帝下令逮捕他，從容地說：「詔使且緩，兒不負國家。」即被亂兵拉起，拖到街上，連同其兩個兒子一併斬首。死時楊暕竟不知是誰殺了自己，時年三十四歲。[137] 父子猜忌，直到死還在懷疑對方在圖己，悲哉！

宇文化及又下令誅殺隋煬帝寵幸的大臣，有宰相內史侍郎虞世基、御史大夫裴蘊，及武將左翊衛大將軍來護兒、文臣祕書監袁充等，皆為南方籍人士。另有外戚梁國公蕭鉅及左翊衛將軍宇文協、千牛宇文皛、張琰等，因抗拒亂軍，也被處死。

名列「五貴」的北方大臣蘇威和裴矩卻相安無事，蘇威早已不預朝政，名位崇重，年紀已老，政變後竟主動往參見宇文化及，實際上是對政變表示了贊同。黃門侍郎裴矩早就測知必將發生變亂，並早就盤算為自己留後路，對士卒乃至廝役都優禮有加，又建策為驍果娶媳婦，廣泛施人以恩惠。政變發生的早晨，裴矩像往日一樣上朝，至坊門被亂兵抓住送孟景處，從亂士兵見到皆喊：「非裴黃門之罪。」不久宇文化及兄弟率百餘騎至，裴矩連忙迎拜於馬首，主動向宇文化及輸誠，化及慰諭之，於是裴矩很快上了賊船。[138]

右候衛大將軍關隴人士趙才因諫煬帝而得罪，但卻是煬帝的忠臣，政變時他在北苑領兵，宇文化及遣驍果席德方矯詔將他騙出軍營，囚送到宇文化及處，化及解釋說：「今日之事，只得如此，幸勿為懷。」趙才默然不說話，宇文化及震怒想殺他，但感於趙才是關隴勳貴，在士兵中有威望，也就釋放算了。[139]

將該殺的人都殺了之後，宇文化及召集公卿百官於朝堂參見，曲加殊禮，蘇威、裴矩等公卿百官悉到朝堂恭賀，蘇威希望關隴集團抱成大團，在危難之際維繫共同利益。但南方人給事郎許善心卻不肯至朝堂祝賀，其侄許弘仁往其宅馳告：「天子已崩，宇文將軍攝政，合朝文武莫不咸集，天道人事，自有代終，何預於叔，而低徊若此。」許善心非但不行，反而發怒，許弘仁苦勸不動，只好揮淚而去，走時還說：「將軍於叔全無惡意，勿自求死，豈不痛哉！」宇文化及知道後遣人就家將許善心擒至朝堂，也就將他釋放，但許善心竟不謝一聲，即揚長而去，表示了對弒逆亂首的輕蔑。宇文化及目視許善心出殿，說：「此人大負氣。」於是再令將許善心擒至朝堂，連罵帶打將許善心害死。許善心時年六十一，其母範氏已九十二歲，她撫著兒子的靈柩竟不流淚，自豪地說：「能死國難，我有兒矣。」接著臥床絕食十餘天而亡[140]，母子二人為隋煬帝殉節成了隋義士烈女。

關隴勳貴宇文氏兄弟領導的兵變大獲成功，江都城一夜之間就換了天地。由於天怨人怒，舉國同棄暴君隋煬帝，政變幾乎沒有遇到什麼有效抵抗，江都宮禁兵一夜就顛覆了楊隋政權。宇文化及除殺隋煬帝宗室、外戚及少數佞幸的江南籍大臣外，殺人實不算多。佞臣裴蘊的兒子尚輦直長裴愔與其父

136《潛書》下篇上〈遠諫〉。
137《隋書》卷五九〈煬三子・齊王暕傳〉。
138《隋書》卷六七〈裴矩傳〉。
139《隋書》卷六五〈趙才傳〉。
140《隋書》卷五八〈許善心傳〉。

同日處死，另一位佞臣虞世基的兒子符璽郎虞熙也被處死。難作時宗親虞伋對虞熙說：「事勢已然，吾將濟卿南渡，同死何益」。虞熙卻表現得很英勇，說：「棄父背君，求生何地！感尊之懷，自此訣矣」。最後從容就死。臨刑時，虞世基之弟虞世南抱著哥哥號哭，請求代死，宇文化及不許。虞世基和裴蘊助紂為虐，欺上瞞下，與煬帝一起負有亡國之責，但二人至死忠於煬帝，包括他們的子弟為煬帝赴死而毫不惜身，也算沒有辜負隋煬帝對南朝亡國之餘超拜提拔的一片真心，他們和煬帝一樣對死亡早已作好準備。

值得注意的是，出自南朝的皇后蕭氏卻奇跡般地保全了性命。蕭氏十四歲由後梁帝室嫁與楊廣，夫妻恩愛三十多年，煬帝對蕭后始終尊重，每次巡行都跟隨在身邊，包括穿越大鬥拔穀和雁門被圍，帝后夫妻皆生死與共。當年，晉王楊廣滅陳虜陳後主而殺其後張麗華，後在江都宮煬帝又曾與蕭后戲言，即使亡國，不失為長城公，而蕭氏仍不失為沈后，夫妻可白頭百年。然而，一朝亂起，煬帝被弒，蕭后就在煬帝身邊，竟然沒有從死，以蕭后與煬帝夫妻三十多年，相濡以沫，我們不能無端猜測蕭后參預了亂黨的密謀，但蕭后到江都宮後目睹夫君的作為對煬帝的態度發生了變化卻也是事實。從其留下的詩賦可以斷定蕭后曾屢屢勸諫丈夫，「仰先哲之高才，貴至人之休德」。她早已預知了丈夫被弒的下場，天怨人怒不聽勸諫死不悔改，當然只有死路一條，蕭后的勸諫沒有效用，最後不敢措言，實際上是走到了暴君的對立面，和暴君劃清界限。她可能預聞到禁軍謀反而聽之任之，外有異動也不加阻止，眼睜睜地看著惡貫滿盈的丈夫死亡。蕭后對死亡也早有準備，「雖生知之不敏，庶積行以成仁」，對暴君隋煬帝的死她無動於衷，見死不救。她的高尚情懷和舉止贏得了全體官兵的尊敬，雖然蕭后是個道地的南方人，叛亂的北方禁軍不但不殺她，反而將她帶到北方去。蕭后的最後舉動不能不說是對隋煬帝的背叛，由此也可見隋煬帝人心喪盡，眾叛親離，是個地地道道的獨夫，死有餘辜。

宇文氏兄弟借助驍果發動江都宮變，輕易奪權成功。宇文化及雖庸劣不才，卻在關隴勳貴中屬眾望所歸，在朝堂「其身自稱霸相，專擅擬於九五」，當天就控制住了局面。

大業十四年（六一八）三月丙辰（十一日），即弒隋煬帝的當天，宇文化及即令裴矩「參定儀注」[141]，以蕭皇后之令立秦王楊浩為帝，自稱大將軍，總百揆。傀儡皇帝楊浩居於別室，以兵監守。宇文化及以弟宇文智及為左僕射，領十二衛大將軍，裴矩為右僕射，宇文士及為內史令，拜蘇威為光祿大夫，有勳位而無實職，賜司馬德戡爵溫國公，加禮部尚書，外示升遷，實奪其專統驍果的兵權。

由於宇文氏兄弟是因禁軍將士西歸之心發動政變，為履行諾言，取悅兵眾，宇文化及在江都宮僅居留了十來天，即奪江都人舟楫，率原隋煬帝南巡全班人馬，沿運河走水路，踏上西歸兩京的路程。走時，任南方人左武衛將軍陳稜為江都太守，綜領留事。

壬申（二十七），宇文化及下令內外戒嚴，宣布還都長安。后妃宮女、公卿百官、僧尼道士及驍果軍隊數十萬人，人馬儀仗和來時一樣威武雄壯，只是少了隋煬帝。皇后六宮也還是完全依照舊規圍成御營，而在御營前另立一帳，宇文化及居於帳中視事，其部伍儀仗，皆按皇帝的規格配置。隋煬帝原先最親信的御林軍「給使」，亦按老規矩在禁內紮營，由折衝郎將沈光統率。

龐大的西歸隊伍剛行至顯福宮，就有深感隋煬帝恩惠的原籍南方的虎賁郎將麥孟才、虎牙郎將錢傑來找沈光密謀，要為煬帝復仇。麥孟才即征高句麗死難的將軍麥鐵杖之子，字智稜，果烈有父風，由於受煬帝「恩賜殊厚」，慨然有復仇之志，於是對沈光述說社稷淪亡之痛，賊臣弒逆之恨。沈光也

141《隋書》卷六七〈裴矩傳〉。

是南朝人，得煬帝知遇信用，聽後淚下沾襟，即表示願與麥孟才、錢傑等南士發動反政變，共圖宇文化及，為隋煬帝報仇。沈光並表示，自己所率「給使」數百人，都深得煬帝厚恩，而率「給使」擊宇文化及，「如鷹鸇之逐鳥雀，萬世之功在此一舉」。麥孟才也率領江淮驍果數千人，二人約定第二天淩晨一同襲擊宇文化及營帳。

但謀事不密，有陳謙者向宇文化及告發，化及連夜走出御營外，派人告司馬德戡等派北方驍果逮捕了麥孟才。沈光聞「給使」營內有喧嘩聲，知事機不密，沒有來得及披上戰甲，即率眾襲擊御營，企圖先逮住宇文化及，但空無所獲，卻碰上中書舍人元敏，責其負恩而斬之。司馬德戡率軍趕來，四面合圍，沈光赤膊上陣，大呼突圍，「給使」奮起勇鬥，所向披靡，但司馬德戡又調來援軍，弓箭齊發，沈光及其麾下「給使」數百人全部中箭而亡，竟無一人投降。[142]

這是隋煬帝死後，南北集團的一次正面衝突。

誅殺了大批南方籍將領後，宇文化及乾脆「入據六宮」，占有妃主宮女，「其自奉養一如煬帝故事」。但宇文化及並無才德，雖竊據最高權力，卻沒有處理政務的能力，「每於帳中南面端坐，人有白事者，默然不對」。下牙時，才收取文武大臣的啟狀，與唐奉義、牛方裕、薛世良、張愷等參決。[143]傀儡皇帝楊浩不居六宮，反倒居尚書省，皇帝與丞相的位置顛倒了，宇文化及還派衛士十餘人看守楊浩，時時遣令史讓「皇上」在擬好的詔書上「畫敕」，百官也不再朝參。[144]

大軍行至彭城（今江蘇徐州），水路不通，於是奪得百姓車牛二千多輛，裝載宮女美人及珍寶，而戈仗器甲悉令軍士肩挑著行走。路遠疲乏，前方多險，驍果開始怨怒。司馬德戡見宇文化及一副窘樣，知其成不了大事，深感後悔，於是與趙行樞、李孝本、尹正卿等相謀再發動兵變，以後軍襲前軍，殺宇文化及，改立司馬德戡為主。司馬德戡並派人往曹州農民軍孟海公部聯絡，以結為外援。不料許弘仁、張愷密告宇文化及，化及乃派其弟士及以游獵為名至後軍，將出營參謁而沒有準備的司馬德戡等逮捕，送至御營。宇文化及責問司馬德戡：「與公戮力共定海內，出於萬死，今始事成，願得同守富貴，公又何為反也？」司馬德戡回答：「本殺昏主，苦其毒害。推立足下，而又甚之。逼於物情，不獲已也。」宇文化及不能對答，命將司馬德戡等送至帳幕之下縊殺。[145] 關隴勳貴集團內部又鬧分裂了。

關隴驍果殺昏暴之主隋煬帝，迎立的卻是一個比隋煬帝昏聵百倍的宇文化及。十數萬精銳驍果虎狼之師赴向東都，目標是長安，在宇文氏兄弟統領下，前途未蔔。這時的中國已完全失去了皇權秩序，新的一輪皇位爭奪戰已開始。

在江都，留守的右御衛將軍陳稜在宇文化及大隊人馬北返後，即「集眾縞素」，他們找到隋煬帝靈柩，為隋煬帝發喪。原來，煬帝被縊殺後，蕭后與諸宮女撤下紅漆床板，做了一個簡易的小棺材，將煬帝和趙王楊杲一同殯葬於西院流珠堂。陳稜發斂時，驚異地發現煬帝「容貌若生」，於是取宇文化及留下的輦輅鼓吹，粗備天子儀衛，奉梓宮於成象殿，改葬於吳公臺下。「衰杖送喪，慟感行路」，其將帥百官皆列瘞於帝墓之側。隋煬帝最後歲月依重南人，南方將領也終於為煬帝作了安葬，不致棄屍草莽。關於吳公臺，據元人胡三省注云：「今揚州城西北有雷塘，塘西有吳公臺，相傳以為陳吳明徹攻廣陵所築弩臺，以射城中」[146]，當是江都城外一處高地。

這時，東都的號令不出四門，人無固志，但隋煬帝以百萬民夫修築的城牆高峻難破。煬帝的死

142 《隋書》卷六四〈沈光傳〉、〈麥孟才傳〉。
143 《隋書》卷八五〈宇文化及傳〉。
144 《資治通鑑》卷一八五唐高祖武德元年。
145 《隋書》卷八五〈司馬德戡傳〉。
146 《資治通鑑》卷一八六唐高祖武德元年八月。

訊傳至洛陽，留守東都的隋大臣元文都等議以越王楊侗嗣立皇位，於是備禮尊立，改元皇泰，大赦天下。皇泰主給先帝楊廣立謚，曰明帝，廟號世祖。追尊父親元德太子為孝成皇帝。廟號世宗。尊母親劉良娣為皇太后。並委官任相，建置一個新朝廷，任段達為納言、後翊衛大將軍，攝禮部尚書；王世充亦為納言、左翊衛大將軍，攝吏部尚書；元文都為內史令、左驍衛大將軍；盧楚亦內史令；皇甫無逸為兵部尚書、右武衛大將軍；郭文懿為內史侍郎，趙長文為黃門侍郎；委以機務，又給每人金書鐵券，藏之宮掖。時洛陽小朝廷稱他們為「七貴」。[147] 皇泰主又追贈為煬帝死節的許善心為左光祿大夫，高陽縣公，追謚「文節」。[148] 這樣，在隋煬帝死後，隋朝尚得苟延殘喘一陣，東都皇泰帝憑藉高牆，京師恭帝以傀儡地位仍打著隋王朝旗號。

在東都周邊首先向皇泰帝楊侗奉表稱臣的是江淮農民軍領袖杜伏威。宇文化及北上時，遣人署杜伏威為歷陽太守，伏威不受偽職，於是移居丹陽（今江蘇南京），「進用人士，大修器械，薄賦斂，除殉葬法，其犯奸盜及官人貪濁者，無輕重皆殺之」。開始進行系統的政權建設。杜伏威既上表東都稱臣，皇泰帝乃冊拜他為東南道大總管，進封楚王。[149]

第二個向皇泰帝奉表稱臣的是江南世族沈法興。沈法興大業末年為吳興郡守，據有江表十餘郡，自任為江南道總管，成為江南新起的一股武裝勢力。當得知越王楊侗在東都嗣位，沈法興即上表，自稱大司馬、錄尚書事、天門公，但雖奉表皇泰帝，卻又自署百官，置三公及三省官屬，又自稱梁王，建元延康，改易隋官制，還依陳朝故事，任李德林之子李百藥為府掾。[150]

在海陵（今江蘇泰州）的農民軍李子通，見宇文化及北上後江都空虛，即率部來圍攻江都宮，留守陳稜不敵，見附近的杜伏威和沈法興都向東都皇泰帝奉表稱臣，引為同類，即分別遣使向他們求救。杜伏威和沈法興各引兵至，兩軍相去數十里，李子通設詐派人自稱沈法興兵，夜襲杜伏威，使二將猜疑相鬥，李子通遂得率全部精兵攻陷江都，盡獲陳稜之眾，隋煬帝的陪都終於落入了農民軍之手。但李子通入據江都宮後，沒有理會吳公臺下的隋煬帝墓，卻迫不及待地以繳獲的儀衛鼓吹設壇即皇帝位，國號吳，建元明政。[151]

陳稜逃出江都，無處可去，只好投奔昔日的宿敵杜伏威，杜伏威看不起曾野蠻鎮壓過自己的「陳姥姥」，不久將他害死。[152]江東一隅杜伏威、沈法興、李子通「並握強兵，具有窺覦江表之志」[153]，於是形成吳、楚、梁政權三足鼎立的局面。

占據長江中游的蕭銑梁政權派魯王張繡南徇嶺南，起先遭到隋將張鎮洲、王仁壽的抵抗，當隋煬帝被弒的消息傳來，隋軍皆無鬥志，於是降於蕭銑。嶺南的欽州刺史當地俚酋寧長真以郁林（治今廣西貴縣東）、始安（治今桂林）之地附於蕭銑。漢陽太守俚酋馮盎則以蒼梧、高涼、珠崖、番禺（今廣東、海南省）之地附於林士弘。蕭銑又招降交趾太守丘和。於是南盡交趾，北距漢水，東自九江，西抵三峽的廣大區域皆為蕭銑占有，勝兵四十萬，蕭銑大有恢復祖業之勢。[154]在江南半壁河山中，已沒有一寸土地為楊隋了。

在北方廣大地區，除東都外，為楊隋據守城池的僅有河東通守堯君素、南陽郡丞呂子臧、河間郡丞王琮。呂子臧聞隋煬帝死，發喪成禮，率吏民臨哭盡哀，然後降歸李淵，拜鄧州刺史，封南郡公。

147《隋書》卷五九〈煬三子．元德太子昭附子越王侗傳〉。
148《隋書》卷五八〈許善心傳〉。
149《舊唐書》卷五六〈杜伏威傳〉。
150《舊唐書》卷五六〈沈法興傳〉。
151《舊唐書》卷五六〈李子通傳〉。
152《隋書》卷六四〈陳稜傳〉。
153《舊唐書》卷五六〈沈法興傳〉。
154《舊唐書》卷五六〈蕭銑傳〉。

王琮守河間郡城（今河北河間）抗拒竇建德農民軍長達一年之久，隋煬帝死訊至，王琮率吏士發喪盡哀，城下竇建德也遣使弔唁，王琮於是出降。竇建德設宴款待，席上王琮言及隋亡淚流滿面，建德也落淚。竇建德意識到隋煬帝死後，反暴政的農民起義已經轉化為改朝換代新王朝的爭奪戰，要安百姓，定天下，而不再是造反，必經適時進行政策調整，壯大自己力量。竇建德化仇為友的舉動，立即使河北郡縣爭相歸附。建德於是定都樂壽（今河北獻縣），稱所居為金城宮，備置百官，著手營造自己的王朝。[155]

在關中地區，當隋煬帝被弒的凶訊傳到長安時，假黃鉞的表哥李淵倒也為之痛哭了幾聲，說：「吾北面而事人，失道不能救，敢忘哀乎！」話雖當眾說得好聽，但實際上李淵竊喜於心，於是加緊了禪讓稱帝建立唐朝的步伐。三月戊辰（二十三），李淵給自己進位相國，加九錫，賜殊物，加殊禮，改丞相府為相國府，立高祖父以下四廟於長安通義裡第。四月辛卯（十七日），相國府以銀符取代了竹符。五月乙巳（初一），以少帝楊侑詔李淵冕十有二旒，建天子旌旗，出警入蹕。王后王子爵命之號，一遵舊典。[156]

戊午（十四日），少帝楊侑降下了禪位詔書，要求「庶官群辟，改事唐朝，宜依前典，趣上尊號。若釋重負，感泰兼懷，假手真人，俾除醜逆。濟濟多士，明知朕意」。[157]又敕有司，凡有表奏，皆不得以聞。由隋太保蕭造、太尉裴之隱奉皇帝璽綬於李淵。李淵依照慣例虛作辭讓，百僚上表勸進，如此至於再三，最後「乃從之」。隋少帝遜於舊邸。改大興殿為太極殿。

五月甲子（二十日），李淵即皇帝位於太極前殿，設壇於長安城南，柴燎告天，大赦天下，改隋義寧二年為武德元年（六一八），官人百姓皆賜爵一級，太原起兵後義師所過之處，給復三年。罷郡置州，改太守為刺史，部分恢復隋文帝時的制度。壬申（二十八），李淵命裴寂等修改隋煬帝時的律令。六月甲戌（初一），宣布廢除「大業律令」，頒行新格。

庚辰（初七），唐高祖李淵立世子李建成為皇太子。封李世民為秦王，李元吉為齊王。癸未（初十），封已遜位的隋煬帝之孫楊侑為酅國公。

九月辛未（二十三），唐君臣追謚已故隋太上皇楊廣為「煬帝」。隋煬帝的稱號終於在唐朝出現了。謚曰「煬」是一個極壞的評價，按《謚法》：「好內遠禮曰煬；去禮遠眾曰煬；逆天虐民曰煬。」[158]煬的含義是既昏又暴，與東都皇泰帝楊侗所謚「明」，有天壤之別。明帝的謚號沒有流傳下來，煬帝的惡名卻遺臭萬年。

155《資治通鑒》卷一八五唐高祖武德元年。
156《舊唐書》卷一〈高祖紀〉。
157《隋書》卷五〈恭帝紀〉。
158《資治通鑒》卷一八〇隋煬帝大業元年胡三省注。

第十章　亡隋之轍　殷鑒不遠

隋煬帝的急政暴政激發了人民的反抗，波瀾壯闊的隋末農民大起義直接摧毀了隋朝的統治基礎，為李唐王朝的建立提供了前提條件。代隋而起的唐高祖李淵是隋煬帝的親表哥，唐開國君主對暴君隋煬帝也表現出奇怪的兩面態度，一方面對其暴虐失國大張撻伐，一方面又備禮改葬，誅討弒逆臣子。隋唐一體，統治階級實同出於關隴一系，唐繼承了隋朝的典章制度和基本設施。但貞觀年間，唐太宗君臣對亡隋之轍更作了認真反思總結，認識到人民的力量，作出重大政策調整，造就了貞觀之治升平局面，隋煬帝成了貞觀君臣的反面教員。

在隋煬帝暴政亡國之後，唐王朝僅用五—六年時間便削平群雄，重新統一中國，十年內達到天下大治，不久掃滅突厥，稱雄東亞，成為當時世界最強大的帝國。唐太宗被四夷君長尊為「天可汗」，隋煬帝夢寐以求要實現的聖王之業，竟不出十年在唐太宗朝實現，而這一切，又為隋煬帝的遺孀、未亡人蕭后所親見，蕭后成了「貞觀之治」歷史的見證人。

唐初，君臣認真總結借鑒了隋亡的教訓，對治國方針政策作了重大調整。宋人范祖禹作《唐鑒》，其序言云：「隋氏窮兵暴斂，害虐生民，其民不忍，共起而亡隋。唐高祖以一旅之眾取關中，不半歲而有天下，其成功如此之速也，因隋大壞故也。以治易亂，以寬易暴，天下之人歸往而安息之。」理學家石介又為《唐鑒》作序，更以前車之覆，後車之戒為題，引申其義：「漢以秦為鑒，故不敢為秦之無道，而漢業甚茂，延洪四百年。唐以隋為鑒，故不敢為隋之暴亂，而唐室攸乂，永光十八業。」[1]亡隋之鑒造就了一個繁盛的唐朝，隋煬帝這個反面教員也促成了聖王唐太宗的帝業。

以隋為鑒　隆興唐朝

隋煬帝的表侄兒李世民自太原起兵，到克定群雄統一全國的戰爭中，戰功卓著，威望日增。但秦王李世民和當年的晉王楊廣一樣，都是老二，上有哥哥李建成，兄長雖功勞和文武才能均出於己下，但以嫡長穩坐了皇太子位。對此，秦王李世民和晉王楊廣一樣不能容忍，隨即展開了陰謀奪嫡的政治策劃，組建了號「十八學士」的智囊團，並搜羅了大批武將。李世民在經略山東的過程中，大大擴充了自己的政治軍事實力，這和楊廣當年在江都經略的情形也很相似。

按照常理，皇太子作為天下之本，要坐居首都協助父皇處理政務，一般不輕易領兵外出，而由次子以下居藩領兵外討，這就使老二獲得了更多建功立業的機會，這是楊廣和李世民所以坐大的原因。老二既非等閒之輩，當功業日甚，威望日高之時，奪嫡悲劇必然發生。經過武德年間的一番明爭暗鬥，唐室終於演成喋血宮門、兄弟殘殺的「玄武門之變」。

武德九年（六二六）六月四日的政變，李世民率眾預伏於玄武門內，當太子李建成、齊王李元吉來朝參時，突然襲擊將他們殺死。東宮護軍和齊王府屬趕來復仇，玄武門外一片狼藉，宮內李淵得知情況後，下手敕讓年已老邁的黃門侍郎裴矩出面曉諭，才將事變平息。但李世民卻並未放下屠刀，他立即派人將建成諸子五人及元吉諸子五人統統殺死，斬草除根，其心狠手毒，超過了當年的楊廣。唐

1《徂徠石先生文集》卷一八。

高祖李淵無可奈何，「坐視其孫以反律伏誅而不能一救」。[2]被迫改立李世民為皇太子。兩個月後，李淵又主動退居太上皇，傳位李世民。這年李世民三十歲，得即皇帝位，是為唐太宗。次年正月，改元貞觀。

唐太宗殺兄屠弟逼父和隋煬帝弒父屠兄幽弟當皇帝，在手法上並無二致，唐太宗甚至公然納弟元吉妃為己妃，霸占弟媳婦，這與隋煬帝烝淫宣華夫人的傳聞，在性質上也幾無差別，從道義上講，實難令人恭維。然而，經歷相同，歷史卻把隋煬帝描繪成了典型的暴君荒淫之主，唐太宗後來卻成為一代英主，名垂青史，成為這個時代出現的真正的聖君。這種反差，不能不引起人們思考。

大隋王朝「其興也勃，其亡也忽」，隋亡唐興，在歷史上是轉瞬之間的事，幾十年間，竟出了一個著名的暴君，一個著名的聖王，隋煬帝和唐太宗，一個遺臭萬年，一個流芳千古。然而，這兩位看上去處於兩極的帝王，卻又有著那麼多的相似之處。他們都是老二，次不當立，都是靠陰謀血腥手段奪嫡篡位當上皇帝。他們都是王朝第二代君王，文武雙全，身兼創守，功業卓著，聲播域外。他們是親戚，有血緣關係，一個是表叔，一個是表侄，父祖同為起於關隴的北周勳貴的中堅分子，屬於同一個政治集團。二人都早慧聰明，儀表堂堂，才華出眾，在詩賦文章方面都是高手。在私德方面，二人也都有類似的穢行，但口頭上都善於講說堯舜之道。二者雖未曾謀面，但所處時代同一，生活在大體相近的社會環境之中，然政治效果卻迥然相異，這又是為什麼？

近些年來，不少學者對此進行了探索，如胡如雷先生比較了隋煬帝和唐太宗的帝業後寫道：「李世民之於楊廣如影隨形，但不是相似的形影，而是一個頭腳倒立的水中倒影」[3]。這句話說的是兩位皇帝雖有許多相同點，但卻走向了兩個極端。的確，二人雖有許多相似之處，但卻有一個根本性的不同點，這就是對帝王無限權力及其如何運用的不同態度。

誠然，作為皇帝，隋煬帝和唐太宗都擁有無限權力，但如何運用，則要講究權術，並不是一味恣行，惟權力是用就能一舉成功的。中國古代人君南面之術後來講究文武之道，一張一弛，剛柔並用。隋煬帝自恃強權，逞能自大，傲視群物，恣意妄為，極而為暴，惟其帝王權力意志是用，濫施淫威，結果成為典型的暴君。對此，我們在前面已說得很多。唐太宗則能較謹慎地使用權力，特別是有隋煬帝這個反面教員的前車之鑒，隋亡之訓，銘心刻骨。所以唐太宗為政注意剛柔相濟，以剛輔柔，不敢濫用權力，這是唐太宗和隋煬帝兩個皇帝之間的根本區別。

中國的傳統君主專制制度使帝王集天、地、君、親各種社會權威於一體，授之於極權，皇權神授，皇帝是君父、天子、聖人、祭司，擁有無可爭議的絕對權力。但現實社會中，任何權力都是有限的，有條件的。皇帝行使權力，不能超越被統治的民眾所能承受的最低限度，不能隨意剝奪人民大眾的生存權、生命權，否則，就會迫使掙扎於死亡線上的人民揭竿起義，推翻暴政皇權。皇帝行使權力，也不能違背統治集團的根本利益，否則，就可能出現宮廷政變，改換最高統治者。自有王權以來，歷代政治思想家就王權的局限性也作過很多總結。當然，中國古代從沒有人從制度上考慮有效地制約皇權，沒有設想以權力制約權力，其防範皇權失控的辦法是皇帝個人的自我約束、自我節制、自我調整。古代聖王都是道德典範，是重民、任賢、納諫的楷模。堯、舜、禹、湯、文、武、周公，躬行仁義，從諫如流，治致隆平。看來，在專制政體下，君主若能主動承認權力的相對性，反而易使其絕對權力發揮得淋漓盡致。相反，隨意揮舞絕對權力的大棒專制獨裁，反而會走向皇權的反面。夏桀、商紂及秦始皇，重刑拒諫，黔首重足而立，側目而視，結果家國敗亡。顯然，在如何看待權力方面，隋煬帝屬於後者，而唐太宗則將自己歸於前者之列。

---

2 趙翼：《廿二史箚記》卷一九〈建成、元吉之子被誅〉條。

3 《李世民傳·結束語》，中華書局一九八四年版。

唐太宗政治上的高明之處，就在於他認識到皇權絕對性的不可靠，認識到皇權之於臣民的責任，因而再三感歎「為君實難」，皇帝難當。他說：「為天下之君，處萬民之上，安可易乎！背道違禮，非惟損己，乃為賢人之所笑，卑身勵行，實為君子，又為庸夫之所譏。」他又說：「人君在上，皆欲永享其萬乘之尊，以垂百王之後，而得失異趣，興滅不常者，何也？善短於自見，不聞逆耳之言，故至於滅亡，終身不悟，豈不懼哉！覩治亂之本源，足為明鏡之鑒戒。」[4] 為君難的看法其實隋蕭后早有表述，「夫居高而必危，慮處滿而防溢」，「若臨深而履薄，心戰慄其如寒」。但隋煬帝卻怙惡不悛，終生不悟。尤其難能可貴的是，唐太宗親眼目睹了隋煬帝不恤民力，被農民起義推翻的事實，認識到人民的力量，提出了「民可畏論」。他說：「天子有道，則人推而為主；無道，則人棄而不用，誠可畏也。」[5] 唐太宗看到了人民力量的偉大，人民不是帝王意志可隨意踐踏擺布的螞蟻，民可擇君，像隋煬帝這樣的暴君，人民可以推翻他，「順天革命」，有何不可。唐太宗說：「隋主為君，不恤民事，君臣失道，民叛國亡，公卿貴臣，暴骸原野，毒流百姓，禍及其身。」[6] 他對將君民關係比作舟與水的古訓最為信服，常常掛在嘴上：「舟所以比人君，水所以比黎庶；水能載舟，亦能覆舟，爾方為人主，可不畏懼。」[7] 為民之君者，只有得到民眾的擁護，才能統治得下去，否則，就有覆舟之虞。因此，唐太宗特別重視民眾的生存權、生命權，他說：「為君之道，必須先存百姓，若損百姓以奉其身，猶割股以啖腹，腹飽而身斃。」[8] 他較重視民生，反對無限制地徵發民役興辦大工程，將帝王的權力自覺地限制在一定的「度」之內，史學界曾將此總結為對人民的讓步，是「讓步政策」。

所謂讓步，就是自覺地調節君民關係，這種自我調節把君主控制社會的剛性手段同調節政治的柔性手段有機地結合在一起，這正是唐太宗比隋煬帝高明之處，也是隋煬帝這個反面教員教乖了唐太宗。唐太宗每每感到無限權力的可怕，擁有無限權力的皇帝肩負的擔子最重，如履薄冰，如臨深淵，稍有不慎，走得太遠，就有被民眾推翻的可能。因此唐太宗又提出「存百姓」的重民保民思想，強調

「君依於國，國依於民」。唐太宗在吸取隋煬帝敗亡教訓的基礎上，強烈地感到民眾可畏，要鞏固自身的統治，就必須重民保民、養民、與民休息，使民眾安居樂業，衣食豐足。他說：「凡事皆須務本，國以人為本，人以衣食為本，凡營衣食，以不失時為本。夫不失時者，在人君簡靜，乃可致耳。若兵戈屢動，土木不息，而欲不奪農時，其可得乎？」侍臣王珪接著說：「昔秦皇、漢武，外則窮極兵戈，內則崇侈宮室，人力既竭，禍難遂興，彼豈不欲安人乎？失所以安人之道也。亡隋之轍，殷鑒不遠，陛下親承其弊，知所以易之，然在初則易，終之實難。伏願慎終如始，方盡其美。」王珪提醒唐太宗引亡隋為鑒，不要像隋煬帝那樣不顧百姓死活，建不世之功，追秦皇、漢武之規摹。唐太宗很讚賞王珪之言，說：「安人甯國，唯在於君，君無為則人樂，君多欲則人苦。朕所以抑情損欲，克己自勵耳。」[9] 由此來看，唐太宗之所以能成為聖君而不是暴君，是對一些最起碼的道理認識得十分清楚，其一是為君者必須得到人民擁護；其二是必須尊重人民起碼的生存權、生命權；其三是要使人民安居樂業，應輕徭薄賦，不奪農時，使之衣食豐足；其四是要使人民有一個安定的社會生存環境，以保證生產的持續發展，使王朝能長治久安；其五是君主要清心寡欲，克己奉公，少興大役，才是社會發展的根本保證。這些觀點，其實都是古代聖王的明訓，隋煬帝在世時，蘇威向他獻《尚書》，就是希望煬帝重視聖王之教，但煬帝不聽，以致敗亡。

4《文苑英華》卷三六〇〈金鏡〉。
5《貞觀政要》卷一〈論政體第二〉。
6《冊府元龜》卷五八〈帝王部．勤政〉。
7《唐太宗集》卷一八一〈自鑒錄〉。
8《貞觀政要》卷一〈論君道第一〉。
9《貞觀政要》卷八〈論務農第三十〉。

唐太宗「存百姓」的思想繼承和發揚了古代民本思想，據此制定輕徭薄賦，少興大役的政策，有利於百姓的休養生息。尊重生命，這是唐太宗與隋煬帝的根本不同。在先存百姓的前提下制定的各種社會政策，最大限度地緩和了各種社會矛盾，增加了民眾對政權的向心力，也使唐朝立國十年就迎來了「貞觀之治」的繁榮局面。

唐太宗自覺地限制皇權還表現在他尊重人才，任用賢能，廣開言路，求諫納諫，以史為鏡，「兼聽則明，偏信則暗」等方面。

唐太宗稱聖王「受諫則聖」[10]，他曾批評隋文帝「每事皆臨決」，「未能盡合於理」，指出：「豈得以一日萬機，獨斷一人之慮也。且日斷十事，條五不中，中有信善，其如不中者何？以日繼月，至於累年，乖謬既多，不亡何待。」[11]唐太宗任用宰輔，集思廣益，而不是惟其權力意志，個人獨斷，這一作風與隋煬帝的剛愎自用，唯我獨尊大不相同。隋煬帝非常自信，認為自己不會有錯，恣意妄為，以致濫用權力。因為暴君虐主在，使正直難居，「是時非無太史官，眼見心知不敢言」。[12]眾不敢言的一言堂終於鑄成不可逆轉的大錯，以致亡國。唐太宗則承認帝王個人能力有限，凡事要徵求輔弼大臣的意見。大業年間「承風望旨，與時消息」的裴矩，在貞觀年間也「能廷折，不肯面從」[13]，由隋煬帝的諛臣變成唐太宗的諫臣，可見「主明臣直」。諫議具有集思廣益，聞過補闕，防壅蔽，通下情，辨忠奸，去讒佞等多種政治功能，對於防範王權失控而走向極端具有重要意義。諫臣既多，群策群力，政策對路，即可避免大的錯失。

唐太宗還不避怨仇用人，如魏徵等原李建成的親信，也都真誠信用。魏徵等也盡心竭力，不避忌諱，敢犯龍顏，成為貞觀名臣。魏徵前後所諫二百餘事，多能切中皇帝之失，奏多稱旨。[14]魏徵向唐太宗提出了帝王「兼聽則明，偏信則暗」的著名政治命題。貞觀二年（六二八）二月，唐太宗提出一個發人深省的問題：「何謂明君暗君？」魏徵回答：「君之所以明者，兼聽也；其所以暗者，偏信也。」緊接著列舉了秦二世、梁武帝、隋煬帝「偏信」敗亡的故事，說明「人君兼聽廣納，則貴臣不得擁蔽，而下情得以上通也」。[15]獨處禁宮的皇帝只有兼聽納諫，博採群言才能防止壅塞乖謬，糾正錯失，就會出現「天下大治」，於國於民都是好事。而「偏信」就會因主暗而造成天下大亂，因此，明君聖主必須廣開言路，能傾聽逆耳之言。唐太宗十分贊同魏徵的見解。貞觀年間，上自宰相御史，下至縣官小吏，甚至后妃宮女，都不斷有所進諫，這種開明的政治局面，和大業年間隋煬帝一人獨斷的一言堂形成鮮明的對比。

亡隋之轍，殷鑒不遠，隋煬帝這個反面教員，給唐太宗的教訓實在太多。唐太宗十分重視以史為鑒，他有句名言：「以史為鏡，可以知興替。」吸取歷代王朝治亂興亡的教訓，對照自己，勵精圖治。貞觀初年，他曾指示魏徵、虞世南等刪編《百氏帝王所以興衰者》節本[16]，貞觀三年（六二九），唐太宗令魏徵等續修前朝正史，其中《隋書》由魏徵主編，《周書》由令狐德棻主編，《北齊書》由李德林之子李百藥主編，《梁書》、《陳書》則由姚察之子姚思廉主編，僕射房玄齡總監諸史。

《隋書》由魏徵「總知其務」，參與編修的還有顏師古、孔穎達、許敬宗等人。在隋朝時，曾有王劭作《隋史》十八卷及王胄作《大業起居注》，但王劭書缺乏體例，而王胄書「仍多散逸」[17]，隋檔

10《唐太宗集》卷一八一〈自鑒錄〉。
11《貞觀政要》卷一〈論政體第二〉。
12 白居易：〈司天臺〉詩，見《全唐詩》卷四二六。
13《舊唐書》卷六三〈裴矩傳〉。
14《貞觀政要》卷二〈論任賢第三〉。
15《資治通鑒》卷一九二，唐太宗貞觀二年。
16《新唐書》卷一九八〈蕭德言傳〉。
17 劉知幾：《史通》卷一二〈正史〉。

案文籍遭王世充之亂及沉船事件也多亡佚。所幸的是，亡隋不遠，史事多有聞知，魏徵、孔穎達都是隋朝過來人，顏師古是大學者顏之推之孫，許敬宗是許善心之子，皆博通經史。為解決史料不足的缺憾，魏徵常巡訪前朝遺老，如年近百歲的醫學家孫思邈，魏徵就曾多次訪問，話周、隋史事，「有如目睹」。[18] 魏徵參加過李密瓦崗軍，對隋煬帝的暴政及民眾反暴政鬥爭有最深切的體會。《隋書》紀、傳、志出於眾手，但「序、論皆（魏）徵所作」。魏徵還為《梁書》、《陳書》、《北齊書》作總論，這些序、論針砭隋朝存亡得失，多有深識。而對紀、傳他也「總加撰定，多所損益，務存簡正」。時人稱為「良史」魏徵。[19]

然而，魏徵也有其局限，出於當時「以隋為鑒」的政治需要，魏徵著力突出隋煬帝的暴虐無道，將一些不可靠的傳聞，如二十歲的楊廣欲納三十多歲的陳後主妃張麗華等，寫入了正史，有不顧史實醜化隋煬帝之嫌，這在前面已有所論及。魏徵在揭露隋煬帝的暴虐的同時，又著力刻畫煬帝荒淫昏聵，把隋煬帝描繪成一代昏君，這有悖於史實，有些感情用事。然而，作為政治家，魏徵修史有明確的政治目的，就是以史為鑒，讓唐朝及後代君王吸取亡隋教訓，雖有局限性，但其修史態度還是相當嚴肅的。魏徵痛恨暴君隋煬帝，說煬帝「萬乘之尊，死於一夫之手，億兆靡感恩之士，九牧無勤王之師，子弟同就誅夷，骸骨棄而莫掩，社稷顛隕，本枝殄絕，自肇有書契以迄於茲，宇宙崩離，生靈塗炭，喪身滅國，未有若斯之甚也」。[20] 魏徵對暴君隋煬帝進行了無情鞭撻，指出萬乘之尊的帝王已成為千古罪人。魏徵又指出：「古先帝王之興也，非夫至德仁格於天地，有豐功博利，弘濟艱難，不然，則其道無由矣。」[21] 魏徵雖站在唐朝勝利者立場上修史，但在鞭撻暴君上體現了人民性，他反對暴政，提倡仁政。

魏徵還專門上疏唐太宗陳說亡隋之轍，陳說隋煬帝暴亡的沉痛教訓：

> 昔在有隋，統一環宇，甲兵強盛，三十餘年，風行萬里，威動殊俗，一旦舉而棄之，盡為他人之有。彼煬帝豈惡天下之治安，不欲社稷之長久，故行桀虐，以就滅亡哉！恃其富強，不虞後患，驅天下以縱欲，罄萬物以自奉，采域中之子女，求遠方之奇異。宮宇是飾，臺榭是崇，徭役無時，干戈不戢。外示威重，內多險忌，讒邪者必受其福，忠正者莫保其生。上下相蒙，君臣道隔，人不堪命，率土分崩。遂以四海之尊，殞於匹夫之手，子孫殄滅，為天下笑，深可痛哉！

隋煬帝是濫用權力的典型，他惟權力意志是用，虐用民力，不重視民生，「甲兵屢動，徭役不息，至於身將戮辱，竟未悟其滅亡所由也，可不哀哉！」[22]魏徵反復強調隋煬帝以萬乘之尊死於一夫，在他筆下，隋煬帝折戟沉沙，身首異處，不過是歷史上的小丑。魏徵的用意是要告誡後代君主，不要恃強縱欲，濫用權力，告誡為君者要注意君道。

魏徵又將亡隋與亡秦進行比較，指出：「隋之得失存亡，大較與秦相類」[23]，這也是很有意義的。甲兵強盛，風行萬里的隋朝何以頃刻而亡？有唐一代不斷有政論家進行評說。宋人洪邁作《容齋隨筆》，其《續筆》卷五有「秦隋之惡」條，對漢、唐人反思秦、隋暴亡的警戒之句作了收集，洪邁稱：「自三代訖於五季，為天下君而得罪於民，為萬世所麾斥者，莫若秦與隋，豈二氏之惡浮於桀、

18《舊唐書》卷一九一〈孫思邈傳〉。
19《舊唐書》卷七一〈魏徵傳〉。
20《隋書》卷四〈煬帝紀・史臣曰〉。
21 同註19。
22 同註19。
23《隋書》卷七〇〈史臣曰〉。

紂哉？蓋秦之後即為漢，隋之後即為唐，皆享國久長，一時論義之臣，指引前世，必首及之，信而有征，是以其事暴白於方來，彌遠彌彰而不可蓋也。」他列舉唐人所論隋亡之由：

唐高祖曰：「隋氏以主驕臣諂亡天下。」

孫伏伽曰：「隋以惡聞其過亡天下。」

薛收傳：秦王平洛陽，觀隋宮室，歎曰：「煬帝無道，殫人力以事誇侈。」收曰：「後主奢虐是矜，死一夫之手，為後世笑。」

張玄素曰：「自古未有如隋亂者，得非君自專，法日亂乎？造乾陽殿，伐木於豫章，一材之費，已數十萬工，乾陽畢功，隋人解體。」

魏徵曰：「煬帝信虞世基，賊遍天下而不得聞」。又曰：「隋難責不獻食，或供奉不精，為此無限，而至於亡。方其未亂，自謂必無亂；未亡，自謂必不亡。所以甲兵亟動，徭役不息……」

馬周曰：「貯積者固有國之常，要當人有餘力而後收之，豈人勞而強斂之以資寇邪？隋貯洛口倉，而李密因之；積布帛東都，而王世充據之；西京府庫，亦為國家之用。」

陳子昂曰：「煬帝恃四海之富，鑿渠決河，疲生民之力，中國之難起，身死人手，宗廟為墟。」

楊相如曰：「煬帝自恃其強，不憂時政。言同堯、舜，跡如桀、紂，舉天下之大，一擲棄之。」

吳兢曰：「煬帝驕矜自負，以為堯、舜莫己若，而諱亡憎諫。乃曰：『有諫我者，當時不殺，後必殺之！自是謇諤之士而不顧，外雖有變，朝臣鉗口，帝不知也。」

柳宗元曰：「隋氏環四海以為鼎，跨九垠以為爐，爨以毒燎，煽以虐焰，沸湧灼爛，號乎騰蹈。」

洪邁還列舉了大量漢朝人之論秦惡之語，秦隋皆以暴惡而亡。從以上列舉來看，亡隋之鑒不外主驕臣諂、奢虐是矜、殫竭民力、徭役不息、諱亡憎諫、惡聞己過、甲兵屢動、濫用權力，以驕暴亡國等。透過這些現象看本質，隋煬帝恃其無限皇權，沒有絲毫自我克制，想怎麼樣就怎麼樣，縱欲逞強而走向了極端，是濫用權力虐民的典型。洪邁所輯漢朝人誡亡秦之語，也多有同樣的警語，如「秦廢王道，立私議，去仁恩而任刑戮，至於赭衣塞路，群盜滿山」。「秦任戰勝之威，功齊三代，務勝不休，暴兵露師，百姓靡敝，孤寡老弱，不能相養，死者相望，天下始叛」等。[24]

應該說，洪邁收集得還不夠全面，唐人論隋亡之訓的言論還有很多，如唐太宗說：「隋煬帝篡祚之初，天下強盛，棄德窮兵，以取顛覆。」[25]晚唐詩人皮日休說煬帝「以虐火煎四海，以毒氣蒸九土，天假唐力，扛之仁地，以澤撲虐火，以德銷毒氣，既折其足，又齧其耳」。[26]劉崇遠認為隋末「天下騷擾，盜賊薦起，六合岌業，世無完城，復以失民心致哉」。[27]

值得注意的是，漢唐人都以為秦、隋有功而無德，廢王道，去仁義，雖強而不能持久，終至傾覆。漢、唐則以仁德而興。皇天景命，有德者昌，天子須有德，有德者行仁義，得人心，得天命，得天下，無德者肆暴虐，失民心，失天命，失天下。在唐宋人看來，秦隋都是無德而亡，「功成而德衰，能克終者蓋寡」。唐革隋命，不如說是隋失天命，唐得天命。《尚書．臯陶謨》云：「民之所欲，天必從之。」連老天爺都從民欲，所以要為政以德，對人民行仁政，對人民行仁政則要求君主止欲，克己復禮為仁。

魏徵對於皇帝如何克己止欲，又作了最詳盡的論述，他認為「思國之安者，必積其德義」。他提出要當好承天景命的國家元首，須常念「十思」：「君人者誠能見可欲則思知足以自戒，將有所作則思知止以安人，念高危則思謙沖而自牧，懼滿溢則思江海而下百川，樂盤遊則思三驅以為度，恐懈怠

24《容齋續筆》卷五。
25 唐太宗：〈政本論〉，見《全唐文》卷一〇。
26《文苑英華》卷七九〇〈隋鼎銘〉。
27《金華子雜編》。

則思慎始而敬終，慮壅蔽則思虛心以納下，想讒邪則思正身以黜惡，思所加則思無因喜以謬賞，罰所及則思無因怒而濫刑，總此十思，弘茲九德，若能擇善而用，則不虧無為之大道」。止欲無為、與民休息、虛心納下、慎始敬終，這是魏徵對聖王唐太宗提出的要求，又是暴君隋煬帝最缺乏的政治品質。魏徵還認為：「暇豫清談，皆敦尚於孔、老，威怒所至，則取法申、韓。」[28] 秦、隋即取法申、韓法家之術，縱欲而亡國。孔子的德、禮，老子的無為，才是聖王之道，才是盛唐統治思想的依據。

如何成為聖王，則要講究修身。魏徵認為：治國之要在於修身之術。君主也要遵守道、德、禮、義等社會規範，通過止欲，自我節制，而永葆帝王的尊嚴和權力。君王之受人尊重不取決於其權勢，而取決於其修不修仁德。修仁德即修身，修身的要旨是自戒、自牧、黜惡，防止縱情傲物。帝王先正其身，則天下安。誠如上述魏徵所提出的「十思」，十思即十戒，即帝王修身的具體條目。唐太宗也說：「驕出於志，不節則志傾；欲生於身，不遏則身喪。故桀紂肆情而禍結，堯舜約己而福延。可不務乎。」[29] 魏徵一生諫諍涉及的問題很多，最後唐太宗卻歸結到一點上，說魏徵是「約朕以仁義，弘朕以道德，使朕功業至此」。[30] 唐太宗認為自己以仁德而為聖王。

「君王一有欲，便是萬民災。」隋煬帝則不修仁德，是一個權力狂，「視億兆為草芥」，予智予雄，好大喜功，他從來不節制自己，「負其富強之資，思逞無厭之欲」，結果縱欲而亡。而真正有為的聖王應是清心寡欲，無為而無不為的。到唐宋之時，儒者大談心性修身之術，朱熹論治道曰：「天下事有大根本，有小根本，正君心是大本。」[31] 皇帝權力無限，應自覺地進行自我約束，修心養性，進行道德上的自我完善，這才是防止皇權失控和濫用的最好辦法。後宋明理學家從理論上對皇權作出了限定，但這個限定只是道德上的限定，其效果完全在於皇帝的自覺，而沒有任何強制性。唐宋元明清，中國出現了少數幾個道德高尚克己復禮的聖王，但昏暴之君則比比皆是。以道德自律來約束權力，而不是從制度上有效地制衡君主，皇權的獨斷性和隨意性還是使政治無序而循，還是不能制止暴君的產生。由於不能從制度上杜絕暴君的產生，聖君和暴君，往往相差在毫釐之間。唐太宗和隋煬帝有極多相同之處，其不同之處就在於唐太宗較能自覺地對無限皇權進行自我約束。然而，稍有不慎，忘記了自我約束而濫用權力，就可能由聖王變成暴君。處在同一時代的帝王，可能會做出許多相同的事，有人斷言，唐太宗如果多活上幾年，也有可能成為隋煬帝一樣的暴君，此話未嘗沒有其一定道理。

行人遙起廣陵思　古渡月明聞棹歌

王者之興，必乘喪亂，天下嗷嗷，聖王之資。為了突出李唐王朝的仁德，貞觀君臣著力暴揚隋惡，特別是極力宣揚隋煬帝的殘暴荒淫，將他醜化，以為殷鑒。然而，英雄識英雄，惺惺惜惺惺，唐太宗對隋煬帝一生行事及其文治武功和文學才華從內心深處來講，是十分欣賞的。他說：「朕觀《隋煬帝集》，文辭奧博，亦知是堯舜，而非桀紂。」唐太宗不僅謹慎地復試隋煬帝的事業，而且對隋氏遺孀和遺孤給予特別的照顧。

貞觀四年（六三〇）正月乙亥（初九），隋蕭后及其孫楊政道由突厥酋長執失思力護送，回到長安。這是蕭后自隋大業十年（六一四）十二月隨隋煬帝離開京師後，十五年第一次回到故都。宮闕依舊，但江山易主，追憶往事，老太婆怎麼不心酸。好在當朝皇帝是她的表侄李世民，她的親弟弟蕭瑀也成了當朝宰相，蕭后仍然是新朝的貴戚。

28《舊唐書》卷七一〈魏徵傳〉。
29 唐太宗：〈帝範．崇儉〉。
30《貞觀政要》卷一〈論政體第二〉。
31《朱子語類》卷一〇八〈論治道〉。

六十多歲的蕭后像是重新回到了自己的家，雖然她的兒孫親骨肉們十年前大都死於非命，但她在長安還是見到了自己的親生女兒南陽公主。南陽公主是蕭后與隋煬帝所生子女中惟一健在的，自於河北聊城與母后分別後，公主削髮為尼，隱居民間多年，艱苦備嘗，內心的苦楚更難以述說。及竇建德敗亡，南陽公主隨唐軍將歸長安，在洛陽與前夫宇文士及相遇，昔日的恩愛夫妻現在是眼前的仇人，宇文士及找上門來，公主不肯相見，士及在門外訴說，請求復為夫妻，公主大怒，罵曰：「今恨不能手刃君者。」士及一再求情，公主語氣堅決地說：「必欲就死，可相見也。」於是不歡而散，宇文士及拜辭而去。[32]

宇文士及後又得尚唐壽光公主，由隋朝駙馬搖身一變為唐朝駙馬。其妹更早就入宮為唐高祖昭儀，因有寵，李淵初即皇位，便欲立這位宇文氏女為皇后，但她「固辭不受」。生子李元嘉，封韓王。[33] 宇文士及在唐朝出將入相，進爵郢國公，他「撫幼弟及孤兄子，以友愛見稱」。[34] 這個關隴勳貴弒逆家族，在唐朝仍得以榮華富貴，根深葉茂。

南陽公主與母親分別十年後得與重新聚首，真是猶如夢境，她的親侄兒、隋煬帝的獨苗苗親孫子楊政道也長到十四歲，見到了親姑媽。蕭后則不僅見到了親生女兒，還見到了親弟弟蕭瑀、蕭璟。唐太宗對蕭后一家十分客氣，當即授楊政道官員外散騎常侍[35]，連護送政道和蕭后回國的突厥酋長執失思力也授左領軍將軍。[36]

時也有隨蕭后投降入朝的胡人上告唐廷：「在虜廷時，有中國人暗中給蕭后通書信，通謀顛覆大唐，復辟隋朝。」中書舍人楊文瓘請予追查，但唐太宗說：「以前天下未定，人當思隋，突厥方強，愚民無知，雖有此等事，然今天下已安，既往之罪，何須問也。」[37] 表現出極寬大的聖王胸懷。

特別讓蕭后和楊政道驚喜的是，隋煬帝有一個庶出的女兒，現在成了唐太宗的寵妃，並為太宗生下兒子李恪，在太宗諸子中排行老三，封吳王，現亦有十來歲。吳王李恪是楊政道的親表弟，也是隋煬帝的親外孫，這時也隨母親來拜見外祖母。蕭后沒有料到隋宗門與唐帝室竟是這樣的親上加親，一家人得以團聚，也是蕭后晚年的最大安慰。

蕭后弟蕭瑀在唐封宋國公，官至尚書左僕射，輔佐唐高祖、太宗兩代君王，深得信用。唐太宗賜詩贊蕭瑀：「疾風知勁草，板蕩識誠臣。」[38]蕭瑀與唐太宗的關係十分融洽，曾對唐太宗開玩笑說：「臣是梁朝天子兒，隋朝皇后弟，尚書左僕射，天子親家翁。」唐太宗聽後撫掌極歡而罷。[39]蕭瑀之子尚唐太宗女襄城公主，而這位唐公主又要稱蕭后為姑媽了。

這種盤根錯節的婚姻關係，說明隋唐兩朝統治者實出一體，他們同出於關隴集團，改朝換代對於他們來講，並不是了不起的大事。楊姓皇帝和李姓皇帝都會保護本集團的利益。蕭后的侄孫蕭嗣業歸唐後，以深識蕃情，充使統領突厥之眾，遷官鴻臚卿。[40]蕭后另一弟弟蕭璟亦仕唐任官黃門侍郎轉祕書監，封蘭陵縣公。蕭氏「生長貴盛，而家崇佛法」，蕭后晚年是在拜佛念經中度過，女兒南陽公主早已削髮為尼，蕭瑀亦曾向唐太宗請求出家當和尚，這個過去最顯赫的帝王之家，最後是在冥冥世界中打發時光。蕭后成天念佛，為暴死的夫君隋煬帝祈禱，求菩薩赦免他的罪過，在陰間得以安詳。

32《隋書》卷八〇〈列女・南陽公主〉。

33《舊唐書》卷六四〈高祖二十二子・韓王元嘉傳〉。

34《舊唐書》卷六三〈宇文士及傳〉。

35《隋書》卷五九〈煬三子・齊王暕傳〉。

36《新唐書》卷一一〇〈執失思力傳〉。

37《資治通鑒》卷一九三唐太宗貞觀四年；又見明・徐枋《讀史稗語》卷三〈安反側〉條。

38《舊唐書》卷六三〈蕭瑀傳〉。

39《獨異志》卷上。

40 同註38。

貞觀十一年（六三七）蕭璟病危，蕭后帶著蕭瑀、南陽公主及侄兒們往蕭璟家探視，蕭璟與姐姐相見，令子侄燒香共別，在誦經聲中安詳地命歸黃泉[41]，去見姐夫隋煬帝去了。

隋唐一體，親上加親。唐太宗不僅優待蕭后，而且對隋煬帝也很優容，令人料想不到的是，唐太宗很早就開始整治隋煬帝的弑逆之臣。

貞觀二年（六二八）六月辛卯（十六日），唐太宗對左右侍臣說：「君雖不君，臣不可以不臣。裴虔通，煬帝舊左右也，而親為亂首。朕方崇獎敬義，豈可猶使宰民訓俗。」江都弑逆之臣裴虔通在宇文化及敗後歸大唐，授官徐州總管，轉辰州刺史，封長蛇縣男，入唐已十年。本來，他是隋朝的逆臣卻是唐朝的功臣，想不到十年之後竟遭到清洗。

唐太宗是出於什麼目的要清洗江都弑逆之臣呢？按照他的說法：「天地定位，君臣議彰，卑高既陳，人倫之道，斯著是用。」一般的解釋是維護專制君主體制，君父再壞，臣子只能死諫不能反，但也含有為隋煬帝昭雪的用意。唐太宗特地下了〈貶裴虔通詔〉，稱：「趙高之殞二世，董卓之鴆弘農，人神所疾，異代同憤。況凡庸小豎，有懷凶悖，遐觀典策，莫不誅夷。」而裴虔通「昔在隋代，委質晉藩，潛圖弑逆，密伺間隙，招結群醜，長戟流矢，一朝竊發。天下之惡，孰云可忍，宜其夷宗焚首，以彰大戮，但年代異時，累逢赦令，可特免極刑，除名削爵，遷配驩州。」[42] 結果，首謀弑隋煬帝的裴虔通竟「徒於嶺表而死」。[43]

七月戊申（初四）唐太宗又下詔：「萊州刺史牛方裕、絳州刺史薛世良、廣州都督府長史唐奉義、隋武牙郎將高元禮，並於隋代俱蒙任用，乃協契宇文化及，構成弑逆。宜依裴虔通，除名配流嶺表。」[44] 這樣，唐太宗就將江都弑逆之臣統統清洗。

貞觀七年（六三三）正月戊子（初十），唐太宗又下詔禁錮亂臣子孫，詔：「宇文化及、弟智及、司馬德戡、裴虔通、孟景、元禮、楊士覽、唐奉義、牛方裕、元敏、薛世良、馬舉、李孝本、李孝質、張愷、許弘仁、令狐行達、席德方、李覆等，大業季年，咸居列職，或恩結一代，任重一時；乃包藏凶慝，罔思忠義，爰在江都，遂行弒逆，罪百閻、趙，釁深梟獍。雖事是前代，歲月已久，而天下之惡，古今同棄，宜置重典，以勵臣節。其子孫並禁錮，勿令齒敘。」[45]連亂臣的子孫也免不了終身禁錮，可見禁令之嚴厲。

為表彰名節，唐太宗又特意下詔追封隋煬帝的忠臣堯君素，稱堯君素「往在大業，受任河東，固守忠義，克終臣節，雖桀犬吠堯，有乖倒戈之志，而疾風勁草，實表歲寒之心，爰踐茲境，追懷往事，宜賜寵命，以申勸獎。」乃追贈堯君素為蒲州刺史，尋訪其子孫授以官職。[46]堯君素作為隋煬帝的鷹犬，雖主上無道，但克終臣節，以身殉主。當年堯君素為隋守河東城時，唐恨不得一口將他吃了，但時過境遷，十多年後為表彰忠義，堯君素反倒成了難得的典型。這時唐統治已穩固，所要的就是堯君素這樣的忠臣義士，所棄的當然是宇文化及、裴虔通這樣的反逆之臣，而對於暴虐的隋煬帝，畢竟已成死灰，除了當反面教員外，總歸還是皇帝，又是大唐皇親，當然要以禮相待，以禮安葬。

隋唐一體，楊李皇親，同出關隴，血脈相融。唐太宗除優待隋氏皇親外，還對西魏北周以至隋唐的關隴勳貴遺舊大加照顧。貞觀十五年（六四一）七月，唐太宗發〈宥周隋名臣子孫流配詔〉，令「其

---

41 《冥報記》卷中〈隋蕭璟〉條。
42 《舊唐書》卷二〈太宗紀上〉。
43 《隋書》卷八五〈裴虔通傳〉。
44 同註42。
45 《舊唐書》卷三〈太宗紀下〉；《冊府元龜》卷一五二〈帝王部．明罰〉。
46 唐太宗：〈贈堯君素蒲州刺史詔〉，載《全唐文》卷六。

周、隋二代名臣及忠節子孫，有貞觀以來犯流配者，宜令所司具錄奏聞」。[47] 赦免關隴勳貴子弟有罪者，並厚加存問。唐不僅為楊隋舉喪，而且為北周宇文氏「諱惡」，西魏孝武帝被宇文泰鴆弒，行同宇文化及，但唐人書曰「崩」。[48] 唐初之時，統治者仍舊執行關中本位政策，西魏北周隋唐統治集團同出關隴一系，他們互相關照，共用榮華富貴，在政治上具有絕對優勢。陳寅恪先生指出：李唐皇室「自高祖、太宗創業至高宗統御之前期，其將相文武大臣大抵西魏、北周及隋以來之世業，即宇文泰『關中本位政策』下所結集團體之後裔也」。[49] 只是到武則天的「武周革命」之時，關隴集團的政治優勢才逐漸失去。

隋煬帝沒有料想到他死後會受到唐朝的優禮，而這一切卻皆由其遺孀蕭后所親歷目睹。更有甚者，隋煬帝一個嫡親外孫吳王李恪，竟差點當了李唐第三代君主。貞觀晚年，唐太宗的長子皇太子李承乾因驕縱不法被廢，長孫皇后生的次子魏王李泰覬覦皇位，遭重臣反對，第三子吳王李恪雖不是長孫皇后嫡出，但其母為隋煬帝女，在後宮妃嬪中「名望素高」，李恪又有文武才幹，唐太宗常稱他「類己」，有意立為嗣君。李恪並沒有爭位，但國舅長孫無忌輔立長孫後所生第四子李治，唐第三代君位才沒有讓隋煬帝的外孫染指。這一史實更有力地證明，隋唐一體，楊李皇位轉移，但政權本質並無大的差別。

但隋唐的治國方針、施政政策卻發生了重大改變，唐廢棄了隋煬帝內法外儒的急政暴政而行仁政。唐太宗和隋煬帝，一個是千古一遇的聖君，一個是身敗名裂的暴君，他們為政寬猛不同，使用權力的限度不一，一個止欲息兵，一個恣欲妄為，一個從諫如流，一個拒諫飾非，致使貞觀之政與大業之政的成效大不一樣。但作為帝王，唐太宗和隋煬帝這兩個看似兩極的皇帝，本質上的共同點卻很多，主觀上他們都想建立不世功業，成為千古一帝，只是施政政策相異。唐太宗實得益於隋煬帝，作為反面教員，唐太宗在隋煬帝身上得到了許多教訓，故能反其道而行之。因此說，沒有隋煬帝就沒有唐太宗。

然而，時過境遷，亡隋的教訓並沒有始終為聖王唐太宗牢記，隨著時間的推移，帝王的霸道在唐太宗身上復又呈現，晚年的唐太宗頗有隋煬帝的那種驕橫霸氣。

貞觀十年（六三六）之後，唐太宗在升平之中有些飄飄然，「喜聞順旨之說，不悅逆耳之言」，國家繁盛後不再有如履薄朽之感，開始奢靡，漸惡直言，並曾起過「撲殺」諫臣魏徵的念頭，使其晚年政治每況愈下。貞觀十三年（六三九），魏徵奏上〈十漸疏〉，對唐太宗展開了全面批評，稱：「頃年已來，微有矜放，恃功業之大，意蔑前王，負聖智之明，心輕當代，此傲之長也。」唐太宗驕傲了，開始濫用權力，魏徵指出了唐太宗十個方面不能克終盡美的事實，主要是奢縱卑儉，追求珍奇；狎近小人，「欲有所為，皆取遂意」，不再能虛心納諫等。隨著太平盛世的長期持續，太宗的權欲擴張，肉欲橫流，而絕對的權力必然帶來絕對的腐化，過去那種「水能載舟，亦能覆舟」的恐懼感既已拋開，終於，在唐太宗晚年我們再次看到了隋煬帝的影子。出現了「軍旅亟動，宮室互興，百姓頗有勞弊」[50]的境況。

最突出的例子是唐太宗像隋煬帝一樣，不聽諫諍，勞民傷財，發兵東征高句麗。時高句麗大臣泉蓋蘇文弒君自立，唐太宗先是因「山東凋弊」，未忍言兵征討，但泉蓋蘇文自大，進攻新羅，不聽唐使勸阻，謀求地區霸權，終於激怒了唐太宗。當年隋煬帝即是「驕怒之兵屢動，三駕遼左，民不堪命」，現在唐太宗也怒不可遏了。貞觀十八年（六四四）四月，唐太宗任李勣（徐世勣）為遼東道行

47《唐大詔令集》卷六五〈錄舊〉。
48 王鳴盛：《十七史商榷》卷六六〈唐人為周諱惡〉條。
49《唐代政治史述論稿》上篇〈統治階級之氏族及其升降〉。
50《貞觀政要》卷九〈議征伐第三十五〉。

軍大總管，率李道宗、執失思力、張儉等從陸路，又命張亮為平壤道大總管，率程名振等從海路，共發兵十數萬征討高句麗。六月間，唐太宗亦親赴遼東前線，親自指揮，然而，戰況和當年隋煬帝時一樣，高句麗軍民堅守安市（今遼寧遼陽西南），唐軍久攻不下，拖到秋末，嚴寒來臨，只好退兵。歸途中唐士兵凍死很多，唐軍無功而勞民傷財。在出兵之前，曾參加過隋煬帝征遼之役的老臣鄭元璹曾告誡唐太宗：「遼東道遠，糧運艱阻，東夷善守城，攻之不可猝下」。[51] 其言果然應驗。唐太宗不聽老人言，一意孤行，結果重蹈隋煬帝覆轍。

親征失敗，唐太宗對遼東問題耿耿於懷，他並沒有汲取失敗教訓，而是執拗不回，不聽諫止地準備再度征討高句麗。他先是採納臣下建議，派小股部隊騷擾高句麗，破壞敵國經濟民生。到貞觀二十二年（六四八），唐太宗下令大造戰艦，貯運軍糧，準備再次大舉征遼，又一次給人民帶來巨大苦難，但次年唐太宗暴崩，遠征才未進行。而如果借與天年，唐太宗以其無限皇權調動一切，不聽諫止一意孤行，很可能成為隋煬帝第二，聖王功業很可能毀於一旦。

「以史為鏡，可以知興替」，歷史的教訓是沉痛的，暴君造就了聖王，聖王也難免重蹈暴君之轍，但唐太宗畢竟沒有走得太遠，沒有掃地為兵搞武裝大遊行，征遼用兵規模較隋煬帝少得多，而且在生命的最後一刻，他也有所反悔。但在唐太宗駕崩的前一年，隋煬帝的遺孀蕭后也悄然謝世。

蕭后年已八十，見多識廣，唐太宗征遼失敗她看在眼裡，唐太宗的「靡不有初，鮮克有終」她記在心上，人間炎涼，世事滄桑，她感觸最多。她看到了暴君聖王的天地轉換，她曾經母儀天下，最富有直感的政治經驗。魏徵主編的《隋書》紀傳奏成於貞觀十年（六三六），蕭后是看得到魏徵筆鋒犀利的史臣論贊的，當然老太婆會有所感觸，有所反思。畢竟她家學淵源，很有文才，唐太宗本應向這位老資格的政治人諮詢政事，但史書並沒有此類記載。老太婆也無由以諫。蠟燭成灰淚始乾。八十來歲的蕭后和五十來歲的唐太宗雖是兩代人，但他們的生命都走到了盡頭。

此前不久，天子之鏡的魏徵已於貞觀十九年（六四五）謝世。這年十月，唐太宗征遼無功而返，得知魏徵去世，十分悲痛，念及魏徵繩愆糾謬之功，說：「魏徵若在，不使我有是行也。」[52]蕭后之弟宋國公蕭瑀薨於貞觀二十一年（六四七），較姐姐早死一年，時年七十四，唐太宗聞而輟膳，蕭后更是悲痛欲絕。弟弟的去世使蕭后失去了知心伴侶，姐弟聚首不僅坐禪談佛，而且言及過去，隋亡唐興，言及梁武帝、隋煬帝，還有他們的父王蕭巋，他們的家族，他們的子孫後代，蕭姓、楊姓、李姓親屬。從弟弟口裡，蕭后還能及時瞭解朝中大事，他們在一起談家事、國事、天下事，遠及彼岸世界。然而，話語再長也有休止時，「香消南國美人盡，怨入春風芳草多。殘柳宮前空露葉，夕陽江上浩煙波」。一個時代結束了，一代人也快死光了，孤獨的老太婆終於挺不住了。貞觀二十二年（六四八）五月庚子（二十日），飽經滄桑，閱盡人間興亡事的隋蕭后，終以八十高齡謝世。

蕭后的謝世驚動了朝廷，唐太宗特意下詔「復其位號」，謚曰「湣」，使三品護葬，備鹵簿儀衛，將蕭后的遺體送至江都，與隋煬帝合葬於雷塘。[53]「此地曾經翠輦過，浮雲蹤跡竟如何？」隋蕭后三十年後終能與夫君隋煬帝同穴，帝后安詳，多虧了唐太宗。

貞觀二十三年（六四九）五月，一代英主唐太宗駕崩，享年五十二歲，太子李治登極嗣位，是為唐高宗。

唐高宗即位，其庶兄、隋煬帝的親外孫吳王李恪竟被宰相皇舅長孫無忌誣殺，「以絕眾望，海內冤之」。[54]皇帝的寶座永遠充滿著殺機，充滿著血腥。李恪無罪，無意奪嫡爭帝，只是因為是新帝的

51《資治通鑒》卷一九七唐太宗貞觀十八年十一月。
52《舊唐書》卷七一〈魏徵傳〉。
53《資治通鑒》卷一九八唐太宗貞觀二十二年。
54《舊唐書》卷七六〈太宗諸子・吳王恪傳〉。

庶兄，曾為父皇看重屬意，被人視為潛在敵手而無言枉死。

佛云：要知前世因，今生受者是；要知後世因，今生作者是。佛家因果報應說今人明白者多不取，但古時巷陌文人不但迷信，且多引以演繹史事。清人褚人穫著《隋唐演義》最後一回述說唐朝武則天至唐玄宗天寶年間的政治動亂，不能解釋政變禍亂的原委，於是胡謅說：武則天乃李密轉世，故殺戮唐家子孫，以報宿愆；楊貴妃乃隋煬帝轉世，上帝震怒他驕淫暴虐，罰為女身，仍姓楊氏，與唐玄宗結孽緣，敗壞唐朝，如此云云，荒誕無稽。[55]顯然，這是小說家的編造，是明顯的封建毒素，不足為訓。然而，演義小說在民間廣為流傳，使隋煬帝的惡名家喻戶曉，以致大運河流經的安徽泗縣枯河頭鎮，古時竟取名「哭孩頭」，以詛咒隋惡。當然，這反映了人民大眾對暴君隋煬帝的痛恨，將暴君醜化為大花臉，也就不足為奇。

由於演義小說流行，隋唐史事蒙上了神祕色彩，揚州隋煬帝與蕭后的合葬墓也在唐天寶以後漸成荒塚，煬帝所築江都宮也成了廢墟。「野老幾代人，種田煬帝宮；零落池臺勢，高低禾黍中。」這是唐人鮑溶一的〈隋宮〉詩[56]。中唐以後，隋煬帝陵已在一片禾黍之中，無人照看，到唐末，詩人羅隱有感於史事，作〈煬帝陵〉詩：

入郭登橋出郭船，紅樓日日柳年年；
君王忍把平陳業，只換雷塘數畝田。[57]

叱吒風雲的一代君王已成土灰，值不得幾擔糧了。以後年深歲久，隋煬帝和蕭后的荒塚漸被人們遺忘。

直到清嘉慶十二年（一八〇七），著名揚州學者阮元才發現了荒蕪已久的隋煬帝塚，後為清代總督的阮元重修了隋煬帝墓並豎起了一塊陵碑。阮元記云：「嘉慶維揚志圖，於雷塘之北畫一墓碑，碑刻隋煬帝陵四字，距今非久，不應迷失。乃問城中人，絕無知者。嘉慶十二年，元徑墓廬，偶遇北村老農，問以故址，老農言：陵今在，土人名為皇墓墩，由此正北，行二裡許耳，乃從之，行至陵下，陵地約剩四五畝，多從葬者。陵土高七、八尺，周圍二、三畝許，老農言，土下有隧道、鐵門，西北向，童時掘土尚及見之。」[58]這就是唐人羅隱所詠雷塘數畝田的隋煬帝陵，墓坐北朝南，為土墳，黃泥封頂。今存青石墓碑系阮元修陵時所立，為當時書法家揚州知府伊秉綬所書。碑心刻「隋煬帝陵」四個大字，右側為「大清嘉慶十二年在籍前浙江巡撫阮元建石」，左側為「揚州知府伊秉綬題」。墓碑高一・六米、寬〇・八米、厚〇・一二米，陵墓估高五米，墳上灌木雜草叢生，墓旁植刺槐百餘株，四周為阡陌縱橫的管道良田。處在田野間的隋煬帝陵顯得孤零零，其確切地址在今揚州市西北槐泗鎮雷塘鄉槐二村，一九八四年唐宋運河考察隊曾到此實地考察[59]，有心尋古的好事者自可覽之。

一代梟雄，要志包宇宙、掩吞秦漢的隋煬帝，如今已成為一抔黃土，「行人遙起廣陵思，古渡月明聞棹歌」。到此一游的遊客，又怎能不有所感歎。古詩有云：「昔人登此地，丘隴已前悲。今日又非昔，春風能幾時。」又云：「御街行路客，行路悲春風，野老幾代人，猶耕煬帝宮。」眼見隋煬帝故宮舊跡已成丘隴，今人又怎能不有所反思。

55《隋唐演義》第一〇〇回。
56《全唐詩》卷四八五。
57《全唐詩》卷六五七。
58 阮元：《修隋煬帝陵記》。
59 參見《運河訪古》，頁首有隋煬帝陵照片，上海人民出版社一九八六年版。

結語　莫道有才能治國　須知亡國亦由才

我們以「大歷史」的視野展開隋煬帝生平，從他的祖父西魏北周大將軍楊忠以武功開創家業，一直寫到煬帝遺孀蕭后在唐貞觀末年謝世，與煬帝合葬雷塘。雖然隋煬帝只活了五十歲，在知天命的盛壯之年被弒暴死，但我們在他的傳記中所展現的與他相關的歷史前後有一百年。從西魏北周開創關隴局面，一直寫到唐初以亡隋為鑒開創貞觀之治。歷史是一個大舞臺，我們認為，只有全面考察與我們的傳主隋煬帝政治活動相關的社會歷史環境，考察高踞於人群之上的帝王政治行為和權力意志背後的社會歷史條件，把握住時代的脈搏，才能瞭解歷史人物活動的實質，才能給予隋煬帝以正確的評價。

寫到這裡，我們也的確應為隋煬帝的平生行事作一個最後評判了。然而，在作最後評定之前，我們還必須對隋煬帝生活的時代作一簡要概括。

毫無疑問，隋煬帝生活的時代是一個大變革的時代，從秦漢大帝國中央集權的君主專制政體確立，到漢魏之際集權的專制帝國崩裂，中國歷史經歷了長達四百年之久的分裂。到隋唐統一大帝國的重建，古代中國出現了超越秦漢，在當時世界也堪稱第一的文明繁盛的新王朝。從西元五五〇年到西元六五〇年這一百年，可以說是從天下大亂達於天下大治，從分裂走向統一的關鍵時期，在中國歷史上具有重要地位，而從來就為治史者所矚目。

時勢造英雄，大變革的時代是一個英雄輩出的時代，「五百年必有王者興」，從分裂走向統一，從大亂達於大治，時代需要偉大的領袖人物出來建功立業，開創新局面，如果沒有這樣的人物，歷史也要造就出這樣的人物來。隋煬帝可以說是應運而生的一個很有作為的帝王，是一個大英雄，他志包宇宙，氣吞山河，「狹殷、周之制度，尚秦、漢之規摹」，使大隋王朝地廣三代，威振八紘。他的開創性文治武功在其前代帝王中的確少有人能與之匹疇，這樣的帝王不是英雄，難道還能是膿包？

當然，時代造就的英雄並非隋煬帝楊廣一人，他的父親隋文帝楊堅、表哥唐高祖李淵、表侄唐太宗李世民以及北周武帝宇文邕等，也都是時代造就的大英雄，功業卓著。亂世出英雄，帝王之中英雄多，將帥大臣中能人更不少，如文有高熲、蘇威、魏徵，武有賀若弼、韓擒虎及其外甥李靖，還有文武雙全的楊素和反隋盟主李密等等。然而，英雄之外，膿包仍然不少，由於每個人的智質不同，同樣的歷史條件同樣的生存環境可能造就出迥然不同的歷史人物。如北齊後主高緯、北周天元宇文贇、陳後主陳叔寶這樣的昏暴之主、亡國之君，他們也影響了歷史，使日月黯然失色。就是在楊廣兄弟五人中，也個性迥異，太子楊勇庸劣暗弱，秦王楊俊無所進取，蜀王楊秀和漢王楊諒狂妄暴虐，他們的政治素質都不如楊廣。可見，雖然時勢造英雄，但大英雄也要靠自己的主觀努力才能成就。

俗話說：不怕不識貨，就怕貨比貨，比較是評價歷史人物的最好辦法，同是帝王，有優有劣，一比較就見高下。隋煬帝活著時，先後出現過近十位君主，當然加上自稱天子的如王世充、劉武周之流，那就更多，這些人既不被正史承認，我們也就棄而不論。專就正史有傳者而言，就有北周武帝宇文邕、天元宇文贇、靜帝宇文衍；北齊後主高緯，陳宣帝陳頊、後主陳叔寶，隋文帝楊堅、煬帝楊廣、恭帝楊侑、皇泰主楊侗；唐高祖李淵、太宗李世民等十二人。這十二個皇帝的個人智質和功業及對歷史的影響各不相同，可以分成幾種不同類型。

在中國漫長的王朝君主專制時代，從秦始皇到清末溥儀的二千一百三十二年間，確有名號的皇帝大約先後出現了三百三十二個，而那些曾稱皇帝的農民領袖及分裂割據時期稱王稱帝或未敢稱天子卻建有小朝廷的君主更無法統計。有的學者對中國歷史上這三百三十二個皇帝進行分類，認為有創業型、守成型、鼎革型、荒淫型、誤國型、殘暴型、傀儡型，及太上皇等八種類型的皇帝。[1] 隋煬帝被認為是殘暴型，其父隋文帝楊堅屬創業型，煬帝的兩個孫子越王楊侗和代王楊侑則屬傀儡型。這種分類較之傳統習慣上依據帝王品質及功績將皇帝分為明君、暴君、昏君三大類更細，特點更加分明。然而，太細反而不能說明問題，有些皇帝如隋文帝、隋煬帝、唐太宗都身兼創守和鼎革，隋煬帝更極具殘暴性，與荒淫型也沾點邊，到底屬於哪一類型就不好說了。我們還是贊成把君主劃分為明君、暴君、昏君三大類型，或許還可以加上平庸型的庸君。清人趙翼就說漢代「但有庸主，而無暴君」。[2] 如此，則為四大類型。當然，每一種類型都是相對而言，其標準既要看其政治作為、事功、業績和才幹，也要看其為君之德，即帝王品質，這主要是指其對被統治下的人民的態度，和其對權位的責任感，簡單地說，就是才和德。一般說來，有才有德的君主可稱之為明君，有才無德可能成為暴君，有德無才為庸君，無才無德當然就是昏君了。

儒家推崇的聖王是聖和王的結合，即內聖外王，內聖指的是內在的道德的自我修養、自我完善。君主都應是倫理的楷模，道德的模範。君德主要體現在克己止欲，自覺地服從天道，對人民實行仁政，孔子曰：「克己復禮為仁。」聖王都是仁君，是明明德，止於至善的完人。外王指的是外在的政治事功，才智異常，功業偉大。君主應是治國的能手，使國家昌盛，致天下以太平。帝王之才主要是治國之才，文治武功。能詩會畫、能歌善舞雖然也是才，但不是治國之才，不能算作外王。然而，一個具有個人魅力的完善君主，則不僅雄才大略，功業厥偉，而且登高即賦，氣勢磅礴，能詩能畫。所以，才也可以指一切才能，但治國之才是主要的。內在的知識才能和道德修養達到了聖的要求，外化運用於政治，則可以王天下，這就對王的才、德提出了極高的要求，極盛之德可以廣大王業。王與聖合一的聖王之道，是傳統政治思維提出的最高的理想化的政治模式。從天下大亂達於天下大治，實依賴於聖王的出現，而成就聖王之業實賴於功和德。內聖外王，德侔天地，政治是道德的延長。王道在於明德、親民、至善，為政以德，以德行仁，這才是帝王的責任和其對子民的態度。王道仁政是愛民厚生，先德後刑，以民為本，本固邦寧。有關這些，貞觀君臣討論得很多。

當然，聖王之道仍是典型的人治而非法治，它的基本政治主張是君主專制主義，而與現代民主政治的要求相去甚遠，雖主張仁政而反對暴政、苛政、急政，但只是主張以道德來約束權力，而不是以制度制約權力。而當君主全然不理這一套時，誰也對他沒有辦法。因此，當朝皇帝是暴君昏君，還是聖君明主，對於古代社會來說，是具有決定意義的！

儒家既主張人治，推崇聖王，但不管是聖王還是暴君，都擁有絕對的無限權力。那麼，我們可以換一個角度，從君主如何認識和如何使用權力的角度來劃分不同類型的皇帝：凡是對其無限君權及其統治下的億兆子民有責任感，而能自覺地約束自己，謹慎地使用權力以成事功的帝王，可稱為明君；反之，對其無限皇權及其統治下的億兆子民沒有責任感、同情心，而為一己之欲，建功立業，無視民生，濫用權力而虐用其民的，就可能成為暴君。另外，擁有生殺予奪、威力無比的皇權卻茫然無知，對子民無動於衷，不知如何使用權力，或反被人所制的君主，當然就是庸君；而知道皇權的威力和厲害，卻沒有任何責任感，只知吃喝玩笑，為貪求個人享樂不顧國計民生，而濫用權力的皇帝，當然就是昏君了。

在這四種類型的皇帝中，隋煬帝是典型的暴君，他很有才能，想成就聖王之業，但以濫用權力而演成暴政，成為暴君。隋煬帝不是昏君、也不是庸君，他不是那種貪求個人享樂而無所作為的人，有關這些，我們在全書中已敘述得十分詳細和具體。而如果將他與其他幾類君主作比較，就會更加清楚。

1 白鋼：《中國皇帝》第二章，天津人民出版社一九九三年版。

2 《廿二史劄記》卷二〈漢詔多懼詞〉。

隋煬帝是亡國之君，他夠不上明君，這無可置疑。明君是傳統儒家理想中的君主，或稱英主，其中最有作為最開明的可稱聖君。堯、舜、禹、湯、文、武、周公是上古時代的聖主先王，和隋煬帝同一時代的帝王中，只有唐太宗可稱得上是聖王，雖然他也存有許多缺點、汙點，但如果連他也稱不上聖王，則中國古代也就不再會有實際上的聖王了。聖王也只是相對而言。唐太宗功德兼隆，十八歲起兵克定暴隋禍亂，平定天下統一中國，稱帝后擊破突厥，使四海寧一，被四夷奉為「天可汗」。貞觀年間他順應歷史潮流偃武修文，寬刑簡法，輕傜薄賦，與民休息，對人民實行「讓步政策」。他任用賢能，廣開言路，從諫如流，以隋為鑒，不敢濫用權力，不久即致天下以太平，出現了號為「貞觀之治」的古代社會的盛世。唐太宗實行的是典型的仁政，為儒者所稱道，這是隋煬帝所難以企及的。雖然隋煬帝與唐太宗有許多相同點，但暴政和仁政截然分明，兩人在使用權力和對待人民的態度方面大不相同，對此古往今來的人們都看得很清楚。

我們再來看看隋煬帝的父親隋文帝楊堅，他也稱得上是明君。雖然隋文帝的皇位得之太容易，不是以功而取，而是得之篡奪，但正因為如此，隋文帝更有自知之明，他不敢有虧君德，對於皇位和皇權更加珍惜和慎重。他內明敏，有大略，平一四海，完成了統一大業。又薄賦斂、輕刑罰，內修制度，外撫戎夷。他恪勤匪懈，朝夕孜孜，分辨厘毫，是勤政的模範。文帝也有仁愛之心，他見百姓食豆屑雜糠，竟流涕，深自咎責，為之撤御膳不御酒肉。他帶頭提倡節儉，使隋朝帑藏充實，天下大治。但隋文帝天性沉猜，素無學術，好為小數，對臣下無寬仁之度，有刻薄之資，晚年此風尤甚。隋文帝披著儒家德治的金漆招牌，骨子裡則是法家權謀術數的一套，雖是明君，但難以夠上聖王。文帝能克己止欲，致天下以太平，但不能復禮行仁政，所行是苛政、嚴政、察察之政，且喜怒不常，破壞法制，使臣民怨聲載道。舊史追尋隋亡喪亂，「稽其亂亡之兆，起自高祖，成於煬帝，所由來遠矣，非一朝一夕」[3]，有其一定道理。據此，近來有人論隋短祚而亡之責，認為不僅僅在隋煬帝，文帝也負有不可忽視的重大責任。[4]但平心而論，隋文帝雖實行內法外儒的苛政、嚴政、察察之政，卻還不至於沒有克制地濫用權力，在其統治期間並沒有造成大的亂子。每一朝皇帝都有自己的一套政策，文武之道，一張一弛，每一個皇帝都應根據實際需要制定或改變其統治方針，把隋亡責任追溯於隋文帝，有為暴君隋煬帝的暴政開脫罪責之嫌，實不可取。

在中國古代皇帝中，隋文帝楊堅是足可稱道的一位開國之君，一位較英明的皇帝，他的施政作風和對子民的態度，特別是謹慎地使用權力方面，是與隋煬帝大不相同的。魏徵有一段話比較文帝和煬帝之政：

> 夫以開皇之初，比於大業之盛，度土地之廣狹，料戶口之眾寡，算甲兵之多少，校倉廩之虛實，九鼎之譬鴻毛，未喻輕重，培塿之方嵩岱，曾何等級？論地險則遼隧未擬於長江，語人謀則（高）句麗不侔於陳國。高祖掃江南以清六合，煬帝事遼東而喪天下。其故何哉？所為之跡同，所用之心異也。高祖北卻強胡，南並百越，十有餘載，戎車屢動，民亦勞止，不為無事。然其動也，思以安之，其勞也，思以逸之，是以民致時雍，師無怨讟，誠在於愛利，故其興也勃焉。煬帝嗣承平之基，守已安之業，肆其淫放，虐用其民，視億兆如草芥，顧群臣如寇仇，勞近以事遠，求名而喪實。兵纏魏闕，阽危弗圖，圍解雁門，漫遊不息。天奪之魄，人益其災，群盜並興，百殃俱起，自絕民神之望，故其亡也忽焉。訊之古老，考其行事，此高祖之所由興，而煬帝

---

3 《隋書》卷二〈高祖紀下．史臣曰〉。

4 參見羅嗣忠：〈重評隋短祚而亡的原因〉，載《青海師大學報》一九八四年第四期；趙雲旗：〈論隋代速亡的原因〉，載《晉陽學刊》一九八四年第六期；李季平：〈試論隋代社會階級矛盾的積累與激化〉，載《齊魯學刊》一九八八年第六期。

之所以滅者也。[5]

隋朝兩代君王，一興一亡，論其事功，不相上下，論其才能，煬帝優於乃父，本來更具聖王資格。但二人「用心」有異，文帝行役用兵思以安天下，人民勞苦思以逸之，給以喘息的機會，最低限度地保障了人民的生存權、生命權，其政雖嚴雖苛，但民還能忍受，故其興也勃。隋煬帝的「用心」在於建立個人的不世之功，而「肆其淫放，虐用其民」，蔑視人民，不顧人民的死活，以苛政、急政，形成系統的暴政，人民不得喘息，轉死溝壑，故其亡也忽，以失德不修仁政而失天下。兩相對照，苛暴之間也還是很有分寸的。

北周武帝和唐高祖也稱得上是明君。宇文邕在堂兄宇文護連殺兩帝之後，能伸能屈，智謀出眾，他誅鋤權臣，撥亂反正，又以大無畏的氣概廢毀佛道，大刀闊斧地進行了改革，講究耕戰，一舉攻滅北齊，統一北方，緊接著要統一全國，建立聖王之業。可惜，功業未成身先死，英雄命短，周武帝只能算一個未成功的聖王。李淵在隋煬帝暴政敗亡之際乘時而起，開創大唐基業，實為人間俊傑。但入據長安稱帝后他長年深居宮中，生活在女人群中，十來年中生了二十多個小王子，又頗有幾分昏庸，其子李世民修史也極力將他描繪成庸君。但李淵大智若愚，稱帝後年歲既高，諸子為皇位喋血宮門，而李世民碩果僅存，於是李淵主動退讓，把聖王之業讓給了兒子。

亂世出英傑，短短百年時間，中國出現了四位明君英主，他們的特點皆是功業蓋世，有克定天下之功，有卓越的政治才能。另外一點，也是最重要的一點是，他們都能很好地謹慎地行使皇權，他們講究君道和帝德，而不致濫用權力。如周武帝先是受制於權臣，親政後信用大臣，虛心納下，柱國大將軍于謹曾對周武帝說：「木受繩則正，後從諫則聖，明主虛心納諫，以知得失，天下乃安。」又說：「言行者，立身之基，願陛下三思而言，九慮而行，勿使有過，天子之過，如日月之食，人莫不知，願陛下慎之。」[6]周武帝深納其言，為政清明，為後世稱道。隋文帝總攬威權，柄不借下，雖然是一個極專制的君王，但他怕老婆，在獨孤文獻皇后面前要讓她三分，這從一個側面反映了文帝的權力受到了一定程度的限制，不能隨心所欲。文獻皇后在世時，隋文帝成天忙於上朝視事辦公，未敢有非分之念。文帝也有納諫的記錄，北周時受周天元貶黜的著名諫臣樂運，入隋後發憤著書，將上古三代以來諫諍之事集錄成冊，凡六百三十九條，合成四十一卷，題書名曰《諫苑》，上奏朝廷，受到文帝嘉獎。[7]唐高祖將皇位讓給唐太宗，天下太平後自己當太上皇安心享樂，說明他也不貪戀權力，他亦有納諫的記錄。唐太宗能認識到水能載舟，亦能覆舟的道理，感到為君實難，使用權力更能謹慎。他祖述堯舜，憲章文武，以史為鏡，從諫如流，克己復禮，所以能成聖王之業。由此看來，聖君明主除有雄才大略外，對行使無限皇權都相當謹慎，他們能自覺地調節君臣關係，調節君民關係，為政不走極端，不隨意濫用權力，不致激化社會矛盾。他們能看到絕對權力的不可靠，從而主動地承認權力的相對性，自覺地對皇權進行自我約束，故不會鑄成亡亂傾國的大錯。相比而言，亡國之君隋煬帝以濫用權力建功立業，縱欲逞強而有虧君德，與聖君明主確有差距。

當然，庸君倒不致濫用權力，他們或為傀儡，被權臣玩弄於手掌，身不由己。如周靜帝、隋皇泰主等，他們連保護自己的能力都沒有，自然也談不上如何使用權力。再者是碌碌於位，不思有為，但求安位自保的皇帝，如陳宣帝起先也曾志大意逸，收復江北之地，但呂梁覆車，大喪師徒後就一蹶不振，也只能是庸君。庸君是隋煬帝最看不起的，實不足掛齒。

5《隋書》卷七〇〈史臣曰〉。
6《資治通鑑》卷一六九陳文帝天嘉四年。
7《周書》卷四〇〈樂運傳〉。

昏君是濫用權力的典型，卻也建不了什麼功業，功德皆無。昏君無論是亂世還是盛世都會產生，由於不論愚賢的嫡長繼承制，碰到一個無才無德的人當皇帝，整個國勢可能逆轉。如周武帝駕崩，兒子宇文贇繼位，強盛的北周不幾年就被篡。隋煬帝的姐夫宇文贇可以說是典型的昏君，他沒有治國用兵之才，卻自視甚高，惟自尊崇，無所顧忌，認為天下一切皆歸之於己，可以隨心所欲地濫用權力，而用不著克制欲念，尊重大臣，撫恤人民。國典朝儀，率情變改，他隨意改變皇帝稱號，自號天元，又隨意改革國家制度，甚至民間風俗，結果不出一年國家就被攪得一團糟。周天元好興造變革，卻未嘗言及治政，一切隨其興趣，他果於殺戮，自毀長城，結果縱欲而崩，政權落於外戚之手。昏虐君臨，奸回肆毒，以致亡國。「無愁天子」高緯則根本不知道還有治國理民的責任，他年幼即位，惟知玩耍，盛為無愁之曲，自彈琵琶而唱，喜好聲色犬馬，狗飼以粱肉，馬及鷹、鬥雞乃有儀同、開府之官號，犬馬雞鷹多食縣幹，有專人侍候，比人都吃得好。北齊後主高緯的無限皇權只用於如何使自己玩得更痛快，他以帝王之尊行惡作劇，甚至彎弓射人以為趣笑。他不親政事，一日萬機，委諸凶族，甚至委政後宮，結果博噬無厭，虐民害物，以致亡國。陳後主陳叔寶生深宮之中，長婦人之手，不知稼穡之艱難，國運之安危，惟寄情於文酒，昵近群小，雖有詩才，能作豔詩，但作為君王，無心治國，平時專與一些狎客吟詩玩樂，危亡弗恤，上下相蒙，國計民生拋到了九霄雲外，最後眾叛親離，自投於井，冀以苟生，為天下所笑。同是亡國之君，但平心而論，隋煬帝和這三個昏君相比，的確不可同日而語。隋煬帝志趣豪邁，敢幹大事，是宏放之主，苟安享樂之徒實難望其項背。昏君胸無大志，只知玩樂，因本人無才能成不了大事，雖能逞一時之欲，但興不起大的風浪，像隋煬帝所舉辦的大型公共工程，在他們是連想都不敢想。昏君誤國，在歷史上他們除了起反動作用外，對社會發展和歷史進步作不出半點貢獻。

暴君與昏君的最大不同是，暴君並非都是無為之主，相反，倒可能是有為之主，是大英雄。暴君往往很有才能，不僅有雄才大略、治國英才，而且很有魄力，敢幹別人不敢幹，甚至連想都不敢想的事，沒有特殊的才能，也難以荼毒生靈，攪動四海，暴亂天下。正因為如此，昏君和暴君都禍國殃民，而暴君的危害性可能更大。昏君只為一己之樂，暴君則是超越歷史條件欲建盛大的功業。昏君的禍亂往往是局部性的，且肆虐時間較短，暴君則往往搞得天下大亂，乾坤倒懸，其禍害是全域性的。歷史上的大暴君夏桀、商紂、秦始皇都志向宏遠，很有才能，想幹大事，有功於國。如商紂王征東夷，開闢了東南大片疆土，秦始皇奠基了版圖廣闊的多民族統一國家，他們的作為順應了歷史發展潮流，為中華民族立下了不可磨滅的功勞。但他們都很殘暴，對被統治的人民最起碼的生命權、生存權不予尊重，其功業是建立在殘酷奴役和殘殺人民的基礎之上，是對人民施暴，行暴政，最後鬧了個亡國。亡國就是暴政的直接政治後果，亡國之君怎麼能稱得上是聖君明主呢？「莫道有才能治國，須知亡國亦由才。」[8]才與德對於權大無邊的君主來說，缺一不可，無才不能建功，成不了大事，有才無德，不能克己止欲，濫用權力，也會走向反面。

隋煬帝才能超群，功業卓著，他不是庸君，也不是昏君；他縱欲亡國，殘害百姓，有虧聖德，也不是明君，而是一個典型的暴君。

暴君隋煬帝是中國古代少有的有才能想幹大事立大功建大業的皇帝。他的才能在青少年時代即有表現，「爰在弱齡，早有令聞，南平吳、會，北卻匈奴（突厥），昆弟之中，獨著聲績」。[9]但他雖有才卻以藩王次不當立，因而以其出眾的智謀，超群的堅忍，陰謀奪嫡。隋煬帝並非承緒繼統，而是以人謀得位，這是他的過人之處。然而隋煬帝爭奪皇位的成功雖然表現出其卓越的才能，卻也表現出

8《隋唐演義》第四〇回。
9《隋書》卷四〈煬帝紀下．史臣曰〉。

他凶殘的品德，他造謠中傷，構陷哥哥，殘害弟弟，危急之時毫不手軟，拉殺父皇，終於登上帝位，雖然是勝利者，但有愧於天道，所行乃豬狗禽獸之行，道德上說不過去。但隋煬帝奪嫡之舉與唐太宗奪位卻也是半斤八兩之差，不僅行為舉止相類，性質也一樣，在私德方面，暴君和聖王都有同樣的穢行。為了掩蓋醜行，表明自己應該得天下，唐太宗不惜篡改歷史，私閱刪改起居注，甚至捏造了用美人計拉李淵下水，誘他私入隋煬帝的離宮晉陽宮烝淫宮女，犯禁而被迫起兵的情節，把創業的父皇描繪成窩囊廢，將首謀大義歸功於己。唐太宗通過篡改歷史為自己承緒天下的合法性找到了理由，對於這一鄙劣的篡改，史學界已作糾正，歷史自有公認。同樣是以不光彩不道德舉動奪得帝位的隋煬帝卻沒有去篡改歷史，為了證明自己以次代長當為天子，即位後他迫不及待地興辦大型公共工程，修訂典章制度，他事必躬親，精力旺盛，馬不停蹄地四出巡行，督導行政，現場視事。他大備衣冠，「足致單于解辮」，威服四夷，開拓疆土，企圖以最快的速度，最短的時間，建不世之功，致天下以太平，成為「轔轢軒、唐，奄吞周、漢，子孫萬代人莫能窺」[10]的聖王。急切的功名欲可以說是隋煬帝好大喜功，行急政暴政的主觀原因。隋煬帝勤政為國，瘋狂地工作，從客觀政績上看，毫無疑問是功業隆盛。隋煬帝幹的那些大工程，諸如營建東都控扼山東，掘長塹、置關防、修馳道、築長城鞏固國防，開鑿南北大運河、置倉儲糧、大修儀仗、駕龍舟三巡江都等，旨在溝通和加強南北的經濟文化聯繫，使統一局面更加鞏固。又出塞北巡突厥，南向加兵林邑，西出玉門，經略絲綢之路，破吐谷渾，將青海收為郡縣，武功卓著，「威振殊俗，過於秦、漢遠矣」。他遣使遠出波斯，又渡海通使南洋赤土、東洋日本，加強了中外文化交流。即使是征討高句麗，也有他的理由，也屬於聖王之業，況且，此事隋文帝和唐太宗先後也都幹過，不能認為是煬帝個人之非。近人有稱隋煬帝是傑出的政治家、軍事家，從其功業來看，實不為過，隋煬帝的確功業輝煌。

作為一個頗具個人魅力的君主，隋煬帝還是一個出色的文學家、詩人，他自小善屬文，詩賦雄麗，文才蓋世，不僅能寫氣勢雄渾的邊塞詩，而且能寫情意纏綿的宮體怨詩，他熱愛藝術，喜好書法美術，他以國家財力宣導歌舞、百戲、燕樂，對中國文學藝術的發展產生了深遠的影響。文治方面，隋煬帝設置了進士科，正式設立了科舉取士的制度，他興辦學校，整理圖籍，統一經學，又敦獎名教，禁焚讖緯，熱心科技事業，他還推行儒、佛、道三教並重的政策，對中國古代思想文化及科教事業的發展產生了積極影響。煬帝是佛教徒，他「恥崎嶇於小徑，希優遊於大乘」，拜天臺智者大師為師，要將「孔老釋門咸資鎔鑄」，以適應統一王朝的政治需要。對典章制度，隋煬帝進行了大刀闊斧卓有成效的改革，他對官僚管理制度的改革不僅在於開科舉選拔文官，而且對其職任、秩爵、考課等一整套制度都作了調整，使之更符合實際而便於操作。他繼文帝之後對國家機構、政府體制作了調整，使三省六部體制更加完善，行政系統更有效率，宰相制度更加靈活。他又對地方行政區劃和地方政府機構進行了力度很大的調整，省并州縣，精簡機構，減少了行政開支。他還搞了一次大索貌閱，整頓戶籍，加強了中央對地方的控制，增加了國家財政收入，幹得相當出色。隋煬帝制定的《大業律》，也是一部較規範的王朝法典，對後世有一定影響。

一個皇帝在位十多年幹了這麼多的事，取得了這麼多的政績，的確是功業隆顯。隋煬帝無疑是一位以自己的活動深深地影響了中國歷史進程的重要歷史人物。

舊史家的錯誤，在於不能正視歷史，不承認隋煬帝的功業，將他與無所作為的昏君混為一談，使歷史遭到歪曲。由於時代的局限和勝者王侯敗者寇的政治偏見，隋煬帝的形象被醜化了。舊史學不能區分暴君和昏君，或出於不可告人的政治目的故意昏暴不辨，此事最早可追溯到唐初定謚。按《謚法》，「煬」是個壞透了頂的謚號，本是隋煬帝最早發現，加之於亡國昏君陳後主的。按其意，「好內

10《隋書》卷七〇〈史臣曰〉。

遠禮，去禮遠眾」是昏，「逆天虐民」是暴。所謂「好內」，即好色，顯然是荒淫之主，加給陳叔寶這樣貪圖女色，唯知嬉戲，毫無建樹的亡國之君，可謂恰如其分。但唐高祖李淵卻不問青紅皂白，借過來反扣到楊廣頭上，於是「煬」帝楊廣是昏暴之君的結論，在他死後不久就由最高權威的新皇帝加以確認，蓋棺定論，勿容置疑，並影響深遠。如唐著名詩人李商隱作〈隋宮〉詩云：

紫泉宮殿鎖煙霞，欲取蕪城作帝家；
玉璽不緣歸日角，錦帆應是到天涯。
於今腐草無螢火，終古垂楊有暮鴉；
地下若逢陳後主，豈宜重問後庭花。[11]

詩人直把隋煬帝比作陳後主。陳叔寶不問國事，成天在宮殿中與嬪妃廝混，作豔詩〈玉樹後庭花〉，醉生夢死，是典型的昏君。而隋煬帝雄姿英發，乘錦帆，渡長江，擒昏君，成帝業，坐江山，最看不起陳叔寶。然死葬雷塘後，已是腐草無螢火，垂楊有暮鴉。詩人大膽地設問，如果在地下楊廣與陳叔寶再相見，還好意思譏諷陳後主唯知作豔詩嗎？意思是說楊廣給陳叔寶立諡曰「煬」，現在自己也得了個「煬」的諡號，彼此彼此，不分伯仲，都是亡國昏君。

詩人李商隱的想像力確是豐富，其詩寓意也不可謂不深刻。但陳叔寶豈能與楊廣高下比肩，唐高祖鸚鵡學舌，也給楊廣諡之曰「煬」，是昏暴不辨，結果造成了極大的歷史誤會。我們可以大膽設想，楊廣就是在黃泉之下，也仍然會極看不起陳叔寶，會感到冤屈的。

然而，不僅詩人李商隱把隋煬帝描繪成了昏君，唐宋以來的史學家、政治家也都作如是觀。如魏徵、司馬光等「良史」，《隋書》、《資治通鑑》這樣的正史、政治史，也都著力描繪隋煬帝的昏君形象。明清之際，大思想家王夫之作《讀通鑑論》，有感於司馬光的史筆，大加讚賞，說：「楊廣之弒君父，殺兄弟，驕淫無度，不可輔而不相容。」「楊廣之逆，均於劉劭，非但紂匹也」。隋煬帝不僅被說成是商紂式的暴君，還是劉劭式的昏君。劉劭是南朝劉宋王朝的第四代君主，其父劉義隆在位時，南朝曾出現元嘉之治，劉劭為文帝長子，被立為皇太子，在東宮信崇女巫，因巫蠱事發，起兵弒殺篡立，接著又誅鋤兄弟，殘殺大臣，把宋廷鬧了個天翻地覆，沒有任何功德可言。劉劭在位僅一年（西元四五三年在位），就被推翻，是周天元式的昏暴之君，死後連謚號也沒有，舊史書之曰「凶」。[12] 舊史家把隋煬帝和元凶劉劭、陳後主、周天元這樣的昏暴之君相提並論，把隋煬帝說得一無是處，這不符合歷史實際，不僅著意抹煞了隋煬帝的許多歷史功績，而且醜化了隋煬帝的政治形象。以後在歷代民間傳說、俗講小說中，隋煬帝更被隨心所欲的狂想大大地歪曲了，被說成是「色中餓鬼」，是好色荒淫無恥的典型，西門慶式的帝王，成為歷史大冤案。而究其原始，唐高祖給其蓋棺定論謚曰「煬」，就是錯判，而且這一錯就錯到了底。隋煬帝的稱號是再也改不過來了。以權力評判人物，難以公正。而舊史家錯就錯在沒有將暴君與昏君相區別，不知道有才能的暴君也有可能建立功業，只是因缺失仁德而毀壞了自己的統治基礎，這與無才無德沒有任何建樹的昏君大不一樣，將楊廣和陳叔寶視為同類，蓋棺定論都謚曰「煬」，是極不恰當的。

近幾十年學界為隋煬帝翻案，指出煬帝幹了一番轟轟烈烈的「大業」，所幹的事順應了歷史潮流，適應了當時政治、經濟、軍事、文化發展的需要，不是為了個人享樂，不是驕奢淫逸，應該說所論是有道理的。摘掉隋煬帝昏君的帽子是對的，我們舉雙手贊成。但是，不僅否認隋煬帝是昏君，而且否認他是暴君，不論其為君之道，不論其君德，不論其濫用權力造成天下傾覆的嚴重政治後果，僅以其

11《全唐詩》卷五三九。

12《宋書》卷九九〈元凶劉劭傳〉。

政績大業而稱頌隋煬帝，說成是聖王英主，不失偉大，或功大於過，要為隋煬帝翻案，也有失片面，是走上了另一極端。

如果說隋煬帝功業偉大，我們也同意，但功業偉大並不是人偉大，隋煬帝因為失德而夠不上一位令後人稱頌的偉大歷史人物。暴君隋煬帝的問題不在於他功業偉大不偉大，而是太偉大了，偉大得過了頭。然而，並不是功業越偉大就能成為聖王，評價舊時帝王，既要講其功，也要視其德，功德無量，才能出聖王。在沒有制度性制約的君主專制時代，君權令人生畏，十分可怕，極端權力可以造就偉大的功業，也可以釀成巨大的禍害。因此，對權力進行自我約束的君德，對於萬民的生存幸福關係極大，君主缺德失範，百姓就要遭殃。唐宋以後，對君德的呼聲更越益強烈，聖王應該止欲，皇天景命，有德者昌，無德者亡，內聖才能外王，不修君德的君主，統治必不能持久。當然，也有不少滿口仁義道德的君主，搞的是欺騙。但是，有道德約束畢竟比沒有約束好，因為權力不進行一點點約束，任其膨脹氾濫，就會闖出大禍，是不行的。

也許有人會認為強調德治是儒家的陳詞濫調，是過時了的價值標準。但我們還是要強調，不能以現代人的標準去苛求古人，無法要求封建帝王按共和國總統的規範去行事，皇權無限皇位世襲是古人的政治傳統和共識。當時既不存在權力制衡，也沒有制約皇權的制度和權力主體，按照傳統政治的理想模式，只能要求權大無邊的皇帝對權力作一些自我約束、自我調節，進行道德自律，虛心納下，特別是要尊重被統治下的子民最起碼的生命權、生存權。只有自覺地對其擁有的無限權力進行自我限制，謹慎負責地去使用令人生畏的皇權，去建立事功，創造出輝煌業績，才可能成為聖王。王朝政治實踐的事實也證明行仁政才能使社會長治久安，急政暴政很快使社會傾覆，千古功業可以毀於一旦，我們不能不看其政策的最後結果，不能萬民所棄亡了國的人還稱頌其不失偉大。

隋煬帝之所以是一個千年來遭人唾罵的暴君，就是在於他不講仁德，不約束自己的權力意志，瘋狂地濫用權力，殘酷地奴役人民，以成自己個人的功業。他不尊重人民起碼的生存權利，虐用民力，剝奪了人民最低限度的生命權。這些最明顯的道理古今聖賢都講得十分明白，古訓有云：「國以民為本，民以食為天。」恩格斯在馬克思墓前致詞也說：「人們首先必須吃、喝、住、穿，然後才能從事其他。」[13]一個不重視民生，不讓人民能活得下去的皇帝，所建功業再大，也只能是暴君。

我們所講的帝王之德，主要是指其對權位的責任心，對其被統治下的子民的同情心。先賢有言：民為貴，社稷次之，君為輕。有德的帝王絕不致濫用權力驅民於水火，而是存民、保民、養民，尊重人民起碼的生存權利，這可以說是帝王最大的德。在這個大前提下，甚至有些私德並不好的帝王，也並不影響他成為聖王。如唐太宗，在私德方面與隋煬帝難分伯仲，在貪戀女色方面他也絕不在隋煬帝之下。唐太宗晚年奢侈竟荒唐地求仙吃長生不死丹藥，以致斃命，臨死時還殘忍地令他寵幸的美女孟才人殉葬從死，應該說是相當缺德。唐太宗的私德其實比隋煬帝好不了多少，但可貴的是他懂得民可畏，不敢濫用權力攪動天下，個人的私德缺憾不致造成社會的震盪，從而造就了太平盛世。隋煬帝的缺德，缺就缺在濫用權力，他迷信專制權力，想一夜之間成為聖王，以行政力量使全民就役，驅民於水火，結果文治武功全都走了樣。由於出發點不對，其結果也是將聖王之業變成了禍國殃民。有人說隋煬帝的結局是悲劇性的，此話不錯，聖王變成了小丑，好事會轉化成壞事，雖順應了歷史潮流，但走過了頭也會走向反面。隋煬帝不講君德，對自己統治下的千百萬子民沒有同情心，責任感，與人民為敵最後被萬民所棄，成為千古暴君。

我們也不同意對隋煬帝的功過進行量化，所謂幾分成績，幾分錯誤，或功大於過，過大於功，這是把歷史人物簡單化。隋煬帝以苛政、急政，形成系統的暴政。大業之政一件一件地看都是德政，

---

13 恩格斯：〈在馬克思墓前的講話〉，見《馬克思恩格斯選集》第三卷，人民出版社一九七二年版。

是符合時代要求的大好事，但總體來看，加起來算總帳就成了人民難以承受的大暴政。這就不是幾分成績，幾分錯誤所能概括的，也無法精算。大業之政應該說有全域性的錯誤，我們看問題不能只看樹木，不看森林，也不能抓住一點，不計其餘，要全面看問題。對帝王行為作價值判斷不能只計其功，不計其德，只計其功效不計其成本；不看其對千百萬人民的基本態度，只看其對歷史的推動對國家的貢獻。帝王權力無限，一言九鼎，一個小小的錯誤，就可能鑄成全民族的災難，功過難以量化，也不能藉口主觀願望好，面對災難性的後果而不去追究其罪責。對帝王的功過，還是應做全面的定性分析。

隋煬帝是暴君，大業之政是暴政的定性沒有錯，但隋煬帝才華橫溢，頗具魅力，功業偉大，是古代傑出的政治家的評價也沒有錯，二者並不矛盾。暴君不一定就沒有功業，大可不必先將隋煬帝說得一無是處，然後戴上暴君的帽子，相反，我們倒是要深刻認識歷史上欲成大業者卻翻車而為暴君的事實。隋煬帝和唐太宗相比，「功業相同仁暴異」，一個是暴君，一個是聖王，仁暴之間並不在於功業的高下，而是其君道君德的差別，是其如何使用無限皇權的基本態度的差別，及其導致的不同政治後果的差別。暴君之暴是對人民暴，是濫用權力對其被統治的千百萬子民施之以暴政。隋煬帝不是無所作為的庸君，也不是只顧淫樂的昏君，他文韜武略，矜誇好大，志包宇宙，功業厥偉，主觀上他想成為子孫萬代莫能窺的聖君。但他迷信權力，不恤百姓，為建立個人功業不顧一切，而越是有才幹，越是具備大英雄的資質就越能攪動天下，成為大暴君。暴君和聖君的根本區別，就在於心中是否存有百姓，是否對人民施行仁政，因此，同是君王，功業相同，以其對人民的態度不同就可能趨向兩極。隋煬帝不修仁德，不尊重人民最起碼的生命權、生存權，以人民為敵，唯其權力意志是用，唯我獨尊，拒諫飾非，最後把國家拖入禍亂，自己也成了獨夫民賊，為萬民所棄。古訓說得好，人民是水，君主是舟，「水能載舟，亦能覆舟」，在萬民對暴政的反抗浪潮中，暴君隋煬帝雖逞凶於一時，最後卻又顯得是多麼的渺小，多麼的可憐巴巴。

國家圖書館出版品預行編目 (CIP) 資料

隋煬帝傳 / 袁剛著 . -- 二版 . -- 新北市 : 臺灣商務印書館股份有限公司 , 2021.11
面 ; 17×22 公分 . -- (歷史 · 中國史)

ISBN 978-957-05-3360-6（精裝）

1. 隋煬帝 2. 傳記

623.75 110014445

歷史・中國史

隋煬帝傳

作　　者——袁剛
發 行 人——王春申
選書顧問——林桶法、陳建守
總 編 輯——張曉蕊
責任編輯——廖雅秦
封面設計——李東記
內頁排版——薛美惠

營業組長——何思頓
行銷組長——張家舜
影音組長——謝宜華

出版發行——臺灣商務印書館股份有限公司
23141 新北市新店區民權路 108-3 號 5 樓（同門市地址）
電話：（02）8667-3712　傳真：（02）8667-3709
讀者服務專線：0800056196
郵撥：0000165-1
E-mail：ecptw@cptw.com.tw
網路書店網址：www.cptw.com.tw
Facebook：facebook.com.tw/ecptw

本書由人民出版社授權臺灣商務印書館股份有限公司出版發行，
限定中國大陸以外地區銷售。

局版北市業字第 993 號
初　　版——2005 年 5 月
二版一刷——2021 年 11 月

印 刷 廠——沈氏藝術印刷股份有限公司
定　　價——新臺幣 760 元

法律顧問——何一芃律師事務所
